老旧核心城区地铁建造技术

潘秀明　周宏磊　雷崇红　韩　煊　著

中国铁道出版社

2014年·北京

内 容 简 介

本书以北京市轨道交通8号线二期南段工程为背景，经过深入细致的总结与提炼，形成了在北京市老旧核心城区开展地铁建设中对环境风险的管控经验和相关研究成果，全面总结在老旧核心城区开展地铁建设所需要解决的关键问题，特别针对现场工程地质、水文地质情况以及特有的建成环境条件，开展了在老旧核心城区进行地铁建设的设计与施工关键技术、下穿运营地铁线风险控制技术、长距离下穿古旧平房群风险评估技术、施工变形影响分析及控制技术、施工振动影响及隔振减振技术、施工安全监控与反馈机制等一系列关键技术的研究，形成了一套地铁下穿北京老旧核心城区的综合技术，不仅为8号线二期南段下穿老旧城区提供了重要的技术支撑，确保了8号线南段的顺利建设、安全施工，还进一步提升了地铁施工下的环境影响安全控制技术水平，同时也将对未来其他在老旧城区的地铁建设工程提供借鉴示范，具有重要的理论和实践意义。

本书适合城市轨道交通工程、隧道及地下工程领域的工程技术人员使用，同时，也可作为轨道交通工程安全风险控制培训的教学参考书。

图书在版编目(CIP)数据

老旧核心城区地铁建造技术/潘秀明等著. —北京：中国铁道出版社，2014.3

ISBN 978-7-113-18000-3

Ⅰ.①老… Ⅱ.①潘… Ⅲ.①地下铁道－铁路工程－北京市 Ⅳ.①U231

中国版本图书馆CIP数据核字(2014)第022810号

书　　名：老旧核心城区地铁建造技术
作　　者：潘秀明　周宏磊　雷崇红　韩　煊

策　　划：徐　艳
责任编辑：徐　艳　　**编辑部电话**：010-51873193　　**电子信箱**：xy810@eyou.com
封面设计：崔　欣
责任校对：龚长江
责任印制：郭向伟

出版发行：中国铁道出版社(100054，北京市西城区右安门西街8号)
网　　址：http://www.tdpress.com
印　　刷：中国铁道出版社印刷厂
版　　次：2014年3月第1版　2014年3月第1次印刷
开　　本：880 mm×1 230 mm　1/16　印张：22.5　字数：780千
书　　号：ISBN 978-7-113-18000-3
定　　价：120.00元

撰写委员会

主　任：潘秀明

副主任：周宏磊　雷崇红　韩　煊

委　员：王　法　王　鑫　李　立　陈　浩　王军辉　刘　鑫
姜华龙　赵树才　徐福东　张建海　张晓岩　陆　群
艾菁菁　徐俊峰　黄广锴　周庆合　付仁鹏　营　升
侯　伟　赵德海　雷安定　韩云哲　米献芳　李国宝
贺文涛　周胜军　陈昌彦　张建坤　陈南风　白朝旭
张　辉　李凤豹　毛杨博　徐　骞　袁创辉

序

随着我国各地地铁建设的不断推进，各城市的地铁线网不断加密，越来越多的地铁线路从古旧核心城区下穿而过，从而大大缓解核心城区日益拥堵的交通问题，减少路面交通带来的污染、能源浪费。但是，在古旧核心城区进行地铁建设难度很大，同时存在着突出的工程风险。以北京为例，在古旧核心城区开展地铁建设面临更加复杂的建成环境，核心城区汇集了无数名胜古迹、古旧建筑物、密集的地下管线、多条既有地铁线路等等。这些地上、地下的建筑物、构筑物由于建成年代久远，结构现状大多较差，对变形、振动等施工扰动影响特别敏感，很容易受到邻近施工影响而发生破坏。同时由于长期人类活动的影响，古旧城区的地质条件也往往更加复杂。在这样的条件下建设地铁，一旦出现问题，不仅会造成直接的经济损失，还可能造成生命财产损失，甚至会影响社会和谐和稳定。因此，在古旧城区开展地铁工程所面临的一系列工程难题已经引起了各有关方面以及公众的日益广泛的关注，也为我国相关领域的科技工作者提出了一系列全新的研究课题和工程问题。

作为北京地铁一线的建设者们，本书的著者基于这些现实重大问题，以北京市轨道交通8号线二期南段工程为背景，认真研究，大胆实践，并经过深入细致的研究、分析、总结与提炼，在北京市古旧核心城区提出了地铁建设中对环境风险的管控经验和相关研究成果，全面总结在古旧核心城区开展地铁建设所需要解决的关键问题，特别针对现场工程地质、水文地质情况以及所特有的建设环境条件，开展了在古旧核心城区进行地铁建设的设计与施工关键技术、下穿运营地铁线风险控制技术、长距离下穿古旧平房群风险评估技术、施工变形影响分析及控制技术、施工振动影响及隔振减振技术、施工安全监控与反馈机制等一系列关键技术的研究，形成了一套地铁下穿北京古旧核心城区的综合技术，并撰写了这样一本理论研究与工程实践紧密结合的专著。他们在完成繁重的建设任务的同时，能有此精神与毅力，着实难能可贵！我深感欣慰和感动！

本专著的出版，不仅为8号线二期南段下穿古旧城区提供了重要的技术支撑，确保了8号线南段的顺利建设、安全施工，还进一步提升了地铁施工下的环境影响安全控制技术水平，同时也将对未来其他大量在古旧城区的地铁建设工程提供了借鉴示范，具有重要的理论和实践意义。这种保护古老历史文物的理念非常值得提倡和推广！

这是一部值得地铁建设相关领域的勘察、设计、施工、管理、研究人员参考的好书，我非常欣喜地看到这部凝聚着在第一线工作的作者辛勤劳动创新成果专著的问世。我相信本书的出版将引领更多业界同仁关注地铁建设的环境安全问题，并推动在这一领域进行更加深入和广泛的研究，从而促进我国地下工程行业的技术进步。

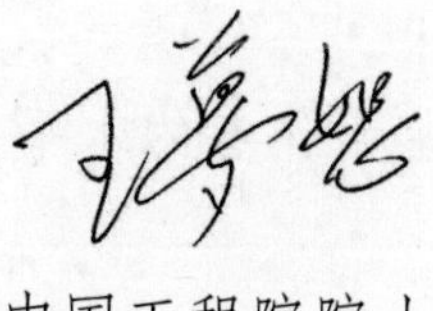

中国工程院院士

2014年3月2日

前言

根据《北京市“十二五”时期重大基础设施发展规划》，“十二五”时期将全面完成城市轨道交通近期规划线网建设，基本形成“三环、四横、五纵、八放射”的城市轨道交通网。同时加密中心城区轨道交通线网，新规划、建设一批中心城区、重点功能区城市轨道交通线路。在未来一段时间内，北京市中心城区，特别是老旧核心城区，是地铁规划建设相对集中的地区。然而与之对应的是，老旧核心城区存在大量的文物古建、老旧建筑物，具有典型的历史和文化特色，据不完全统计，旧城内分布有国家级、市级、区级文物保护单位约800处，在国内为仅见，在世界上也屈指可数。同时，由于旧城区胡同、道路狭窄，四合院房屋比较老旧，基础不稳固，对沉降、倾斜、差异变形、施工振动等问题比较敏感，此外，还要面临临近或穿越既有轨道交通设施、各类市政管线等一系列环境风险，给地铁施工带来了很大的工程难度，提出了较高的环境保护要求。

本书依托的北京地铁8号线二期南段工程，是一条穿越北京市老旧核心城区的地铁工程，基本沿北京市旧城南北向中轴线布置，线路从熊猫环岛站引出后，沿北辰路、鼓楼外大街、旧鼓楼大街、地安门外大街行进，向东经地安门东大街后折向南，到达美术馆东街，全长约6.78 km，共设安华桥站、安德里北街站、鼓楼大街站、什刹海站、南锣鼓巷站、中国美术馆站6座车站及7段区间。工程沿线周边环境复杂，穿越(或邻近)大量既有建(构)筑物，如地下过街道、护城河、既有地铁站、医院、商场、文物保护性建筑、地下人防及大量古旧平房群等，对线路的设计和施工提出了较高的要求。

本书以北京地铁8号线二期南段土建工程为依托，介绍在北京市老旧核心城区开展地铁建设中对环境风险的管控经验和相关研究成果，对在老旧核心城区开展地铁建设所需要解决的几个关键问题进行了全面总结，突出介绍了设计与施工、老旧平房变形控制、盾构下穿既有线车站、盾构施工振动控制等关键技术，希望能为以后的新线建设提供一定的借鉴。

全书主体内容分为五篇。主要包括以下内容：

第一篇：主要介绍了依托工程的概况，以及老旧城区工程地质与岩土工程条件的特点等；

第二篇：介绍了工程中因周边环境及工期要求，车站及区间多处所采取的非常规设计，并将该工程设计过程中的一些思路、技术和经验进行了总结；

第三篇：以工程长距离下穿古旧平房群工程为案例，系统介绍了穿越段工程的变形控制关键技术；

第四篇：针对安德里北街—鼓楼大街站区间下穿既有2号线鼓楼大街站工程案例，系统介绍了既有车站穿越段工程各阶段的风险管控关键技术；

第五篇：以工程长距离下穿古旧平房群工程为案例，系统介绍了穿越段工程的振动控制关键技术。

鉴于作者的水平及认识的局限性，书中难免存在错误和不足，恳请读者批评指正。

作　者

2013年11月

目　录

第3篇　盾构下穿古旧平房群施工沉降控制

第4篇　盾构下穿既有线车站工程

第5篇　盾构施工引起的环境振动及其控制

第1篇　老旧核心城区地铁建设综述

第1章　老旧核心城区的地铁建设

1.1　我国城市轨道交通建设现状

近年来，随着我国经济建设的高速发展以及城市现代化建设步伐的加快，许多大城市都面临着日益严重的交通问题。轨道交通具有安全、正点、舒适、快捷、大容量、低成本的特点，是绿色交通工具，是实现可持续发展战略的必然选择。因此，各个城市纷纷兴建或筹建城市轨道交通系统。目前，中国城市轨道交通建设已经进入了空前快速的发展时期。从北京、上海到广州，从沈阳、青岛到成都，全国各大城市都处在地铁建设的热潮之中。

具体来看，2006 年全国只有 10 条地铁线路运行，开通地铁的城市只有 7 个（北京 113 km、天津 7.4 km、上海 123 km、广州 36.6 km、深圳 21.8 km、南京 16.9 km），线路总长共 318 km；2009 年全国地铁线路已增至 37 条；2010 年全国有 33 个城市正规划建设地铁，涉及的线路项目达 110 多条，预计到 2020 年全国规划地铁总里程将达 6 100 km。

1.2　国外老旧核心城区的地铁建设情况

国外城市地铁开发起步较早，迄今大约已经历了约 150 年的发展历程，地铁规划建设方面的经验相对比较成熟。英国伦敦 1863 年建成了世界上第一条地铁，开创了城市地下铁道建设的先河。美国纽约、法国巴黎、德国柏林、西班牙马德里、日本东京分别于 1865 年、1900 年、1902 年、1919 年和 1927 年建设了各国的第一条地铁。目前世界上已经修建地铁并运营的国家和地区有四十多个，城市有一百多个。

依据国外地铁规划建设经验，大都在人口密集的城市核心区域有非常高密度的地铁分布规划，有时甚至一个城市的核心区要密布六七条地铁，而且大量出现共线。以法国巴黎地下轨道交通系统为例，自 1900 年起运行至今，巴黎地铁总长度达 220 km，有 14 条主线和 2 条支线，合计 303 个车站（387 个站厅）和 62 个交汇站，因此巴黎地铁也被称为全世界最密集、层次最多的城市轨道交通系统之一，见图 1.1.1。

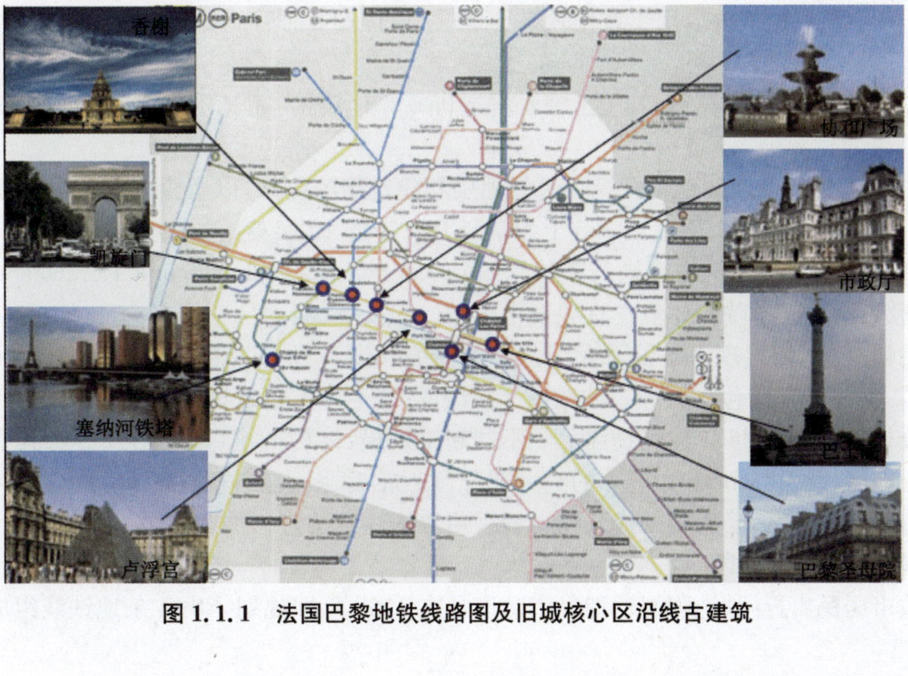

图 1.1.1　法国巴黎地铁线路图及旧城核心区沿线古建筑

由于建成历史等原因，国外城市核心区通常又与旧城重合，在此范围内施工地铁工程往往面临着一系列复杂的环境岩土工程问题。

（1）伦敦 Jubilee 地铁延长线工程

伦敦 Jubilee 地铁延长线是地铁 Jubilee 线（即“银禧线”，得名于 1977 年伊丽莎白女王的银禧纪念日，即女王登基 25 周年纪念）的二期工程。Jubilee 线一期开通于 1979 年 5 月 1 日。由于资金短缺，直到 20 世纪 90 年代中期才开始修建二期工程，即 Jubilee 地铁延长线（Jubilee Line Extension，简称 JLE）。

JLE 线路在伦敦最繁华的西区（West End）的格林公园（Green Park）站和已有的 Jubilee 线连通，向东一直延伸到东伦敦的 Stratford，如图 1.1.2 所示。线路全长 15.5 km，其中西段的 11.5 km 为双线隧道。行车隧道的直径约为 4.4 m，埋深为地面以下 20～30 m。线路共包括 11 个车站，其中 4 座为明挖车站，5 座为在隧道基础上的扩挖或隧道扩挖和明挖的结合，另外 2 座为地面车站。

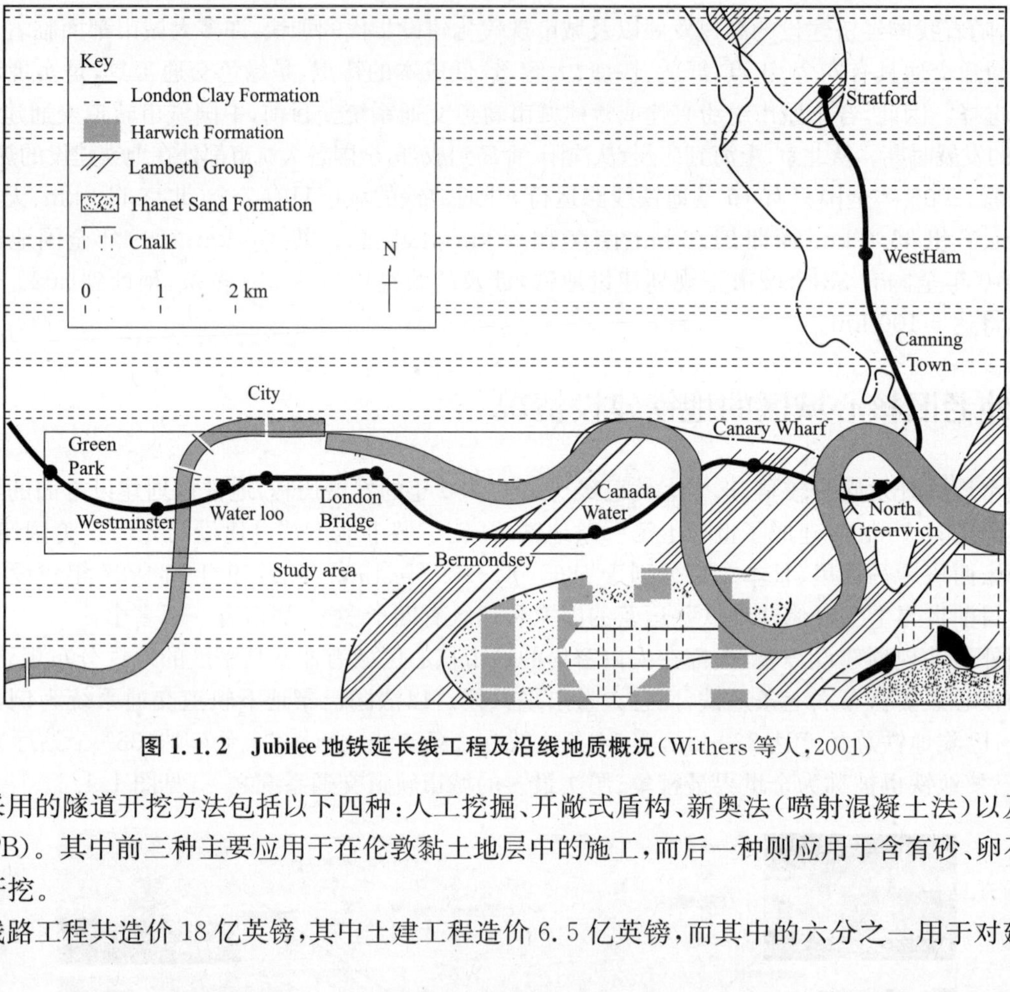

图 1.1.2　Jubilee 地铁延长线工程及沿线地质概况（Withers 等人，2001）

JLE 采用的隧道开挖方法包括以下四种：人工挖掘、开敞式盾构、新奥法（喷射混凝土法）以及土压平衡盾构法（EPB）。其中前三种主要应用于在伦敦黏土地层中的施工，而后一种则应用于含有砂、卵石的兰贝斯组地层的开挖。

JLE 线路工程共造价 18 亿英镑，其中土建工程造价 6.5 亿英镑，而其中的六分之一用于对建筑物的防护和加固。

为了研究 JLE 工程建设期间地下开挖引起的地层和建筑物的位移，以及由此引起的建筑物的损坏和建筑物的保护、修复方法，由英国帝国理工学院土力学研究所等近 20 家英国的企业、政府部门和高校（帝国理工学院）联合组成 CMR（即“建筑物维护与整修”，Construction Maintenance and Refurbishment）项目研究组[1]，由英国伦敦帝国理工学院具体负责有关技术工作。

在该项目的研究中，帝国理工学院课题组的实测研究主要涉及 JLE 的西段（从 Green Park 到 Canada Water），即图 1.1.2 中方框所包含区域。共选取了沿线的 26 个各类建筑物和 2 个天然地面剖面进行了深入全面的监测和分析工作。这 26 栋建筑物涵盖了不同建筑规模、结构类型、基础形式等。其中，有 13 栋建筑物位于伦敦黏土地区，除 Elizabeth 大厦外的绝大部分（12 栋）都采用了补偿注浆进行加固，对于在兰贝斯组地层中进行隧道开挖的地区，受影响的建筑物一般采用渗透注浆法进行加固。

（2）荷兰阿姆斯特丹南北线工程

为了解决城市居民出行问题，阿姆斯特丹市政府早在 1965 年即规划了由 4 条地铁线组成的市中心地下交通网络。其中于 2003 年开始建设的阿姆斯特丹南北线项目全长 9.8 km，从市中心区延伸到伊日河北部市区，见图 1.1.3[3]。由于南北线沿线的市中心区如今仍保留着不少 17 世纪的建筑，一些建筑的主框架大都为木质结构，且所处地段地质情况复杂，如果处理不当，就可能造成建筑物倒塌，或引发附近道路塌陷，因此给地铁线路的施工带来很大不便。

图 1.1.3　荷兰阿姆斯特丹地铁南北线[3]

仅以该线路中 Vijzelgracht 地区的中央火车站站点工程为例[4]。该工程所处场地条件以黏性土、粉细砂、泥炭层为主，施工方法类似国内采用的盖挖法。该工程施工时发生的沉降造成了地上房屋出现变形、开裂，部分建筑物被拆除和重建，地铁工程工期也被迫一再推迟。

中央火车站以南的三个站点，埋深达30 m以上。由于线路埋深较深，对地面建筑物影响相对较小，但一些站点和地区也出现了不同程度的地面下沉及房屋开裂等问题。

由于阿姆斯特丹南北线项目工程施工复杂，因此工程预算不断飚升，且完工日期也是一再被推延。该工程最初的投资预算仅为 14 亿欧元，截止到目前预算已经超过 20 亿欧元。线路原计划于 2011 年开通运营，目前可能要推迟到 2015 年了。

(3)意大利罗马地铁 B1 线穿越中心城工程

意大利罗马市地下铁路系统全长 38 km，于 1955 年启用。目前罗马地铁已运营的线路有两条：A 线和 B 线(包括 B 线的支线 B1)，共设有 51 个车站。罗马地铁的规模较其他西欧大城市的地铁系统小，甚至比不上米兰地铁。主要原因是罗马市地下埋有大量古罗马时代的历史文物，所以在地铁系统的扩建计划中经常需要暂停以评估线路对文物的影响，即使最终得以施工的线路也因为需要对文物古建进行防护和加固而使得造价大增。

以博洛尼亚广场站盾构始发工程为例[5]，该站是 B 线与 B1 线的交汇站。由于从该站始发的盾构施工需穿越某地上历史建筑物，见图 1.1.4，因此盾构施工前不得不采用水平深孔注浆工艺对建筑物下方土体进行加固，见图 1.1.5。加固范围见图 1.1.6 中阴影范围。诸如此类的工程问题均带来了极大的工程风险，并造成了工程造价的提升。

图 1.1.4　罗马博洛尼亚广场站盾构始发工程穿越某建筑物[5]

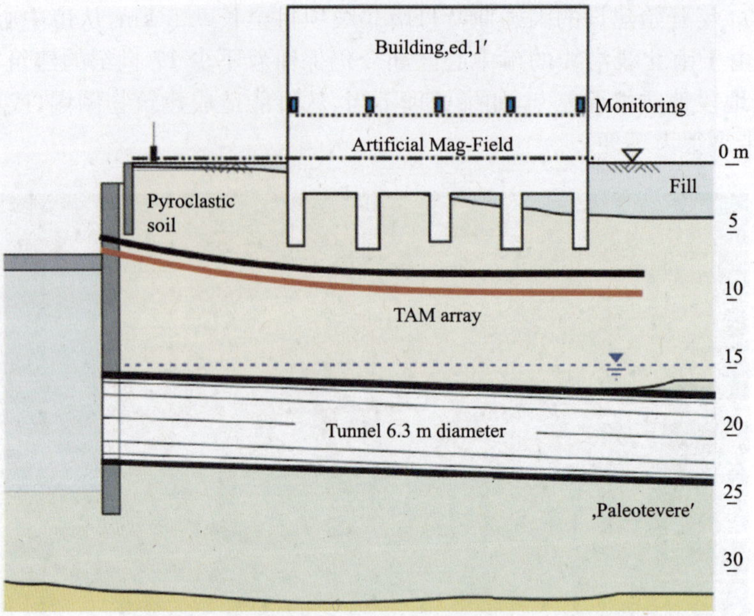

图 1.1.5　盾构始发前采用水平深孔注浆工艺[5]

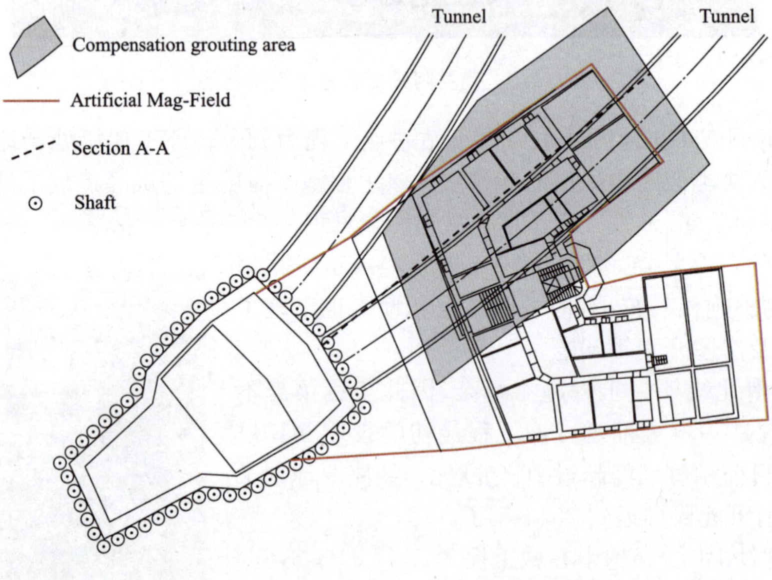

图 1.1.6　盾构始发前的水平深孔注浆范围[5]

1.3　国内中心城区地铁建设的工程事故案例和风险管理

事实上，地层位移和地面沉陷问题在我国的城市地铁建设中是一个普遍关注的问题。在已经开始修建地铁的城市中，除了青岛、重庆等少数城市的隧道在基岩中施工外，其他多数城市隧道均埋设于土质地层中，埋深往往也不大，因此施工扰动的问题通常比较突出。而变形控制不利带来的环境影响问题在我国地铁建设的工程实践中，也不乏实例。限于本书篇幅，以下仅列出了其中部分典型事故：

(1)南京地铁 1 号线一期工程 TA10 标施工过程中，在汉口路与中山路交汇处曾发生面积约 15 m^2、深为 2 m 的地面道路沉陷，严重影响了地面交通的正常运营。

(2)在南京地铁 1 号线一期工程 TA12 标施工过程中，曾发生过中央路上一幢房屋变形开裂，最大裂缝宽度达 2 mm。

(3)上海轨道交通 4 号线的施工事故，导致中山南路 847 号一幢 8 层楼房裙房坍塌(图 1.1.7)，靠近事故现场的20多层临江花园大楼出现明显沉降(1 h沉降最大超过了7 mm,最大累计沉降量达到15.6 mm)。此次事故中还造成了董家渡外马路段长约30 m的防汛墙倒塌。

图1.1.7　上海轨道交通4号线的施工事故

(4)1999年在广州一个交通繁忙地带的矿山法工地,一条5 m长、直径600 mm混凝土供水管与隧道走向几乎呈垂直相交,由于沉降速率较快,不足一周地表沉降接近30 mm,水管突然爆裂。

(5)2006年1月3日凌晨0点40分左右,北京地铁10号线十四标段呼光区间(三环京广桥附近)产生坍塌,7点30分左右形成东西宽14 m×南北长20 m×深12 m的陷坑(图1.1.8)。此次事故造成了这段道路封闭数日,在社会上造成很大负面影响。

图1.1.8　北京地铁10号线十四标段呼光区间塌陷

(6)2005年11月30日下午2时20分,位于北京市朝阳区熊猫环岛的地铁10号线22标段发生坍塌事故,至少400 m^{2}范围内的基坑塌陷10余米(图1.1.9)。事故造成一根直径1.4 m的自来水上水管悬空,一根直径60 cm的水管断裂,一辆翻斗车被埋在土中。

图1.1.9　北京地铁10号线熊猫环岛基坑坍塌

(7)2007年6月15日上午,北京海淀区学院南路西口北侧辅路地面发生塌陷。路面塌陷坑长约5 m、宽3 m、深3 m,坑底布满各种管线(图1.1.10)。事故地点离正在施工的地铁4号线只有50余米。而在塌陷处以北约100 m处,是正在建设的地铁4号线学院南路站出口。

图 1.1.10　北京学院南路地面塌陷

上述各种施工沉陷问题带来的经济损失是巨大的。国内尚没有相关统计资料，但是依据英国公开资料，每年由于地层的变形引起房屋的损坏的保险申请额就达到4亿英镑（约合60亿元人民币），并且逐年增加。

随着我国地铁隧道施工热潮的不断高涨，在老旧城区开展地铁工程所面临的一系列工程难题已经引起了各有关方面以及公众的日益广泛的关注，也为我国相关领域的科技工作者提出了一系列全新的研究课题和工程问题。

在地铁工程中，由于施工中所影响的范围非常广，所涵盖的安全不确定因素相对繁杂，即使施工期间参与各方高度重视，但由于缺乏系统的管理，因此工程事故仍时有发生，因此工程风险管理的引进尤其显得必要。虽然风险管理的理论与技术发展及应用已有相当完整的基础，且在隧道工程中的应用不乏先例，但真正对于地下空间建设工程有系统完整的风险管理却是在近些年才开始积极地发展。

在相关标准和规范逐步完善的同时，风险管理的内容也不断完善。早期从事风险管理的内容主要包括对风险的定义、风险辨识和风险评估。1991年英国提出UK MOD风险管理模型，将风险的管理分为初始辨识、分析和规划管理三个部分，初步建立了现代风险管理流程的雏形。后来，随着各国研究的深入，尤其是荷兰和澳大利亚等工程技术人员的研究基本完善了当前的风险管理流程(Stewart MG and Melchers RE,1997)。美国工程风险管理研究专家Reilly和Carr (2001)在上述研究的基础上又提出五阶段风险管理模式，即风险辨识、风险估计、风险评价、风险决策、风险控制，该风险管理流程在2002年国际隧道协会(ITA)起草颁布的隧道及地下工程风险管理指南中得到了应用。

土木工程中的风险应采用“系统化的风险管理”(Systematic risk management)，即通过风险规划(Risk planning and context establishment)、风险辨识(Risk Identification)、风险分析(Risk analysis)、风险评价(Risk evaluation)、风险分类(Risk classification)、风险管控(Risk treatment)等将风险降至某合理的可接受的下限，见图1.1.11。

在相关的风险管理控制中，一般包括3个方面，即预测(prediction)、预防(prevention)和保护(protection)。北京市轨道交通建设管理有限公司于2007年10月组织开展了“北京地铁工程建设安全风险控制及信息化管理平台的研究与应用”项目研究，初步建立了工程建设安全风险管理体系，该成果自2008年在新建地铁项目中推广应用，取得了良好的管控效果，积累了丰富的风险管控经验和做法，经过不断总结提炼，并于2013年正式出版《北京轨道交通工程安全风险管理体系》(罗富荣，曹伍富，2013)[7]。

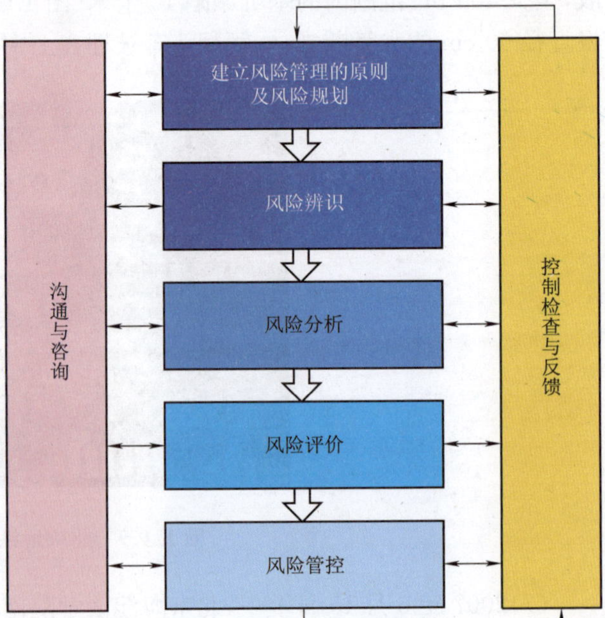

图 1.1.11　系统化的风险管理流程

1.4　北京市旧城区开展地铁建设的特点和难点

北京历史悠久，它作为城市的历史可以追溯到 3000 年前。秦汉以来，北京地区一直是中国北方的重镇，名称先后称为蓟城、燕都、燕京、大都、北平、顺天府等。1153 年，金朝设中都，是北京建都之始。此后元、明、清均建都于此，至今北京已有 800 多年的建都史。

金中都为元、明、清三代的北京城建设奠定了基础。元大都时期北京呈长方形，总面积达 50 多平方公里。实测周长 28.6 km，南北长 7.4 km，东西长 6.65 km。北城墙在今安定门外土城一带，南城墙在今东西长安街南侧，东西两侧在今东西二环路上。

明朝北京城在元大都城的基础上进行了改建，其面积为 62.5 km^2。北京城沿元大都城的北城墙向内缩进了 2.5 km，到了安定门和德胜门一带，又将南城向南推进到前门一带。九门城楼修建完成以后，分别改定以前的名称为：正阳门、崇文门、宣武门、朝阳门和阜成门等，这些名称沿用至今，其涵盖的范围也即通常所指北京内城。嘉靖三十二年（公元 1553 年）又在北京城的南面修筑外城，使得北京城变成了“凸”字的形状。

此后北京的格局基本沿袭了明朝北京城的格局。由于其“中轴对称、平缓开阔、轮廓丰富、节律有序”的特点，集中体现了中国传统的规划建设精华。本书提到的北京旧城即由目前北京市东城区和西城区（包含原宣武区和崇文区）二环以内部分组成。北京市旧城区的遥感影像见图 1.1.12。

图 1.1.12　北京市旧地区范围遥感图（图片来源：Google Earth）

据不完全统计，目前北京市旧城区范围内常住人口约 160 多万人，人口密度接近每平方公里 3 万人。同时，旧城区用地功能过度集聚，包括了行政办公、国际交往、文化娱乐、商务办公、商业购物、旅游、教育、医疗、居住等众多功能。如此集中的人口聚集和城市功能聚集带来了大量的交通出行需求。据有关部门统计，北京市中心城区东西城间日交换量 24 万人次，城市东西部之间日交换量 55 万人次。然而与之相对的，受历史风貌保护限制，旧城道路改善余地不大，加之近年来机动车一直保持着 10%～15%的较高年增长速度（徐加民，2004）[1]，目前市中心区道路网高峰期的平均负荷度已经超过 90%。在小汽车等机动化交通进一步发展的情况下，旧城道路网必将不堪重负。

针对北京旧城区的交通问题，《北京历史文化名城保护规划》中提出旧城的主要交通对策中特别提出交通出行采取以公共交通为主的方式以及加快地铁建设等措施。因此，在旧城区进行地铁建设能有效改善交通状况，促进旧城的发展。

根据《北京市“十二五”时期重大基础设施发展规划》（2011 年 11 月 16 日公布）的有关内容：针对轨道交通建设，将全面完成城市轨道交通近期规划线网建设，基本形成“三环、四横、五纵、八放射”的城市轨道交通网。同时加密中心城区轨道交通线网，新规划、建设一批中心城区、重点功能区城市轨道交通线路，建成 8 号线三期、16 号线、海淀山后线、燕房线等线路，见图 1.1.13 和图 1.1.14。由图中可见，北京市中心城区，特别是旧城区，是未来城市地铁规划建设相对最集中的地区。

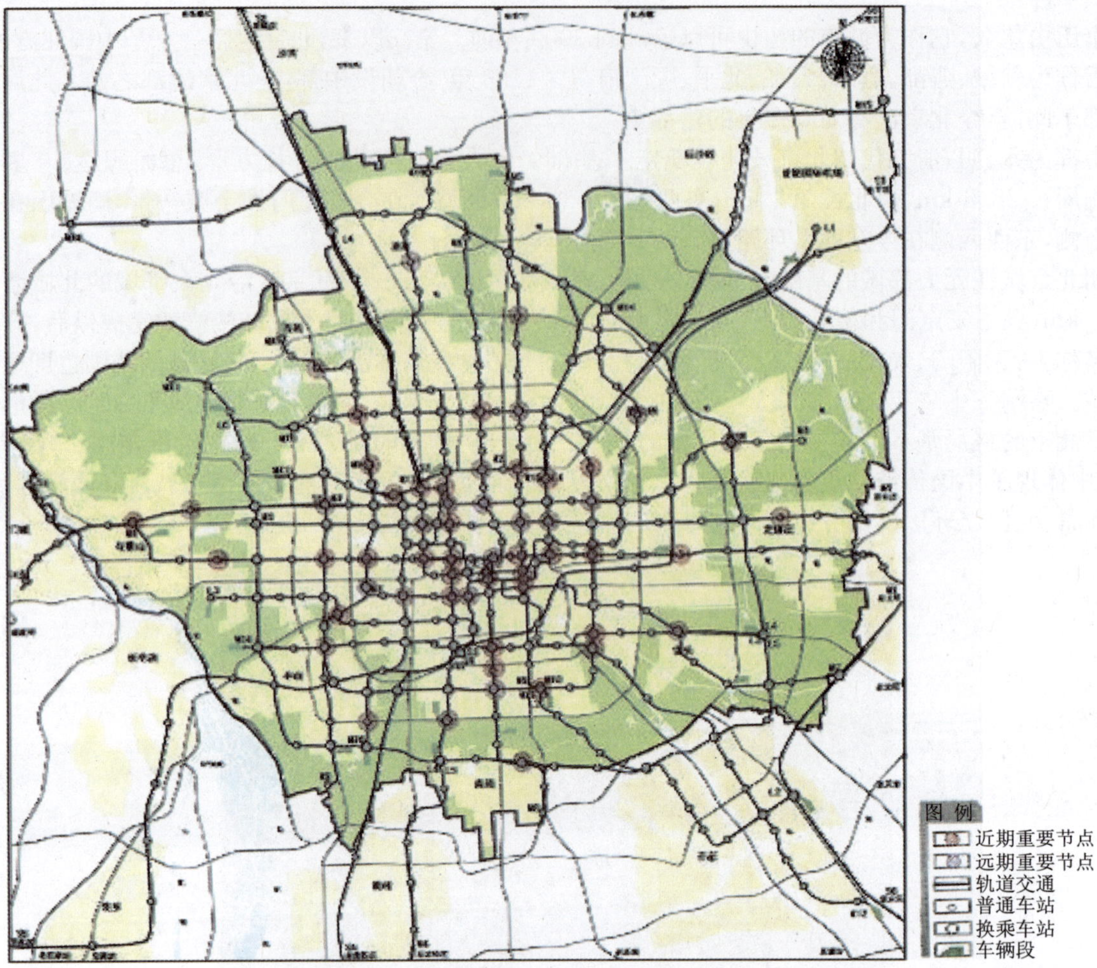

图 1.1.13　中心城轨道交通线网重要节点规划图[6]

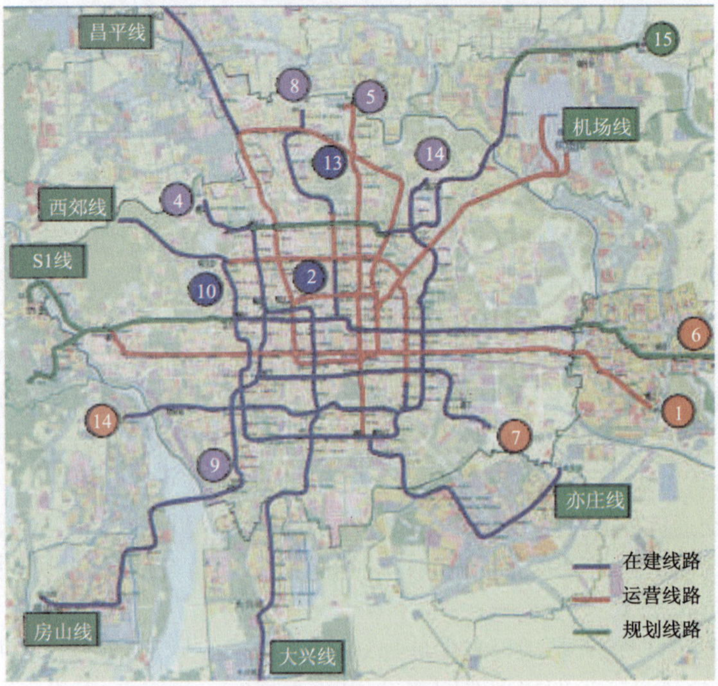

图 1.1.14　北京市轨道交通路网规划图(2015 年)[6]

然而，在北京老旧核心城区开展地铁建设面临更加复杂的建成环境，建筑物、构筑物建成时间长，往往对各种施工扰动更加敏感，同时地质条件也往往比较复杂，因此存在很大的工程难度和非常突出的环境影响问题。主要问题包括：

(1)目前的北京市旧城区仍部分保留着复杂的胡同一四合院系统，具有典型的历史和文化特色，旧城内分布有国家级、市级、区级文物保护单位约 800 处，不仅在国内为仅见，在世界上也屈指可数。但由于旧城区历史悠久，胡同道路狭窄，四合院房屋比较老旧，基础不甚稳固，对沉降、倾斜、差异沉降、施工振动等问题比较敏感。因此可以说，在北京市旧城区进行地铁工程建设，环境影响风险是其中的首要难题。

(2)老旧核心城区分布着众多既有轨道交通设施，在这些地区进行地铁新线建设，往往需要穿越这些运营地铁，可能存在使已建地铁轨道产生不均匀变形，严重的会造成列车出轨事故。要保证新线建设穿越这些既有地铁设施时不影响正常运营，对新线的变形控制提出了极高的要求，往往要在前期评估、设计、施工、监测、管理等方面进行大量的工作方能保证既有地铁的安全。

(3)老旧核心城区地下埋设有大量已知或未知的各类管线，且由于年久失修、材料老化或锈蚀，管线对各种扰动也很敏感，改移和保护也很困难，施工中往往会造成各种(刚性)管线的变形，甚至煤气泄漏、电缆断裂造成停电、水管爆裂等。

(4)老旧核心城区分布有大量居住区，居民往往对沉降、施工振动等扰动更加敏感和关注，一方面需要更加慎重和妥善地处理好这些关系，更重要的是做好各种分析和评价工作，并采取相关有效措施，确保将建设对周围人民生活的影响降到最低。

(5)老旧城区由于人类社会发展历史长，人类活动对地质条件也有较大的影响，例如存在各种古河湖沟坑、较厚的杂填土层(厚的达到 10m 以上)、大量老旧的雨污地下管线渗漏形成的局部滞水，上述情况使地质条件更加复杂，对工程建设有很大的影响。

由此可见，在老旧核心城区开展地铁建设，一方面给规划设计带来了很大的难度，同时在建设中存在很大的不确定性和工程风险。在国内外地铁建设历史上，由于地铁建设造成的文物受损、道路损坏、建筑物开裂、管线爆裂等问题很多，处理不好甚至会引起一些社会问题，因此需要进行认真分析和总结。

第 2 章　8 号线二期南段工程及其周边环境

北京地铁 8 号线在北京地铁线网中规划为一条南北中轴线路。规划线路南起大兴区瀛海站，北至昌平区朱辛庄站，线路规划全长 45.6 km，共设 35 个站和 2 个车辆段。一期工程（奥运支线）于 2008 年 7 月 19 日开通，并直接服务于北京奥运会。二期工程北段于 2011 年 12 月 31 日开通。二期工程南段中，北土城站至鼓楼大街站 3 个区间于 2012 年 12 月 30 日开通，鼓楼大街站至中国美术馆站将于 2013 年 12 月 28 日开通。三期工程南段和三期南延将于 2016 年开通，三期工程北段将于 2017 年开通。

北京地铁 8 号线二期南段工程从北土城站引出后，沿北辰路、鼓楼外大街、旧鼓楼大街、地安门外大街行进，向东经地安门东大街后折向南，到达美术馆东街，全长约 6.78 km，共设安华桥站、安德里北街站、鼓楼大街站、什刹海站、南锣鼓巷站、中国美术馆站六座车站，地理位置示意见图 1.2.1。其中，安德里北街至中国美术馆 4 区间由于穿越旧城核心区，沿线将下穿大量敏感建（构）筑物。

图 1.2.1　北京地铁 8 号线二期南段工程（旧城核心区部分）平面示意图

2.1　安德里北街站—鼓楼大街站区间工程

8 号线二期南段工程中，安德里北街站—鼓楼大街站区间（以下简称“安鼓区间”）出安德里北街站后沿鼓楼外大街南下，至安德路交叉口折向西南进入旧鼓楼外大街，向南穿北护城河旧鼓楼桥、既有地铁 2 号线鼓楼大街站，于旧鼓楼大街设鼓楼大街站。安鼓区间隧道平面图见图 1.2.2。

由图 1.2.2 可见，安鼓区间主要在道路下方穿行，沿线地面高大建筑物较多，在安德路交叉口西侧南北均穿越 1～2 层的房屋（图 1.2.3），下穿一处人行过街通道，还下穿北护城河（图 1.2.4）及旧鼓楼桥桥台、地铁 2 号线鼓楼大街站。

安鼓区间双线隧道全线平行布置，长约 900 m，均采用盾构法施工。区间双线隧道沿走向埋深比较一致。安鼓区间双线隧道纵断面图见图 1.2.5。

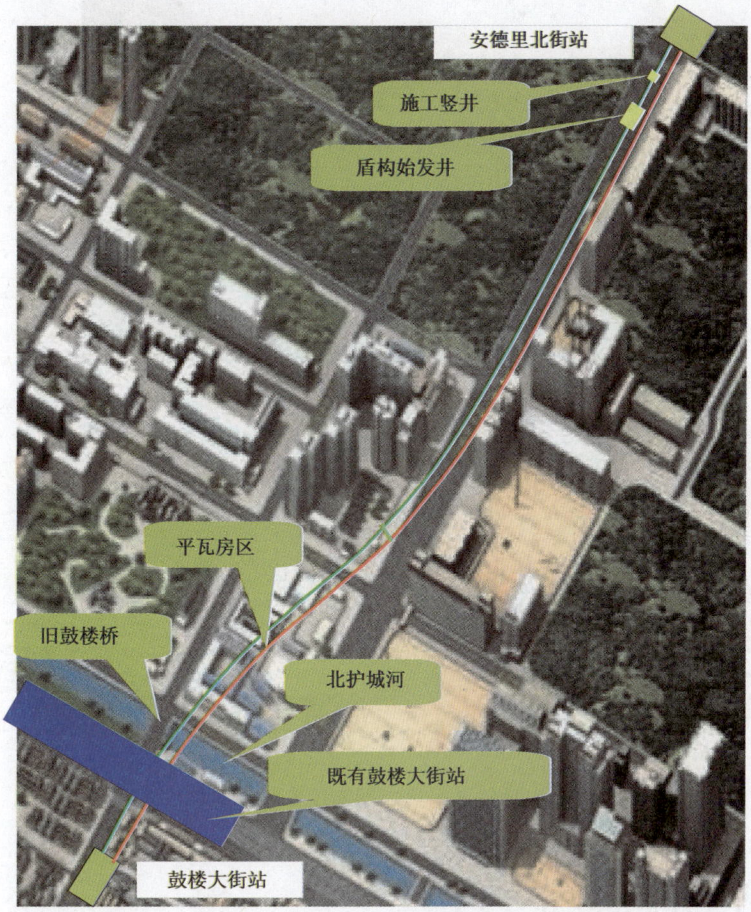

图 1.2.2　北京地铁 8 号线二期南段安鼓区间平面图

图 1.2.3　安鼓区间沿线典型平房照片

由图 1.2.5 可见，安鼓区间隧道纵断面设计均采用车站高，区间低的"V"字型纵断面。隧道最大拱顶埋深约 19.1 m，靠近安德里北街站一侧隧道最小拱顶埋深约 14.7 m，靠近鼓楼大街站一侧隧道最小拱顶埋深约 17.9 m。

依据该区间岩土工程详细勘察报告，区间隧道穿越的地层主要为⑥粉质黏土层、$⑥_1$黏土层、$⑥_2$粉土层、$⑦_4$粉细砂层、$⑧_2$粉土层。区间沿线主要包含 4 层地下水，分别为：第一层上层滞水，静止水位埋深 2.4～9.0 m；第二层层间滞水，静止水位埋深 15.0 m；第三层层间滞水，静止水位埋深 26.1 m；第四层：潜水(微承压)，静止水位埋深为 25.1～30.1 m。

图 1.2.4　安鼓区间下穿北护城河

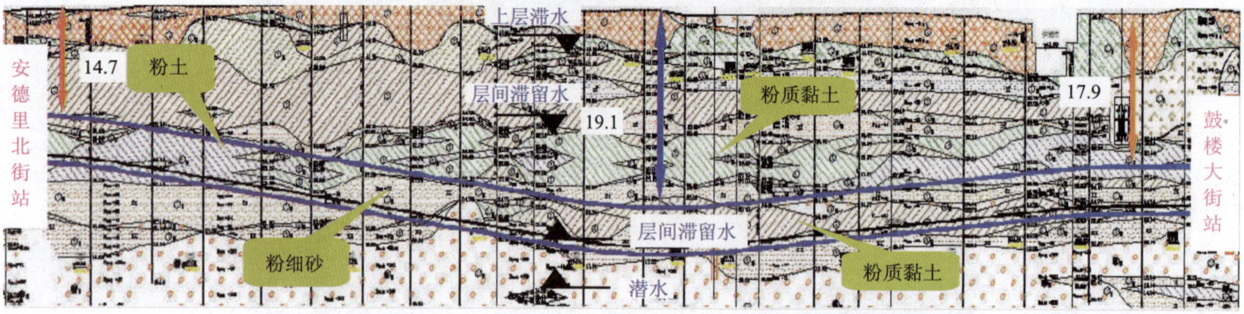

图 1.2.5　北京地铁 8 号线二期南段安鼓区间线路纵断面图

2.2　鼓楼大街站—什刹海站区间工程

8 号线二期南段工程中，鼓楼大街站—什刹海站区间(以下简称“鼓什区间”)线路出鼓楼大街站，沿旧鼓楼大街南下，至鼓楼西大街交界处折向东南，到达什刹海站。鼓什区间隧道平面图见图 1.2.6。

图 1.2.6　北京地铁 8 号线二期南段鼓什区间平面图

由图 1.2.6 可见，鼓什区间沿线地面道路狭窄、交通拥挤，周边主要为四合院式古旧平房群(图 1.2.7)。区间隧道于鼓楼西大街与地安门外大街交叉口临近重点文物古建筑鼓楼(图 1.2.8)施工，区间左线隧道结构外皮与鼓楼外围墙水平最小净距仅 40 m，施工中需重点保护。此外，区间沿线穿越或临近的主要管线有：埋深约 5.36 m 的 ϕ1350 雨水管、埋深约 5.4 m 的 ϕ1150 雨水管、埋深约 5.39 m 的 ϕ1050 雨水管等，以上管线距隧道拱顶最小竖向净距约 12 m。

鼓什区间盾构段双线隧道全线平行布置，长约900 m。区间双线隧道沿走向埋深比较一致。鼓什区间盾构段双线隧道纵断面图见图 1.2.9。

由图 1.2.9 可见，鼓什区间盾构段隧道靠近鼓楼大街站一侧隧道埋深较深，拱顶埋深约 18.0 m，之后隧道沿走向埋深逐渐变小，至靠近什刹海站一侧隧道拱顶埋深约15.6 m。

（a）下穿铺面房

（b）下穿铺面房

（c）下穿古旧门面房

（d）长距离下侧穿古旧平房群

图 1.2.7　鼓什区间沿线典型平房照片

图 1.2.8　鼓什区间侧穿鼓楼

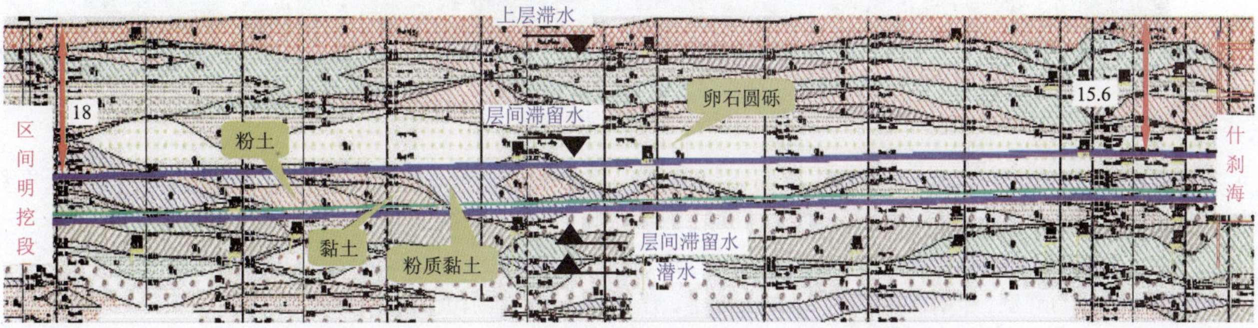

图 1.2.9　北京地铁 8 号线二期南段鼓什区间线路纵断面图

依据该区间岩土工程详细勘察报告，区间穿越的地层主要为⑤$_{9}$卵石圆砾层、⑥粉质黏土层、⑥$_{1}$黏土层、⑥$_{2}$粉土层、⑧$_{4}$细砂粉砂层、⑧$_{9}$卵石层、⑥$_{4}$中砂细砂层。区间沿线主要包含 4 层地下水，分别为：第一层上层滞水，静止水位埋深 2.0～9.3 m；第二层层间滞水，静止水位埋深 15.4～17.0 m；第三层层间滞水，静止水位埋深 21.0～24.6 m；第四层潜水（微承压），静止水位埋深为 26.2～28.7 m。

2.3　什刹海站—南锣鼓巷站区间工程

8 号线二期南段工程中，什刹海站—南锣鼓巷站区间（以下简称“什南区间”）线路出什刹海站后下穿玉河（同时侧穿文物古建万宁桥，图 1.2.10），并下穿大片古旧平房群（图 1.2.11），之后折向东南，先后下穿新华书店（图 1.2.12(a)）、北海医院、天意商城（图 1.2.12(b)）、东城综合高中等，及包括清代太医院（现作民居，图 1.2.13）在内的古旧平房群后进入地安门外大街，再次下穿玉河后线路沿地安门外大街下穿日林公司北京办事处、星海琪假日酒店（图 1.2.12(c)）、龙海鑫洗浴中心（图 1.2.12(d)）等后行进至南锣鼓巷站。

图 1.2.10　什南区间线路侧穿古建万宁桥（下穿玉河）

（a）下穿危改平房区　　（b）下穿危改平房区

图 1.2.11　什南区间线路沿线典型危改平房群

需要特别提到的是，什南区间隧道在南锣鼓巷站一侧呈右线在下、左线在上的交叠状态，叠落段长度约为 310 m，包括垂直叠落段约 230 m，双线隧道最小竖向净距仅为 2.6 m。

什南区间隧道平面图见图 1.2.14。

由图 1.2.14 可见，什南区间沿线建筑物密集，沿线周边建筑物以北京地区文物古建筑和老式四合院式古旧平房群为主，也包含近现代多层砖混结构楼房。

（a）新华书店

（b）北海医院和天意商城

（c）星海琪假日酒店

（d）龙海鑫洗浴中心

图 1.2.12　什南区间线路沿线典型多层砖混结构楼房

图 1.2.13　什南区间下穿清代太医院（现作民居）

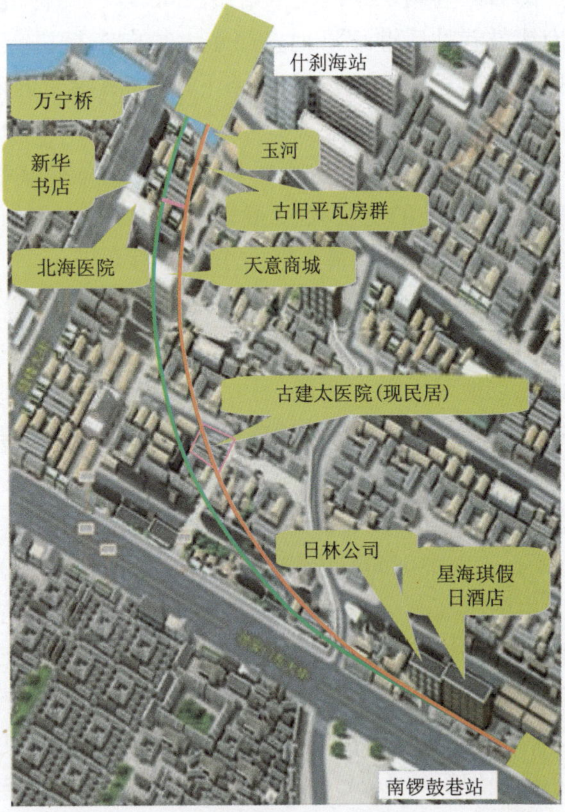

图 1.2.14　北京地铁 8 号线二期南段什南区间平面图

什南区间隧道出什刹海站后双线平行布置，之后至区间隧道中部位置时双线隧道逐渐变为右线在下、左线在上的叠落布置，区间全线长约 740 m。什南区间双线隧道纵断面图见图 1.2.15。

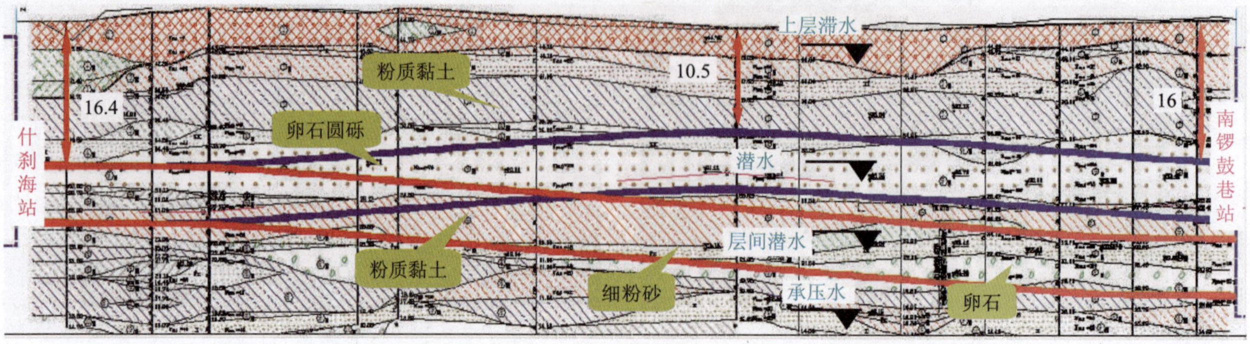

图 1.2.15　北京地铁 8 号线二期南段什南区间线路纵断面图

由图 1.2.15 可见，什南区间双线隧道出什刹海站后，区间右线沿走向埋深逐渐变大，左线埋深逐渐变小，至双线隧道呈叠落布置后区间双线隧道沿走向埋深均逐渐变大。区间左线隧道埋深相对较浅，线路最小拱顶埋深约为 10.5 m，靠近什刹海站一侧隧道最大拱顶埋深约 16.4 m，靠近南锣鼓巷站一侧隧道最大拱顶埋深约 16.0 m。

依据该区间岩土工程详细勘察报告，区间穿越的地层主要为⑤$_9$卵石圆砾层、⑥粉质黏土层、⑥$_1$黏土层、⑥$_2$粉土层、⑧$_4$细砂粉砂层、⑧$_9$卵石层、⑥$_4$中砂细砂层。区间沿线主要包含 4 层地下水，分别为：第一层上层滞水，静止水位埋深 1.4～11.1 m；第二层潜水，静止水位埋深 14.8～16.8 m；第三层层间潜水，静止水位埋深 22.4～25.7 m；第四层承压水，静止水位埋深为 26.1～29.8 m。

2.4　南锣鼓巷站—中国美术馆站区间工程

南锣鼓巷站—中国美术馆站区间（以下简称"南中区间"）线路出南锣鼓巷站后继续沿地安门东大街向东行进，至美术馆后街交界处折向南，至美术馆东街道路下，继续南行至五四大街路口进入中国美术馆站。

需要特别提到的是，南中区间隧道在南锣鼓巷站一侧呈右线在下、左线在上的交叠状态，叠落段长度约为 180 m，包括垂直叠落段约 50 m，双线隧道最小竖向净距仅为 1.95 m。

南中区间隧道平面图见图 1.2.16。

由图 1.2.16 可见，南中区间沿线建筑物密集，沿线周边建筑物以北京地区文物古建筑（图 1.2.17）和老式四合院式古旧平房群（图 1.2.18）为主，也包含近现代多层砖混结构楼房（图 1.2.19）。

南中区间隧道出南锣鼓巷站后双线呈右线在下、左线在上的叠落布置，之后双线隧道逐渐变为平行布置。区间全线长约 1 000 m。南中区间双线隧道纵断面图见图 1.2.20。

由图 1.2.20，南中区间双线隧道出南锣鼓巷站后，区间右线沿走向埋深变化不大，左线埋深逐渐变大，至双线隧道呈平行布置后区间双线隧道沿走向埋深逐渐一致。区间左线隧道埋深相对较浅，线路中部最大拱顶埋深约为 23.5 m，靠近南锣鼓巷站一侧隧道最小拱顶埋深约 14.7 m，靠近中国美术馆站一侧隧道最小拱顶埋深约 16.8 m。

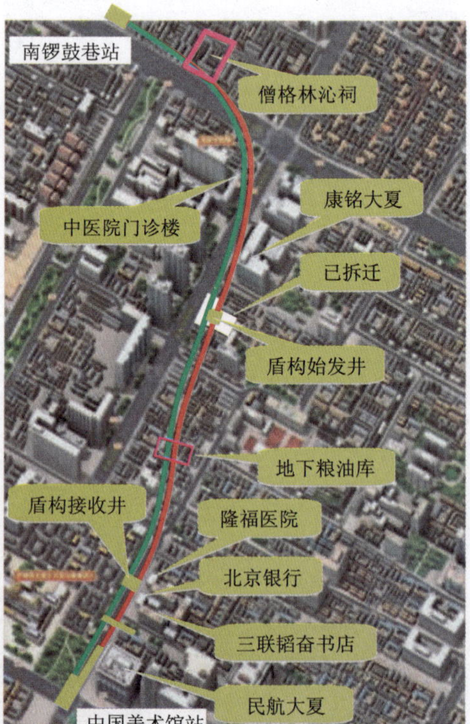

图 1.2.16　北京地铁 8 号线二期南段南中区间平面图

图 1.2.17　南中区间下穿清代僧格林沁祠(现作东城区教委办公用房)

(a) 长距离下侧穿古旧平房群　　　　(b) 下穿古旧平房区

图 1.2.18　南中区间线路沿线典型危改平房群

图 1.2.19　南中区间线路沿线典型多层砖混结构楼房

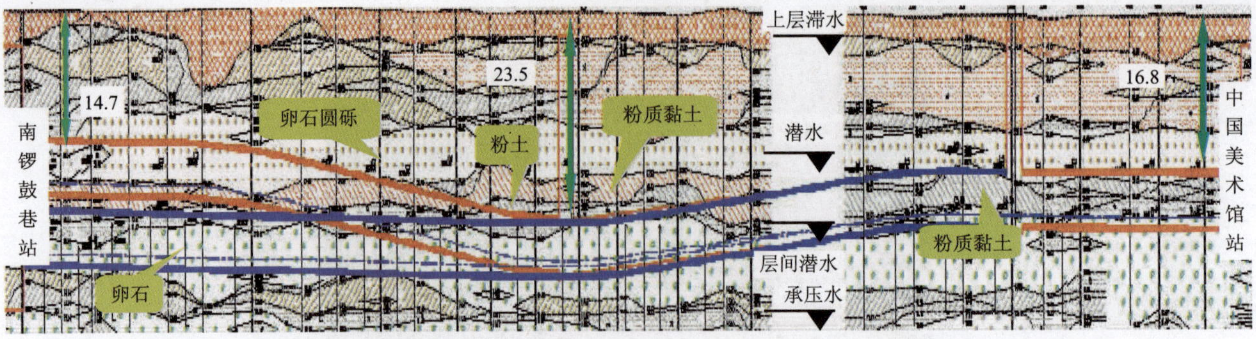

图 1.2.20　北京地铁 8 号线二期南段南中区间线路纵断面图

区间穿越的地层主要为⑤$_9$卵石圆砾层、⑥粉质黏土层、⑥$_1$黏土层、⑥$_2$粉土层、⑥$_4$中砂细砂层、⑧$_4$细砂粉砂层、⑧$_9$卵石层。区间沿线主要包含 4 层地下水，分别为：第一层上层滞水，静止水位埋深 5.1～10.3 m；第二层潜水，静止水位埋深 14.5～17.5 m；第三层层间潜水，静止水位埋深 20.7～24.7 m；第四层承压水，静止水位埋深基本与层间潜水相同。

第 3 章　北京老旧核心城区工程地质与岩土工程条件

3.1　北京老旧核心城区所在的区域地质条件分析

3.1.1　区域地质条件背景

北京平原在地貌单元上属于永定河冲洪积扇，第四系由山地向平原存在较大差别，总体趋势是自西郊的单一砂卵砾石层向东逐渐过渡到砂卵砾石与黏性土的交互沉积层(图 1.3.1)。具体表现为：

(1)在西部的冲洪积扇顶部及上部(对应图 1.3.1 中复兴门以西大部分区段)，以厚层砂土和卵、砾石地层为主。

(2)向东的城市中心区大部分范围内(冲洪积扇中部，对应图 1.3.1 中复兴门—建国门区段，北京地铁 8 号线二期工程所在的地区)，地层过渡为黏性土、粉土与砂土、碎石土互层。

(3)再向东的东郊为冲洪积扇中下部(对应图 1.3.1 中建国门以东大部分区段)，以厚层黏性土、粉土为主，层中分布有砂土层。

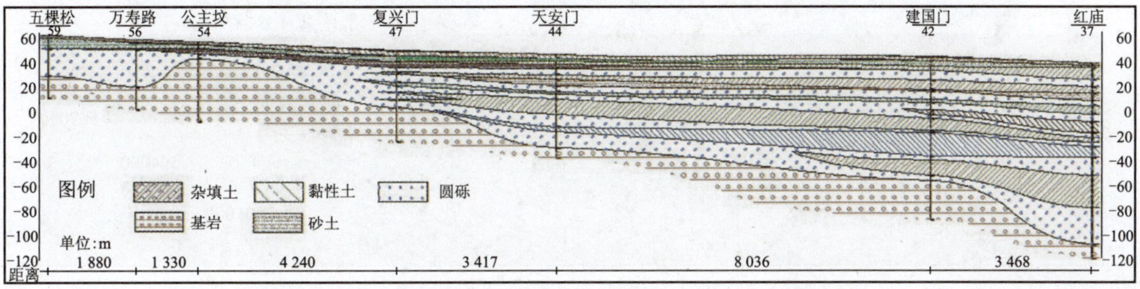

图 1.3.1　北京市平原区典型地层剖面图(沿长安街自西向东)

同时，受全新世以来区域构造和古气象水文条件影响，永定河水系发生多次变迁，在北京平原全新世以来发育多条古河道(参见图 1.3.2)[8]，这些古河道影响深度范围一般在 15 m 以内，古河故道之间的第四系为全新世之前形成的台地区，形成了一系列的台地与古河道的微地貌单元，其中北京地铁 8 号线二期工程自北向南依次跨越古清河和古金河之间的台地(以下简称“台地区”)和古金沟河故道(以下简称“故道区”)两个微地貌单元。

图 1.3.2　北京平原区全新世古河道分布图

3.1.2　老旧核心城区所在区域地质条件

在地貌单元上，北京老旧核心城区位于永定河冲洪积扇脊部，受地质历史上各种内外地营力作用，全新世以来永定河古河道的变迁较为频繁，决定了中心城一般第四纪地质条件的复杂性，主要体现在一般第四纪沉积层涉及的岩性较多，如碎石土、砂土、粉土和黏性土等，且这些岩性在空间分布规律上也十分复杂[8][9]（以图 1.3.3 的中心地区为例）。不同岩性的第四纪沉积土以及同一类型不同区域的第四纪沉积土，其工程特征（如压缩性、密实度等）表现的差别均很大。

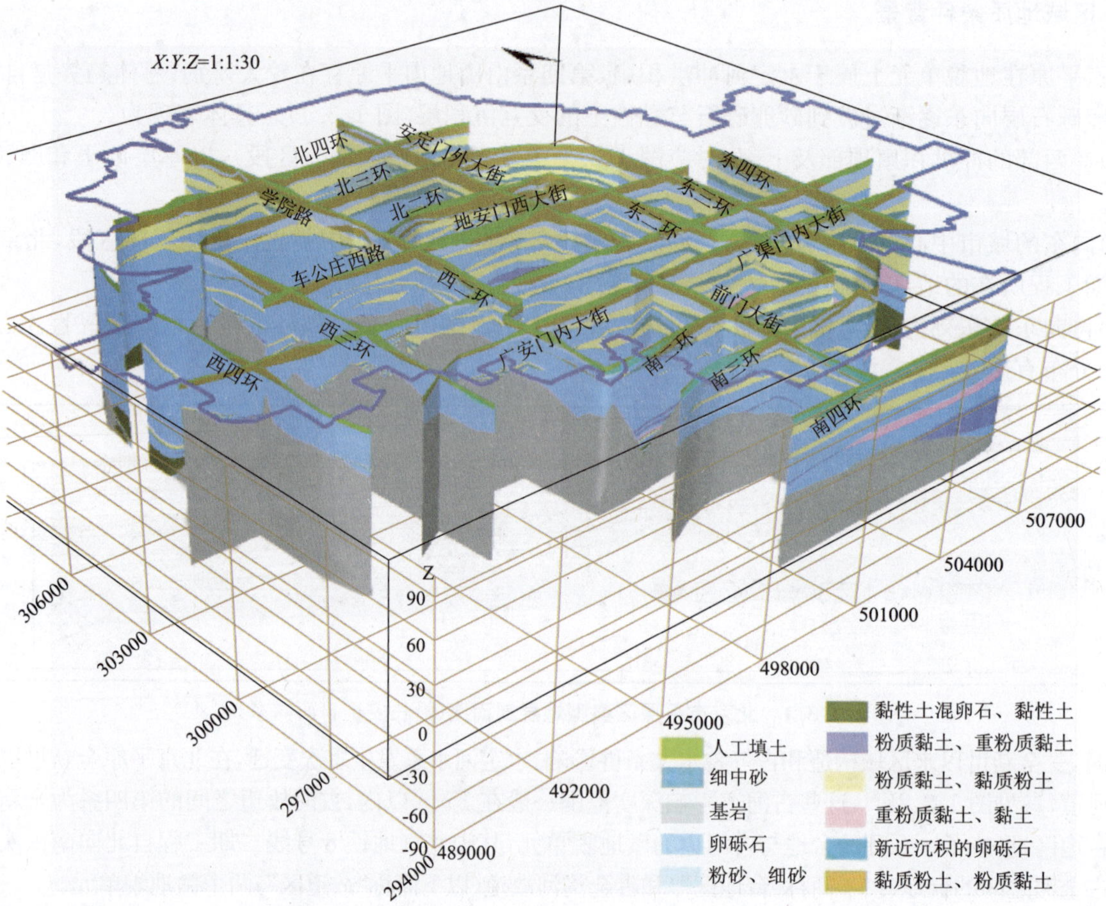

图 1.3.3　北京市中心城中心地区三维地层模型[9]

同时，自文化期以来，老旧核心区一直是北京地区人类活动的重点区域，为该区域（尤其是二环以内的旧城区）遗留下了许多古河湖沟坑（图 1.3.4），使 15 m 深度以内的浅部第四纪沉积环境更加复杂，主要沉积类型为新近沉积，岩性以粉土、黏性土和砂土为主，工程特性普遍表现为压缩性较高，密实度较低，且普遍含有机质。

另外，随着北京市城市建设，老旧核心区普遍分布人工堆积层，在空间分布规律性很差，填土的厚度从 1 m以内到 10 m 以上不等。人工堆积层的总体工程特征表现为均一性差、高压缩性且较松散。

上述复杂的地层特征同时也在区域上决定了老旧核心区地下水分布规律的复杂性，主要表现为地下水分布特征的多层性。50 m 深度以内地下水类型涉及台地潜水、阶地潜水、上层滞水、层间水、潜水和承压水，各类型地下水在空间上分布规律差异很大。另外，从时间上看，由于不同类型地下水的补径排规律不同，其水位动态特征差异也很大[10]。

图 1.3.4　北京市老旧核心区古河湖沟坑分布图[9]

3.2　地铁 8 号线二期沿线工程地质条件

综上所述，老旧核心城区地质条件十分复杂，对该区域的地铁建设有着重要影响[9]。本章主要在区域地质条件研究基础上，以北京地铁 8 号线二期工程为例，介绍北京老旧核心城区的工程地质条件，并在此基础上建立了便于沿线工程地质条件分析的 3D 模型。

3.2.1　地层分布规律概况

北京地铁 8 号线二期工程位于永定河冲洪积扇中部（对应图 1.3.1 中复兴门—建国门区段），同时，北京地铁 8 号线二期工程沿线跨越台地区和故道区两个微地貌单元，因此工程沿线地质条件总体上十分复杂。

综合沿线钻孔资料和各区间段的地层勘察成果[11]，在前述区域地质条件研究基础上，对北京地铁 8 号线二期工程沿线地层分布规律进行分析总结，并将 50m 深度范围的地层统一划分为 12 大层，具体分为 38 层，各地层的分布规律详见表 1.3.1，地层分布综合剖面见图 1.3.5。

表 1.3.1　北京地铁 8 号线二期工程沿线 50 m 深度范围内地层统一划分一览表

地层成因	大层号	层号	地层岩性	大致标高范围(m)
人工堆积层	1	①	房渣土	42.07～46.83
		①$_2$	粉质黏土填土	41.78～43.22
		①$_3$	粉土填土	43.04～44.65
		①$_6$	圆砾～卵石填土	38.91～44.06
一般第四纪沉积层	3	③	粉质黏土	38.48～39.61
		③$_1$	黏土	38.02～38.77
		③$_2$	粉土	37.50～39.18
		③$_3$	细粉砂	36.70～41.05

续上表

地层成因	大层号	层号	地层岩性	大致标高范围(m)
一般第四纪沉积层	4	④$_3$	粉细砂	32.62～34.28
		④$_4$	中砂细砂	33.32～34.66
	5	⑤	粉质黏土	29.01～30.61
		⑤$_6$	砾砂粗砂	27.96～30.26
		⑤$_8$	圆砾	30.88～31.88
		⑤$_9$	卵石圆砾	28.20～32.60
	6	⑥	粉质黏土	27.58～29.36
		⑥$_2$	粉土	26.73～27.68
	7	⑦$_2$	粉土	23.03～23.93
		⑦$_4$	细粉砂	23.40～24.80
		⑦$_7$	砾砂	22.91～24.11
		⑦$_9$	卵石	24.01～24.81
	8	⑧	粉质黏土～重粉质黏土	16.95～18.85
		⑧$_1$	黏土	21.23～23.09
		⑧$_2$	粉土	16.74～18.44
		⑧$_4$	细砂	17.31～20.06
		⑧$_5$	中砂粗砂	19.29～21.82
		⑧$_9$	卵石	17.67～19.87
	9	⑨$_4$	细中砂	14.23～16.13
	10	⑩	粉质黏土	6.08～8.78
		⑩$_2$	粉土	6.34～8.09
		⑩$_4$	细砂	7.28～8.00
		⑩$_9$	卵石	11.99～15.26
	11	⑪$_1$	黏土	2.86～4.76
		⑪$_2$	粉土	0.72～5.03
		⑪$_4$	细砂	6.07～7.17
		⑪$_9$	卵石	3.60～7.00
	12	⑫$_4$	细砂	−8.34～−3.94
		⑫$_9$	卵石	−6.39～−3.50
	13	⑬$_9$	卵石	−18.42～−13.87

沿线地层条件是地铁施工中的环境效应(例如引起的地层沉降和施工振动等)的重要地质因素之一。例如,对于施工引起的地层沉降来说,上覆土层的密实度和厚度是重要影响因素之一;对于施工引起的振动扰动问题来说,开挖面的地层的刚度、上覆土的厚度及密实度是重要影响因素。

3.2.2　工程沿线3D数字地层模型

根据前述地层的统一划分,利用地质3D数字建模技术,建立了综合反映北京地铁8号线二期工程沿线地层分布规律的3D地层模型(图1.3.6),从图中不仅可以直观地看出北京地铁8号线二期工程沿线地层空间分布情况,而且还可以根据研究需要,通过对模型做任意的空间分析,得到所关心的区域地层分布规律。例如,利用该3D模型可以便捷和准确地分析沿线盾构掌子面的地层分布情况(图1.3.7),便于各项分析计算工作。

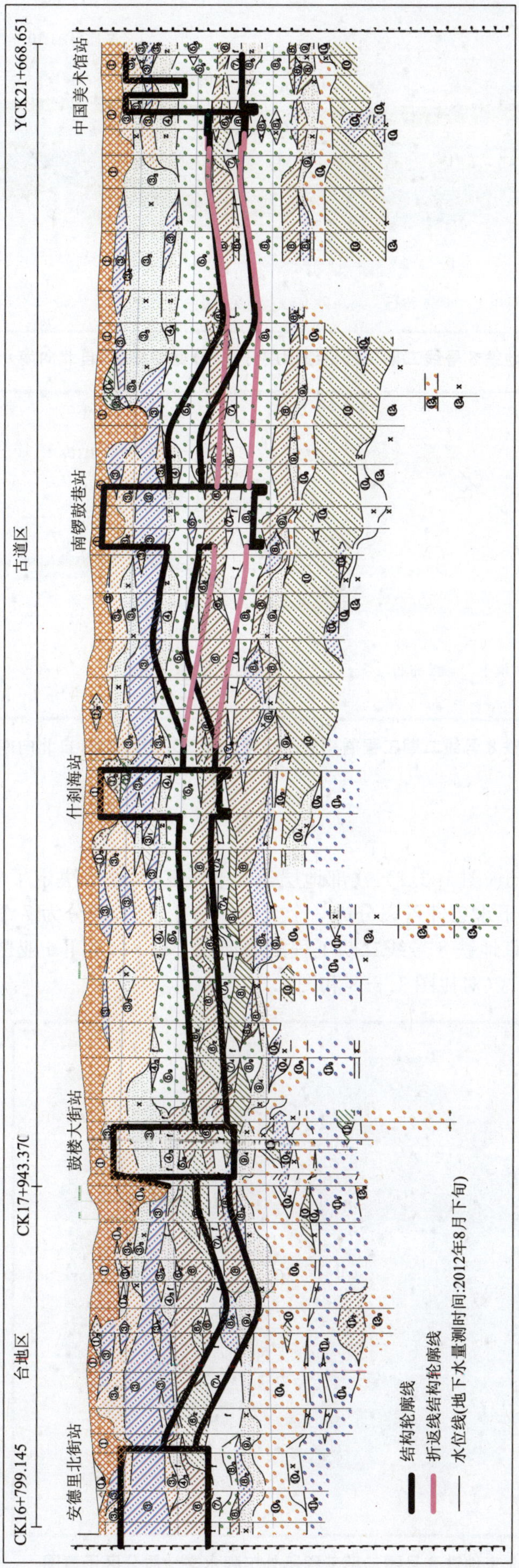

图 1.3.5　北京地铁 8 号线二期工程沿线地层分布剖面图(自北向南)

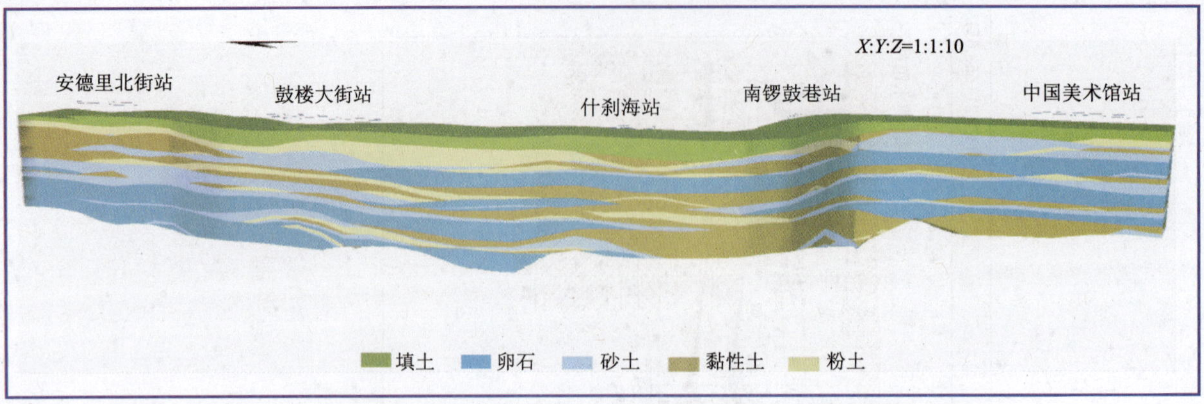

图 1.3.6　北京地铁 8 号线二期工程沿线地层分布 3D 数字模型(自北向南)

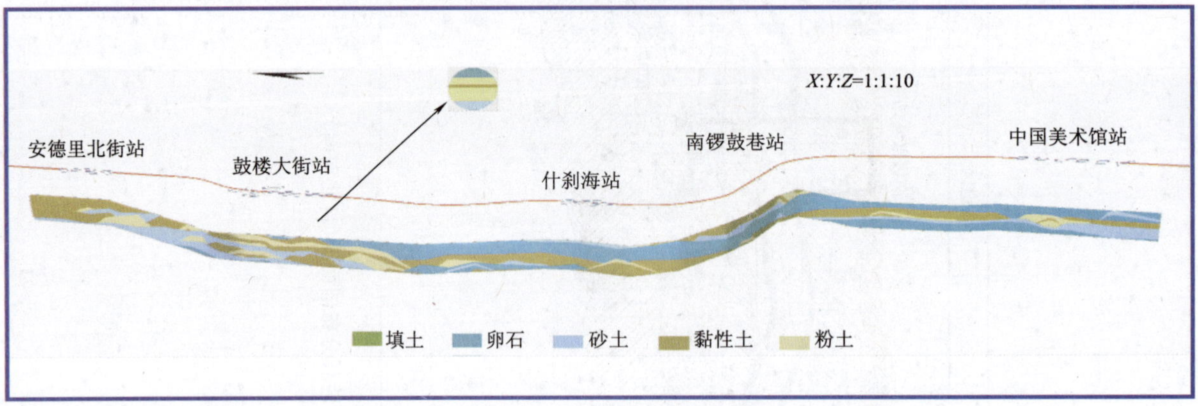

图 1.3.7　北京地铁 8 号线二期工程盾构施工穿越地层 3D 数字模型(自北向南)

3.3　工程地下水条件

永定河洪冲积扇涉及 6 条古河道(图 1.3.2)，浅部地层条件十分复杂，这也决定了浅层地下水条件的复杂性。永定河洪冲积扇上的浅层地下水条件可以分为 3 个大区(Ⅰ、Ⅱ、Ⅲ)，细分为 7 个亚区(Ⅰa、Ⅰb、Ⅰc、Ⅱa、Ⅱb、Ⅲa、Ⅲb)(图 1.3.8)。北京地铁 8 号线二期工程沿线涉及Ⅰa 亚区和Ⅱa 亚区(图 1.3.8)，地貌单元上分别对应台地区和古河流故道区(对比图 1.3.8 和图 1.3.2)。

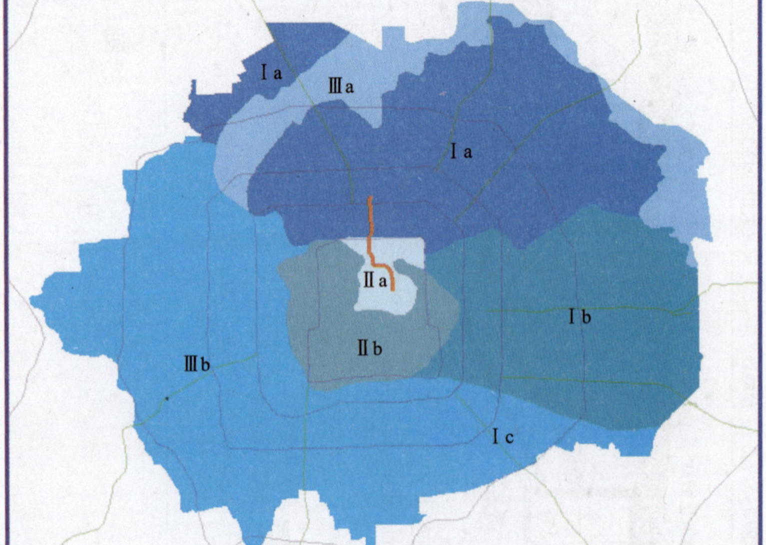

图 1.3.8　北京地铁 8 号线二期工程所处工程水文地质分区示意图

3.3.1 北京地铁8号线二期工程沿线地下水赋存与埋藏条件

根据沿线的地层条件，同时结合区域工程水文地质条件，表1.3.2、表1.3.3总结了地铁8号线二期工程沿线的地下水赋存规律。

表1.3.2 Ⅰa亚区（里程桩号CK16+799.145～CK17+943.370）**地下水分布条件**

地下水层次	地下水类型	深度范围(m)	赋存地层岩性	当前水位情况	
				埋深(m)	标高(m)
1	台地潜水	10以内	粉质黏土③层、粉土③$_2$层	约3.01	约41.15
2	层间潜水	15～20	粉土⑧$_2$	14.50～15.50 (由北向南逐渐变浅)	33.00～32.00 (由北向南逐渐升高)
3	潜水～承压水	25以下	圆砾、卵石⑩$_9$层、卵石⑪$_9$层、卵石⑫$_9$层、卵石⑬$_9$层	28.40～30.30 (由北向南逐渐变浅)	15.90～17.20 (由北向南逐渐升高)

表1.3.3 Ⅱa亚区（里程桩号CK17+943.370～YCK21+668.651）**地下水分布条件**

地下水层次	地下水类型	深度范围(m)	赋存地层岩性	当前水位情况	
				埋深(m)	标高(m)
1	上层滞水	10以内	房渣土①层、粉土填土①$_3$层和粉土③$_3$层	2.63～7.87	38.91～42.01
2	层间潜水	15～20	砂土④$_4$层和卵砾石⑤$_9$层	13.50～14.50 (由北向南逐渐加深)	32.00～28.90 (由北向南逐渐降低)
3	潜水～承压水	25以下	圆砾、卵石⑩$_9$、卵石⑪$_9$层、卵石⑫$_9$层、卵石⑬$_9$层	30.30～30.80 (由北向南逐渐变浅)	17.20～16.20 (由北向南逐渐降低)

对比表1.3.2和表1.3.3，两个亚区20 m深度以内的地下水分布条件（相应第1、2层地下水）差别较大，而在25 m深度以下，地下水（相应于第3层地下水）赋存条件基本一致，即潜水～承压水在北京地铁8号线二期工程沿线分布连续，具有统一的水力联系（图1.3.9）。

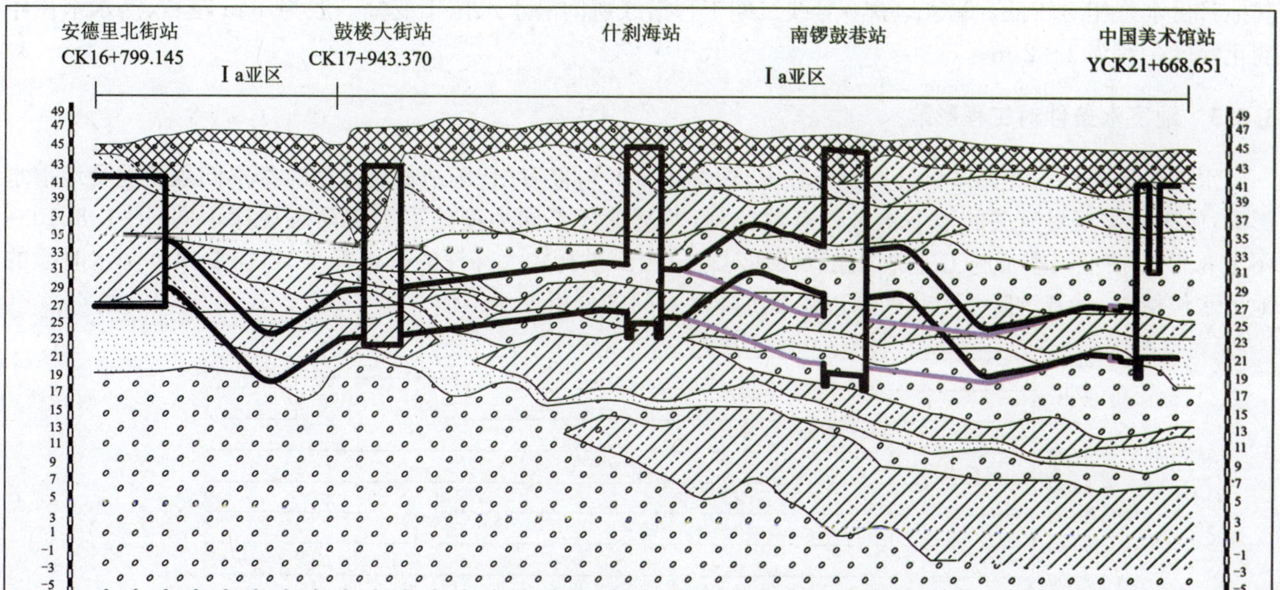

图1.3.9 北京地铁8号线沿线工程水文地质剖面图（自北向南，地下水位量测时间为2012年8月下旬）

3.3.2　地下水位动态规律

根据前述地下水赋存条件和相关研究成果，以下进一步介绍各层地下水的地下水位动态规律。

(1)上层滞水（Ⅱa亚区）和台地潜水（Ⅰa亚区）

上层滞水的动态类型为渗入～蒸发型，主要接受大气降水入渗、地表水体补给和管道渗漏补给，并以蒸发和越流补给下伏含水层为主要排泄方式。台地潜水动态类型和上层滞水基本一致，主要区别是前者还接受侧向径流补给。

根据地下水位长期动态监测资料，这两层地下水多年来水位变化不大，但年变幅较为明显，一般7～9月份水位较高，其他月份较低（以图1.3.10所示上层滞水多年动态曲线为例），和北京市大气降水规律基本一致。

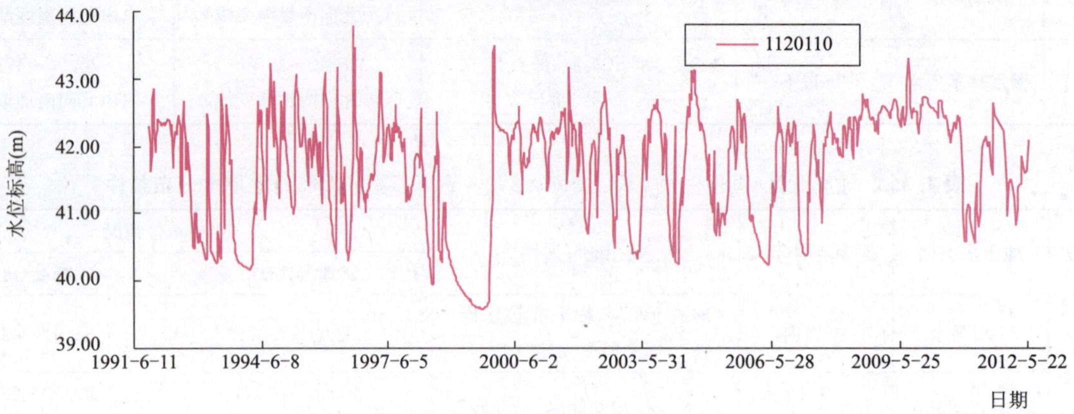

图1.3.10　北京地铁8号线二期工程沿线附近上层滞水水位多年动态曲线图

(2)层间潜水和潜水～承压水

层间潜水和潜水～承压水的动态类型为径流～开采型，主要接受地下水侧向径流、上覆地下水越流补给，并以侧向径流和人工开采为主要排泄方式。根据地下水位长期动态监测资料，多年来这2层地下水位动态复杂，受北京市多年地下水开采量和一些偶然的补给作用（如官厅水库1995～1997年5次放水）影响较大。

该2层地下水位年动态规律基本一致，其水位年动态变化规律一般为：11月份～来年3月份水位较高，其他月份水位相对较低。北京地铁8号线二期工程沿线层间潜水水位年变幅一般为1 m左右，潜水水位年变化幅度一般为1～2 m。

3.3.3　地下水条件对工程影响

水文地质条件对车站基坑开挖影响较大，由图1.3.9可以看出，车站基坑开挖时都不同程度地受地下水影响，施工中需要对有关的地下水进行有效控制，尤其上述不同类型地下水年动态规律不同（图1.3.10～图1.3.12），在不同季节施工应加以注意区别对待。当要进行较大降深的基坑降水时，需要根据降水时段的地下水位情况，就基坑降水引起的周边地面沉降做专门的分析评价工作。

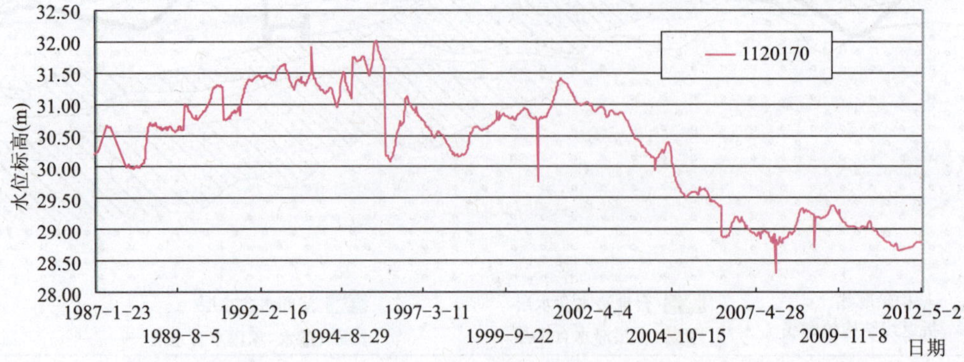

图1.3.11　北京地铁8号线二期工程沿线附近层间潜水水位多年动态曲线图

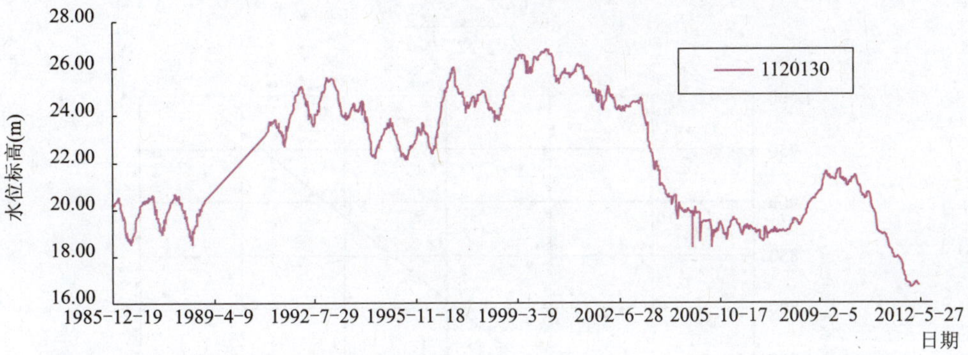

图 1.3.12　北京地铁 8 号线二期工程沿线附近潜水～承压水水位多年动态曲线图

3.4　主要地层参数变化特征及统计规律

无论是现场调查、测试还是室内试验，由其获得的物理力学参数都是离散的，并且样本数也是有限的。为了更好地满足设计、施工、分析评价和研究对各层土的参数取值的需要，可以在目前有限的室内试验和数据资料基础上，进行地层参数统计规律的分析，为数据空白区参数经验估计提供依据。

本工程沿线地层岩性以碎石土和砂土分布最多，其次为黏性土，而粉土分布很少（主要在浅部），因此本书着重探讨碎石土、砂土和黏性土。不同类型的土的表征物理力学参数不同，因此碎石土主要讨论其剪切波速（v_s），针对砂土主要介绍其标准贯入数（$N_{63.5}$）的规律，而细颗粒的黏性土和粉土则主要分析孔隙比（e）、压缩模量（E_s）、黏聚力（c）和摩擦角（φ）等。

3.4.1　碎 石 土

碎石土属于无黏性土，其物理力学特征很大程度上与其上覆土压力有关，深度越大，上覆土有效压力越大，密实性越好，因此其剪切波速和深度关系密切。北京地铁 8 号线二期南段沿线的卵石分布较多，从浅部的卵石、圆砾⑤$_9$层到深部的卵石⑬$_9$层（参见表 1.3.1，涉及地层编号⑦$_9$、⑧$_9$、⑩$_9$、⑪$_9$、⑫$_9$和⑬$_9$），密实度会有明显变化。其中 10 个代表性测试孔中卵石的波速测试数据按照深度统计的规律参见图 1.3.13和图 1.3.14。

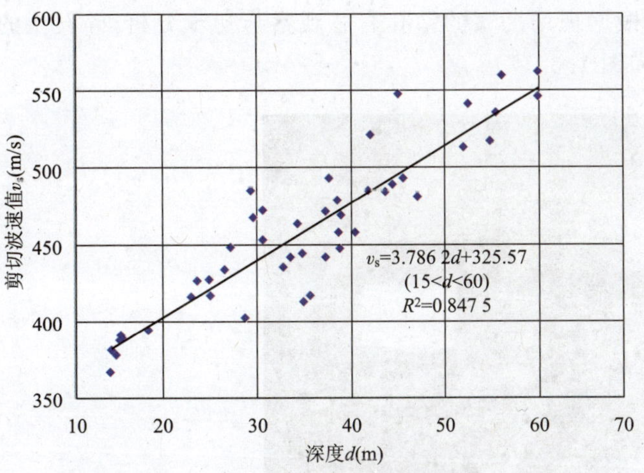

图 1.3.13　卵砾石剪切波速随深度变化统计曲线

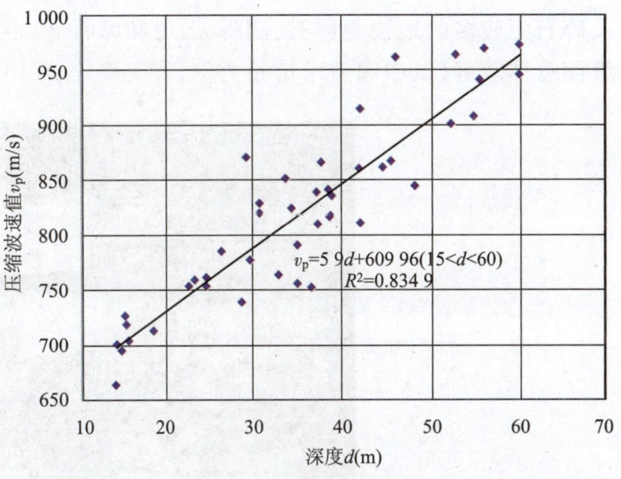

图 1.3.14　卵砾石压缩波速随深度变化统计曲线

从图中可以看出，卵石层的剪切波速、压缩波均随深度变化呈较明显的线性增大趋势，其中压缩波的线性相关程度和随深度增加幅度相对更大。

另外，图 1.3.15 是对沿线同一层卵石剪切波速和压缩波速值之间的统计关系，相比图 1.3.13 和图 1.3.14而言，二者之间线性关系更明显。理论上，压缩波 v_p 和剪切波 v_s 存在如下的关系[14]，即

$$\nu=\frac{v_p^2-2v_s^2}{2(v_p^2-v_s^2)} \tag{1.3.1}$$

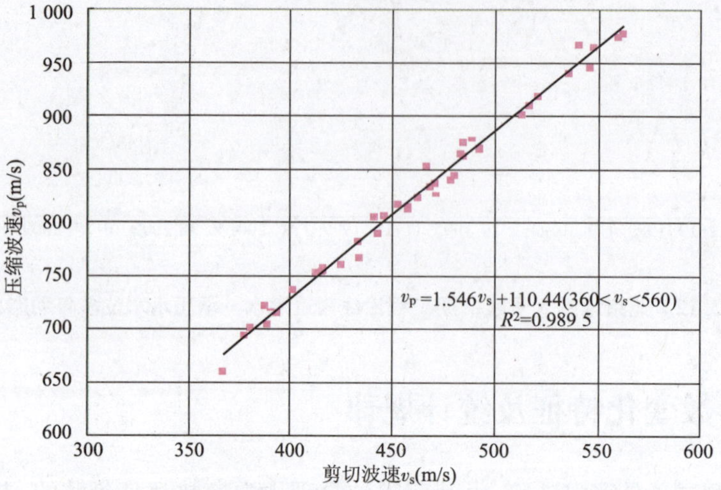

图 1.3.15　卵砾石地层的压缩波与剪切波的数值统计规律

式中　ν——泊松比；

v_p——压缩波速度[LT^{-1}]；

v_s——剪切波速度[LT^{-1}]。

由式(1.3.1)不难得到

$$v_p=\sqrt{\frac{2-\nu}{1-2\nu}}v_s \tag{1.3.2}$$

根据图 1.3.15 所示的统计关系式和式(1.3.2)，可以得到北京地铁 8 号线二期南段沿线一定范围的(360 m/s<v_s<560 m/s)碎石土泊松比的经验统计值$\bar{\nu}$。如剪切波速 v_s 为 400 m/s 时，可以计算出其经验统计值为 0.234。

由于上述统计的相关系数均在 0.8 以上，因此在必要时可以用图 1.3.13、图 1.3.14 和图 1.3.15 中的经验公式进行相关参数的估算。

碎石土对盾构施工有着重要影响[7]，其中碎石土粒径分布对掘进的难易程度、掘进中的围岩变形和稳定性特征以及振动特征有着重要影响。根据前述地层条件分析，北京地铁 8 号线二期工程沿线盾构施工中涉及碎石土较多的地层为卵石、圆砾⑤$_9$层和卵石⑧$_9$层，根据现场勘察的钻孔岩芯观察与初步分析，碎石土的级配总体较好(以中国美术馆站为例，参见图 1.3.16 和图 1.3.17)。

图 1.3.16　中国美术馆站 Z3-MS-13 钻孔 15～20 m 深度岩芯情况(⑤$_9$层)

图 1.3.17　中国美术馆站 Z3-MS-13 钻孔 25～30 m 深度岩芯情况(⑧$_9$层)

以卵石⑤$_9$层和⑧$_9$层为例，可以在对沿线钻孔岩芯筛分试验数据基础上，作颗粒级配曲线(以图 1.3.18 为例)分析[12][13]。

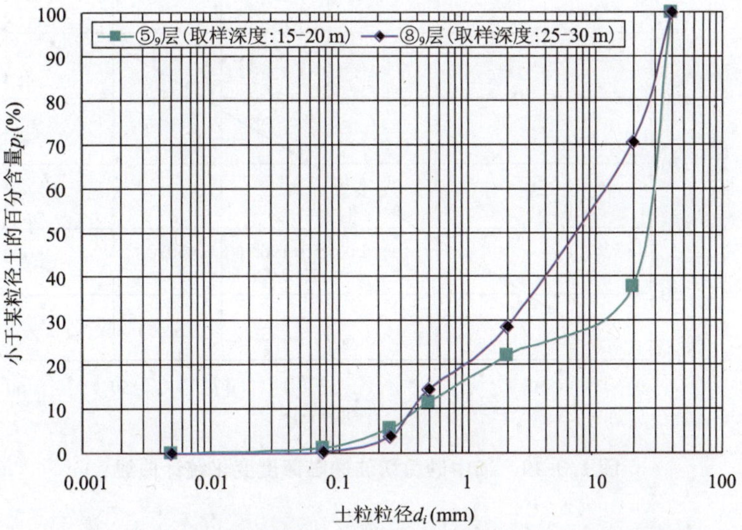

图 1.3.18　中国美术馆站 Z3-MS-13 钻孔碎石土级配曲线图

对沿线的碎石土⑤$_9$层和⑧$_9$层进行级配分析，获得累计百分含量为 10%、30%和 60%的粒径(分别以 d_{10} 、d_{30} 和 d_{60} 表示，其中 d_{10} 又称为有效粒径，d_{60} 又称为限制粒径)，分析结果见表 1.3.4。

表 1.3.4　卵石⑤$_9$层和⑧$_9$层的粒径分析

地层编号	粒径分布情况(mm)			>20 mm 的含量(%)
	d_{10}	d_{30}	d_{60}	
⑤$_9$	0.70(0.12～4.22)*	2.75(0.35～21.07)	6.50(2.00～27.73)	40.00(14.4～83.3)
⑧$_9$	0.529(0.08～1.70)	2.18(0.4～6)	8.04(2.4～23.11)	29.82(10.4～51.4)

注：* 0.70(0.12～4.22)分别表示平均值(最小值～最大值)。

根据如下两个公式分别计算出不均匀系数 C_u 和级配曲线系数 C_s，即

$$C_u = \frac{d_{60}}{d_{10}} \tag{1.3.3}$$

$$C_s = \frac{d_{30}^2}{d_{60}d_{10}} \tag{1.3.4}$$

根据式(1.3.3)和式(1.3.4)计算，分别获得⑤$_9$和⑧$_9$层的不均匀系数 C_u 和级配曲线系数 C_s，见表 1.3.5。

表 1.3.5 卵石⑤$_9$层和⑧$_9$层的不均匀系数和曲率系数

地层编号	不均匀系数 C_u	级配曲线的曲率系数 C_s
⑤$_9$	30(11～50)	2(0.3—19)
⑧$_9$	23(7～50)	0.8(0.3～1.4)

文献[12]提出了综合 C_u 和 C_s 的评价标准，即 $C_u \geqslant 10$，且 $C_s=1\sim3$ 时为级配良好的土。根据表 1.3.5 计算结果，总体来看，卵石⑤$_9$层和卵石⑧$_9$均属于或接近级配良好土。

3.4.2 砂 土

砂土作为一种无黏性土，其主要物理力学特性指标之一为密实度，一般用标准贯入数和波速来表征。由于砂土按颗粒级配可以进一步细分为粉砂、细砂、中砂、粗砂和砾砂，同样条件下，粗颗粒砂土的波速值和标准贯入数比细颗粒砂土要大。本节主要对细中砂层进行了研究(涉及地层编号④$_4$、⑦$_4$、⑧$_4$、⑨$_4$、⑩$_4$、⑪$_4$和⑫$_4$)。

细中砂的剪切波速、压缩波速值随深度变化的关系统计，参见图 1.3.19～图 1.3.21，从图中可以看出较好的统计规律，相关系数比碎石土略高。

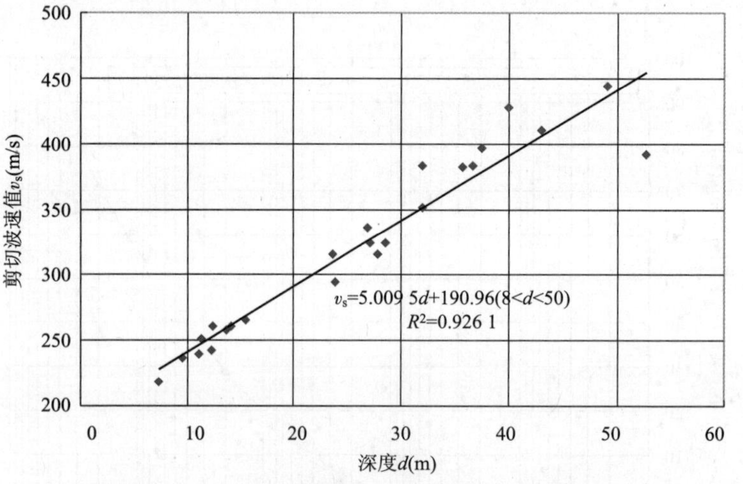

图 1.3.19 细中砂剪切波速随深度变化统计曲线

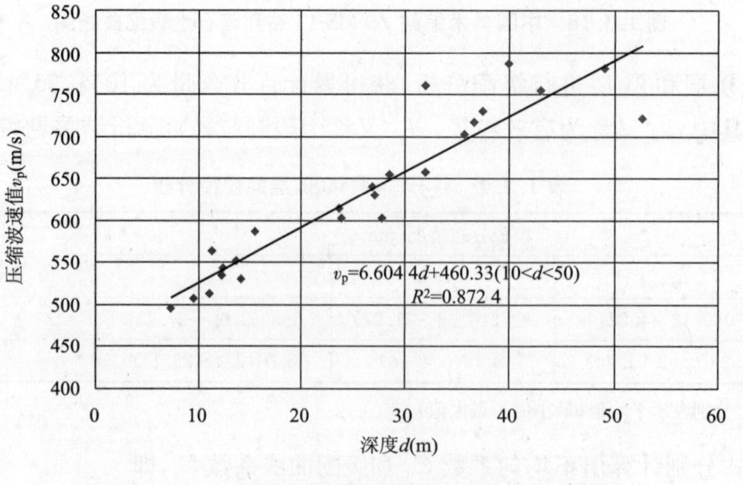

图 1.3.20 细中砂压缩波速随深度变化统计曲线

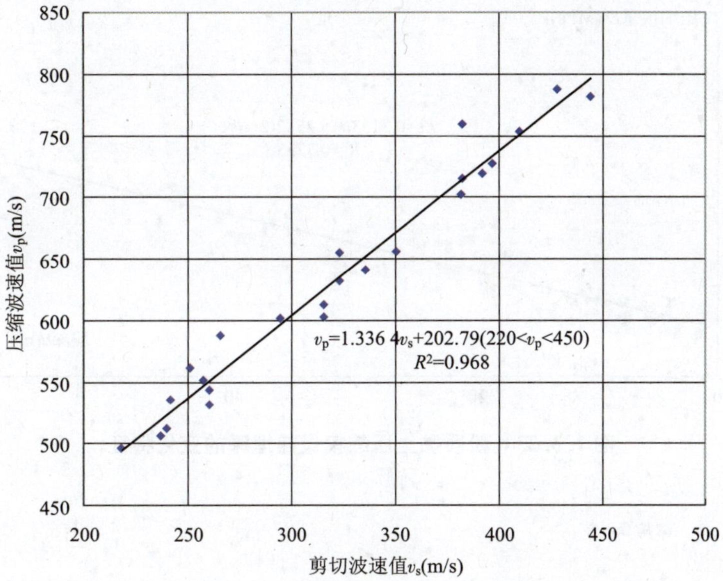

图 1.3.21　细中砂压缩波速与剪切波速统计关系曲线

和碎石土类似，联立图 1.3.15 所示的统计关系式和式(1.3.2)，不难得到剪切波速为 300 m/s 的细中砂土泊松比的经验统计值 $\bar{\nu}$ 为 0.29。

砂土的另一个重要物理力学参数为标准贯入击数 $N_{63.5}$，$N_{63.5}$ 与深度的统计关系参见图 1.3.22。

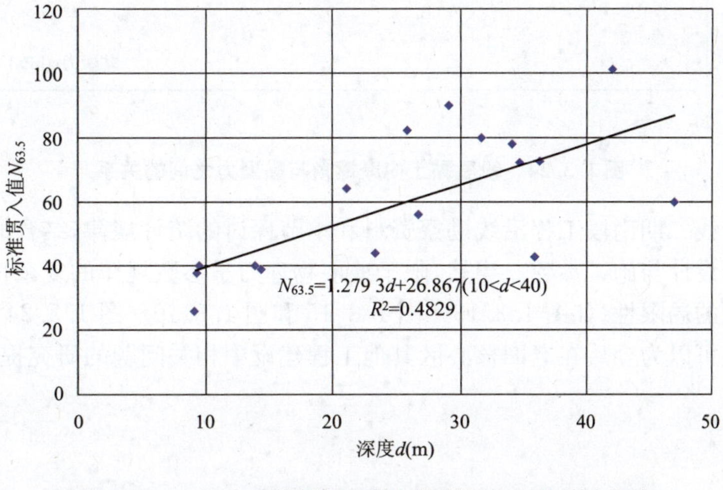

图 1.3.22　细中砂地层标准贯入值随深度变化统计规律

从图中可以看出，虽然标准贯入击数与深度总体上呈增加关系，但数值统计规律较离散，标准贯入值除了反映砂土的密实度外，还和砂土的强度指标 φ 有关，因此其与深度的统计规律要比波速复杂。

3.4.3　黏 性 土

根据前述地层条件研究，北京地铁 8 号线二期南段分布有黏性土层，具体可根据塑性指数 I_p 进一步细分为粉质黏土($10<I_p\leqslant14$)、重粉质黏土($14<I_p\leqslant17$)和黏土($I_p>17$)(参见表 1.3.1)。北京地区大量工程实践表明，不同类型的黏性土其工程性质差异很大。本次研究中主要针对粉质黏土($10<I_p\leqslant14$)，涉及③层、⑤层、⑥层和⑧层等。由于黏性土物理力学性质本身的复杂性，统计分析中除了个别的规律较好外(如压缩模量和埋深，参见图 1.3.23，内摩擦角和黏聚力，参见图 1.3.24)，多数相关性分析结果的规律性较砂卵砾石低。但黏性土物理力学参数这种统计规律普遍较差的特点也在一定程度上为今后类似问题的研究提供借鉴，同时，部分相关性较好的统计分析(如图 1.3.23 和图 1.3.24)也可以作为北京地铁 8 号线二期南段沿线相关参数估计一种参考依据。

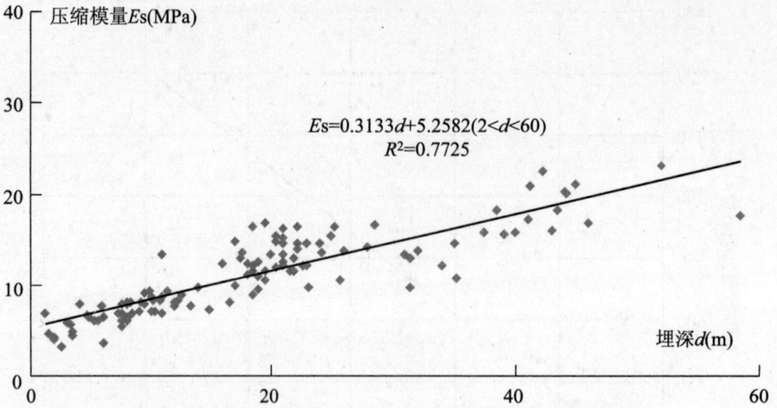

图 1.3.23　粉质黏土压缩模量随埋深的变化特征

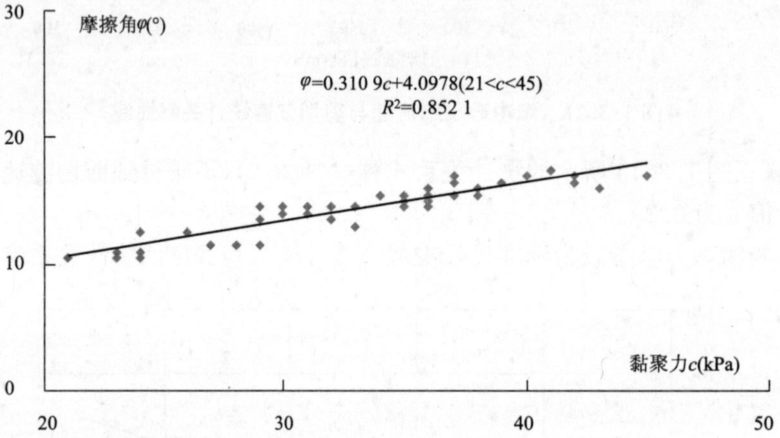

图 1.3.24　粉质黏土内摩擦角与黏聚力之间的关系

根据北京地铁 8 号线二期南段工程沿线勘察资料和本节探讨的统计规律，结合北京地区经验综合判断，可以给出本工程合理的设计与施工参数。当然，限于地层物理力学参数规律的复杂性和变异性，本节的研究成果应用范围具有一定的局限性（如图 1.3.13～图 1.3.15 和图 1.3.19～图 1.3.24 中的经验公式的自变量取值都有一定范围），但可以为今后在老旧核心区其他工程建设中相关问题的研究提供借鉴。

第 2 篇　8 号线二期南段设计

第 1 章　结构设计关键

8 号线二期南段车站站址周边环境复杂，区间隧道穿越（或邻近）大量既有建（构）筑物，如地下过街道 4 处、护城河、既有地铁站、医院、商场、文物保护性建筑、地下人防及大量民房。因周边环境所限，为满足工期要求，车站及区间多处需采取非常规设计，对设计及施工提出了较高的要求。本篇主要总结南段的主要设计思路、技术和相关经验，为以后的新线建设提供借鉴。

1.1　明挖法施工的车站结构

1.1.1　围护结构选型

目前，国内地下结构基坑工程已有大量的实践经验，基坑支护技术取得了较大的发展，已具有多种结构形式。北京地区地铁明挖深基坑采用的围护结构形式主要是排桩支护，个别工点如临近河流等则采用地下连续墙支护。北京地铁 8 号线二期工程南段共 6 站 7 区间，车站明挖基坑除鼓楼大街站采用地下连续墙外其他均采用了排桩支护。

(1)地下连续墙

地下连续墙的优点和缺点见表 2.1.1。

表 2.1.1　地下连续墙的优点与缺点对比

优　点	缺　点
施工具有低噪声、低振动等优点，工程施工对环境的影响小； 连续墙刚度大、整体性好，基坑开挖过程中安全性高，支护结构变形较小； 墙身具有良好的抗渗能力，坑内降水时对坑外的影响较小； 可作为地下室结构的外墙，可配合逆作法施工，以缩短工程工期、降低工程造价； 能兼作临时设施和永久结构的地下主体结构	地下连续墙造价较高； 存在弃土和废泥浆处理、粉砂地层易引起槽壁坍塌及渗漏等问题，因而需采取相关的措施来保证连续墙施工的质量； 由于受到施工机械的限制，地下连续墙的厚度具有固定的模数，不能像灌注桩一样对桩径和刚度进行灵活调整； 对施工场地面积要求高； 槽段开挖有连续性的要求，不如排桩灵活

因此，地下连续墙只有用在一定深度的基坑工程或其他特殊条件下才能显示其经济性和特有的优势。

工程实例　北京地铁8 号线二期南段—鼓楼大街站

鼓楼大街站是北京市地铁 8 号线二期工程的一个中间站，位于旧鼓楼外大街与北二环路德胜门东大街及安定门西大街，丁字交叉路口南部，南北向布置。与既有 M2 鼓楼大街站采用改造出入口为地下换乘厅的形式换乘。该车站基坑长度 164.4 m，宽度 22.7 m，开挖深度 23.65 m，基坑开挖范围内土体均为黏土及砂层，仅在基底 5 m 附近夹杂一层卵石。该站北临北护城河及既有二号线鼓楼大街站，站位周边主要建构筑物为大量老旧民房，对基坑保护等级为一级，考虑到站址所在地层地下水与护城河的水力联系，并尽可能避免降水时对周边民房产生不利影响，因此该车站优先采用阻水方案。由于地下连续墙在目前国内止水效果最佳，且连续墙刚度大，基坑开挖变形小，对周边建构筑物影响较小，因此本站围护结构方案采用地下连续墙，坑内降水。连续墙厚度常见模数主要有 0.6 m、0.8 m、1 m 和 1.2 m，根据计算本站地下连续墙采用 800 mm 厚可满足受力要求。

1)墙体嵌固深度的确定

首先，墙体嵌固深度应满足相关规范对基坑整体稳定性安全系数的要求，一般不小于 1.3。其次，要根据工点的地质水文条件确定墙体嵌固位置，墙底宜位于持力层(必要时墙体埋设注浆管，对墙趾进行注浆加固)，以避免后期不均匀沉降导致不同幅墙体解封开裂，渗漏。当要求需隔断地下水或增加地下水绕流路径时，地下连续墙底部需进入隔水层隔断坑内外潜水及承压水的水力联系，或插入基底以下足够深度以确保形成可靠的隔水边界。

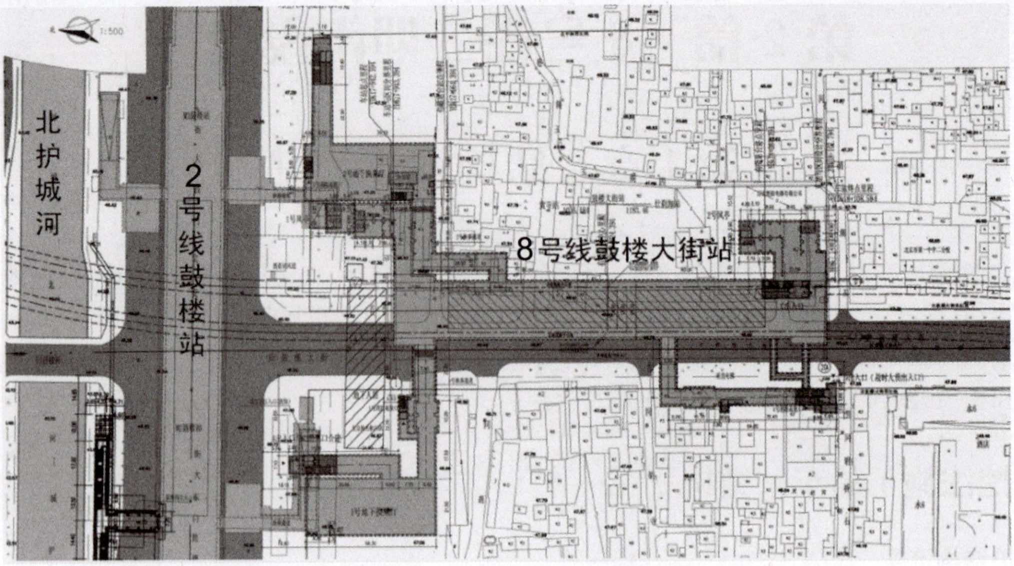

图2.1.1　鼓楼大街站平面图

鼓楼大街站地下连续墙原设计嵌固深度11.5 m，墙底位于⑩$_9$卵石层，实际施工中遇强胶结质砂岩，连续墙成槽困难，后嵌固深度调整为7 m，位于强胶结砂岩上，利用该层作为持力层。由于调整后基坑盾构段嵌固深度仅5 m，安全系数无法满足规范要求，对基底局部砂层进行旋喷加固，加固范围为基底以下3 m，以确保基坑施作安全，见图2.1.2。

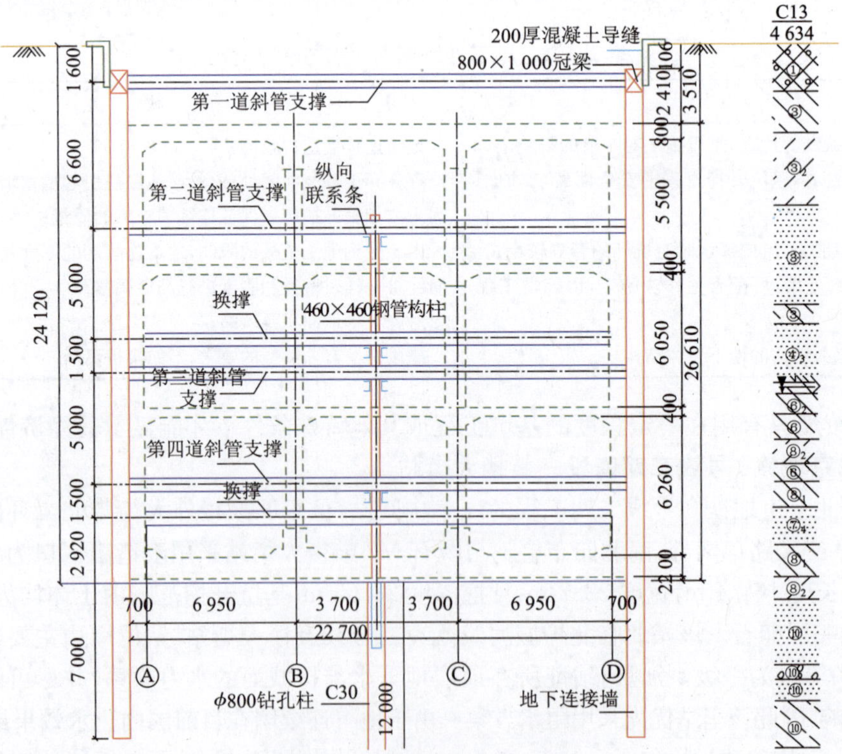

图2.1.2　围护结构横剖面图

2)接口形式的选择

连续墙接口形式较多，主要分为柔性和刚性接头两种。柔性接头常见的有锁口管、工字形型钢接头等形式，刚性接头常用十字钢板接头。本站连续墙每幅段支撑对称布置，接头不承受弯矩、剪力和水平拉力，采用圆形锁口管接头，为柔性接头，其适应性最广，结构形式简单，便于操作，且可重复使用，经济性较好。实际施工效果良好，墙体接缝基本无渗漏现象。因此，如选用有经验的连续墙施工队伍，柔性锁扣圈接头完全可以满足北京地质条件下阻水型连续墙的要求。见图 2.1.3 和图 2.1.4。

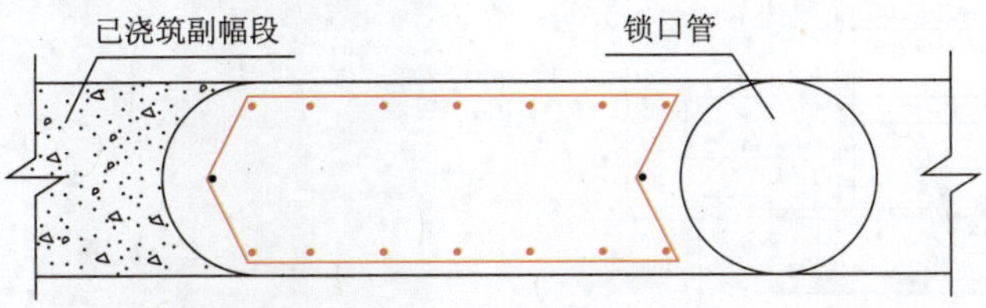

图 2.1.3　锁口管安装示意

图 2.1.4　锁口管拔管施工

3)墙体设计与构造

①地下连续墙混凝土设计强度等级不应低于 C30，水下浇筑时混凝土强度等级按相关规范要求提高。墙体和槽段接头应满足防渗设计要求，地下连续墙混凝土抗渗等级不宜小于 P6 级。主筋保护层在基坑内侧不宜小于 50 mm，基坑外侧不宜小于 70 mm。见图 2.1.5。

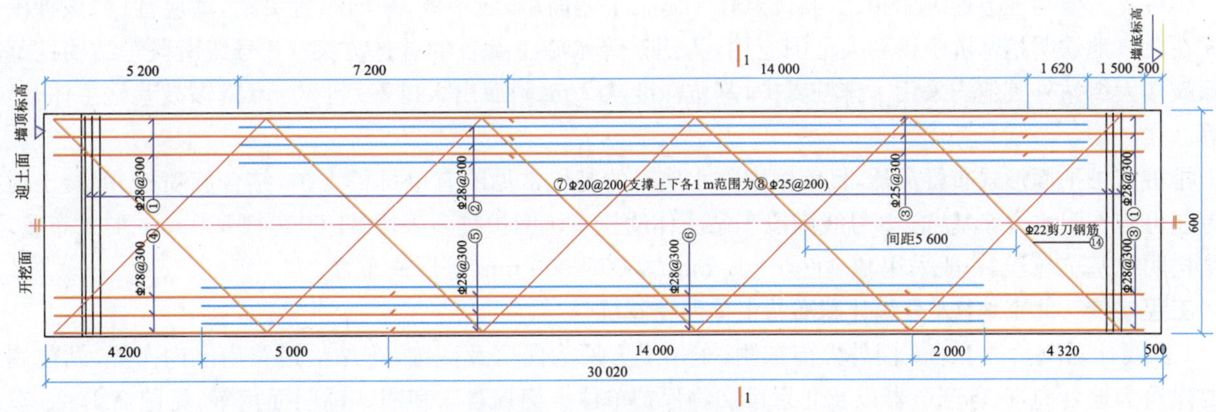

图 2.1.5　墙体配筋平面图

连续墙分幅应考虑支撑布置及起吊、成槽设备，一般幅宽在 3.8～7.2 m 间。本站标准幅宽 6 m，采用整体起吊。幅宽太大，整体起吊困难，且钢筋笼稳定性不易控制，幅宽太小，连续墙成槽施工不便，尤其在基坑转角部位，因此分幅时应合理设置幅宽及幅段位置。

②地下连续墙的混凝土浇筑面宜高出设计标高以上 300～500 mm，凿去浮浆层后的墙顶标高和墙体混凝土强度应满足设计要求。钢筋笼下端 500 mm 范围内按 1∶10 收成闭合状，便于钢筋笼下放施工。钢筋笼两侧需设置定位块，具体安装应根据现场实际需要进行设置，以确保连续墙施工质量。墙体主筋可根据受力包络情况分段配置，墙体两侧布置剪刀筋，加强吊装过程中钢筋笼整体稳定。见图 2.1.6。

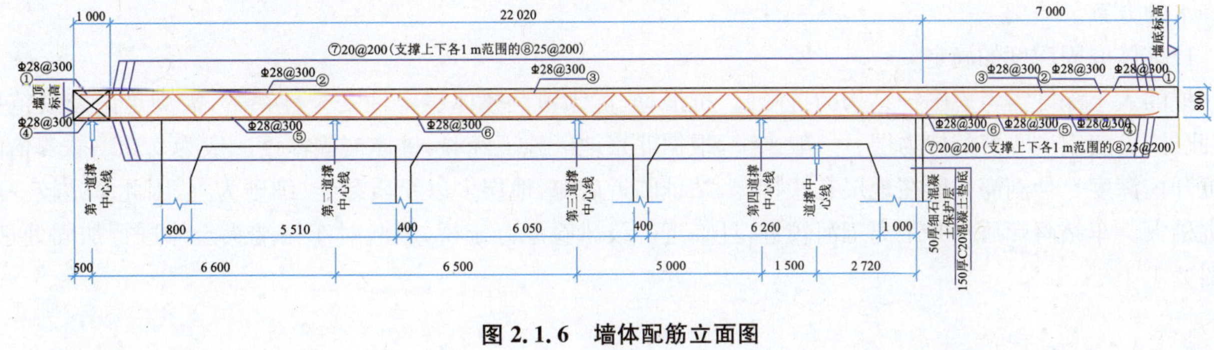

图 2.1.6　墙体配筋立面图

③地下连续墙宜根据吊装过程中钢筋笼的整体稳定性和变形要求配置架立桁架等构造加强钢筋，一般要求每幅连续墙不宜少于2道，墙体拉结筋布置应为后期墙体混凝土浇筑预留浇筑管空间。见图2.1.7和图2.1.8。

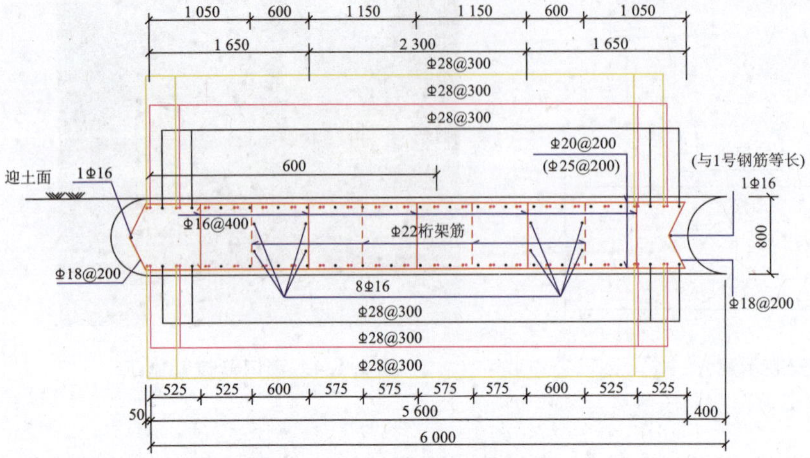

图2.1.7　墙体配筋横断面图

图2.1.8　钢筋笼整体吊装

(2)排桩支护

排桩支护体与地下连续墙相比，其优点在于施工工艺简单，成本低，平面布置灵活，适应性广，该种围护形式在北京地铁明挖基坑中得到大范围应用，为明挖降水施工基坑的首选方案。8号线南段车站明挖基坑中除鼓楼大街站外其他均采用了排桩支护，基坑深度从7 m(附属出入口等)到30 m(南锣鼓巷站主体基坑)不等。

排桩支护平面形式布置灵活，目前国内降水施工的基坑常见的有单排桩支护，结合旋喷桩、混凝土搅拌桩等还可施作阻水方案基坑。8号线南段车站主体明挖基坑围护桩多采用ϕ1 000@1 500 mm形式布置，附属结构明挖基坑较浅，一般采用ϕ800@1 200 mm、ϕ600@900 mm等形式布置。

工程实例　北京地铁8号线什刹海站主体明挖基坑

8号线什刹海站位于地安门外大街东侧，车站上方原为民房及商铺，车站沿道路南北向布置，站位周边主要建筑为地百商场、苏宁电器以及北京市文物保护单位火德真君庙和旧式铺门面房等，见图2.1.9。车站沿地安门外大街呈"一"字形布置，为地下三层岛式车站。车站为两端盾构始发。车站总长146.6 m，标准段宽度为20.7 m，呈南北走向。车站有效站台中心里程处顶板覆土厚度为2.5 m，标准段底板埋深约22.5 m，盾构井段底板埋深约24 m。车站基坑开挖范围内均为粉质黏土及砂性层，中间夹杂两层$⑤_9$卵石圆砾层。位于地安门百货商场东南侧的玉河，从西向东流向，两岸为石砌直立墙，古河道两岸下各有一排木桩基础，河水深约2 m，河底标高约43 m，河面宽度7 m，位于地铁沿线DK19+255处，河底有三七灰土防渗层，其与上层滞水存在一定的水力联系，对地下水有一定的补给作用。本站因距离玉河及后海很近，原设计采用阻水方案，围护结构采用地下连续墙，但因站位位于地安门外大街东侧民房区内，需拆迁大量民房及商铺，因拆迁进度缓慢，且造成施工场地零散，不满足连续墙连续施作的要求，故将围护结构改为施作灵活的钻孔桩结合地面降水的方案。

1)桩体嵌固深度的确定

桩的入土深度需考虑围护结构的抗隆起、抗滑移、抗倾覆及整体稳定性安全性系数，需满足国家规范要求，此外，桩底宜进入好的持力层。一般来讲，根据北京地区施工经验，桩体嵌固深度一般为0.35～0.4倍的基坑开挖深度。什刹海站所在地层有些特殊，站址临近后海，地层多以粉质黏土、细砂为主，因此车站较一般基坑稍大。车站南端盾构井距离玉河较近，且临近一级风险源万宁桥，因此对车站端头土体进行加固处理。见图2.1.10。

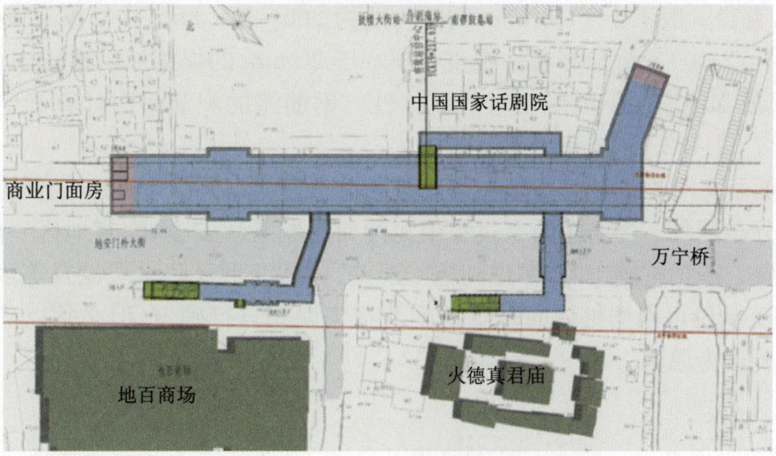

图 2.1.9　什刹海站总平面图

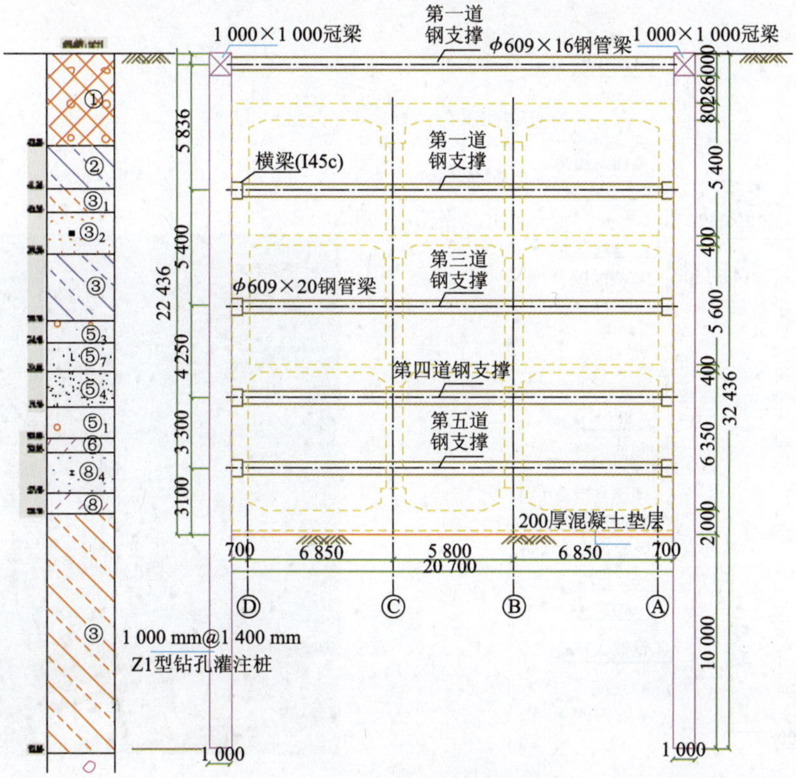

图 2.1.10　围护结构横剖面图

2)冠梁的设计与构造

桩顶冠梁是排桩围护结构设计的组成部分，应结合支撑设计对其与排桩围护体的连接，选择合适的构造形式，以保证排桩围护体的整体刚度，使之与支撑形成共同受力的稳定结构体系，从而达到限制桩体位移及保护周围环境的目的。目前，北京地区桩顶冠梁横截面一般为方形，与桩体等宽(根据不同条件可加宽)，梁高设为600～1 000 mm，一般大于顶支撑的竖向尺寸。桩体施作完毕后，桩体纵向主受力筋应锚入冠梁。见图 2.1.11

3)桩体的设计和构造

钻孔灌注桩桩身采用 C30 钢筋混凝土，纵向受力钢筋宜尽量采用 HRB400 级钢筋，顶端应锚入冠梁，锚固长度不宜小于 30d，当不能满足锚固长度要求时，钢筋末端可采取机械锚固措施。箍筋采用螺旋式箍筋，为便于加工，可采用

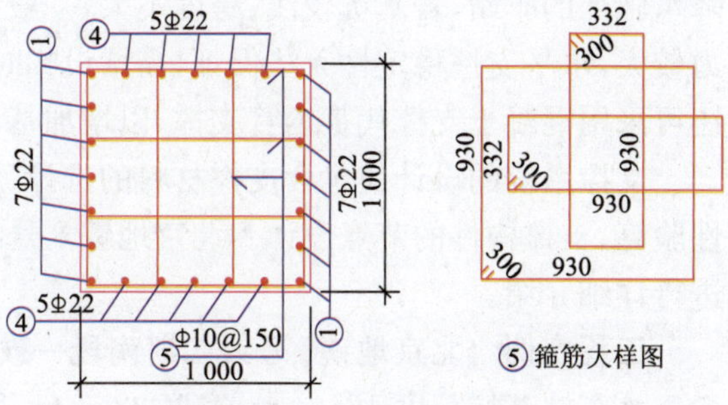

图 2.1.11　冠梁结构设计

HPB300 级光圆钢筋，直径一般不小于 10 mm，间距一般为 200～300 mm，在支撑架设位置上下 500 mm 范围内加密。每隔 1 500～2 000 mm 应布置一根直径不小于 20 mm 的焊接加强箍筋，以增加钢筋笼的整体刚度，且有利于钢筋笼吊放和浇灌水下混凝土时的整体性。钢筋笼的配筋量由计算确定，钢筋笼一般离孔底 500 mm，按1∶10收口。见图 2.1.12 和图 2.1.13。

桩体纵向主受力筋配置可根据计算弯矩包络图进行分段配置，以达到更加经济的目的。主受力筋分布有均匀分布和非均匀分布两种。为防止施工过程中泥涌而影响基坑安全，北京地区一般要求主受力筋沿桩身圆截面周边均匀布置。围护桩施工时，考虑到施工误差、桩体变形及防水层设置等因素，施工时一般外放量不小于 100 mm，施工单位可根据桩体的垂直精度及施工误差自行确定，但必须以确保车站建筑限界、结构厚度及防水层设置要求为原则。

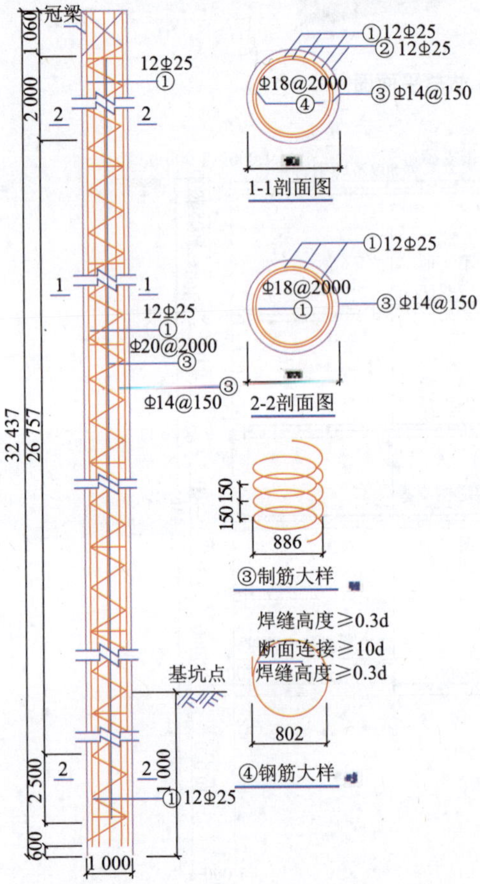

图 2.1.12　围护桩配筋设计

图 2.1.13　钢筋笼分段吊装

1.1.2　支撑体系设计

北京地铁车站明挖基坑支撑体系一般由围檩、支撑及临时立柱三部分组成，根据各车站实际情况选择。降水施工的车站，若基坑较浅、跨度不大，一般无需架设临时立柱。采用阻水方案施工的车站，由于水土侧压力较大，水平支撑稳定性无法保证，需增设临时立柱，以确保支撑的安全性。局部临近重要建构筑物的基坑还可采用混凝土支撑代替钢管支撑，以增加基坑侧向刚度，减小基坑水平位移。

支撑系统的设计应包含支撑材料的选择、结构体系的布置、支撑结构内力计算、支撑构件的强度和稳定性验算、支撑构件的节点设计。北京地铁 8 号线车站大部分采用明挖法施工，下面选取鼓楼大街站工程为例进行详细介绍。

工程实例　北京地铁8 号线二期南段—鼓楼大街站

该车站基坑长度 164.4 m，宽度 22.7 m，开挖深度 23.65 m，基坑开挖范围内土体均为黏土及砂层，仅在基底 5 m 附近夹杂一层卵石。该站围护结构采用“地下连续墙＋内支撑”方式。

1)支撑材料的选择

北京地铁明挖基坑支撑材料多采用钢支撑,混凝土支撑应用较少,仅在特殊情况下采用。

钢结构支撑除了自重轻、安装和拆除方便、施工速度快以及可以重复使用等优点外,安装后能立即发挥支撑作用,对减少由于时间效应而增加的基坑位移是十分有效的,因此钢结构支撑为施工中的首选。但是钢支撑的节点构造和安装相对比较复杂,如处理不当,会由于节点的变形或节点传力的不直接而引起基坑过大的位移,甚至出现重大安全事故。因此,提高节点的整体性和施工技术水平是至关重要的。

现浇混凝土支撑由于其刚度大,整体性好,可以采取灵活的布置方式适应于不同形状的基坑,而且不会因节点松动而引起基坑的位移,施工质量相对容易得到保证,在上海、广州、天津等地应用较广。但是混凝土支撑在现场需要较长的制作和养护时间,制作后不能立即发挥支撑作用,需要达到一定的强度后才能进行其下土方作业,施工周期相对较长。同时,混凝土支撑不能重复利用,支撑材料不能重复利用,支撑拆除费时费力。因此,提高混凝土的早期强度,提高材料的经济性,研究和采用装配式预应力混凝土支撑结构是今后值得研究的课题。

鼓楼大街站本身围护体采用地下连续墙,刚度较大,且基坑平面形状规则,为标准长条形基坑,因此支撑首选采用了钢支撑。

2)支撑水平布置情况

①地铁基坑一般为长条形基坑,可设置以短边方向的对撑体系,两端扩大端可设置对称水平角撑体系。短边方向的对撑体系可根据基坑短边的长度、土方开挖、工期等要求采用钢支撑。

②支撑布置应尽量避让结构柱等竖向结构,以方便施工。

③支撑布置时宜考虑后期出土及下料空间,一般选择为盾构扩大端处,该处基坑宽度较大,一般采用水平斜撑,中空位置可提供作业空间。

④基坑平面有向坑内折角(阳角)时,阳角处的内力比较复杂,是应力集中的部分,稍有疏忽,最容易在该部分出现问题,因此,在基坑平面的设计中,应尽量避免出现阳角。当不可避免时,需作特别的加强,如在阳角的两个方向上设置支撑点,或者根据实际情况将该位置的支撑杆件设置现浇板(该工程角部采用混凝土角撑),控制该位置的变形,或对阳角处的坑外土体进行加固,提高坑外土体的强度,以减少围护墙体的侧向水土压力。

⑤当基坑跨度较大时,一般支撑水平跨度在 24 m 以上,或基坑侧向压力过大,支撑稳定性不满足计算要求时,应考虑架设临时立柱,临时立柱应满足竖向承载力要求。

⑥该站围护体为地下连续墙,支撑的水平连接为与墙体预埋钢板焊接,桩体围护结构中,需要架设腰梁,与钢支撑相接。

3)支撑竖向布置情况

①在竖向平面内,水平支撑的层数应根据基坑开挖深度、土方工程施工、围护结构类型及工程经验、有围护结构的计算工况确定。

②上、下各层水平支撑的轴线应尽量布置在同一竖向平面内,主要目的是为了便于基坑土方的开挖,同时也能保证各层水平支撑共用竖向支承立柱系统。此外,相邻水平支撑的净距不宜小于 3 m,当采用机械下坑开挖及运输时应根据机械的操作所需空间要求适当放大。

③各层水平支撑与围檩的轴线标高应一致,且设定的各层水平支撑的标高不得妨碍主体工程施工,支撑与各层板间净距不宜小于 1 000 mm,且应满足墙、柱等竖向结构构件的插筋高度要求。

④首道水平支撑宜尽量与围护墙结构的顶圈梁相结合。在环境条件容许时,可尽量降低首道支撑标高。基坑设置多道支撑时,最下道支撑的布置在不影响主体结构施工和土方开挖条件下,宜尽量降低。

本站基坑深约 23.7 m,共架设 4 道支撑及 2 道换撑,第一道支撑水平间距 6 m,其余水平间距均为 3 m。基坑转角部位架设斜撑,距离较短的无法采用钢管支撑,用型钢支撑和 1 400 mm×1 400 mm×300 mm 的混凝土角撑代替。根据地下连续墙分幅情况,每幅墙架设 2 根水平支撑,对称布置,防止墙体不均匀受力发生翻转。经计算,由于该站为阻水施工,基坑侧向土压力较大,支撑稳定性无法满足,因此架设了临时立柱,以确保施工中支撑的安全性。

4)注意事项

①围檩在各转角处应连续,并有效搭接;

②钢支撑应设可靠的防坠落措施；

③围檩与桩之间空隙应采用素混凝土填充密实。

1.2　盖挖法施工的车站结构

1.2.1　工程实例

盖挖法根据施工工序的不同可分为盖挖顺做法和盖挖逆做法两种，一般适用于路面交通不能长期中断的道路下修建地铁车站，在个别特殊条件下，如施工场地狭小、施工机具及渣土场布置困难时，亦有采用。

工程实例　中国美术馆站西北外挂厅

中国美术馆站是北京市地铁8号线二期工程的终点站，位于美术馆东街、王府井大街、五四大街、东四西大街四条街十字交叉路口处，沿美术馆东街—王府井大街南北向布置。车站西北角为中国美术馆，街角为约4 000 m^2 的市政绿地，西南角为北京皇都房地产开发公司规划用地，东北角为民航计算机业务大楼，东南角为华侨大厦。

车站总长281.5 m，原设计方案为两端明挖，中间跨路口段暗挖，后因交通导改及管线难以改移等原因改为全暗挖。车站西北象限绿地内设置外挂结构（以下简称西北外挂结构），结构尺寸为52.6 m（长）×21.4 m（宽）×21.25 m（高），顶板覆土2.2 m，为三层双柱三跨结构，该结构在地下二层东侧通过两暗挖通道与车站主体相接。

由于该外挂厅结构施作范围内，场地狭小，且东侧即为车站主体，采用暗挖施工，两者在一定时间内工期重合。为保证工程安全，并充分利用平面空间，最终决定采用盖挖逆做法施作，在结构的顶板及中板上预留出土孔作为工作面出土运料。

1.2.2　支撑体系的设计要点

（1）主要设计参数的选取

盖挖逆做法结构的核心是由钢管柱（及柱下基础）、顶板顶纵梁及边桩所构成的竖向支撑体系。本工程边桩采用 ϕ1 000 mm@1 500 mm的钻孔灌注桩，钢管柱规格 ϕ800 mm，t=16 mm。钢管柱柱下基础采用先施作暗挖小导洞，在其内部施作底纵梁。基坑开挖前需进行降水，并保持地下水位位于基坑底以下0.5 m。

（2）施工工序

1）施作围挡，在围挡范围内施作顶板以上浅基坑围护结构，开挖至顶板底面标高，施作边桩，钻孔桩施作前应对边桩进行试桩工作。

2）通过车站施工竖井开挖小导洞，在导洞内施作底纵梁。

3）施作人工挖孔桩，吊装钢管柱，利用地模施作车站顶板、顶纵梁，建立起竖向支撑体系。

4）待顶板结构强度达到设计强度后回填覆土，分区分层进行地下一层土体开挖、侧墙防水层、侧墙结构及负一层中板的浇筑。

5）待负一层中板结构强度达到设计强度后，分区分层进行负二层土体开挖、侧墙防水层、侧墙结构及负二层中板的浇筑，继续向下开挖并施作侧墙、底板防水层及负三层侧墙、底板结构。

6）施作内部结构。

图2.1.14为施工工序示意图。

（3）竖向支撑体系的检算

竖向支撑体系的检算是盖挖逆做结构设计的重中之重，关系到整个工程结构的安全与否，具体来讲分为以下3个部分：

1）钢管柱柱下基础、边桩的竖向承载力验算

①钢管柱下条形基础承载力验算

钢管柱柱下基础原设计考虑采用桩基（ϕ1800钻孔桩），由于施工场地地层卵石粒径较大，钻孔桩成孔较困难，为保证工程质量，将柱下桩基改为从3号竖井开挖小导洞施作底纵梁，并将底纵梁作为钢管柱柱下条形基础。

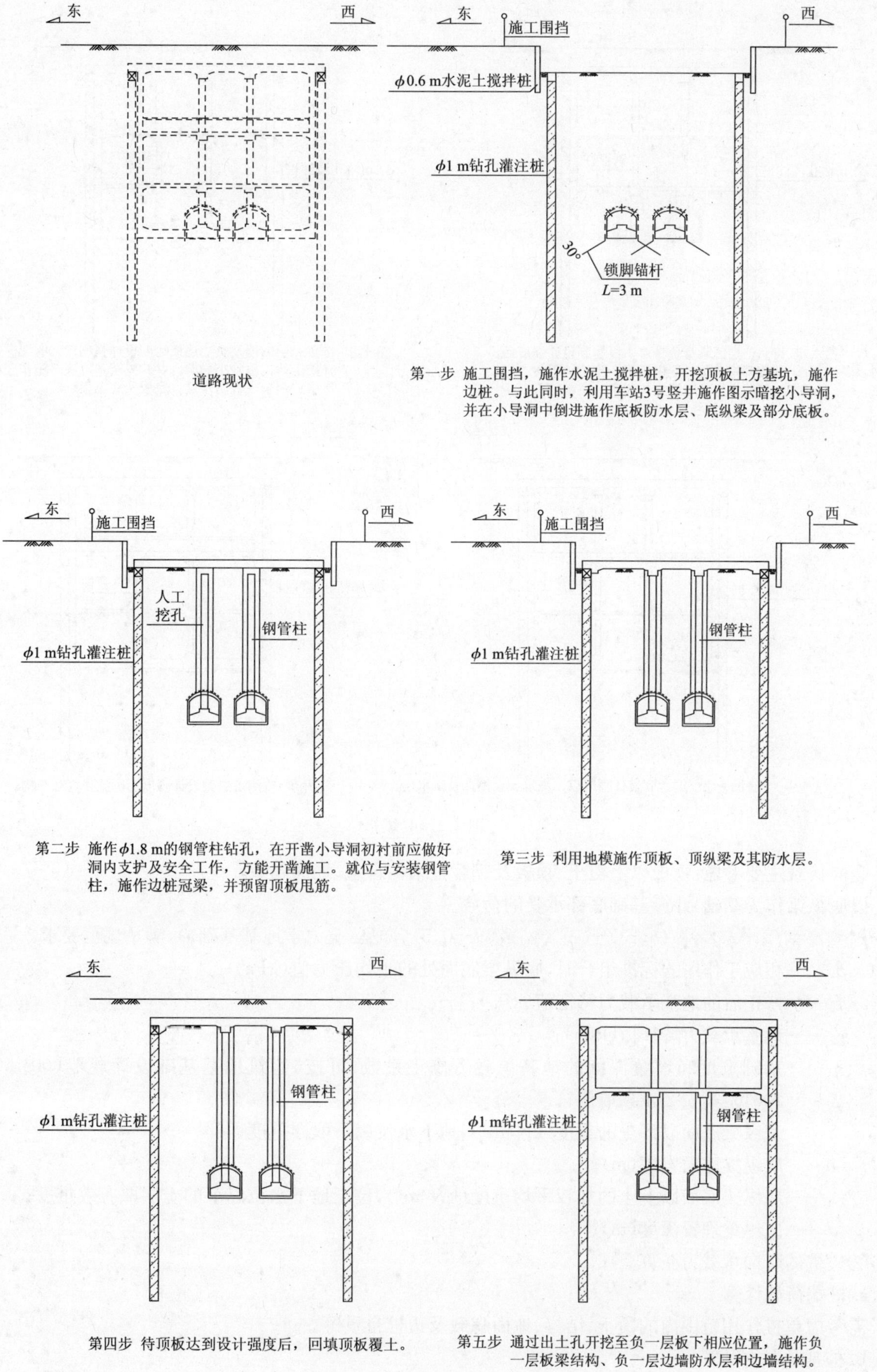

道路现状

第一步　施工围挡，施作水泥土搅拌桩，开挖顶板上方基坑，施作边桩。与此同时，利用车站3号竖井施作图示暗挖小导洞，并在小导洞中倒进施作底板防水层、底纵梁及部分底板。

第二步　施作ϕ1.8 m的钢管柱钻孔，在开凿小导洞初衬前应做好洞内支护及安全工作，方能开凿施工。就位与安装钢管柱，施作边桩冠梁，并预留顶板甩筋。

第三步　利用地模施作顶板、顶纵梁及其防水层。

第四步　待顶板达到设计强度后，回填顶板覆土。

第五步　通过出土孔开挖至负一层板下相应位置，施作负一层板梁结构、负一层边墙防水层和边墙结构。

图 2.1.14　施工工序示意图

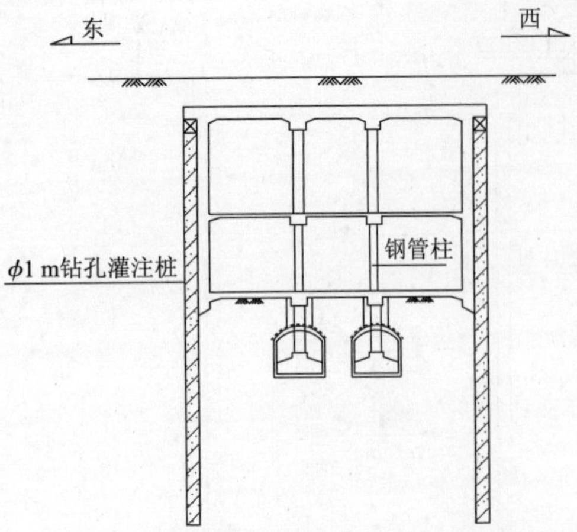

第六步　待负一层侧墙及负一层中板达到设计强度后，继续开挖至负二层中板下，施作地下负二层边墙防水层、边墙结构和负二层板结构。

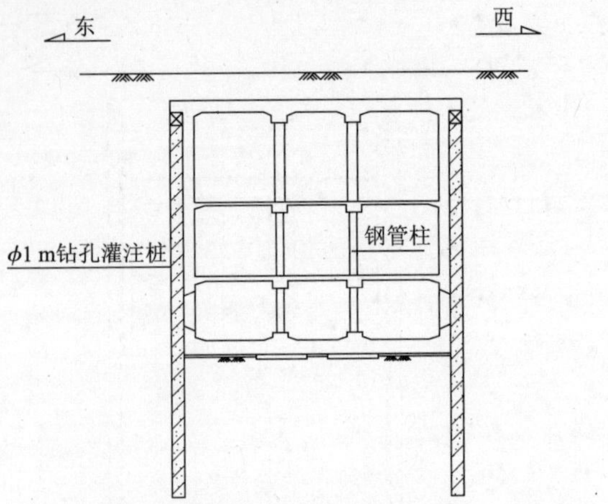

第七步　待负二层侧墙及负二层板达到设计强度后，继续向下开挖土体，破除小导洞，并开挖至基坑底。施作底板垫层、剩余底板防水层、底板及底纵梁。

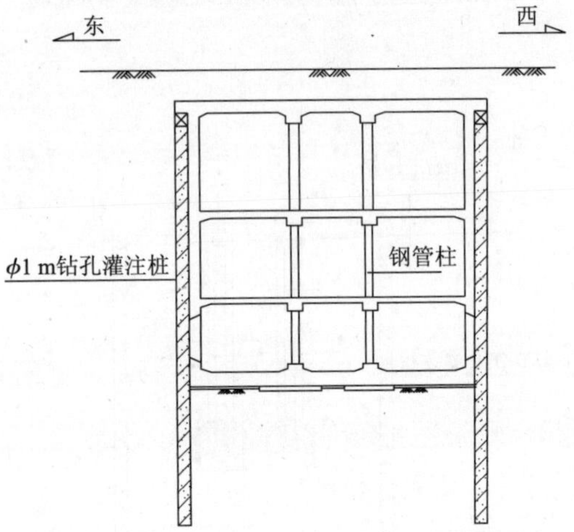

第八步　待底板、底纵梁达到设计强度后，浇筑剩余侧墙及防水层。

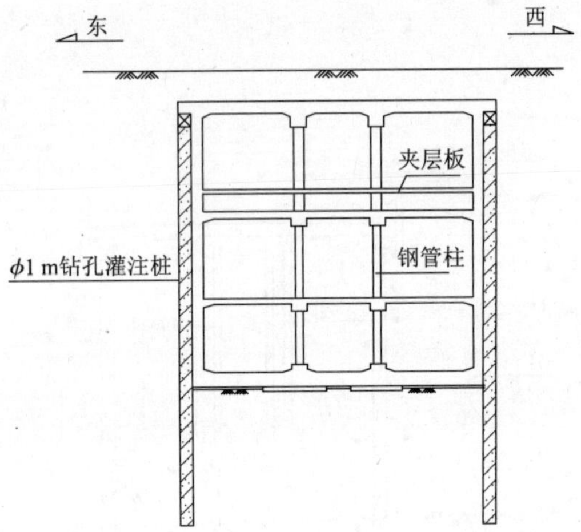

第九步　待侧墙达到设计强度后，施作内部结构。

图 2.1.14(续)

竖向荷载主要考虑：顶板以上覆土、顶板及钢管柱结构自重、地面超载。

以底纵梁作为基础，计算基础底部承受的荷载。

$p_k < f_a = f_{ak} + \eta_b \times \gamma \times (b-3) + \eta_d \times \gamma_m \times (d-0.5)$（详见《土力学地基基础》），满足规范要求。

式中　p_k——相应于作用的标准组合时，底纵梁底面处的平均压力值(kPa)；

f_a——修正后的地基承载力特征值(kPa)；

f_{ak}——地基承载力特征值(kPa)；

η_b、η_d——基础宽度和埋置深度的地基承载力修正系数，可按《建筑地基基础设计规范(GB 50007—2001)》第 5.2.4 条取值；

γ——底纵梁底面以下土的重度(kN/m^3)，地下水位以下取浮重度；

b——底纵梁底面宽度(m)；

γ_m——底纵梁底面以上土的加权平均重度(kN/m^3)，位于地下水位以下的土层取有效重度；

d——底纵梁埋置深度(m)。

②边桩的竖向承载力验算

a. 桩端荷载计算

需考虑单桩作用范围内的覆土、结构、地面超载及边桩自重等。

b. 桩基承载力计算

侧摩阻力计算：

需注意，检算时应仅考虑底板底面以下边桩的侧摩阻力。

$$Q_{sk}=u\times\sum l_i\times q_{sik}\times\psi_{sik}$$

式中　Q_{sk}——总极限侧阻力标准值(kN)；

u——桩身周长(m)；

l_i——桩周第 i 层土的厚度(m)；

q_{sik}——桩周第 i 层土极限侧阻力标准值(kPa)；

ψ_{sik}——大直径桩侧阻力尺寸效应系数。

端阻力计算：

$$Q_{pk}=q_p\times\psi_p\times A_p$$

式中　Q_{pk}——总极限端阻力标准值(kN)；

A_p——桩端面积(m^2)；

q_p——极限端阻力标准值(kPa)；

ψ_p——大直径桩端阻力尺寸效应系数。

③验算结果

$$Q_{uk}=Q_{sk}+Q_{pk}$$

$R_a=Q_{uk}/K>N_k$(详见规范《建筑桩基技术规范》JGJ 94—2008,第 5.2.2 条)

式中　R_a——单桩竖向承载力特征值(kN)；

Q_{uk}——单桩竖向极限承载力标准值(kN)；

K——安全系数,取 $K=2$；

N_k——荷载效应标准组合轴心竖向力作用下,基桩的平均竖向力(kN)。

如经计算不能满足,可采取以下两种措施：

a. 加长桩长,使桩端进入可靠的持力层；

b. 采用后注浆灌注桩,以增加单桩极限承载力。

2)顶板的受力检算

图 2.1.15 为顶板剖面尺寸图。

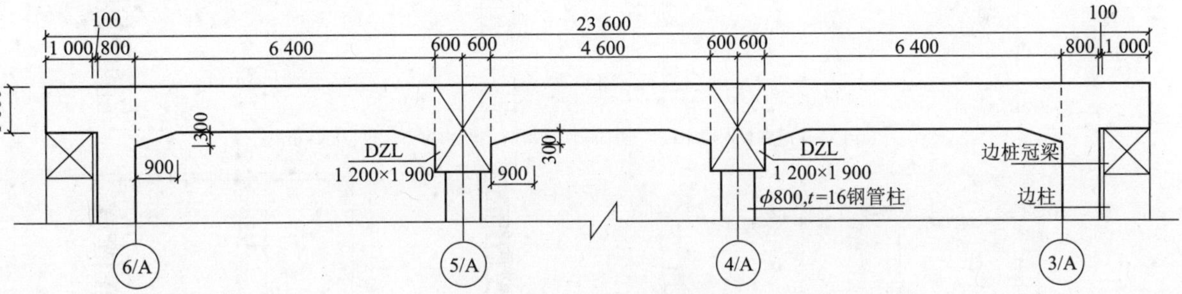

图 2.1.15　顶板横剖面图

①计算图示与荷载统计

结构计算模型为支承在弹性地基上对称的平面框架结构,底板下用土弹簧模拟土体抗力,车站围护桩和顶板按刚接考虑。车站结构考虑水平及竖向荷载,按荷载情况、施工方法,模拟开挖、回筑和使用阶段不同的受力状况,按最不利内力进行计算,并假设围护结构与主体结构之间只传递径向压力。见图 2.1.16。

②主要计算参数及荷载

土加权天然重度 $\gamma=20\ kN/m^3$；

土弹簧刚度按地质报告取值；

地面超载:15 kN/m^2；

侧压力:黏性土水土合算,砂性土水土分算；

侧压力系数:0.39。

③顶板结构受力分析及配筋

取控制性工况内力进行分析。

经各种工况比较，当开挖负一层土体过程中，顶板内力达到最大；开挖负二、负三层土体过程中，顶板内力略有减小；当主体结构施作完毕后，顶板内力减幅较大，见图2.1.17。

根据分析，主要原因为当主体结构整体浇筑完毕以后，可相应减小顶板跨度，并且结构整体受力对顶板结构受力有利。

3)顶板与边桩冠梁节点的设计

顶板与边桩的连接在工程中一般有两种做法：铰接和固结。铰接，即顶板端部仅放置在边桩冠梁之上，两者无钢筋连接，主体结构可实现全包防水；固结，即顶板与边桩主要受力钢筋进行互锚，形成一个刚节点。

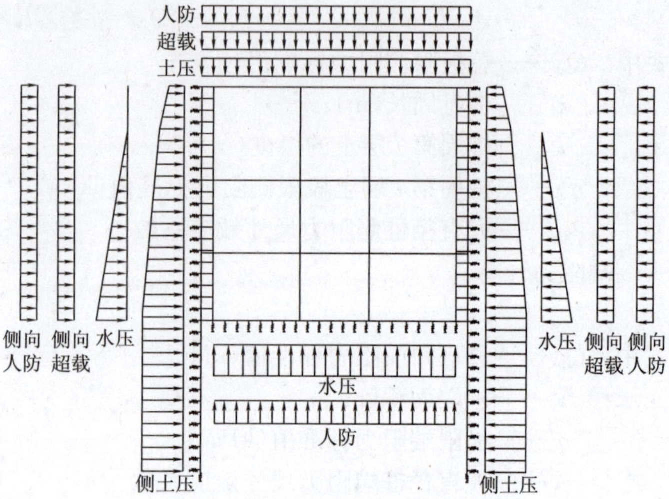

图2.1.16　结构计算模型

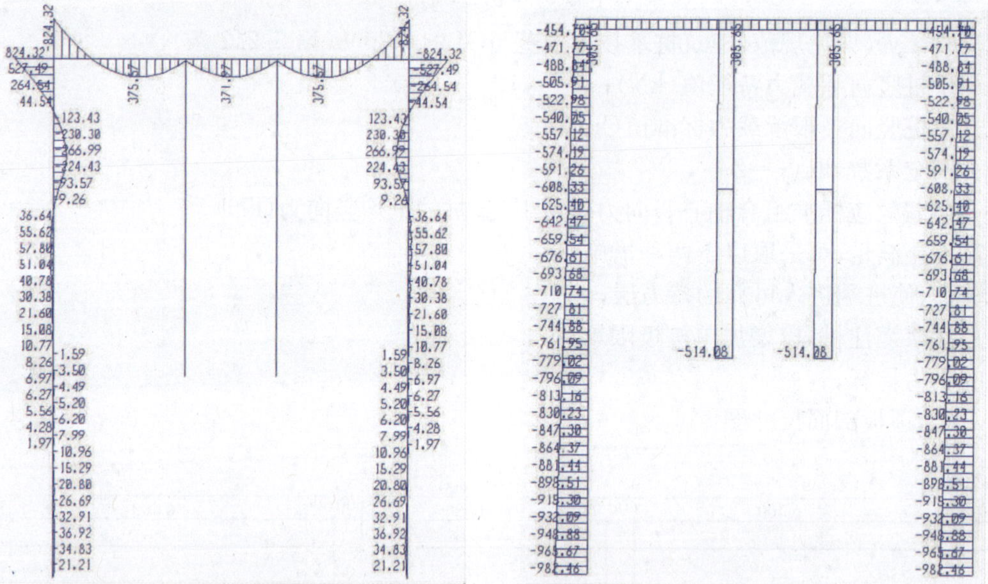

(a)土体开挖到负一层中板，但未施作中板时，结构内力（单位kN·m，kN）

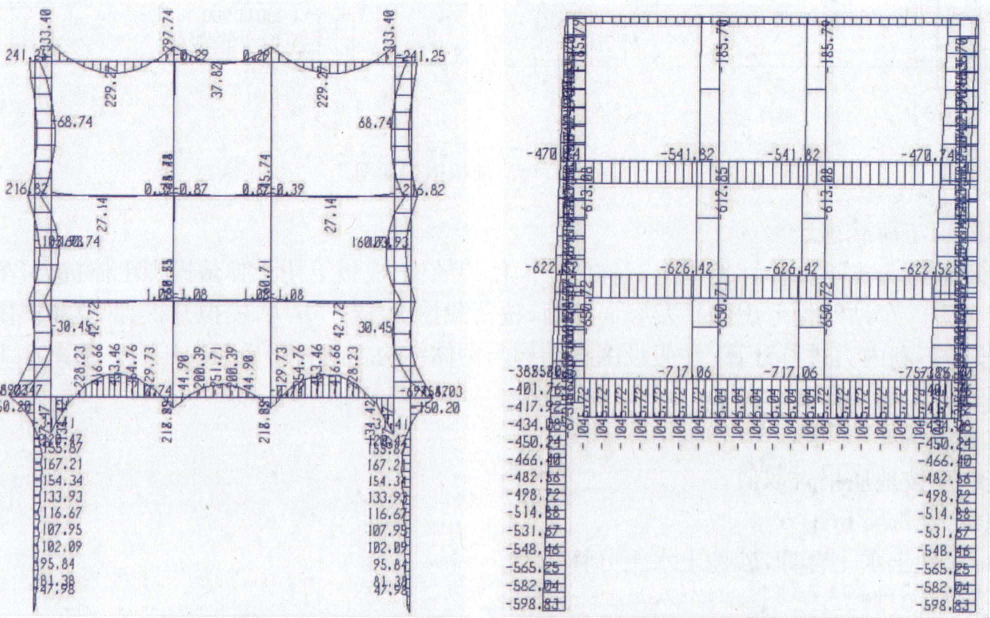

(b)侧墙与底板施作完毕，且地下水位尚未恢复时，结构内力（单位kN·m，kN）

图2.1.17　计算结果

二者各有优缺点：与铰接相比，固结的优点在于提高了边桩与顶板结构的整体性，有利于安全；其次，顶板端部与边桩固接，可以减小顶板跨中弯矩，使顶板配筋设计更为经济合理。固结的缺点在于主体结构无法实现全包防水，但是可以利用节点防水加强弥补。

本工程此处节点采用固结连接，将桩及顶板钢筋进行相互锚固，提前预留好顶板及桩受力钢筋的甩筋。具体构造如图2.1.18所示。

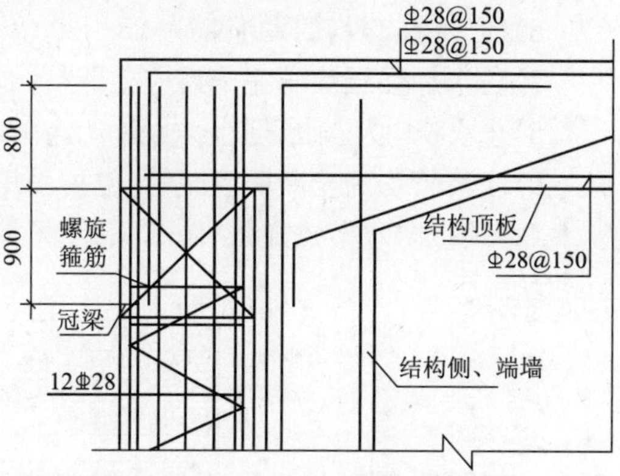

图2.1.18　顶板与桩连接详图

4）钢管柱轴压比检算

$N_0=f_cA_c(1+\sqrt{\theta}+\theta)$（详见规范《钢管混凝土结构设计与施工规程》 CECS 28:90）

钢管柱承载力设计值：

$N_u=\varphi_1\varphi_eN_0>$轴向压力设计值，满足规范要求。

1.2.3　防水节点的处理

（1）西北盖挖结构防水概况

西北盖挖结构采用全包型防水，并考虑主体结构自防水功能，见图2.1.19。

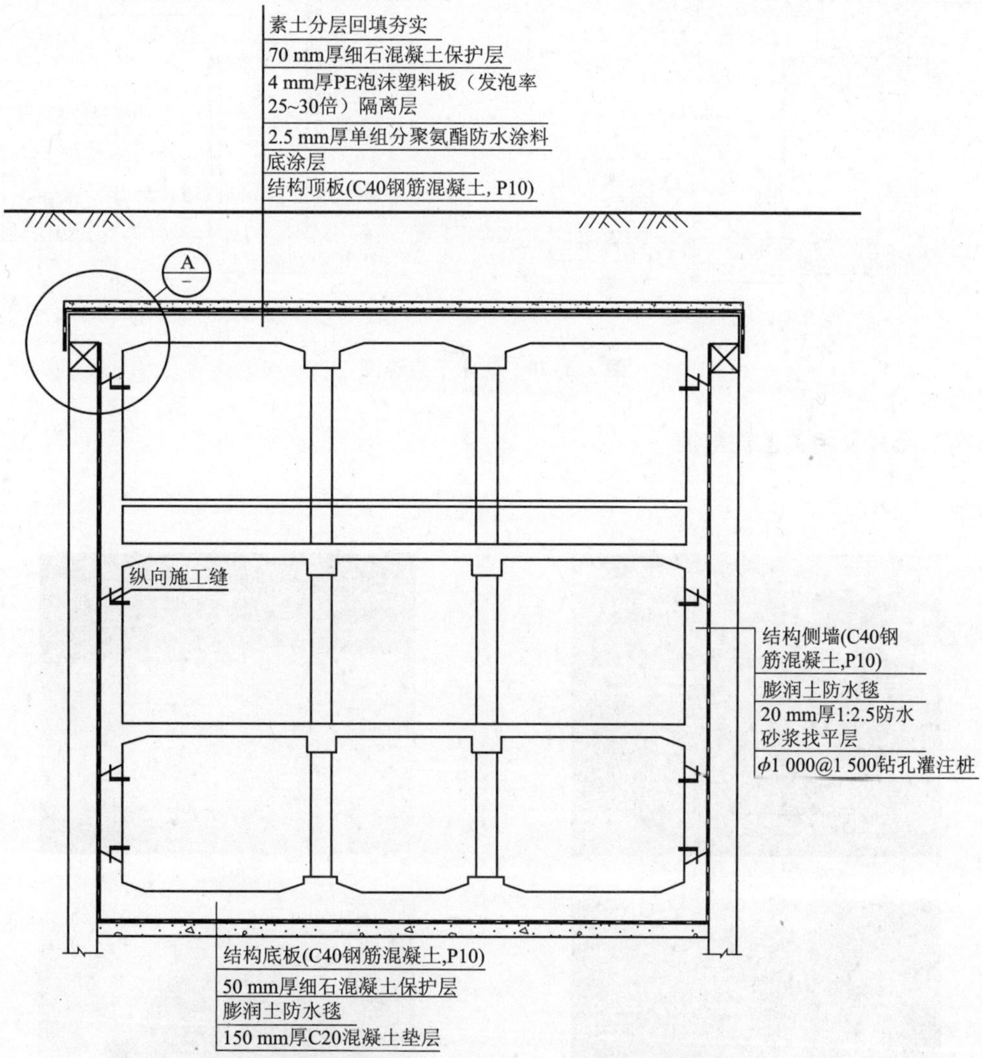

图2.1.19　结构断面防水做法示意图

1）顶板、底板及侧端墙结构采用C40，P10防水混凝土。

2）顶板防水层采用涂料防水层；侧墙、底板防水层采用膨润土防水毯。

3）涂料防水层均指聚氨酯涂料防水层，成膜厚度不小于2.5 mm。

4）底涂层均指采用专用稀料将防水涂料按一定比例稀释后涂刷在顶板结构表面的基层处理层，用量一般为 0.1～0.15 kg/m²；增强层采用 40～60 g/m² 的聚酯无纺布或玻纤网布，搭接宽度 10 cm。

5)隔离层采用 4 mm 厚 PE 泡沫塑料板。

6)PE 泡沫塑料的发泡率为 25～30 倍。

7)防水加强层涂刷完毕后应立即粘贴增强层，并确保涂料完全浸透增强层。

8)止水胶均为遇水膨胀止水胶，挤出粘贴在施工缝表面，固化成型后的断面尺寸为(8～10)mm×(18～20)mm。

9)注浆管均为全断面注浆管，也可采用经试验检测合格的其他种类注浆管。

(2)顶板防水节点加强(图 2.1.20)

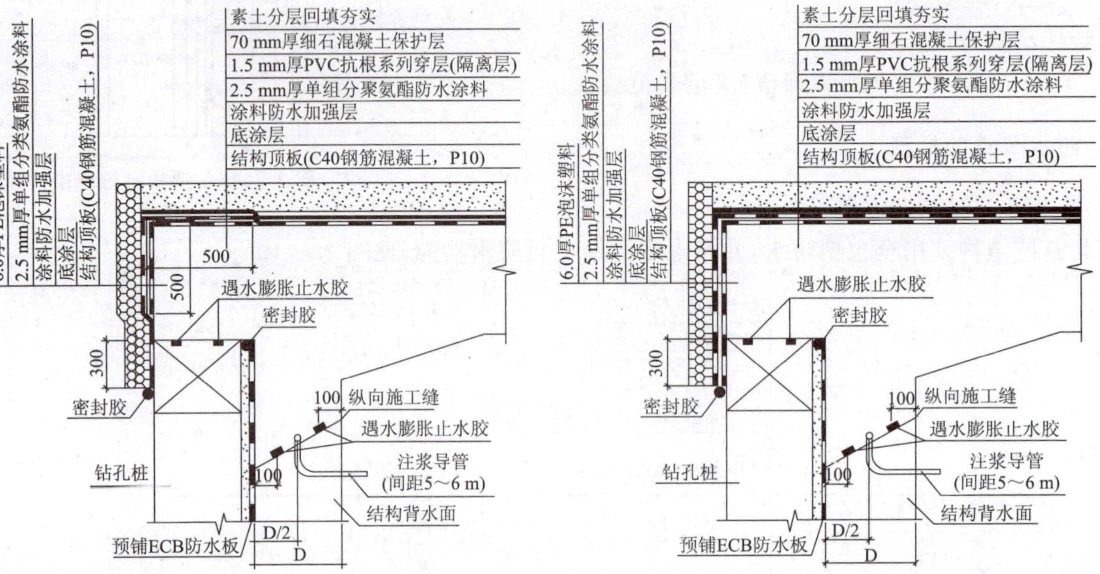

(a)普通涂料除水加强　　(b)顶板施工缝部位涂料防水加强

图 2.1.20　防水节点详图

1.2.4　现场施工照片及相关监测数据

(1)现场施工照片(图 2.1.21)

钢管柱挖孔桩施工

北侧顶板浇筑

回填顶板覆土

负一层开挖施工

图 2.1.21　现场施工情况

负一层中板施工

负二层土体开挖

负二层侧墙绑扎钢筋

负三层土方开挖

负一层夹层板

负三层底板、侧墙结构钢筋绑扎

图 2.1.21(续)

(2)第三方监测数据

第三方监控测量单位提供的数据显示，西北外挂结构施作过程中地表累计沉降 9.29 mm，最大变形速率 0.17 mm/d，均满足设计要求。

图 2.1.22 为监测数据曲线图。

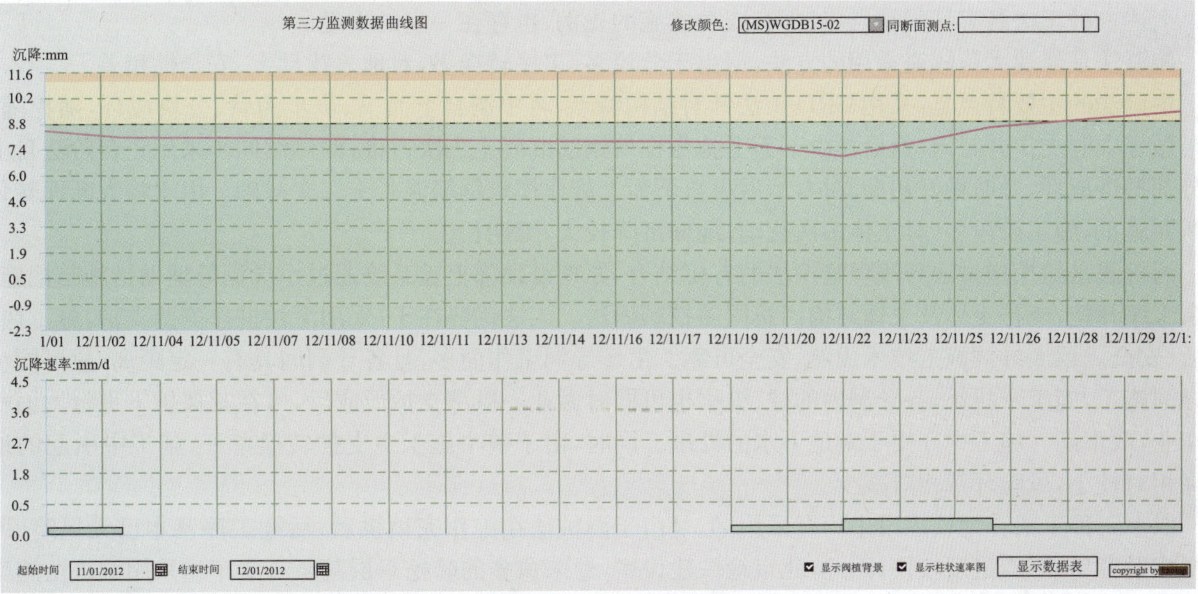

图 2.1.22　监控量测图

1.3　暗挖法施工的车站结构

1.3.1　工法的选择

北京地铁 8 号线二期南段共 6 站 7 区间，因线路进入北京旧城核心区，车站站址周边环境复杂，如车站主体下穿大直径重要市政管线(电力管、雨水管、燃气管等)、下穿重要市政道路(北三环中路、北辰路、鼓楼外大街等)、旁穿桥梁(安华桥)。多个车站因管线改移困难,交通导改无法实施,需全部或部分采用暗挖法施工。

目前,国内暗挖法车站施工常用的施工方法有"中洞法"、"侧洞法"、"洞桩法"等几种工法。其技术、经济比较见表2.1.2。

表 2.1.2　暗挖施工工法比较

项目	洞桩法	侧洞法	中洞法
主要特点	1.利用小导洞施作桩梁形成主要传力结构,在暗挖拱盖保护下进行内坑开挖。 2.导坑及拱盖施工,工序较少,空间优势明显,地面沉降较小。 3.废弃工程量大,造价较高	1.两个侧洞先行,然后施作中洞。 2.分块多,工序多,对地层扰动最大。 3.废弃工程量比洞桩法小,造价高	1.中洞先行,建立起梁、柱支撑体系,然后施作侧洞。 2.分块多,多次扰动地层,但先建立起的梁柱体系对地面沉降起一定控制作用。 3.废弃工程量比洞桩法小,造价较高
适用范围	1.适用于软岩或土质地层。 2.适用于多层、多跨度、高度较大的地下工程	1.适用于少水的软岩或土质地层。 2.适用于单层中大跨度地下工程	1.适用于少水的软岩或土质地层。 2.适用于单层或高度不大的双层中小跨度地下工程
防水质量	多拱多跨结构,柱顶施工条件差,"V"形节点防水质量难以保证	采用单拱多跨结构,避免"V"形节点,防水质量可保证	多拱多跨结构,柱顶施工条件差,"V"形节点防水质量难以保证
施工难度	对大跨度地下结构,施工难度小	对大跨度地下结构,施工难度一般	对大跨度地下结构,施工难度一般
施工速度	拱盖形成较费时,正洞施工速度很快,总体施工进度较快	工序多次转换,总体进度一般	工序转换较多,但建立起中洞梁柱体系,侧洞施工速度可加快,总体施工进度一般
地面沉降	较小	较大	一般
拆除圬工量	拆除小导洞部分初支,废弃工程量小,拆除圬工量少	工序多次转换,废弃工程量大	工序多次转换,废弃工程量较大
造价	稍高	一般	一般
工程实例	北京地铁"复八线"天安门西站、王府井站等	北京地铁"复八线"西单站、国家计委地下停车场	北京地铁蒲黄榆站

上述三种工法各有其优缺点,且都有成功实施的先例,也存在一定的不足。

侧洞法是修建大跨隧道常用的方法,但由于分块多、工序转换多,对地表扰动大、安全性稍差。

中洞法的主要特点是:采用CRD工法针对结构特点,将中洞自上而下、步步为营、分块成环,随挖随撑,及时做好中洞支护并封闭,然后再由下而上施作模筑钢筋混凝土二次衬砌;两侧洞同步采用正台阶法自上而下分部掘进成环,及时做好初期支护,然后再自下而上施作模筑钢筋混凝土二次衬砌。由于将大断面转化成小断面施工,施工阶段多,对土体多次扰动,地面沉降较大,工期长。

洞桩法是盖挖逆做法与浅埋暗挖法的有机结合,原理是顶部上盖系统通过小导洞等辅助措施暗挖施作,其余工序开挖、支护土体及主体结构回筑同盖挖顺做法。工法优势在于:采用灌注桩作侧壁支护,施工快捷、灵活、安全。顶底导洞施工技术成熟,安全可靠。由于导洞工作面多,且各导洞间具有一定距离,故可同步进行导洞施工,施工干扰小,各导洞内的柱、纵梁也可同时做业。拱部支护形成后,可在其保护下进行大面积开挖作业,效率高。施工中亦便于对地下水的处理。同时,由于整个施工中支护转换单一,施工中引起的地面沉降相对较小,风险环节相对减少。

以上三种工法在地铁建设中均有采用,但是由于洞桩法在施作完顶拱后,后续工序基本已无风险,风险控制相对容易,工程进度较快,因此,北京地铁建设中,愈来愈多的暗挖双层甚至三层车站采用洞桩法施工。

1.3.2　实例工程中的设计要点

工程实例　北京地铁8号线二期南段　安华桥站

洞桩法设计要点

1)工程概况

安华桥站是北京地铁8号线二期工程的一个中间站。车站位于鼓楼外大街、北辰路与北三环交叉路口的安华桥西侧,横跨北三环中路,南北向布置。车站西北角是中国科技馆,东北角是安贞西里小区,西南角是北京医疗器械研究所,东南角是绿化带。

车站总长 226.7 m，由北至南共分为五段，两端明挖三层段分别长 15.6 m、15.6 m，暗挖双层段分别长 65.1 m、65.4 m，跨北三环中路暗挖单层段长 65 m。其中暗挖双层段采用洞桩法施工，结构拱顶埋深9.85～11.15 m，底板埋深 25.31～26.61 m。见图 2.1.23。

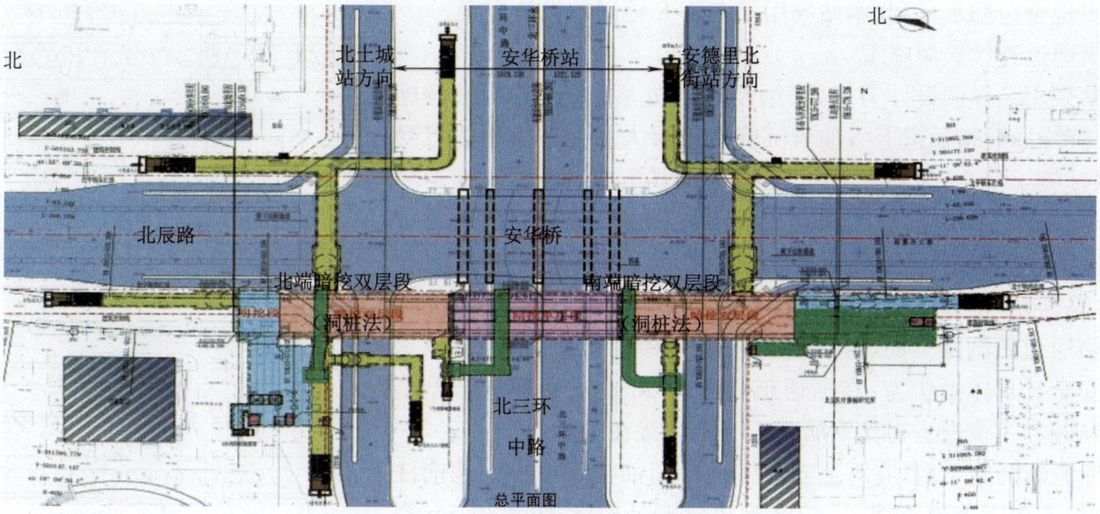

图 2.1.23　车站结构平面示意图

2)工程地质及水文地质

主体暗挖双层段主要穿越地层为粉质黏土③层、粉土③$_2$层、粉细砂④$_3$层、粉土⑥$_2$层、粉质黏土⑥层、粉细砂⑦$_4$层、卵石⑧$_9$层。拱部位于粉质黏土③层，底板位于⑧$_9$卵石层。见图 2.1.24。

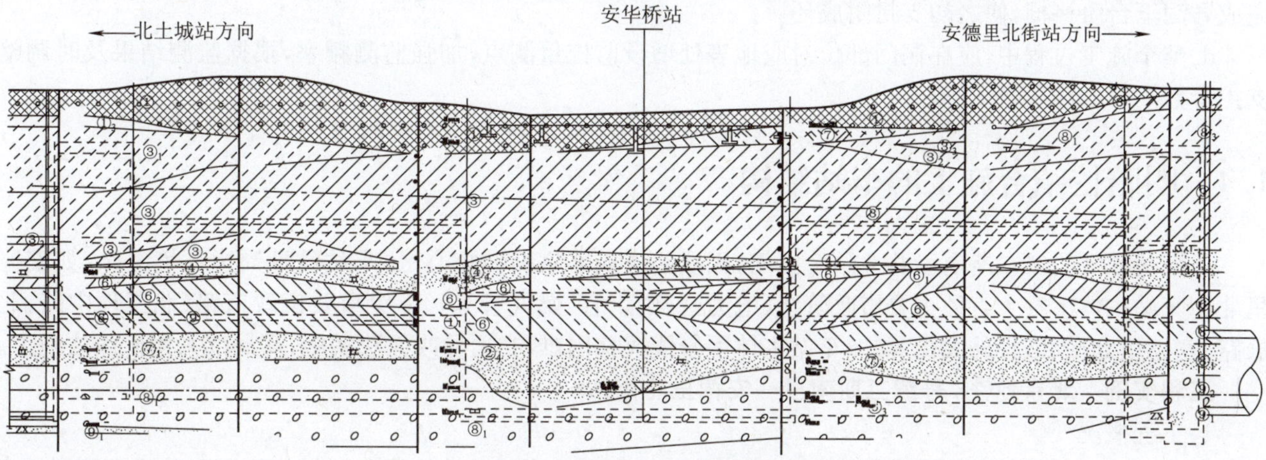

图 2.1.24　车站地质断面图

该范围内主要含两层地下水：

第一层：上层滞水，主要分布在粉质黏土③层中，静止水位埋深 6.6～10 m。

第二层：层间滞留水主要分布在粉细砂④$_3$层、粉土⑥$_2$层中，静止水位埋深 15.7～16.2 m。

3)设计要点

①钢管柱柱下基础及边桩桩下基础比选

钢管柱柱下基础及边桩桩下基础均需满足竖向承载力要求，具体做法分为桩基、条基两大类。本站采用洞桩法施工，上下各四个小导洞，根据计算分析，以及结合以往工程经验，小导洞施工采用先下后上原则，且上下导洞施工时需保证一定的安全距离，小导洞施工工期较长。

若基础采用桩基，则只需施工上层导洞即可满足要求，能有效地缩短施工工期，减少土体开挖对地层的多次扰动，减小土体变形，降低施工风险。

但受车站埋深影响，钢管柱柱下基础及边桩桩下基础为满足竖向承载力要求，需采用大直径桩，且桩基埋深较大。因桩基需在小导洞内施工，若采用机械成孔，则需很大的洞内操作空间，导致上层导洞开挖尺寸加大，后期凿出量增大，不经济。若采用人工挖孔，受桩基埋深影响，车站降水费用将大大增加，且桩基方案无法实现结构全包防水。

若基础采用条基，钢管柱及边桩成孔均采用人工挖孔，车站降水深度满足主体结构施工要求即可，且结构能够实现全包防水，因此本站采用了上下 8 导洞的设计方案。

②横通道连续破洞施工

本站采用 8 导洞设计方案，横通道内需先后进行 16 次破洞施工，累计沉降导致横通道上方地表沉降变形最大。为减小地表沉降变形，保证施工安全，破洞施工时，应注意以下几点：

a. 导洞破洞施工时，首先采用对角开挖原则，待开挖步距大于 15 m，方可进行下一个导洞施工，如图 2.1.25 所示，可同时施作 1＃，8＃马头门，待开挖步距满足要求后，再施作 4＃，5＃马头门。

b. 横通道破洞施工前，应在通道内施作相应的受力转换，以保证施工安全。具体做法为：在横通道内施作 I22a 工字钢"门"型框架结构，破洞后，横通道初支钢筋与工字钢焊接在一起。

c. 导洞破洞施工前，应对上方土体进行超前注浆加固。超前注浆完成后，在施工通道侧墙上，按已测放导洞外轮廓破除 80 cm 宽的槽，满足架设导洞拱部格栅的空间要求。将槽内混凝土碎块及渣土清理干净后，架设拱架，并在洞门之外 5 m 范围内加设 I22a 工字钢作为临时横撑。导洞内连立的三榀格栅必须与周边已破除通道格栅连接牢固。三榀格栅支护完毕后，扩大破除范围，上台阶继续向前开挖支护，在上台阶进尺 5.0～6.0 m 后，破除下台阶范围内横通道初支，施工完成导洞下台阶格栅，使之初支封闭成环。

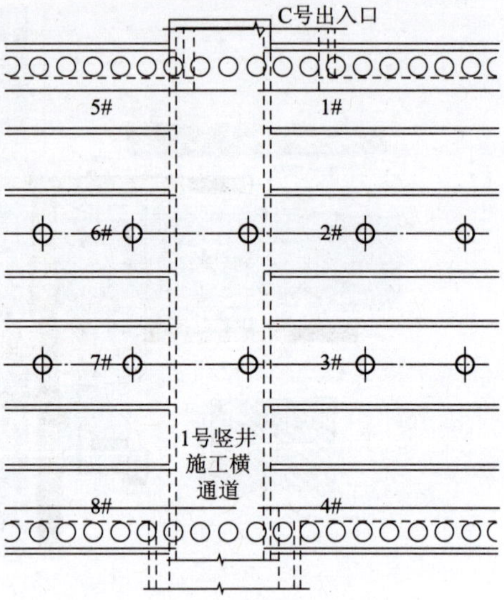

图 2.1.25　洞门平面示意图

d. 整个施工过程中，应在洞门部位对应地表处增设监控量测点，加强监测频率，根据监测结果及时调整支护参数。

1.4　明暗挖结合施工的车站结构

北京地铁 8 号线二期南段共 6 站 7 区间，因线路进入北京旧城核心区，车站站址周边环境复杂，如安德里北街车站主体下穿大直径重要市政管线（电力管、雨水管、燃气管等）、下穿重要市政道路（北三环中路、北辰路、安德里北街、鼓楼外大街等）。车站主体因管线改移困难，交通导改无法实施，需局部采用矿山法施工。

工程实例　北京地铁8 号线二期南段—安德里北街站

1）工程概况

安德里北街站位于鼓楼外大街和安德里北街的交叉路口处，车站沿鼓楼外大街一字形布置，为地下两层岛式车站。车站总长 242.2 m，标准段宽度为 20.9 m，呈南北走向。南端明挖段长 119.25 m，中间暗挖段长 35 m，北端明挖段长 87.95 m。车站有效站台中心里程处顶板覆土厚度为 5.002 m，底板埋深约 20.662 m，暗挖段覆土为 11.1 m，见图 2.1.26。

2）设计重难点分析

原设计方案中，车站采用全明挖法施工，管线改移及交通导改需分多期进行。因鼓楼外大街与安德里北街交叉口处导改困难、安德里北街路下重要市政管线改移周期长等因素，无法满足工期需要，车站局部采用暗挖法施工，暗挖段采用 4 导洞 CRD 法施工。本站工筹安排为先施工明挖段，再施工暗挖段。

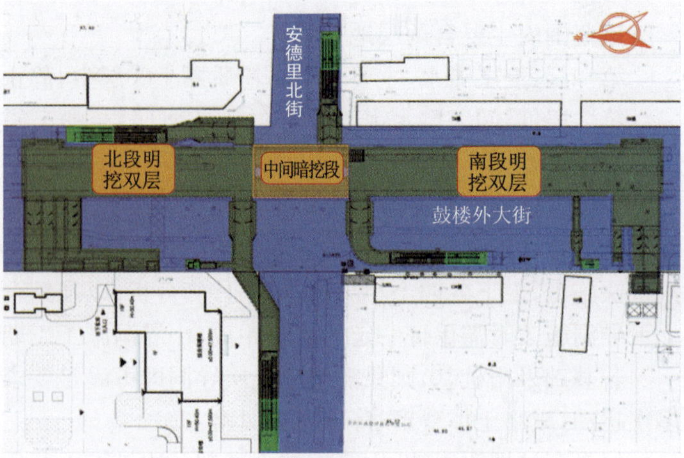

图 2.1.26　安德里北街站总平面图

车站暗挖段单洞结构开挖尺寸为8.55 m×9.38 m，下穿多条重要市政管线，主要有DN800混凝土雨水管，管底距离结构8.26 m，DN1050混凝土污水管，管底距离结构6.87 m。同时，结构下穿安德里北街及鼓楼外大街等重要市政道路。为控制地表及管线变形，降低施工风险，保证施工安全，暗挖段施工前主要采取了以下保护措施：

①暗挖段上方采用ϕ325×12管幕超前支护，为了避免相临管幕施作后引起地层松动，在管幕施工过程中须适时在管幕外侧进行回填注浆，补偿地层的松散变形，有效地控制地层的沉降。

②主体结构采用袖阀管注浆，超前注浆加固结构上半断面土体。见图2.1.27。

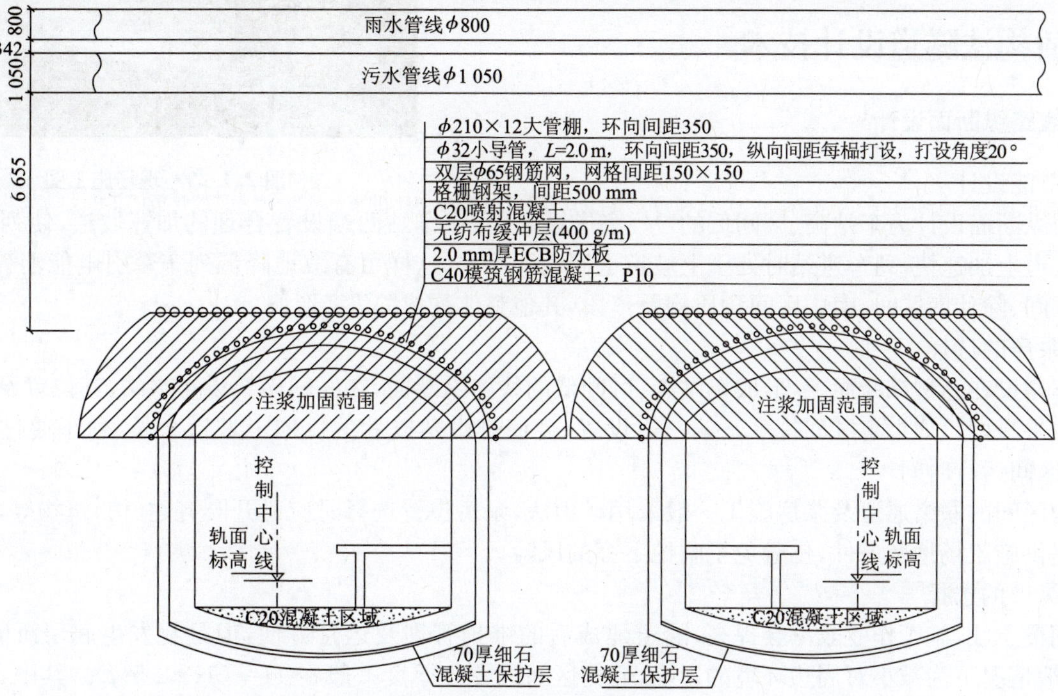

图2.1.27　暗挖段加固图

③明挖段施工过程中应提前预留好暗挖段施作条件，明暗挖分界处结构断面如图2.1.28所示。

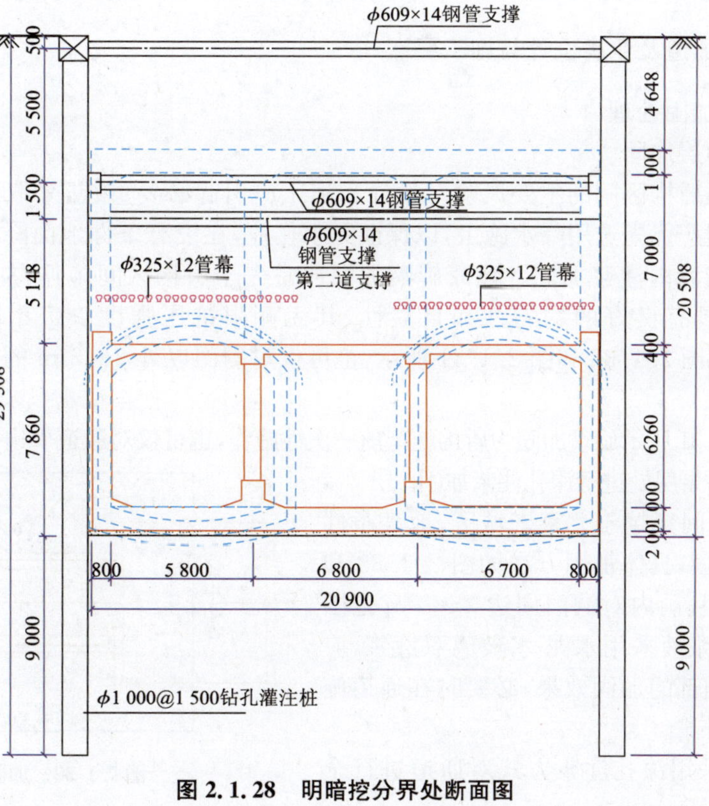

图2.1.28　明暗挖分界处断面图

明挖段中板施工完成后，施作暗挖段上方 $\phi325\times12$ 管幕。管幕施工过程中，应间隔施作，每根管幕施作完成后，围护桩断开的主筋应与管幕焊接在一起，以保证施工安全。因暗挖段初期支护与明挖围护桩纵向重叠，暗挖段施工时需进行部分反掏作业，为保证施工安全，明暗挖分界处洞门施工前，应对上方土体进行超前加固，见图 2.1.29。

图 2.1.29　现场施工图

1.5　盾构法隧道设计技术

1.5.1　线路纵断面设计

(1)节能设计

区间纵断面设计为车站高、区间低的"V"字形纵断面，在车站两端设置合理的加速坡道，使列车出站时处于下坡道上加速快，列车进站时处于上坡道上制动停车快，这样可有效地降低列车牵引电能消耗。8 号线南段 7 区间、除什南区间、南中区间含盾构叠落段，其他整体均成"V"字形坡。

(2)泵房的选择

将车站设在凸型纵断面上，形成车站高、区间低的线路纵断面，在区间需要设排水站，其位置设在区间中间运行效果最好。如果将区间排水站偏一边设置，会使排水站以后的反向上坡道太长，列车通过时减速太快，延长区间运行时间。

盾构区间的联络通道及泵房施工一般采用矿山法，泵房位置选择时应避开既有建(构)筑物等，以便为泵房施工提供施工场地及条件，也避免了暗挖下穿的风险。

(3)纵坡的选择

区间覆土浅，施工作业效率会提高，隧道建成后的维护管理及运营方便，但是易发生底层沉陷等事故。所以，一般情况下为减小对周边环境的影响，盾构区间的覆土厚度一般在 $H=(1\sim1.5)D$。其中，D 为盾构隧道直径。

在受条件制约，区间不得不穿越既有建筑群时，应尽量把区间埋深加深，尽量远离既有建筑群，同时应注意避免穿越段穿越软硬不均地层，以减小施工及后期地铁运营对周边环境的影响。

1.5.2　盾构区间联络通道及泵房设计与施工要点

(1)管片破除时的加固处理

1)联络通道周围地层加固

联络通道的施工是盾构区间的主要风险。设计和施工应引起必要重视，采取以下措施保证施工安全。一般地面有降水条件时应优先选用降水施工，以保证无水作业，在没有条件地面降水的情况下，北京地区通常采用地面旋喷加固或洞内注浆加固。地面旋喷加固通常先于盾构区间施作，加固范围为开挖范围周边 3 m，加固后的地基应具有良好的均匀性和自立性，其无侧限抗压强度≥0.8 MPa，渗透系数≤1.0×10^{-6} cm/s，加固范围如图 2.1.30 和图 2.1.31 所示(也可仅对洞门以外 2～3 m 的范围进行旋喷加固，后期通道开挖采用降水施工)。

图 2.1.30 和图 2.1.31 所示旋喷加固为盾构施工前一次性施作，也可仅对通道周边 3 m 范围内进行旋喷加固，待通道开挖完毕后，再对泵房处进行深孔注浆加固。

8 号线二期南段区间穿越于北京老城区，地表条件有限，采用洞内注浆加固，具体加固方法如图 2.1.32 和图 2.1.33 所示。首先从洞内对洞门周边 2～3 m 范围内土体进行加固处理，浆液采用水泥-水玻璃双液浆，应确保区间与联络通道角部的加固效果，必要时在通道施工过程中对角部进行补浆。

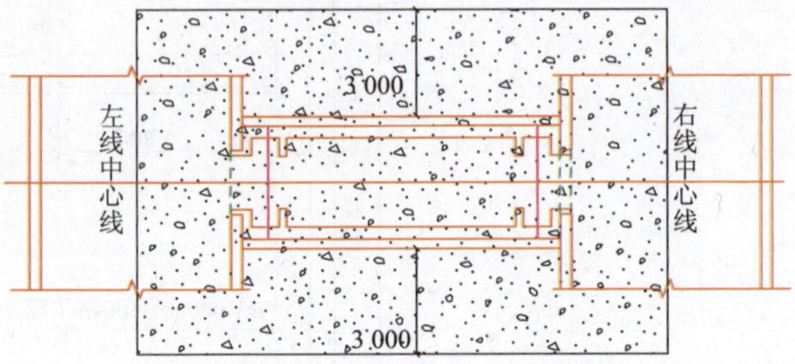

图 2.1.30　加固平面示意图

通道开挖过程中采用深孔注浆方式对通道进行全

断面帷幕注浆加固，先施工通道后施工泵房，待通道施工完毕后再竖向打设袖阀管对泵房处地层进行加固。

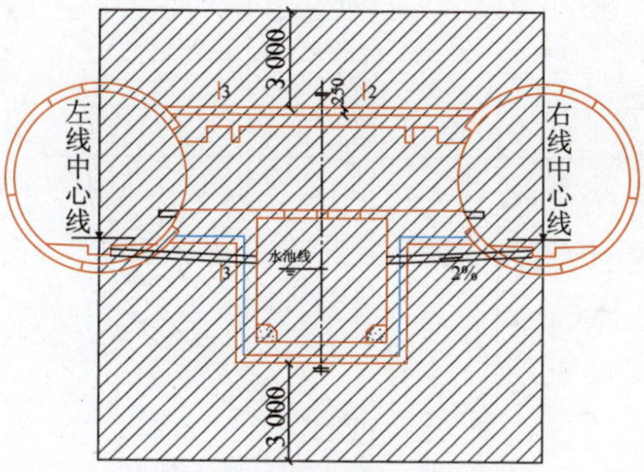

图 2.1.31　加固剖面示意图

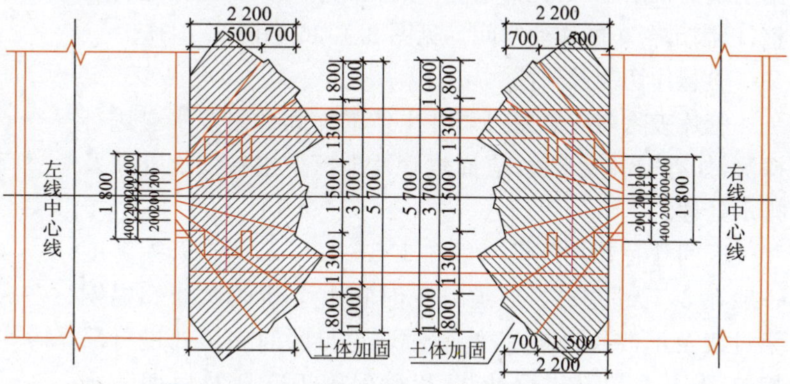

图 2.1.32　加固平面示意图

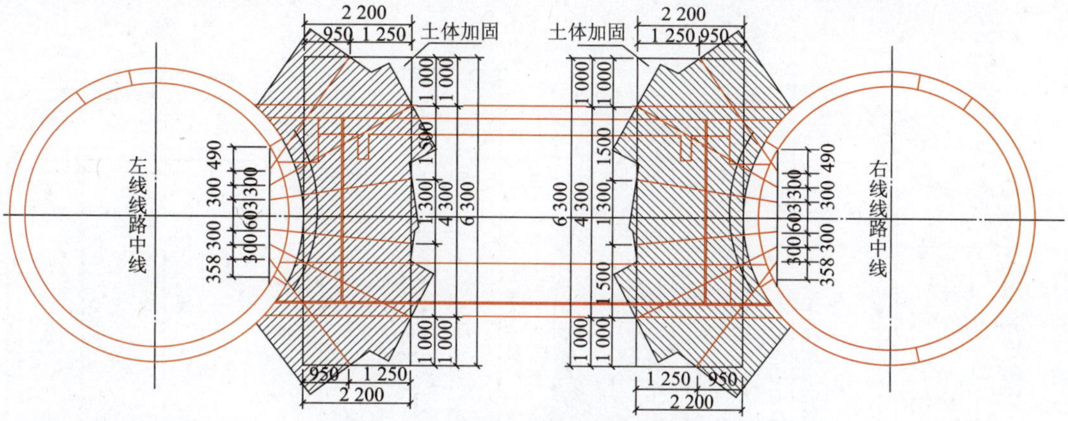

图 2.1.33　加固剖面示意图

2)开洞处临时支撑

联络通道开洞处以及相邻两环采用连续四环标准管片，管片配筋采用加强衬砌环配筋；在联络通道开洞处以及相邻两环管片内部及时设临时支架及钢箍，避免管片变形过大。支撑布置详见图 2.1.34 和图 2.1.35。

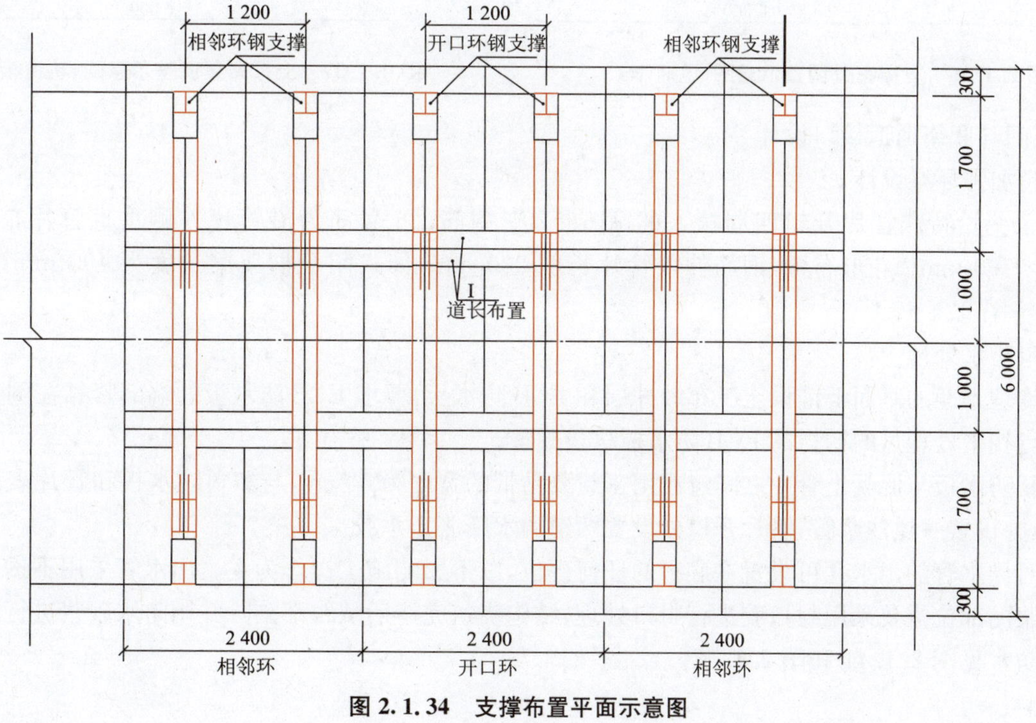

图 2.1.34　支撑布置平面示意图

在施工过程中，由于工筹交错，支撑的架设会影响区间出土或铺轨的施工，此种情况下的施工需对内部支撑进行调整，以满足台车的作业空间。见图 2.1.36 和图 2.1.37。

3)管片切割及开挖

管片破除前应事先对洞外土体的加固效果及水囊进行探测，如有空洞及水囊，应通过管片上探空进行二次补浆及排水处理。

区间管片切割宽度一般在 1.5～1.8 m，通道开挖宽度一般在 3.7 m 左右。通道开挖时宜由小断面做2～3榀钢架过渡至正常通道断面，然后对通道与区间夹角处进行反掏施工，并对角部进行补浆，以确保施工安全及后期防水效果。

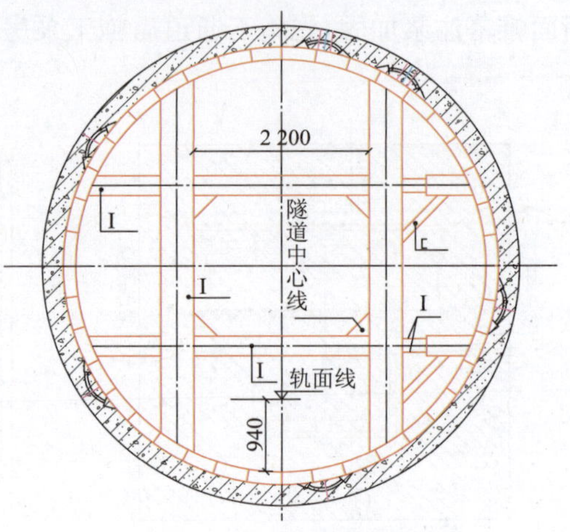

图 2.1.35　支撑布置断面示意图

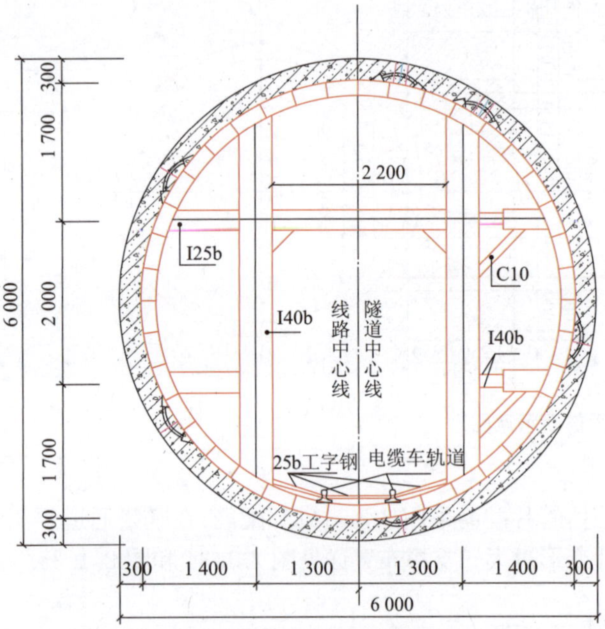

图 2.1.36　支撑布置调整示意图(电瓶车)

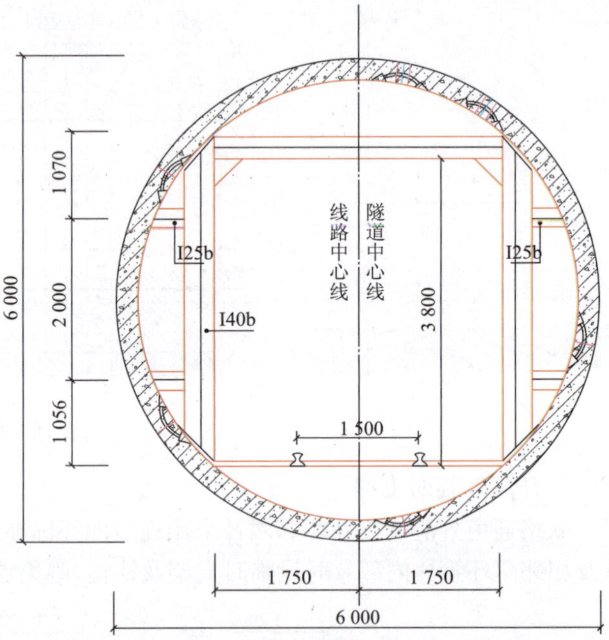

图 2.1.37　支撑布置调整示意图(轨道车)

(2)区间与联络通道接口设计

1)洞门加强环梁设计

25 号筋为沿特殊管片开口四周植入的 ϕ16@200 钢筋，26 号筋为沿管片外侧垂直管片布置植入的 ϕ16@200×200 mm梅花形布置，钢筋伸入管片长度 200 mm，伸入闭合框架梁长度为 400 mm(弯折)，见图 2.1.38～图 2.1.40。

2)接口防水处理

①在清理干净的基面上铺设土工布缓冲层和 ECB 防水板，要求 ECB 防水板的端部紧靠在倒角边缘，并且要求进行找平处理过的初衬的 ECB 防水板尽量平整。

②塑料防水板与混凝土管片之间过渡用密封胶粘带的宽度为 50 cm，与塑料防水板和管片表面应牢固、密实粘贴，并设置一道注浆管，管片开口处设置两道遇水膨胀止水胶。

③临时导水管的出水孔可设置在底板的任何部位，以不影响施工操作为主。出水管采用不透水软管，穿过防水砂浆的部位需要采用封口胶进行封口处理，结构浇筑完毕后从跟部割除并用防水砂浆进行封堵处理。联络通道防水见图 2.1.41 和图 2.1.42。

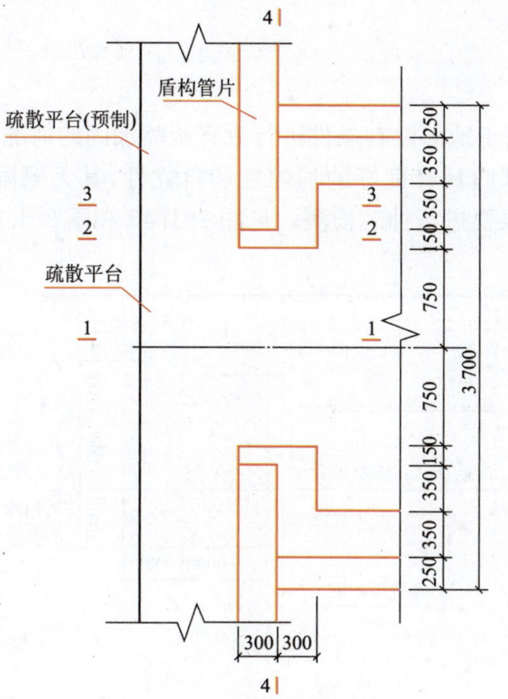

图 2.1.38　接口平面图

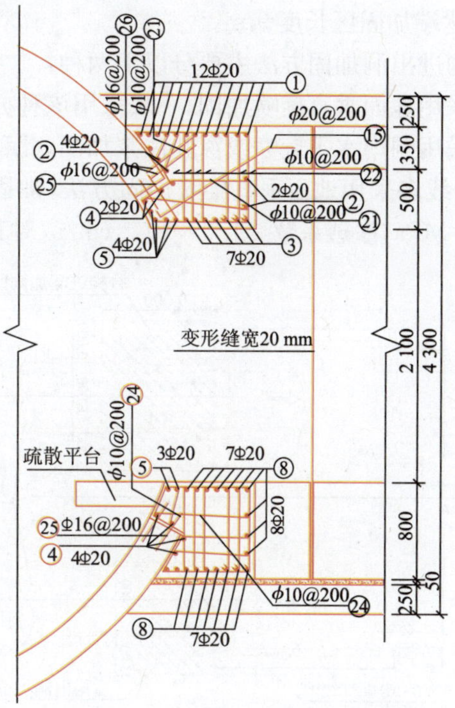

图 2.1.39　加强环梁断面配筋图

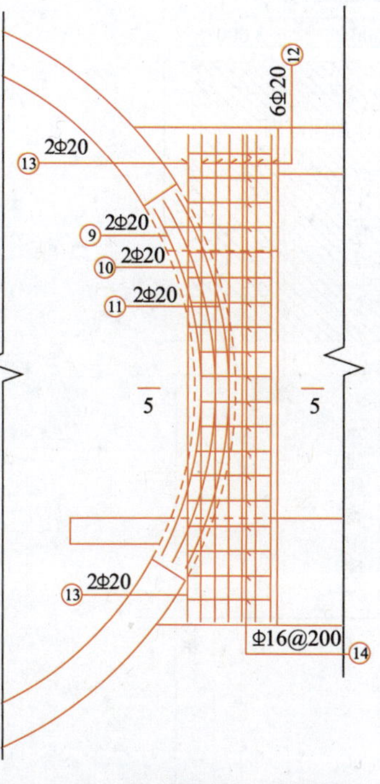

图 2.1.40　加强环梁剖面配筋图

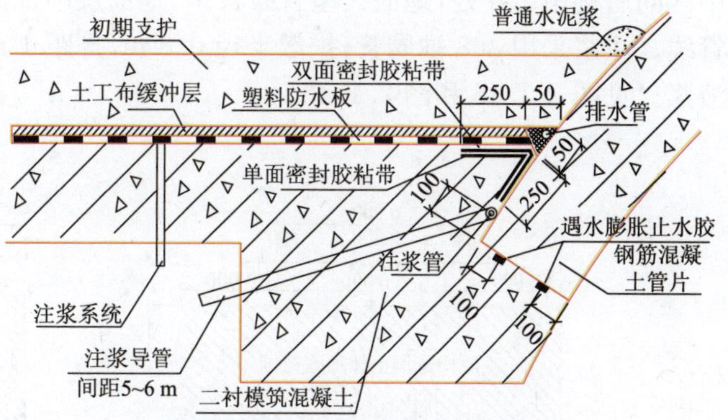

图 2.1.41　拱顶角部防水处理

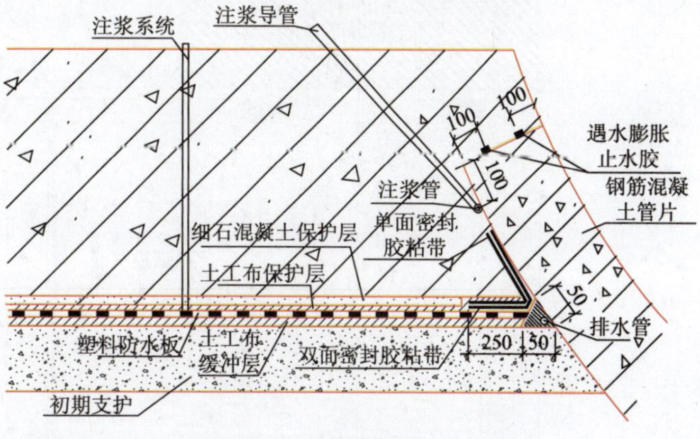

图 2.1.42　拱脚角部防水处理

1.5.3　盾构进出洞技术

(1)进出洞加固

盾构进、出洞时，洞口段地层需预先进行加固处理，以保证盾构机进、出洞的安全。为保证土体加固的有效性，加固时间宜选择在盾构即将通过前一个月完成。加固区为隧道上下左右各 3 m，始发端加固区长度为

6 m,到达端加固区长度 9 m。

盾构进出洞加固方法主要分以下两种：

①采用地面垂直旋喷加固,一般采用该种方式居多。

②采用洞内水平旋喷或深孔注浆加固,此种方法适用于地面没有条件进行垂直旋喷加固的情况。

8 号线多采用地面垂直旋喷加固方法,加固后的地基应具有良好的均匀性和自立性,其无侧限抗压强度≥0.8 MPa,渗透系数≤1.0×10^{-6} cm/s,对其加固效果要进行抽芯检测。见图 2.1.43 和图 2.1.44。

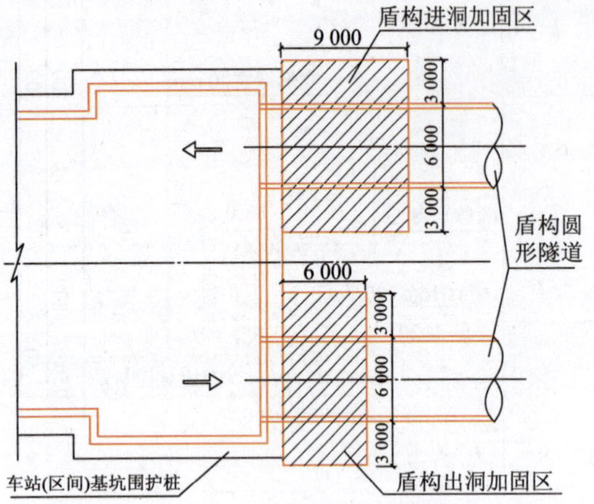

图 2.1.43　加固平面示意图

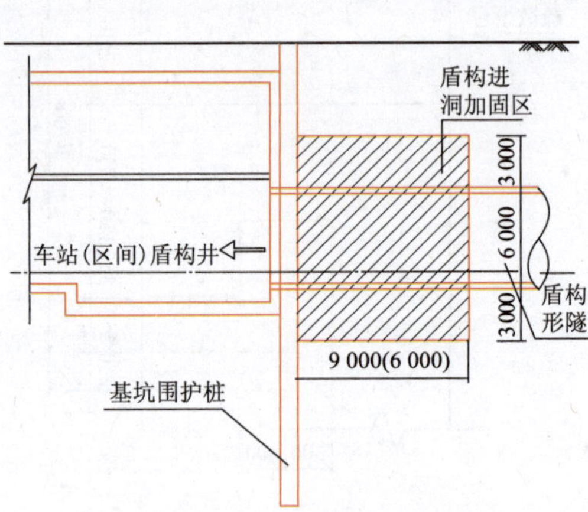

图 2.1.44　加固剖面示意图

南中区间盾构吊出井处,地面大型管线较多,地面旋喷加固施作空间不足,采用洞内水平注浆加固,以避开上方管线。注浆采用 ϕ68 袖阀管,扩散半径 0.8 m,排距 1 m,孔距 1.2 m,梅花形布置,浆液采用水泥-水玻璃双液浆。见图 2.1.45 和图 2.1.46。

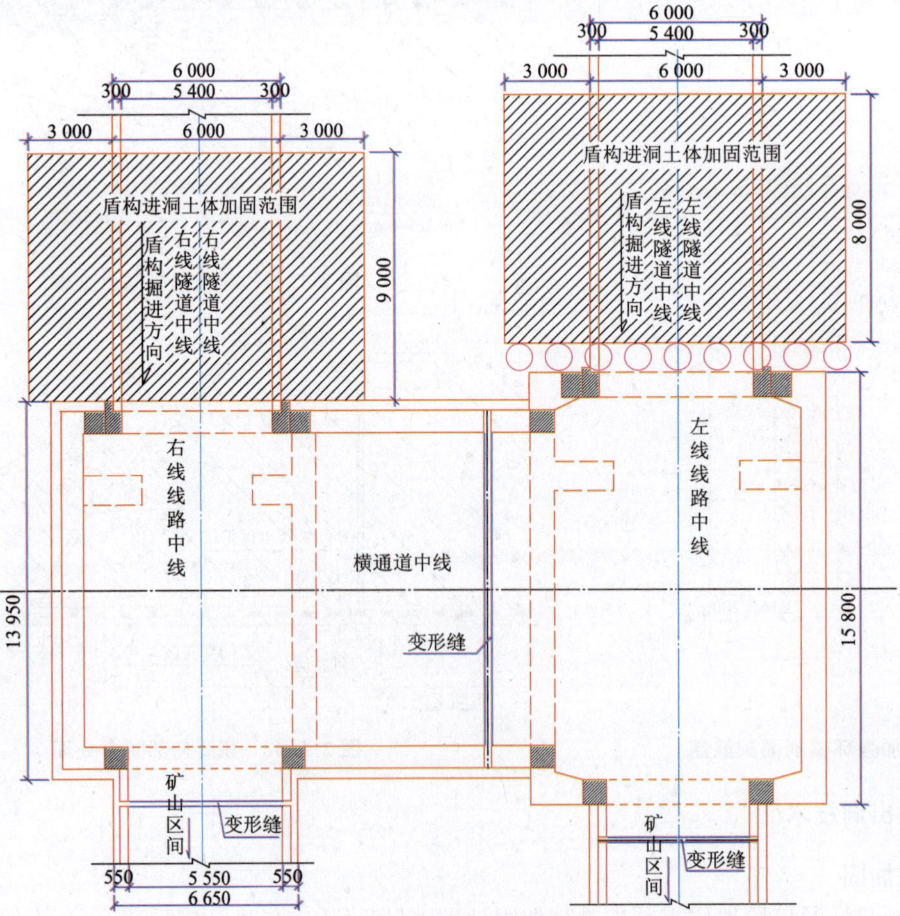

图 2.1.45　接收井加固平面图

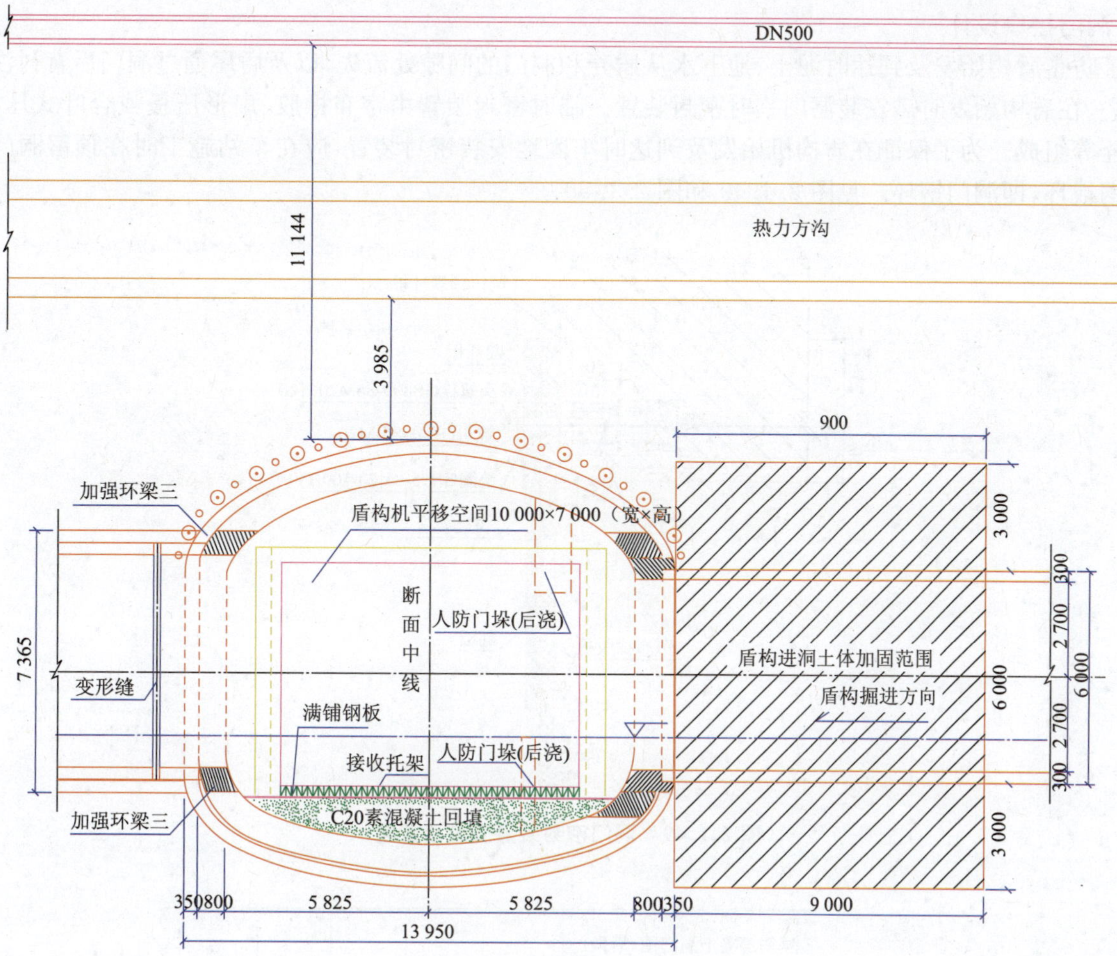

图 2.1.46 接收井加固剖面图

(2)洞门围护结构的破除

盾构始发前要将盾构通过范围内的钢筋混凝土全部破除，在破除前需对加固效果进行抽芯检测。阻水施工的车站在加固体抽芯检测时还应注意加固体的渗漏水情况，确保始发时无水作业。本段盾构区间涉及地下连续墙与排桩两种形式支护结构的凿除，见图 2.1.47 和图 2.1.48。

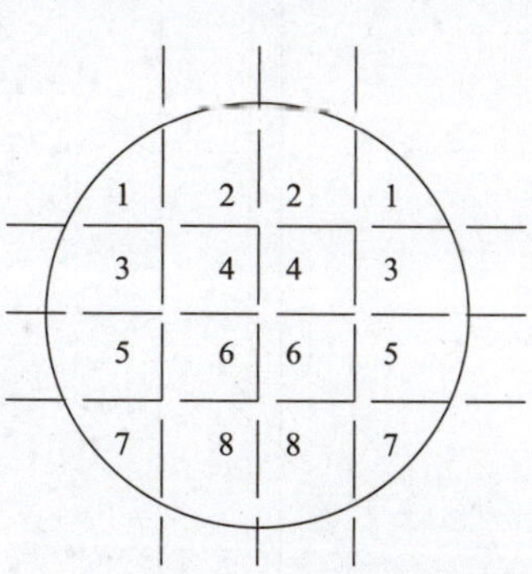

图 2.1.47 地下连续墙分块凿除示意

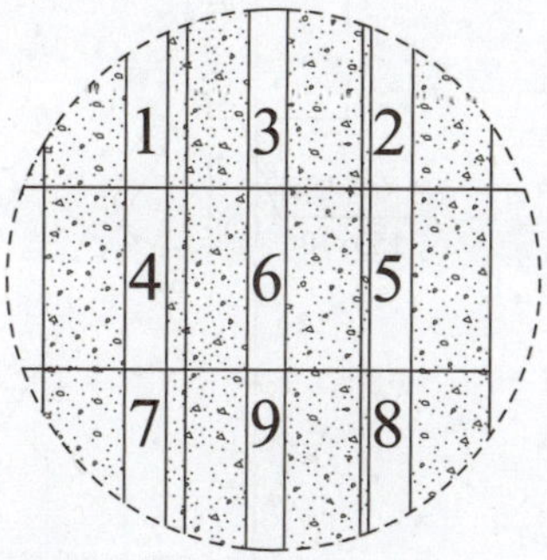

图 2.1.48 围护桩分块凿除示意

由于连续墙凿出难度较大，因此分块较多，整体破除顺序为从上至下、从两边至中间，首先破除背土面钢筋保护层的混凝土，至完全露出地下连续墙背土面钢筋，然后利用气割进行背土面钢筋切割，先割下部再割两侧，后割上部。使用气割时注意对洞门钢环及止水帘布的保护，按照分块顺序继续凿除两层钢筋间的混凝土，直至连续墙迎土侧钢筋外露。

盾构机调试完毕并验收合格后，拼装负环管片，快速将连续墙余下的钢筋混凝土破除，清理洞门。

(3)洞门接口设计

为了防止盾构始发及到达时泥土、地下水从盾壳和洞门的间隙处流失，以及盾尾通过洞门后背衬注浆浆液的流失，在盾构始发时需安装洞门临时密封装置。临时密封装置由帘布橡胶、扇形压板或合叶式压板、垫片和螺栓等组成。为了保证在盾构机始发及到达时牢固地安装密封装置，应在车站施工时在预留洞门处预埋洞门钢板环，即洞门钢环。见图 2.1.49 和图 2.1.50。

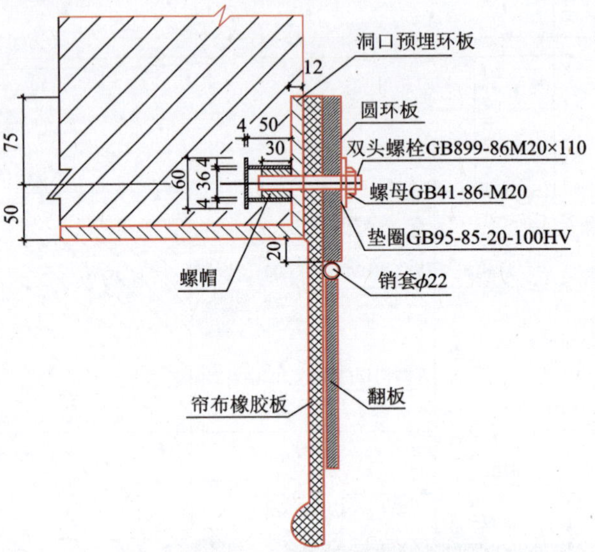

图 2.1.49　洞门密封装置安装示意图

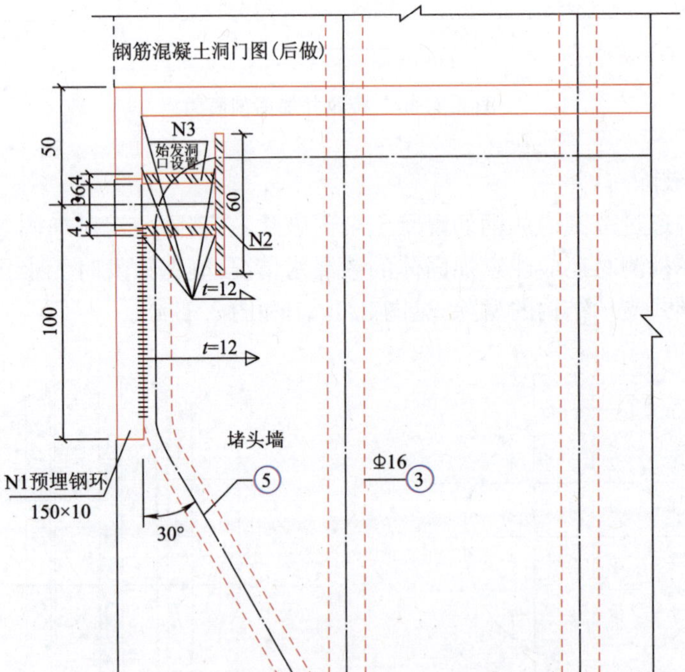

图 2.1.50　洞门钢环安装示意图

(4)进洞处纵向拉紧

盾构机到达时，由于前方失力，易引起盾尾管片松动，使得管片环与环之间的间隙被拉大，造成漏水或漏泥现象，故在盾构主机到达前采用[14b 槽钢加强连接条将盾构出洞位置 20 环范围内管片连接拉紧。联系条固定利用圆管片吊装孔，每片管片处，每环固定 6 处。见图 2.1.51 和图 2.1.52。

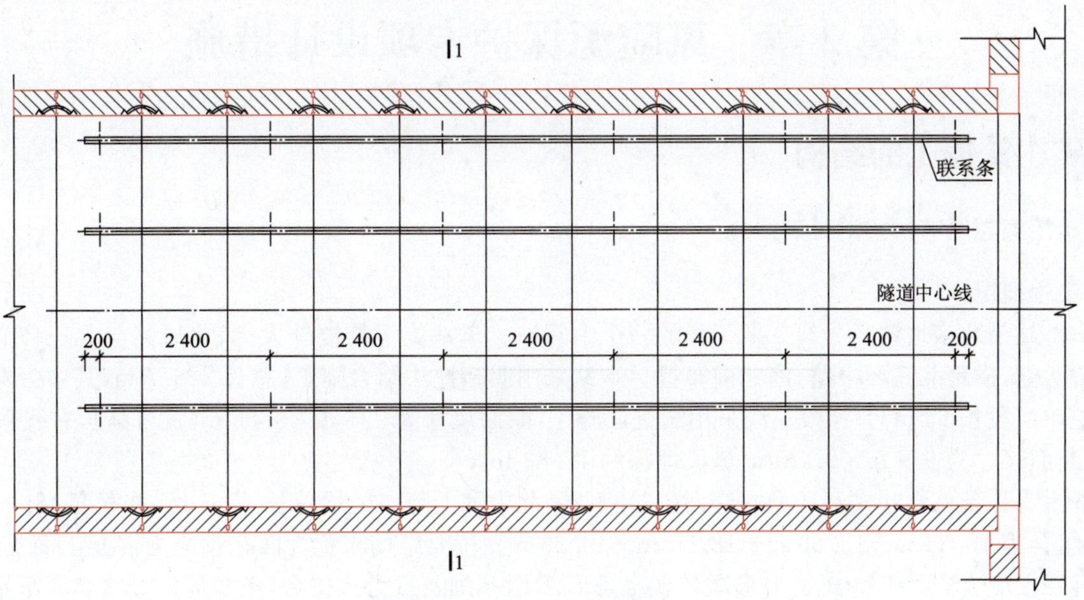

图 2.1.51　纵向拉紧联系平面

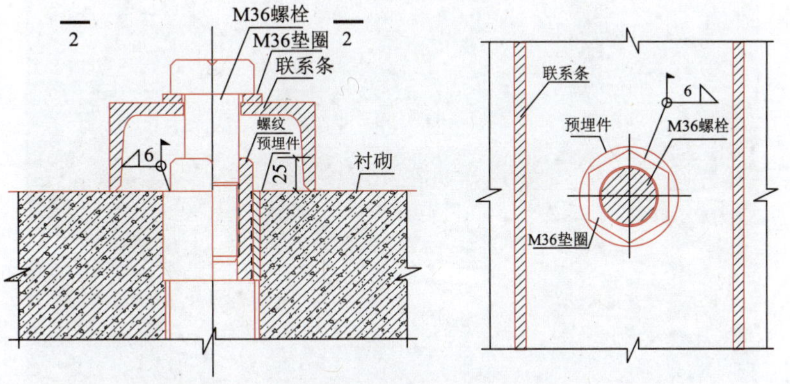

图 2.1.52　联系条安装大样

第2章　风险源保护专项设计措施

2.1　矿山法施工的结构

2.1.1　暗挖穿越既有桥梁的处理措施

(1)工程概况

安华桥站是北京地铁8号线二期工程的一个中间站。车站位于鼓楼外大街、北辰路与北三环交叉路口的安华桥西侧，横跨北三环中路，南北向布置。本站采用明暗挖法结合施工，总长226.7 m，其中旁穿安华桥桥基暗挖单层段长65 m，旁穿段左线采用洞桩法施工，断面尺寸为9.1 m×9.66 m(宽×高)，右线采用CRD法施工，断面尺寸为9.6 m×9.78 m，该段埋深约12.83 m。

安华桥为长条苜蓿叶式互通型立交，北三环下穿、北中轴上跨。桥梁总长57.5 m，总宽度48.0 m，共四跨，跨径组合为10.35 m+18.50 m+18.50 m+10.35 m。桥梁结构布置为四孔预应力混凝土简支梁，下部结构为后张预应力混凝土组合式T形墩和现浇条形T墩基础及重力式桥台，条基埋深2.4 m。车站距离安华桥桥基水平距离3.8 m，车站主体与桥基垂直距离10.41 m。车站施工前，安华桥现状见图2.2.1。

图2.2.1　车站施工前安华桥现状

桥梁的结构形式：

1)上部结构

桥梁上部结构为四孔桥面连续应力混凝土简支梁，梁高0.85 m，在支撑附近为0.75 m。边孔计算跨径为9.65 m，中孔计算跨径为17.8 m。预应力T梁为预制安装，间距为1.19 m；T梁端部设20 cm厚预制横梁，安装后由湿接头连接横梁及翼板，形成整体。

2)下部结构

下部结构为组合预制拼接预应力混凝土 T 形中、边墩。现场浇筑钢筋混凝土桥台及中边墩条形基础。基础为扩大基础。墩台支座均采用橡胶支座。

设计荷载：汽车-20 级、挂车-100。

(2)风险评估报告结论

1)安华桥经现场检测，桥梁技术状况等级评定为 C 级，处于合格状态。

2)变形控制指标为：

①上部结构相邻墩柱基础纵向不均匀沉降控制值为 10 mm；

②墩柱基础横向不均匀沉降控制值 5 mm；

③主桥均匀沉降控制值 15 mm；

④墩、盖梁倾斜度不大于 1/1 000；

⑤桥区相关道路路面沉降控制值为最大沉降 15 mm。

(3)设计要点

1)施工影响预测

该风险工程控制的关键是最大限度地控制车站施工时对桥基的影响，减小基础沉降量，保证桥梁的整体稳定。因此，首先需要采用数值计算手段预测施工影响。

计算采用三维岩土力学有限差分程序进行模拟分析，考虑围岩与结构的共同作用、分步施工过程。计算范围取沿车站方向 90 m 长，横向 90 m 长，从地面起 60 m 深范围的土体。安华桥桥基受力按照安华桥竣工图所提供：慢车道汽-20 t，挂-100 t，慢车道 350 kg/m，15 t 车验算。单层暗挖结构计算模型如图 2.2.2所示。

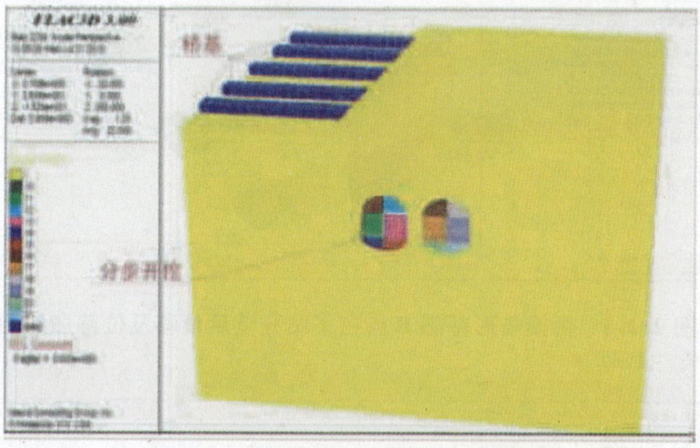

图 2.2.2　单层暗挖结构计算模型

结构各步开挖施工完成时地面位移图如图 2.2.3 所示。

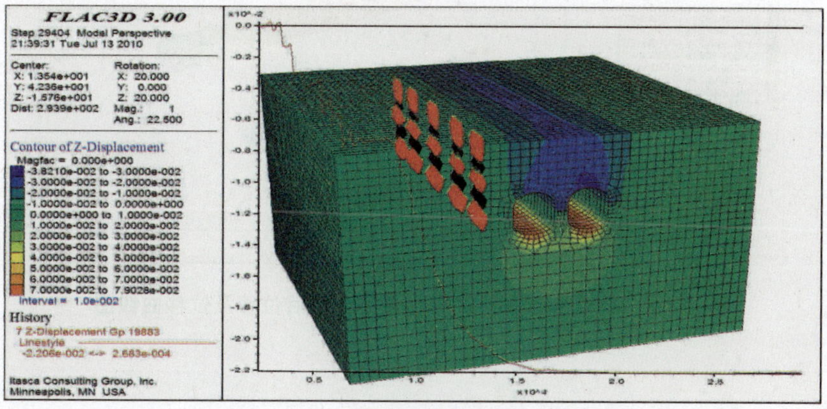

图 2.2.3　结构开挖完成后位移图

由计算可得，施工期间地面最大沉降量为 22 mm。

结构各步开挖施工完成时桥基位移图如图 2.2.4～图 2.2.7 所示。

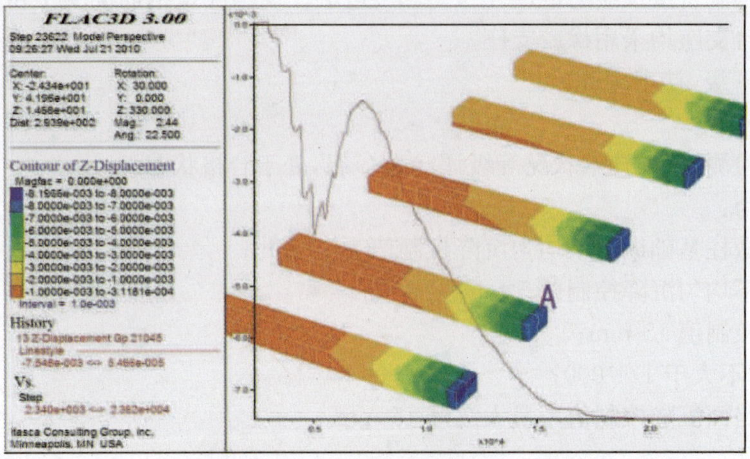

图 2.2.4　桥梁条形基础 A 点在车站开挖后位移及位移曲线图

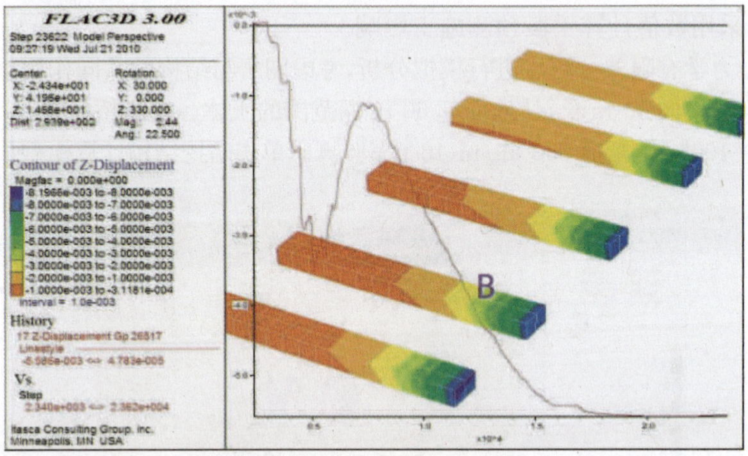

图 2.2.5　桥梁条形基础 B 点在车站开挖后位移及位移曲线图

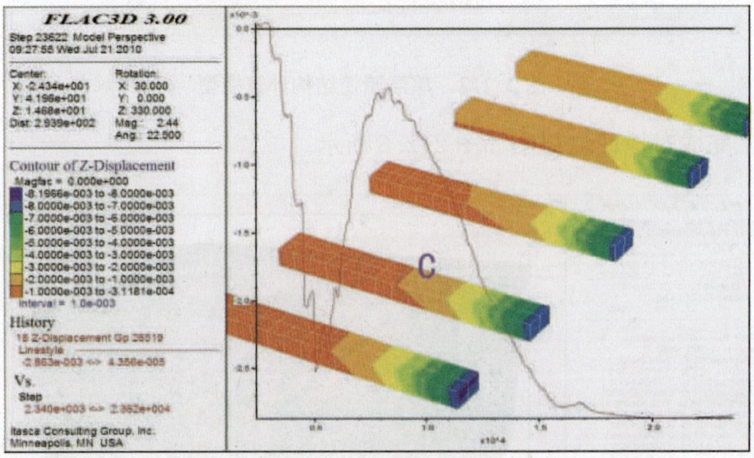

图 2.2.6　桥梁条形基础 C 点在车站开挖后位移及位移曲线图

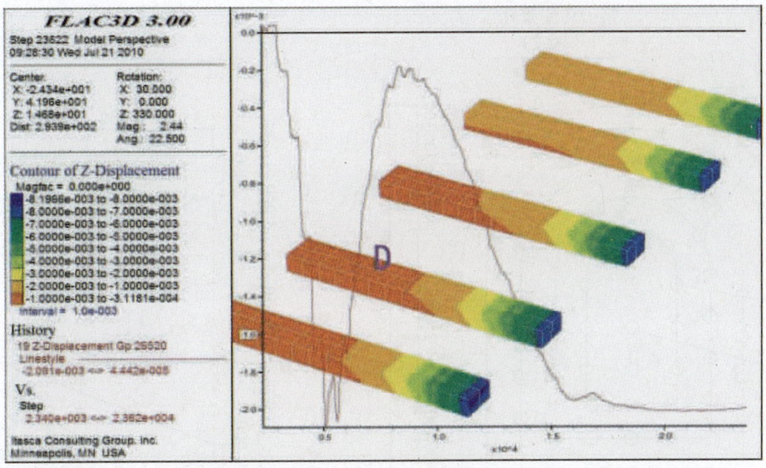

图 2.2.7　桥梁条形基础 D 点在车站开挖后位移及位移曲线图

经计算，桥梁条形基础随施工沉降量不断加大，基础最大沉降量为 8.2 mm 时趋于稳定。

该计算模型是在完全理想的状态下模拟完成，由于施工期间车站开挖肯定会对土体造成扰动，且在周围各种环境的作用下引起的地面沉降有局部不确定性，为保证满足桥通所提出容许最大沉降量 5 mm 的要求，因此施工前首先对桥基进行保护，以保证施工期间沉降量控制在 5 mm 范围内。

2)施工技术措施比选

结合本站工程地质及周边环境条件，可采取以下三种保护措施控制车站施工时对桥基的影响：

方案一：暗挖断面左右线均采用 CRD 工法施工，同时在安华桥下的北三环中路上由地面向下打设隔离桩，隔离桩采用 ϕ600@1 000 钻孔灌注桩，桩长 23.8 m，嵌入隧道底部 1.7 m。该方案技术成熟，施工工艺简单，对桥基影响较小，安全度高。但由于施工占道周期长，占道手续批复困难，施工滞后，影响车站施工进度。

方案二：暗挖断面左右线均采用 CRD 工法施工，同时在安华桥下的北三环中路上由地面向下打设复合锚杆桩，复合锚杆桩桩径 150 mm，桩长 24.4 m，嵌入隧道底部 1.7 m。复合锚杆桩设内外双排梅花状布置，注浆加固区厚度为 900 mm，桩间距 500 mm。该方案技术较成熟，施工工艺简单，对桥基影响较小，安全度较高，施工占道周期较短。但由于施工占道手续批复困难，施工滞后，影响车站施工进度。

方案三：暗挖断面左线采用洞桩法施工，右线采用 CRD 工法施工，同时在左线小导洞内及右线 CRD 洞内进行超前帷幕注浆加固地层，保证桥基的安全，满足 8 号线二期的工期要求。此保护方案经济投入较大，且工序转化较多，对施工进度有一定的影响，但可实施性较强。

经充分比选，以及与相关单位及时沟通，最终确定采用方案三为安华桥站旁穿安华桥桥基的保护方案，在保证安华桥结构安全的条件下，满足 8 号线二期工期要求。

本工程受周边环境影响，地面无法打设降水井，暗挖施工过程中带水作业，对风险控制十分不利。因此，洞内注浆加固措施方案是控制风险的关键点，且应在整个施工过程中，根据监测结果，及时调整注浆加固参数，保证桥基安全。

3)主要保护措施

暗挖单层段左线施工采用洞桩法，右线施工采用 CRD 工法，两单洞采用 ϕ32 小导管＋内 ϕ56、外 ϕ68SX 系列袖阀注浆管超前注浆加固地层。拱顶上方地层为④$_3$粉细砂层，拱腰所处地层为⑦$_4$粉细砂层。在 CRD 断面①、③导洞内向下打设 ϕ32 超前小导管，加固该范围砂层。CRD 上半断面掌子面采用超前预注浆加固地层；PBA 小导洞采用全断面超前预注浆加固地层，加固范围为开挖轮廓线以外 5 m，浆液采用水泥—水玻璃双液浆。见图 2.2.8 和图 2.2.9。

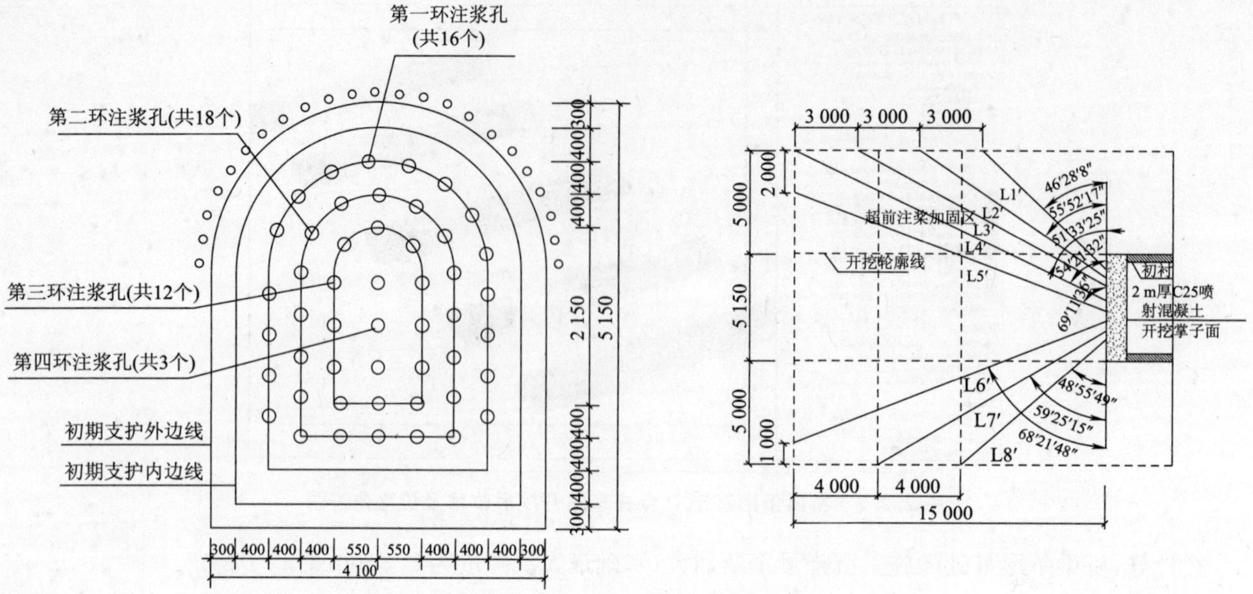

(a)小导洞全断面超前预注浆横剖面图1:50　　(b)横通道北侧小导洞全断面超前预注浆里面示意图

图 2.2.8　左线洞桩法小导洞全断面深孔注浆示意图

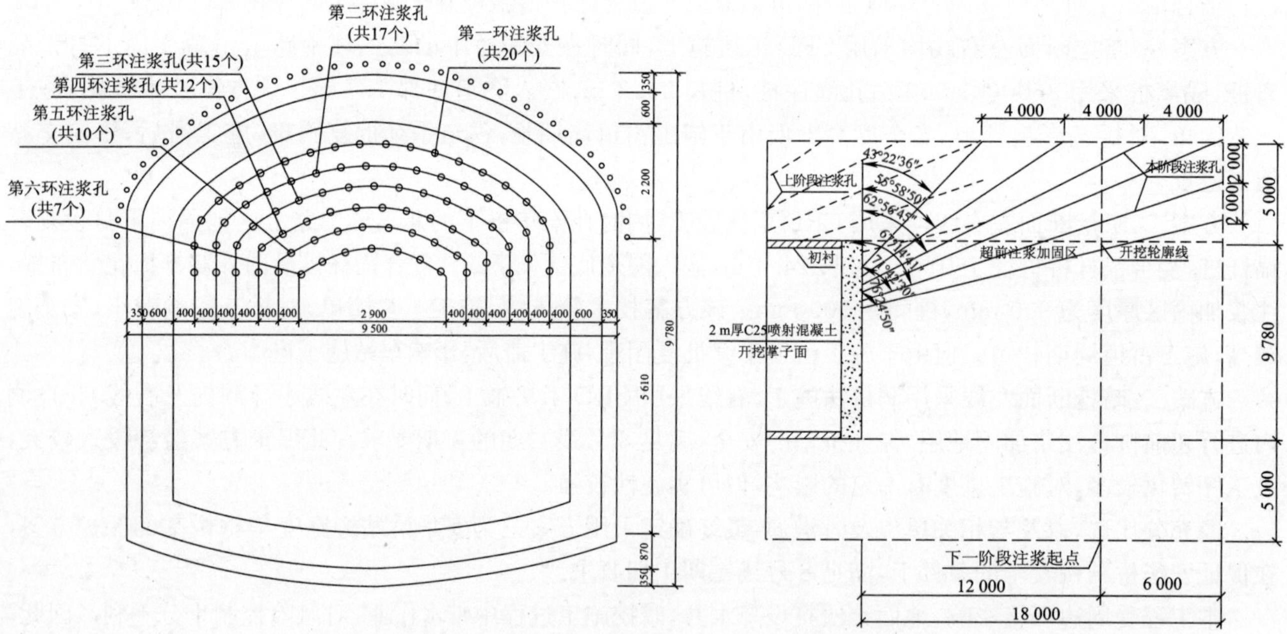

(a)CRD上半断面超前预注浆横剖面图　　(b)横通道南侧CRD上半断面超前预注浆示意图

图 2.2.9　右线 CRD 法上半断面深孔注浆示意图

(4)施工成果

整个施工过程中，安华桥桥梁变形量均在控制指标范围内，风险处于安全可控状态，最终沉降变形满足设计要求，见图 2.2.10 和表 2.2.1。

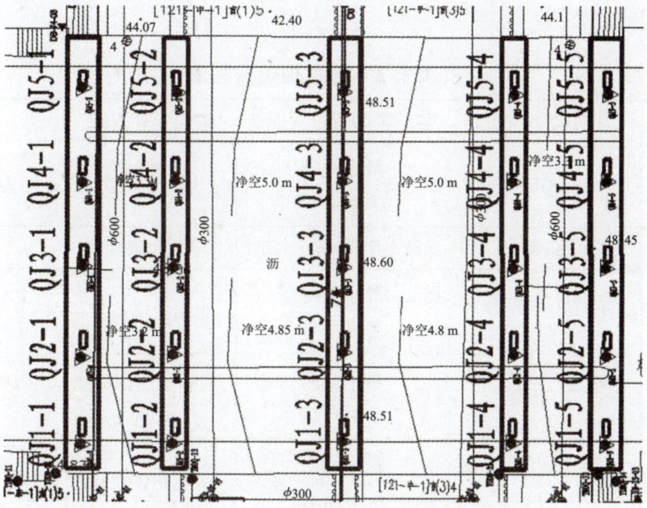

图 2.2.10　桥基监测点平面布置图

表 2.2.1　桥基监测点最终沉降表(截止 2012.08.08)　　(单位:mm)

QJ1-1	QJ2-1	QJ3-1	QJ4-1	QJ5-1
5.66	4.16	2.94	2.08	1.86
QJ1-2	QJ2-2	QJ3-2	QJ4-2	QJ5-2
4.28	3.42	2.49	1.93	1.83
QJ1-3	QJ2-3	QJ3-3	QJ4-3	QJ5-3
2.93	1.4	1.69	1.7	1.37
QJ1-4	QJ2-4	QJ3-4	QJ4-4	QJ5-4
5.01	3.6	3.07	1.35	1.95
QJ1-5	QJ2-5	QJ3-5	QJ4-5	QJ5-5
6.12	5.01	3.74	2.63	1.81

2.1.2　暗挖穿越大型市政管线的处理措施

工程实例　车站暗挖主体结构下穿大量大型市政管线

市政管线平面布置见图 2.2.11。

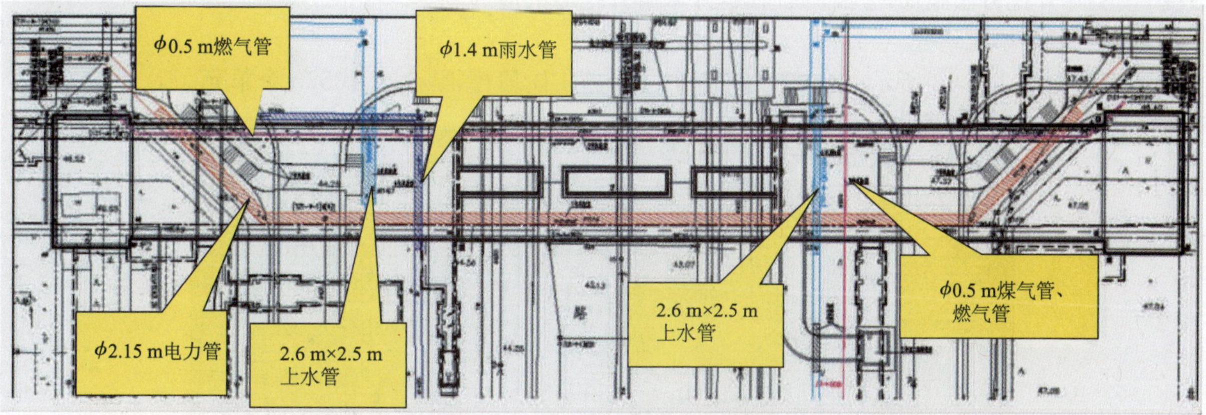

图 2.2.11　市政管线平面布置图

(1)管线基础资料(表 2.2.2)。

表 2.2.2　管线基础资料表

管线类型及材质	埋设方式	管线尺寸(mm)	与结构相对位置(m)	结构下穿方式	存在风险
混凝土电力管	方沟	ϕ2150	最小竖向净距 0.85	顺行、斜穿	电力管易出现局部开裂、断裂等危险
钢天然气管	直埋	ϕ500	最小竖向净距 4.5	顺行、斜穿	易出现泄漏甚至爆炸等危险
铸铁上水管	直埋	2600×2500 接 ϕ1400	最小竖向净距 2.7	北端主体正穿	上水管易爆裂,进而导致地表塌陷、隧道塌方等危险
混凝土雨水管	直埋	ϕ1400	最小竖向净距 6.07	北端主体顺行、正穿	雨水管易开裂,进而导致地表塌陷、隧道塌方等危险
混凝土上水管	方沟	2600×2500 接 ϕ1400	最小竖向净距 3.95	南端主体正穿	上水管易爆裂,进而导致地表塌陷、隧道塌方等危险
钢高压煤气管、钢高压天然气管	直埋	ϕ500+ϕ500	最小竖向净距 5.35	正穿	易出现泄漏甚至爆炸等危险

(2)管线变形控制指标

根据《北京市轨道交通工程建设安全风险技术管理体系(试行)》,地下管线的控制指标参考数值见表 2.2.3。

表 2.2.3　管线控制指标参考数值

重要性等级	允许位移控制值(mm)	倾斜率控制值	变形速率控制指标
Ⅰ(有压管线)	≤10	≤0.002	≤2 mm/d
Ⅱ(无压雨水、污水管线)	≤20	≤0.005	≤3 mm/d
Ⅲ(无压其他管线)	≤30	≤0.004	

(3)施工影响预测

经分析,2.6 m×2.5 m 上水管为控制性管线,因此对其进行模拟计算分析。

计算采用有限元数值模拟分析,考虑围岩与结构的共同作用、分步施工过程。计算模型左右水平计算范围均取车站跨度的 3 倍,垂直计算范围向上取至自由地表,向下取隧道高度的 3 倍。隧道围岩本构模型采用摩尔-库仑模型,以考虑围岩的非线性变形。主体结构采用弹塑性各向同性的直梁材料模拟,超前小导管及大管棚加固通过提高围岩参数模拟。

暗挖施工采用洞桩法,每步开挖后及时进行支护,施工计算步骤严格按照隧道施工顺序进行。计算程序首先计算原始地应力,岩土体的开挖是在前一计算步骤所得地应力分布的基础上进行的,根据结构整体刚度的改变,按实际开挖方法施加地层释放荷载,并求解开挖后的应力场。

1)计算模型及单元划分

计算模型如图 2.2.12 所示。计算时共执行 31 个施工阶段模拟,生成 10575 个单元。

图 2.2.12　计算模型

2)计算结果及分析

计算结果见图 2.2.13。

（a）下边导洞开挖完成，导洞拱顶最大沉降位移7.87 mm，地表4.55 mm，上水管4.82 mm

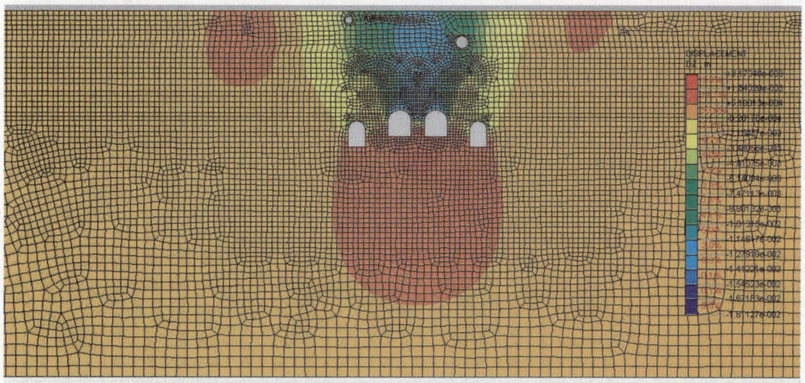

（b）下中导洞开挖完成，导洞拱顶最大沉降位移12.79 mm，地表10.17 mm，上水管10.75 mm

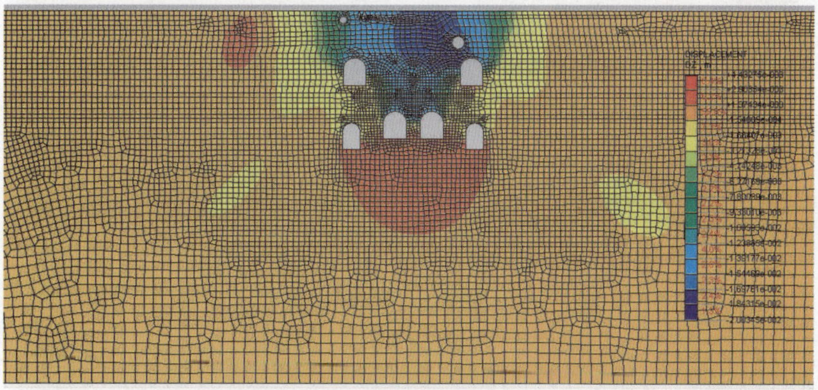

（c）上边导洞开挖完成，导洞拱顶最大沉降位移18.43 mm，地表17.13 mm，上水管17.71 m

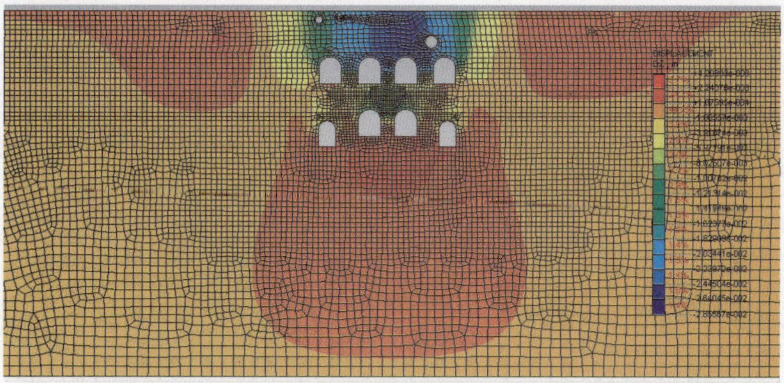

（d）上中导洞开挖完成，导洞拱顶最大沉降位移26.40 mm，地表24.45 mm，上水管25.73 mm

图 2.2.13　计算结果

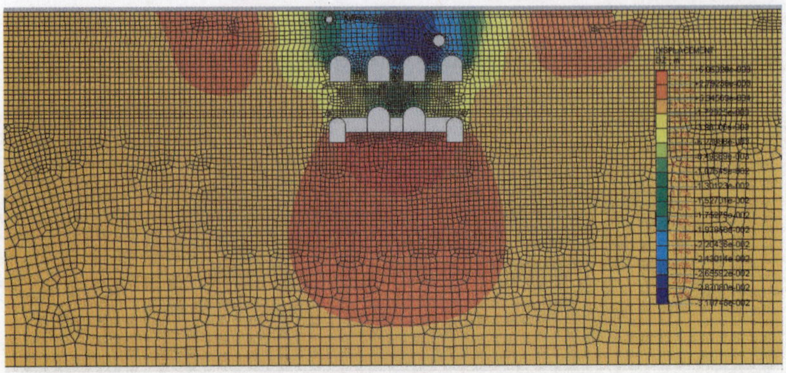

（e）下导洞横通道开挖完成，导洞拱顶最大沉降位移28.71 mm，地表26.65 mm，上水管27.94 mm

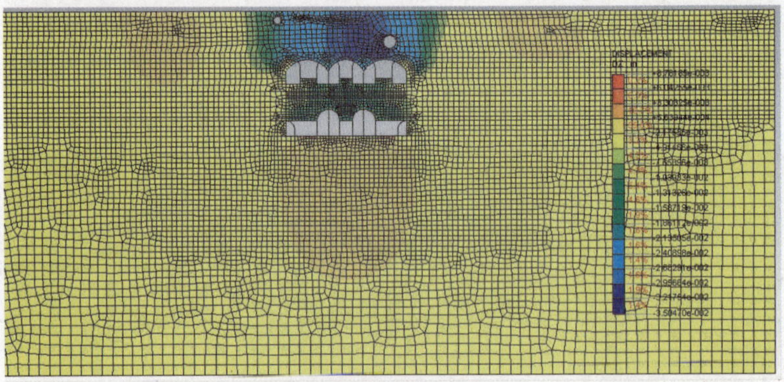

（f）主体初支大拱完成后，拱顶最大沉降位移32.78 mm，地表30.06 mm，上水管31.44 mm

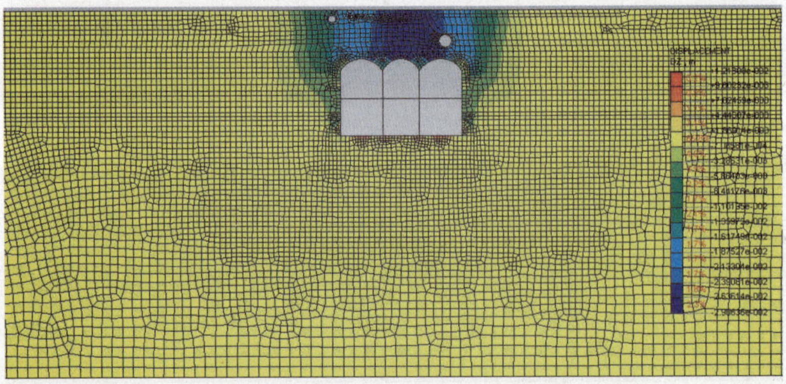

（g）主体结构施工完成，拱顶最大沉降位移29.98 mm，地表27.73 mm，上水管28.96 mm

图 2.2.13(续)

经计算，上水管 2 600×2 500 与上水管 ϕ1 400 交界附近沉降位移较大，下导洞开挖对上水管影响不大，其产生位移较小。

拱顶最大位移 29.98 mm，地表最大位移 30.06 mm，上水管最大位移 31.44 mm。由计算结果可以得出，主体大拱扣拱阶段引起的拱顶沉降及地表沉降最大，约占整个沉降的 40%，因此，主体大拱扣拱阶段的施工是整个工程控制的重点和难点。根据计算，上水管及地表沉降均难以满足最小位移控制标准。

该计算模型是在完全理想的状态下模拟完成，由于施工期间车站开挖肯定会对土体造成扰动，且在周围各种环境的作用下引起的地面沉降有局部不确定性，为保证管线沉降变形满足要求，施工前需对土体进行超前注浆加固。

(4)处理措施

1)主要施工技术措施

①针对 ϕ2.15 m 电力管存在的风险，主要采用迈式管棚 R51N 超前注浆加固地层，管棚 ϕ51，$L=3$ m，环向间距 300 mm，每两榀打设一环。

②针对 ϕ0.5 m 天然气管道存在的风险，主要采用 ϕ32 小导管超前注浆加固地层，小导管 $L=2$ m，环向

间距 0.3 m，每榀打设一环。见图 2.2.14。

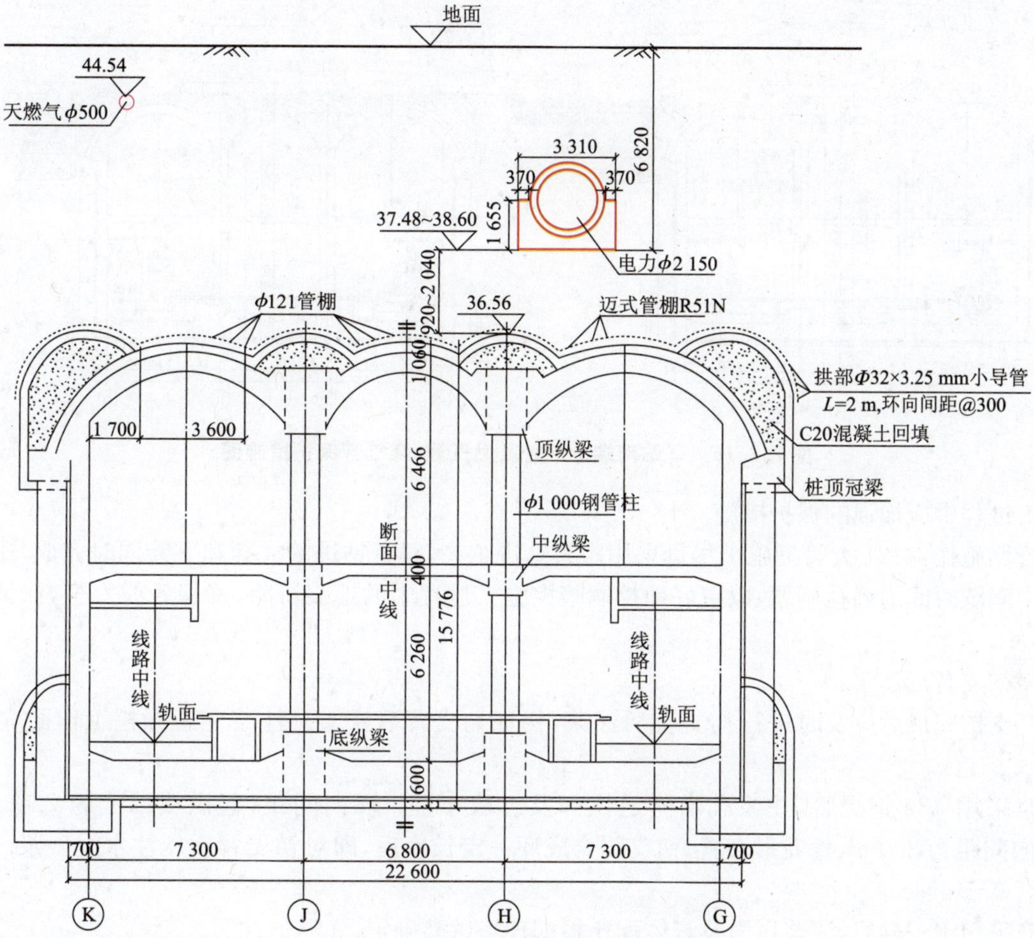

图 2.2.14　电力隧道及燃气管保护措施图

③针对车站北端 2.5 m×2.6 m 上水管及 ϕ1.4 m 雨水管存在的风险，主要采用 ϕ121 大管棚超前支护，管棚环向间距 0.3 m。见图 2.2.15。

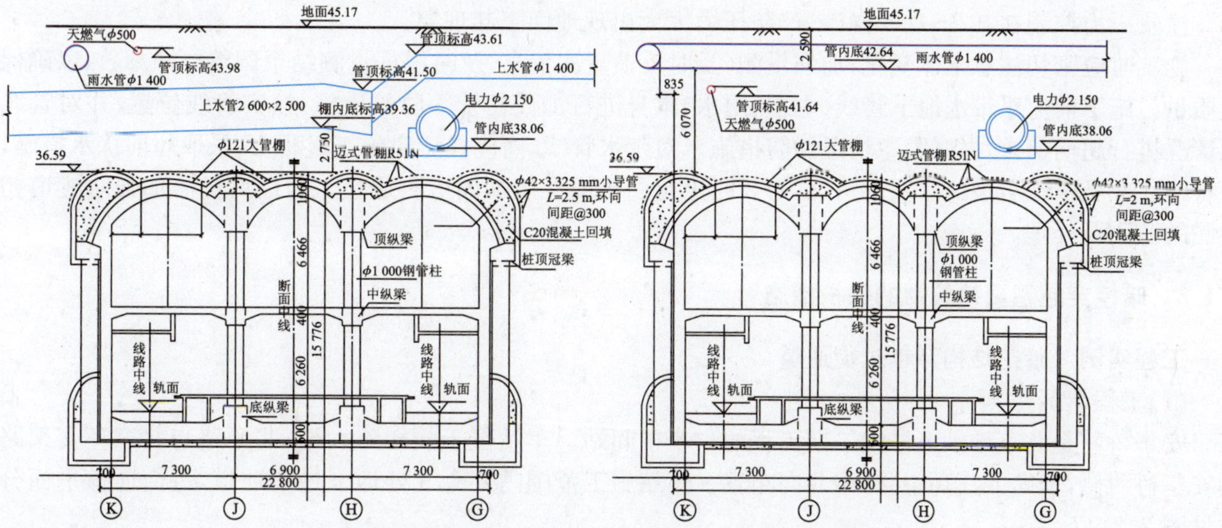

图 2.2.15　车站北端上水管及雨水管保护措施图

④针对 ϕ1.4 m 上水管及 ϕ0.5 m 高压天然气和 ϕ0.5 m 高压煤气管道存在的风险，主要采用 ϕ121 大管棚超前支护，管棚环向间距 0.3 m。见图 2.2.16。

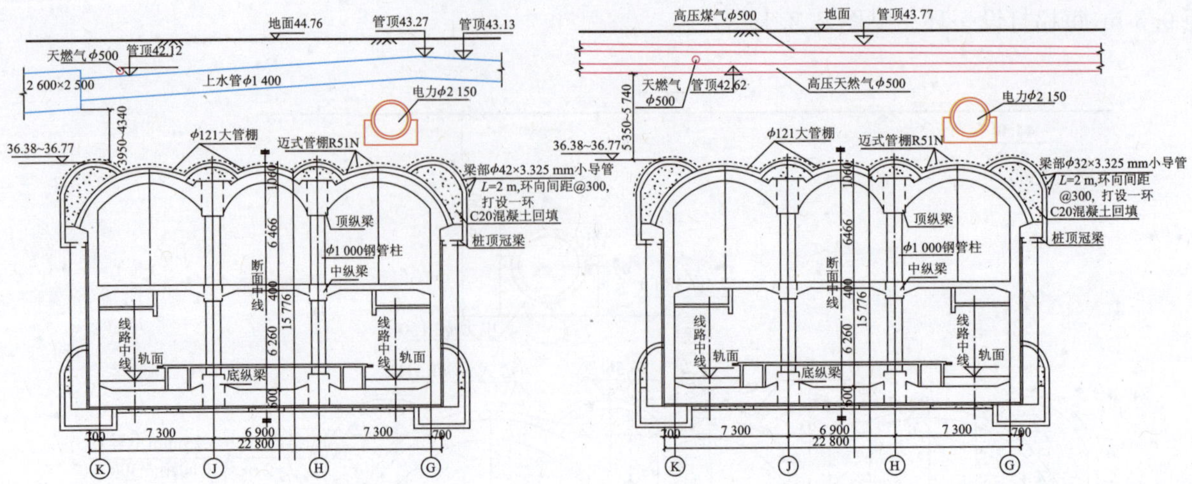

图 2.2.16　车站南端上水管及燃气管、煤气管保护措施图

2)施工过程中应加强的保护措施

①大管棚施作：ϕ121 大管棚施工尽量采用跟管钻进工艺，跟管钻进的成孔和下管同时完成，避免先成孔后下管其中间歇时间的塌孔问题，以更好地控制暗挖施工过程中的地表沉降，确保管线安全，保证地面交通正常运行。

②加强初支背后注浆：

a. 初期支护完成后应及时进行初支背后注浆，保证初支背后密实。注浆在距开挖工作面 5 m 的地方进行。

b. 注浆采用 ϕ32 钢焊管，注浆孔沿隧道拱部及边墙布置。环向间距：起拱线以上为 2.0 m，边墙为 3.0 m；纵向间距为 3.0 m，梅花形布置；初支闭合成环一定长度后，即对初支背后压注水泥砂浆。注浆深度为初支背后 0.5 m。

c. 浆液采用水泥砂浆，注浆压力及具体配比根据现场试验确定。

③加强二衬背后注浆：

初、二衬之间注浆应在二衬混凝土强度达到设计强度 75%以上后进行。

在二衬预埋注浆管，注浆管采用 ϕ32 钢焊管，环向间距 2.5 m，纵向间距 4 m，起拱线以上梅花形布设。

浆液材料采用微膨胀水泥浆，注浆压力及具体配比根据现场试验确定。

注浆压力控制在 0.2～0.5 MPa，严防压力太大出现地面隆起现象。

施工时应密切注意土体变化，加强量测，及时反馈量测信息，及时根据量测结果调整支护参数，以确保工程质量。施工前应对带水地下管线(上水、雨水)本身进行加设套管等防护措施，核实管线位置，并对管线渗漏情况进行超前探查，做好紧急情况预防措施。对带水管线，尚应在隧道施工过程中，采取超前探水措施，检测管线底部隧道围岩中的渗漏水情况，必要时进行引排或注浆加固后再通过。通过后仍需加强对隧道初支渗漏的监测及处理。

2.1.3　暗挖穿越重要建筑物的保护措施

工程实例　暗挖结构穿越过街通道

(1)工程概况

安华桥站是北京地铁 8 号线二期工程的一个中间站。车站位于鼓楼外大街、北辰路与北三环交叉路口的安华桥西侧，横跨北三环中路，南北向布置。车站施工范围内共有 6 处地下过街通道，过街通道平面分布详见图 2.2.17。

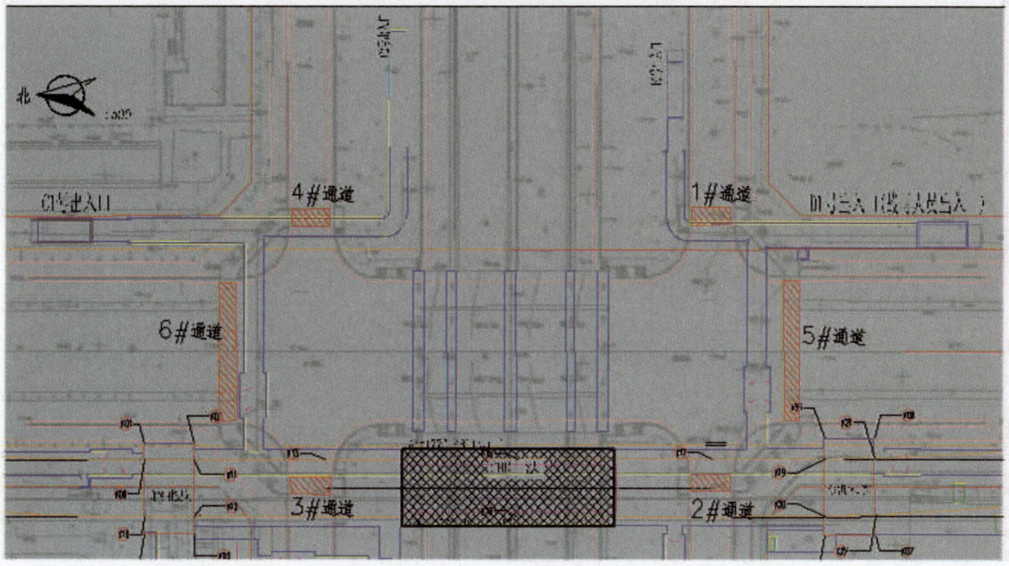

图 2.2.17　过街通道平面分布图

(2)现状评估

根据北京市政工程设计研究总院提供的《北京市地铁 8 号线旁穿安华桥通道设计咨询报告》,三环安华桥通道技术状况等级评定为 B 级,处于良好状态。各通道的基础纵、横向不均匀沉降控制值为 5 mm,基础均匀沉降控制值为 10 mm。为满足沉降控制指标,应采取先加固后施工的方案,必要时对交通采取限行限载措施,确保通道结构安全。由于通道框架底板埋深较浅,应整体考虑通道和出入口暗挖隧道的关系,防止出现局部加固而整体下沉的情况。

(3)变形预测

1)通道的顶板及侧墙为装配式混凝土简支板及装配式侧墙。底板的不均匀沉降会对结构造成影响,沉降过大会破坏桥面连续构造及桥面防水层和伸缩装置,影响通道的使用功能。底板沉降还会影响桥面纵横坡,致使桥面铺装及防水层破坏,会对行车舒适度、桥面排水及耐久性造成不利影响。

2)由于通道为装配式结构,其整体性较差,刚度小,容易引起变形或连接部位损坏,接缝拉开。底板为现浇钢筋混凝土,其配筋量少,不均匀下沉会使其产生附加内力而开裂。

3)通道是靠底板的承载力获得支承的,底板周围地基土的松动易造成通道结构倾斜,影响通道结构的正常使用。

(4)处理措施

1)暗挖主体结构下穿过街通道

针对车站主体暗挖双层段下穿 2#、3#地下过街通道存在的风险,主要采用 ϕ121 大管棚+ϕ32 小导管超前注浆加固方式对其进行保护。见图 2.2.18。

施工过程中应加强的措施参照车站主体穿越重大管线执行。

2)出入口通道穿越过街通道

车站出入口结构共穿越 4 处过街通道,C、D 出入口各穿越两处。以 C 出入口穿越 6#过街通道为例。

从 C 出入口出车站到"T"字型交叉口范围内,暗挖通道与 5 m×2.5 m(净距)混凝土桥下过街通道顺行。其中,地下通道全长 42 m,通道设有 4 条伸缩缝;通道为半地下式,两端以台阶接人行步道。通道结构为钢筋混凝土闭合框架,底板为现浇钢筋混凝土,侧墙、顶板、搭板为钢筋混凝土预制构件,在伸缩缝处为钢筋混凝土现浇段,搭板枕梁为现浇钢筋混凝土。出入口暗挖通道与其最小竖向净距为 8.74 m。见图 2.2.19 和图 2.2.20。针对施工过程中过街通道存在的风险,对 C 出入口下穿段进行上半断面帷幕注浆加固,加固范围为穿越段前后 5 m 范围内,见图 2.2.21。

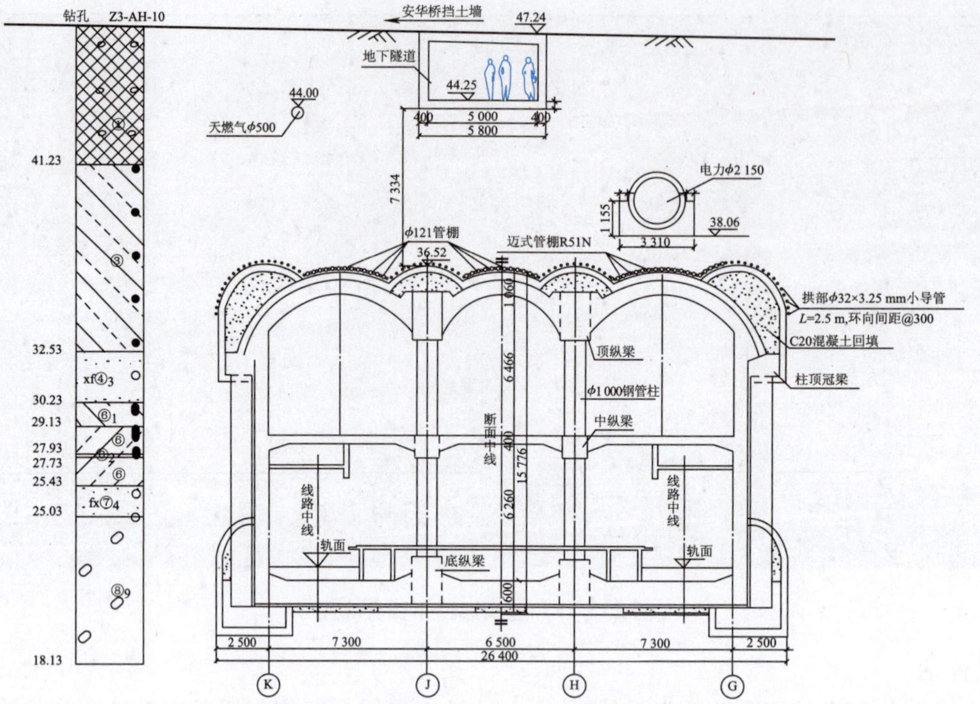

图 2.2.18　车站主体下穿 2♯、3♯过街通道保护措施图

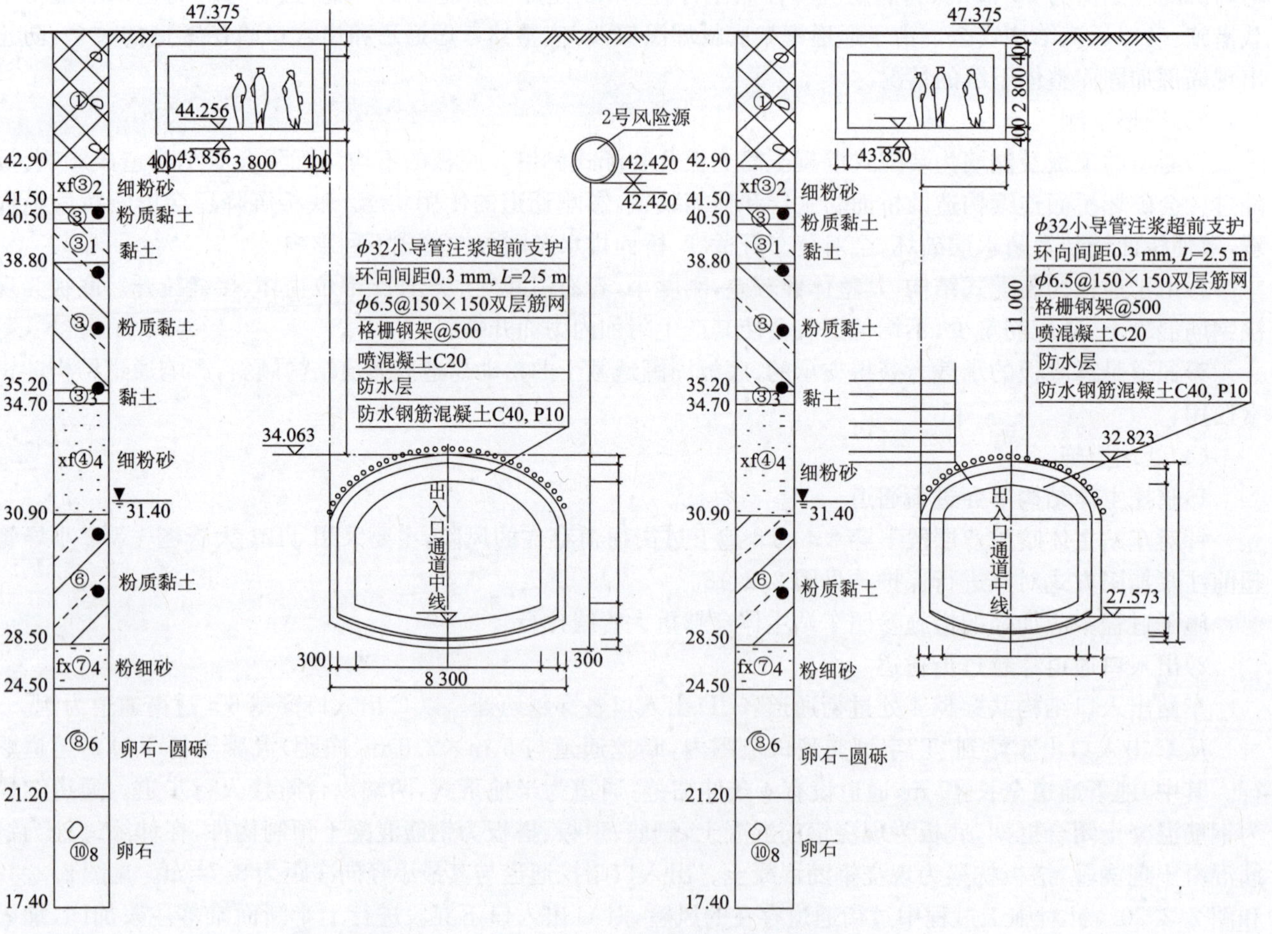

图 2.2.19　C出入口与6♯过街通道立面关系图(一)

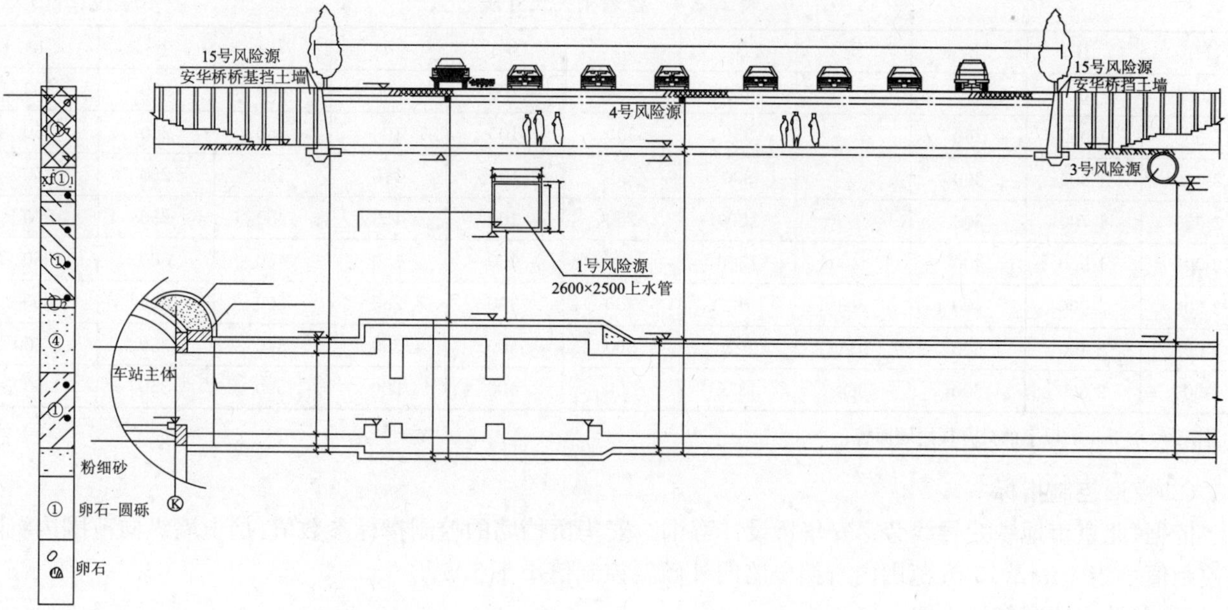

图 2.2.20　C 出入口与 6＃过街通道立面关系图(二)

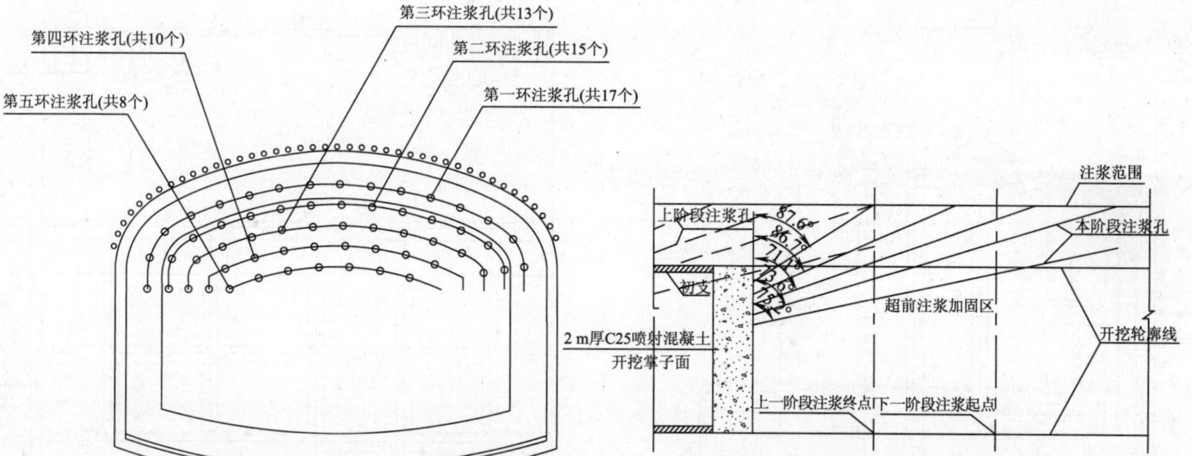

(a)CRD上半断面超前预注浆横剖面图(一)　　(b)CRD上半断面超前预注浆里面示意图(一)

图 2.2.21　C 出入口通道穿越 6＃过街通道保护措施图

工程实例　暗挖结构穿越过匝道桥挡土墙

安华桥站多处穿越匝道桥挡土墙，挡土墙自身变形非常敏感，变形控制标准十分严格。施工过程中根据挡墙与结构不同的位置管线采取相应的保护措施。

(1)工程概况

挡墙均为混凝土重力式挡土墙，挡墙高度为 1.0～4.5 m，横截面从上到下呈梯形，支座宽为 0.9～2.8 m，埋入土中深度为 0.5 m，挡墙下土层为砂砾，挡墙基础分段浇筑，见图 2.2.22和表 2.2.4。

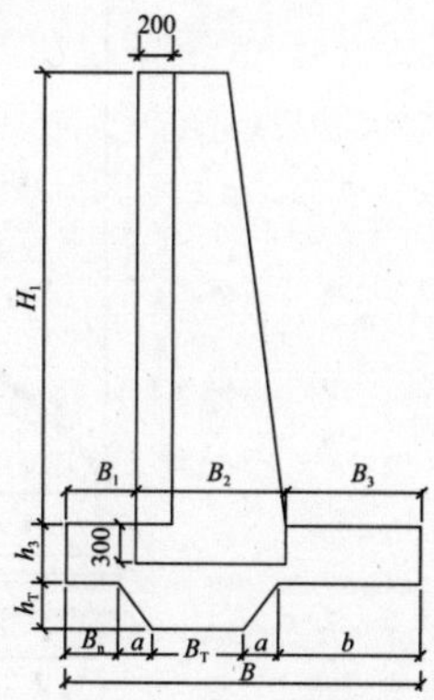

图 2.2.22　挡土墙结构详图

表 2.2.4　挡墙相关尺寸表

（单位：mm）

H_1	B	B_1	B_2	B_3	h_3	B_{T1}	a	B_T	h_T	b
1 000	900	250		450	250	100	100	400	200	200
1 500	1 000	250		550	300	100	100	450	200	250
2 000	1 300	300		800	50	100	150	450	250	450
2 500	1 700	300		1200	350	100	150	450	250	850
3 000	1 900	400		1300	400	200	150	450	300	950
3 500	2 000	400	838	762	450	300	200	500	350	800
4 000	2 400	500	911	989	500	400	200	500	350	1 100
4 500	2 800	500	984	1316	500	400	200	500	350	1 500

注：H_1 小于 3 m 以下的只有预制墙面板。

（2）变形控制指标

依据《北京市地铁 8 号线旁穿安华桥设计咨询》，安华桥挡墙的控制指标参数值：挡土墙纵向范围内沉降差控制值小于 4 mm（10 m 范围内）；挡土墙向外倾斜控制值小于 1.5′。

（3）车站主体穿越挡土墙

结构与挡土墙相对位置关系见图 2.2.23～图 2.2.26。

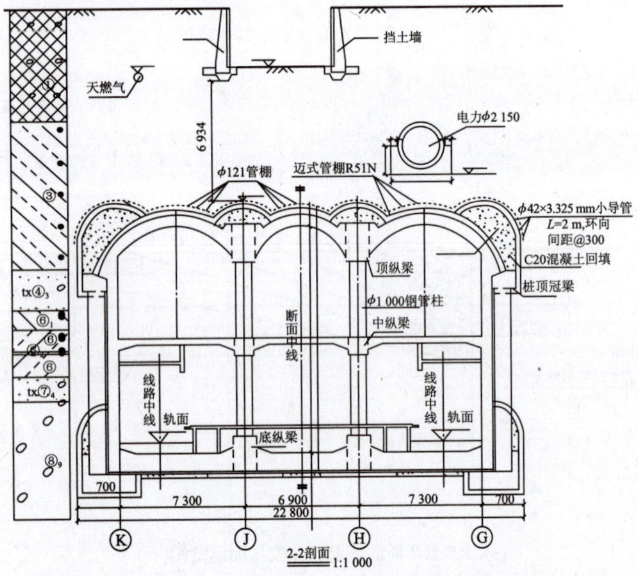

图 2.2.23　暗挖主体与挡土墙横断面关系图（正穿）

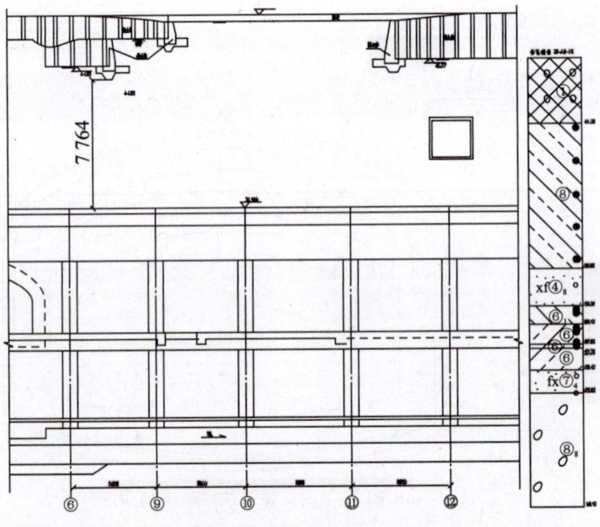

图 2.2.24　暗挖主体与挡土墙纵断面关系图（正穿）

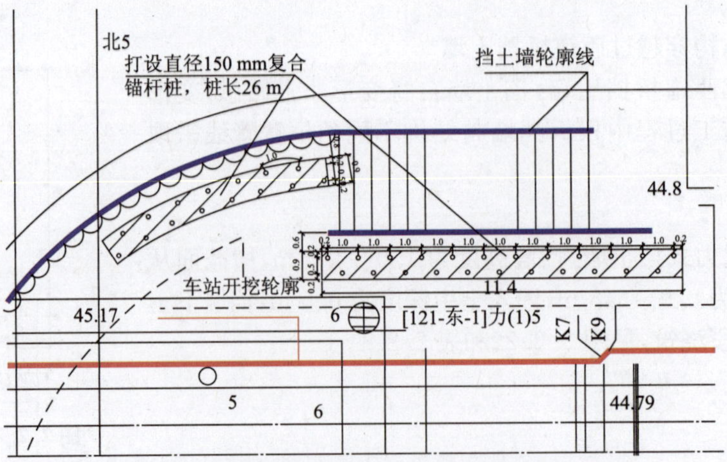

图 2.2.25　暗挖主体与挡土墙平面关系图（旁穿）

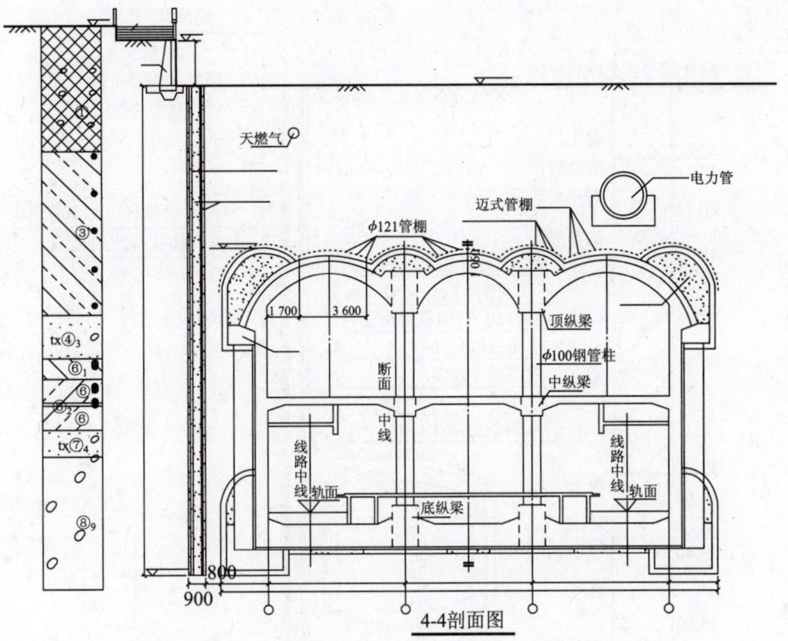

图 2.2.26　暗挖主体与挡土墙横断面关系图(旁穿)

(4)出入口暗挖通道穿越挡土墙

结构与挡土墙相对位置关系见图 2.2.27 和图 2.2.28。

(5)处理措施

1)针对车站主体暗挖双层段穿越挡土墙存在的风险，主要采取以下保护措施：

①车站主体正穿时，主要采用 ϕ121 大管棚＋ϕ32 小导管超前注浆加固方式对其进行保护。

②车站主体旁穿时，主要采用双排直径 150 mm 复合锚杆桩隔离保护，桩间距 1 m，梅花形布设。

2)针对出入口暗挖通道穿越挡土墙存在的风险，主要采取以下保护措施：

①出入口暗挖通道正穿挡土墙时，因挡土墙主要分布在过街通道范围内，故保护措施同出入口穿越过街通道时采取的措施。

②出入口通道旁穿时，主要采用双排直径 150 mm 复合锚杆桩隔离保护，桩间距 1 m，梅花形布设。见图 2.2.29。

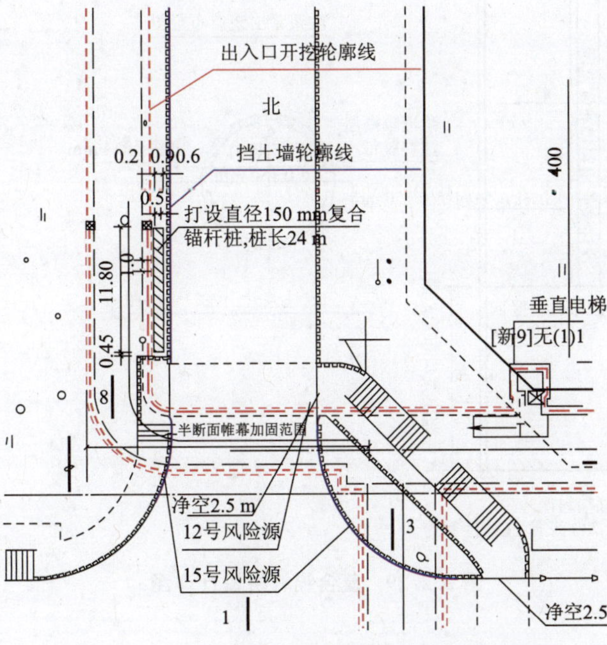

图 2.2.27　出入口通道与挡土墙平面关系图

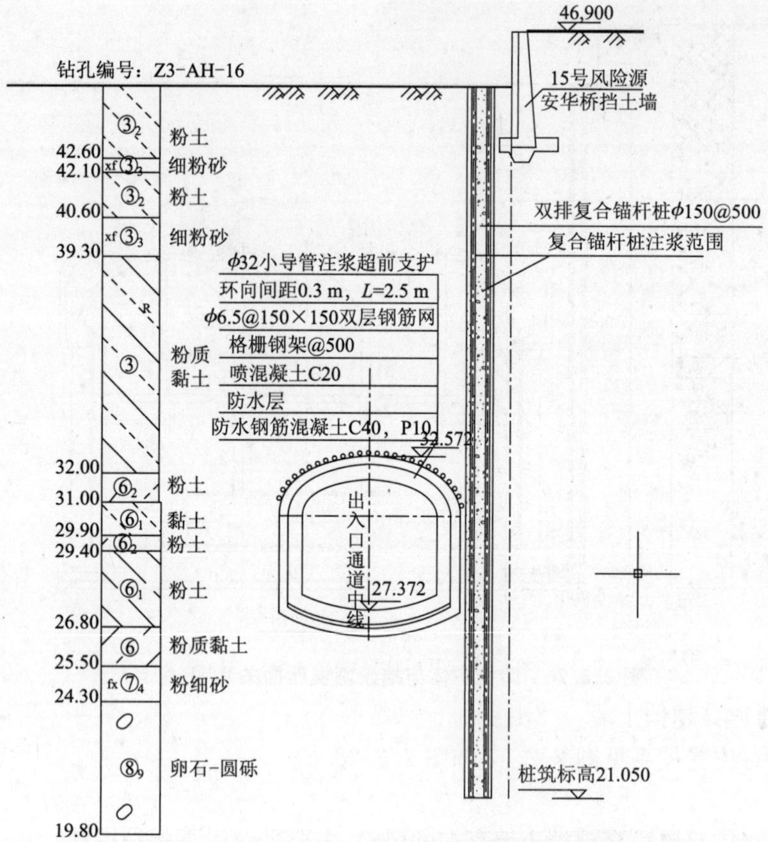

图 2.2.28　出入口通道与挡土墙立面关系图

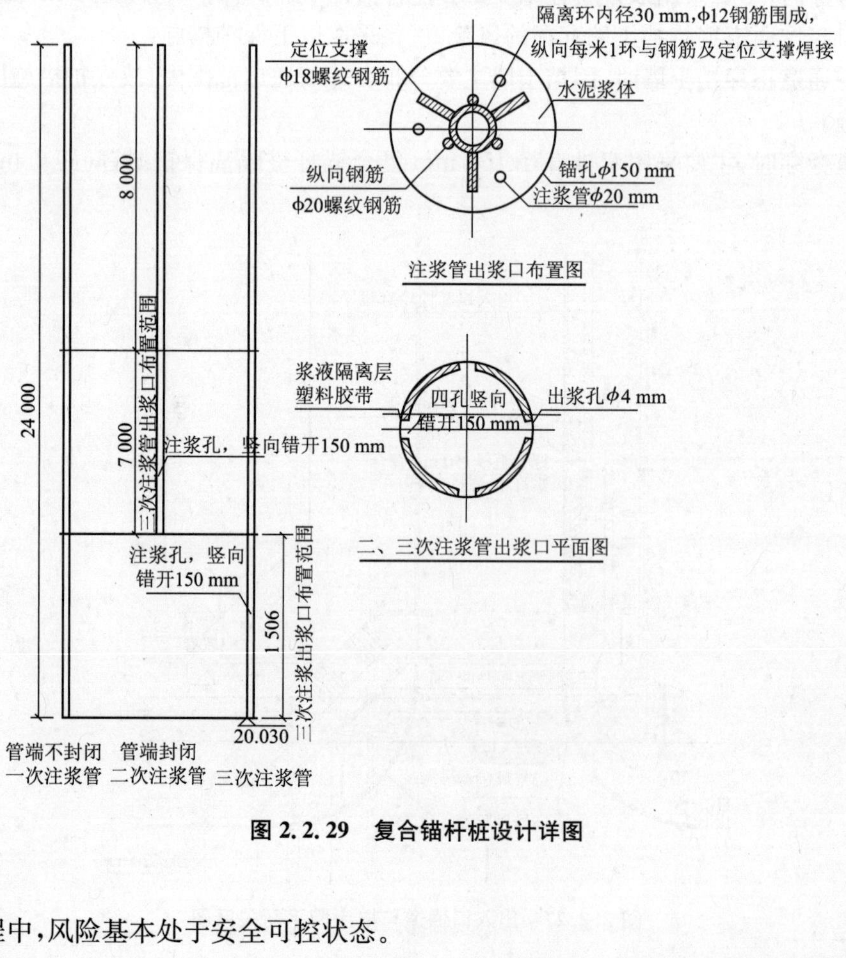

图 2.2.29　复合锚杆桩设计详图

(6)施工效果

整个施工过程中，风险基本处于安全可控状态。

2.2　盾构法施工的隧道

随着北京城市轨道交通建设进程的加快，新建地铁线路车站及区间的建筑结构型式愈来愈受到地面交通、周边环境及既有地铁车站等的限制，线路交叠设计、交叉施工、相互影响的情形越来越多。

结合北京地铁 8 号线盾构区间下穿既有地铁 2 号线鼓楼大街站工程，以及其他诸如区间隧道穿越市政桥梁、河流、文物保护建筑及民房群等工程，研究不同地层条件下盾构推进参数及所引起的地表沉降及建(构)筑物的变形规律，制定正确的保护措施，确保既有车站的安全运营及所穿越建构筑物的安全，并为今后类似工程的设计与施工提供借鉴。

2.2.1　盾构叠落隧道的保护措施

(1)工程概况

北京地铁 8 号线南段南锣鼓巷站为侧式站台，什刹海站—南锣鼓巷站区间在进入南锣鼓巷站左右线由平行逐渐过渡为上下叠落，左上右下，采用叠落式进站，叠落段隧道竖向净距为 1.95～2.7 m，水平净距为 0～6 m。区间西侧过渡叠落段部分区间位于圆缓段和缓直段(约 145 m)，其余部分均位于直线段。重叠段总长为 370 m，其中里程 YDK19＋840～YDK20＋031 范围为完全叠落段，长 191 m；里程 YDK19＋661～YDK19＋840 过渡叠落段，长 179 m。图 2.2.30 为什南区间叠落段平面图。

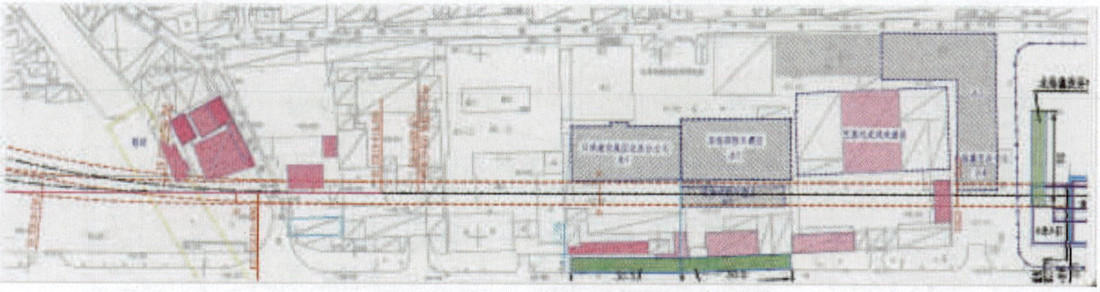

图 2.2.30　什南区间叠落段平面图

线路出南锣鼓巷站后采用叠落式出站，左上右下，在远离车站后，左右线由上下叠落逐渐过渡为平行叠落段隧道净距为 1.95～6.14 m。水平净距为 0～4.34 m 。除临近车站部分叠落段位于直线段外(约 14 m)，其余部分均位于直缓段和缓圆段。重叠段总长为 296 m，其中里程 YDK20＋239～YDK20＋284 范围为完全叠落段，长 45 m；里程 YDK20＋284～YDK20＋535 为过渡叠落段，长 251 m 。图 2.2.31 为南中区间叠落段平面图。

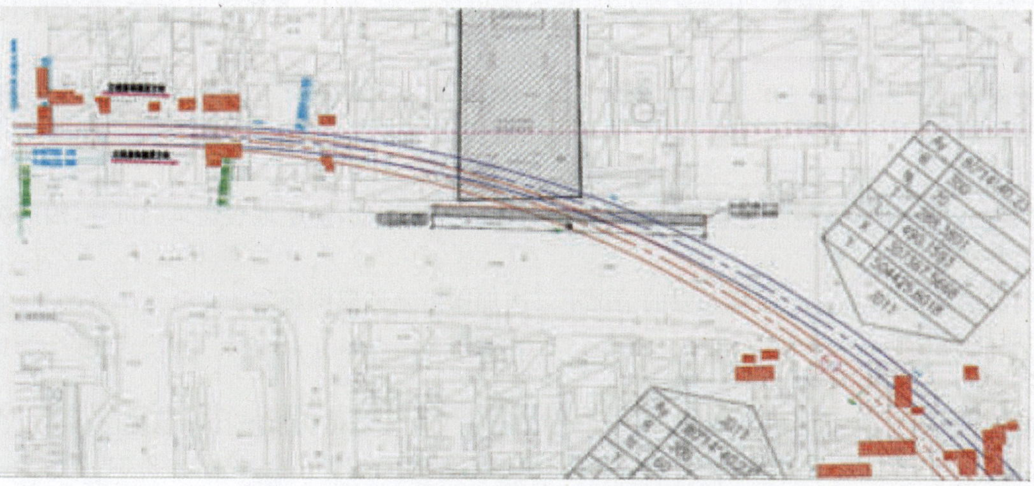

图 2.2.31　南中区间叠落段平面图

该段区间主要位于卵石圆砾⑤₉、粉质黏土⑥、黏土⑥₁、粉土⑥₂、中砂细砂⑧₄、卵石⑧₉层，区间之间所夹土层主要为粉质黏土、黏土及粉土，见图 2.2.32 和图 2.2.33。

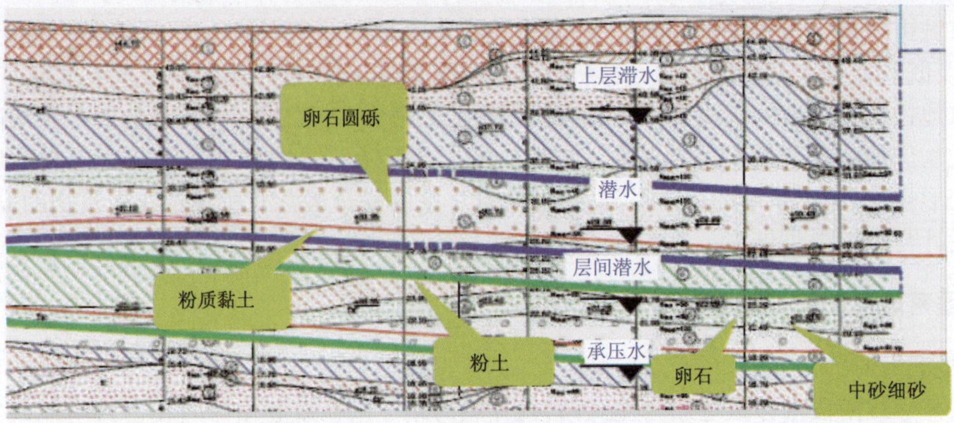

图 2.2.32　什南区间叠落段地质剖面图

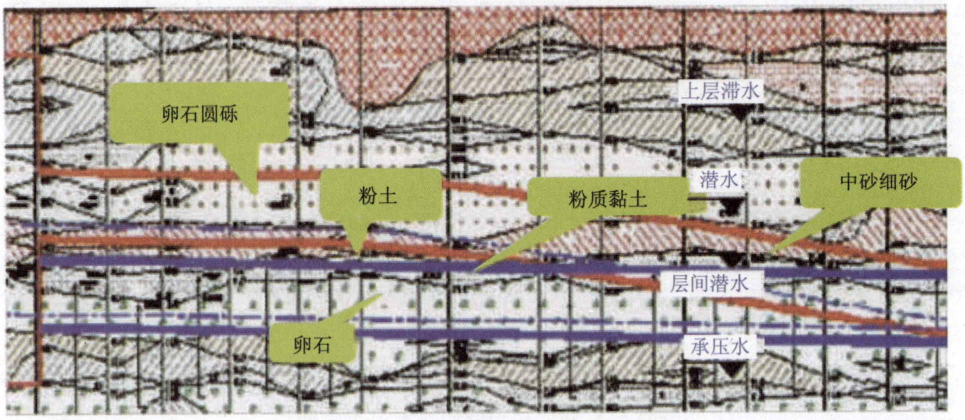

图 2.2.33　南中区间叠落段地质剖面图

(2)工程难点及重点分析

叠落段为完全叠落段与过渡叠落段，以两隧道中心线净距界定。隧道间净距 3～6 m 为过渡叠落段，隧道间净距小余 3 m 范围内，为完全叠落段。

1)北京地区长距离近接叠落隧道施工经验不足，叠落段施工时，对近接隧道结构的影响较大，且均为盾构隧道，对盾构操作要求较高，为尽量减小对相邻隧道的影响，确保下部隧道安全，需采取特殊的保护措施。

2)该叠落段下穿大量 1～4 层建筑，分布密集，且年代久远，结构老化严重，对基础的沉降非常敏感，对盾构施工引起的地表沉降控制整体性要求高。叠落隧道施工时，地层沉降的二次扰动及地表沉降的叠加远超平常隧道，该种条件下的施工风险及施工难度更大。

3)盾构通过前后引起地表的隆起和沉降会引起土体的二次扰动，加剧地表建筑的沉降，因此对盾构施工推进力的控制要求较为严格。

4)区间沿线施工空间不足，沉降超限的情况下二次加固措施选取困难。

(3)主要技术措施

1)工筹安排

区间施工采用先下后上的顺序，先施工下线隧道，后施工上线隧道，避免对区间隧道造成二次下穿。

2)上部隧道施工时，对下部隧道架设支撑台车，确保下部隧道结构安全，见图 2.2.34。

①支撑台车应由施工方委托专业厂商进行设计和生产。

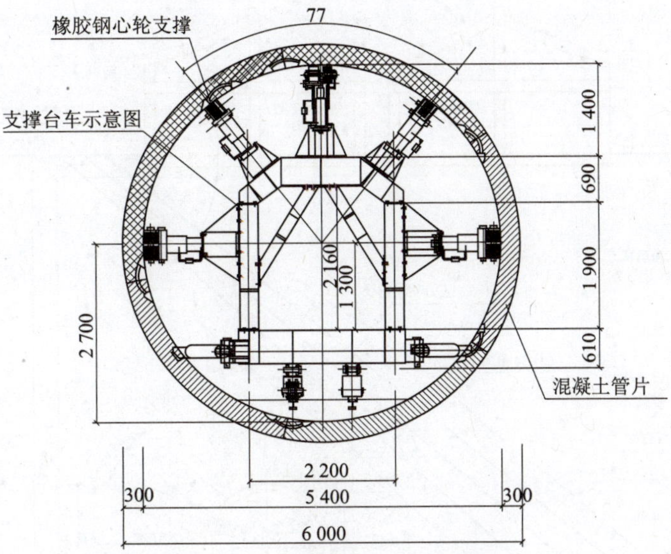

图 2.2.34　支撑台车布置剖面图

②11 点及 1 点预加支撑轴力 245 kN，12 点预加支撑轴力 296 kN，根据区间相对位置及监测情况调整。

③支撑台车不卸载顶推位移，位移距离一次 0.8～1 m。

④满足小曲线半径切线要求橡胶轮支架应有自动摆位移动的特性。

3）注浆加固

通过管片预留注浆孔进行深孔注浆（包括拱顶及叠落区间中间），注浆浆液采用水泥-水玻璃双液浆，浆液种类可根据穿越段实际地层情况进行相应调整，扩散半径 0.7 m，注浆压力控制在 0.5～1.5 MPa，每环均进行，洞内注浆加固跟进进行，加固时机宜控制在距盾构刀盘 20m 处，注浆期间加强隧道自身的变形监测，避免因局部注浆压力过大导致隧道偏离正确方向。见图 2.2.35和图 2.2.36。

4）特殊地段的加固处理

该段区间沿线穿越大量老旧建筑，其中几处为主要建筑，有星海琪假日酒店，龙海鑫洗浴中心及文物保护建筑，僧格林沁祠。为确保建筑安全，采用袖阀管注浆加固对其进行隔离保护，注浆孔间距 1 m，梅花形布置，离建筑物底板较近位置处注浆管须注意控制注浆压力，防止底板隆起，见图 2.2.37。

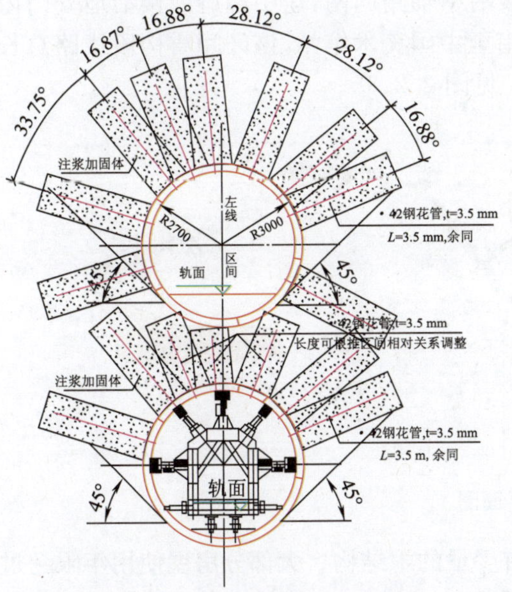

图 2.2.35　完全叠落段加固示意

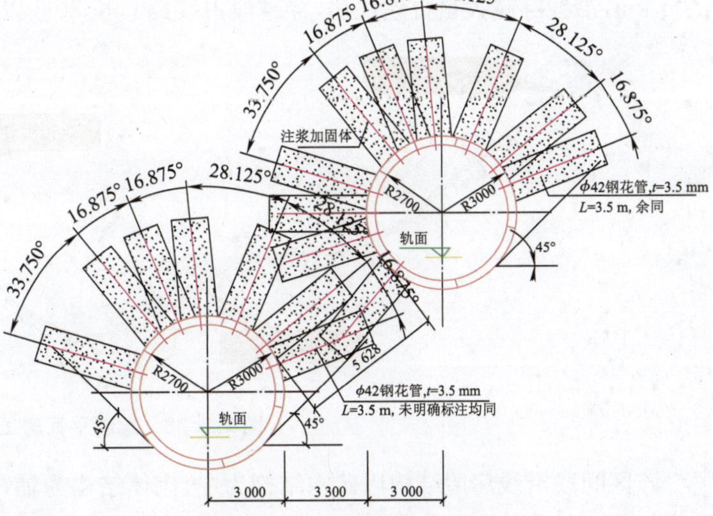

图 2.2.36　过渡叠落段加固示意

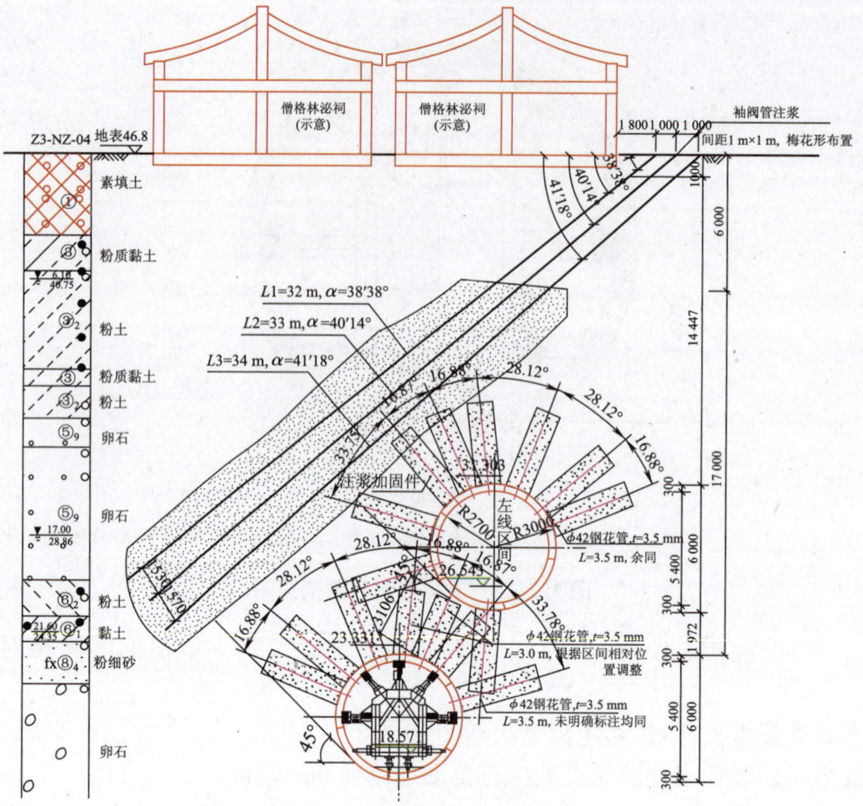

图 2.2.37　特殊段加固处理

(4)施工效果

目前该区间段已全部贯通，根据现场实际监测情况，盾构施工引起的地表沉降整体趋势一致，叠落段区间段地表沉降整体比普通隧道偏高，局部监测点由于环境、机械操作等多方面因素影响，沉降值偏大，但地面结构安全性在控制之中。

2.2.2　盾构长距离穿越民房群设计措施

(1)工程概况

北京地铁 8 号线二期工程鼓楼大街站—中国美术馆站区间段沿中轴路向南，途中绕避鼓楼沿地安门内大街南行，至地安门东大街西折，在北河沿大街交叉口处折向西南至中国美术馆站，该区间盾构段线路总长 4.04 km，沿线穿越大量古建民房，穿越段占线路总长 80%以上。见图 2.2.38。

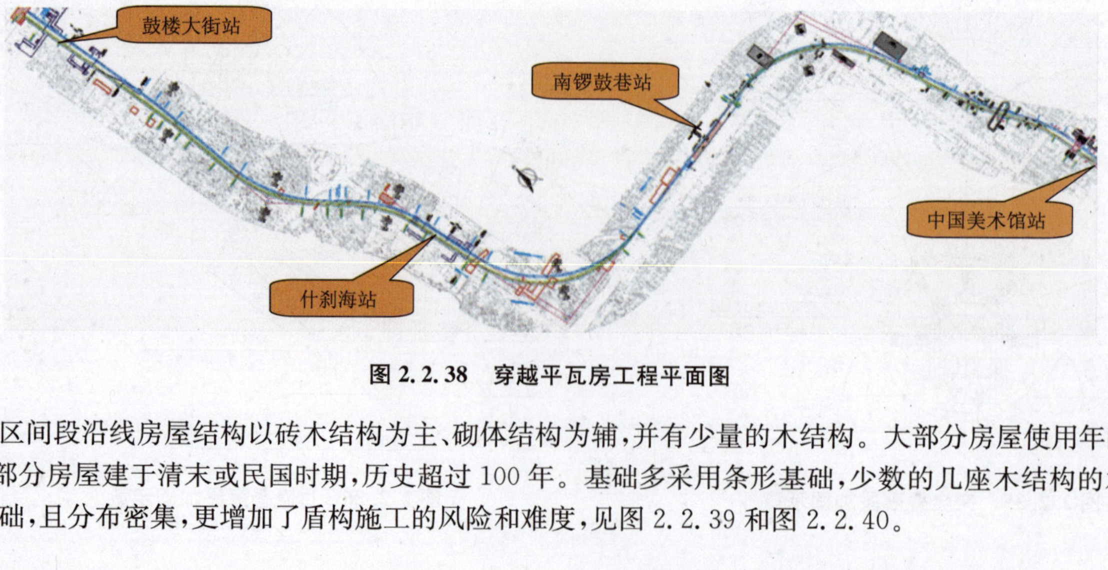

图 2.2.38　穿越平瓦房工程平面图

该区间段沿线房屋结构以砖木结构为主、砌体结构为辅，并有少量的木结构。大部分房屋使用年限超过 50 年，部分房屋建于清末或民国时期，历史超过 100 年。基础多采用条形基础，少数的几座木结构的木柱下设石柱础，且分布密集，更增加了盾构施工的风险和难度，见图 2.2.39 和图 2.2.40。

图 2.2.39　平瓦房现状

图 2.2.40　文物保护建筑(太医院)

(2)工程难点分析

1)区间沿线古旧平瓦房数量较多,分布密集,均为砖混或砖木结构,房龄长,结构老化严重,整体性差,对基础的沉降非常敏感,对盾构施工引起的地表沉降控制整体性要求高。

2)盾构通过前后引起地表的隆起和沉降会引起土体的二次扰动,加剧地表建筑的沉降,因此对盾构施工推进力的控制要求较为严格。

3)区间沿线影响范围内居民较多,若全部采取过渡安置措施,不仅会造成财力、物力浪费,而且会引起较大的社会影响。

4)区间沿线施工空间不足,沉降超限的情况下二次加固措施选取困难。

(3)主要技术措施

根据前期调查及分析结果,区间下穿平瓦房时主要采用以下措施:

1)深入调查区间沿线房屋分布及各栋房屋详情,并根据影响度划分区域分别处理。

①隧道中线两侧各 15 m 范围内为强烈影响区。区间施工前建议提前对此区域内左线与右线中间所有房屋及左线东侧、右线西侧 C 类房屋居民进行过渡安置,工后对该区房屋进行工后修复或重建。施工过程中对所有房屋进行布点监测并加强对穿越段平房的巡视,发现有影响房屋安全的沉降及裂缝时,及时疏散房内人员并根据施工应急预案及时采取应急措施。

②隧道中线两侧各 15～22 m 范围为显著影响区,22 m～30 m 范围内为一般影响区,该两区域内对所有 C 类房屋进行布点监测,对 A、B 类房屋分区段进行监测,每 30 m 一段,每段段选取典型房屋进行布点监测。施工过程中应加强监测及现场巡视,沉降超限时及时疏散房内人员并采取应急措施。

2)选用具有类似施工经验的施工人员负责该工程,施工前应对施工机具进行全面检查。

3)盾构施工控制(地表沉降控制的决定因素)。

①优化配置盾构掘进参数。采用“适当推进力,匀速通过”的方式组织盾构施工,设定合理的土仓压力、出土量等掘进参数,尽量减少盾构施工前期地层变形;设置试验段或根据相邻区间施工经验进行对比分析,根据当前施工环境确定合理的土仓压力和掘进参数。

②同步注浆及时跟进,保证填充密实,缩短衬砌脱出盾尾的暴露时间,并改良浆液配比,缩短浆液凝固时间。及时进行二次注浆及多次注浆,合理控制注浆压力,严格控制盾构施工后期地层变形,根据监控量测进行洞内深孔注浆。

③区间施工过程中,不换刀或定点换刀。

④采取措施尽量减少超挖,尤其在小曲线半径段,严格控制盾构纠偏量及盾尾与管片的间隙。

⑤采用盾构智能化施工,对施工过程进行动态控制,根据地表监测数据及时调整盾构掘进参数。

4)应急措施(地表沉降超限时采用)

盾构区间施工时,根据监测情况采取洞内拱顶注浆措施(图 2.2.41)。该措施尽量于盾构通过 10～20 m 时进行施作,此时沉降速率最大。施作时应结合地表沉降情况合理控制注浆压力,避免因压力过大对地面结构造成隆起破坏。

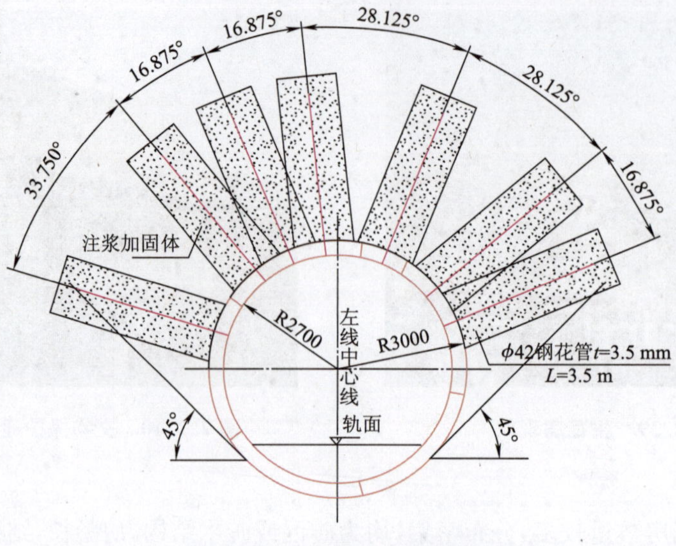

图 2.2.41　洞内注浆加固示意

(4)施工效果

目前该区间段已全部贯通，根据现场实际监测情况，盾构施工引起的地表沉降整体趋势一致，区间段地表沉降整体可控，绝大部分在 6～10 mm 之间，局部监测点由于环境、机械操作等多方面因素影响，沉降值偏大，但地面结构安全性在控制之中，见图 2.2.42。

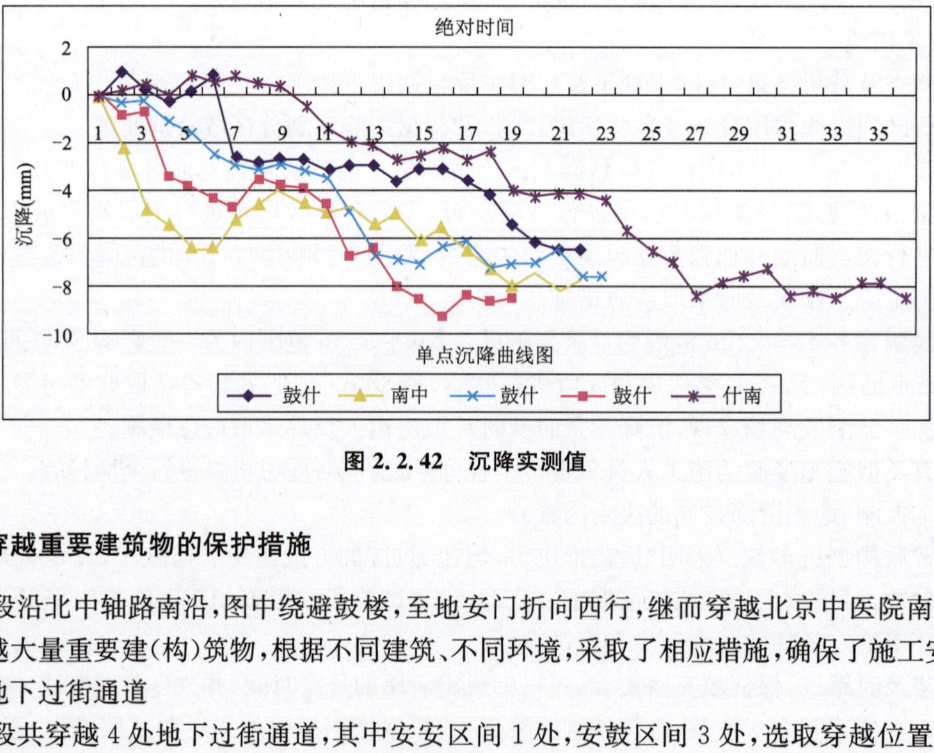

图 2.2.42　沉降实测值

2.2.3　盾构穿越重要建筑物的保护措施

8 号线南段沿北中轴路南沿，图中绕避鼓楼，至地安门折向西行，继而穿越北京中医院南折至中国美术馆处，沿线穿越大量重要建(构)筑物，根据不同建筑、不同环境，采取了相应措施，确保了施工安全。

(1)穿越地下过街通道

8 号线南段共穿越 4 处地下过街通道，其中安安区间 1 处，安鼓区间 3 处，选取穿越位置最不利的开元酒店过街通道为例。见图 2.2.43。

1)现状评估

通道技术状况总体评定为 B 级通道，处于合格状态。

2)沉降控制指标

人行地下通道主通道和梯道结构竖向(纵向)不均匀沉降控制值为 8 mm，基础均匀沉降控制值为 10 mm，通道伸缩缝两侧相对下沉控制值为 4 mm，基础平面变形控制值为 5 mm，主通道、坡道及梯道侧墙倾斜度不大于 1/1 000，通道区域相关道路路面沉降控制值为 15 mm(1/1 000 坡度)，并与通道结构沉降监测值对比，结果不应出现异常，见图 2.2.44。

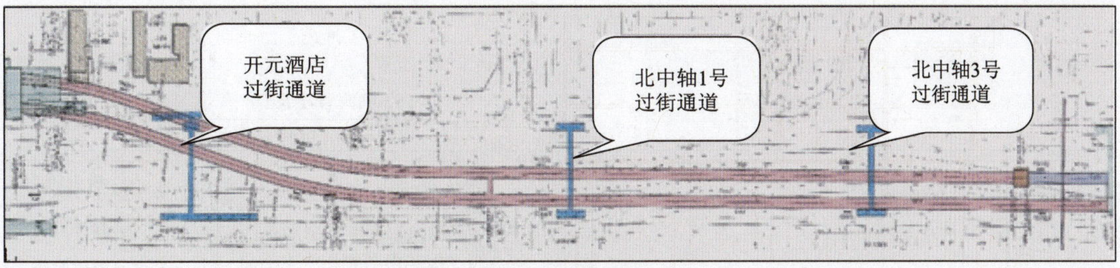

图 2.2.43　安安区间总平面图

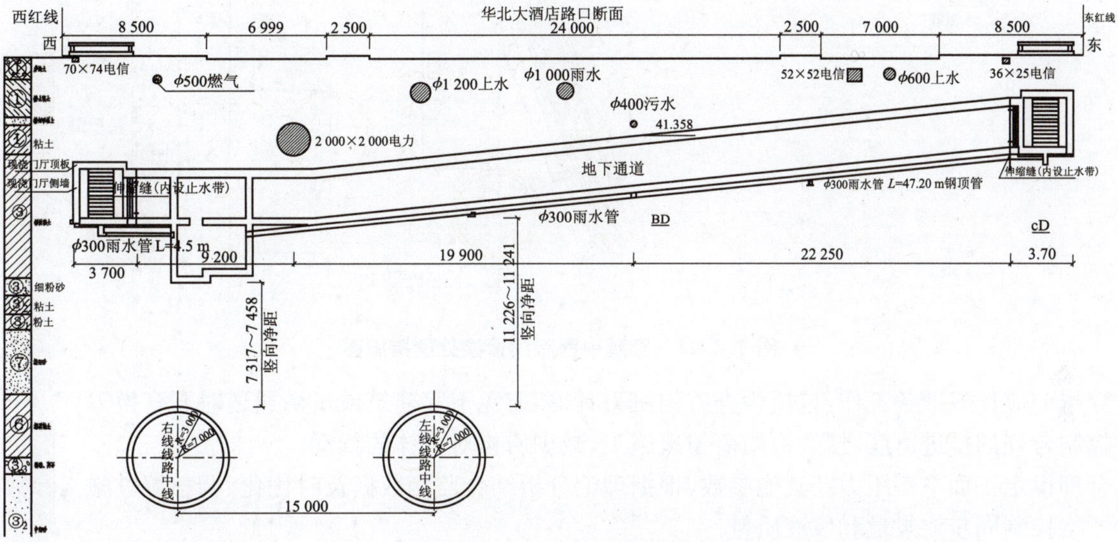

图 2.2.44　横剖面关系图

对于各个过街通道，均为盾构隧道下穿，因此保护措施可综合考虑，为保证盾构施工的安全，采取如下施工保护措施。

①盾构施工前，施工单位应针对建筑物及过街通道的现状进行调查及摸底，结合评估报告，通过前期的试验段，获得合理的掘进参数。

②穿越前应作好准备工作，包括检查盾构机刀具等，避免下穿建筑或过街通道时开仓换刀。

③控制合理的推进速度，使盾构均衡匀速施工，减少盾构对土体的扰动。

④合理设定正面平衡压力及其他参数，根据理论分析结合监测数据及时优化、调整掘进施工参数。

⑤严格控制同步注浆量和浆液质量。

⑥合理控制出土量，并通过分析调整寻找最合理的数值。

⑦引入动态监测系统，对邻近建构筑物布设测点，在施工时进行实时监控并及时分析沉降报表。

(2)穿越北京中医医院门诊楼

北京中医院门诊楼，地上 5 层，主体结构为框架型，基础采用扩底桩基础，桩径 1.0 m，桩底扩大到 1.8 m，桩底距地面 11.27 m，基础桩底外扩 0.4 m。此建筑物桩底与区间隧道左线竖向净距为 6.76 m，水平净距 13.03 m。与区间右线内侧结构外皮水平净距约 1.6 m，竖向净距 12.07 m。

穿越段洞身主要位于卵石～圆砾、粉质黏土及粉细砂层，共有 3 层地下水。

1)现状评估

结构现状良好，尚未发现严重的损伤，即结构现有的破损状况不显著影响建筑物的安全和使用。

2)沉降控制指标

建筑物地基基础产生的附加相邻柱基沉降差须控制在 0.001l 以内(l 为相邻柱基的中心距离)，即控制相邻桩基沉降差小于 6.3 mm。

3)处理措施

①采用袖阀管后退式注浆对建筑物进行隔离保护，桩底附近注浆时应严格控制注浆压力，避免压力过大造成桩顶隆起(隔离措施可根据现场情况选择，本工程由于距离较近因此采用斜向袖阀管注浆)。见图 2.2.45。

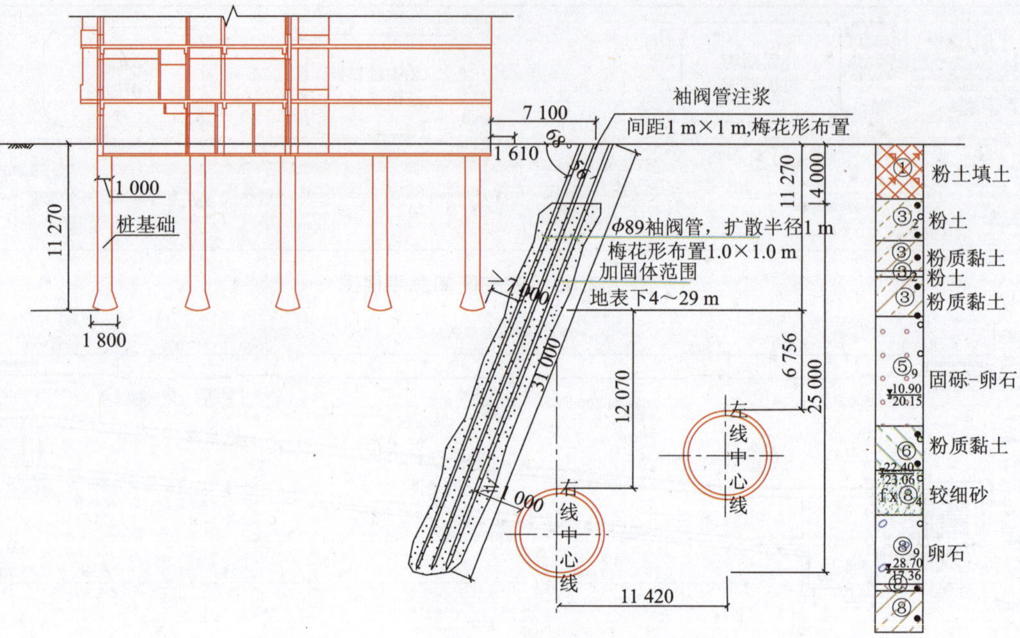

图 2.2.45 穿越中医院门诊楼处理措施图

②穿越前应作好准备工作,包括检查盾构机刀具等,避免下穿建筑或过街通道时开仓换刀。

③控制合理的推进速度,使盾构均衡匀速施工,减少盾构对土体的扰动。

④合理设定正面平衡压力及其他参数,根据理论分析结合监测数据及时优化、调整掘进施工参数。

⑤严格控制同步注浆量和浆液质量。

⑥合理控制出土量,并通过分析调整寻找最合理的数值。

⑦引入动态监测系统,对邻近建构筑物布设测点,在施工时进行实时监控并及时分析沉降报表。

(3)穿越康铭大厦

南中区间在 YDK20+736 附近旁穿康铭大厦,地铁东侧线与它的基础部分相距约 1.5 m,产权隶属于国务院港澳中心。此建筑地上 9 层地下 2 层,基底埋深 11.35 m,主体为框架结构,基础为筏板形,基坑开挖时采用灌注桩挡土,锚杆支护,护坡桩深约 16 m,在护坡桩外当时还设有降水井。基础以及基坑的护坡桩及以前的废降水井可能对地铁建设有影响,由于基坑支护降水属于临时工程,没有存档资料,因此没有提供准确数据。桩底与区间隧道水平净距约 2.1 m,竖向净距约 3 m。

穿越段洞身主要位于⑧$_{9}$卵石层及粉细砂⑧$_{4}$层,该处探孔发现两层地下水,第一层为潜水,第二层为层间潜水,均在结构拱顶以上。

1)现状评估

康铭大厦结构现状均良好,尚未发现严重的损伤,建筑物处于安全和正常使用状态。

2)沉降控制指标

建筑物地基基础产生的基础两端点的沉降差与其距离的比值小于 0.001。即基础外墙最大附加沉降量小于 12 mm。

3)处理措施

采用复合锚杆桩对建筑物进行隔离保护,锚杆桩打设 3 排,孔距 1 m,排距 0.5 m,梅花形布置。其他措施为盾构自身的参数控制,该处不再赘述。见图 2.2.46。

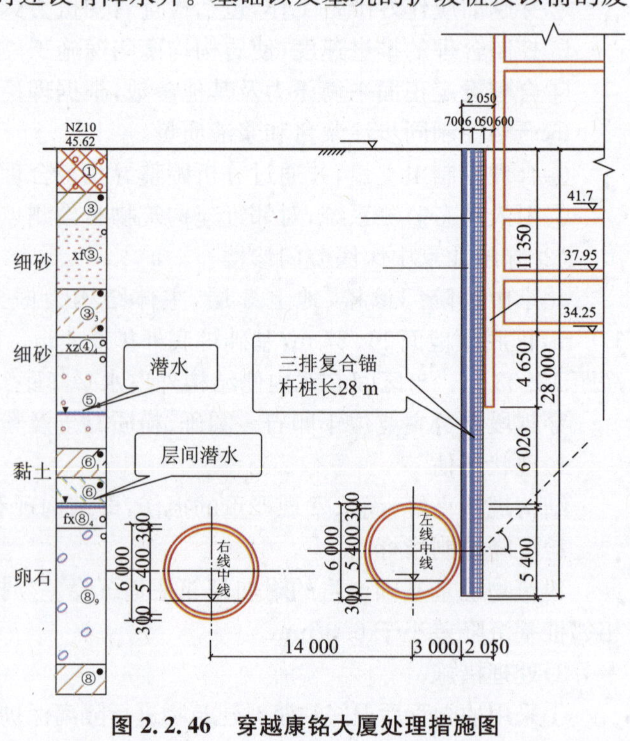

图 2.2.46 穿越康铭大厦处理措施图

第3篇　盾构下穿古旧平房群施工沉降控制

第1章　概　　述

8号线二期南段工程，作为一条穿越北京市中心城中心地区的地铁建设项目，相比北京市其他地铁建设工程，具有以下工程特点：

(1)盾构隧道长距离连续下穿成片古旧平房群，建设场区地面环境与地下条件复杂，大多不具备地表加固条件，对盾构施工提出极大的挑战。

(2)穿越段古旧平房由于大多建成年代久远，且缺乏必要的修缮维护，结构安全状态现状变化极大，局部现状极差，对变形影响敏感；加之沿线周边还分布有太医院、僧格林沁祠、南锣鼓巷四合院保护街区等文物古建，这些建筑的存在对下穿工程的施工标准提出了更高的要求。

(3)对于沿线安全状况较差的老旧房屋，其结构抗振动干扰能力有限，而地铁盾构施工过程中会产生振动，其对此类房屋结构具有重要的影响，应引起充分重视(本书第5篇专门论述)。

(4)随着北京市轨道交通的快速发展，近年来对盾构施工影响的关注度不断提高。特别是如8号线二期南段平房穿越段工程，沿线房屋大多为居民住宅，一旦施工引起建筑结构破坏，可能将造成较大的经济损失，甚至引起极为不利的社会影响。

上述问题的存在，使得8号线二期南段平房穿越段工程相比一般地铁盾构区间工程，具有更大的施工风险和环境影响风险。可以预见的是，未来一段时期内，随着北京市中心城中心地区轨道交通线网建设速度的加快，下穿古旧平房群将是北京地铁建设过程中亟待解决的问题。

在此背景下，本篇针对北京地铁8号线南段安鼓区间、鼓什区间、什南区间和南中区间的具体工程地质、水文地质情况、地面环境条件、地表古旧老式平房群状况，从复杂地层环境条件下盾构下穿古旧平房群风险评估技术、施工变形影响分析及控制技术、施工安全监控与反馈机制等方面，介绍北京地区盾构长距离下穿古旧平房群的相关关键技术。

第2章　旧城区古旧房屋建筑与结构特性

北京旧城保护区的历史文化资源类别多样，既有重点的文物古建，也有成片的历史文物保护区（以古旧平房院落和街道为主），还包括有优秀的近现代建筑和地下埋藏文物。这其中特别是以四合院为主体的民居建筑，更因类型多样、居住文化深厚而闻名中外。

2002年2月，北京市政府批准实施了《北京旧城25片历史文化保护区规划》，其中8号线二期南段途经的南锣鼓巷即此25片历史文化保护区之一。根据《北京旧城25片历史文化保护区规划》实际调研，将保护区内建筑分别确定为文物建筑（占7%）、保护类建筑（占9.3%）、改善类建筑（占23.8%）、保留类建筑（占7.3%）、更新类建筑（占49.2%）及沿街整饰类建筑（占3.4%）。从中可见，当前传统街区内现存数量最多的建筑类型就是更新及改善类建筑，其中主要是因年久失修、失养而成为危房、旧房的大量传统建筑，这一点集中而有代表性地体现于作为更新改善主体对象的北京传统四合院民居建筑上。

近年来，虽然针对北京传统民居建筑的研究已逐渐引起了政府、学界越来越高的重视，然而目前针对此类民居建筑的研究，仍大多集中于建筑装饰、文化民俗等方面[15]，少有涉及沉降对建筑结构自身的影响问题。

本章主要针对8号线二期南段工程盾构区间沿线的建筑物安全性评估工作，对北京古旧平房的建筑历史、建筑形式、结构构造进行调查总结，对北京旧城古旧平房的地基基础条件、建筑材料特性进行分析。本章是本书后面盾构施工穿越古旧平房风险评估、建筑物变形预测、施工影响分区等内容的基础。

需要特别说明的是，古建筑有大式与小式之分，本工程主要涉及的是小式古旧建筑和以民居为主的老旧平房。

2.1　北京古旧平房的建筑历史

要研究北京古旧平房建筑，首先离不开对旧城保护区内房屋（不仅包括文物古建、古旧平房，也包括近现代建筑）建成历史的研究。

四合院作为老北京主要的民居样式，其历史最早可以追溯到元代。依托于元大都的建设，北京四合院在元朝时期虽然还不具备核心居住体系特质，但元大都的城市格局和纵横的道路网格组成的城市"里坊"式的居住区体系，奠定了北京四合院民居发展的基础。至明、清时期，北京民居建筑又有了新的发展。在北京城有大量百姓居住的四合院建筑，逐渐构成城市住宅建筑的主体。

随着时代的发展，自1840年鸦片战争开始，在100多年的半殖民地半封建社会中，北京遭到了巨大的劫难，历史建筑及城市环境惨遭摧残和破坏。之后，北京的城市功能及城市建设均随着时代的变迁而发生着变化。据统计[16]，1949年，北京市有各类房屋2 050万m^2（建筑面积），其中住宅建筑面积为1 354万m^2，住宅中平房和四合院1 272万m^2，楼房在住宅中比例很小，住宅中94%是平房四合院，楼房只占6%，楼房也不是高楼大厦，多为木结构二层中式楼房，平均楼层为1.06层。这些中式楼房和平房、四合院多建于晚清和民国时期，明朝的四合院已经不多见了。

新中国成立后，北京四合院里的民居建筑又经历了不同历史时期的保护与发展的历程[16]。

(1)建国初期至20世纪60年代中期，随着"变消费城市为生产城市"的首都经济发展指导方针的提出，北京在东郊、东南郊大规模地建设现代化工业基地，大工业的发展需要大量的劳动力，因此当时北京的人口迁进和人口生育呈现无节制的发展，这给北京的存量住房带来巨大的压力。为解决住房问题，当时的人们采用了在房间里打隔断的方法，即在房子中间用砖垒一堵墙，这样一间房子就可以变为两间、三间房子。当时，除了那些本身就很小的小房子，如四合院里的耳房、门房，其他大一点的房子都打起了隔断。

(2)20世纪60年代中期至80年代，此时北京人口和居住的矛盾已达到难以调和的地步，但由于特殊的历史原因，这一时期反而是居民住宅建设欠债最多的时期，这直接导致了当时自建房运动的兴起。自建房是指当时在四合院内空地上未经房管局批准、居民自行找建筑材料、砌墙垒砖且自住的房子。自建房由于没有统一的建造标准，房屋平面样式、建筑高度、层数、建筑材料均不一致。应该说，自建房的大规模出现直接导致了北京四合院蜕变为大杂院。

(3)20世纪70年代中期以后，为解决住房问题，政府除了继续鼓励个人建造自建房外，还直接出资对四合院进行"接、推、扩"工程，即把四合院内的正规房屋接出一部分、推出一部分、扩大一部分，以增加住房面积。"接、推、扩"工程是由政府出资统一购买砖瓦和木料，并组织专业施工队施工，因此房屋质量要比自建房好很多。

(4)20世纪80年代至90年代初，随着危改工程的展开，进一步加速了北京旧城胡同四合院等传统建筑的大拆大改现象，使大量历史遗存和历史信息消失。

(5)21世纪以来，随着时代的发展，北京传统的街区、四合院民居及京韵文化的保护越来越受到重视，成为古都北京历史文化、古都风貌保护的重要部分。在北京的历史街区、传统居住环境及四合院民居、文化的保护与利用的进程中，理念仍然在不断地更新，并建立起了科学的保护观和有效的保护机制，推进了北京民居文化保护的进程。

2.2　北京古旧平房民用建筑结构型式分类

大量民用建筑的结构型式依其建筑物使用规模、构件所用材料及受力情况的不同而有不同类型的分类方法。

(1)依据建筑物使用规模划分

依建筑物本身使用性质和规模的不同，可分为单层、多层、大跨和高层建筑等。

(2)依据建筑物受力情况划分

单层及多层建筑的主要结构型式又可分为墙承重结构、框架承重结构。墙承重结构是指由墙体来作为建筑物承重构件的结构型式。而框架结构则主要是由梁、柱作为承重构件的结构型式。

大跨建筑常见的结构型式有拱结构、桁架结构以及网架、薄壳、折板、悬索等空间结构型式，此类结构型式已不属于本项目研究范畴。

(3)依据建筑物结构构件材料划分

依据结构构件所使用材料的不同，目前有木结构、混合结构、钢筋混凝土结构和钢结构之分。混合结构是指在一座建筑中，其主要承重构件分别采用多种材料所制成，如砖与木、砖与钢筋混凝土、钢筋混凝土与钢等。其中，以砖与木作为主要承重构件材料的结构，被称为砖木结构；以砖与钢筋混凝土作为主要承重构件材料的结构，习惯上又被称为砖混结构。

此外，用砖砌体、石砌体或砌块砌体建造的结构通常又被称为砌体结构，砌体结构本身不属于结构型式的范畴，但砖木结构、砖混结构均可归为砌体结构。依据盾构隧道沿线建筑物安全性技术评估工作所拍现场照片，该报告中所提砌体结构主要是指砖混结构。

从地铁施工对结构影响的角度，宜主要依据结构构件材料进行划分。而古旧平房结构型式依据构件材料主要可分为木结构、砖木结构、砖混结构。沿线钢筋混凝土结构和钢结构大多为近年新建建筑，已不属于古旧平房范畴。

依据前述房屋结构型式分类标准，将沿线建筑物安全性技术评估中调查的建筑划分为木结构、砖木结构、砖混结构、钢筋混凝土结构、钢结构五类。4条区间的统计结果见表3.2.1和图3.2.1。

表3.2.1　4条区间房屋建筑结构型式分类

结构型式分类	建筑数量(栋)	结构型式分类	建筑数量(栋)
木结构	11	钢筋混凝土结构	16
砖木结构	242	钢结构	1
砖混结构	285		

由表3.2.1和图3.2.1可见，4条区间沿线房屋结构绝大多数以砖木结构和砖混结构为主，占到了房屋总数的94%以上。随盾构隧道逐渐向南进入北京旧城，砖木结构房屋比例逐渐增大，这与北京古旧民居的建筑历史相吻合。

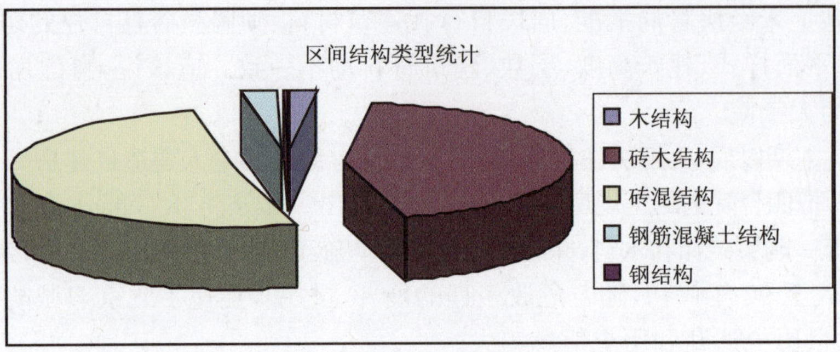

图 3.2.1　4条区间房屋建筑结构型式分类比例图

2.3　8号线南段工程沿线典型古旧平房

2.3.1　木结构房屋

木结构是单纯由木材或主要由木材承受荷载的结构。中国的木结构建筑在唐朝已形成一套严整的制作方法，但见诸文献的是北宋李诫主编的《营造法式》，是中国也是世界上第一部木结构房屋建筑的设计、施工、材料以及工料定额的法规。对房屋设计规定“凡构屋之制，皆以材为祖。材有八等，度屋之大小，因而用之”。即将构件截面分为八种，根据跨度的大小选用[17]。经按材料力学原理核算，当时木构件截面与跨度的关系符合等强度原则，说明中国宋代已能通过比例关系选材，体现出梁抗弯强度的原理。

但有别于用铁钉、铁匝连接的近代木结构，木结构古建筑虽然可视为一种梁柱结构体系，但仍具有以下显著特点[17]：

(1)木结构古建筑在结构上最显著的特点是使用了斗栱和榫卯等半刚性节点。其中，斗栱又称铺作，是在檐下和梁架之间设置的一组拱形短木及方形木块构成的构件。榫卯为梁柱等构件之间设置的连接，榫卯节点种类繁多、形态各异，但其功能都是连接各种构件。

(2)尽管许多木结构古建筑有砖墙作为维护结构，但它们并不承担竖向荷载，并且由于木构件通风防腐的要求，木结构与维护结构之间均留有间隙。

(3)柱与基础的连接多为浮摆式平面接触。

此外，木结构受建筑材料——木材的限制，材料受力特性上体现出以下特点：木材在受压和受弯时具有一定的塑性，但受拉和受剪皆是脆性破坏，其强度受木节、斜纹及裂缝等天然缺陷的影响很大。

依据地铁沿线建筑物安全性技术评估工作，区间沿线木结构建筑已较少。此类建筑大多建成时间较长，且由于居民占用居住等原因而导致缺乏日常的维护，因此极大地影响了建筑结构的耐久性。沿线木结构建筑的典型代表主要包括目前作为民居的清太医院先医庙、福祥寺二殿。

据文献调查[25]，清末太医院位于今地安门东大街105号、111号、113号和117号这四个还基本连成一片的院落。此处太医院旧址是于光绪二十八年(1902年)开工，三年后建成的。最靠东侧的105号共三进院，主要是药房和日常管理办公用房。111号是当年太医院的衙署，太医院办公大堂1968年被火焚毁，后面的民居是昔日的药房。113号院是当年太医院的“先医庙”，供奉医祖三皇“伏羲、神农、黄帝”的景惠殿保存尚完整(见图3.2.2)，虽然歇山起脊的殿顶没有使用黄琉璃瓦，但横梁上的“金龙合玺”彩绘和前廊里的贴金“正龙天花”都标志着这是一处皇家规格的殿堂。117号院仍保留着“金柱大门”，院内已建满民居。这四个院子总占地面积约7 000余平米，其中古建筑面积约4 000余平米，现有居民120余户。见图3.2.2。

福祥寺位于福祥胡同西口25号，始建于明正统元年(1436年)，初为宫中一武姓太监为英宗朱祁镇祝寿捐建，御赐“福祥寺”。此后，该寺于弘治十一年(1498年)、正德三年(1508年)、万历二十年(1592年)、万历四十一年(1613年)历经四次重修。据1936年第一次寺庙总登记时记载，福祥寺占地五亩七分，存房五十三间。但现在仅存山门并耳房、天王殿、东配殿，及东院房宇若干，作为普通民居使用[25]，见图3.2.3。

图 3.2.2　什南区间沿线目前作为民居使用的文物古建筑太医院

图 3.2.3　什南区间沿线目前作为民居使用的文物古建福祥寺二殿

此外木结构还包括部分四合院门亭，见图 3.2.4。

图 3.2.4　什南区间沿线部分院落门亭部分现场照片

2.3.2 砖木结构房屋

砖木结构是指建筑物中竖向承重结构主要采用砖或砌块砌筑，楼板、屋架等用木结构。据统计，明清以来至建国前，北京的绝大多数古建筑是砖木房屋。其建造的主要依据是宋代《营造法式》(1103 年颁布)和《清式营造则例》。

砖木古建筑传统的基本特征主要有以下几个方面[21]：

(1)北京古建筑在结构型式上的特点可以归结为木框架砖填充墙结构和砖墙结构。

(2)建筑外形的特征。中国古建筑台基、木构、屋身、屋顶各部分的外形，与世界上其他建筑迥然不相同。利用"举架"形成了"大屋顶"。

(3)平面特征。中国古代建筑以四根木柱所围成的方形"间"作为基本单元。建筑物大小是以"间"的大小和"间"数的多少来定的。

(4)建筑的群体性。

图 3.2.5～图 3.2.11 是典型的房屋构造图[22][23]。

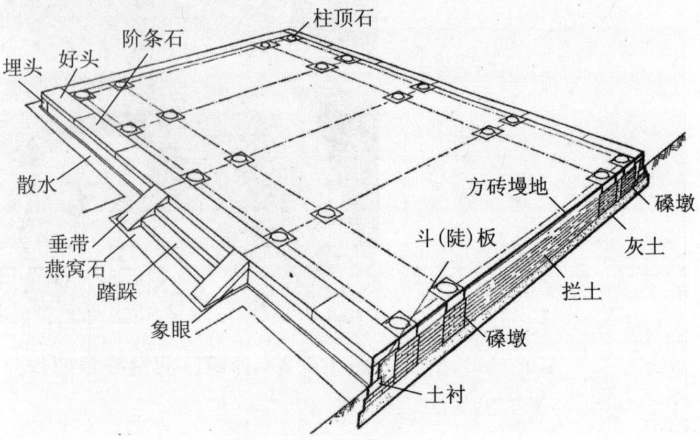

图 3.2.5　台基图

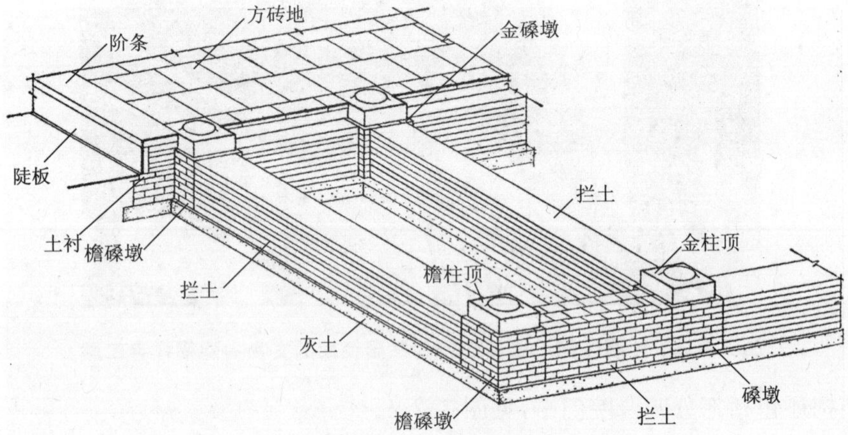

图 3.2.6　基础细部图

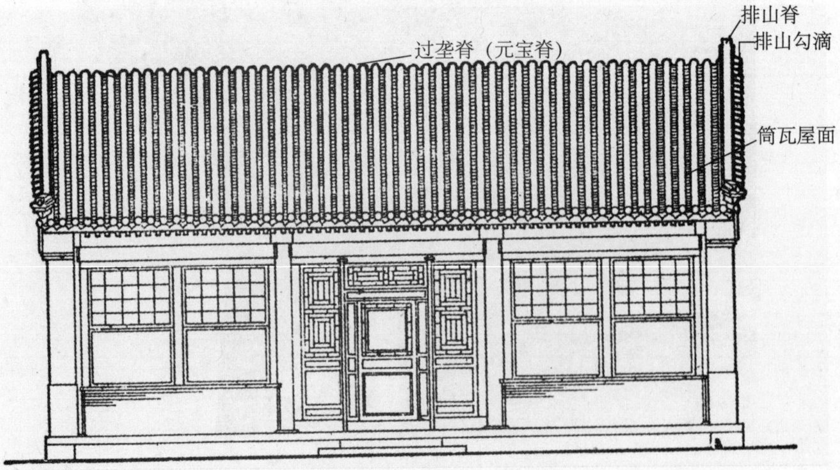

图 3.2.7　房屋正立面图

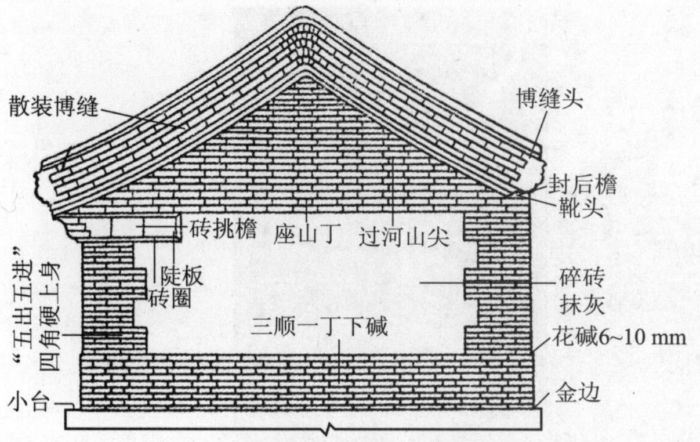

图 3.2.8　山墙图

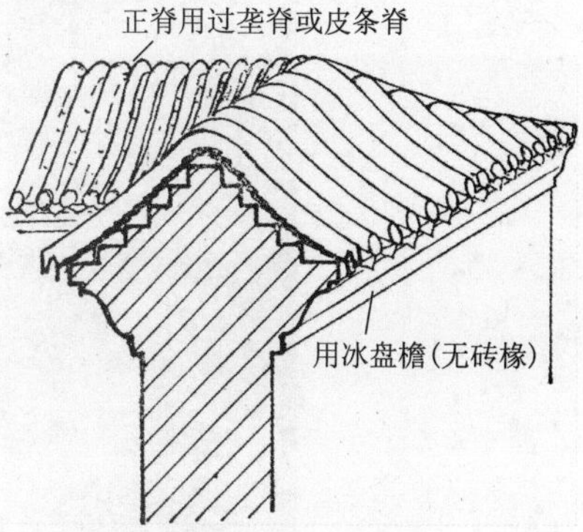

图 3.2.9　院墙图

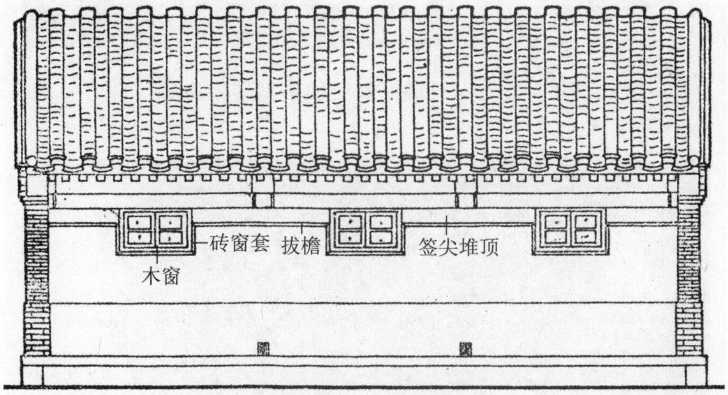

图 3.2.10　檐墙图

图 3.2.11　影背图

由于结构构件材料以砖和木为主,砖木建筑结构的受力特征同时体现了砖和木两种材料的特性,主要有以下几个方面:

(1)竖向承重结构主要采用砖或砌块砌筑,因此砖的形状及强度就决定了房屋的强度。砖的形状越规则,砂浆的强度越高,灰缝越薄越均匀,砌体的强度就越高,房屋的耐用年限就越长。

(2)砌体材料抗压强度较高而抗拉强度很低,而木材在受压和受弯时具有一定的塑性,但受拉和受剪皆是脆性破坏,上述特性决定了砖木结构房屋对地基不均匀变形较敏感。

区间沿线砖木结构建筑以什南区间沿线北京汇华文众人才服务有限公司院内房屋最为典型,见图 3.2.12和图 3.2.13。

图 3.2.12　什南区间沿线典型砖木房屋

图 3.2.13　什南区间沿线典型砖木房屋 砌块与主体间开裂

此外，4 个区间砖木结构房屋以南中区间数量最多，这类房屋目前主要用作民居、商铺，见图 3.2.14 和图 3.2.15。

图 3.2.14　南中区间一典型民居 西侧表面木质承重构件腐朽严重

图 3.2.15 南中区间一典型民居 东侧墙体较为完整,木质构件腐朽严重

2.3.3 砖混结构房屋

砖混结构是指建筑物中竖向承重结构的墙、附壁柱等采用砖或砌块砌筑,柱、梁、楼板、屋面板、桁架等采用钢筋混凝土结构。因此多数情况下,砖混结构是以小部分钢筋混凝土及大部分砖墙承重的结构。

与砖木结构房屋类似的,砖混结构房屋竖向承重结构主要采用砖或砌块砌筑,因此砖的形状及强度就决定了房屋的强度。砖的形状越规则,砂浆的强度越高,灰缝越薄越均匀,砌体的强度就越高,房屋的耐用年限就越长。

本工程沿线砖混结构房屋建成时间大多晚于砖木结构房屋,大多为建国后建造,特别是 20 世纪 70 年代,由于历史原因,北京为缓解住房困难所建造的一批排子房民居也大多可归为砖混结构一类,见图 3.2.16 和图 3.2.17。

图 3.2.16 什南区间一典型砖混结构民居

沿线 20 世纪 70～80 年代修建的部分临街砖混结构目前已改作商用(商铺),见图 3.2.18～图 3.2.20。

此外,沿线典型砖混结构还包括什南区间沿线北海医院、天意商城,见图 3.2.21 和图 3.2.22。

北海医院、天意商城位于地安门外大街、地安门内大街、地安门西大街、地安门东大街十字交叉路口正北,地安门外大街路东,两栋建筑物原为北京市友谊时装厂生产、办公用房。建筑分段设计于 1966～1974 年,具体建造年代不详。

图 3.2.17　什南区间一典型砖混结构民居

图 3.2.18　什南区间沿线一临街商铺(二层砖混结构)

图 3.2.19　什南区间沿线一临街商铺(二层砖混结构)北立面

图 3.2.20　什南区间一典型临街商铺

图 3.2.21　什南区间北海医院

图 3.2.22　什南区间天意商城

2.4　北京古旧平房的地基条件

旧城区不同历史期间古旧平房的基础埋深一般较浅，一般在 2～3 m 以内，例如据记载“明代北京城垣地基坐入地面 2 米深，最深处约达 3 米”。

旧城区域位于永定河冲洪积扇的脊部，人工填土层以下的第四纪天然沉积土层工程性质良好，地基承载力标准值一般都大于 160～180 kPa，属于中等～中低～低压缩土层。全新世填埋河湖沟坑内的新近沉积土层工程性质相对较弱，但由于也经过长期的自重固结，地基承载力一般也大于 120 kPa（河湖相新近沉积的淤泥质土承载力低于 120 kPa），属于中等～中高压缩性土层。旧城区湮埋河湖沟坑中的人工填土包括变质炉灰、素填土、房渣土、沟泥和垃圾等物质成分，土质很不均匀，压缩性高，承载力低。

旧城古旧平房一般主要以新近沉积土层和第四纪沉积土层作为地基持力层，可能也有的采用了人工填土地基。旧城古旧平房在其基础的营造时，一般对槽底土层进行过简单的换土、夯实压密等处理。地基垫层和持力土层经过长期压密以及历史时期地下水的往复升降变化，已经充分固结，因其自身荷载在地基当中产生的沉降已经稳定，在没有较强的外力作用（如地震、地面塌陷等）或环境影响（如邻近施工开挖或施工降水）时，地基基础应当是稳固的。

北京市旧城区文物古建及古旧平房的基础基本为灰土砌筑的砖石基础，不具有抗弯、抗扭剪能力，因此对地基不均匀沉降十分敏感。目前国内外还没有成熟的适用于各类文物古建筑的沉降控制标准，但基于工程案例的分析和工程经验的判断，对古旧建筑地基基础保护的关键是控制减少地基基础范围的地层位移和地面沉降。

2.5　北京文物古建及古旧平房主要结构构造

虽然北京文物古建及古旧平房的建筑形式种类非常多，但所有建筑均由若干单个独立的建筑物集合而成，而这单个建筑物均保留着三个基本要素：基础（台基）部分、柱梁或砖墙部分、屋顶部分[19]。

2.5.1　基础（台基）部分

北京市传统的文物古建基础也被称为台基（图 3.2.6），其构造通常是个四面砖墙、里面填土、上面墁砖的台子。在台基之内，按柱的分位用砖砌磉墩和拦土。磉墩是柱的下脚。柱子立在柱顶石上，而柱顶石放在磉墩上。磉墩与磉墩之间，按面阔或进深，砌成与磉墩同高的墙，称为拦土，将台基之内分成若干方格。普通做法多用土将格内填满，上面墁砖。有门窗格扇时，拦土也是安放门窗的基墙[20]。

除传统的文物古建外，依据 8 号线沿线古旧平房现状调查工作，发现旧城地区一般平房的基础型式以条形基础为主，见图 3.2.23。

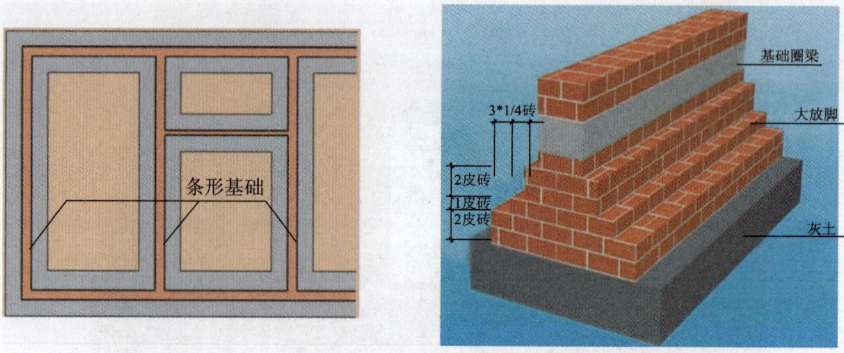

(a)平面示意图　　(b)三维示意图

图 3.2.23　条形基础示意图[24]

根据建筑材料划分，北京旧城古旧平房常用的基础型式包括灰土基础、毛石基础和砖基础三类。其中，又以灰土基础最为常见。

(1)灰土基础

灰土基础是由石灰、土和水按比例配合，经分层夯实而成的基础。

灰土作为建筑材料，在中国有悠久历史，北京明代故宫大量应用灰土基础[22]。1949 年以后，中国在大规模的基本建设中，广泛采用灰土作为建筑物和构筑物的基础。20 世纪 80 年代，采用灰土作为基础的房屋已高达6～7层。见图 3.2.24。

古建工程实例1:下表为代表清代基础营造工法的清代朝阳门内衙署南北角楼做法。

清代朝阳门内衙署南北角楼做法

地脚刨槽落深1丈　柱窝分位垂下长5尺
柏木地丁见方8路　虎皮石掏木丁当高5寸
满灌桃花浆　周围并掏当筑打灰土1步　四面周围拦土墙5尺
掺灰泥半　砖桃花浆　里厢筑打大夯　灰土10步见方四尺
管脚顶厚1.5尺　柱顶掏当并埋深
灰土砌大影砖12层　周围散水折长11丈3尺
地脚刨筑灰土　平墁细停城砖　三进牙子一道立墁

图 3.2.24　北京文物古建典型灰土基础做法[21]

灰土基础的优点是施工简便，造价较低，就地取材，抗压强度较高。从北京 400 多年前的城墙基础收集到的灰土，抗压强度达 5.8 MPa 以上，容重达 23 kN/m^3[21]。灰土基础的缺点是抗冻、耐水性能差，在地下水位线以下或很潮湿的地基上不宜采用。

(2)砖基础

砖基础是以砖为砌筑材料形成的建筑物基础。

砖基础抗压性能好，整体性、抗拉、抗弯、抗剪性能较差，材料易得，施工操作简便，造价较低。适用于地基坚实、均匀，上部荷载较小，6 层和 6 层以下的一般民用建筑和墙承重的轻型厂房基础工程，见图 3.2.25。

(3)毛石基础

毛石基础是用强度等级不低于 MU30 的毛石、不低于 M5 的砂浆砌筑而形成。为保证砌筑质量，毛石基础每台阶高度和基础的宽度不宜小于 400 mm，每阶两边各伸出宽度不宜大于 150 mm。石块应错缝搭砌，缝内砂浆应饱满，且每步台阶不应少于两匹毛石。

毛石基础的优点是抗冻性较好，在寒冷潮湿地区可用于 6 层以下建筑物基础。但毛石基础整体性欠佳，故采用毛石基础的建筑对振动较敏感。

古建工程实例2：故宫御茶膳房西院墙

御茶膳房西院墙采用青砖砌置的扩大基础，放脚一般外扩约50~70 m，基底埋深约在现状地面下0.90~1.20 m，基础放脚净高45~65 cm左右，由3~4皮青砖拌以泥灰浆砌置而成，其下为30~50 cm厚的灰土、素填土、碎砖块渣交互组成的夯实垫层，垫层下为人工夯实的素填土或第四纪沉积的黏性土及粉土层。

御茶膳房西院墙基础示意图

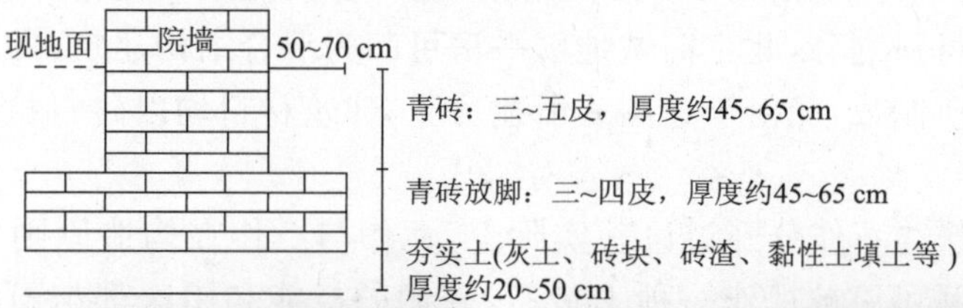

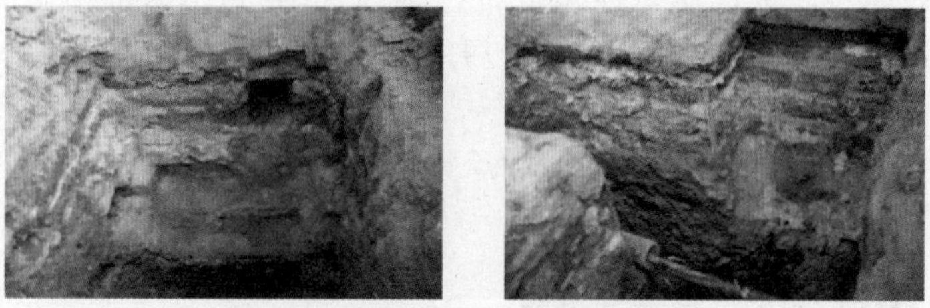

御茶膳房西院墙基础挖井调查图

图 3.2.25　北京文物古建典型砖基础做法[22]

2.5.2　柱梁及砖墙部分

北京传统民居建筑以木材作为主要的承重构件，墙体作为围护结构而不承重受力。这一体系有别于西方建筑以墙体作为承重结构的特征，主要体现在以下两个方面：

1)北京民居建筑木构架属中国传统建筑形式中的抬梁式结构，即以横、纵向柱子组成的柱网为基础，每一纵向轴线为一榀梁架[21]。抬梁式木构架犹如现代建筑中的框架体系，建筑的承重结构由柱与梁组成，屋顶重量通过檩传递给梁，再由梁传递于立柱，最后通过立柱传递到基础。这一构造的优势之一是在室内形成一个完全通敞的灵活空间，建筑内部可根据使用要求进行再划分。

2)与砖石构造的建筑相比，北京民居所采用的榫卯结构具有更好的抗震性，这一特性来自于木材作为受力构件的使用，以及木构件之间特有的搭接构造方式。首先，选择木材作为主要建筑构件，虽然其坚硬度与耐久性远不如砖与石材，但因木材轻质高强，其抗震性能明显优于其他材料，因而地震产生的加速度在木建筑物上所产生的作用力相对较弱，造成的破坏相对较小。其次，木框架体系具有一定的抗震性。由柱网、纵向梁架、横向木枋以及榫卯连接成的框架体系具备较强的柔韧性，不论构件体量大小，其相互之间的拉结均以各种形式的榫卯完成，上下间的垒搭则多采用浮置的方式。这样，构件间具有了一定的可移动性和变形空间，从而使建筑结构的整体牢固，节点则具备一定的弹性，从而提高抗震力。

2.5.3　屋顶部分

北京民居屋面的总体特征是厚重的灰泥背、弧线屋面和素雅的屋脊。其建筑的屋面采用灰背与泥背相组合，不仅保温隔热，防雨功能好，而且通过灰泥背局部厚度的调整，使屋面瓦依曲线铺设，形成具有柔和曲线的硬山坡屋面。

常见的北京民居建筑屋面根据使用材料和工艺的不同，可分为五类，分别是筒瓦屋面、仰合瓦屋面、棋盘心屋面，仰瓦灰梗屋面和石板瓦屋面。

2.6　北京古旧平房主要建筑材料特性

2.6.1　古旧平房所采用的主要建材

由于北京清代末年和民国时期建造的传统民居建筑，以木材作为主要的承重构件，墙体作为围护结构而不承重受力，可归类为木结构建筑。

北京建国后建成的平房，特别是百姓自建平房，所用建筑材料并不统一。有的房子用的好砖好瓦，有的用碎砖烂瓦，有的用青砖砌成，有的用红砖砌成，甚至二环附近的平房有用当时拆城墙剩下的旧城砖建成。房顶材料差异也很大，好一点的用水泥预制板，差一点的用石棉瓦、水泥瓦，更差一点的用油毡、沥青。从建筑物结构构件材料划分，北京旧城地区平房可归为混合结构建筑，即在一座建筑中，其主要承重构件分别采用多种材料所制成，又由于建国后所建房屋，建筑材料均以砖石材料为主，因此又可归类为砌体结构。

已有研究通常把瓦作与石作分开讨论。实际上，瓦作与石作在构造原则上是一样的，在现代工程学中统称为砖石结构。砖瓦可以被视作一种人造石，它们的机能和用法都与石相类似。在一座建筑物中，砖和石可以参杂并用，乃至相互替代。在古旧平房中，砖石材料可被用做三个部分：台基部分、墙壁部分、屋顶部分。

古旧平房中，木材料可被用做三个部分：竖的承重部分——柱，横的被支承的部分——梁桁椽及其他附属部分，两者间的过渡部分——斗栱。

2.6.2　北京古旧平房砌体材料的强度及其衰减

为了分析北京古旧平房砌体材料的强度特点，选取古旧平房的砌体材料强度资料进行分析，通过现场检测房屋的砌体及砂浆的现场检测现有强度，并和原设计强度进行对比，分析材料强度衰减特性，作为确定其变形控制指标的依据之一。由于古旧平房检测资料较少，因此同时给出了一些多层砌体房屋资料供参考。

(1)北京 7 处古旧平房

为分析北京古旧平房的砌体材料强度现状水平，本书针对北京 7 片、60 间于 20 世纪 50～80 年代建成的平房，搜集了平房的砌体材料强度实测资料，给出古旧平房的砌体材料强度、砂浆强度。根据搜集到材料强度检测资料，砖评定强度大部分在 M5～M10 之间，砂浆评定强度大部分在 MU0.2～MU1.0 之间。

(2)北京多层砌体结构楼房材料强度检测资料

1)日林公司驻京办事处

日林公司驻京办事处位于东城区地安门东大街 89 号。该建筑物原属于北京市无线电技术研究所，最早设计建造于 1973 年，主体现为地下一层、地上四层(局部五层)砖混结构，西侧大开间，为局部内框架结构，总建筑面积为 2 540 m^2。楼房墙下采用钢筋混凝土条形基础，柱下采用钢筋混凝土独立基础，素混凝土基础垫层，基础底面埋深为 5.3～6.8 m。楼房东西向长度为 30.0 m，南北向宽度为 14.0 m。

根据楼房原结构图纸，原设计砖砌体中砖的标号为 100＃，砌筑砂浆的标号为：地下一层及地上一层 75＃，二层 50＃，三层至顶层 25＃。

现场在具备检测条件的部位，对楼房主体的承重墙体，每层选择 6 处打开抹灰层，对砌体中的砂浆和砖进行回弹测试，对砌筑砂浆测试其碳化深度。

根据检测技术标准(GB/T 50315—2000、GB/T 50344—2004、JGJ/T 23—2001)进行计算和评定，砌筑砂浆强度检测结果见表 3.2.2，砖强度检测结果见表 3.2.3。

表 3.2.2　砂浆检测及评定结果

检测单元	测区砂浆强度平均值(MPa)	评定强度等级	原设计砂浆(相当的强度等级)
地下一层	6.15	M5.0	M7.5
一层	5.50	M5.0	M7.5
二层	3.69	M2.5	M5.0
三层	2.35	M2.0	M2.5
四层	2.48	M2.0	M2.5

注:上表中砂浆评定强度考虑龄期及工程经验进行修正。

表 3.2.3　砖检测及评定结果

检测单元	测区回弹平均值	评定强度等级	备　注
地下一层	38.8	MU7.5	原设计砖的标号为 100#,相当于 MU10
一层	38.5	MU7.5	
二层	37.7	MU7.5	
三层	38.2	MU7.5	
四层	38.2	MU7.5	

注:上表中砖的强度评定等级考虑龄期以及现场实际状况进行修正。

2)星海琪假日酒店

北京市星海琪假日酒店位于东城区地安门东大街北侧。原为北京市无线电实验厂的配光机车间,原设计为四层,砖混结构,条形基础,基础埋深自西向东逐渐减小,埋置深度为 2.3～6.3 m,1974 年加建了一层(地上共五层),后经过夹层改造,现有楼房地上共六层,建筑面积约为 3 100 m^2。

根据楼房原结构图纸,原设计砖砌体中砖的标号为 100#,砌筑砂浆的标号为:一层 75#,二层 50#,三层至顶层 25#。

现场在具备检测条件的部位,对楼房主体的承重墙体,每层选择 6 处打开抹灰层,对砌体中的砂浆和砖进行回弹测试,对砌筑砂浆测试其碳化深度。

根据相关的检测技术标准(GB/T 50315—2000、GB/T 50344—2004、JGJ/T 23—2001)进行计算和评定,砌筑砂浆强度检测结果见表 3.2.4,砖强度检测结果见表 3.2.5。

表 3.2.4　砂浆检测及评定结果

检测单元	测区砂浆强度平均值(MPa)	评定强度等级	原设计砂浆(相当的强度等级)
一层墙体	5.05	M5.0	M7.5
二层墙体	3.69	M3.5	M5.0
三层墙体	2.25	M2.0	M2.5
四层墙体	2.01	M2.0	M2.5
五层墙体	1.62	M1.5	M2.5
六层墙体	1.52	M1.5	M2.5

注:上表中砂浆评定强度考虑龄期及工程经验进行修正。

以上结果表明,楼房承重墙体的砌筑砂浆强度等级目前在 M1.5～M5.0 之间。在结构验算分析时,楼房各层纵横墙体的砌筑砂浆强度等级可按上表取值。

表 3.2.5　砖检测及评定结果

检测单元	测区回弹平均值	评定强度等级	备　注
一层墙体	38.8	MU7.5	原设计砖的标号为 100#,相当于 MU10
二层墙体	38.7	MU7.5	
三层墙体	39.1	MU7.5	
四层墙体	38.5	MU7.5	
五层墙体	37.8	MU7.5	
六层墙体	37.5	MU7.5	

注:上表中砖的强度评定等级考虑龄期以及现场实际状况进行修正。

以上抽检结果表明，该楼房目前各层墙体砖的强度等级达到 MU7.5，建议结构验算分析时可取 MU7.5。

3）北京 4 栋多层砖混结构住宅楼

4 栋多层砖混结构住宅楼设计建造于 1979～1981 年，主体均为多层砖混结构，无地下室。其中，1 号楼和 3 号楼主体为五层，4 号楼和 5 号楼主体为六层。该居民楼为多层砌体房屋，主要是砖墙承重。砖砌体的强度主要取决于砖和砂浆的强度以及砌筑质量。根据查找到的结构设计图纸，该楼房砖砌体中的砌筑砂浆为混合砂浆。

根据相关的检测技术标准（GB/T 50315—2000、GB/T 50344—2004、JGJ/T 23—2001）进行计算和评定，砌筑砂浆强度检测结果见表 3.2.6，砖强度检测结果见表 3.2.7。

表 3.2.6　砂浆检测及评定结果

检测单元	评定强度等级/点荷法测试砂浆强度				原设计砂浆标号			
	1 号楼（MPa）	3 号楼（MPa）	4 号楼（MPa）	5 号楼（MPa）	1 号楼	3 号楼	4 号楼	5 号楼
一层墙体	M2.5/2.87	M5.0/6.57	M5.0/6.65	M5.0/5.65	75＃	75＃	100＃	100＃
二层墙体	M2.5/3.12	M5.0/6.95	M5.0/6.54	M5.0/6.31	75＃	75＃	75＃	75＃
三层墙体	M2.0/2.25	M2.5/3.25	M5.0/5.56	M5.0/6.15	50＃	50＃	75＃	75＃
四层墙体	M1.5/1.96	M2.5/2.78	M2.5/2.78	M2.5/2.92	25＃	50＃	50＃	50＃
五层墙体	M1.5/1.78	M1.5/1.80	M2.5/2.80	M2.5/2.85	25＃	50＃	50＃	50＃
六层墙体			M1.0/1.58	M1.5/2.15			50＃	50＃

注：上表中砂浆评定强度考虑点荷法测试结果以及龄期进行修正。

表 3.2.7　砖检测及评定结果

检测单元	评定强度等级/点荷法测试砖的强度				备　注
	1 号楼	3 号楼	4 号楼	5 号楼	
一层墙体	MU7.5	MU7.5	MU7.5	MU7.5	原设计墙体砖的标号为 75＃
二层墙体	MU7.5	MU7.5	MU7.5	MU7.5	
三层墙体	MU7.5	MU7.5	MU7.5	MU7.5	
四层墙体	MU7.5	MU7.5	MU7.5	MU7.5	
五层墙体	MU7.5	MU7.5	MU7.5	MU7.5	
六层墙体			MU7.5	MU7.5	

注：上表中砖的强度评定考虑龄期以及现场实际状况进行修正。

4）北京某砖混结构住宅楼

北京某住宅楼位于丰台南路和丰台东路的路口南侧。该住宅楼原设计建造于 20 世纪 90 年代初期。住宅楼为 6 层砖混结构，总高 16.95 m，总建筑面积为 7 326.9 m^2。室内±0.00 绝对标高为 47.00 m，室内外高差 0.75 m。建筑物采用条形基础，基础宽度一般为 2 m，基底埋深 2.2 m。

该居民楼为多层砌体房屋，主要是砖墙承重。砖砌体的强度主要取决于砖和砂浆的强度以及砌筑质量。根据结构竣工图纸，原设计砖砌体中强度等级不低于 75＃，砌筑砂浆的强度等级不低于 50＃（混合砂浆）。

本次检测以回弹法为主，现场在具备检测条件的部位，对变形缝两侧楼房主体的承重墙体，每层各选择 6 处打开抹灰层，对砌体中的砂浆和砖进行回弹测试，对砌筑砂浆测试其碳化深度，同时还结合点荷法进行抽样测试。

根据前述相关的检测技术标准（GB/T 50315—2000、GB/T 50344—2004、JGJ/T 23—2001）进行计算和评定，砌筑砂浆强度检测结果见表 3.2.8，砖强度检测结果见表 3.2.9。

以上结果表明，居民楼一层～六层纵横墙体的砌筑砂浆强度等级达到原设计强度等级，建议在结构验算分析时取 M5.0。

表 3.2.8　砂浆检测及评定结果

检测单元	测区砂浆强度平均值(MPa)	测区砂浆强度最小值 (MPa)	变异系数(%)	评定强度等级	原设计砂浆标号
一层墙体	5.65	4.20	25.0	M5.0	原设计墙体砌筑砂浆强度等级为50#
二层墙体	6.19	5.14	21.8	M5.0	
三层墙体	4.75	4.01	13.1	M5.0	
四层墙体	5.51	4.54	19.1	M5.0	
五层墙体	4.62	4.07	12.8	M5.0	
六层墙体	5.04	4.40	14.8	M5.0	

注:1.点荷法测试两组砂浆的强度平均值分别为5.9 MPa,6.5 MPa。

2.上表中砂浆评定强度考虑点荷法测试结果以及龄期进行修正。

表 3.2.9　砖检测及评定结果

检测单元	测区回弹平均值	单砖回弹最小值	评定强度等级	备　注
一层墙体	39.8	33	MU7.5	原设计墙体砖的强度等级为75#
二层墙体	38.2	31	MU7.5	
三层墙体	39.5	32	MU7.5	
四层墙体	38.8	30	MU7.5	
五层墙体	37.6	30	MU7.5	
六层墙体	37.5	30	MU7.5	

注:上表中砖的强度评定等级考虑龄期以及现场实际状况进行修正。

以上结果表明,该居民楼各层墙体砖的强度等级达到原设计强度等级,建议在结构验算分析时取MU7.5。

综合上述检测资料的分析,可见砌体结构建筑在经过数十年的使用后,砂浆和砖的强度均有可能降低,从而达不到原设计要求。但由于砂浆的强度一般低于砖的强度,且砂浆的强度随时间的衰减也往往比砖要明显,因此可根据砂浆材料强度随时间的衰减规律和老旧平房的建成时间,确定其变形控制指标。

第3章　地表及古旧平房群沉降规律及其预测

近年来随着地铁建设中引发的道路塌陷或结构损坏案例的不断增多，针对地铁工程环境影响问题的风险评估工作也引起了各方越来越多的重视。而此类风险评估工作中的一项核心基础工作，是对盾构施工过程可能引起的地面、建筑物沉降进行合理的预估。

其中，在众多预测地铁隧道开挖引起地表位移的经验方法中，Peck 法是目前应用最为广泛的方法[26]。然而，由于 Peck 法毕竟只是基于有限地区实测资料提出的经验公式，其针对北京旧城地区的适用性与适用范围需要进一步分析探讨。

此外，在目前的地铁施工引起的建筑物沉降预测工作中，一般都是完全忽略了结构物刚度的作用，仅基于 Peck 公式预测得到的天然地面沉降槽曲线，然后将其直接作用于建筑物（即假定建筑物产生了地面相同的位移）（Mair 等人，1996）[33]。实际上，建筑物的结构刚度对沉降形态的影响是不可忽视的，而不同类别的建筑物对沉降形态的影响也是不同的。特别是针对北京旧城地区，古旧平房密集分布，结构形式种类又非常多，因此工程中迫切需要一种可以预估盾构施工下古旧平房变形的简便、实用方法。

本章依托 8 号线二期南段盾构隧道工程监测工作，基于大量的地表、建筑物沉降的观测数据，研究了 Peck 理论在北京旧城地区的适用性，之后通过对比分析天然地表沉降槽曲线与建筑物沉降曲线的形态差异，研究结构刚度对建筑物沉降曲线的影响，并提出了一种建筑物的沉降预估方法，即“刚度修正法”，从而建立了一套能够考虑结构刚度的实用计算方法。最后基于实测的古旧平房沉降数据，研究古旧平房沉降自有的规律特点，并验证了刚度修正法对盾构施工影响下古旧平房沉降的适用性。

3.1　盾构施工引起的地表沉降规律及其预测

3.1.1　地表沉降槽横向沉降曲线（Peck 公式）

地下隧道的开挖所引起的地表的沉降曲线一般习惯称之为“沉降槽”（Settlement Trough）。图 3.3.1 示意性地表示了一个隧道在开挖过程中引起地表位移的形态[26]。在目前众多的预测地铁隧道开挖引起的地表位移的经验方法中，Peck 于 1969 年提出的方法无疑是其中最简便也是目前应用最为广泛的方法[34]。

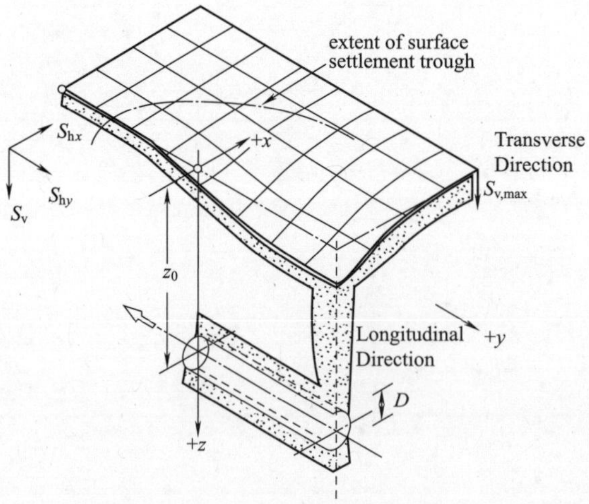

图 3.3.1　隧道在开挖过程中引起的地表位移（Attewell，1986）[34]

在 Peck 提出隧道引起的地表横向沉降槽（即图 3.3.1 中的 x 方向的地表变形）可以用高斯分布拟合的基

础上[26]，Attewell等人[34]和Rankin[36]总结了当时广泛应用的经验方法，并提出以下计算公式(图3.3.2)：

$$s = s_{\max}\exp\left[\frac{-x^2}{2i^2}\right] \tag{3.3.1}$$

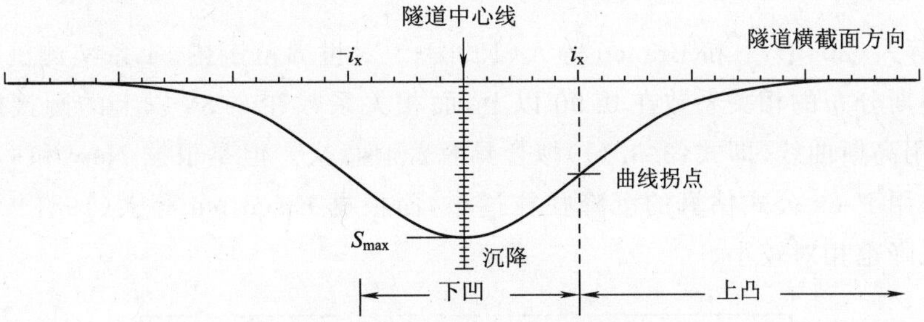

图3.3.2　地表横向沉降曲线

式中　s——地面任一点的沉降值；

$s_{\max}$——地面沉降的最大值，位于沉降曲线的对称中心上(对应于隧道轴线位置)；

x——从沉降曲线中心到所计算点的距离；

i——从沉降曲线对称中心到曲线拐点的距离，一般称为“沉降槽宽度”。根据O'Reilly和New在伦敦地区的经验，i和隧道深度z_0之间存在以下简单的线性关系[35]：

$$i = Kz_0 \tag{3.3.2}$$

式中　K——沉降槽宽度系数(Trough Width Parameter)，主要取决于土性。

根据伦敦地区的经验，普遍认为，对于无黏性土K值在0.2～0.3之间；对于硬黏土，约为0.4～0.5；而对于软的粉质黏土则可高达0.7[28]。

定义地层损失率(Volume Loss)V_l为单位长度的地表沉降槽的体积占隧道开挖名义体积的百分比。对于不排水条件，地层损失V_l与最大位移之间的关系可以通过对式(3.3.1)的积分得到：

$$s_{\max} = \frac{0.313V_lD^2}{i} \tag{3.3.3}$$

式中　D——隧道的直径；

V_l——地层损失率，主要与工程地质情况、水文地质情况、隧道施工方法、施工技术水平以及工程管理经验等因素有关[28]。

将式(3.3.2)和式(3.3.3)代入式(3.3.1)，就可以得到一个工程实用的预估天然地面沉降的公式：

$$s = \left[\frac{0.313V_lD^2}{Kz_0}\right]\exp\left[\frac{-x^2}{2K^2z_0^2}\right] \tag{3.3.4}$$

根据式(3.3.4)，对于一个确定的工程，隧道的埋深z_0和直径D都是确定的，因此地表的位移就取决于地层损失率V_l和沉降槽宽度参数K。前者决定了沉降的大小，而后者则决定了沉降槽曲线的性状(例如宽而浅，或窄而深)。

3.1.2　Peck理论的适用性

对Peck理论适用性的研究，应基于实测数据进行验证。验证采用如下方法(Burland，Standing，Jardine，2001)[37]：从式(3.3.1)可以看出，如果一横断面上的监测点沉降数据符合高斯分布的基本规律(即适用于Peck公式)，则各监测点沉降数据应可在“$\ln(s/s_{\max})$—y^2”坐标系统中拟合成一条通过坐标轴原点的直线，见图3.3.3。

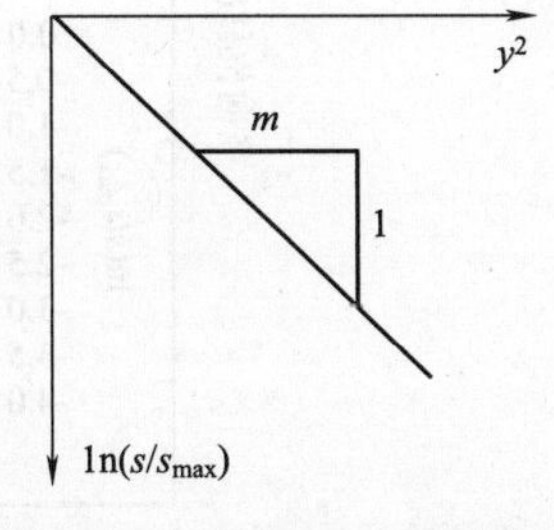

图3.3.3　沉降槽宽度的确定

如果这条直线的斜率表示为m，则沉降槽宽度i可以从以下公式中计算得到：

$$i = \sqrt{\frac{-1}{2m}} \tag{3.3.5}$$

本书采用上述方法验证测试数据是否符合高斯分布的基本规律，同时可得到其沉降槽宽度 i、宽度系数 K、地层损失率 V_l。

根据 Celestino 等人(2000)[38] 和 Branco 等人(1990)[39] 对世界范围内 51 条实测沉降曲线的拟合结果，58％的实测结果与高斯分布的相关系数在 0.90 以上，而相关系数在 0.80 以上的则接近 80％(图 3.3.4)。由此看来，沉降槽采用高斯曲线(即式(3.3.1))拟合具有普遍意义。但是根据 New 和 O'Reilly(1991)[40] 的报道，对于粒状土，采用 Peck 公式估算的沉降往往过小，而根据 Eisentien 等人(1981)[41] 的研究结果，对于超固结土所估算的沉降也相对较小。

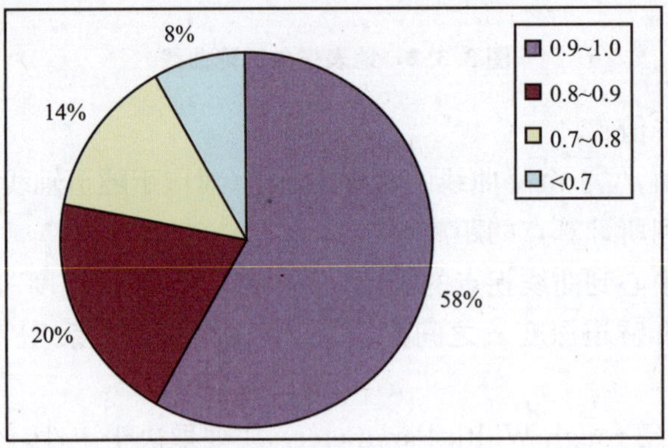

图 3.3.4　采用高斯分布拟合沉降曲线的相关系数(Celestino 等人，2000；Branco 等人，1990)

韩煊等人(2007)[28] 根据公开发表的有关资料，搜集了我国以北京为主，包含广州、深圳、上海、柳州、西北、香港、台湾等 8 个地区的 50 多组实测地表横向沉降槽的数据，并进行了相关分析。所涉及的资料大部分为城市地铁隧道建设过程中观测的数据，也有部分其他在土中开挖的浅埋隧道。根据对所收集数据的拟合，90％以上的实测地表沉降数据都可以很好或较好地采用高斯分布拟合。如图 3.3.5 所示的是其中的两个例子。

在验证 Peck 理论适用性的基础上，韩煊等人(2007)[28] 还根据上述实测资料的分析结果，研究了沉降槽宽度系数 K 和地层损失率 V_l 的情况。针对于北京地区 26 组盾构施工条件下地表沉降数据的统计结果看，除了极个别的情况，沉降槽宽度系数 K 均在 0.3～0.7 之间，统计平均值为 0.4～0.5，见图 3.3.6。

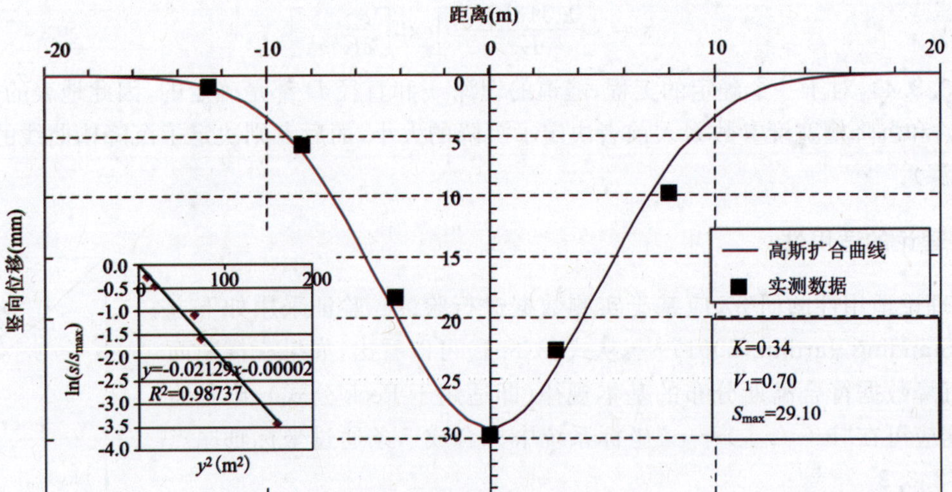

(a)北京复兴门折返线工程[28]

图 3.3.5　两个工程实例的实测沉降结果与高斯分布曲线对比

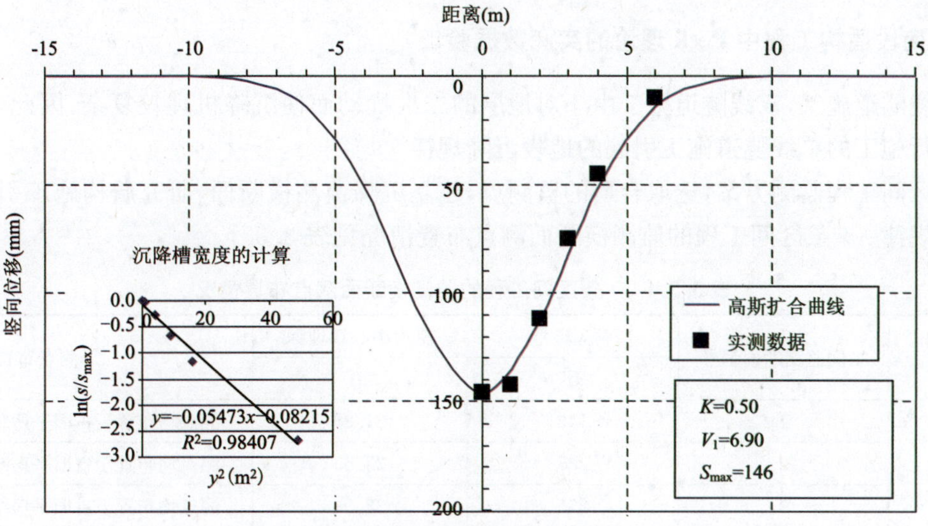

(b)上海芙蓉江污水隧道工程[28]

图 3.3.5(续)

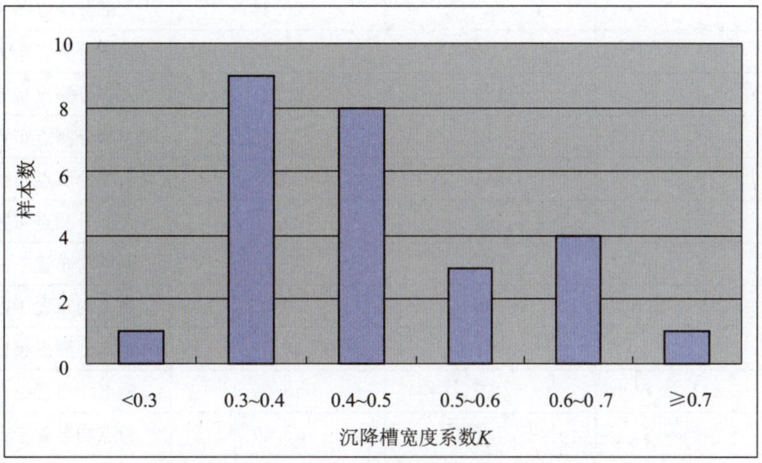

图 3.3.6　北京地区沉降槽宽度系数 K 值统计

同样由上述 26 组数据的统计结果，地层损失率的范围在 0.2%～2.5%。由于地层损失率 V_l 不仅与工程地质、水文地质条件有关，还和施工方法、施工技术水平和管理水平等因素有关，因此离散性较大[28]。但是约 90%的数据都在 0.2%～1.25%范围内，其统计平均值在 0.7%～0.8%范围内，见图 3.3.7。

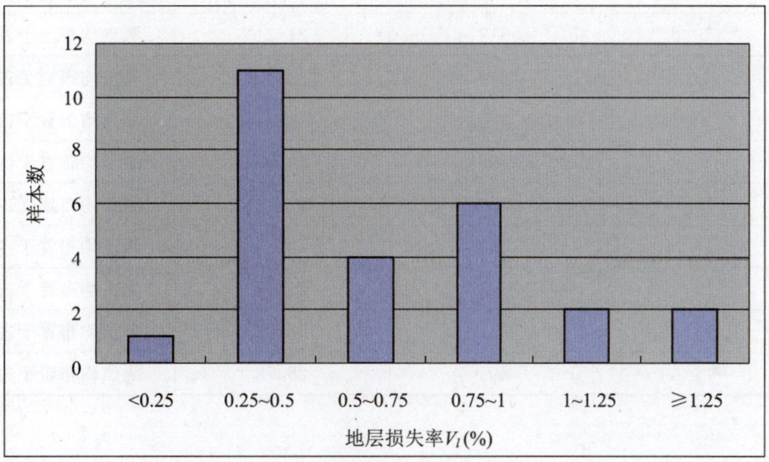

图 3.3.7　北京地区沉降槽地层损失率 V_l 值统计

3.1.3　8号线南段盾构工程中Peck理论的实测数据验证

相对于单线隧道施工，双线隧道施工由于对地层的二次扰动而使沉降机理较复杂，因此，下文中将着重分析和研究先行施工的单线隧道施工引起的地表沉降规律。

依据4条区间工程监测方案，选取合适的监测点，建立沉降监测横断面，研究盾构施工引起的地表及建筑物横向沉降规律。4条区间工程的监测横断面测点布置情况见表3.3.1。

表3.3.1　4条区间工程的监测横断面测点布置情况

区　间	区间监测断面编号	对应环号 环	隧道中心线埋深 m	测点布置情况
安鼓区间左线	1	143	21.25	测点均布置于古旧平房结构上
	2	237	23.63	测点均布置于古旧平房结构上
	3	256	23.94	测点均布置于古旧平房结构上
	4	282	24.37	测点均布置于古旧平房结构上
	5	303	24.79	大部分测点布置于古旧平房结构上
鼓什区间左线	1	18	20.40	大部分测点布置于古旧平房结构上
	2	30	20.44	大部分测点布置于古旧平房结构上
	3	49	20.43	大部分测点布置于古旧平房结构上
	4	120	20.41	大部分测点布置于古旧平房结构上
	5	142	20.39	大部分测点布置于古旧平房结构上
	6	145	20.40	大部分测点布置于古旧平房结构上
	7	164	20.39	大部分测点布置于古旧平房结构上
	8	188	20.20	测点均布置于古旧平房结构上
	9	208	20.01	测点均布置于古旧平房结构上
	10	341	18.51	大部分测点布置于古旧平房结构上
	11	369	18.59	测点均布置于古旧平房结构上
	12	397	18.47	测点均布置于古旧平房结构上
	13	578	15.27	测点均布置于古旧平房结构上
什南区间右线	1	38	18.89	测点均布置于地表
	2	193	20.53	测点均布置于新建多层建筑结构上
	3	244	21.20	测点布置于多层建筑、平房结构上
	4	282	21.37	测点均布置于古旧平房结构上
	5	304	21.21	测点均布置于古旧平房结构上
	6	317	21.21	测点均布置于古旧平房结构上
	7	341	21.49	测点均布置于古旧平房结构上
	8	355	21.71	测点均布置于古旧平房结构上
	9	400	22.59	测点均布置于地表
	10	450	23.11	测点均布置于古旧平房结构上
	11	466	23.33	测点均布置于古旧平房结构上
	12	549	25.19	测点均布置于古旧平房结构上
	13	551	25.22	测点均布置于古旧平房结构上
	14	605	25.72	测点均布置于地表

续上表

区　间	区间监测断面编号	对应环号	隧道中心线埋深	测点布置情况
		环	m	
南中区间右线	1	23	25.27	测点均布置于古旧平房结构上
	2	48	25.30	大部分测点布置于古旧平房结构上
	3	74	25.33	测点均布置于古旧平房结构上
	4	136	25.61	测点均布置于古旧平房结构上
	5	226	26.24	测点均布置于古旧平房结构上
	6	424	26.16	测点均布置于古旧平房结构上
	7	439	26.28	测点均布置于古旧平房结构上
	8	548	25.26	大部分测点布置于古旧平房结构上
	9	571	24.52	测点均布置于古旧平房结构上
	10	602	24.40	测点均布置于古旧平房结构上
	11	632	23.54	测点均布置于古旧平房结构上
	12	733	21.12	测点均布置于古旧平房结构上

表 3.3.1 中各监测断面处对应的隧道开挖面地质条件和覆土层地质条件详见 8 号线二期南段工程线路纵断面图(图 1.2.5、图 1.2.9、图 1.2.15 和图 1.2.20)。

由表 3.3.1 可见,什南区间横断面 1、横断面 9、横断面 14 全部监测点均布置于地表。监测先行施工右线隧道后的地表沉降数据,采用 Peck 理论(高斯分布曲线)对横断面监测点数据(后建左线隧道施工影响前的稳定变形)进行拟合,验证 Peck 理论的适用性,见图 3.3.8～图 3.3.10。

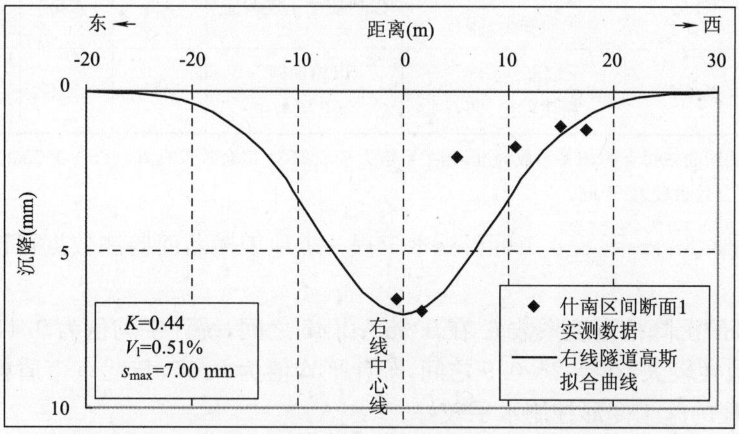

图 3.3.8　什南区间横断面 1 变形监测结果及高斯拟合曲线

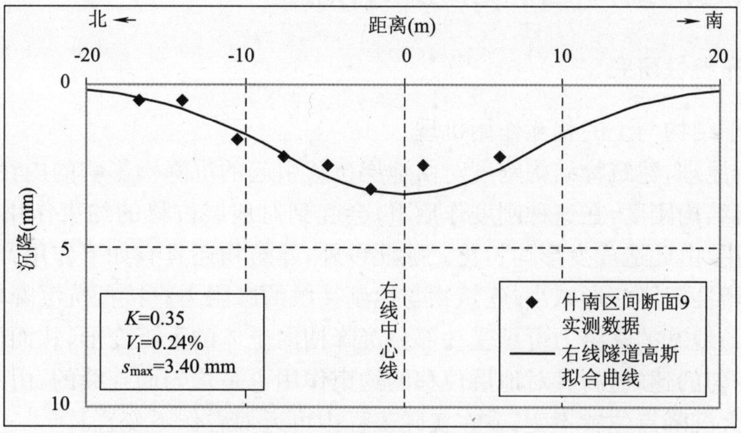

图 3.3.9　什南区间横断面 9 变形监测结果及高斯拟合曲线

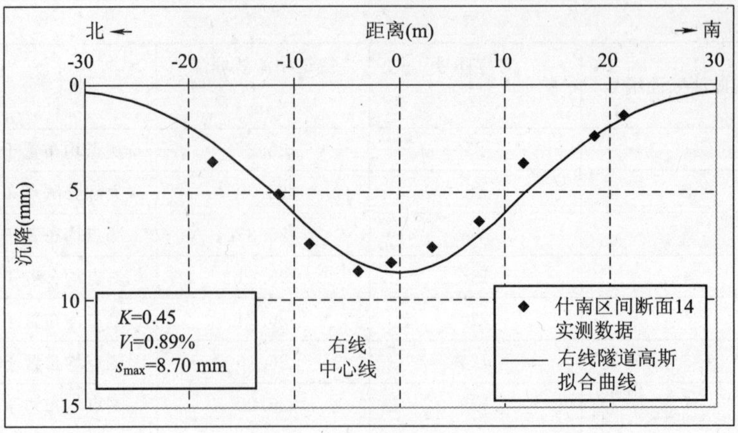

图 3.3.10　什南区间横断面 14 变形监测结果及高斯拟合曲线

采用 Peck 理论对什南区间横断面 1、横断面 9、横断面 14 沉降数据进行高斯曲线拟合，拟合的曲线参数结果见表 3.3.2。

表 3.3.2　本工程地表监测横断面数据的高斯曲线拟合

区间	监测断面	中心线埋深	覆土层	开挖面地质情况	高斯曲线拟合参数				拟合效果
		m			s_{max}	i	K	V_l	
					mm	m		%	
什南区间右线隧道	横断面 1（38 环）	18.89	较厚填土层(8.8 m)、粉土、卵石	卵石、粉细砂、粉土互层	7.0	8.28	0.44	0.51	一般
	横断面 9（400 环）	22.59	填土、粉土、粉细砂、粉质黏土、卵石	以粉质黏土层为主	3.4	7.67	0.35	0.24	较好
	横断面 14（605 环）	25.72	填土、粉土、粉质黏土、卵石	以粉细砂、卵石层为主	8.7	11.47	0.45	0.89	较好

注：表中拟合效果主要以高斯曲线拟合的相关系数为准，相关系数大于 0.75 时拟合效果良好；0.5～0.75 时拟合效果一般；0.25～0.5 时拟合效果尚可；小于 0.25 时拟合效果较差；下同。

由表 3.3.2 以及图 3.3.8～图 3.3.10 可见，本工程 3 个地表横断面监测数据可以较好地采用高斯分布拟合。

高斯分布拟合得到的沉降槽宽度系数 K 在 0.35～0.45 之间，统计平均值为 0.41，符合北京地区统计规律。地层损失率 V_l 离散性较大，在 0.2～0.9 之间，统计平均值为 0.55，与北京市盾构施工下的地层损失率 V_l 统计对比可知，本工程的施工变形控制水平较好。

3.2　盾构施工引起的结构沉降规律及其预测

3.2.1　建筑物沉降分布特性研究

(1)隧道施工影响下结构与土的相互作用机理

根据共同作用分析原理，建筑物结构刚度对由地层位移引起的沉降槽影响的内在机理可归结为：

1)由于建筑物具有结构刚度，在这种刚度作用下，会起到对地层位移的约束作用。根据共同作用原理，刚度具有传递、协调作用，由此造成变形均匀化。除此以外，建筑物还具有如下作用：改善了表层土体单元的受力状态，使中心土体塑性沉降变形减小；建筑物与地基接触的摩阻力直接抵抗沉降槽内土体向中心位移的趋势；建筑物基底部位与地基的黏结力可承受一部分沉降槽内土体的下沉变形，从而使沉降槽变宽、变浅。

2)对于刚度分布均匀的建筑物，其对地层位移的约束作用也是均匀而连续的，由此形成建筑物的变形曲线也是连续曲线，且最大沉降点位置不变(或在实际工程中可近似看作不变)。

3)由于建筑物的结构刚度越大，对地基的约束作用越强，地基在这种约束作用下变形越均匀，也就是表现为沉降槽越平缓。因此，沉降槽的形态与建筑物的结构刚度有直接相关关系。

(2)建筑物对盾构施工影响下沉降分布特性的影响

通过对 29 个沉降监测断面的数据进行分析认为，盾构施工影响下的建筑物与天然地层位移曲线，两者之间既有区别(建筑物沉降趋缓)，又有联系(均是隧道中心点大，两边逐渐减小的连续曲线)。

与天然地面沉降槽的情况相似，当确定了建筑物变形曲线的地层损失率 V_l^M 和槽宽系数 K^M 以后，就可以完全确定下来一个高斯分布曲线。因此，对建筑物的沉降特性的研究就可以归结为对这两个参数的研究之上。

(3)建筑物对沉降槽宽度的影响

根据已有研究成果[28]，建筑物对沉降曲线的影响反映在沉降槽宽度的变化上，即反映在沉降槽宽度系数 K 的变化上。

若建筑物结构刚度越大，则对地表的约束作用越大，K 值越大，其沉降槽曲线越浅，越平缓，这与实测规律相符合。在极端条件下，对于完全刚性建筑物，则其 K 值也无限大，意味着得到的沉降槽也趋于成为直线。

(4)建筑物对地层损失率的影响

如果建筑物没有足够长到覆盖整个隧道开挖影响的区域(通常在实际工程中，取 $2.5i$ 作为沉降槽的半宽)，则实际的地层位移曲线为一个由两个高斯曲线拼接的联合曲线。在没有建筑物的区域，地层位移曲线遵循天然地面(即 K 较小)的高斯曲线规律，而在建筑物覆盖的区域，地层位移曲线遵循有结构影响(即 K 较大)的高斯曲线规律，如图 3.3.11 所示。

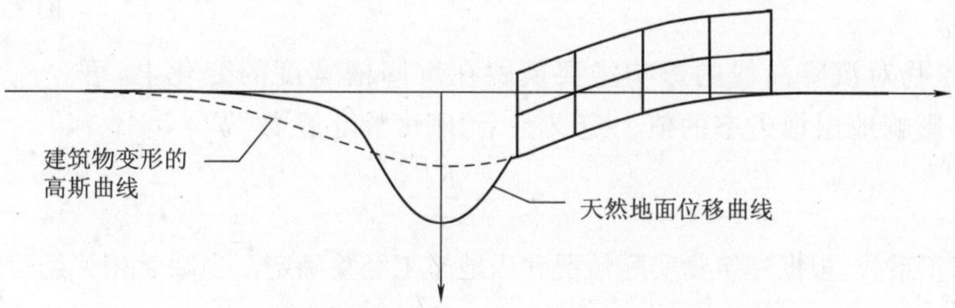

图 3.3.11　建筑物对天然地面沉降曲线的影响

上述规律已从国外的实测结果与数值模拟的分析成果中得到证实。根据这一特性，以下分析建筑物沉降规律以及推断建筑物沉降预测方法的研究，均基于以下假定：

1)建筑物的存在不影响地层损失率的值；

2)在建筑物基础平面以外的沉降槽不受建筑物的影响，仍符合天然地层的规律。

3.2.2　结构刚度对建筑物沉降分布性状的影响

(1)结构刚度的发挥规律

结构刚度是整个结构抵抗变形的能力。结构刚度大小与结构形式、构件尺寸等密切相关，是结构潜在的能力。建筑物的刚度有多种，如弯曲刚度、水平刚度、剪切刚度等。

但是对于不同的变形，其结构刚度的发挥不同。为了合理地表达建筑物的刚度，首先要明确其变形特性。

本书所研究的情况，是产生地层损失的条件下，结构被动产生的“下陷变形”，与通常研究的结构在自重作用下的变形情况不同。针对这一研究对象，在评价建筑物的刚度时，首先应确定以何种刚度去描述或代表建筑物的刚度，然后根据建筑物变形的性质，再需要确定其“发挥程度”。

(2)结构刚度的计算

韩煊等人(2008)[28]进行了“隧道施工引起的建筑物三维变形特性”研究后认为，在隧道施工作用下，建筑物的挠曲变形主要是由于建筑物的竖向剪切变形引起的，而非弯曲变形，因此可以采用建筑物横截面的剪切刚度代表结构的“刚度”作用。其中，结构横截面剪切刚度建议采用以下简单的表达式进行计算：

$$M = \sum_{i=1}^{n} \zeta_i G_i A_i \tag{3.3.6}$$

式中　M——结构的截面剪切刚度，N。

G_i——截面上第 i 个结构构件材料的剪切模量，GPa。

A_i——截面上第 i 个结构构件截面面积，m^2。

ζ_i——截面上第 i 个结构构件的刚度折减系数，主要是考虑实际的建筑物各种开洞的影响，例如各类门和窗。Melis 等人(2001)[44]通过一个折减系数来考虑这个问题，如表 3.3.3 所示。必要时，也可以考虑各种其他因素对结构刚度进行折减。

n——截面上构件总数，一般包括基础板、楼板、梁、墙体等，如图 3.3.12 所示。

表 3.3.3　考虑结构开洞影响的刚度折减系数

(Melis 和 Rodriguez Ortiz，2001)[44]

墙体类型	长度＜高度 H	长度＞$2H$
没有开洞	1.00	1.00
开洞面积 0～15%	0.70	0.90
开洞面积 15%～25%	0.40	0.60
开洞面积 25%～40%	0.10	0.15

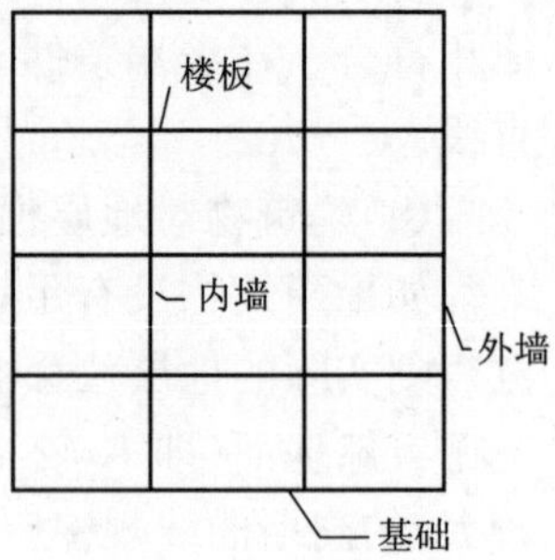

图 3.3.12　建筑物截面上的各个构件示意图

需要强调的是，结构刚度计算的复杂性远远超出了上述公式所描述的情况。由于材料特性、结构特性、不同构件之间的联结方式、开洞、裂缝、变形历史等等因素的影响，使实际结构刚度的情况不可能准确计算。但是，由于不同建筑物之间结构刚度的变化范围也是很大的(通常情况下可能差好几个数量级)，因此由于对一些非主要因素的忽略而造成的误差也不会对结果引起不可接受的影响，如果能够对结构刚度精确到“数量级”的程度，应该已经能够完全满足建筑物沉降预测的需求。

(3)刚度修正系数

由前文可知，建筑物对沉降曲线的影响主要反映在沉降槽宽度的变化上，可认为建筑物的存在不影响地层损失率的值。定义一个“刚度修正系数”η^M：

$$\eta^M = \frac{K^M}{K} \tag{3.3.7}$$

式中　η^M——刚度修正系数，根据建筑物实际情况和当地施工经验确定。当缺乏相关经验时，可按下式计算；

$$\eta^M = 0.7M^{0.2} \tag{3.3.8}$$

K^M——结构刚度影响下的沉降槽宽度系数；

K——天然地面的沉降槽宽度系数。

3.2.3　建筑物沉降曲线预测的刚度修正法

综合上述前文的研究成果，提出盾构施工影响下的建筑物沉降曲线预测方法——“刚度修正法”。该方法首先需要满足以下两个假定：

(1)方法主要针对具有连续而均匀结构刚度的建筑物；

(2)建筑物的存在不影响地层损失率 V_l^M 的值，即 $V_l^M = V_l$，建筑物仅对沉降曲线宽度(即沉降槽宽度系数)有影响。

在上述两个假定基础上，可认为在盾构隧道施工影响下，与天然地面一样，建筑物沉降槽曲线可以采用高斯曲线来描述，即：

$$s = \frac{A \cdot V_l^M}{\sqrt{2\pi} K^M z_0} \exp\left[\frac{-x^2}{2K^{M\,2} z_0^2}\right] \tag{3.3.9}$$

将式(3.3.7)代入式(3.3.9)，也可得到：

$$s = \frac{A \cdot V_l^M}{\sqrt{2\pi} \eta^M K z_0} \exp\left[\frac{-x^2}{2\eta^{M2} K^2 z_0^2}\right] \tag{3.3.10}$$

3.2.4　刚度修正法对古旧平房的适用性研究

(1)盾构施工下古旧平房的沉降规律研究

表 3.3.1 中，除什南区间横断面 1、横断面 9、横断面 14 外，其余监测横断面测点大多或全部布置于

结构上。监测先行施工隧道后的地面建筑物沉降数据，采用刚度修正法对横断面监测点数据（后建隧道施工影响前的稳定变形）进行拟合，验证刚度修正法的适用性。由于篇幅原因，图 3.3.13 中仅给出了部分拟合结果。

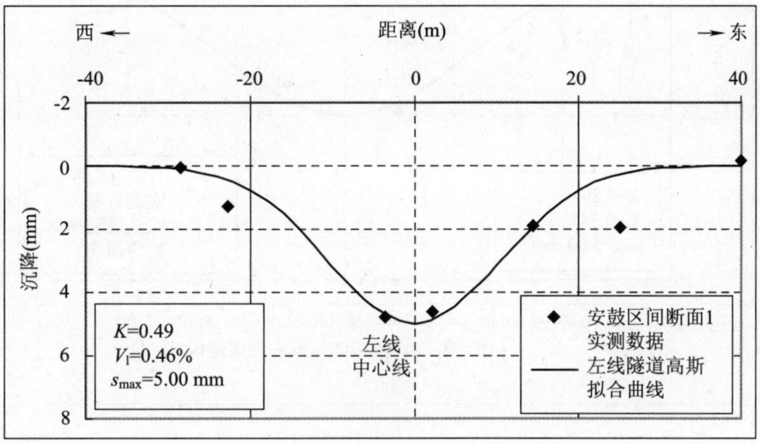

(a)安鼓区间横断面1(区间左线隧道143环处)

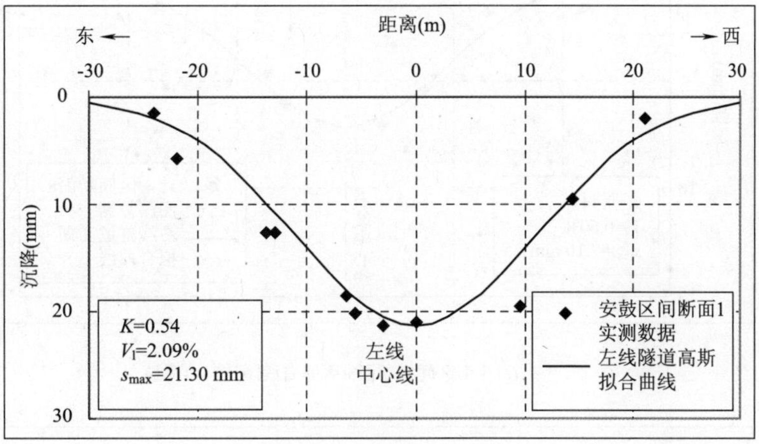

(b)鼓什区间横断面1(区间左线隧道18环处)

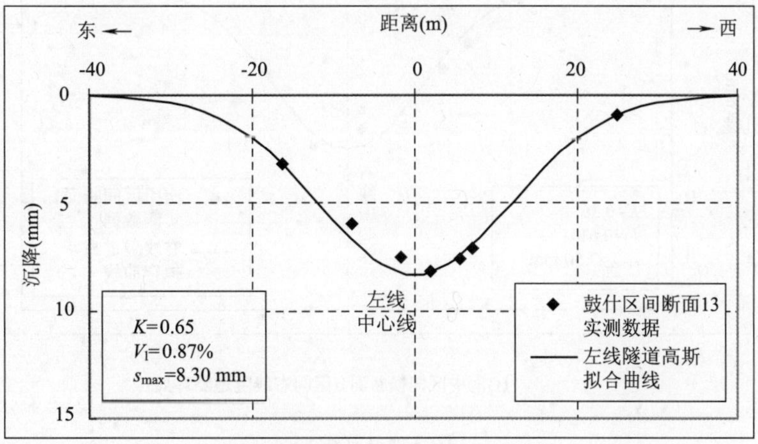

(c)鼓什区间横断面13(区间左线隧道578环处)

图 3.3.13　本工程采用高斯曲线拟合的建筑物沉降曲线

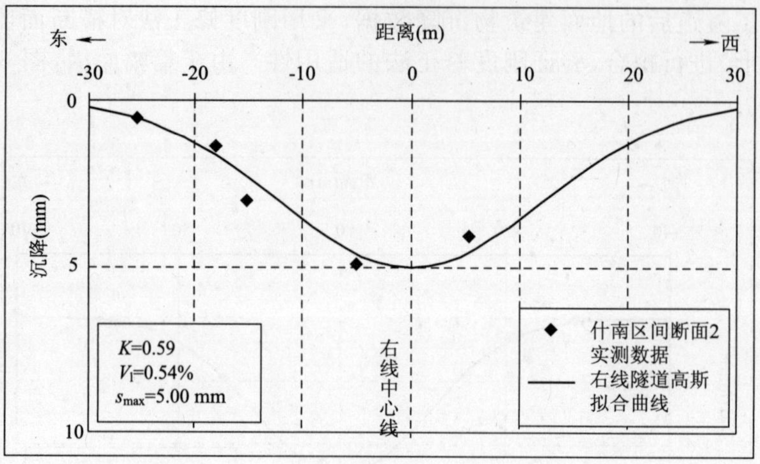

(d)什南区间横断面2(区间右线隧道193环处)

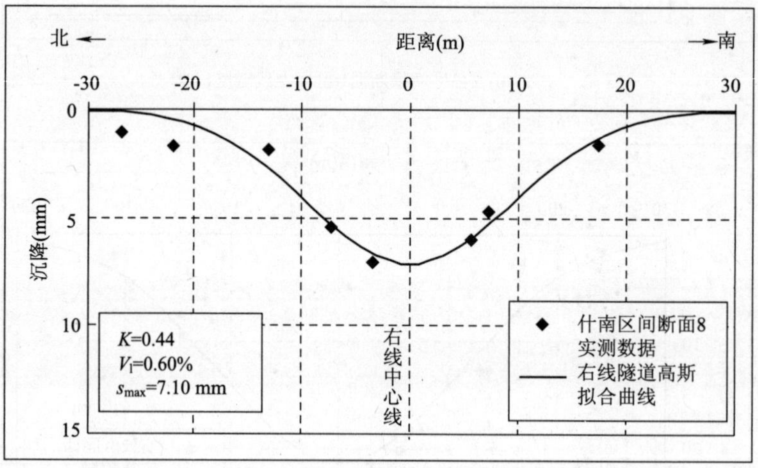

(e)什南区间横断面8(区间右线隧道355环处)

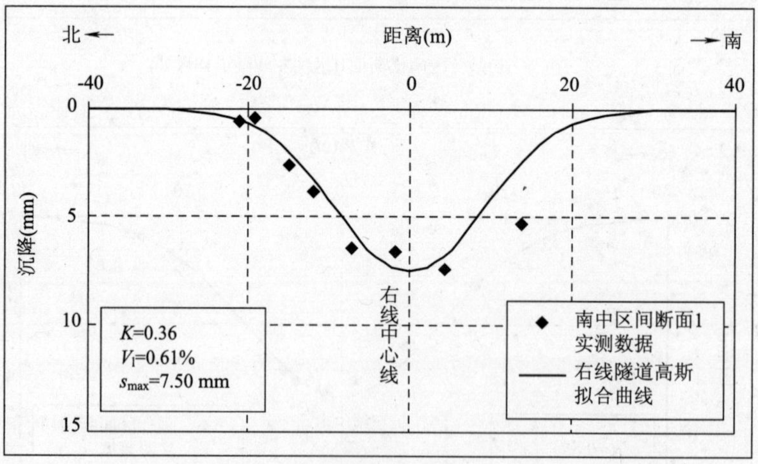

(f)南中区间横断面1(区间右线隧道23环处)

图 3.3.13(续)

除图 3.3.13 中对部分监测横断面沉降数据的拟合结果外，表 3.3.4 汇总列出了所有建筑物沉降监测断面的基本信息、拟合曲线参数以及拟合效果。

表 3.3.4　本工程地表监测横断面数据的高斯曲线拟合

区间	监测断面	中心线埋深	测点布置情况	高斯曲线拟合参数				拟合效果
				s_{max}^M	i^M	K^M	V_l^M	
		m		mm	m		%	
安鼓区间左线	横断面1（143环）	21.25	测点均布置于古旧平房结构上	5.0	10.31	0.49	0.46	较好
	横断面2（237环）	23.63	测点均布置于古旧平房结构上	4.5	11.18	0.47	0.45	较好
	横断面3（256环）	23.94	测点均布置于古旧平房结构上	4.7	11.18	0.47	0.47	一般
	横断面4（282环）	24.37	测点均布置于古旧平房结构上	6.0	10.78	0.44	0.57	较好
	横断面5（303环）	24.79	大部分测点布置于古旧平房结构上	6.3	11.47	0.46	0.64	较好
鼓什区间左线	横断面1（18环）	20.40	大部分测点布置于古旧平房结构上	21.3	11.04	0.54	2.09	较好
	横断面2（30环）	20.44	大部分测点布置于古旧平房结构上	21.1	8.51	0.42	1.59	较好
	横断面3（49环）	20.43	大部分测点布置于古旧平房结构上	14.0	10.31	0.50	1.28	尚可
	横断面4（120环）	20.41	大部分测点布置于古旧平房结构上	9.2	7.25	0.36	0.59	一般
	横断面5（142环）	20.39	大部分测点布置于古旧平房结构上	6.0	9.05	0.44	0.48	一般
	横断面6（145环）	20.40	大部分测点布置于古旧平房结构上	5.4	11.62	0.57	0.56	较好
	横断面7（164环）	20.39	大部分测点布置于古旧平房结构上	4.5	7.37	0.36	0.29	较好
	横断面8（188环）	20.20	测点均布置于古旧平房结构上	6.4	10.21	0.51	0.58	较好
	横断面9（208环）	20.01	测点均布置于古旧平房结构上	12.0	7.76	0.39	0.83	较好
	横断面10（341环）	18.51	大部分测点布置于古旧平房结构上	7.0	8.28	0.45	0.51	一般
	横断面11（369环）	18.59	测点均布置于古旧平房结构上	4.3	9.05	0.49	0.35	较好
	横断面12（397环）	18.47	测点均布置于古旧平房结构上	6.2	6.25	0.34	0.34	一般
	横断面13（578环）	15.27	测点均布置于古旧平房结构上	8.3	11.79	0.65	0.87	较好

续上表

区间	监测断面	中心线埋深	测点布置情况	高斯曲线拟合参数				拟合效果
				s_{max}^M	i^M	K^M	V_l^M	
		m		mm	m		%	
什南区间右线	横断面2（193环）	20.53	测点均布置于新建多层建筑结构上	5.0	12.13	0.59	0.54	较好
	横断面3（244环）	21.20	测点布置于多层建筑、平房结构上	4.4	7.45	0.35	0.29	较好
	横断面4（282环）	21.37	测点均布置于古旧平房结构上	5.3	10.54	0.49	0.49	较好
	横断面5（304环）	21.21	测点均布置于古旧平房结构上	8.3	8.11	0.38	0.60	较好
	横断面6（317环）	21.21	测点均布置于古旧平房结构上	10.0	8.7	0.41	0.77	较好
	横断面7（341环）	21.49	测点均布置于古旧平房结构上	7.3	11.62	0.54	0.75	较好
	横断面8（355环）	21.71	测点均布置于古旧平房结构上	7.1	9.45	0.44	0.60	较好
	横断面10（450环）	23.11	测点均布置于古旧平房结构上	4.4	8.7	0.38	0.34	一般
	横断面11（466环）	23.33	测点均布置于古旧平房结构上	4.5	8.33	0.36	0.33	较好
	横断面12（549环）	25.19	测点均布置于古旧平房结构上	7.5	9.62	0.38	0.64	较好
	横断面13（551环）	25.22	测点均布置于古旧平房结构上	9.0	10.21	0.40	0.82	较好
南中区间右线	横断面1（23环）	25.27	测点均布置于古旧平房结构上	7.5	9.13	0.36	0.61	较好
	横断面2（48环）	25.30	大部分测点布置于古旧平房结构上	9.3	13.61	0.54	1.12	较好
	横断面3（74环）	25.33	测点均布置于古旧平房结构上	8.7	11.04	0.44	0.85	较好
	横断面4（136环）	25.61	测点均布置于古旧平房结构上	5.4	10.10	0.39	0.48	较好
	横断面5（226环）	26.24	测点均布置于古旧平房结构上	7.0	7.76	0.30	0.48	较好
	横断面6（424环）	26.16	测点均布置于古旧平房结构上	5.2	13.36	0.51	0.62	一般
	横断面7（439环）	26.28	测点均布置于古旧平房结构上	6.4	7.72	0.29	0.44	尚可
	横断面8（548环）	25.26	大部分测点布置于古旧平房结构上	8.3	12.13	0.48	0.89	较好
	横断面9（571环）	24.52	测点均布置于古旧平房结构上	11.0	8.51	0.35	0.83	较好
	横断面10（602环）	24.40	测点均布置于古旧平房结构上	11.8	7.33	0.30	0.77	较差
	横断面11（632环）	23.54	测点均布置于古旧平房结构上	6.5	14.74	0.63	0.85	较差
	横断面12（733环）	21.12	测点均布置于古旧平房结构上	6.9	12.50	0.59	0.77	较好

由表 3.3.4 可见，4 个区间共计 41 条建筑物（以古旧平房为主）沉降曲线，70%以上可以较好地采用高斯分布拟合。这说明：同多层建筑结构相似，采用刚度修正法（高斯曲线）拟合盾构施工下的古旧平房沉降曲线是适宜的。

统计表 3.3.4 中高斯分布拟合得到的建筑物沉降槽宽度系数 K^M，90%以上的数据分布在 0.3～0.6 范围内，统计平均值 0.45，见图 3.3.14。对比本篇 3.1.3 节中针对本工程地表沉降槽宽度系数 K 的统计结果，可见建筑物沉降槽宽度系数 K^M 统计结果略大于 K，但相差不大，即古旧平房结构刚度对沉降槽的宽度影响有限。

统计表 3.3.4 中高斯分布拟合得到的建筑物地层损失率 V_l^M，90%以上的数据分布在 0.25%～1%范围内，统计平均值 0.68%，见图 3.3.15。对比本篇 3.1.3 节中针对本工程地层损失率 V_l 的统计结果，可见建筑物和地表的沉降槽地层损失率，即 V_l^M 与 V_l 相差不大，由此也可再次证明刚度修正法的第二个假定是合理的。

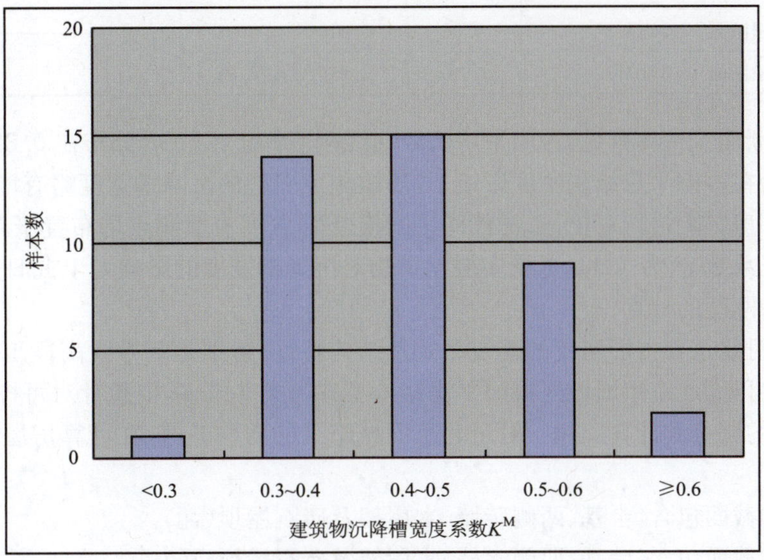

图 3.3.14　建筑物沉降槽宽度系数统计结果

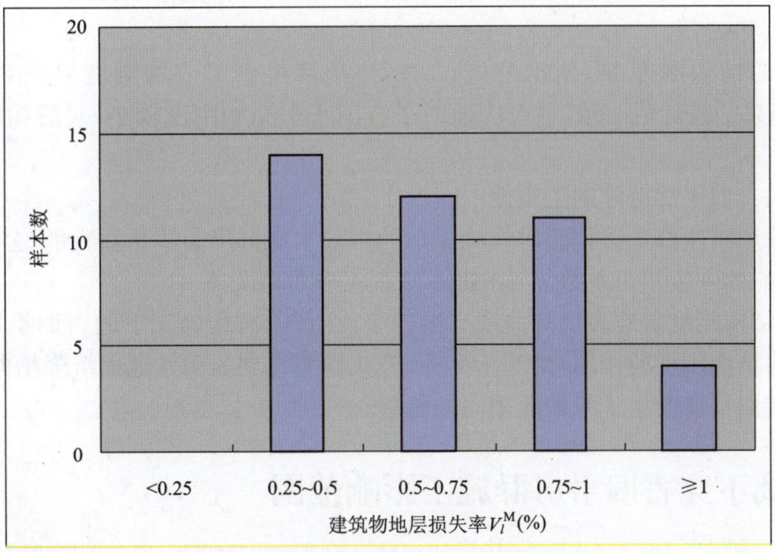

图 3.3.15　建筑物地层损失率统计结果

（2）刚度修正系数的计算

本工程地表沉降监测数据主要来源于什南区间，为研究建筑物（主要是古旧平房）对沉降曲线的影响，选取表 3.3.4 中什南区间高斯曲线拟合较好的数据进行分析，见表 3.3.5。其中，根据本篇 3.1.3 节，什南区间高斯分布拟合得到的地表沉降槽宽度系数 K 在 0.35～0.45 之间，按统计平均值 0.41 取为该区间地表沉

降槽宽度系数 K。

表 3.3.5　刚度修正系数的计算

建筑物沉降横断面		K^M	K	η^M	备　注
什南区间右线隧道	横断面 2(193 环)	0.59	0.41	1.44	测点均布置于多层建筑物上
	横断面 4(282 环)	0.49	0.41	1.20	测点均布置于古旧平房上
	横断面 5(304 环)	0.38	0.41	0.93	
	横断面 6(317 环)	0.41	0.41	1.00	
	横断面 7(341 环)	0.54	0.41	1.32	
	横断面 8(355 环)	0.44	0.41	1.07	
	横断面 11(466 环)	0.36	0.41	0.88	
	横断面 12(549 环)	0.38	0.41	0.93	
	横断面 13(551 环)	0.40	0.41	0.98	

由表 3.3.5 中横断面 4～13 可见，古旧平房沉降曲线刚度修正系数 η^M分布在 0.88～1.32 范围内，考虑测量误差，一般可认为在古旧平房结构刚度影响下，盾构施工引起的沉降槽宽度略有增大，但增大程度极小。

此外，为与古旧平房影响进行对比，选择什南区间横断面 2(所有监测点均布置于新建四层砖混结构上)进行分析，其刚度修正系数 η^M为 1.44，可见多层建筑物对沉降槽宽度的影响大于古旧平房，见表 3.3.5。

(3)古旧平房结构刚度的计算

本篇第 2 章已针对北京市古旧房屋的建筑型式及结构特性，特别是 8 号线南段工程沿线古旧平房进行了专门的介绍。其中可见，北京市旧城区古旧平房结构型式种类非常多，要想针对每栋房屋进行详细的刚度计算则需要进行大量的调查和计算工作。对于北京旧城施工的盾构隧道，在计算房屋结构刚度时可简化成三种情况：

1)单层平房，结构截面包含：台基、两侧砖墙、木屋架及砖石屋顶(瓦)。

2)单层平房，结构截面包含：台基、两侧木柱、木屋架及砖石屋顶(瓦)。

3)两层以上老旧楼房，结构截面包含：台基、两侧砖墙、木制或砖石楼板、木屋架及砖石屋顶(瓦)。

结合北京古旧平房常规面宽与进深营造规则(尺寸)，上述三种情况依据公式(3.3.6)计算得到的结构刚度 M 的量级均约为 1×10^{10}N。

由古旧平房估算的结构刚度 M，依据公式(3.3.8)计算得到对应的刚度修正系数 η^M 约为 1.11，与表 3.3.5 中 η^M计算结果的统计值一致，也再次证明了古旧平房结构刚度较小，对盾构施工影响下的沉降曲线宽度影响有限。

(4)刚度修正法对古旧平房沉降的适用性

综合前面内容，采用刚度修正法预测盾构施工下的古旧平房沉降曲线是适宜的，公式(3.3.10)中反映结构刚度对沉降曲线影响的刚度修正系数 η^M，根据本工程经验可取为 1～1.1。

由于古旧平房群结构刚度对地表沉降曲线影响较小，在评价盾构施工下的古旧平房结构损坏风险工作中，可不考虑古旧平房结构刚度的作用，仅基于 Peck 公式预测得到的天然地面沉降槽曲线，然后将其直接作用于建筑物，即假定古旧平房产生了与地面相同的位移。

3.3　盾构长距离下穿古旧平房群施工影响范围

前已述及，盾构下穿古旧平房群的结构沉降规律同样可采用高斯曲线分布规律描述，其中沉降曲线规律参数统计平均值分别为：建筑物沉降槽宽度系数 K^M为 0.45；建筑物地层损失率 $V_l{}^M$为 0.68%。

又由公式(3.3.9)和式(3.3.10)，盾构下穿古旧平房群的结构沉降曲线是与隧道中心线埋深有关的函数。

假设拟建隧道中心线埋深分别取值为 15 m、20 m 及 25 m 时，即沉降槽宽度 i^M分别为 6.75 m、9 m、11.25 m时，地表及地面古旧平房群沉降曲线见图 3.3.16。

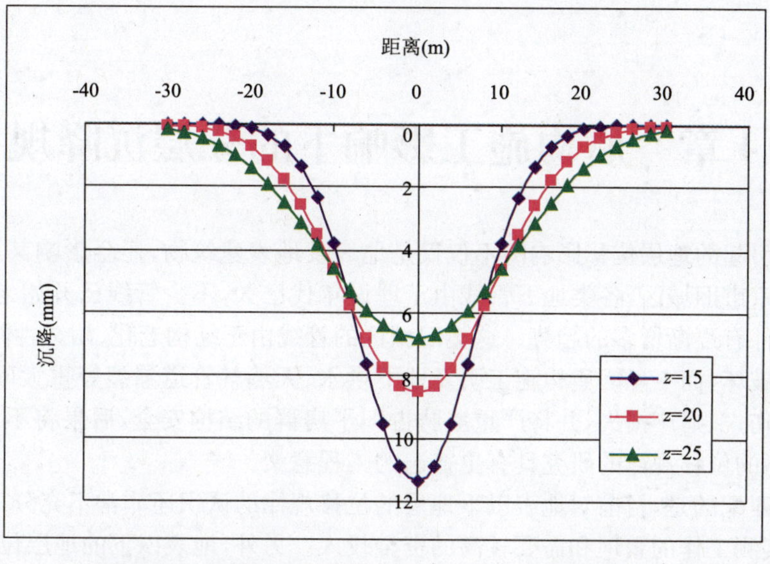

图 3.3.16　预测拟建段单线隧道诱发地面(古旧平房群)**沉降曲线**(15 m，20 m，25 m)

由图 3.3.16 可见，盾构施工最远可对隧道中心线两侧各 2.5 倍 i^{M} 范围内的古旧平房群房屋结构产生变形影响。以拟建隧道中心线埋深 15 m、20 m 和 25 m 为例，盾构隧道对古旧平房群的施工影响范围分别约为 17 m、23 m 和 28 m。

至于在变形影响范围内，盾构施工对古旧平房群的影响程度，还需考虑建筑物的变形承受能力进行划分，这将在本篇第 5 章中进行阐明。

第 4 章　盾构施工影响下的分层沉降规律

盾构隧道开挖所引起的地层位移影响的不仅仅是地表及地表建筑物，还会影响甚至损坏地面以下的各种结构。特别是在北京市旧城区，各类地下管线由于埋设年代已久，不少管线已开始老化，近年来各类因管线破坏引起的突发事件有逐渐增多的趋势。这类旧城区的管线由于结构老化、耐久性降低等原因，更易受到盾构施工影响而发生破坏，而一旦因盾构施工引发地下供水、天然气管道漏裂等重大问题，反过来又可能造成旧城区居民的重大伤亡、财产损失，并将严重威胁古旧平房群的结构安全，后果将不堪设想。因此从这个角度来说，对地表以下的位移规律的研究具有更普遍的工程意义。

与其重要性不相匹配的是，目前对地表以下地层的位移规律的认识还非常不充分，相关的实测资料也很少见，这主要是由于实测工作的繁琐和需要较高的资金投入。另外，地表以下的地层位移规律随着工程地质条件的不同(例如对于黏性土和砂类土，两者的深层位移规律差别很大)而有较大的变化。长期以来只有定性的认识。在这方面研究取得重要成果的是英国学者 Mair 等人(1993)[33]。他们根据在黏土中的有限实测资料(包括部分采用软黏土进行的离心机试验成果)，在地表位移的 Peck 公式的基础上考虑了沉降槽宽度随深度的变化。由此得出预估地表以下地层竖向位移的方法。他们的研究成果被广泛引用，但是由于其应用限制于黏性土，且假定地表处沉降槽宽度为 0.5，因此应用受到很大的限制。

韩煊等人(2007)[28]在 Mair 公式的基础上，研究了沉降槽宽度参数随地层深度的变化趋势，并提出了修正计算公式，不仅可以考虑地表沉降槽宽度参数变化范围较大的情况，还适用于砂类土地层，因此比 Mair 公式具有更广泛的适用性。但当时的研究主要基于国外的数据，由于缺乏北京地区的第一手实测资料，因此上述初步成果在北京地区的适用性未得到验证。

本书中在 8 号线二期南段多个盾构隧道施工区间设置分层沉降监测断面，用于监测在不同深度处的土体的沉降情况。通过对盾构推进过程中现场分层沉降监测结果的分析，得出盾构施工引起的不同深度处地层沉降规律，并在韩煊等人(2007)工作的基础上，提出适用于北京地区深层沉降的预测公式。

4.1　盾构施工引起的分层沉降理论

4.1.1　地表以下沉降曲线

本篇第 3 章提到，在 Peck 提出隧道引起的地表横向沉降槽可以用高斯分布拟合的基础上，Attewell 等人[34](1986 年)和 Rankin[36](1988 年)总结了当时广泛应用的经验方法，并提出前述著名的计算地表沉降的 Peck 公式(公式 3.3.1)。

Mair 等人[33]认为，地表以下的沉降槽曲线仍然能够用高斯分布来近似，如图 3.4.1 所示，即以前述的式(3.3.1)来描述，但是应该重新考虑其中的沉降槽宽度 i。

Mair 等人[33]将前述式(3.3.2)中的 z_0 用 z_0-z 来代替，同时，由于沉降槽宽度参数 K 是深度 z 的函数，因此采用 $K(z)$代替前述式(3.3.2)中的 K，即

$$i = K(z)\cdot(z_0-z) \tag{3.4.1}$$

上式中，若 $z=0$，则 $K(z)$即等于公式(3.3.2)中的 K。

根据在硬黏土和软黏土中的有限实测资料(包括

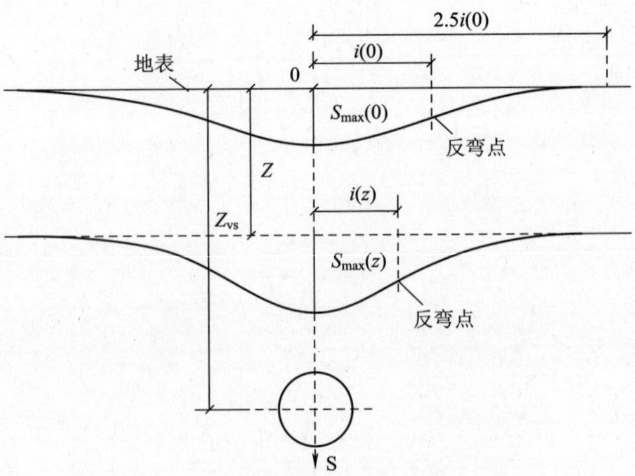

图 3.4.1　地表和地表以下沉降槽的形态

(Mair 等，1993 年)[33]

部分采用软黏土进行的离心机试验成果)，Mair 等人[33]发现沉降槽宽度随观测深度的增加而减小(如图 3.4.2所示)，其中的沉降槽宽度参数可以用式(3.4.2)表达：

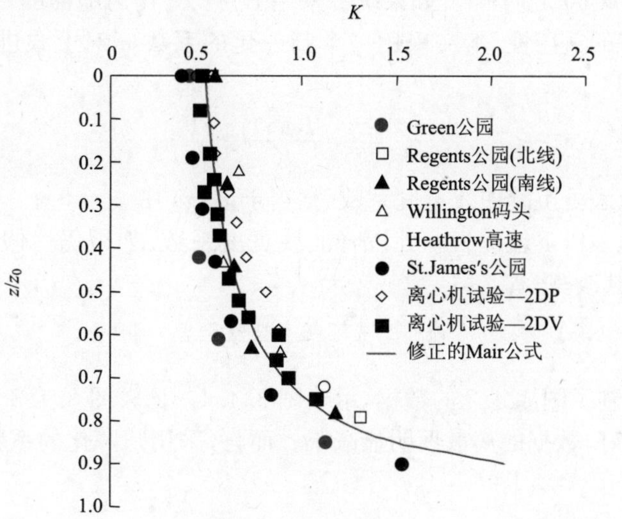

图 3.4.2 黏土中 K 随深度的变化规律(Mair 等人，1993 年)[33]

$$K(z)=\frac{0.50-0.325(z/z_0)}{1-z/z_0} \tag{3.4.2}$$

图 3.4.3 所示为 Mair 等人给出的工程实测和离心机试验所得到的沉降槽宽度 i 和相对埋深(z/z_0)的关系图，可见大部分数据基本符合以下规律：

$$i=0.5z_0-0.325z \tag{3.4.3}$$

从式(3.4.3)可以看到，根据 Mair 公式[33]，随着深度 z 的增加 i 线性减小，这一规律和实测数据相吻合，参见图 3.4.3。

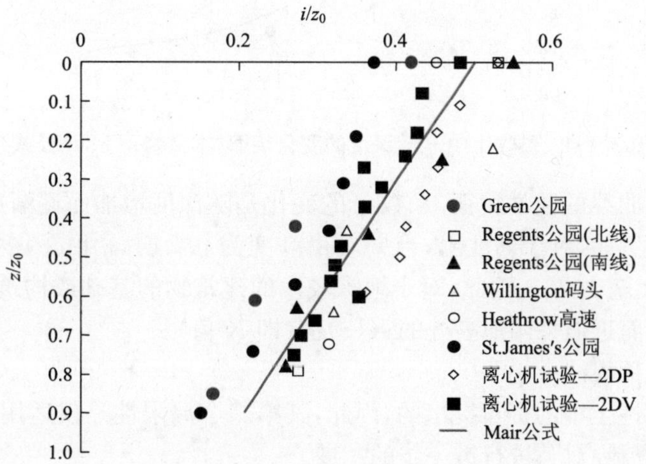

图 3.4.3 黏土中沉降槽宽度随深度的变化(Mair 等人，1993)[33]

采用式(3.3.1)、式(3.4.1)、式(3.4.2)(或式(3.3.1)、式(3.4.3))，即可以估算地表以下、隧道顶部以上任意深度 z 处的沉降槽曲线。

4.1.2 Mair 公式的修正和扩展

(1)考虑地表处 $K\neq0.5$ 的情况

根据式(3.4.2)可知，当 $z=0$ 时(即地表面)，$K=0.5$。因此，Mair 公式仅适用于在地表处 $K=0.5$ 的情形。虽然 $K=0.5$ 是对很多情况下的一个良好的近似值，但是对于不同的地区、不同的地质条件，K 本身还是有较大幅度地变化。根据伦敦地区的经验，对于无黏性土，此值在 0.2～0.3 之间；对于硬黏土，约为0.4～

0.5；而对于软的粉质黏土则可高达0.7[28]。最大、最小之间变化可以相差3倍以上。根据笔者的研究，我国各地不同地层地表沉降宽度参数可在0.15～0.80之间变化，即使对于某一地区，也会存在较大的变化幅度。以北京为例，一般在0.30～0.60之间[28]。如果统一采用$K=0.5$作为地面的基准值，无疑会引起较大的误差。为了使这一公式有更好的适用性，本文采用一个归一化的系数η^d对上式进行以下简单修正，此系数定义为：

$$\eta^d=\frac{K(z)}{K} \tag{3.4.4}$$

式中　K——天然地面地表处沉降曲线宽度系数(相当于$K(z)$中$z=0$)；

$K(z)$——天然地面地表以下埋深为z处沉降曲线宽度系数。如果仍然假定式(3.4.4)的形式不变的话，可以将其改写为：

$$\eta^d=\frac{1-0.65(z/z_0)}{1-z/z_0} \tag{3.4.5}$$

根据式(3.4.5)重新绘制了图3.4.2的数据，示于图3.4.4。比较图3.4.2和图3.4.4，可以看到修正后的Mair公式和数据吻合更好，数据的离散性明显减小。而且，采用归一化的系数η^d比采用$K(z)$更为灵活，适用性更广。

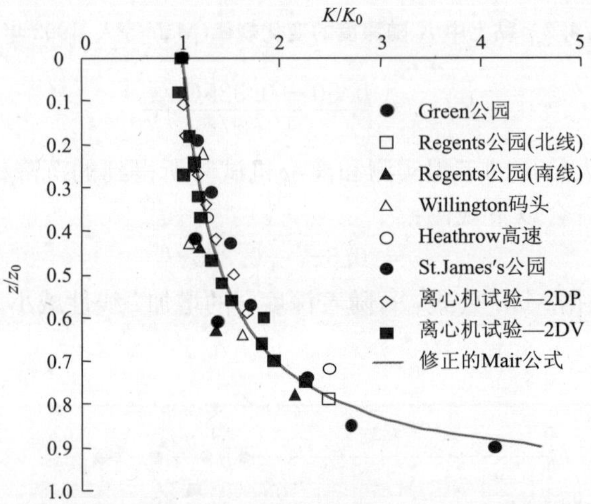

图3.4.4　黏性土中η^d随深度的变化规律(本文修正Mair公式)

根据式(3.4.5)所定义曲线的数学特征，系数η^d的变化是随深度增加而逐渐加快的，在地表以下一定深度范围内，变化并不显著。例如，对于黏性土，当z/z_0由0变为0.2时，η^d由1增大为1.1，而当z/z_0由0.5变为0.7时，η^d由1.40增大至1.93。因此，对于埋深较浅的建筑物的基础或构筑物、地下管线等，可以忽略沉降槽宽度随深度的变化，而近似采用地表处的$K(z)$值(即K值)。

(2)考虑砂土地层的位移规律

Mair公式[33]是基于黏性土中的资料提出的，因此，其第二个局限性是仅适用于黏性土。以下结合所搜集到的两例砂土中的实测资料，对其进行进一步的扩展。

Moh等人[47](1996年)报道了台北市地铁施工中的观测结果，隧道上方地层主要为粉砂。Dyer等人[48](1996年)也提供了一个在砂土中进行隧道施工的沉降观测资料。隧道在地下水位以下的松散～中等密实的砂中开挖。他们在分析中发现，地层位移仍基本遵循高斯分布，且地层损失率随深度大致不变(可能是观测时间和隧道开挖时间间隔不长所致)，因此，仍然采用了高斯分布的Peck公式拟合了试验曲线，并计算了沿深度分布的沉降槽宽度系数。数据结果如图3.4.5所示。

从图3.4.5中可以看到，在砂土中地层沉降槽宽度参数沿深度的分布随工程的不同而不同，并且与Mair公式也有较大的差异，但是其分布形态与前面所讨论的黏性土的结果类似。因此，本文采用与黏性土中沉降槽宽度参数修正相同的思路，对图中的实测结果进行了归一化处理，处理后可以看到，两个实测的结果几乎完全重合于同一条曲线上。这条归一化的曲线为(如图3.4.6所示)：

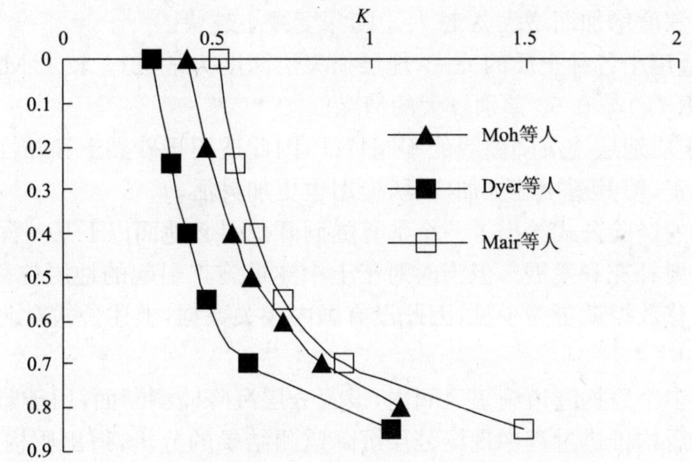

图 3.4.5　砂土地层中的沉降槽宽度系数随深度的变化规律

$$\eta^{d}=\frac{1-0.50(z/z_0)}{1-z/z_0} \tag{3.4.6}$$

上式与黏性土适用的式(3.4.5)形式上相同，仅其中的常数不同。

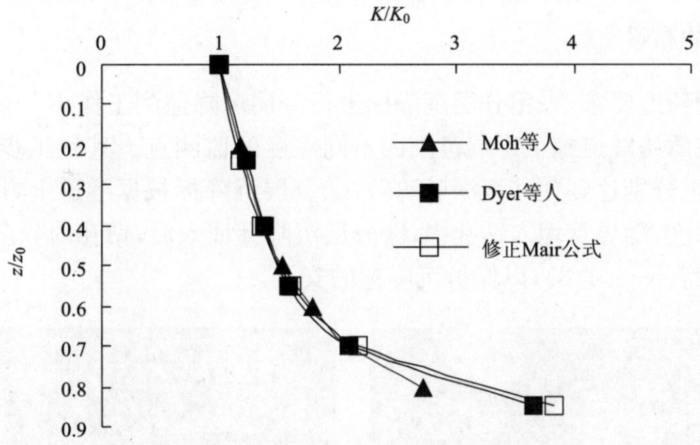

图 3.4.6　对 Mair 公式在砂类土中的扩展

4.1.3　地表以下沉降槽宽度的确定

通过上述论述可以看出，对于沉降适用于高斯分布的地层，当其地层损失分布沿深度方向变化不大时，不论是砂类土还是黏性土，都可以采用以下通用公式计算其沉降槽宽度系数：

$$\eta^{d}=\frac{1-a(z/z_0)}{1-z/z_0} \tag{3.4.7}$$

式中　α——考虑地层土质情况的参数，取值范围为 0～1。

根据本文的研究，对于黏性土，当没有地区经验时，可采用本文建议的 0.65，对砂类土，取 0.50。图 3.4.7 所示为当参数 α 取不同值时，式(3.4.7)对应的沉降槽宽度参数随深度分布的形态。图 3.4.7 中绘出了两个极端情况，即系数 $\alpha=0$ 和系数 $\alpha=1$ 的情况。对于工程中的实际情况，都应该在这两条曲线之间。

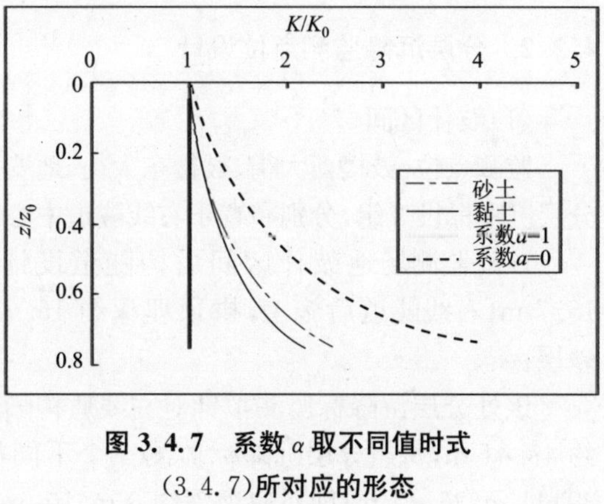

图 3.4.7　系数 α 取不同值时式(3.4.7)所对应的形态

将式(3.4.1)、式(3.4.4)与式(3.4.7)联合，可以得到沉降槽宽度 i 的普遍表达式为：

$$i=K(z)\cdot(z_0-az) \tag{3.4.8}$$

由此可知，沉降槽宽度 i 是随深度的增加而线性减小。

虽然沉降槽宽度参数随深度增加而增大，α 越大，i 随深度减小越快。

式(3.4.8)是一个适用于各种土质的公式(地层损失沿深度为常数)。较之 Mair 公式，具有以下优点：

(1)适用于地表处 $K(z)$ 与 0.50 差别较大的情况。

(2)可以考虑不同土质地层中沉降曲线的不同特征，因此适用于砂类土和黏性土。

以上两个方面的修正，使其适用性更加广泛，应用也更加灵活。

上述韩煊等人提出的经验公式给出了一个估算隧洞开挖引起地面以下某一深度地层竖向位移的简单方法，是对 Mair 公式的重要补充和发展。但当时对于土中隧道施工引起的地层位移实测数据还积累得不多，特别是地表以下地层位移数据就更为少见，因此没有国内相关数据，上述公式对北京地区地质条件的适用性需要进一步研究。

在 8 号线二期南段多个盾构隧道施工区间内，设置分层沉降监测断面，用于监测在不同深度处的土体的沉降情况。本章通过对盾构推进过程中现场分层沉降监测结果的分析，得出盾构施工引起的不同深度处地层沉降规律，并验证上述公式在北京地区的适用性。

4.2　分层沉降监测方案设计

土的分层沉降监测点分别位于鼓什区间、什南区间。

4.2.1　分层沉降监测点的布设

为保证分层沉降监测精度要求，采用分层沉降标进行分层沉降监测工作。

分层沉降标是埋设在盾构隧道施工影响范围内不同深度的监测点。其施工步骤包括：①用钻机或洛阳铲在预定位置上钻孔，直至分别达到预计埋深(标高)；②分层沉降标根据隧道上方成层土的分布情况，确定点位数量与标志的埋设深度，随导管埋入钻孔中；③分层沉降标埋入后，钻孔内分多次填入细砂，以保证填充的密实；④在地表加设套筒(图 3.4.8)，以保护沉降标的安全。

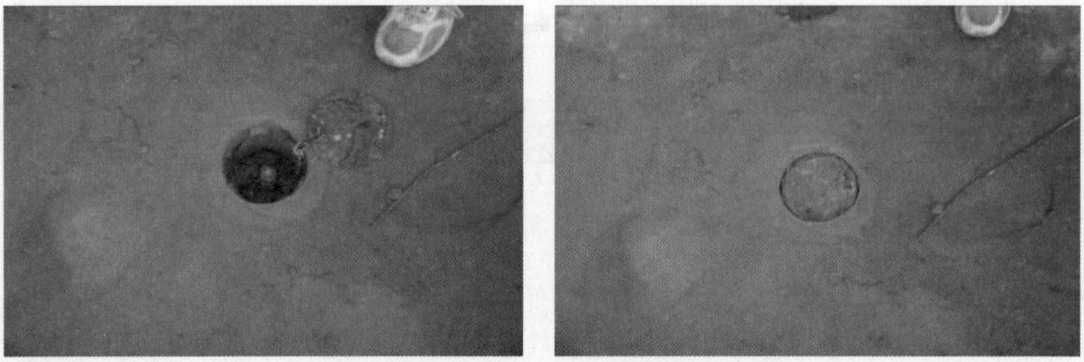

图 3.4.8　分层沉降标的地表保护

4.2.2　分层沉降监测点位设计

(1)鼓什区间

监测点位：鼓楼西大街、鼓楼东大街、地安门外大街丁字路口西南角马凯餐厅院内(右线隧道 514 环左右)。分层沉降标设 3 组，分别布置于右线隧道中心线正上方及距右线隧道外轮廓西侧 1 m、5 m 的位置，见图 3.4.9。

该处监测场地鼓什区间盾构隧道设计情况：双线隧道平行布置，左线隧道先行施工，拱顶埋深约 15.7 m；右线隧道后施工，拱顶埋深约 16.7 m；施工掌子面地层情况为⑤$_8$ 卵石层、⑥粉质黏土层、⑧$_4$ 细砂层。

该处分层沉降标监测拟针对右线盾构隧道施工影响设计。根据该处场地地层情况，孔口附近地面标高约 49.41 m，每组分层沉降标监测三个不同深度处的土层沉降，沉降标监测点底部标高分别为 43.41 m、39.41 m、36.41 m，即对应埋深约 6 m、10 m、13 m，见图 3.4.10 和图 3.4.11。

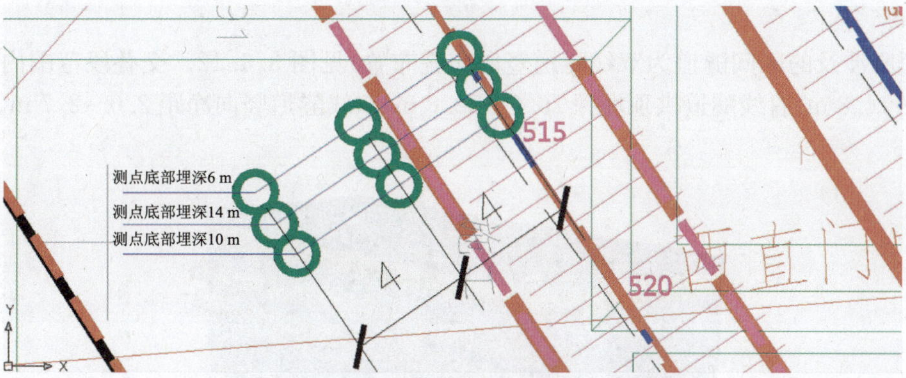

图 3.4.9　鼓什区间分层沉降标平面布置方案

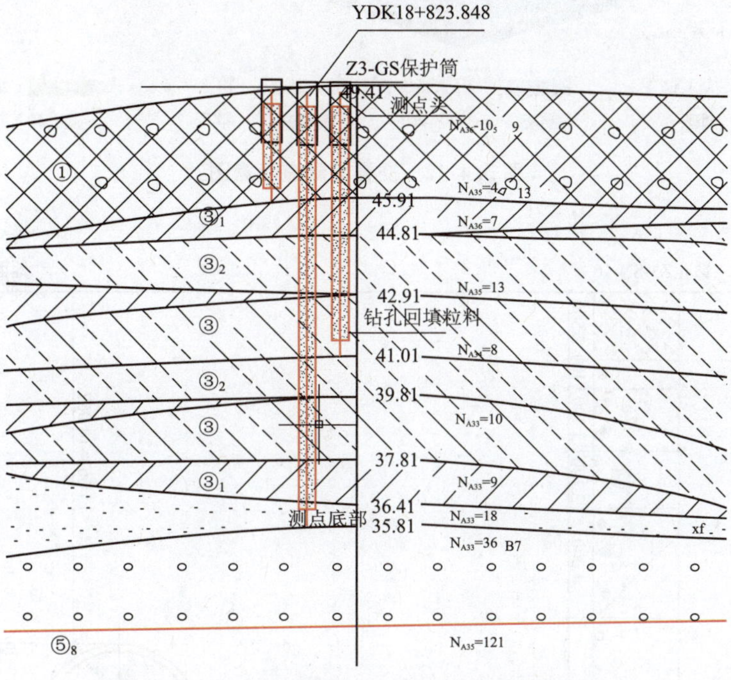

图 3.4.10　鼓什区间分层沉降标处地层情况

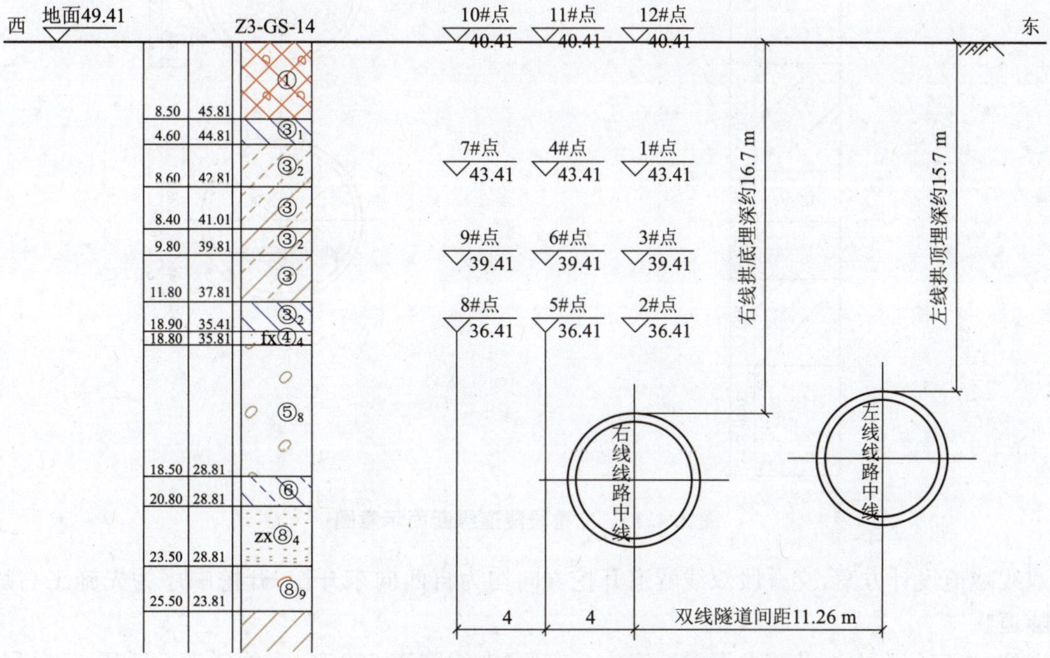

图 3.4.11　鼓什区间分层沉降标与隧道相对关系图

(2)什南区间

该监测断面所涉及的区间隧道为双线隧道竖向交叠布置,见图 3.4.12。交叠段范围内,区间左线隧道拱顶埋深 11.6～14.8 m,右线隧道拱顶埋深 20.0～22.8 m,双线隧道竖向净距 2.0～2.7 m。区间隧道具体情况见图 3.4.13。

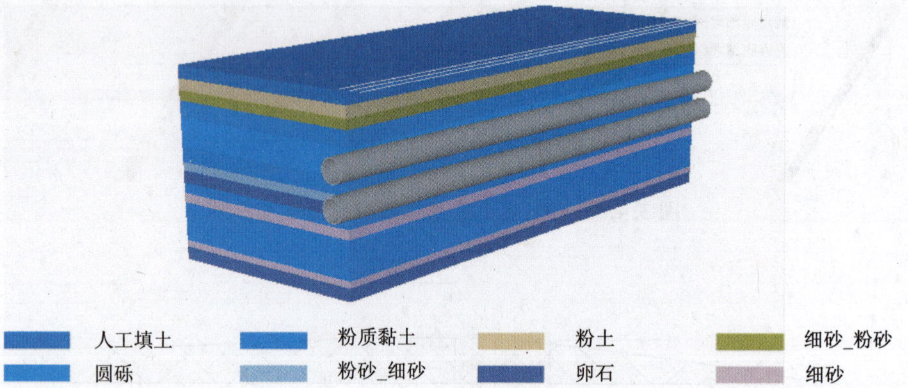

图 3.4.12 交叠段隧道示意图

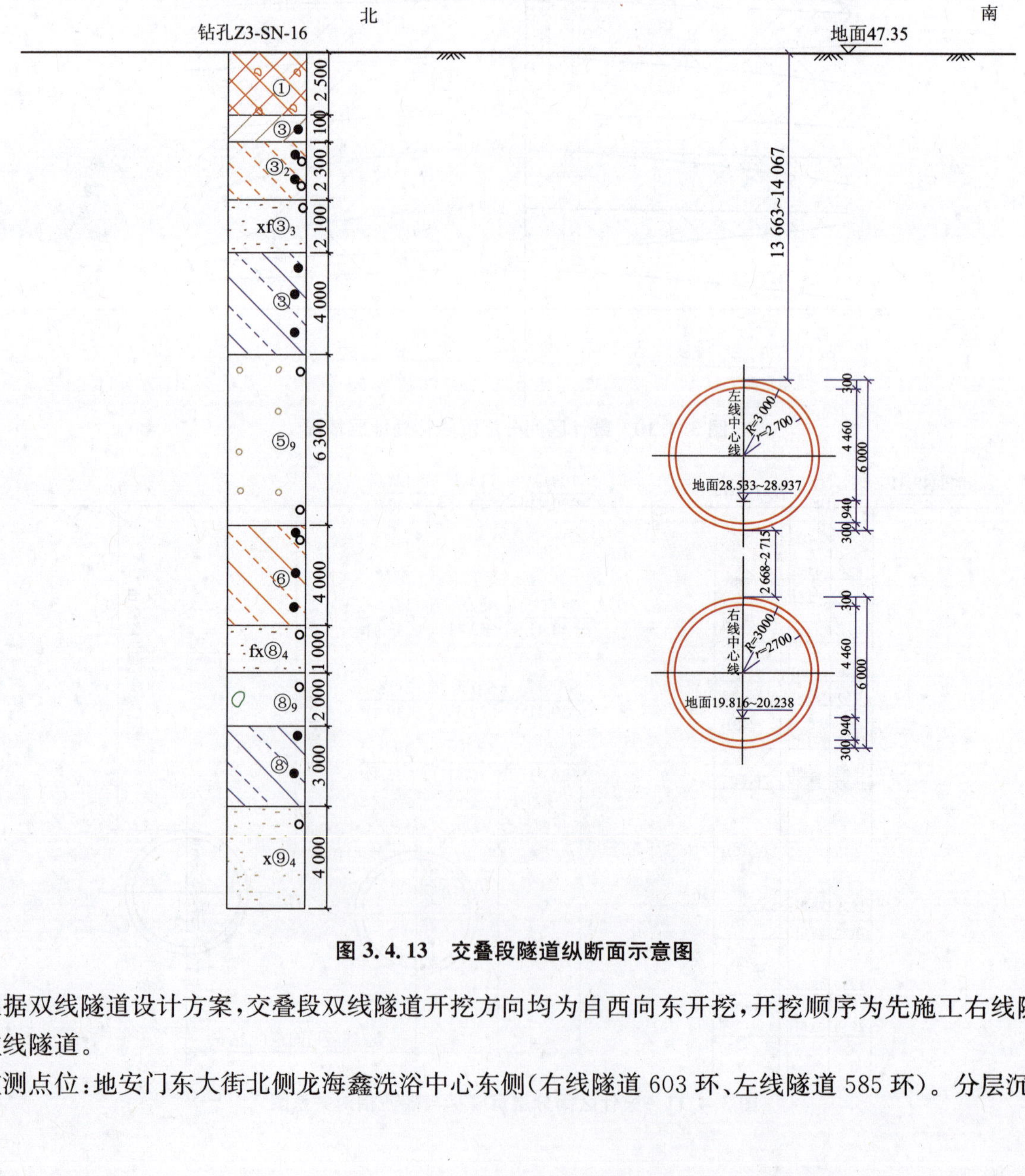

图 3.4.13 交叠段隧道纵断面示意图

根据双线隧道设计方案,交叠段双线隧道开挖方向均为自西向东开挖,开挖顺序为先施工右线隧道,后施工左线隧道。

监测点位:地安门东大街北侧龙海鑫洗浴中心东侧(右线隧道 603 环、左线隧道 585 环)。分层沉降标设

3 组，分别布置于叠落隧道中心线正上方及隧道外轮廓南侧 1 m、5 m 的位置，见图 3.4.14。监测断面处右线隧道(即埋深较深的隧道)拱顶埋深约 22.8 m，左线隧道拱顶埋深约 14.6 m。

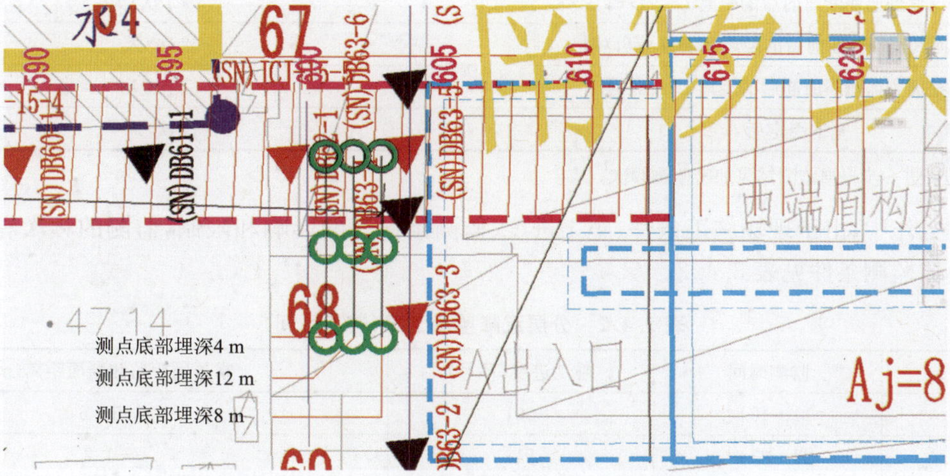

图 3.4.14　什南区间分层沉降标平面布置方案

该处分层沉降标监测拟针对双线盾构隧道施工影响设计。根据该处场地地层情况，孔口附近地面标高约 46.93 m，每组分层沉降标监测 3 个不同深度处的土层沉降，沉降标监测点底部标高分别为 42.93 m、38.93 m、34.93 m，即对应埋深约 4 m、8 m、12 m，见图 3.4.15。

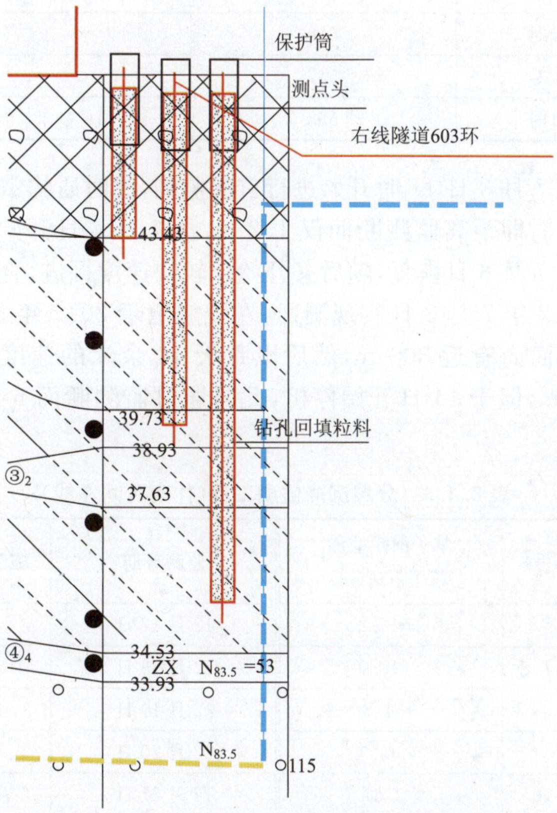

图 3.4.15　什南区间分层沉降标地层情况

4.2.3　分层沉降监测频率及现场监测工况

分层沉降监测需建立各点竖向变形与隧道施工(L/D，L 为隧道掌子面据监测断面水平距离，D 为隧道直径)的关系，各区间隧道目前每日正常施工下推进 15～20 环左右，初步考虑监测频次见表 3.4.1。

表 3.4.1　分层沉降建议监测频次

位　置	频　次
当开挖面到监测断面前后的距离 $L \leqslant 2D$ 时	3～4 次/天
当开挖面到监测断面前后的距离 $2D < L \leqslant 5D$ 时	2 次/天
当开挖面到监测断面前后的距离 $L > 5D$ 时	1 次/天
基本稳定后	1 次/周

注:必要时,需要进一步根据监测结果加密监测频次。

实际监测工作中,由于现场施工条件、施工进度、监测条件等的影响和限制,监测的频次有较大的调整。各监测断面具体监测条件见表 3.4.2。

表 3.4.2　分层沉降监测工况(鼓什区间)

监测日期	监测时间	施工进度(环号)	掌子面距监测断面距离(m)
7 月 3 日	11～12 时	501	−15.6
7 月 3 日	22～23 时	513	−1.2
7 月 4 日	2～3 时	515	1.2
7 月 4 日	12～13 时	516	2.4
7 月 4 日	14～15 时	517	3.6(停机)
7 月 5 日	2～3 时	517	3.6(停机)
7 月 5 日	9～10 时	517	3.6(停机)
7 月 6 日	11～12 时	518	4.8(恢复)
7 月 7 日	—	547	39.6
7 月 9 日	11～12 时	583	82.8

其中鼓什区间分层监测从 7 月 3 日 11 时开始进行首次监测,此时盾构掌子面距离监测断面 15.6 m,由于施工速度很快,当天夜间 22 时即距离监测断面仅 1.2 m,从 7 月 4 日开始,盾构掌子面通过监测断面仅 2～3环位置,即因故停机,直至 7 月 6 日恢复,随后又开始以较快速度掘进,直至贯通。

什南区间右线隧道于 2012 年 7 月 2 日实现洞通,左线隧道于 2012 年 8 月 13 日开始掘进,于 11 月 8 日开始监测,此时距离监测断面尚有近 300 m,然后以每天 10 余米的速度掘进,12 月 12 日到达监测断面,12 月 13 日通过断面 3.6 m,但于 14 日开始停机,此时通过监测断面 6 m,直至 22 日方才恢复,25 日实现贯通。

表 3.4.3　分层沉降监测工况(什南区间左线)

监测日期	施工进度(环号)	掌子面距监测断面距离(m)	监测日期	施工进度(环号)	掌子面距监测断面距离(m)
12 月 9 日	569	−19.2	12 月 17 日	590	6(停机)
12 月 10 日	570	−18.0	12 月 18 日	590	6(停机)
12 月 11 日	582	−4.8	12 月 19 日	590	6(停机)
12 月 12 日(第一次)	585	0	12 月 20 日	590	6(停机)
12 月 12 日(第二次)	588	3.6	12 月 21 日	590	6(停机)
12 月 13 日	588	3.6	12 月 22 日	590	6(停机)
12 月 14 日	590	6(停机)	12 月 24 日	隧道贯通	隧道贯通
12 月 15 日	590	6(停机)	12 月 25 日	隧道贯通	隧道贯通
12 月 16 日	590	6(停机)			

4.3　分层沉降规律

本书依据 8 号线二期南段工程施工进度，分别对各个监测断面实测的分层沉降规律进行分析。

4.3.1　鼓什区间

(1)盾构施工引起不同深度地层沉降

图 3.4.16～图 3.4.24 为不同时间盾构施工引起鼓什区间监测断面的分层沉降情况。为了研究其内在规律，采用 Peck 公式对监测数据进行了拟合。通过实测数据和拟合曲线可以看到，虽然每个深度的监测点有限，但总体趋势和规律非常明显，即：总体来看，各个深度地层位移均与 Peck 公式能够很好地符合，即表明不同深度的地层沉降均满足正态分布曲线的基本规律。随着深度的增加，沉降槽逐步加深(最大沉降加大)、变窄(影响范围变小)。

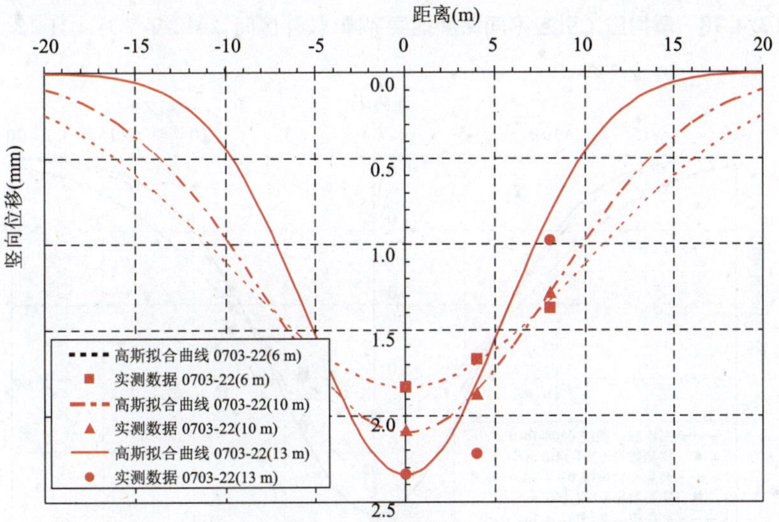

图 3.4.16　盾构施工引起不同深度地层沉降(鼓什区间，2012 年 7 月 3 日 22 点)

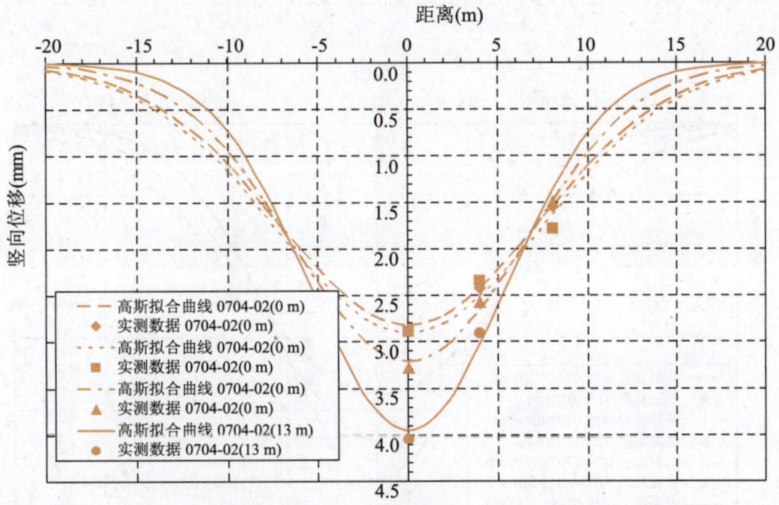

图 3.4.17　盾构施工引起不同深度地层沉降(鼓什区间，2012 年 7 月 4 日 2 点)

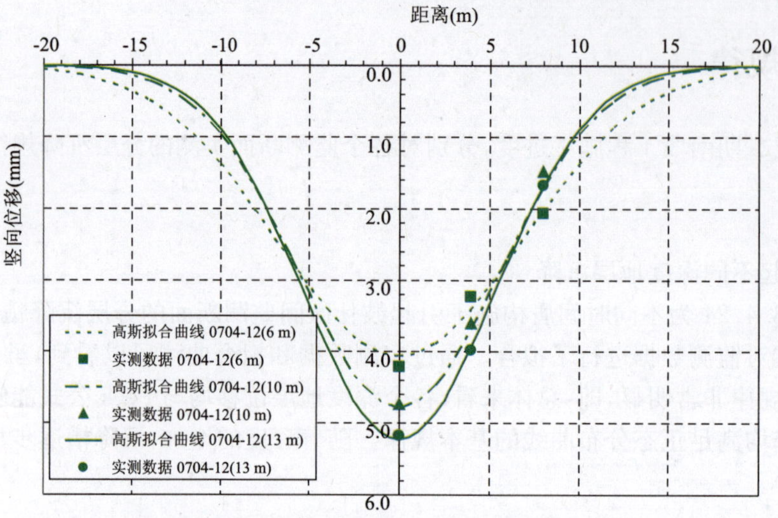

图 3.4.18　盾构施工引起不同深度地层沉降(鼓什区间,2012 年 7 月 4 日 12 点)

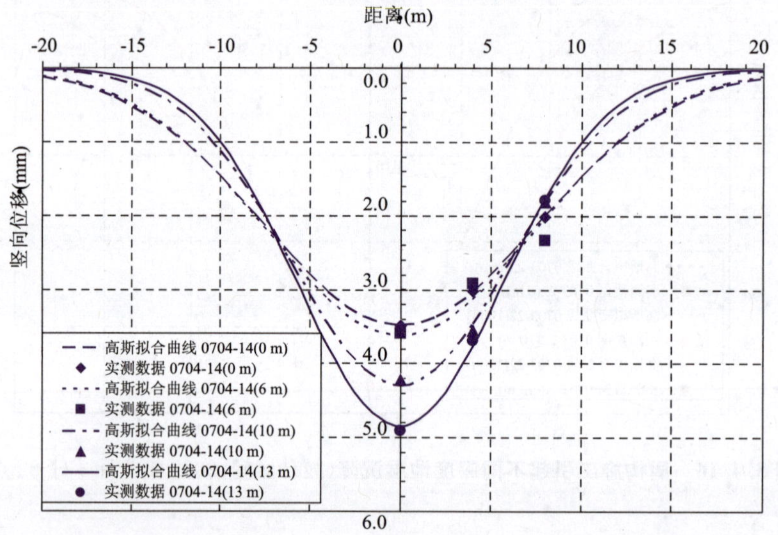

图 3.4.19　盾构施工引起不同深度地层沉降(鼓什区间,2012 年 7 月 4 日 14 点)

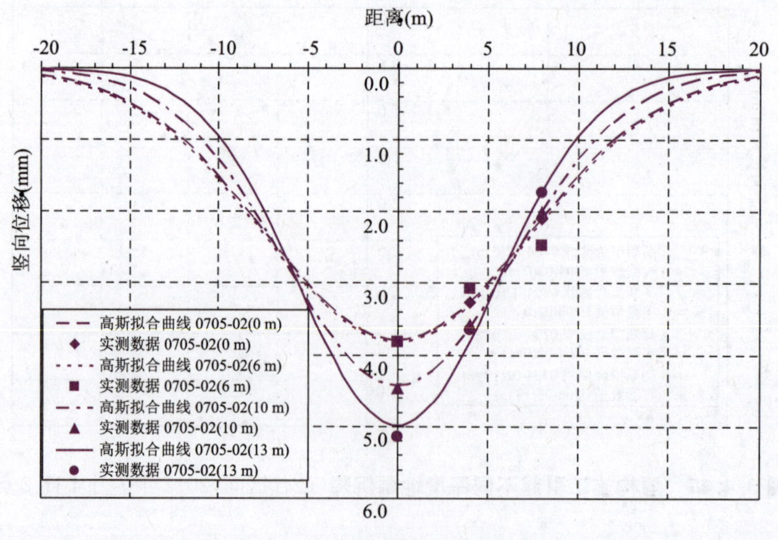

图 3.4.20　盾构施工引起不同深度地层沉降(鼓什区间,2012 年 7 月 5 日 2 点)

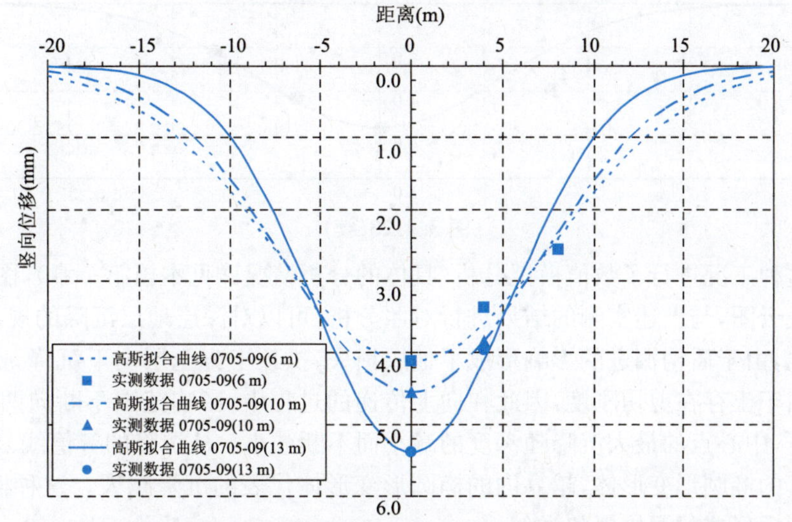

图 3.4.21　盾构施工引起不同深度地层沉降(鼓什区间,2012 年 7 月 5 日 8 点)

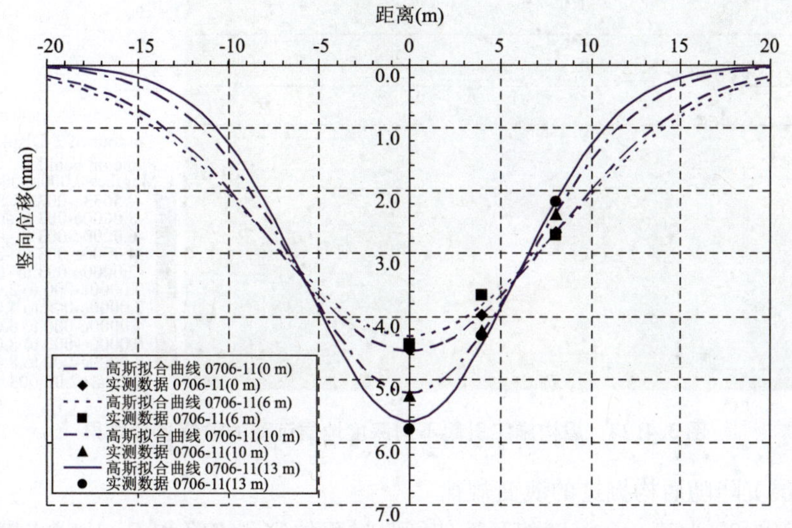

图 3.4.22　盾构施工引起不同深度地层沉降(鼓什区间,2012 年 7 月 6 日 11 点)

为了更清楚地反映某一个施工工况下地层位移的整体情况,选取 2007 年 7 月 6 日 11 点监测的数据,将其按照由深到浅的顺序作图,见图 3.4.23,可以看到不同深度地层在上述规律下的变形特点。

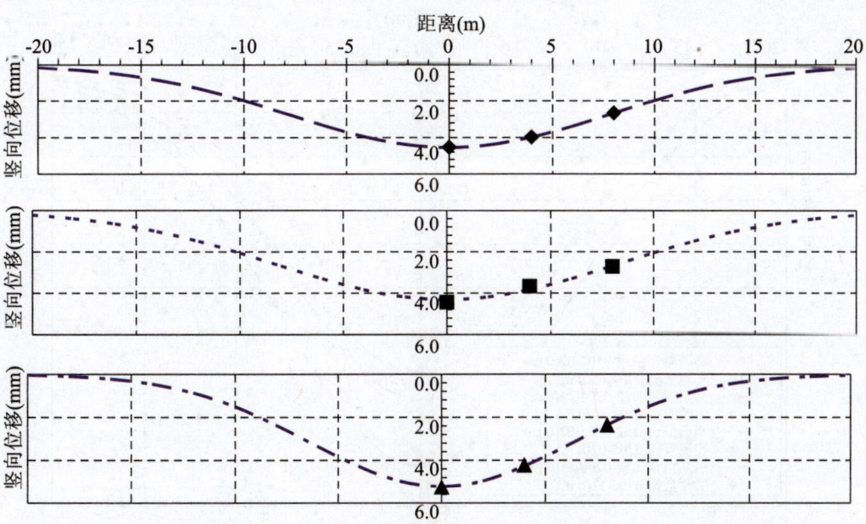

图 3.4.23　随深度增加地层沉降的变化规律(鼓什区间,2012 年 7 月 6 日 11 点)

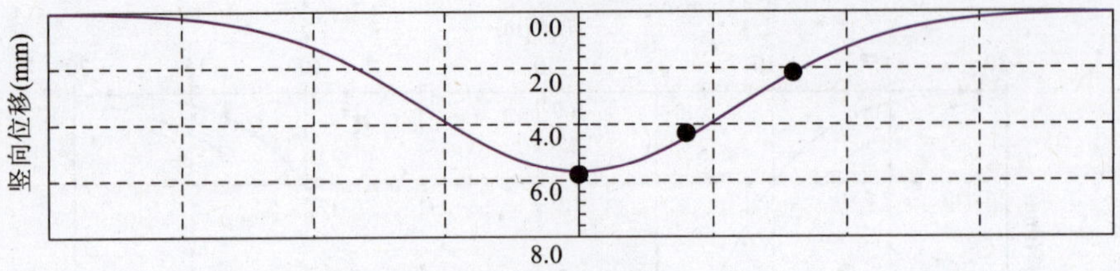

图 3.4.23(续)

本次研究针对这种工况进行了数值模拟分析(具体的分析情况详见本篇第7章),图3.4.24为模拟得到的沉降位移场等值线云图,与上述实测的结果进行对照分析,可以对深层地层沉降的规律有更全面的认识。

从图中可以看出,由于盾构掘进的影响形成了地层损失,拱顶上方土层向下沉降,这种沉降逐步向上传递,最终到达地面,由于土存在剪切刚度,因此在向上传递的过程中,影响范围不断向两侧扩大,在地层损失率基本不变的情况下,中心点的最大沉降随深度的减小而不断减小。从沉降的等值线云图来看,拱顶形成了一系列类似环环相套的椭圆形变形体,越靠内的椭圆形变形体代表的沉降越大。这种椭圆形的变形体与一些隧道发生坍塌事故后形成的洞体形状类似。

图 3.4.24 盾构施工引起不同深度地层沉降的数值模拟结果

(2)不同深度地层沉降随盾构掘进的演变规律

图3.4.25~图3.4.28为某一个深度随开挖(时间)过程的实测沉降和Peck公式模拟结果,可以看到某一个深度地层沉降随着盾构施工掘进的演变过程。从2012年7月3日开始监测,直至盾构贯通,各个深度地层位移基本都处于不断增大的状态,但在盾构停机时,由于盾构土压力的维持和调整,以及背后注浆的影响,较深层的沉降会出现“先减小、再增大”的微小变化过程。

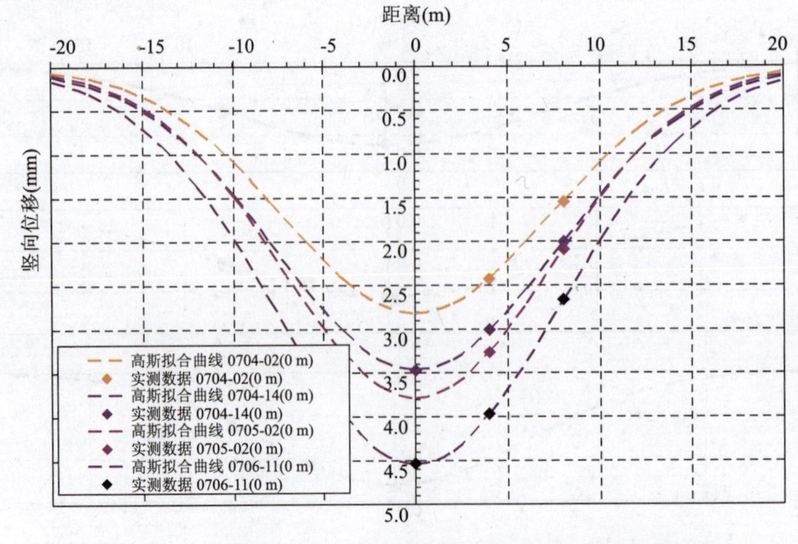

图 3.4.25 深层地层沉降随开挖施工的变化过程(鼓什区间,0 m)

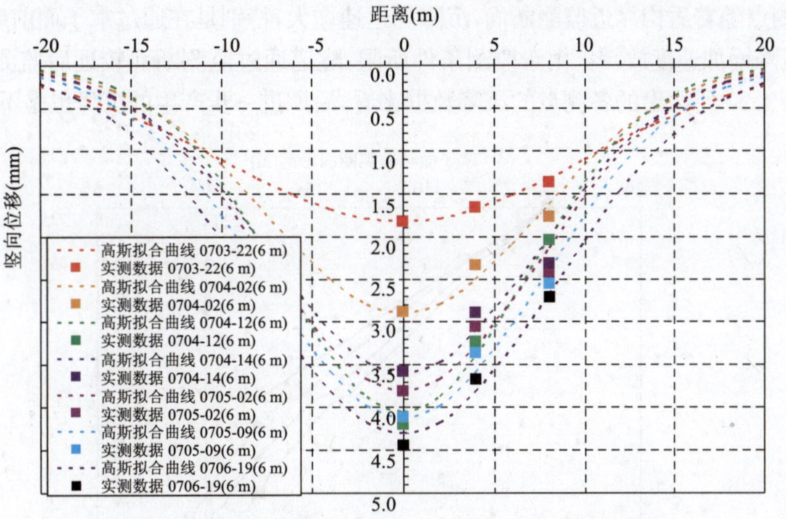

图 3.4.26　深层地层沉降随开挖施工的变化过程(鼓什区间,6 m)

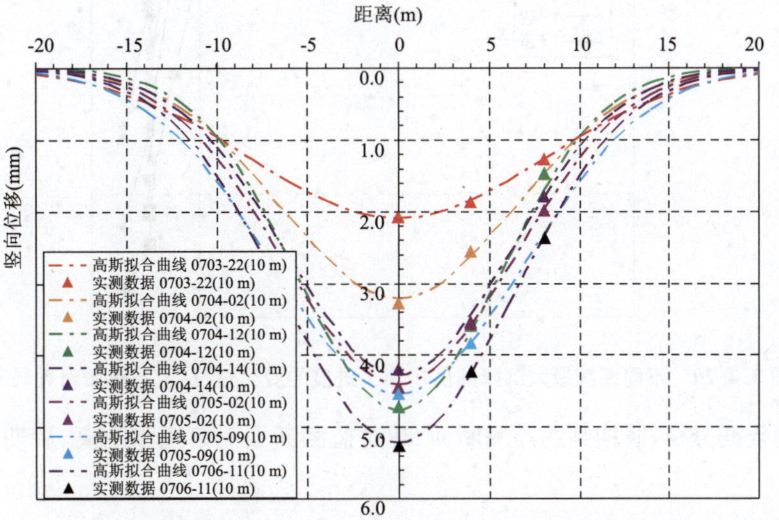

图 3.4.27　深层地层沉降随开挖施工的变化过程(鼓什区间,10 m)

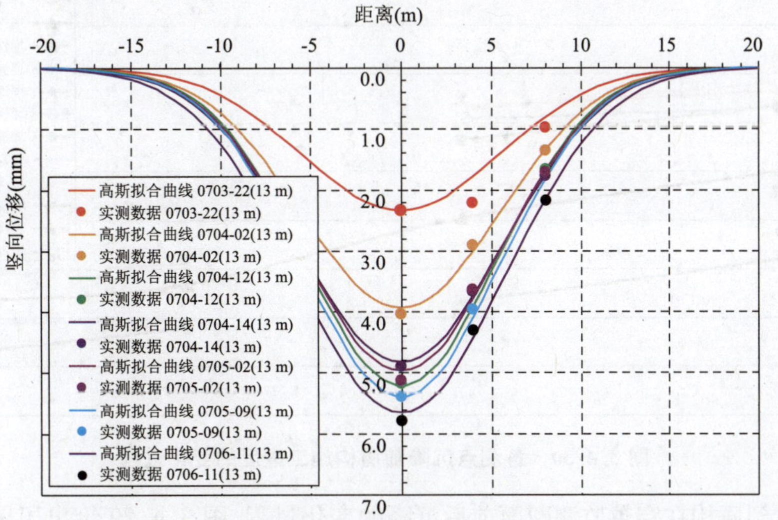

图 3.4.28　深层地层沉降随开挖施工的变化过程(鼓什区间,13 m)

图 3.4.29 是隧道中心线正上方不同深度沉降(即沉降曲线中心点最大值)随盾构掌子面推进的变化过程。由

图 3.4.29 可见：各个测点随着盾构靠近监测断面，沉降均迅速增大，特别是在通过掌子面前后 5～10 m范围内沉降增加更为快速，随后沉降增加速度放缓。由于监测条件所限，隧道通过监测断面较远后监测断面的沉降变化过程数据不完整，但从图 3.4.30 所给出的各测点的沉降数据来看，后期进一步产生的沉降也是不容忽视的。

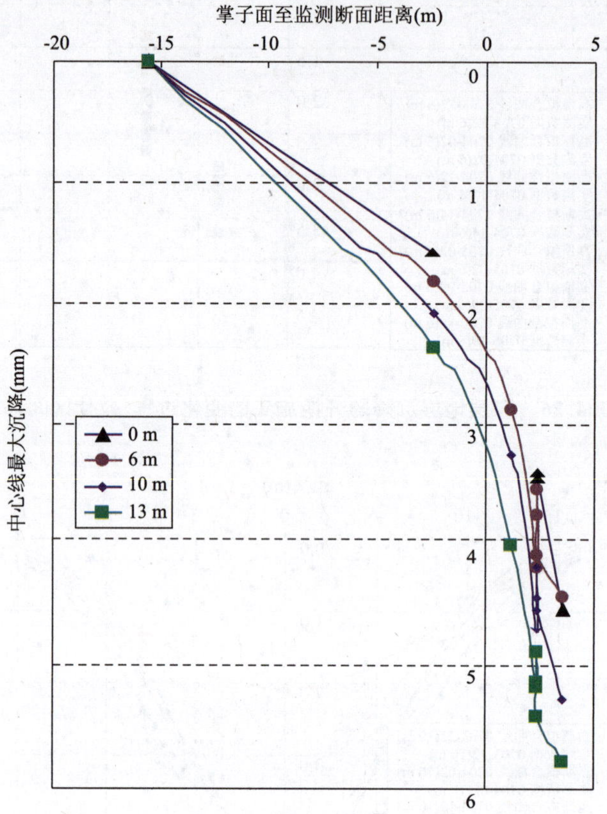

图 3.4.29　不同深度最大沉降随盾构施工进度的变化过程(监测断面附近局部)

结合具体的监测数据分析，盾构到达监测断面、超过监测断面 1 倍埋深距离、后期沉降这 3 部分大致各占总沉降的 1/3。

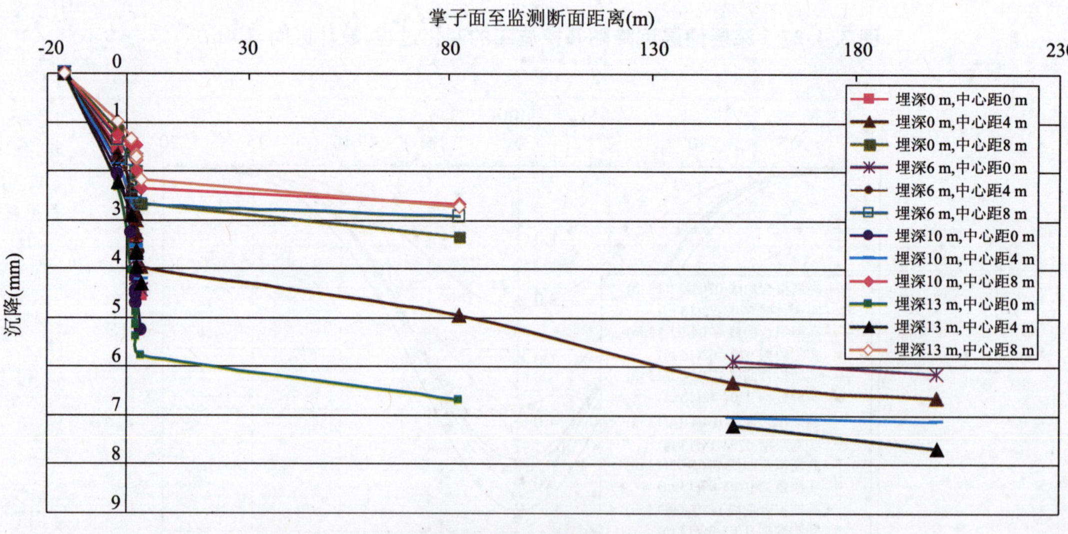

图 3.4.30　各测点沉降随盾构施工进度的变化过程

为了更清晰地看到盾构在穿越监测断面前后沉降的变化过程，图 3.4.29 绘出了图 3.4.30 反映监测断面附近的数据。如上所述，在监测断面附近，盾构沉降增大速度最快，在监测断面前后附近发生的沉降量大致相当，即各占总沉降的 1/3 左右，后期沉降仍会有 1/3。

(3)盾构施工引起不同深度地层沉降槽拟合规律

如前所述,各个深度地层沉降符合 Peck 公式分布规律(正态分布规律),表 3.4.4 为数据拟合得到的参数(参见公式(3.3.1)和公式(3.3.7))。可以进一步分析不同深度沉降槽宽度和地层损失率的变化规律。

表 3.4.4　分层沉降监测数据分析结果(鼓什区间)

数据	工况	深度 z(m)	z/z_0	S_{max}(mm)	i(m)	K	η^d	V_l(%)
7 月 3 日 22～23 时	−2.4	0	0.00		7.9	(0.40)	1.00	
		6	0.30	1.81	10.0	0.73	1.83	0.16
		10	0.51	2.09	8.1	0.83	2.08	0.15
		13	0.66	2.53	5.9	0.88	2.20	0.13
7 月 4 日 2～3 时	1.2	0	0.00	2.81	7.3	0.37	1.00	0.18
		6	0.30	2.77	7.4	0.54	1.46	0.19
		10	0.51	3.21	6.4	0.66	1.78	0.18
		13	0.66	3.94	5.5	0.82	2.22	0.19
7 月 4 日 12～13 时	2.4	0	0.00		7.9	(0.40)	1.00	
		6	0.30	4.05	6.9	0.50	1.25	0.24
		10	0.51	4.76	5.6	0.58	1.45	0.24
		13	0.66	5.21	5.3	0.79	1.98	0.25
7 月 4 日 14～15 时	2.4	0	0.00	3.46	7.7	0.39	1.00	0.23
		6	0.30	3.42	7.4	0.54	1.38	0.24
		10	0.51	4.29	6.1	0.63	1.62	0.23
		13	0.66	4.83	5.6	0.84	2.15	0.24
7 月 5 日 2～3 时	2.4	0	0.00	3.78	7.3	0.37	1.00	0.25
		6	0.30	3.81	7.4	0.54	1.46	0.25
		10	0.51	4.41	6.3	0.65	1.76	0.25
		13	0.66	4.97	5.5	0.82	2.22	0.24
7 月 5 日 9～10 时	2.4	0	0.00		7.9	(0.40)	1.00	
		6	0.30	3.97	7.7	0.56	1.40	0.28
		10	0.51	4.54	6.9	0.71	1.78	0.28
		13	0.66	5.39	5.4	0.81	2.03	0.26
7 月 6 日 11～12 时	3.6	0	0.00	4.54	7.7	0.39	1.00	0.31
		6	0.30	4.31	8.2	0.60	1.54	0.31
		10	0.51	5.22	6.3	0.65	1.67	0.29
7 月 9 日 11～12 时	82.8	13	0.66	5.66	5.8	0.86	2.21	0.29
		0	0.00	5.65	7.9	0.40	1.00	0.39
7 月 4 日		0	0.00	6.10	9.3	0.47		0.50
7 月 5 日		0	0.00	6.82	8.3	0.42		0.50
7 月 7 日		0	0.00	6.42	8.9	0.45		0.50
8 月 8 日		0	0.00	5.87	8.3	0.42		0.43

注:表中括号中为经验估计值。

图 3.4.31 为沉降槽宽度参数 η^d 随深度的变化规律,可见各种工况下,η^d 都随深度的增加而增大,且基本符合韩煊等人(2007)提出的修正 Mair 公式(公式(3.4.7),其中参数 $\alpha=0.5$)。

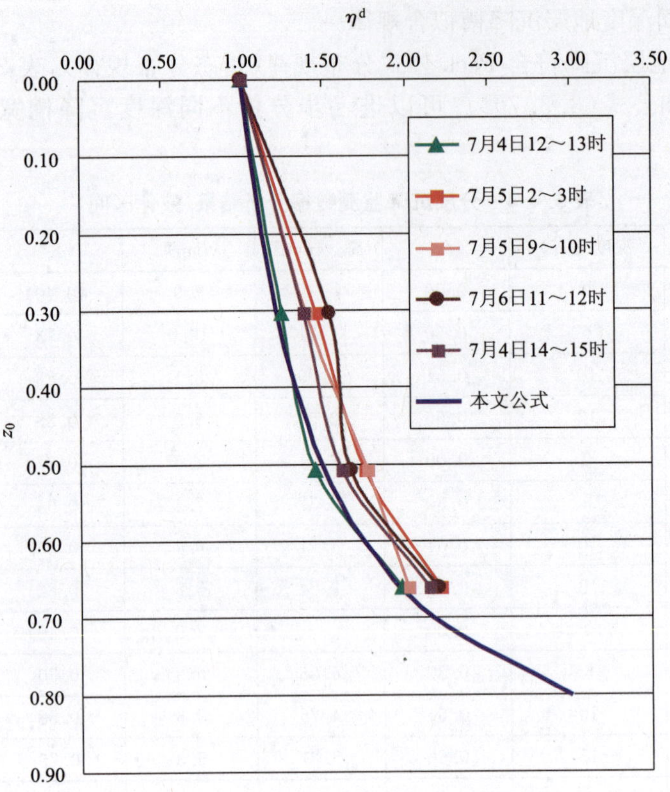

图 3.4.31　η^d随深度的变化规律(鼓什区间)

关于不同深度地层沉降槽的地层损失率，有学者曾经分析过各种可能的变化，即随深度地层损失增加、减小或不变，这主要和地层的土性(黏性土或无黏性土)、密实程度(密实或松散)、地下水条件(是否存在固结)等条件有关。从表 3.4.4 可见，对于本工程的地层条件(施工掌子面地层情况为⑤$_8$卵石层、⑥粉质黏土层、⑧$_4$细砂层，拱顶以上以黏性土和粉土为主)，在各个工况下，不同深度沉降槽地层损失率基本相同，可认为为常数。

图 3.4.32 为沉降槽地层损失率(取各个深度的平均值)随盾构施工掘进的变化规律。从中可以看出，随着盾构的施工掘进，地层损失率不断增大。特别需要注意的是，在盾构停机期间，地层损失率还在不断增大，由停机前的 0.24%增大至 0.30%左右，增加了约 25%。由此可见，盾构停机对地层沉降的控制是很不利的。

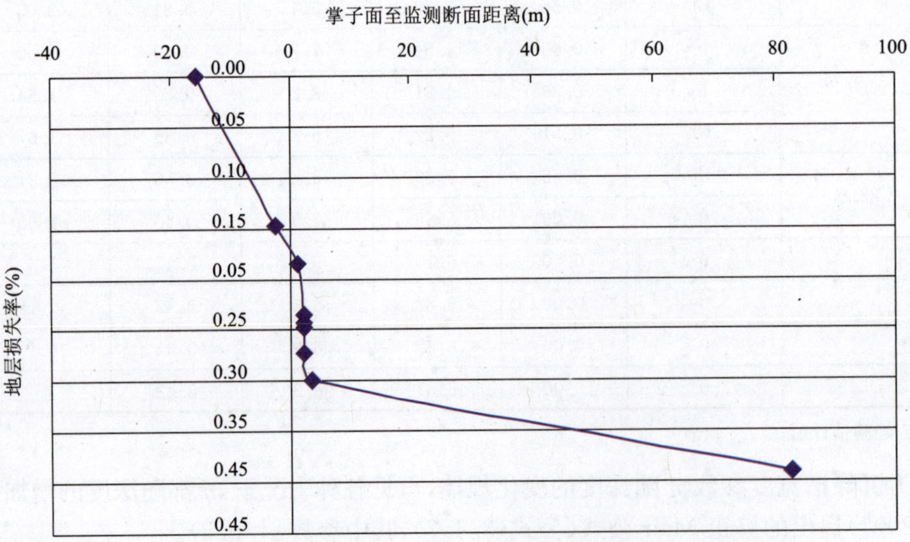

图 3.4.32　地层损失率随盾构施工掘进的变化规律(鼓什区间)

4.3.2　什南区间

什南区间盾构为叠落布置，二者竖向净距仅约 2 m。其中右线先行施工（这部分施工引起的沉降未测得），左线后施工。本次研究主要分析右线洞通后，左线施工期间监测得到的分层沉降规律。本监测断面原设计了 3 个监测深度，即深度分别为 4 m、8 m、12 m，但其中深度为 8 m 的监测点仅取到 1 个测点值，难以分析沉降槽规律，因此主要分析深度为 4 m、12 m 的沉降规律。由于叠落隧道的影响，什南区间的分层沉降规律呈现与一般情况下不同的特征。

（1）盾构施工引起不同深度地层沉降

图 3.4.33～图 3.4.38 为各个不同时间，盾构施工引起什南区间监测断面的分层沉降情况（为节省篇幅，仅给出了其中部分数据），同样采用 Peck 公式对监测数据进行了拟合。由图可见，各个深度地层位移均与 Peck 公式能够很好地符合，即表明不同深度的地层沉降均满足正态分布曲线的基本规律。同时，随着深度的增加，沉降槽逐步加深（最大沉降加大）、变窄（影响范围变小）。上述规律与鼓什区间监测断面反映的沉降特征相同，但是通过对比可以明显看出，本监测断面较深层的监测点形成的沉降槽明显要窄而深得多（可以与鼓什区间进行对比），这主要和左线隧道下已施工完毕的右线隧道产生的后期沉降叠加有直接关系。

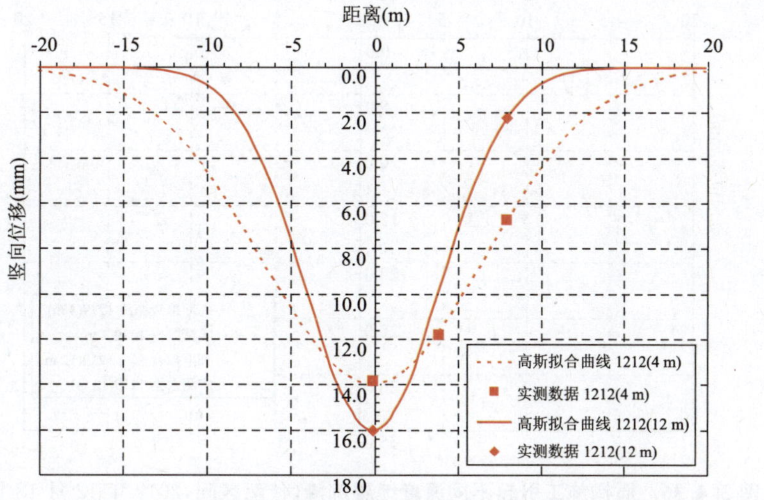

图 3.4.33　盾构施工引起不同深度地层沉降（什南区间，2012 年 12 月 12 日）

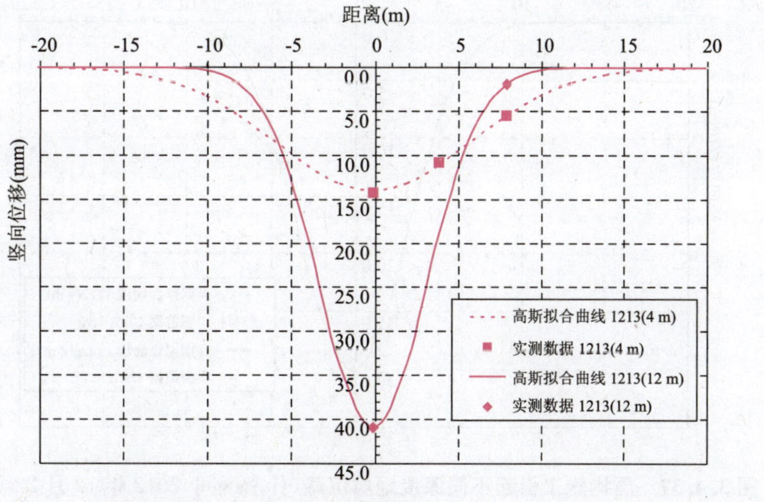

图 3.4.34　盾构施工引起不同深度地层沉降（什南区间，2012 年 12 月 13 日）

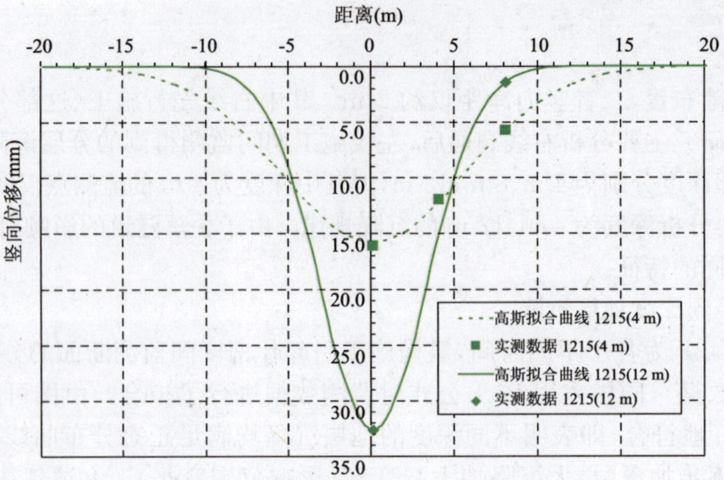

图 3.4.35　盾构施工引起不同深度地层沉降(什南区间,2012 年 12 月 16 日)

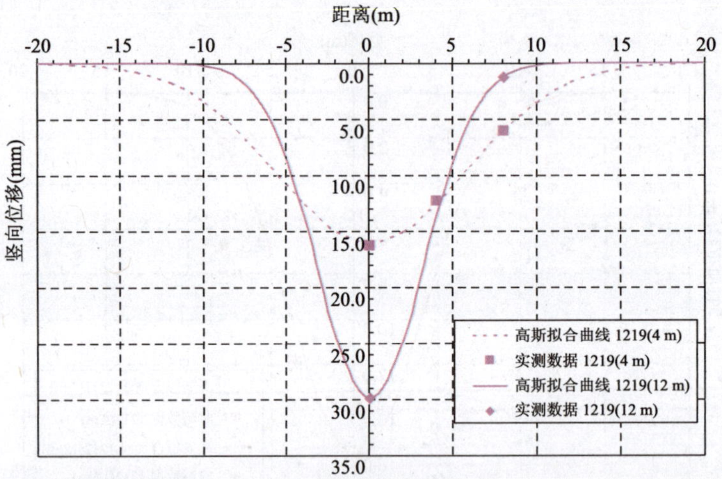

图 3.4.36　盾构施工引起不同深度地层沉降(什南区间,2012 年 12 月 18 日)

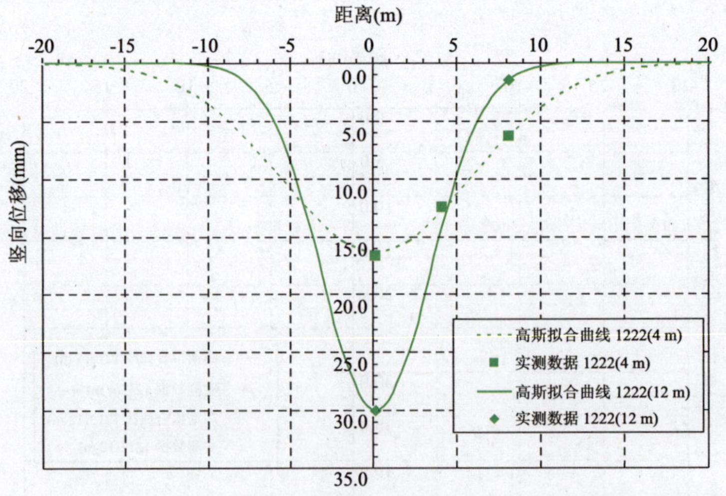

图 3.4.37　盾构施工引起不同深度地层沉降(什南区间,2012 年 12 月 22 日)

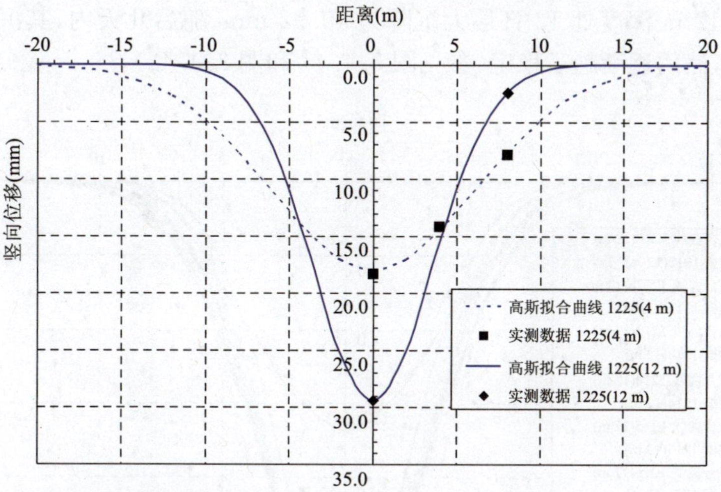

图 3.4.38　盾构施工引起不同深度地层沉降(什南区间,2012 年 12 月 25 日)

(2)不同深度地层沉降随盾构掘进的演变规律

图 3.4.39 和图 3.4.40 分别为深度为 4 m 和 12 m 的沉降槽随开挖(时间)过程的实测沉降和 Peck 公式模拟结果。同样,从 2012 年 12 月 12 日开始,直至盾构出井,各个深度地层位移基本都处于不断增大的状态。

但对比图 3.4.39 和图 3.4.40 可以看到,深度 4 m 处和 12 m 处的沉降槽有较大的不同,即 4 m 处沉降槽基本上是缓慢的发展演化过程(12 月 12 日最大沉降为 13.50 mm,13 日为 14.28 mm),而对于 12 m 深度的沉降槽,12 月 12 日监测得到的最大沉降为 16.75 mm,而在 12 月 13 日则骤然增加到 40.92 mm,这是十分反常的。根据施工记录可知(详见表 3.4.3),12 日～13 日盾构处于停机状态,很有可能由于交叠双线隧道净距较小,且后建左线隧道处于卵石、圆砾土层中,土质松散,稳定性较差,在隧道拱顶产生砂土或卵石局部陷落,形成其上部土体沉降的突然增大。

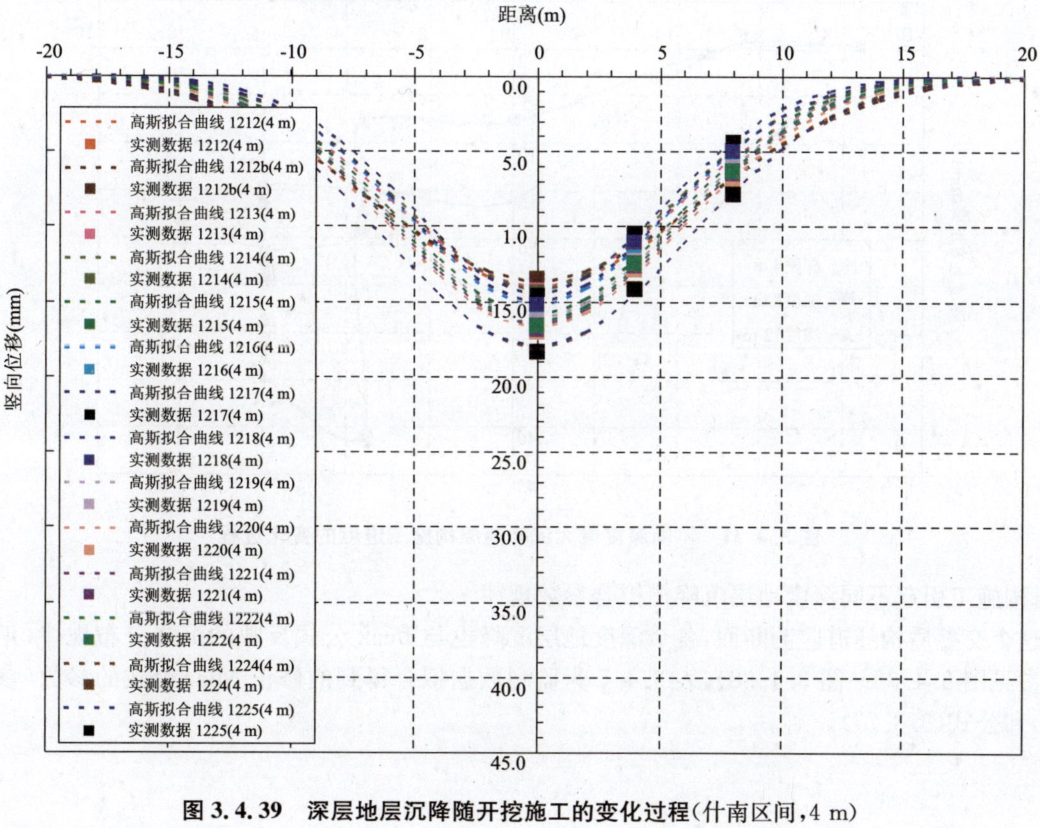

图 3.4.39　深层地层沉降随开挖施工的变化过程(什南区间,4 m)

由图 3.4.40 可见，12 m 深度处 13 日最大沉降为 40.92 mm，随后几天内，其沉降不断回落减小，12 月 17 日控制到 28.26 mm，然后逐渐趋于稳定(参见图 3.4.41 和图 3.4.42)。

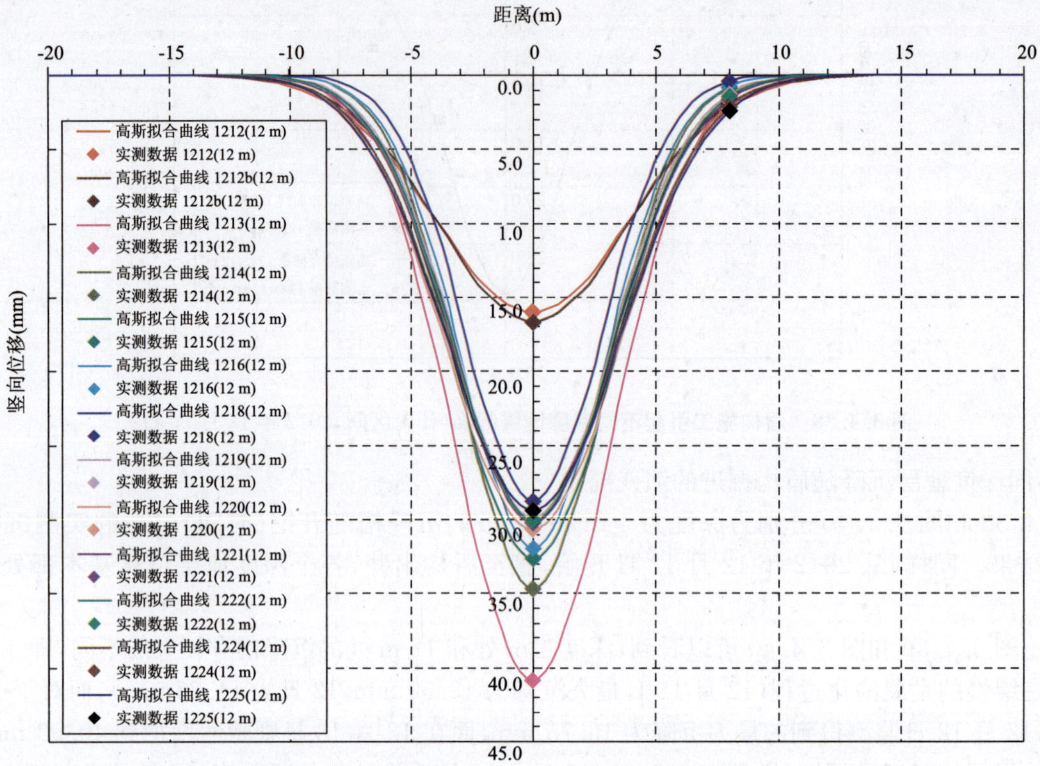

图 3.4.40　深层地层沉降随开挖施工的变化过程(什南区间，12 m)

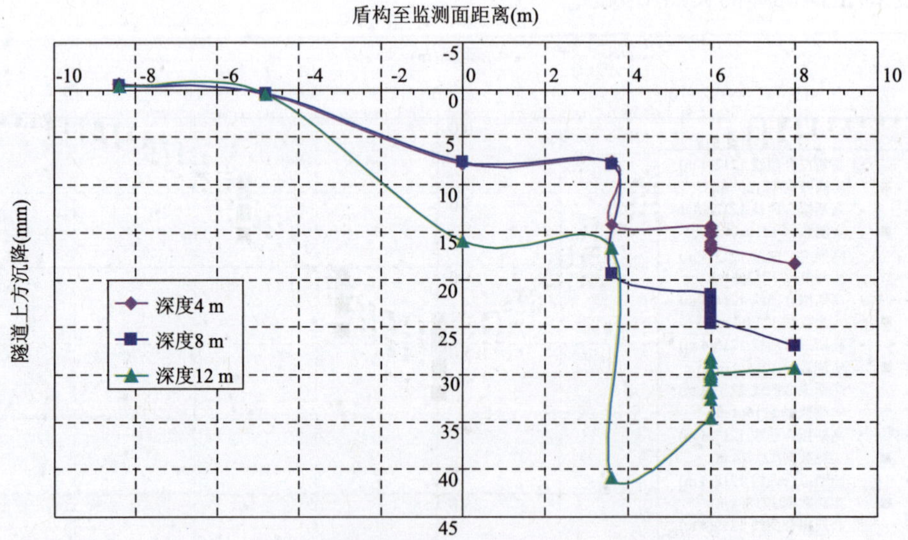

图 3.4.41　不同深度最大沉降随盾构施工进度的变化过程

(3)盾构施工引起不同深度地层沉降槽拟合参数规律

对于这个交叠盾构隧道监测断面，各个深度地层沉降也与 Peck 公式反映的沉降分布规律(正态分布规律)吻合(参见图 3.4.33～图 3.4.38)，表 3.4.5 为监测数据拟合得到的修正 Miar 公式的参数(参见本章公式(3.3.1)和公式(3.3.7))。

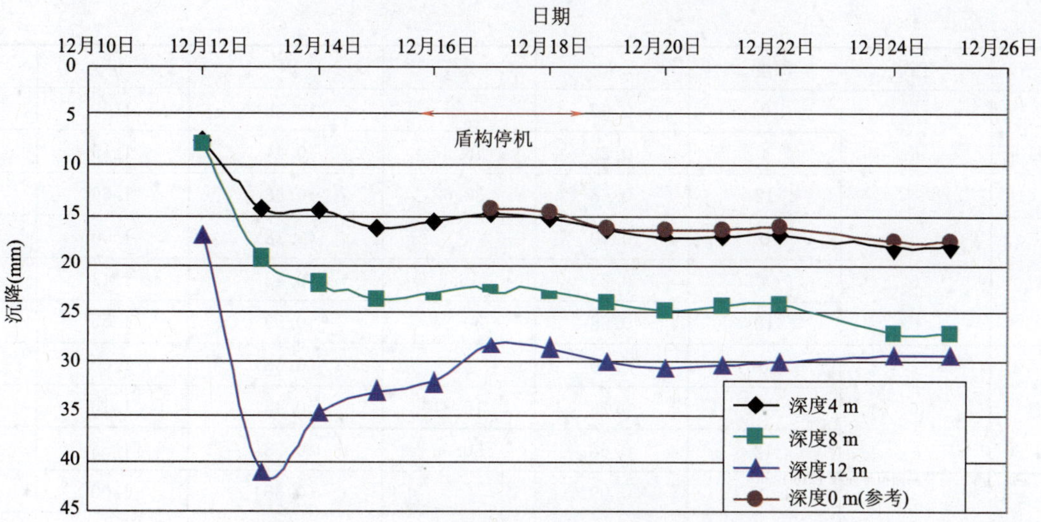

图 3.4.42　不同深度最大沉降随时间的变化过程

表 3.4.5　分层沉降监测数据分析结果(什南区间)

数据	工况	深度 z	z/z_0	s_{max}	K	η^d	V_l
12 月 12 日	0	0	0.00		(0.38)	1.00	
		4	0.23	13.96	0.49	1.29	0.73
		12	0.68	16.01	0.72	1.89	0.56
12 月 12 日	3.6	0	0.00		(0.38)	1.00	—
		4	0.23	13.62	0.5	1.32	0.80
		12	0.68	16.61	0.69	1.82	0.58
12 月 13 日	3.6	0	0.00		(0.38)	1.00	—
		4	0.23	14	0.43	1.13	0.72
		12	0.68	40.92	0.57	1.50	1.16
12 月 14 日	6	0	0.00		(0.38)	1.00	—
		4	0.23	14.19	0.4	1.05	0.69
		12	0.68	34.7	0.53	1.39	0.91
12 月 15 日	6	0	0.00		(0.38)	1.00	—
		4	0.23	15.83	0.41	1.08	0.79
		12	0.68	32.68	0.57	1.50	0.93
12 月 16 日	6	0	0.00		(0.38)	1.00	—
		4	0.23	15.2	0.4	1.05	0.73
		12	0.68	32.68	0.57	1.50	0.93
12 月 17 日	6	0	0.00		(0.38)	1.00	—
		4	0.23	14.43	0.38	1.00	0.66
12 月 18 日	6	0	0.00		(0.38)	1.00	—
		4	0.23	14.93	0.4	1.05	0.71
		12	0.68	28.82	0.5	1.32	0.71
12 月 19 日	6	0	0.00		(0.38)	1.00	—
		4	0.23	16.05	0.42	1.11	0.82
		12	0.68	29.95	0.57	1.50	0.85

续上表

数据	工况	深度 z	z/z_0	s_{max}	K	η^d	V_l
12 月 20 日	6	0	0.00		(0.38)	1.00	—
		4	0.23	16.67	0.44	1.16	0.88
		12	0.68	30.68	0.63	1.66	0.96
12 月 21 日	6	0	0.00		(0.38)	1.00	—
		4	0.23	16.5	0.43	1.13	0.86
		12	0.68	30.24	0.59	1.55	0.89
12 月 22 日	6	0	0.00		(0.38)	1.00	—
		4	0.23	16.31	0.43	1.13	0.83
		12	0.68	30.06	0.58	1.53	0.87
12 月 24 日	贯通	0	0.00		(0.38)	1.00	—
		4	0.23	18	0.45	1.18	0.99
		12	0.68	29.42	0.63	1.66	0.91
12 月 25 日	贯通	0	0.00		(0.38)	1.00	—
		4	0.23	17.94	0.46	1.21	0.98
		12	0.68	29.36	0.64	1.68	0.93

注：表中括号中为经验估计值。

图 3.4.43 为沉降槽宽度参数 η^d 随深度的变化规律，其中同时给出了采用修正 Mair 公式曲线（式(3.3.7)，其中参数 $\alpha=0.5$）。从图中可见，本监测断面沉降槽宽度参数 η^d 虽然也符合随深度增大而增大的基本规律，但基本上类似线性增大，与式(3.3.7)的结果差别较大，这主要是由于在左线隧道施工前，其正下方的右线隧道已经施工完毕，并在左线隧道施工期间产生一定的后期沉降（根据前面对鼓什区间的研究，后期沉降占相当的比例），因此左线施工引起的沉降与右线后期沉降叠加，使沉降槽整体变深，且深度越大，沉降槽受此因素影响越大，使 η^d 随深度的变化与式(3.3.7)反映的规律有偏离。

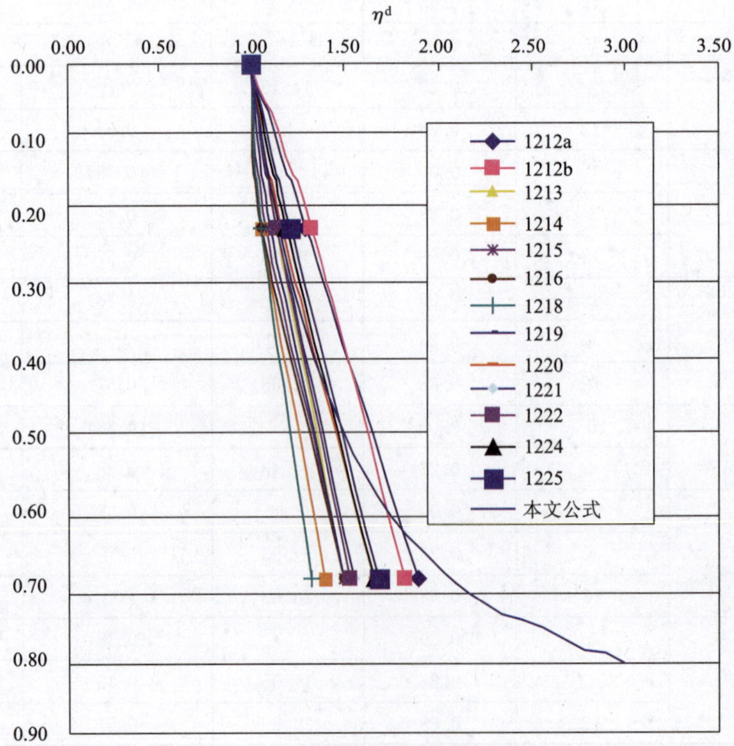

图 3.4.43　η^d 随深度的变化规律（什南区间）

注：图例数字 1212 代表日期，即 12 月 12 日，其他类同。

图 3.4.44 进一步分析了深度为 4 m、12 m 的沉降槽地层损失率的变化规律。由图可见，由于叠落盾构的影响，同时由于监测断面距离盾构接收井很近，盾构即将出洞，因此监测断面附近的盾构施工引起了较大的地层损失率(沉降)，最大接近 1.2%，而鼓什区间最大仅 0.4%左右，说明盾构出洞会造成较大的沉降。

同时，本监测断面不同深度地层损失率有较大的不同，特别是 12 月 12 日～17 日盾构通过监测断面前后差异较大，这与鼓什区间的情况也存在不同。如前所述，12 月 13 日 12 m 深度处沉降突然增大，随后逐渐回落减小。

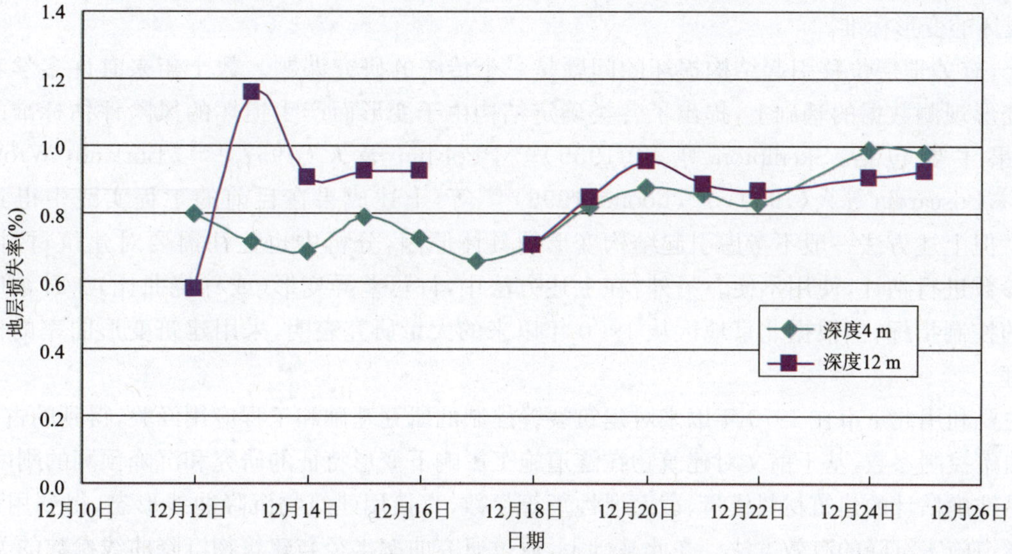

图 3.4.44　地层损失率随时间的变化规律(什南区间)

第5章　古旧平房变形控制指标及盾构施工影响范围

研究各种建筑结构在地层位移作用下可能产生损坏的评价技术，其中的核心问题之一是建立对应的建筑物产生损坏的变形标准。

事实上，有关地层位移引起结构损坏的问题是一个传统的研究课题。数十年来有许多学者在大量现场调查和变形观测数据的基础上，提出了各类确定结构由于变形而产生损坏的风险评估标准的方法。代表性的成果主要包括：Skempton 等人（1955）[49]，Polshin 等人（1957）[50]，Burland，Wroth（1974～1977）[51][52]，Boscardin 等人（1989）[53]，Boone（1996）[54]等，上述成果在目前的工程实践中得到了不同程度的应用。但上述方法一般不考虑引起结构变形的具体原因，分析中也往往需要对建筑材料模量、截面惯性矩等参数进行估计，使用不便。另外，在上述方法中，许可差异变形（或称挠曲比）Δ/L 被广泛地做为地基变形的控制指标，但根据北京地区从1970年以来的大量研究表明，采用建筑变形曲率的概念比相对弯曲更合理。

本章主要利用北京市在1970年以来对建筑裂缝控制的研究基础和工程应用经验，得到的古旧平房变形允许最小曲率控制参数，基于前文对建筑物在隧道施工影响下变形特征的研究和沉降预测的刚度修正法，避开了不容易准确估计的建筑材料模量、截面惯性矩等参数，直接用建筑物沉降曲线形态，得到用最小曲率参数来控制隧道施工沉降的有效方法。在此基础上，通过研究曲率半径与建筑物沉降曲线参数的关系，确定盾构施工的横向影响范围。

此外，数值方法一直是分析建筑结构受力性能的重要研究方法。然而，国内目前对砌体及其工程结构的研究主要以连续介质力学为主，例如以赵衍[55]为代表的许多学者，利用有限元法对砌块墙体受力性能进行了分析，而应用非连续介质的离散力学对砌体结构破坏规律的研究相对缺乏。

本章基于古旧平房变形允许最小曲率的研究工作，利用离散元分析软件UDEC，针对随地表沉降的砌体结构，进行了数值分析，得到了结构损伤云图和结构裂缝发展规律，同时研究了能量吸收和耗散的规律，提出了以静能峰值指标作为砌体结构安全的控制指标，也可供砌体结构房屋损坏评价时参考。

5.1　国外古旧房屋损坏及评价方法现状

国外学者在该方面的研究较为系统和详尽，较早的研究成果发表于20世纪50年代，并一直得到广泛的关注，目前已经有了一些初步的成果和评价标准。过去对沉降引起结构损坏的研究工作一般可分为三类：第一种为经验方法，该方法基于历史案例研究损坏与易量测或易定义的参数之间的经验关系；第二种为理论方法，该方法基于结构原理，获得所选结构尺寸及材料参数的允许极限沉降，并将推导出的极限值与历史实际案例相对比后再确定评估标准；第三种为数值方法，该方法针对具体的建筑物，同时考虑多种影响因素，提出建筑物的允许变形指标。

(1)结构允许变形的经验方法

经验方法是基于对建筑物在变形过程中所表现出的损坏进行分析和评价，从而得到的一个结构允许变形标准。由于这类方法主要是基于对大量的受损建筑物的调查而得到的，因此一般不能作为统一的损坏评价标准。这类标准仅适用于所调查的某一类建筑物结构类型或结构材料，例如钢混和砌体材料承受变形的能力是不同的。此外，经验标准可能会受到地层位移类型的限制。综上各种原因，这类方法难以建立一个损坏等级和可观测值之间的联系。

迄今为止，国内外已经建立了一些不同类型结构在沉降下产生损坏的经验关系（Meyerhof，1953；Skempton 和 MacDonald，1956；Polshin 和 Tokar，1957 等）。这些经验关系一般都考虑了结构类型、总沉降、差异沉降的大小和速率等因素。

(2)结构允许变形的理论方法

理论方法的主要思路是应用数学和力学方法建立建筑物损坏的标准和其变形之间的关系。然而，对结构允许变形的研究非常复杂，往往需要引入许多可能带有争议的假定。此外，如何定义结构的功能和破坏形式，即如何定义裂缝的开始、开展以及在结构中的延伸，都是比较困难的。

目前所提出的结构允许变形理论方法，一般都是采用深梁模型(deep beam model)模拟建筑物的立面或承重墙，从而分析其变形和损坏的情况。

(3)结构允许变形的数值方法

数值方法的着眼点是具体的某一个建筑物，同时可以考虑多种影响因素，例如上部结构和地基、基础的共同作用性状、隧道的施工情况、位移历史、结构现状等。虽然数值方法可以考虑多种因素，但由于往往是针对具体工程，因此难以获得一个普遍适用的评估标准。

5.2　现行建筑损坏的描述参数与损坏程度分类

5.2.1　建筑物损坏的分类

通常情况下，建筑物损坏可分为如下几种：

(1)建筑损坏，与建筑物的表观破坏有关：面板墙、地板、涂饰等的分离、开裂。抹面墙的裂缝大于0.5 mm或者砌体、毛石混凝土墙的裂缝宽度超过1 mm即认为是明显的损坏。

(2)功能损坏，包括：门窗开关困难，墙体或楼板倾斜，管道弯曲破裂，墙板罩面的严重开裂或脱落。

(3)结构损坏，影响结构稳定性的损坏，通常与梁、柱、承重墙等主要支撑结构的裂缝或变形相关。

5.2.2　现行建筑损坏的控制标准

(1)国家标准《建筑地基基础设计规范》(GB 50007—2011)

我国国家标准《建筑地基基础设计规范》(GB 50007—2011)中，建筑损坏的控制是用允许建筑变形来实现的。该规范自编制1974年版开始，陆续收集了大量建筑物的沉降观测资料，加以整理分析，统计其变形特征值，从而确定各类建筑物能够允许的地基变形限制，见表3.5.1。

表3.5.1　建筑物的地基变形允许值

变形特征		地基土类别	
		中、低压缩性土	高压缩性土
砌体承重结构基础的局部倾斜		0.002	0.003
工业与民用建筑相邻柱基的沉降差	框架结构	$0.002l$	$0.003l$
	砌体墙填充的边排柱	$0.0007l$	$0.001l$
	当基础不均匀沉降时不产生附加应力的结构	$0.005l$	$0.005l$
单层排架结构(柱距为6 m)柱基的沉降量(mm)		(120)	200
桥式吊车轨面的倾斜(按不调整轨道考虑)	纵向	0.004	
	横向	0.003	
多层和高层建筑的整体倾斜	$H_g \leqslant 24$	0.004	
	$24 < H_g \leqslant 60$	0.003	
	$60 < H_g \leqslant 100$	0.002 5	
	$H_g > 100$	0.002	
体型简单的高层建筑基础的平均沉降量(mm)		200	

续上表

变形特征		地基土类别	
		中、低压缩性土	高压缩性土
高耸结构基础的倾斜	$H_g \leqslant 20$	0.008	
	$20 < H_g \leqslant 50$	0.006	
	$50 < H_g \leqslant 100$	0.005	
	$100 < H_g \leqslant 150$	0.004	
	$150 < H_g \leqslant 200$	0.003	
	$200 < H_g \leqslant 250$	0.002	
高耸结构基础的沉降量(mm)	$H_g \leqslant 100$	400	
	$100 < H_g \leqslant 200$	300	
	$200 < H_g \leqslant 250$	200	

注：1. 本表数值为建筑物地基实际最终变形允许值。
2. 有括号者仅适用于中压缩性土。
3. l 为相邻柱基的中心距离(mm)；H_g为自室外地面起算的建筑物高度(m)。
4. 倾斜指基础倾斜方向两端点的沉降差与其距离的比值。
5. 局部倾斜指砌体承重结构沿纵向 6～10 m 内基础两点的沉降差与其距离的比值。

具体到本书所研究的对象——古旧平房，描述建筑变形的变量为局部倾斜，即变形参数涉及沉降差 Δs 和建筑长度 L。依据地基土类别不同，中、低压缩性土变形允许值为 0.002，高压缩性土变形允许值为 0.003。

(2)北京规范《北京地区建筑地基基础勘察设计规范》(DBJ 11—501—2009)

北京规范《北京地区建筑地基基础勘察设计规范》(DBJ 11—501—2009)中，关于建筑物允许变形的规定是建立在 20 世纪 70 年代完成的系列研究基础上，采取经验统计、协同作用计算及参照国内外规范和有关资料的方法综合提出的。具体研究思路为，对于荷载分布无显著差别、基础置于基本均匀土层上的一般多层建筑物(主要为砖混结构)，在考虑结构刚度调整的条件下，找到其最大沉降量 s_{max} 与差异沉降 Δs 之间的关系，从而达到通过控制最大沉降来控制差异沉降的目的。通过分析得到的北京地区从硬到软不同土层的"最大容许沉降量"分别为 30、50、80 和 120 mm，见表 3.5.2。

表 3.5.2　多层建筑物地基变形允许值

结构类型	基础类型	地基土类别	长期最大沉降量 s_{max}(mm)
框架结构、排架结构、砌体承重结构	独立基础、条形基础	一般第四纪砂质粉土及粉、细砂，新近沉积砂质粉土及粉、细砂	30
		一般第四纪黏性土及黏质粉土	50
		均匀的一般第四纪黏性土及黏质粉土，中密的新近沉积黏性土及黏质粉土	80
		均匀的新近沉积软黏性土	120

注：对于地基土类别为一般第四纪砂质粉土及粉、细砂，新近沉积砂质粉土及粉、细砂，并且上部结构类型为钢筋混凝土结构的多层建筑物，当分析确认或有工程经验时，s_{max}可以适当放宽。

5.2.3　其他的建筑物损坏描述参数

为了进行更加全面细致的分析，国外一些学者将建筑变形的描述参数增加到 8 个，其中比较重要的是增加了对于建筑相对扭转(relative rotations)的控制(Skempton，MacDonald，1956)[49]。

Burland 和 Wroth(1974)[51]指出，过去的研究集中于对经受基础变形的建筑物建立基于其功能受影响程度的评判标准，集中于建立最大沉降、倾斜、相对扭转等变形允许值。这些标准是建立在观察建筑性状的基础上的，没有强调引起造成损坏的原因，因此难以将此类基础变形的经验用于其他基础变形(如荷载下的沉降、膨胀引起的隆起、隧道工程引起的沉陷等)。

基于上述理念，Burland 和 Wroth(1974)[51]提出将一榀长 L、高 H 的矩形梁来表示相同尺度的建筑物，目的是对于给定的基础极限挠曲比(limiting deflection ratio)Δ/L 来计算最大拉应变。此外,还必须考虑变形的不同类型。他们考虑了两种极端类型,即对中性轴的纯粹弯曲和纯粹的剪切。两种情况裂缝的位置和方向都不同,前者出现在梁的底部,后者呈 45°。通常上述两种变形类型都会发生,要看哪一个处于控制状态。Burland 等人通过研究,利用深梁理论分别将 Δ/L 与纯弯状态下"梁"底部纤维的拉应变$\varepsilon_{b\max}$和纯剪状态下斜向拉应变$\varepsilon_{d\max}$之间建立了量化的关系,见图 3.5.1。

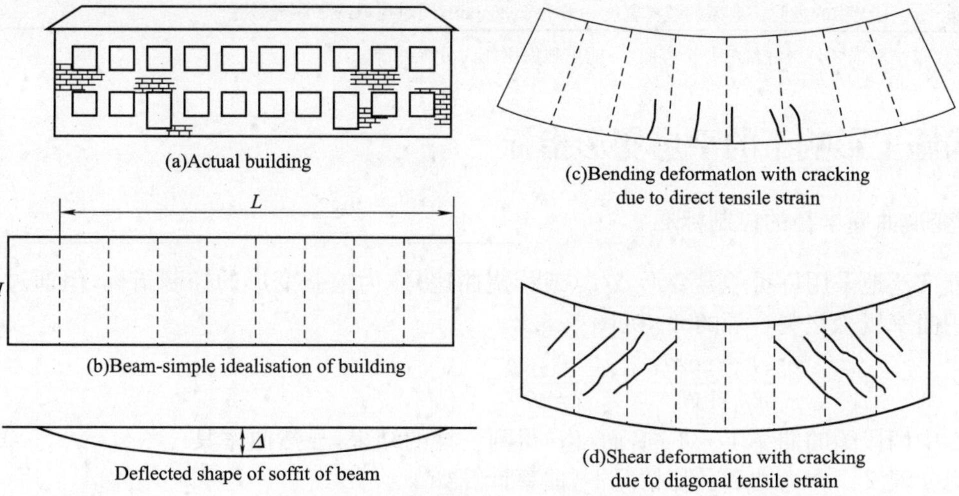

图 3.5.1　建筑物变形的深梁模型[51]

Burland 和 Wroth(1974)[51]基于 Polshin and Tokar(1957)[50]的研究,提出决定裂缝开始的基本参数是拉应变。英国建筑研究会(Building Research Establishment)进行的砌体墙体和填充墙的大型试验表明,结构产生可见裂缝与平均拉应变有密切关系,而对变形的类型不敏感。Burland et al.(1977)[52]用极限拉应变(limiting tensile strain,$\varepsilon_{\lim}$)的概念来代替临界拉应变(critical tensile strain),认为极限拉应变可用来作为功能状态参数(serviceability parameter),可用于不同的材料和不同的功能极限状态。Boscardin 和 Cording(1989)[53]用此概念来描述不同的拉应变水平,分析了 17 个由于施工造成的破坏的案例,案例中包含了不同类型的建筑物。研究证明各类建筑的损坏程度分类可以与表 3.5.3 中的极限拉应变 $\varepsilon_{\lim}$ 建立关系。该表的重要性在于它将建筑物变形的评估与可能的破坏程度联系起来。表 3.5.3 中的分类是针对砖混结构及其他大型砌块结构建立的,也可作为其他多层建筑物的参考。

表 3.5.3　损坏与临界拉应变的关系[53]

损坏的分级	严重程度	极限拉应变$\varepsilon_{\lim}$(%)	损坏的分级	严重程度	极限拉应变$\varepsilon_{\lim}$(%)
0	可忽略的	0～0.05	3	中等	0.15～0.3
1	非常轻微	0.05～0.075	4	严重或非常严重	>0.3
2	轻微	0.075～0.15			

Boone[54]提出了另一评价建筑物损坏的方法,该方法通过计算开挖过程中累积裂缝宽度来评价损坏程度,见表 3.5.4。

表 3.5.4　砌体结构房屋损坏分级表[54]

破坏分级	严重程度	典型的破坏描述
0	可忽略	发丝细的裂缝,细于约 0.1 mm
1	非常轻微	细裂缝,正常的装修即可处理。损坏一般仅限于内墙饰面。近距离的观察将会在砖石外墙发现一些裂缝。典型的裂缝宽度可以达到 1 mm
2	轻微	裂缝可以很容易地填充,可能会需要重新装修。新发生的裂缝可能会被适当的内衬所遮盖。从外部可能即可看到裂缝,为保证密闭性,可能会需要重新勾缝。门窗可能会有轻微的启闭困难。典型的裂缝宽度可以达 5 mm
3	中等	裂缝贯穿并可以堵住。砖石外墙的重勾缝,可能一小部分砖石需要重新砌筑。门窗启闭困难。供水管线可能开裂。建筑物的密闭性变差。一般裂缝为 5～15 mm 或有些大于 3 mm

续上表

破坏分级	严重程度	典型的破坏描述
4	严重	需要大修,包括打断和重新砌筑一部分墙体,特别是在门窗之上的墙体。门窗框变形,地板产生明显斜坡。墙体倾斜或凸出明显,梁承载能力的减弱。供水管断裂。典型的裂缝宽度为 15～25 mm 之间,但是也取决于裂缝的数量
5	非常严重	此类破坏需要大修,包括部分或完全重建。梁丧失承载能力,墙体倾斜严重并需要支撑。窗户由于扭曲而破坏。有失稳的危险。典型的裂缝宽度一般大于 25 mm,同时也取决于裂缝数量

注:裂缝宽度仅仅是对损坏分级评价的一个方面,不能单独使用作为分级标准。

5.3　盾构施工影响下的平房变形指标

5.3.1　平房变形曲率半径的控制标准

虽然国外广泛地采用许可差异变形 Δ/L(或称挠曲比)作为地基变形的控制指标,但通过以下简单的推理可以证明用曲率概念是更合理的[30],见图 3.5.2。

$$\frac{\Delta_1}{l_1}=\frac{\rho_1(1-\cos\theta)}{2\rho_1\sin\theta}=\frac{1-\cos\theta}{2\sin\theta}=\frac{\Delta_2}{l_2} \tag{3.5.1}$$

图 3.5.2 中两段梁的曲率 $1/\rho$ 不同,而Δ/L 得到一样的结果,显然曲率具有更明确的力学涵义。在弯曲和剪切情况下,曲率计算如下:

抗弯:

$$\frac{d\theta}{dx}=\frac{d^2y}{dx^2}=\frac{1}{\rho}=\frac{M}{EI} \tag{3.5.2}$$

抗剪:

$$\frac{d\theta}{dx}=\frac{d^2y}{dx^2}=\frac{1}{\rho}=\frac{kW}{AG} \tag{3.5.3}$$

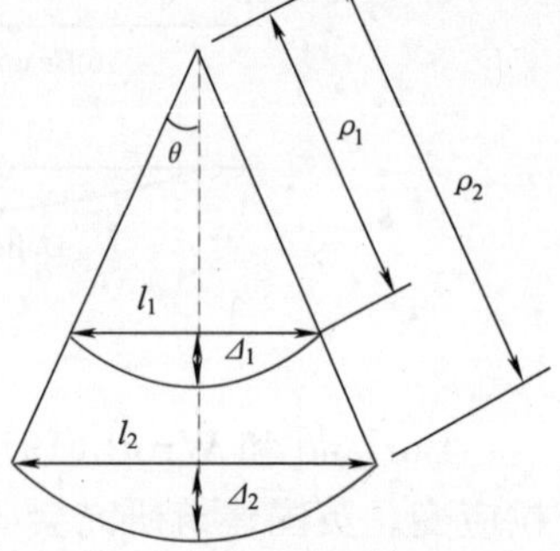

图 3.5.2　曲率与挠曲比的对比

为提出合理的建筑变形曲率控制标准,张在明等人[30]在室内分析计算的指导下,对北京市区砖混结构建筑的损坏程度进行了大规模的详细调查。其中,对建筑的损坏程度主要通过裂缝开展情况进行判别。结合裂缝调查和数值分析的结果,最终确定 4 种不同建筑在隧道施工下的最小曲率允许值,见表 3.5.5。

表 3.5.5　北京 4 种结构类型的最小曲率半径 ρ_{min} 允许值

结构类型	最小曲率半径 ρ_{min}(m)	结构类型	最小曲率半径 ρ_{min}(m)
8～9 层框架	15 000	4～5 层混合结构	7 000
6～7 层混合结构	10 000	2～3 层混合结构	7 000

北京中心城区古旧房屋以木结构、砖木结构、砖混结构为主,盾构施工下的最小曲率半径可初步取为 7 000 m,再根据结构现状调整确定。

在地铁工程沿线房屋外观状况检查中,通常将沿线建筑物质量状况根据现行《民用建筑可靠性鉴定标准》(GB50292—1999)划分为四类:现状破损等级为 A 级,即结构现有的破损状况不影响建筑物的安全和使用,可能有极少数一般构件应采取措施;现状破损等级为 B 级,即结构现有的破损状况不显著影响建筑物的安全和使用,可能有极少数构件应采取措施;现状破损等级为 C 级,即结构现有的破损状况已显著影响建筑物的安全性和使用性,应采取措施,且可能有极少数构件必须立即采取措施;现状破损等级为 D 级,即结构现有的破损状况已严重影响建筑物的安全,必须立即采取措施。

对于第一类房屋,平房结构的最小曲率半径允许值为 7 000 m;对于第二类房屋,平房结构的最小曲率半径允许值为 10 500 m;对于第三类房屋,平房结构的最小曲率半径允许值为 14 000 m。对于最后一类房屋,必须再采取结构加固措施后,再根据结构状况确定变形控制指标。

对于前三类房屋,当超过最小曲率允许值后,在结构砖墙上(主要是门窗开口周边)将可能出现可见的、具有一定连续性的裂缝时,建筑的损坏程度与表 3.5.3 中损坏程度为"中等"的情况大体对应。

5.3.2　文物古建及古旧平房的变形控制指标

在盾构施工中针对沿线平房进行风险评估时,应注意的是需要对以下两类平房的变形给予特别关注:

(1)年代较为久远的古旧平房,根据本篇第 2 章调查结果,砌体结构建筑在经过数十年的使用后,砂浆和砖的强度均有可能降低,从而达不到原设计要求。

(2)文物保护建筑或具有特殊意义的建筑物。

针对上述两类平房,应进一步开展结构检测和调查,并单独开展风险评估以确定变形控制指标。在资料条件不满足或现场条件不允许开展风险评估工作时,也可先根据房屋外观状况调查结果得到变形控制指标,再乘以调整系数,以确定此类平房具体的变形控制指标。

(1)对于建成时间超过 30 年的老旧房屋,根据本篇第 2 章调查结果,砂浆砖评定强度大部分在 M5～M10 左右,砂浆评定强度大部分在 MU0.2～MU1.0 之间。砂浆和砖的强度降低会对砌体强度产生不利影响。对于此类老旧平房,调整系数为 0.9(即最大曲率乘以 0.9 的调整系数,或最小曲率半径指标除以 0.9 的调整系数)。

(2)文物保护建筑,例如什南区间沿线的清代太医院,此类建筑虽然由于历史原因可能暂时用作民居使用,但其在北京建筑历史上具有重要的地位,一旦因施工发生损坏将产生无法估量的损失。对于此类老旧平房,调整系数为 0.5～0.8(即最大曲率乘以 0.5～0.8 的调整系数,或最小曲率半径指标除以 0.5～0.8 的调整系数)。

5.4 盾构施工对古旧平房的影响范围划分

5.4.1 盾构施工下建筑变形曲率的计算

依据本篇第 3.2.3 节所提出的刚度修正法,建筑物在盾构隧道施工影响下的沉降高斯曲线,可如下式描述,即:

$$s=\frac{A\cdot V_l}{\sqrt{2\pi}K^M z_0}\exp\left[\frac{-x^2}{2K^{M2}z_0^2}\right] \tag{3.5.4}$$

式中,对于建筑物沉降宽度有:

$$i^M=K^M z_0=\eta^M K z_0=\eta^M i \tag{3.5.5}$$

由此式(3.5.4)也可写为如下形式:

$$s=\frac{A\cdot V_l}{\sqrt{2\pi}\eta^M i}\exp\left[\frac{-x^2}{2(\eta^M i)^2}\right] \tag{3.5.6}$$

建筑物沉降曲线的曲率 $1/\rho$ 可由下式求出:

$$\frac{1}{\rho}=\frac{\dfrac{\mathrm{d}^2 s}{\mathrm{d}x^2}}{\left[1+\left(\dfrac{\mathrm{d}s}{\mathrm{d}x}\right)^2\right]^{3/2}}=\frac{s''}{[1+(s')^2]^{\frac{3}{2}}}\approx\frac{\mathrm{d}^2 s}{\mathrm{d}x^2} \tag{3.5.7}$$

将式(3.5.6)代入,可得:

$$\frac{1}{\rho}\approx\frac{A\cdot V_l}{\sqrt{2\pi}(\eta^M i)^3}\left[\frac{x^2}{(\eta^M i)^2}-1\right]\exp\left[\frac{-x^2}{2(\eta^M i)^2}\right] \tag{3.5.8}$$

依据本篇 3.2.4 节中对盾构施工下古旧平房沉降进行的高斯曲线拟合结果,剔除异常数据后,s_{max} 取值范围为 4～14 mm,统计平均值为 7.8 mm;K^M 取值范围为 0.3～0.6,统计平均值为 0.45。

作为一个例子,设盾构隧道中心线埋深 20 m。由本篇第 3 章内容可知,建筑物沉降高斯曲线宽度系数 K^M 主要与地质条件、结构刚度有关,本例中按统计平均值 0.45 取值;地层损失率 V_l 不仅与工程地质、水文地质条件有关,更是与施工方法、施工技术水平和管理水平等因素有关。选取以下两组地层损失率参数,代表了两种不同盾构施工水平下对地表房屋的影响,见表 3.5.6。

表 3.5.6 地层损失率参数取值

盾构施工水平	地层损失率 V_l(%)	对应的沉降曲线中心点最大值 s_{max}(mm)	取值依据
变形控制正常	0.7	8.7	沉降参数取值范围内的统计平均值
变形控制不利	1.1	13.8	沉降参数取值范围内超越概率 5%

注:表中与地层损失率对应的沉降中心点最大值 s_{max} 按下式计算:

$$s_{\max} = \frac{A \cdot V_l}{\sqrt{2\pi} K^M z_0} \tag{3.5.9}$$

在变形控制正常施工水平下，建筑物沉降曲线的曲率和曲率半径如图 3.5.3 和图 3.5.4 所示。

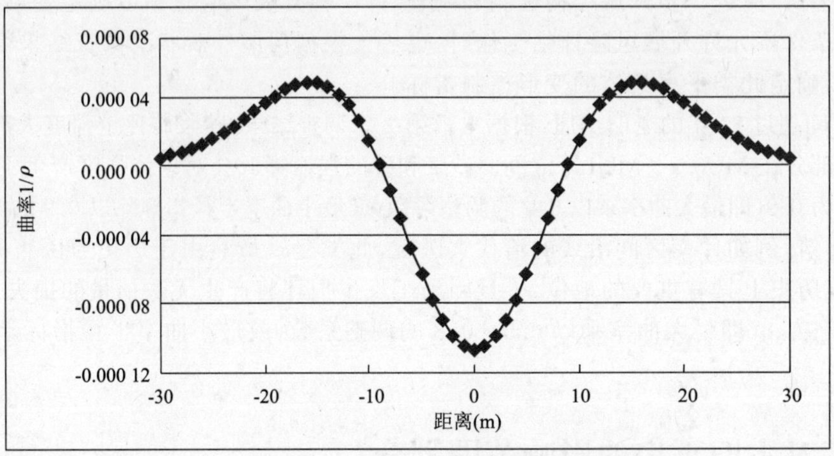

图 3.5.3　变形控制正常施工条件下的建筑物沉降曲率

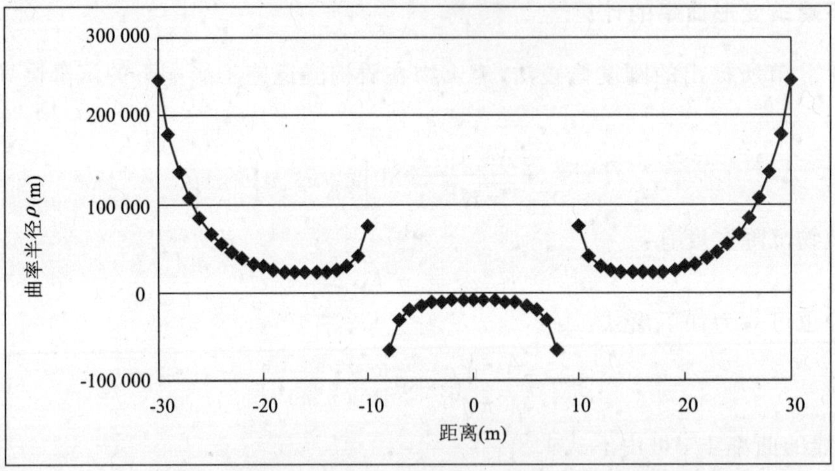

图 3.5.4　变形控制正常施工条件下的建筑物沉降曲率半径

在变形控制不利施工水平下，建筑物沉降曲线的曲率和曲率半径如图 3.5.5 和图 3.5.6 所示。

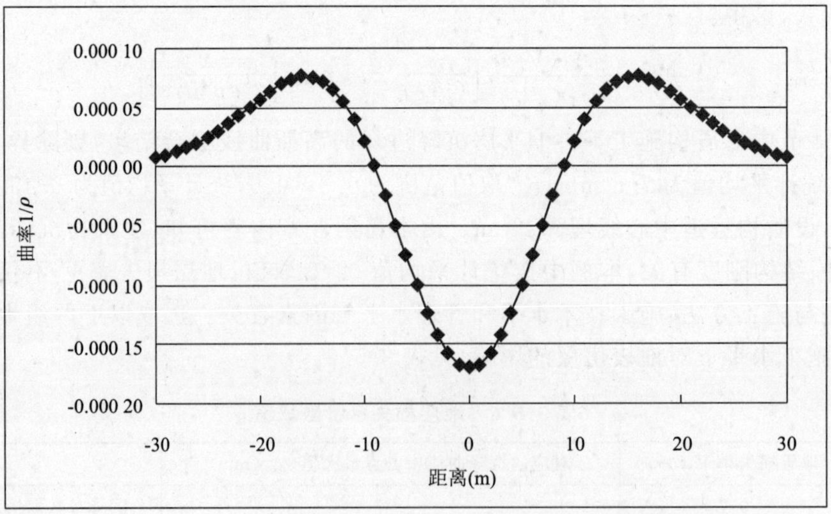

图 3.5.5　变形控制不利施工条件下的建筑物沉降曲率

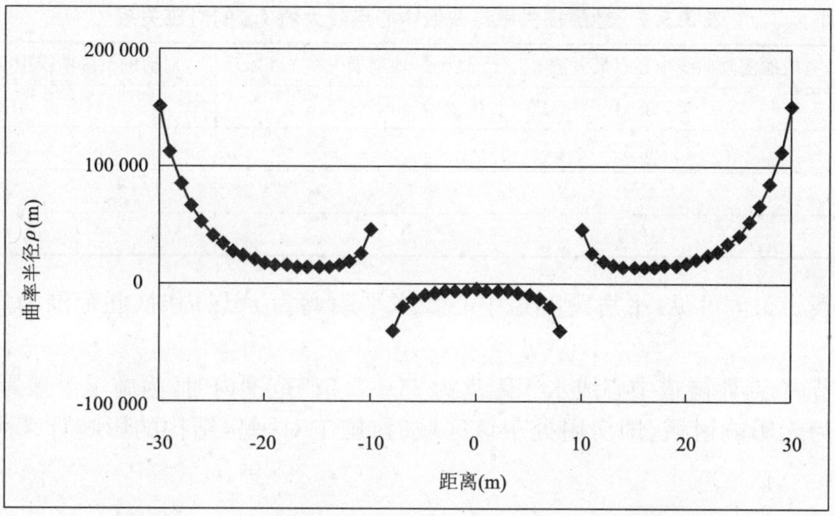

图 3.5.6　变形控制不利施工条件下的建筑物沉降曲率半径

5.4.2　盾构施工影响范围的确定

在对建筑物沉降曲线曲率计算的基础上，研究建筑物沉降曲线参数与曲率半径的关系，并确定盾构施工下的古旧平房影响范围，即一座结构现状A级的平房距离隧道中心线多远的才不致发生表3.5.3中的"中等损坏"。

由图3.5.4可知，在变形正常施工条件(隧道中心线埋深20 m，K^M=0.45，V_l=0.7%，对应中心点最大沉降s_{max}=8.7 mm)下，建筑物最小曲率半径绝对值为9 310 m，大于一般平房变形曲率控制标准7 000 m，即在此施工条件下，房屋结构安全。

由图3.5.6可知，在变形控制不利施工条件(隧道中心线埋深20 m，K^M=0.45，V_l=1.1%，对应中心点最大沉降s_{max}=13.8 mm)下，建筑物最小曲率半径绝对值为5 870 m，距隧道中心线两侧3 m范围内的古旧平房变形曲率半径小于控制标准7 000 m，平房结构可能出现损坏。

进一步对比建筑物沉降曲线曲率半径ρ与地层损失率V_l之间的关系，见图3.5.7和表3.5.7。以ρ_{min}=7 000 m作为标准，当建筑物沉降高斯曲线地层损失率V_l达到0.9%(对应的曲线中点最大沉降s_{max}达到11 mm)以上时，隧道中心线正上方的平房结构就可能发生破坏；当建筑物沉降高斯曲线地层损失率V_l达到1.5%(对应的曲线中点最大沉降s_{max}达到19 mm)以上时，距隧道中心线水平距离小于9 m的平房结构可能发生破坏。

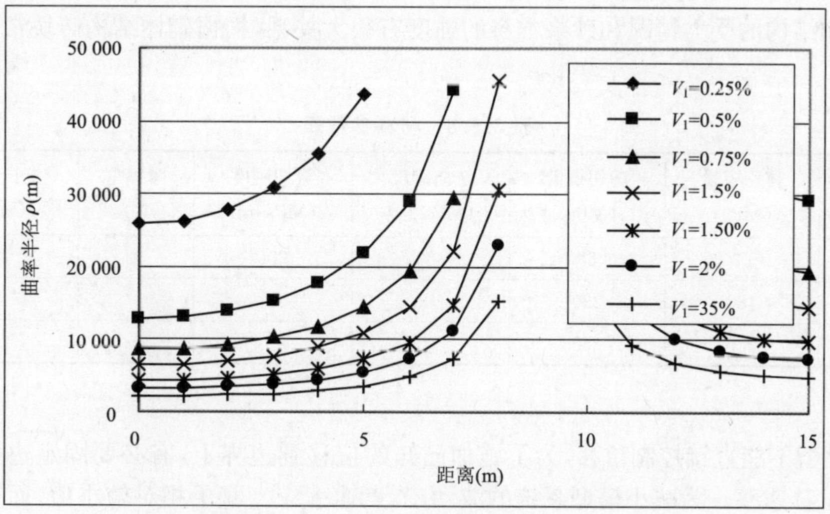

图 3.5.7　曲率半径与地层损失率的关系

表 3.5.7　地层损失率与曲线中心点最大值 s_{max} 的对应关系

地层损失率 V_l(%)	对应的沉降曲线中心点最大值 s_{max}(mm)	地层损失率 V_l(%)	对应的沉降曲线中心点最大值 s_{max}(mm)
0.25	3.1	1.5	18.8
0.5	6.3	2	25.1
0.75	9.4	3	37.6
1	12.5		

由图 3.5.7 和表 3.5.7 可见，平房距隧道中心线水平距离为 i^M 以内时，此范围为盾构施工影响显著区域。

结合本篇 3.3 节内容，距隧道中心线水平距离为 i^M～$2.5i^M$ 范围内时，为施工一般影响区域；水平距离为 $2.5i^M$ 范围以外为无影响区域，即房屋处于该区域时，施工对平房结构的影响计算可以得到偏安全的结果。

5.5　古旧平房变形指标的离散元能量法分析

前述在基于对北京市区砖混结构建筑的损坏程度进行了大规模的详细调查和对盾构施工影响下沉降规律的分析基础上，提出古旧平房变形的允许最小曲率。除此之外，本节针对随地表沉降的砌体结构，介绍利用离散元分析软件 UDEC 对房屋结构进行数值分析得到的结构损伤云图和结构裂缝发展规律，同时研究了建筑物在变形过程中的能量吸收和耗散的规律，提出以静能峰值指标作为砌体结构安全的控制指标，可供砌体结构房屋损坏评价时参考。

5.5.1　模型建立

(1)模型选择

离散元可以反映非连续介质之间的滑移、裂缝和倾覆旋转，同时也能反映介质的应力变化，故本文采用 UDEC 进行模拟分析。考虑到北京地区古旧平房结构形式多样、构造复杂，大部分裂缝都是在平面内开展，因此本文将盾构隧道施工引起的古旧平房开裂问题简化为平面应力问题(例如薄板拉压问题)[56]-[59]，研究其变形和裂缝开展、扩展的规律，如图 3.5.8。

图 3.5.8　计算模型

假定砌体结构是由砂浆、砖块和接触黏结带组成的三相复合材料。砌体在拉伸、剪切和弯曲时的破坏，一般发生在砂浆和块体的结合面处。因此，砌体结构的抗拉、抗弯和抗剪强度主要取决于灰缝和块体的黏结强度，即与整个砌体结构的受力情况和砂浆本身的强度有很大关系，根据砌体结构砖块常规实验数据选取参数，见表 3.5.8。

表 3.5.8　材料参数表

材料	密度 (kg/m³)	体积模量 (MPa)	剪切模量 (MPa)	法向刚度 (MPa/m)	剪切刚度 (MPa/m)	摩擦角 (°)	抗拉强度 (kPa)	内聚力 (kPa)
砂浆	1 800	50	68	180	200	12	10	21
砖块	2 000	180	220					
过梁	2 100	220	250					

(2)基础变形

由于 UDEC 模型不能直接控制位移，为了施加已知的位移到边界上，有必要固定边界或对于给定的迭代步，给出边界的位移速率。为减小模型系统的波动，节点速率应当赋予相对较小值，而迭代步数应赋予相对较大值，后者与前者的比值宜控制在 10^6 数量级以上。

在除了顶面(可以通过顶面加荷载，其应力按照 $q=22$ kPa 考虑，模拟承重墙；自由边界，模拟非承重墙)

取为自由边界，其他边界面均采取切向约束和法向约束的条件下，进行自重平衡，然后进行位移清零，再给节点施加速度边界（节点速率＝目标位移/迭代步）。若不改变边界条件，UDEC 将默认继续使用速度边界，故再给边界赋予零速率（即边界停止主动位移），然后运算直到平衡。

本节主要分析盾构隧道施工引起的沉降对上述墙体的影响，盾构隧道开挖引起的地表沉降满足 Peck 曲线规律[60]，如图 3.5.9 所示，V_l 等于隧道开挖面积减去隧道最终面积，V_s 为沉降槽面积[61]~[63]。分析砌体结构分别在 Peck 曲线中 ab、bc 和 cd 三个典型变形区域的开裂情况。

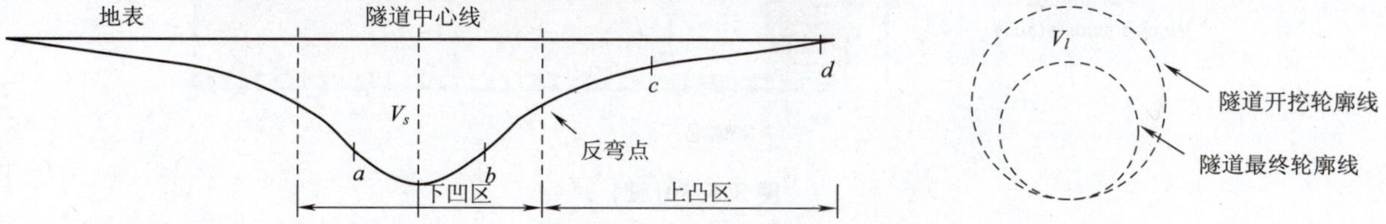

图 3.5.9　沉降曲线形态

5.5.2　模拟工况及结果

（1）裂缝分析

砌体结构中裂缝的开展，从微观角度看，是一个应力非线性增长导致微裂缝离散分布与发展的过程；从宏观角度看，是一个微裂缝逐渐形成贯通裂缝的过程。

按平面应力问题考虑，以 10 kPa 设定为裂缝开始发展的临界值，来模拟裂缝的发展过程（牛津大学 H. J. Burd）[64]。可以得到，如图 3.5.10 所示的损伤（即强度与应力之比）云图，比值以 1 为下限，比值越大说明强度储存越多。以下针对 3 种情况分别讨论：

(a)情况一

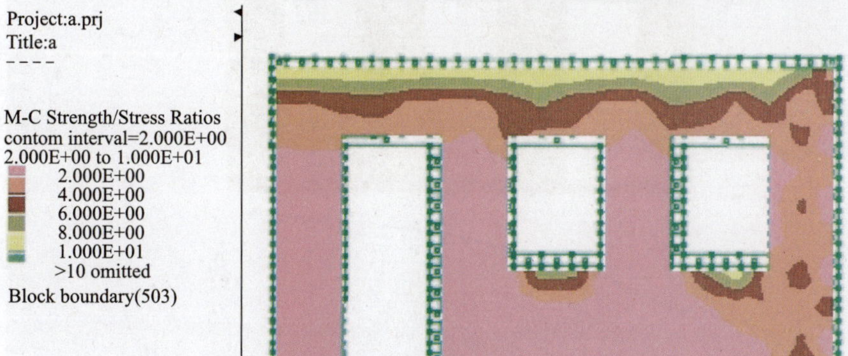

(b)情况二

图 3.5.10　不均匀沉降下损伤云图

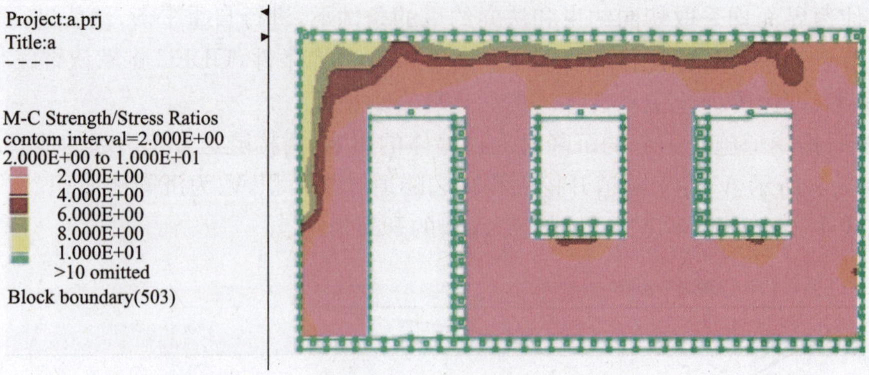

(c)情况三

图 3.5.10(续)

情况一，结构位于 *ab* 区，当中部沉降较大时，曲线中心最大沉降值为 18 mm，斜裂缝出现在墙体下部，呈八字形分布。

情况二，结构位于 *bc* 区，即墙体基础中心处于 Peck 沉降曲线的反弯点上时，反弯点处沉降 11 mm，将在沉降曲线上凸区的墙体下部产生裂缝并延伸至窗底，并且墙体顶部出现大面积拉应力区。

情况三，结构位于 *cd* 区，即墙体位于 Peck 曲线边缘处，最大沉降为 5 mm，主要在墙体顶部产生显著受拉区，窗口底部也有拉应力区存在。

不均匀沉降下墙体裂缝发展规律，如图 3.5.11 所示。

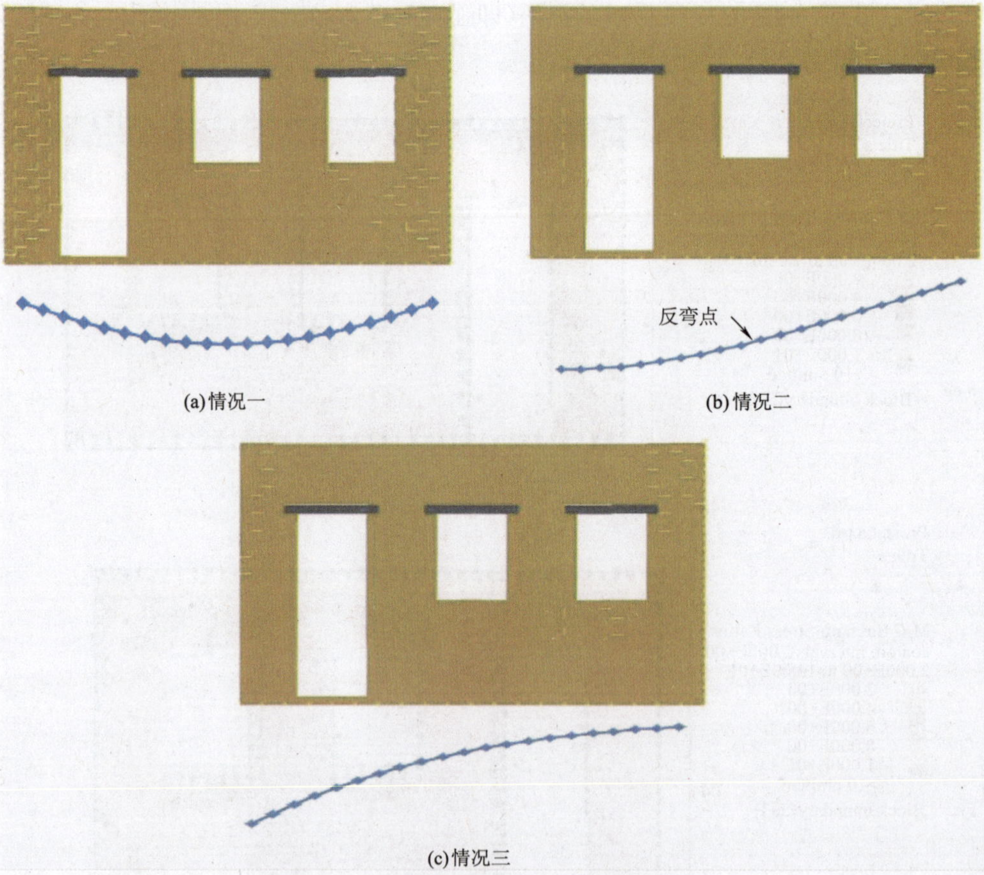

(a)情况一　　(b)情况二

(c)情况三

图 3.5.11　不均匀沉降下墙体裂缝发展规律

(2)能量分析

砌体墙在基础变形后，在自重和荷载作用下会产生一系列能量的变化，本书主要通过节理应变能(能量的吸收)、节理的摩擦功(能量的耗散)以及节理吸收静能(等于节理应变能减节理摩擦功)进行描述。为了分析结构在三种情况下的可靠度，通过加大变形曲线的最大沉降，即改变差异沉降来实现。下面以情况一为例进行说明。

节理应变能变化曲线，如图 3.5.12(a)所示，节理应变能在达到 s 点后，随着基础沉降，节理应变能曲线将进入一段类似于“屈服”的曲线段。当屈服段过去之后，节理应变能又随着沉降增大而增大。

节理的摩擦功变化曲线，如图 3.5.12(b)所示，情况二和情况三都是一条类似于指数函数曲线的大致走势，而情况一的 d 点，说明砌体结构在对称沉降作用下会产生一个节理摩擦功减小的趋势，其后恢复指数函数走势。

砌体墙从基础开始变形到破坏的全过程可以分为三个阶段，如图 3.5.12(c)所示：

第一阶段(原点到静能峰值点 p)：p 点为节理吸收静能最大点，该阶段节理吸能大于耗能。虽然砌体墙在基础变形下产生微裂缝，微裂缝之间相互贯通并且逐步在墙体内开展，但结构是安全的。

第二阶段(p 点至静能零点 b)：b 点为节理吸收静能为零的点，在 $p \sim b$ 的过程中，节理耗能大于吸能，但节理吸收静能仍然大于零。砌体墙内裂缝近一步扩大，墙体安全性不断降低。

第三阶段(静能零点 b 以后)：节理吸收静能为负值，负值越大表明所能提供维持墙体稳定的有效节理越少。随着基础位移的增大，形成贯通裂缝，砖块之间滑动加剧，裂缝进入非稳定状态，即破坏阶段。

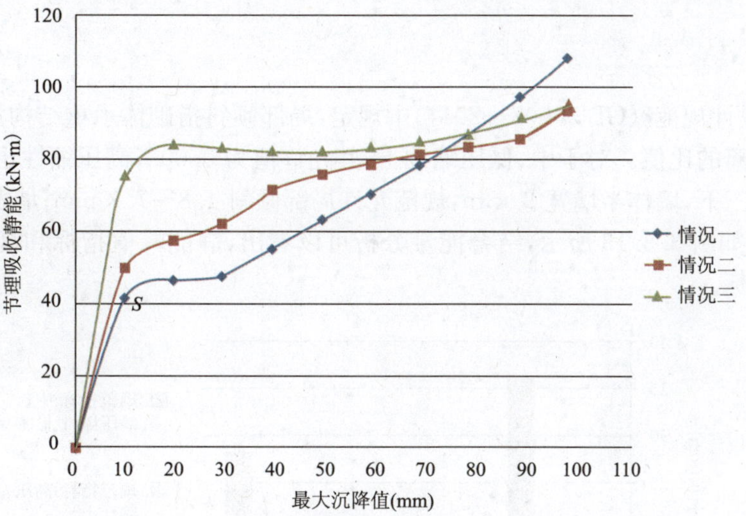

(a)情况一

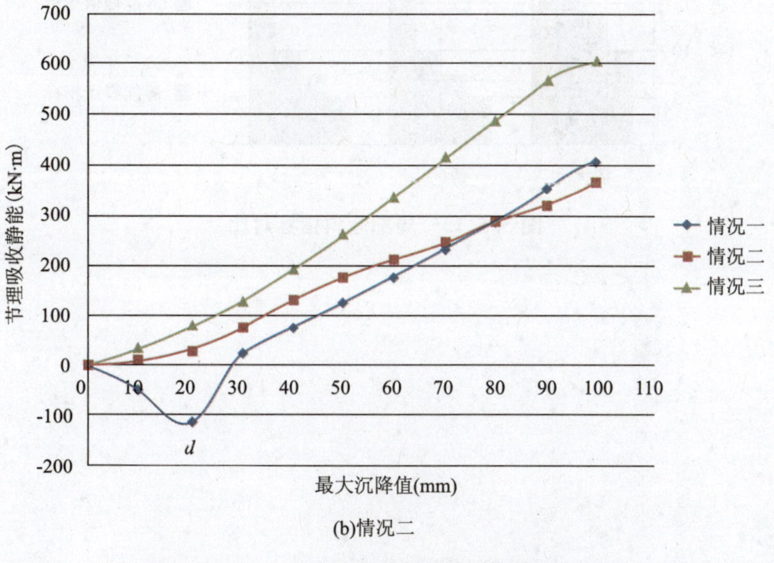

(b)情况二

图 3.5.12　不均匀沉降下墙体能量变化曲线

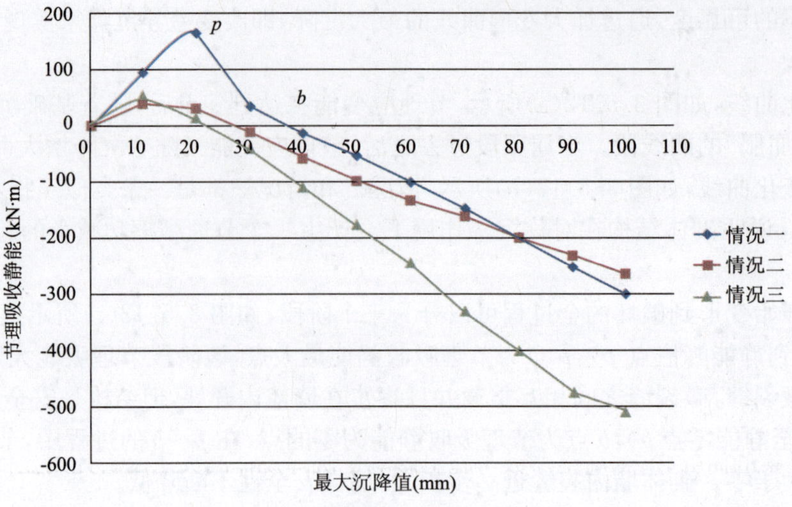

(c)情况三

图 3.5.12(续)

5.5.3　数值指标

《建筑地基基础设计规范》(GB 50007—2011)中规定,局部倾斜指砌体承重结构沿纵向 6～10 m 内基础两点的沉降差与其距离的比值。对于中、低压缩性土,其允许值为 0.002;高压缩性土,其允许值为 0.003。

在情况二和情况三下,墙体半墙宽 2.4 m,规范允许局部倾斜 4.8～7.2 mm;墙宽 4.8 m,规范允许局部倾斜 10～14.4 mm。如图 3.5.13 所示,结合能量分析可以看出,静能峰值指标和规范值比较接近,可以作为安全评估的参考指标。

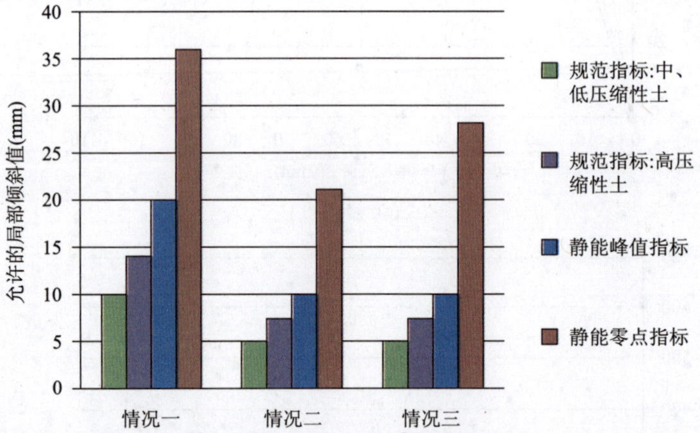

图 3.5.13　局部倾斜指标对比

第 6 章　盾构施工参数与变形控制

目前土压平衡盾构设计及施工技术已发展至较高的水平，然而由于问题的复杂性，国内外对于施工的各项参数间的相互影响关系及其对沉降的研究进展仍比较缓慢。目前针对盾构施工参数间关系的研究，大多集中在以下两个方面：①基于现场实验数据的统计分析；②根据盾构掘进运动的数学物理方程推导出各参数间的关系。前者所得结论通常具有较大的统计误差和随机性，而后者的理论分析大多停留在较为孤立的研究，仅分析单个参数或两个参数之间的关系，无法形成各类参数之间复杂的相互影响的分析结论。与此同时，相对于对盾构参数以及参数间关系的研究，盾构施工参数与施工影响下沉降规律间关系的研究则显得更为缺乏。

本章首先分析了盾构施工引起地表变形的原因，分析对控制盾构施工下地表、地面建筑物沉降最为关键的施工参数。然后，基于土压平衡盾构掘进的数学物理模型和 8 号线二期南段工程中的实测数据，分析了盾构参数间的相互关系。之后，在前述盾构施工影响下地表、地面建筑物变形规律研究的基础上，讨论盾构施工参数与变形规律的关系，首次提出了一个包括各主要盾构施工参数在内的沉降参数分析模型。最后，采用灰关联分析方法，分析比较不同施工参数对地表、地面建筑物沉降规律的影响程度。

6.1　盾构隧道掘进施工引起的地层位移机理

6.1.1　盾构法隧道引起的地层位移

要分析盾构施工与沉降规律的关系，首先应始于盾构隧道施工引起的地层位移机理。综合国内外各种划分方法（Mair，1997[65]；吴全中，2003[66]；席锦州，2004[67]），盾构隧道施工引起的地层位移可以划分为以下 5 个阶段（图 3.6.1）：

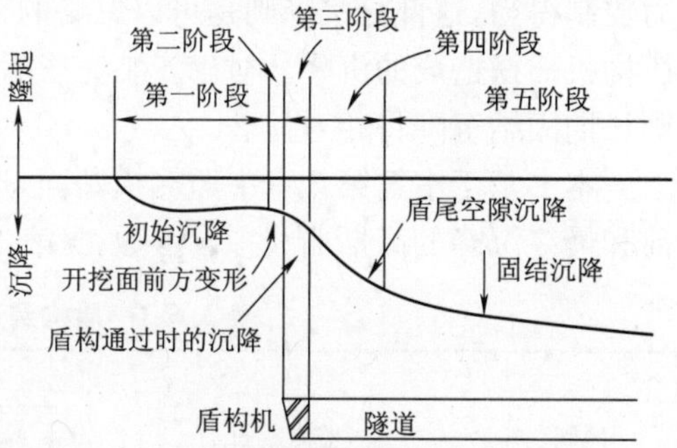

图 3.6.1　盾构隧道引起地面变形规律

（1）先行沉降——盾构到达前

根据实际观测，当隧道开挖面距地面观测点还有相当距离（数十米）的时候，就可以观测到地面的沉降。有文献认为是盾构机掘进造成的地下水流动和水位降低而造成的。但对于软黏土地层，这种解释似不合理，因为在这种地层中，土的固结和盾构隧道的开挖速度相比无疑很慢，因此隧道的开挖面处的排水固结很难影响到数十米之外的地层。这部分沉降应该还是开挖导致的应力释放、重分布所致。

（2）开挖面前的沉降或隆起——盾构到达时

当盾构机（开挖面）距观测点较近（约几米）直至开挖面位于观测点正下方之间，由于开挖面的位移、盾构机的推力过大等所引起的开挖面土压力失衡，引起地层沉降或隆起现象。这是一种由于土体的应力释放或盾构开挖面的反向土压力作用而产生的地基变形。

（3）推进沉降——盾构通过时

指从开挖面到达观测点的正下方之后直到盾构机尾部通过观测点为止这一期间所产生的沉降，主要是盾构推进过程中对土的扰动所致。例如盾构外壳与土层之间形成剪切滑动面，由此产生的剪切应力引起地表变形。另外，盾构推进时，其轴线并不能总保持与隧道轴线一致，盾构以“仰头”和“叩头”形式推进时，必然引起土体的部分受压和部分松弛，由此也会引起附加地面变形。此外，盾构为修正蛇形和曲线上推进而进行超挖（over-cutting edge bead），也会使周围土体松弛范围扩大而助长了地面下沉。有时由于盾构千斤顶漏油回缩引起盾构后退，开挖面土体失去平衡造成土体坍塌或松动，也是地面沉降的原因之一。

（4）盾尾空隙沉降——盾构通过后

盾尾空隙沉降指盾构机的尾部通过观测点的正下方时所产生的沉降，是盾尾空隙（即管片拼装后与盾构外壳之间空隙，tail void）的土体应力释放所引起的弹塑性变形。盾尾空隙一般通过对隧道外围及时压浆来充填，充填压浆不及时、压浆量不足或压力不适当时，会使盾尾后周边土体失去原始三维平衡状态，而向盾尾空隙中移动，造成地层损失，特别是对含水不稳定地层更是如此。

另外，隧道衬砌脱离盾尾后，作用于衬砌上的土压力和水压力将使衬砌产生变形，也会导致地面少量的沉降。

(5)后续沉降——长期

指固结和次固结（蠕变残余变形）引起的沉降，主要是孔隙水压力逐步重新达到长期的平衡状态，由此而引起的有效应力的变化而引起。这部分变形也可能表现在衬砌的变形上。根据我国上海地区经验，地面后期固结变形多数只占地面总变形量的较小部分（约为 5%～30%）。但在孔隙比和灵敏度较大的软塑和流塑性黏土中，次固结沉降往往要持续几年以上，它所占总沉降量比例也可能高达 35%以上。

刘建航、侯学渊(1991)[62]将地面变形简化为三个阶段，即：(1)盾构到达前的地面变形，对应于上述第 1、2 阶段；(2)盾构到达和通过时的地面变形，对应于上述第 3、4 阶段；(3)地表后期固结变形，对应于上述第 5 阶段。有文献将长期变形（固结、次固结引起的）称为“后期沉降”，而将前面产生的沉降统称为“前期沉降”或“施工沉降”（唐益群等，1995）[68]。

6.1.2　各阶段变形对总变形的贡献

曾经有很多学者试图给出上述各阶段的变形占总沉降的比例。黄宏伟、张冬梅(2001)[69]通过对法国、美国、日本、泰国和我国上海地区实测资料的分析总结发现，不同地区、不同的工程，实测得到的各个阶段产生的沉降占总沉降的比例差别很大。主要的决定因素有土层条件、施工水平、周围施工环境等。其中施工水平对沉降影响主要体现在两个方面：盾构工作压力的控制和盾尾注浆的控制。若地层为软弱黏土，盾构机械的扰动及注浆的扰动等，会造成其后期沉降较大。除此以外，邻近的施工环境也会对地表沉降造成较大的影响。因此只能是根据当地、相同的施工经验、施工工艺等确定后续工程的经验比例关系。

对于一般情况，仍能够得出以下基本规律：在大多数情况下，特别是在黏性土中采用开敞式的开挖技术时，第一阶段的沉降特别重要。但是，如果采用密闭式的盾构技术（如泥水或土压平衡盾构），如果开挖面压力控制得当，这部分沉降则是可以忽略的。对密闭式的开挖技术，更应该关注的是超挖引起的空隙，或者是盾构机摇摆造成的沉降。衬砌安装完毕后的沉降对于其他来说一般相对较小。在软黏土中进行隧道开挖，则长期固结沉降将相对显著。

本书基于本篇第 3 章中监测横断面，选取鼓什区间左线和南中区间右线沿线监测横断面，对比盾构达到前和最终沉降的高斯曲线拟合参数，见表 3.6.1。

表 3.6.1　盾构到达前沉降和最终沉降的高斯曲线拟合参数对比

区间	监测断面	到达前沉降高斯曲线拟合参数			最终沉降高斯曲线拟合参数		
		s_{max}^M mm	K^M	V_l^M %	s_{max}^M mm	K^M	V_l^M %
鼓什区间左线	横断面 1(18 环)	6.6	0.51	0.60	21.3	0.54	2.09
	横断面 2(30 环)	6.5	0.45	0.54	21.1	0.42	1.59
	横断面 3(49 环)	5.7	0.52	0.54	14.0	0.50	1.28
	横断面 4(120 环)	4.4	0.29	0.23	9.2	0.36	0.59
	横断面 5(142 环)	2.5	0.40	0.18	6.0	0.44	0.48
	横断面 6(145 环)	3.1	0.43	0.24	5.4	0.57	0.56
	横断面 7(164 环)	2.6	0.43	0.20	4.5	0.36	0.29
	横断面 8(188 环)	3.8	0.43	0.30	6.4	0.51	0.58
	横断面 9(208 环)	2.4	0.54	0.23	12.0	0.39	0.83
	横断面 10(341 环)	3.5	0.33	0.19	7.0	0.45	0.51
	横断面 11(369 环)	3.0	0.41	0.20	4.3	0.49	0.35
	横断面 12(397 环)	3.3	0.32	0.18	6.2	0.34	0.34
	横断面 13(578 环)	5.8	0.65	0.61	8.3	0.65	0.87

续上表

区间	监测断面	到达前沉降高斯曲线拟合参数			最终沉降高斯曲线拟合参数		
		s_{max}^M	K^M	V_l^M	s_{max}^M	K^M	V_l^M
		mm		%	mm		%
南中区间右线	横断面 1(23 环)	3.3	0.37	0.28	7.5	0.36	0.61
	横断面 2(48 环)	4.5	0.60	0.60	9.3	0.54	1.12
	横断面 3(74 环)	3.3	0.41	0.31	8.7	0.44	0.85
	横断面 4(136 环)	2.0	0.45	0.21	5.4	0.39	0.48
	横断面 5(226 环)	3.2	0.33	0.24	7.0	0.30	0.48
	横断面 6(424 环)	2.2	0.44	0.23	5.2	0.51	0.62
	横断面 7(439 环)	2.5	0.26	0.15	6.4	0.29	0.44
	横断面 8(548 环)	2.0	0.63	0.28	8.3	0.48	0.89
	横断面 9(571 环)	4.0	0.14	0.12	11.0	0.35	0.83
	横断面 10(602 环)	4.0	0.19	0.16	11.8	0.30	0.77
	横断面 11(632 环)	3.5	0.33	0.24	6.5	0.63	0.85
	横断面 12(733 环)	1.5	0.19	0.05	6.9	0.59	0.77

由表 3.6.1 可见，基于两区间沉降监测数据，约 80％横断面的盾构到达前沉降量占总沉降量的比值在 28％～52％的范围内。

根据盾构施工引起的地表沉降原因分析，盾构施工过程中，以下两个环节的施工控制管理对减少地层变形至关重要：

(1)通过合理设定盾构掘进参数，保证开挖面稳定，减少施工对土体的扰动，避免前期过大沉降；

(2)通过注浆质量管理，保证后部间隙及时填充(要求密实、均匀)，减少盾构通过后地层沉降。

本章下文将从盾构掘进参数和注浆参数两方面，分析盾构施工参数的分布规律，及其与地表、地面建筑物变形规律的关系。

6.2　盾构掘进参数规律

6.2.1　盾构掘削面稳定机理

由于隧道的掘削作业，如果从地层内的应力关系看，相当于卸载。因此从力学观点看，要想使掘削面稳定必须施加相当于卸载的土压与水压。鉴于上述考虑的土压平衡盾构(Earth Pressure Balanced Machine，EPB)的原理示意如图 3.6.2 所示。

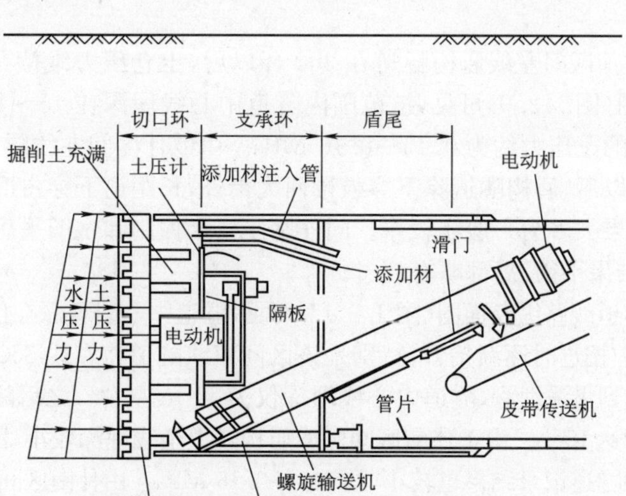

图 3.6.2　土压平衡盾构原理图

土压平衡盾构属封闭式盾构。盾构推进时其前端刀盘旋转掘削地层、土体，掘削下来的土体涌入土仓。当掘削土体充满土仓时，由于盾构的推进作用，致使掘削土体即对掘削面加压。当该加压压力（削土土压）与掘削地层的土压＋水压相等，随后若能维持螺旋输送机的排土量与刀盘的掘土量相等，把这种稳定的出土状态称为掘削面平衡，即稳定。

土压平衡盾构掘削面稳定的必要条件如下：

①土仓土压必须可以对抗掘削面上地层的土压和水压。

②必须可以利用螺旋输送机等出土机构，调节出土量。

③对必须混入添加材的土质而言，注入的添加材必须可使泥土（混入添加材的掘削土）的塑流性和抗渗性提高到满足掘面稳定要求的水准。

6.2.2　盾构掘进参数取值及分布统计

土压平衡盾构主要的工作参数包括：土仓压力、总推力、掘进速度、螺旋机转速、出土量、刀盘转速和刀盘扭矩。

（1）土仓压力

处于土压平衡盾构前部的密封土仓中的土压力是盾构掘进过程中一个极为关键的控制参数，其值的大小关系到开挖面的稳定和地面的变形。当土仓内的土压力大于掘进前方地层中土压和水压之和时，地表将隆起；反之，地表将下降。

鼓什区间左线、什南区间左线、南中区间左线 3 条区间工程的盾构设备施工过程中，均于土仓内设置 4 个土压计，记录盾构掘进过程中的土仓压力变化。取某一环下 4 个土压计的实测数据平均值代表该环施工的土仓压力，则上述区间工程盾构施工过程中的土仓压力见图 3.6.3。

由图 3.6.3(a)可见，鼓什区间左线盾构隧道施工过程中，在 100～300 环左右土仓压力维持在较高的水平，约 0.2～0.23 MPa。对比鼓什区间左线隧道线路纵断面图（图 1.2.9），该范围内隧道中心线埋深在 20 m 左右，假定近似认为土体重度约为 20 kN/m^3，线路沿线上覆地层内摩擦角平均值约为 30°（即土的侧压力系数约为 $1-\sin\phi=0.5$），则可估算该范围内隧道中心线埋深处的土压力约为 0.2 MPa。相比之下，土仓压力基本与该深度处的土压力估算结果平衡，局部略有超过。对比鼓什区间左线隧道线路平面图（图 1.2.6）可见，在该范围内盾构隧道长距离下穿古旧平房院落，房屋以砌体结构平房为主，结构现状评估结果大多为一般或较差，此范围内的土仓压力取值方法可确保盾构施工对所穿越平房扰动最小。部分房屋可能在盾构机掘进通过时略有隆起，考虑到初始衬砌脱离盾尾后土体将挤入盾尾空隙，即使及时注浆也不可避免引起地表、地面建筑物沉降，掘进时引起房屋产生一定的隆起，虽然会减小总沉降，但是通常情况下由于房屋抵抗隆起变形的能力较差，应严格控制隆起的产生，因此土仓压力不应超过土压力过大。

由鼓什区间左线隧道线路平面图（图 1.2.6）可见，该线路 300～360 环范围内，线路穿越旧鼓楼大街。由图 3.6.3(a)可见，相比于穿越古旧平房群，该范围内土仓压力值低于 100～300 环范围内土仓压力值，约 0.12～0.16 MPa。

由图 3.6.3(a)可见，鼓什区间左线盾构隧道在 360 环以后，土仓压力维持在 0.18～0.2 MPa。由鼓什区间左线隧道线路纵断面图（图 1.2.9）可见，该范围内隧道中心线埋深在 15～18 m 左右，按前述土压力估算方法，隧道中心线埋深处的土压力约为 0.15～0.18 MPa。由鼓什区间左线隧道线路平面图（图 1.2.6）可见，左线盾构隧道在 360 环以后，盾构隧道除下穿鼓楼西大街外，长距离下穿古旧平房院落，房屋以砌体结构平房为主，结构现状评估结果大多为一般或较差。同样基于变形控制和古旧平房保护的考虑，土仓压力基本与该深度处的土压力估算结果平衡，局部略有超过。

由什南区间左线盾构隧道线路纵断面图（图 1.2.15）可见，隧道中心线埋深在位于什刹海站一侧约 20 m 左右，隧道在向南锣鼓巷站方向掘进时逐渐抬升，特别是该区间双线隧道在左线 360 环左右逐渐变为叠落布置，区间左线在 370 环左右处达到最浅埋深，隧道中心线埋深仅为 11 m 左右。之后隧道中心线埋深有所增加，在到达南锣鼓巷站时隧道埋深达 15 m。由于什南区间左线盾构隧道全线埋深较小，因此由图 3.6.3(b)可见，土仓压力相对鼓什区间左线盾构隧道记录结果也较小，约 0.1～0.16 MPa。由什南区间左线盾构隧道线路平面图（图 1.2.14）可见，在该区间 100～120 环范围内，盾构穿越风险建筑物天汇大院居民楼，然而由于特殊原因，该穿越段风险工程不具备地表变形监测条件，该范围内土仓压力维持在一个相对较高的水平，为 0.13～0.15 MPa。

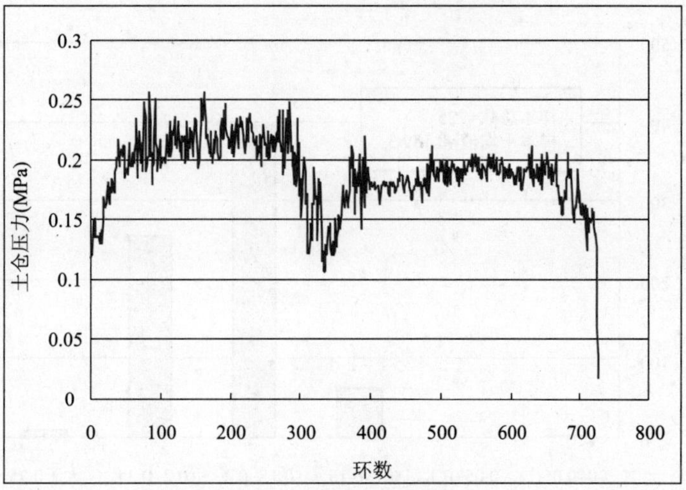

(a)鼓什区间左线

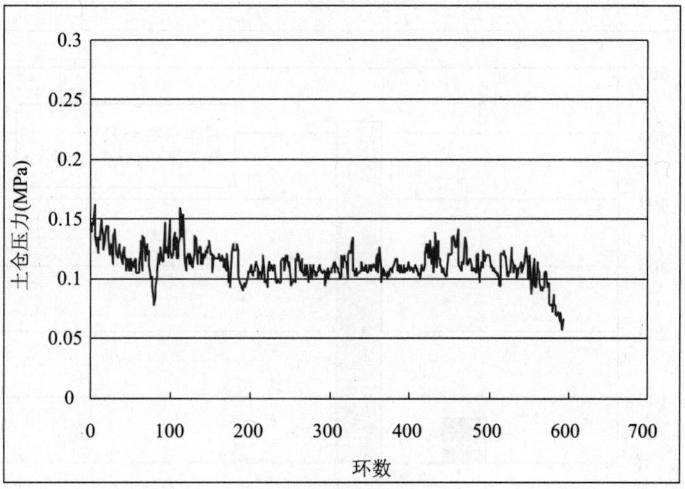

(b)什南区间左线

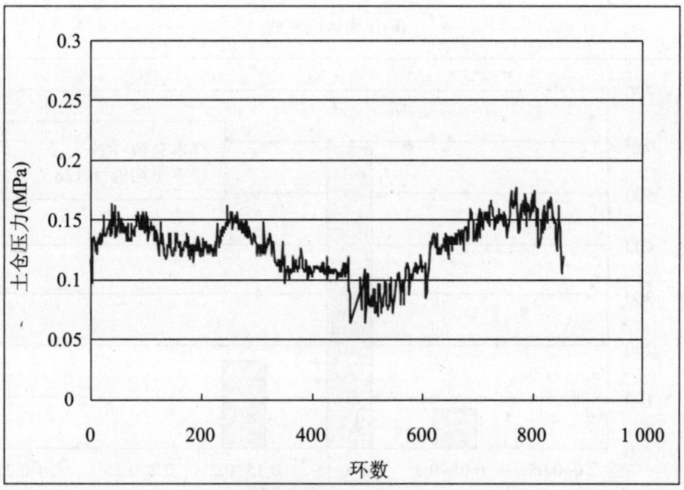

(c)南中区间左线

图 3.6.3　盾构掘进过程中的土仓压力

同样考虑隧道埋深条件和隧道长距离穿越古旧平房群等原因，由图 3.6.3(c)可见，南中区间左线盾构隧道土仓压力全线大部分为 0.1～0.15 MPa。此外，考虑到该线路在 465～480 环布置有盾构竖井，后半段区间盾构隧道施工从该处始发，因此该范围内土仓压力较小。

依据图 3.6.3 中 3 条盾构隧道工程的土仓压力记录结果进行统计，见图 3.6.4。

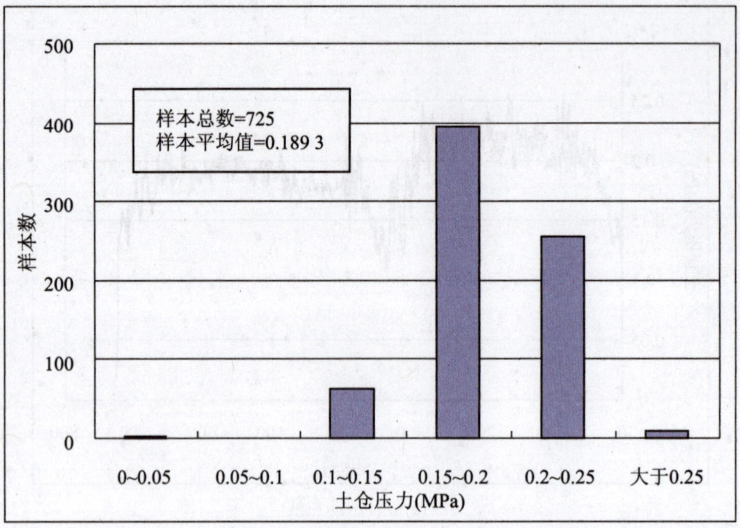

(a)鼓什区间左线

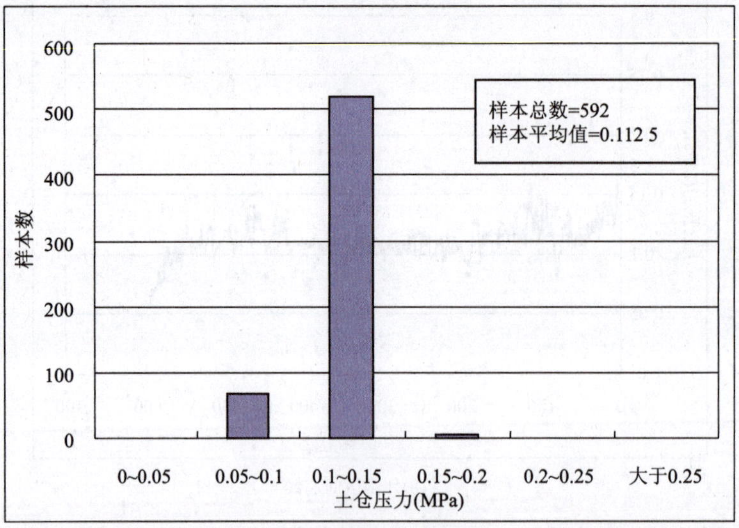

(b)什南区间左线

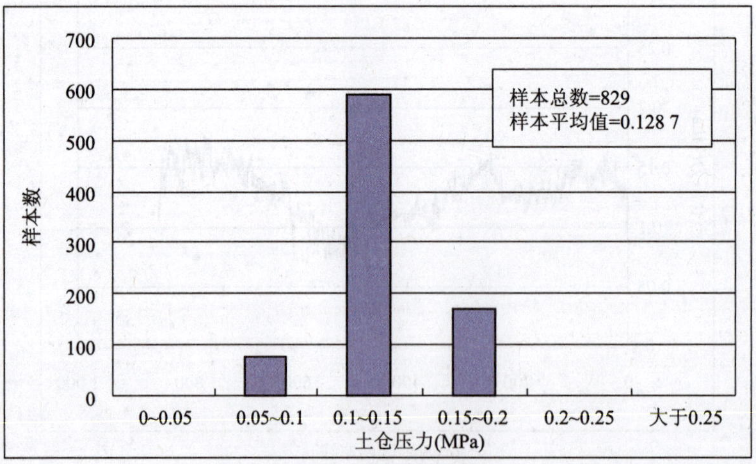

(c)南中区间左线

图 3.6.4　盾构掘进过程中的土仓压力统计结果

由图 3.6.4(a)可见，3 条区间工程中平均埋深最大的鼓什区间左线盾构隧道土仓压力相对更大，绝大部分数据分布于 0.15～0.25 MPa 范围内，土仓压力平均值为 0.19 MPa。由图 3.6.4(b)和(c)可见，什南区间左线和南中区间左线由于埋深相对较浅，所以土仓压力绝大部分分布于 0.1～0.15 MPa 范围内，土仓压力平均值：什南区间左线为 0.11 MPa，南中区间左线为 0.13 MPa。

(2)盾构千斤顶总推力

千斤顶推力是盾构设计、制造及掘进的重要控制参数。在盾构的掘削过程中,千斤顶推力不仅决定着施工速度,而且还影响着刀盘的切削扭矩、转动速度等其他参量。

对鼓什区间左线、什南区间双线、南中区间双线 5 条盾构隧道工程,测量并记录盾构推进过程中的千斤顶总推力,见图 3.6.5。

由图 3.6.5(a)可见,鼓什区间左线隧道前 250 环范围内,千斤顶总推力约为 13 000～20 000 kN,变化幅度较大;250 环之后变化幅度变小,千斤顶总推力绝大部分在 15 000～20 000 kN。

由什南区间双线盾构隧道线路平面图(图 1.2.14)和纵断面图(图 1.2.15)可见,什南区间双线隧道 0～100 环范围内埋深差别不大;双线隧道 100 环之后,右线隧道埋深变大,左线隧道埋深变小;在左线 360 环左右开始双线隧道变为叠落布置。由图 3.6.5(b)和(c)可见,与隧道埋深变化一致,什南区间双线隧道 0～100 环范围内,千斤顶总推力均约为 10 000～15 000 kN;右线隧道 100 环之后由于埋深较大,施工时千斤顶总推力也较大,约为 15 000～25 000 kN;左线隧道 100 环之后的千斤顶总推力较小,约为 7 000～13 000 kN。

由南中区间双线盾构隧道线路平面图(图 1.2.16)和纵断面图(图 1.2.20)可见,南中区间双线隧道为叠落布置;双线隧道 100 环之后,右线隧道埋深变小,左线隧道埋深变大;至双线隧道 320 环左右处,双线隧道又变为平行布置,且隧道埋深差别不大。由图 3.6.5(d)和(e)可见,双线隧道在全线范围内千斤顶总推力均差别较大;0～250 环范围内,右线隧道约为 20 000～35 000 kN,左线隧道约为 10 000～15 000 kN;250 环以后范围,右线隧道约为 15 000～30 000 kN,左线隧道约为 15 000～25 000 kN。

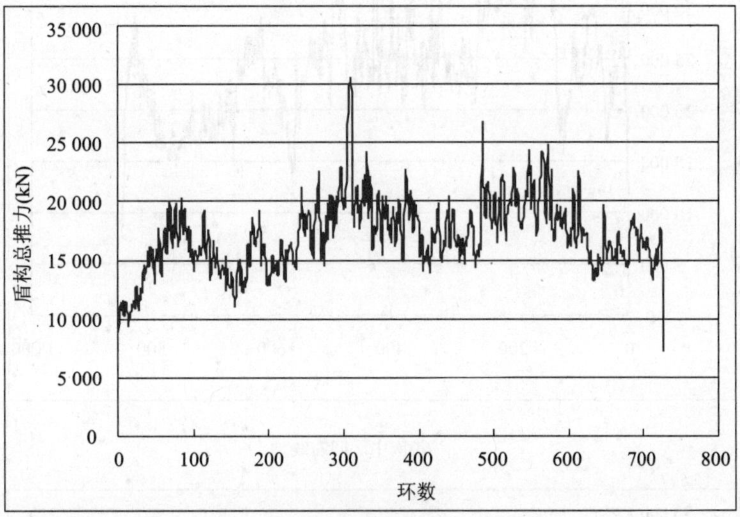

(a)鼓什区间左线

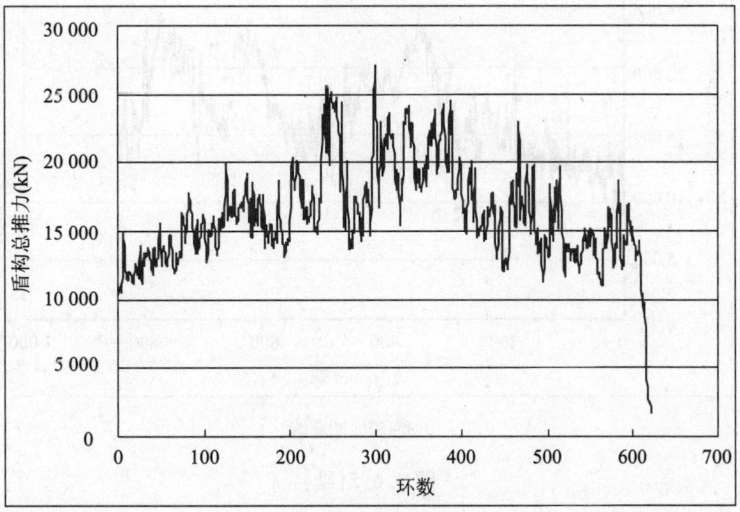

(b)什南区间右线

图 3.6.5　盾构千斤顶总推力

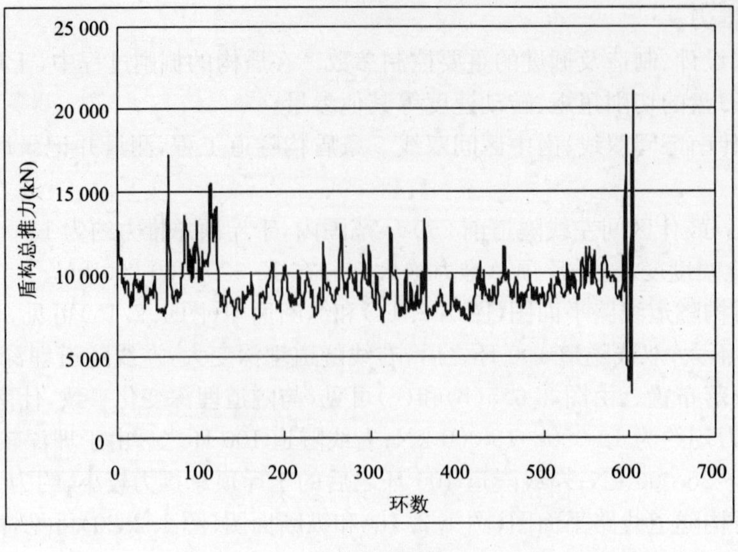

(c)什南区间左线

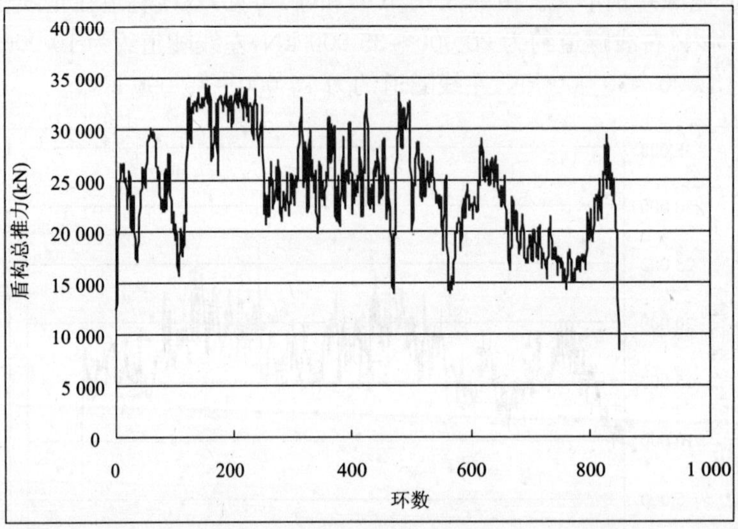

(d)南中区间右线

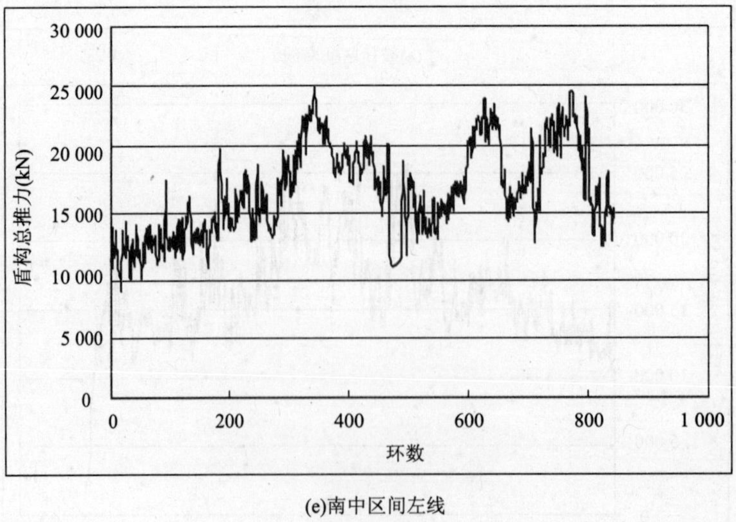

(e)南中区间左线

图 3.6.5(续)

依据图 3.6.5 中 5 条盾构隧道工程的千斤顶总推力记录结果进行统计，见图 3.6.6。

由图 3.6.6 可见，盾构施工的千斤顶总推力平均值分别为：鼓什左线 17 058 kN，什南右线 16 237 kN，什南左线 9 151 kN，南中右线 24 347 kN，南中左线 16 690 kN。其中，什南区间、南中区间右线盾构施工的千斤顶总推力分布均整体大于其对应左线盾构隧道，这与两区间均在较大范围内隧道叠落布置，且各自先行施工的右线盾构隧道埋深较深有关。

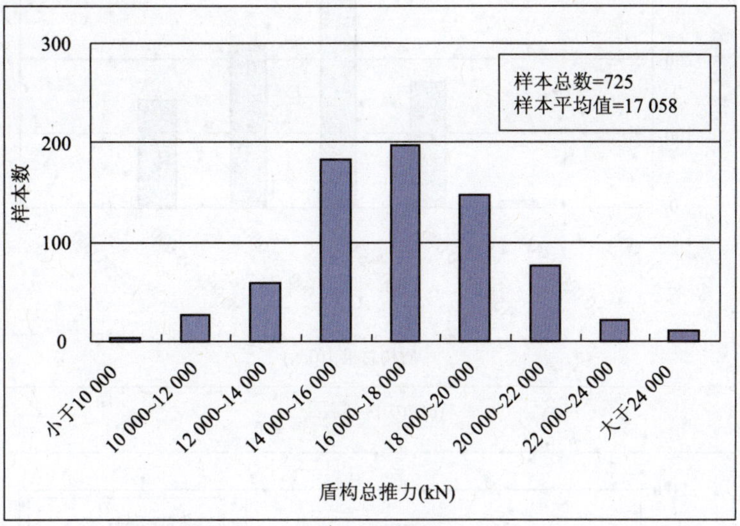

(a)鼓什区间左线

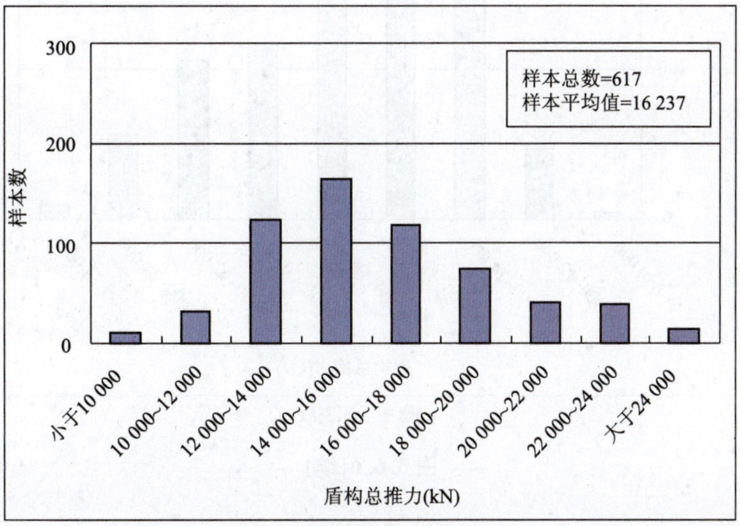

(b)什南区间右线

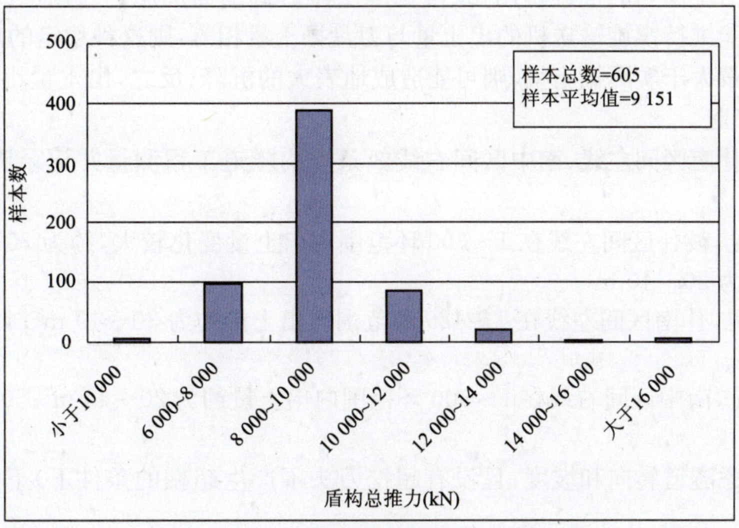

(c)什南区间左线

图 3.6.6　盾构千斤顶总推力统计结果

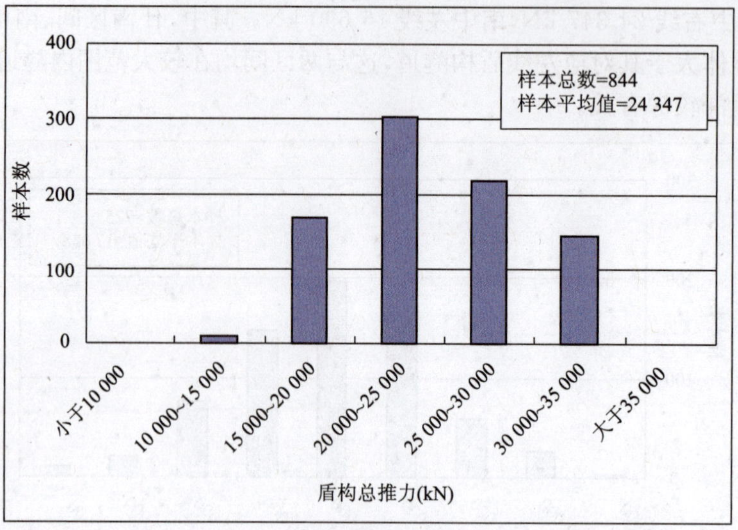

(d)南中区间右线

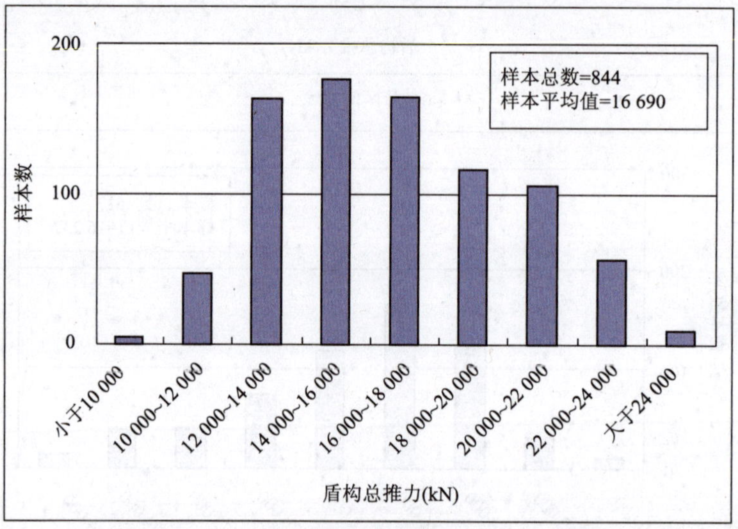

(e)南中区间左线

图 3.6.6(续)

(3)出土量

土压盾构推进时，由于盾构的推进作用，致使掘削土体对掘削面加压。当该加压压力与掘削地层的土压+水压相等，随后若能维持螺旋输送机的出土量与刀盘掘土量相等，则这种稳定的出土状态可被称为掘削面平衡。其中，若出土量大于实际掘土量，则可能造成地表大的沉降；反之，出土量小于实际掘土量，则可能造成掌子面前方出现隆起。

对鼓什区间左线、什南区间左线、南中区间右线 3 条盾构隧道工程测量并记录盾构掘进过程中的出土量，见图 3.6.7。

由图 3.6.7(a)可见，鼓什区间左线在 1～300 环范围内出土量变化较大，约为 30～60 m^3；300 环之后出土量变化幅度较小，约为 30～40 m^3。

由图 3.6.7(b)可见，什南区间左线在 1～420 环范围内出土量约为 30～40 m^3；420 环之后出土量增加，约为 40～60 m^3。

由图 3.6.7(c)可见，南中区间右线在 1～500 环范围内出土量约为 20～40 m^3；500 环之后出土量逐渐增大，约为 40～60 m^3。

在理想状态(不考虑隧道转向和坡度，且没有超挖刀头不产生超掘的条件下)下，刀盘掘土量可按下式计算：

$$Q=\frac{\pi}{4}\cdot D^2\cdot S_t \tag{3.6.1}$$

式中　Q——计算掘削体积(m^3)；

D——盾构外径(m)；

S_t——掘进行程(m)。

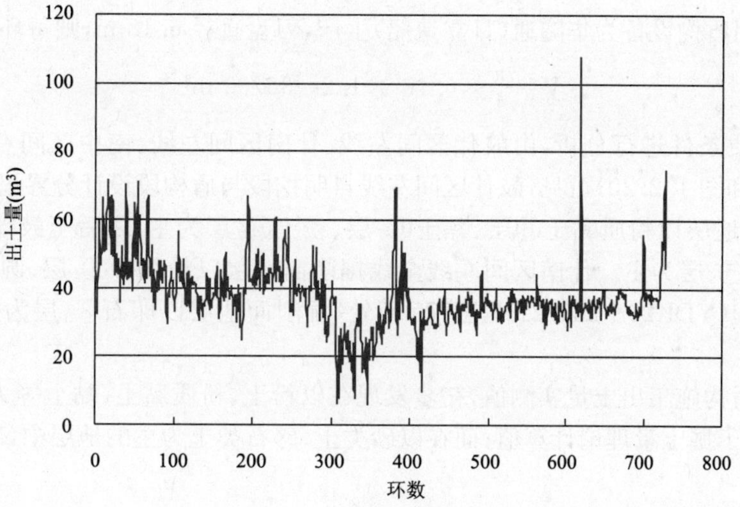

(a)鼓什区间左线

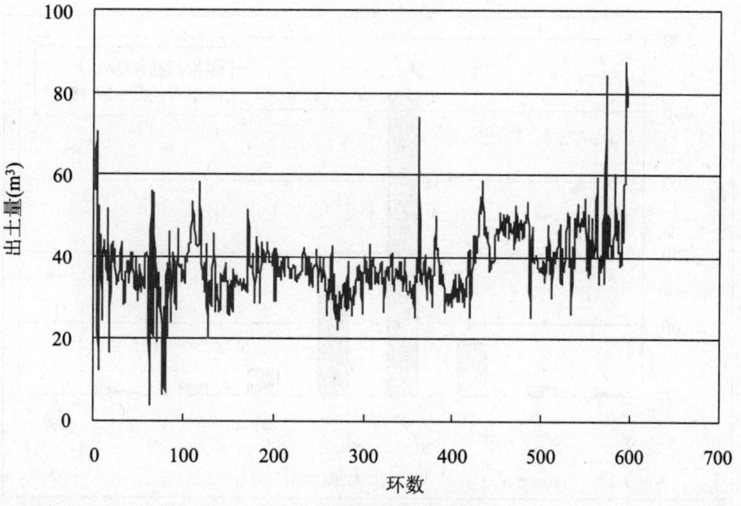

(b)什南区间左线

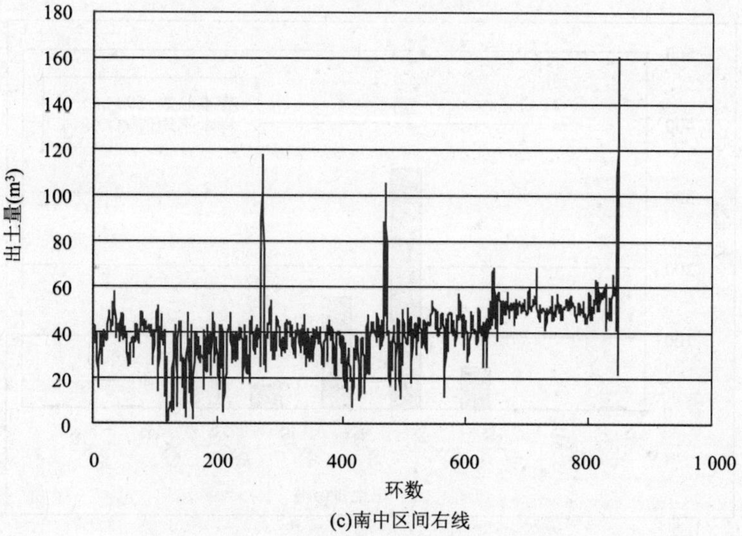

(c)南中区间右线

图 3.6.7　盾构掘进过程中的出土量

地铁 8 号线二期南段工程工程中，鼓什区间左线和什南区间左线所用盾构设备为日本小松生产，刀盘直径 6.27 m，则每环的理论掘削体积为：

$$V=\frac{\pi}{4}\times 6.27^2\times 1.2=37.05\ \text{m}^3$$

南中区间右线所用盾构设备为华隧通（日立造船）生产，刀盘直径 6.18 m，则每环的理论掘削体积为：

$$V=\frac{\pi}{4}\times 6.18^2\times 1.2=36.00\ \text{m}^3$$

结合区间沿线地质条件进行分析，由鼓什区间左线、什南区间左线、南中区间右线隧道线路纵断面图（图 1.2.9、图 1.2.15 和图 1.2.20）可见，鼓什区间左线自明挖段与盾构段设计分界里程（ZDK18＋256.594）起至 250 环处，掘削面地层以粉质黏土⑥层、黏土$⑥_1$层、粉土$⑥_2$层为主，之后至鼓什区间左线终点设计里程，掘削面地层以圆砾$⑤_8$层为主。什南区间左线全线掘削面地层以粉细砂$④_4$层、圆砾$⑤_9$层为主。南中区间右线自区间起点里程（YDK20＋239.225）至 570 环处，掘削面地层以卵石$⑧_9$层为主，之后掘削面地层以粉质黏土⑥层为主。

对比图 3.6.7 中盾构施工出土量实测值，初步发现在以粉土、粉质黏土、黏土等为主的地层中进行盾构掘进时，出土量通常高于掘土量理论计算值；而在以砂类土、碎石类土为主的地层中，出土量大致可与掘土量理论计算值相当。

依据图 3.6.7 中 3 条盾构隧道工程的出土量记录结果进行统计，见图 3.6.8。

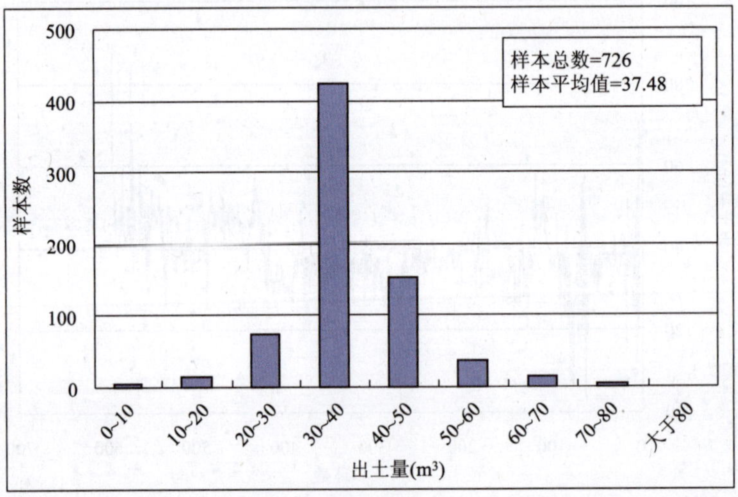

(a)鼓什区间左线

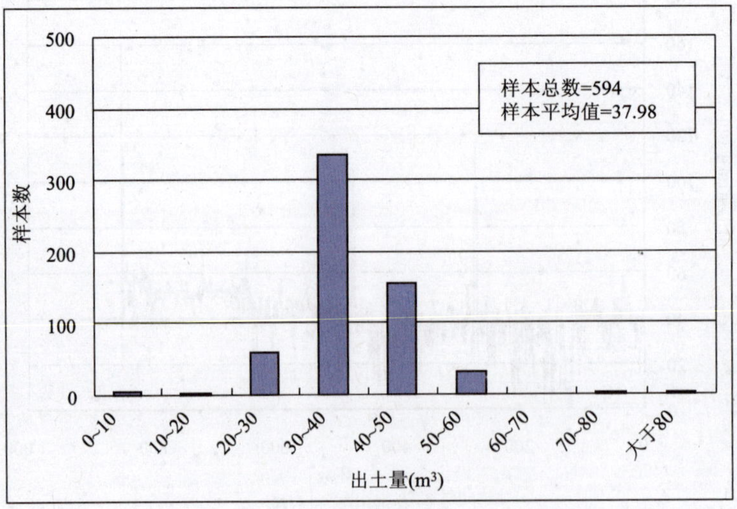

(b)什南区间左线

图 3.6.8　盾构掘进过程中的出土量统计结果

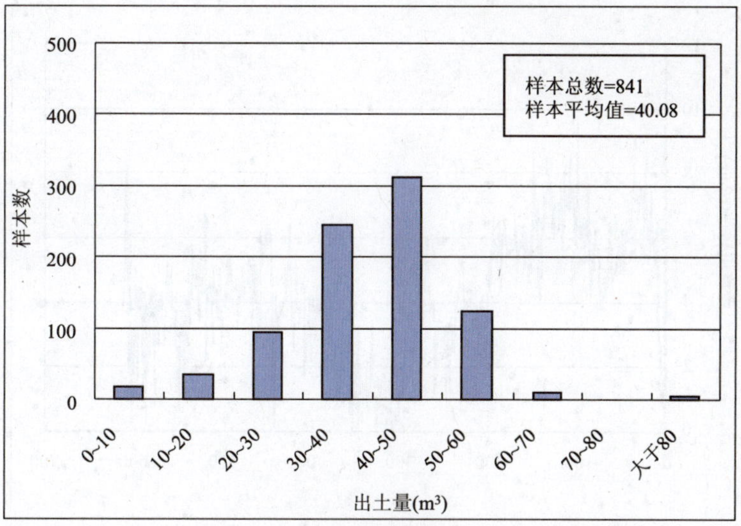

(c)南中区间右线

图 3.6.8(续)

由图 3.6.8 可见，盾构施工的出土量平均值分别为：鼓什区间左线 37.477 m³，什南区间左线 37.981 m³，南中区间右线 40.080 m³，且施工过程中绝大部分区段出土量控制在 30～50 m³之间。

需要说明的是，出土量在实际施工中很难准确计算。由于地层土质变化，观察记录的出土量的体积和质量也是变化的，因此误差往往较大。本节以现场实际采集的数据为依据，并通过统计处理，分析实际出土量的规律，其中存在少量的异常数据，但不会影响主要分析结论。

(4)螺旋机转速

螺旋输送机是盾构掘进机的重要组成部分，它主要用来把从盾构密封仓内将刀盘切削下来的泥土排出盾体，泥土通过螺旋杆输送压缩形成密封土塞，形成一定的阻力，可维持密封仓内土压力在设定范围内。盾构施工中保持密封仓内土压力与开挖面水土压力相平衡的有效方式是根据土仓压力实时调整出土量，要求螺旋输送机液压系统能根据土仓压力的反馈信号实时精确控制螺旋输送机转速。由此可见，盾构施工参数中的螺旋机转速与出土量密切相关。

对鼓什区间左线、什南区间双线、南中区间双线 5 条盾构隧道工程，测量并记录盾构施工过程中的螺旋输送机转速，见图 3.6.9。

由图 3.6.9(a)可见，鼓什区间左线在 1～300 环范围内螺旋输送机转速约为 4～8 r/min；300 环之后螺旋输送机转速变小，约为 2～6 r/min。

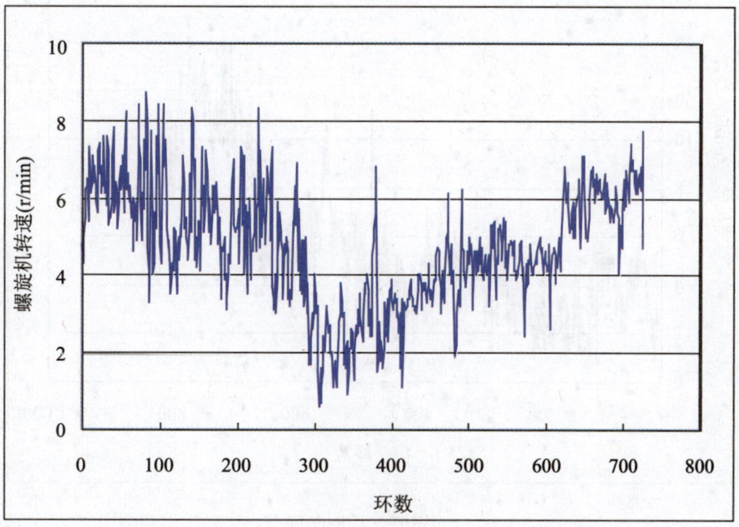

(a)鼓什区间左线

图 3.6.9 盾构掘进过程中的螺旋输送机转速

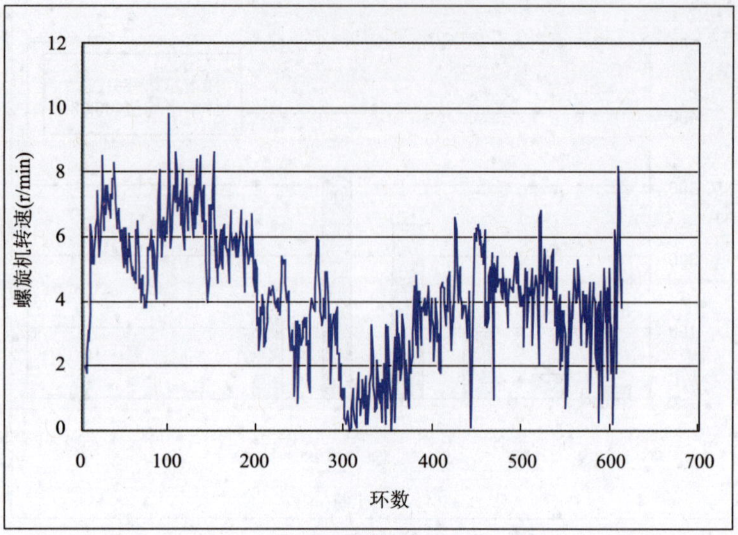

(b)什南区间右线

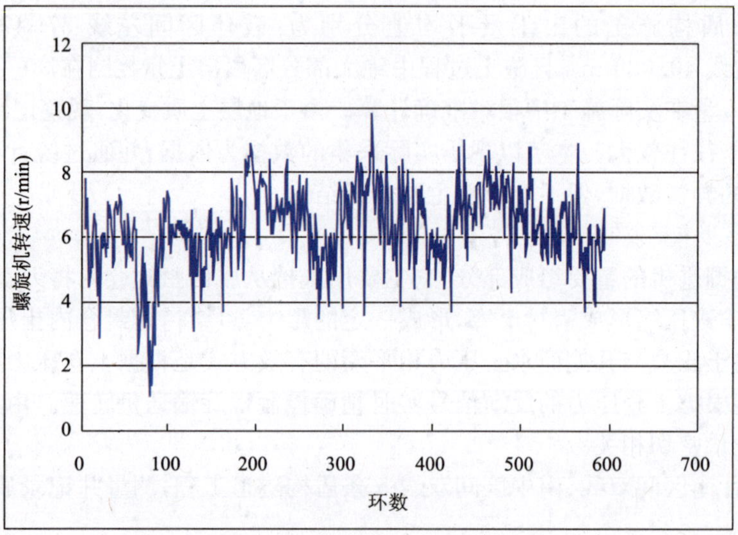

(c)什南区间左线

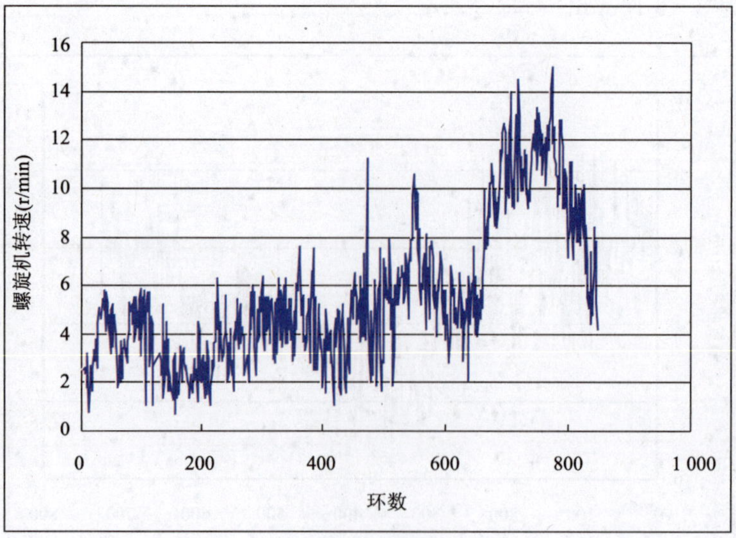

(d)南中区间右线

图 3.6.9(续)

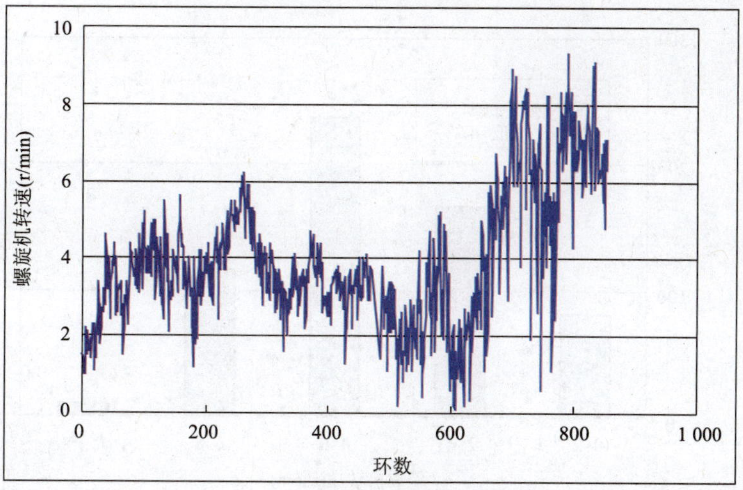

(e)南中区间左线

图 3.6.9(续)

由图 3.6.9(b)和(c)可见，什南区间双线在 1～200 环范围内螺旋输送机转速均约为 4～8 r/min；什南区间右线在 200 环之后螺旋输送机转速变小，其值大多分布约为 2～6 r/min；什南区间左线在 200 环之后螺旋输送机转速则继续维持在 4～8 r/min。

由图 3.6.9(d)和(e)可见，南中区间双线在 1～600 环范围内螺旋输送机转速大多均分布在 2～6 r/min 取值范围内；双线在 600 环之后螺旋输送机转速变大，区间右线大多分布在 8～12 r/min，区间左线大多分布在 4～8 r/min。

对比图 3.6.7(a)和图 3.6.9(a)、图 3.6.7(b)和图 3.6.9(c)以及图 3.6.7(c)和图 3.6.9(d)可见，盾构施工过程中的出土量和螺旋输送机转速这两个参数相关关系也比较明显，螺旋输送机转速高的区域其施工出土量也相对较大，反之亦然。

依据图 3.6.9 中 5 条盾构隧道工程的螺旋输送机转速记录结果进行统计，见图 3.6.10。

由图 3.6.10 可见，盾构施工的螺旋输送机转速平均值分别为：鼓什区间左线 4.74 r/min，什南区间右线 4.28 r/min，什南区间左线 6.30 r/min，南中区间右线 5.67 r/min，南中区间左线 3.98 r/min。施工过程中绝大部分区段螺旋输送机转速控制在 2～8 r/min 之间。

(5)盾构掘进速度

掘进速度同样是盾构隧道施工中的一个重要参数，对于土压平衡式盾构机而言，对掘进速度影响最为显著的 3 个操作参数依次为千斤顶总推力、土仓压力和刀盘转速[61]。此外，隧道通过的地层条件也直接影响着掘进速度的快慢。

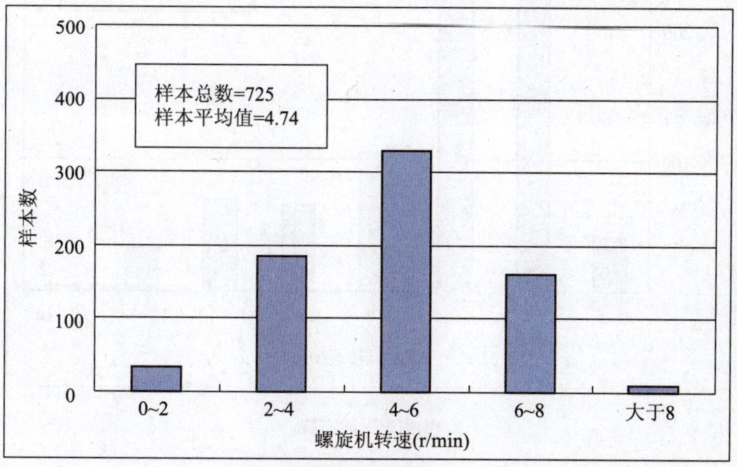

(a)鼓什区间左线

图 3.6.10　盾构施工过程中的螺旋输送机转速统计结果

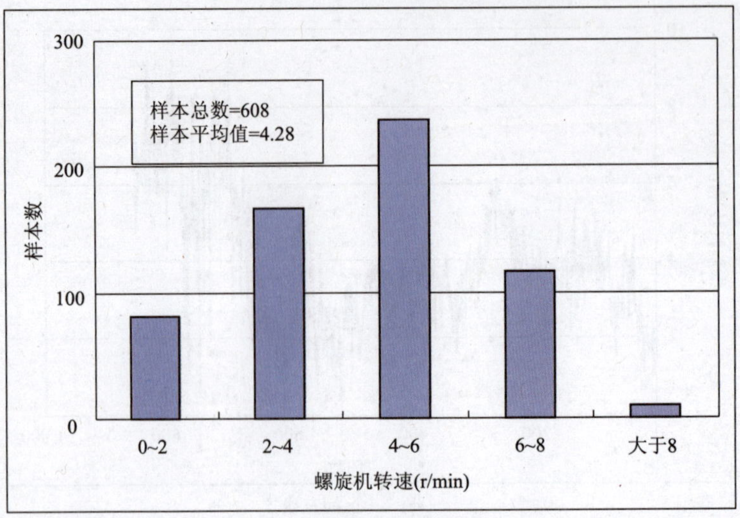

(b)什南区间右线

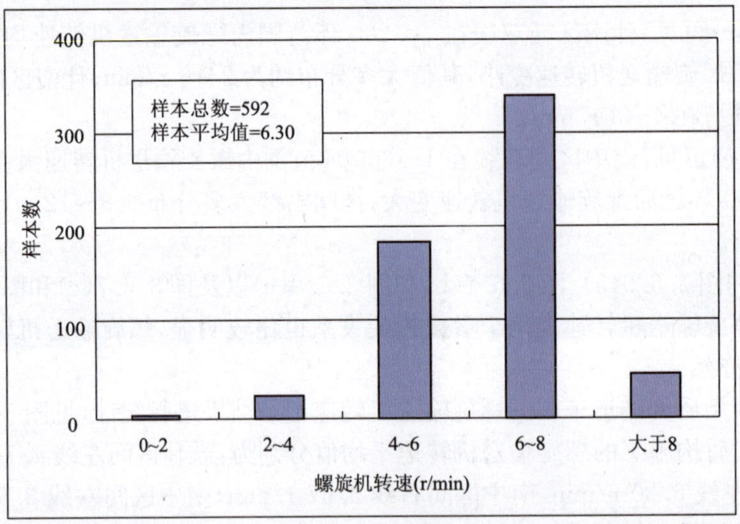

(c)什南区间左线

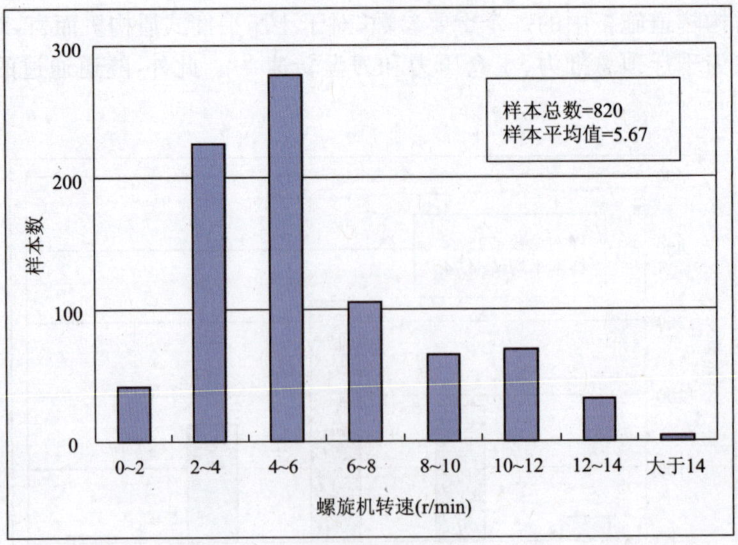

(d)南中区间右线

图 3.6.10(续)

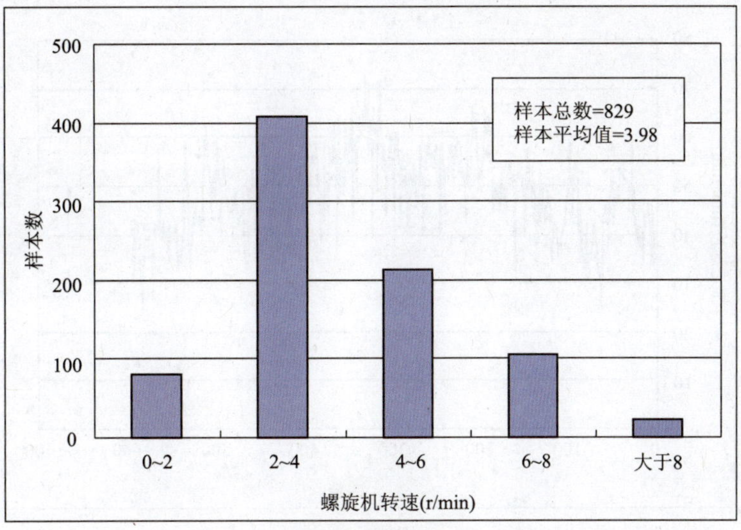

(e)南中区间左线

图 3. 6. 10(续)

本书记录了盾构掘进过程中的千斤顶速度，取某一环下千斤顶速度的平均值作为该环施工的掘进速度，见图 3. 6. 11。

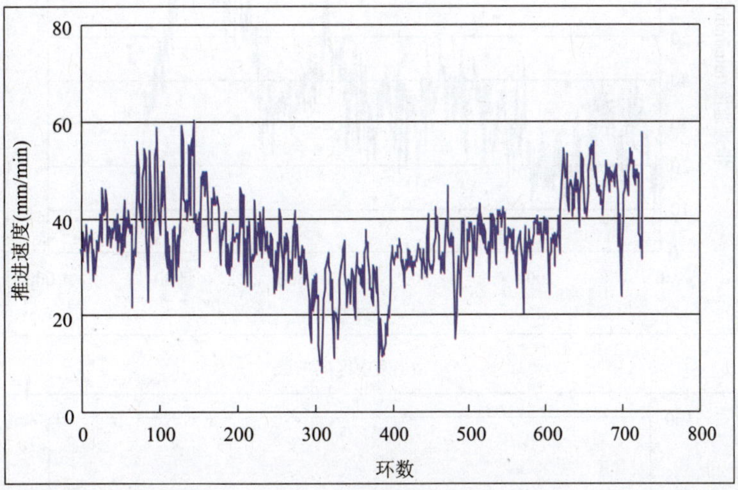

(a)鼓什区间左线

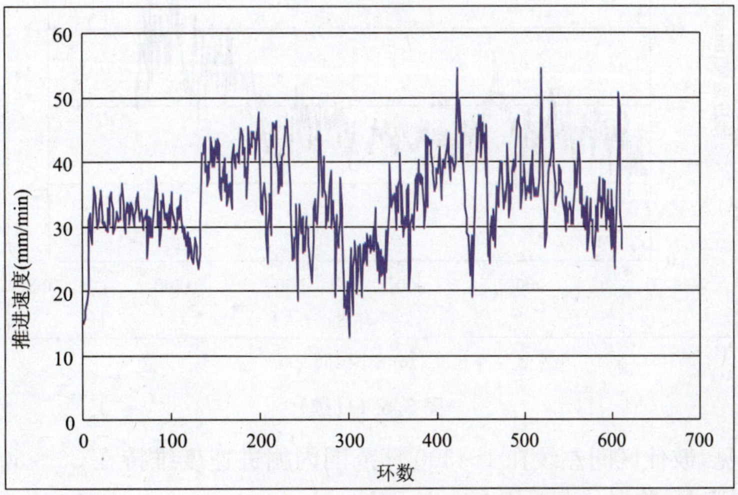

(b)什南区间右线

图 3. 6. 11　盾构施工的掘进速度

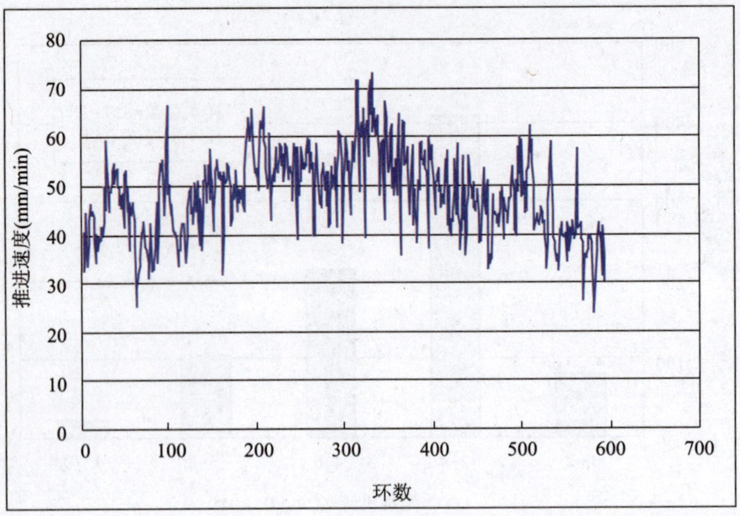

(c)什南区间左线

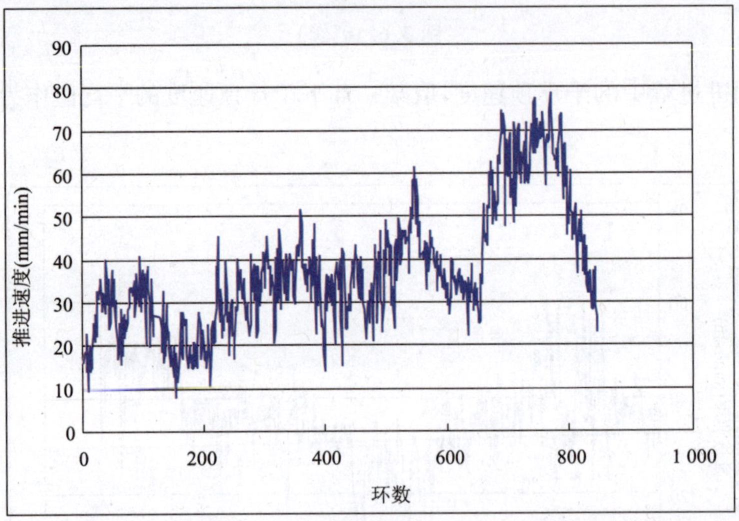

(d)南中区间右线

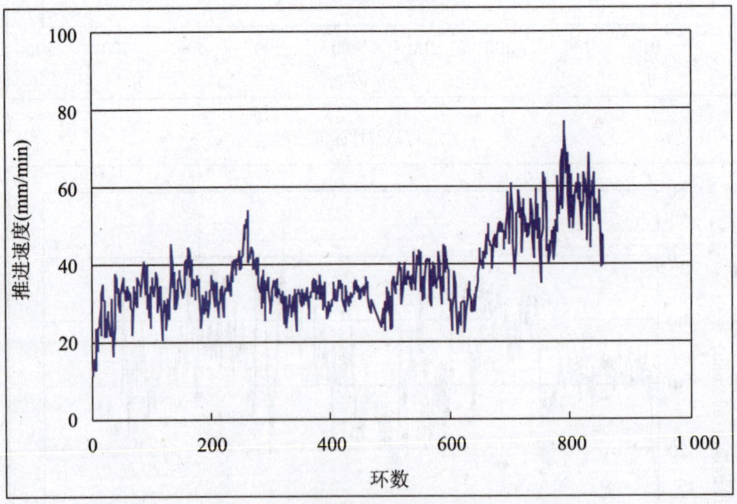

(e)南中区间左线

图 3.6.11(续)

由图 3.6.11(a)可见,鼓什区间左线在 1～300 环范围内掘进速度维持在 30～50 mm/min;区间 300 环之后掘进速度变化幅度较大,数据分布范围在 10～50 mm/min。

由图 3.6.11(b)和(c)可见,什南区间双线在全线范围内掘进速度变化幅度相对较小;什南区间右线掘进速度数据分布范围在 20～50 mm/min,区间左线掘进速度数据分布范围在 30～60 mm/min。

由图 3.6.11(d)和(e)可见，南中区间双线在 1～620 环范围内，掘进速度数据分布范围为 20～40 mm/min；双线在 620 环之后范围内掘进速度变大，区间右线掘进速度数据分布范围变为 30～80 mm/min，区间左线变为 40～70 mm/min。

依据图 3.6.11 中 5 条盾构隧道工程的掘进速度记录结果进行统计，见图 3.6.12。

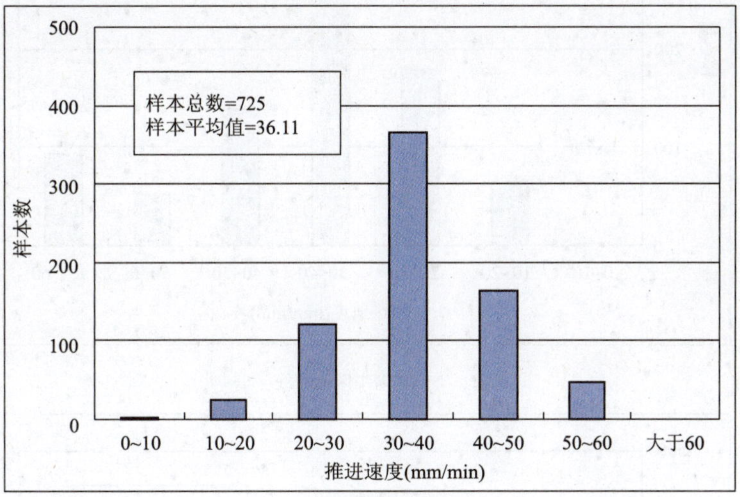

(a)鼓什区间右线

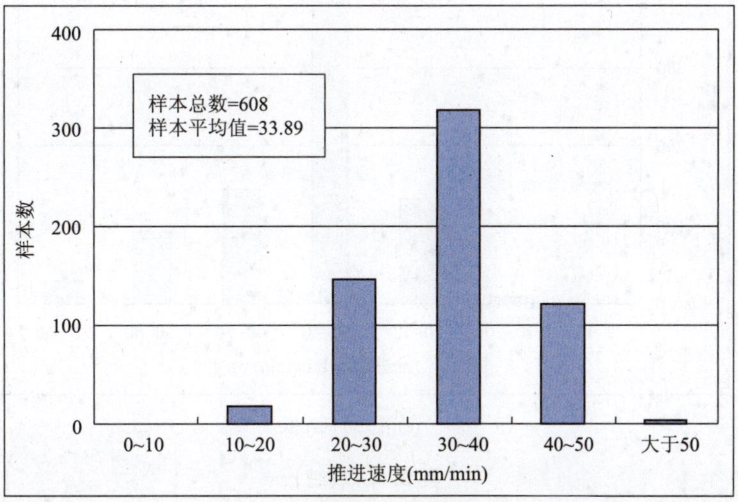

(b)什南区间右线

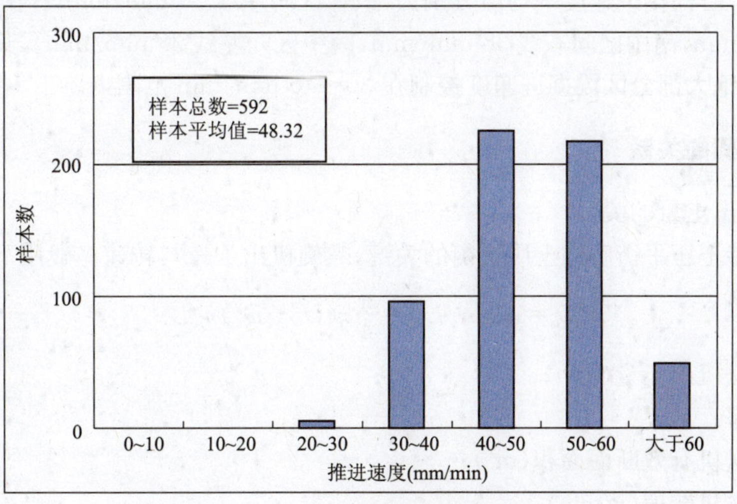

(c)什南中区间左线

图 3.6.12　盾构施工的掘进速度统计结果

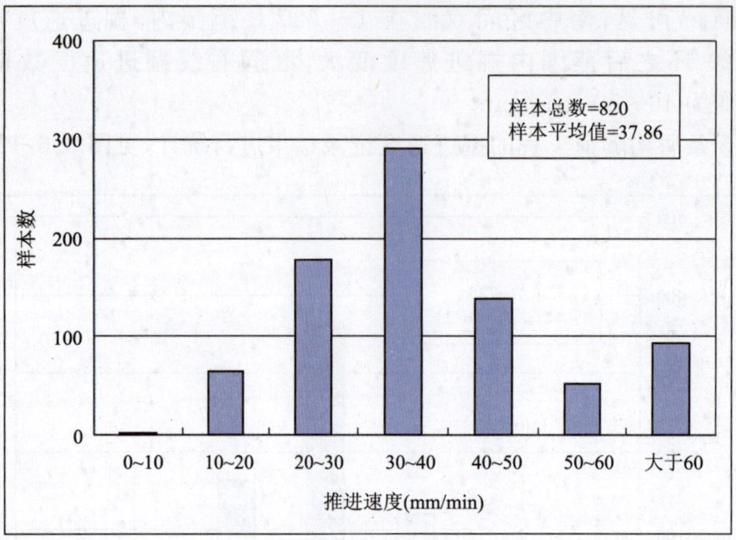

(d)南中区间右线

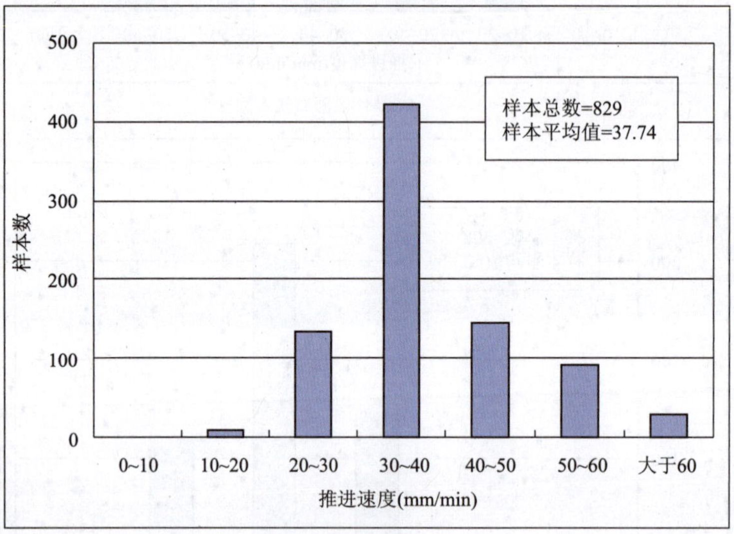

(e)南中区间左线

图 3.6.12(续)

由图 3.6.12 可见，盾构掘进速度平均值分别为：鼓什区间左线 36 mm/min，什南区间右线 34 mm/min，什南区间左线 48 mm/min，南中区间右线 38 mm/min，南中区间左线 38 mm/min。其中，除什南区间左线盾构工程外，其余各区间绝大部分区段掘进速度控制在 30～40 mm/min 范围内。

6.2.3　盾构掘进参数间的关系

(1)螺旋机转速和出土量的关系

螺旋机出土是维持土压平衡盾构土压平衡的关键，螺旋机出土量与转速一般用下式计算[75]：

$$V_o=\eta A_{sc}n_{sc}L_{sc}=\frac{\pi}{4}\eta(D_1^2-D_2^2)n_{sc}L_{sc} \tag{3.6.2}$$

式中　V_o——螺旋输送机出土量(m^3)；

η——排土效率；

A_{sc}——螺旋输送机有效断面面积(m^2)；

n_{sc}——螺旋输送机转速(r/min)；

L_{sc}——螺旋翼片的间距(m)；

D_1——螺旋机直径(m)；

D_2——螺旋机轴直径(m)。

由式(3.6.2)可知，对某种类型的螺旋机在正常出土情况下相同时间内出土总量与转速有明显的正比例关系。该关系的比例系数是表征螺旋机特性的重要参数，与螺旋机的直径、螺纹形式、螺距及统计的时间间隔等有关。

(2)土仓压力和总推力、掘进速度、螺旋机转速的关系

王洪新、傅德明(2006)[75]通过建立土压平衡盾构掘进的连续性方程和力学平衡方程，在分析了盾构掘进与前方土体接触压力关系的基础上，推导得到了土仓压力和总推力、掘进速度、螺旋机转速的两个关系式如下：

$$p\frac{\pi D^2}{4}\left[1+\frac{\delta}{p}(1-\lambda)\right]=P_0+K\Delta s-K\left(\frac{4k_e\eta k\Delta s}{\gamma_0\pi D^2}\right)\frac{n_{sc}}{v} \tag{3.6.3}$$

式中　p——土仓压力(kPa)；

D——隧道直径(m)；

δ——面板式盾构面板上的压力附加值(kPa)；

λ——开口率；

P_0——掘削面土体的静止土压力(kPa)；

K——似刚度，接触压力作用下土体产生单位变形时的反力值；

Δs——盾构推进的距离(m)；

k_e——有效出土比；

k——与螺旋机形式有关的参数；

γ_0——土体的天然容重(kN/m^3)；

v——推进速度(mm/min)。

$$F=(f+P_0+K\Delta s)-K\left(\frac{4k_e\eta k\Delta \mathrm{s}}{\gamma_0\pi D^2}\right)\frac{n_{sc}}{v} \tag{3.6.4}$$

式中　F——盾构机总推力；

f——推进时的总阻力。总阻力包括：①盾构侧面与周边地层的摩阻力 f_1；②刀具贯入土体抵抗力 f_2；③盾构姿态调整或曲线施工附加阻力 f_3；④管片和盾壳之间的摩擦力 f_4；⑤盾尾脱出阻力 f_5；⑥尾随机构的牵引 f_6。其中，主要为盾壳与周围土体的摩擦力 f_1。

式(3.6.3)和式(3.6.4)揭示了土压平衡盾构土仓压力、总推力、螺旋机转速和推进速度间的关系。也可以说，在施工过程中，盾构土仓压力控制的影响因素主要包括总推力、螺旋机转速和推进速度 3 个，即土压平衡系统可以看作是一个开环的多输入单输出非线性系统 $p_e=f(F,\ v,\ n_s)$。

(3)刀盘扭矩、刀盘转速、土仓压力之间的关系

在推导参数关系时，按数学物理推导考虑刀盘转速和刀盘扭矩尚有困难。王洪新、傅德明(2006)[75]基于地铁隧道工程施工数据，得到了刀盘扭矩、土仓压力及刀盘转速之间的半经验关系式：

$$M=K_{ce}p\omega \tag{3.6.5}$$

式中　M——刀盘扭矩(MPa)；

K_{ce}——与刀盘形式、土性有关的参数；

ω——刀盘转速。

6.2.4　盾构掘进参数间关系的工程验证

基于鼓什区间双线、什南区间双线、南中区间双线 6 条盾构隧道工程，测量并记录盾构掘进参数，按公式(3.6.2)统计螺旋机转速和出土量间的关系。

对记录对应掘进数据的鼓什区间左线、什南区间左线、南中区间右线，建立螺旋机转速与出土量的关系图，见图 3.6.13。

由图 3.6.13 可见，鼓什区间左线、什南区间左线、南中区间右线盾构工程的螺旋机转速与出土量存在一定的线性相关关系，这与公式(3.6.1)的结论一致。

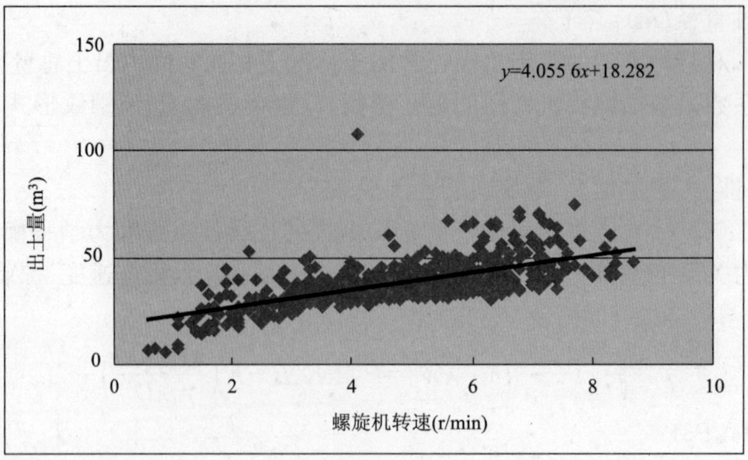

(a)鼓什区间左线

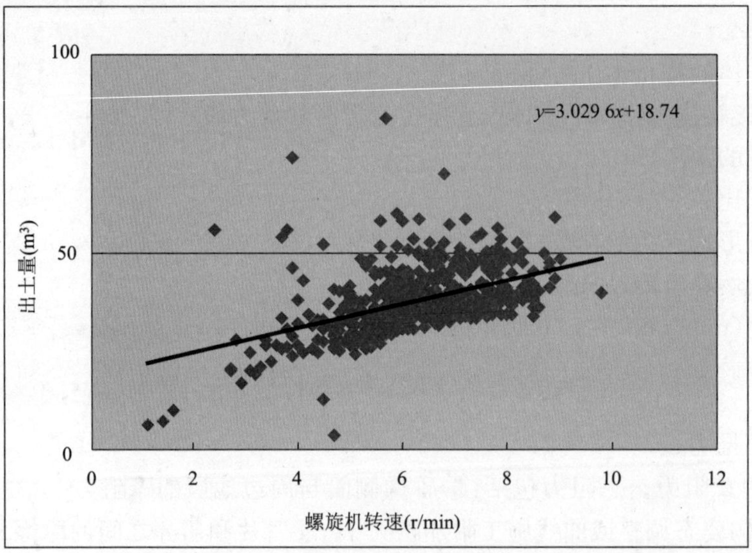

(b)什南区间左线

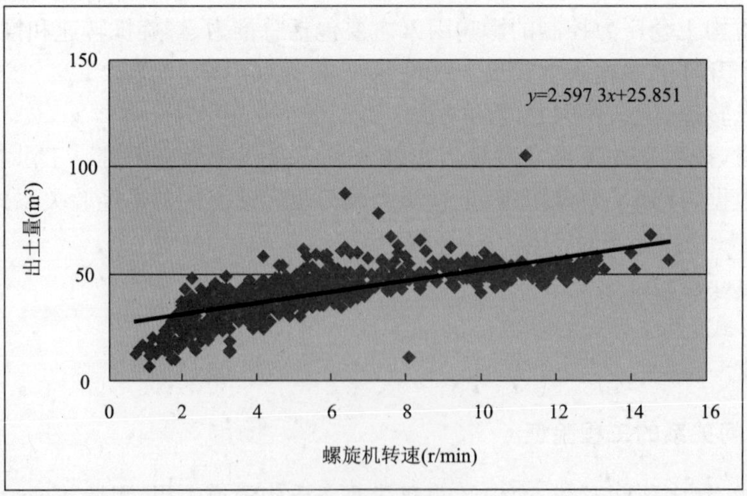

(c)南中区间右线

图 3.6.13　螺旋机转速与出土量的关系图

6.3　盾尾注浆参数规律

6.3.1　背后注浆的目的

盾构施工中的背后注浆目的主要有三点：①防止地层变形；②提高隧道的抗渗性；③确保管片衬砌的早期稳定(外力作用均匀)。

随着盾构施工的进行，地层出现变形(具体现象是地表沉降)是一种与地层、地下水条件、隧道断面、设置深度及施工技术(特别是刀盘掘削技术)等多种因素有关的复杂现象。就目前盛行的土压平衡盾构工法而言，地层变形的主要因素可以说通常取决于背后注浆的效果。这是因为盾尾离脱时出现临时无支撑的掘削状态，致使尾隙变形或局部坍塌，地层松散范围扩大，因此背后注浆的质量直接影响地表沉降的程度。

此外，管片衬砌的渗水现象也与背后注浆质量有密切关系。如果管片背面抗渗填充注浆施工的效果不好，还会导致地下水的流动或水位下降，致使产生地层变形。这是因为：①随着地下水位的降低，地层内的有效应力增加，产生地层沉降。②伴随地下水的流动，地层中的土颗粒移动，因土颗粒间的空隙被压缩，也会产生地层变形。

6.3.2　背后注浆的质量管理

在盾构背后注浆质量管理中，在地质条件差别不大，注浆浆液、注入工法及施工条件相同的前提下，应依靠注浆压力和注浆量进行综合管理。

(1)注浆压力

盾构工法中的背后注浆，即向尾隙中填充足够的浆液，必须以一定的压力压送浆液，才能使浆液很好地遍及于管片的外侧。其压力的大小大致等于地层阻力强度(压力)p 加上 0.1～0.2 MPa。另外，与先期注浆压力相比，后期注浆压力要比先期注浆压力大 0.05～0.1 MPa。

阻力强度是地层的固有值，它是浆液可以注入地层的压力的最小值。地层阻力强度因土层条件(土质的种类、土压、承压水压等)及掘削条件(泥水或泥浆压力)的不同而不同，通常在 0.1～0.2 MPa 以下。

(2)注浆量

回填浆液的注入量，通常可按下式估算：

$$Q=V\alpha \tag{3.6.6}$$

式中　V——理论空隙量；

　　　α——注入率。

注入率 α 对估算注浆量至关重要，其影响因素较多，并且复杂地纠缠在一起，其中主要的四种因素包括：注入压力决定的压密系数 α_1、土质系数 α_2(增加部分)、施工损耗系数 α_3 和超挖系数 α_4。由于影响因素复杂，因此目前实际状况是实际施工的注入率与设计注入率相比差距较大，也就是说用数值表示注入率非常困难，所以直到现在仍把施工案例和经验数据作为大致的选定目标。依据目前国内外已有的施工经验来看，注入率通常在 135%～215%的范围内。但由于工法、土质、浆液及注入压力等因素的不同，也有超过 250%的情形。

6.3.3　注浆参数取值及分布统计

(1)注入率

地铁 8 号线二期下穿平房段工程中，鼓什区间双线、什南区间双线、南中区间左线所用盾构设备为日本小松生产，刀盘直径 6.27 m，则每环的理论空隙量为：

$$V=\frac{\pi}{4}(6.27^2-6^2)\times 1.2=3.12\ \text{m}^3$$

南中区间右线所用盾构设备为华隧通(日立造船)生产，刀盘直径 6.18 m，则每环的理论空隙量为：

$$V=\frac{\pi}{4}(6.18^2-6^2)\times 1.2=2.07\ \text{m}^3$$

记录鼓什区间双线、什南区间双线、南中区间双线的注浆量，根据式(3.6.6)计算得到施工实际注入率，见图 3.6.14。

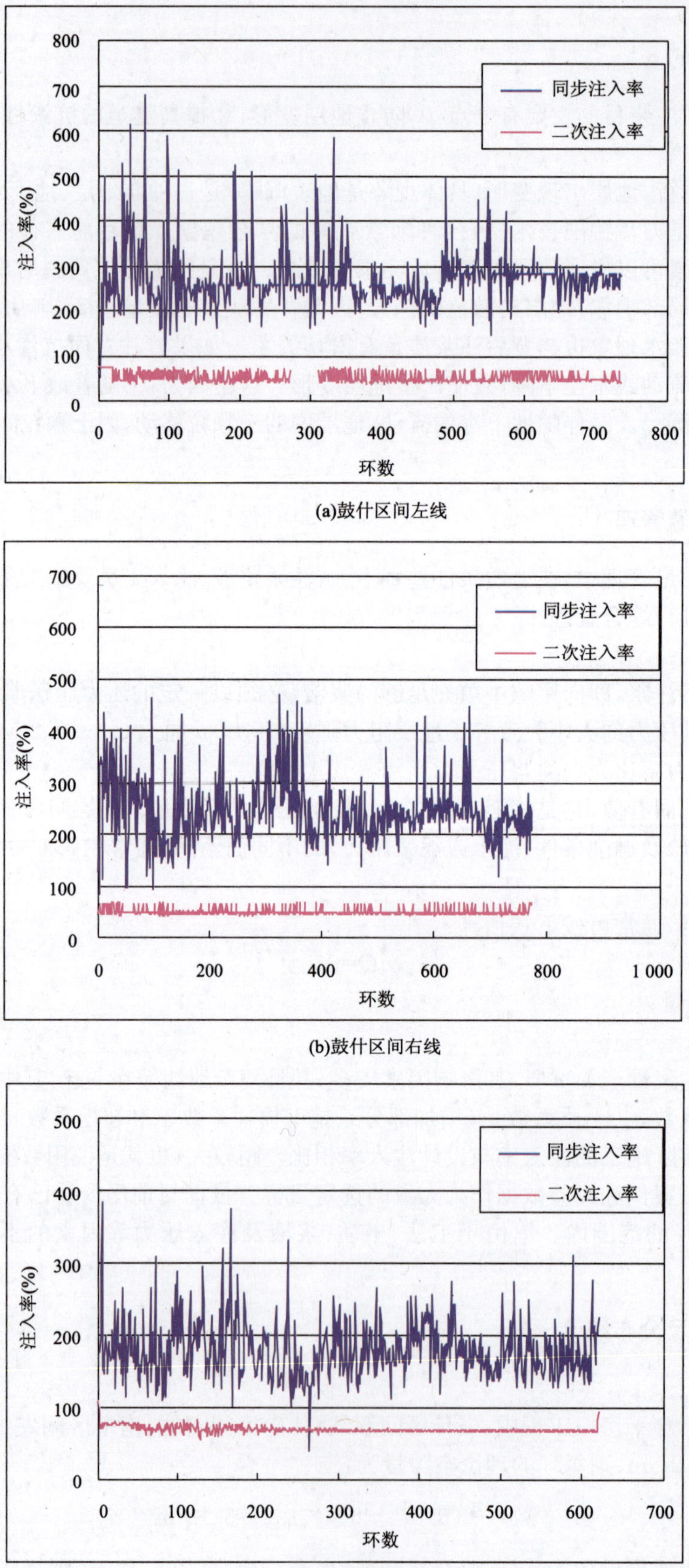

(a)鼓什区间左线

(b)鼓什区间右线

(c)什南区间右线

图 3.6.14　同步注入率和二次注入率对比

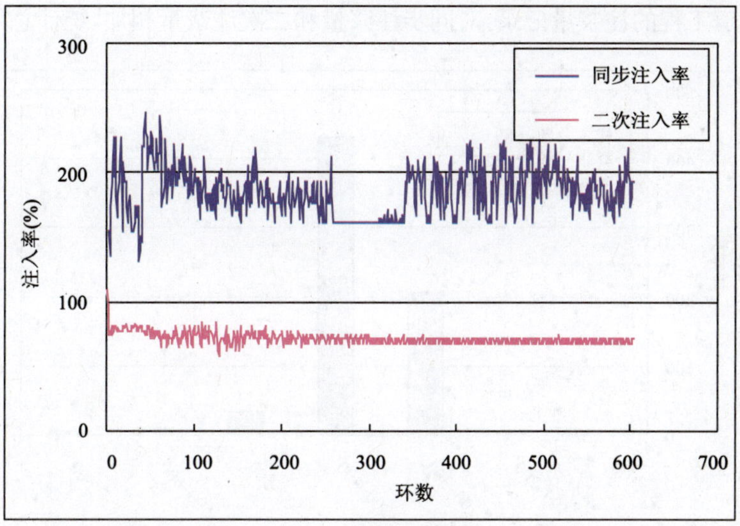

(d)什南区间左线

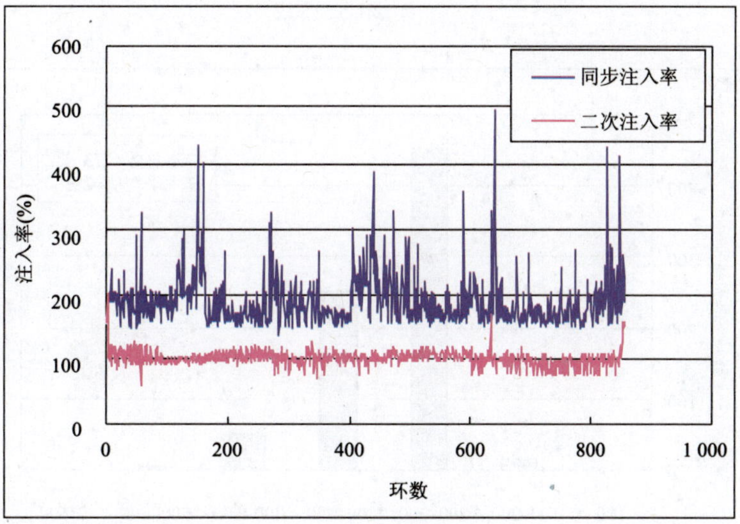

(e)南中区间右线

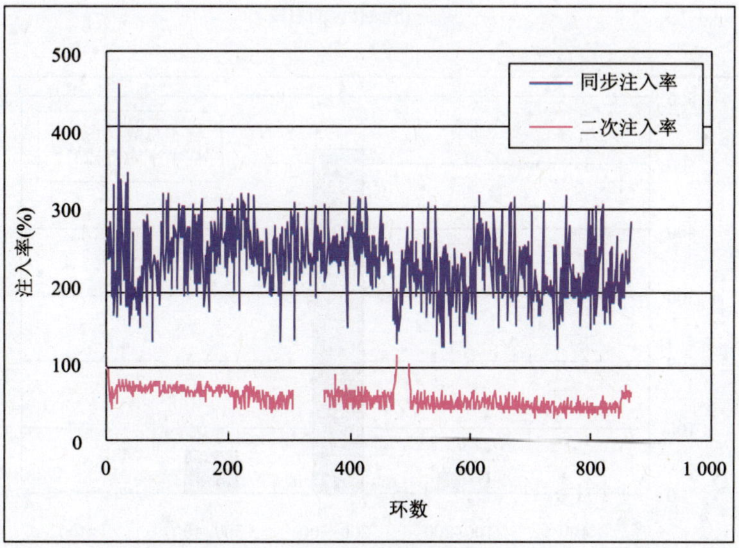

(f)南中区间左线

图 3.6.14(续)

依据对 6 条盾构隧道工程的注浆量记录，对同步注浆量和二次注浆量相加，统计总注入率，见图 3.6.15。

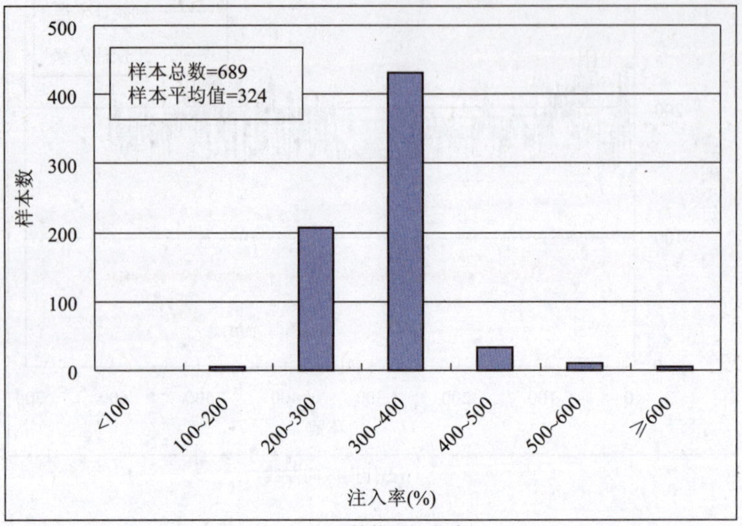

(a)鼓什区间左线

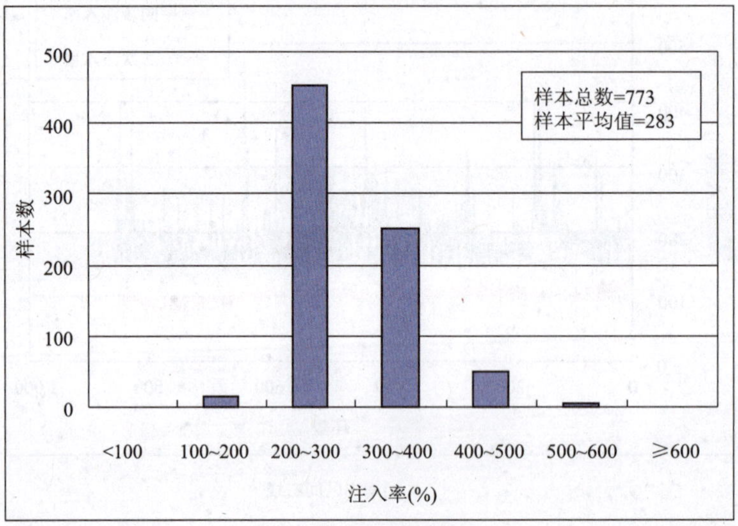

(b)鼓什区间右线

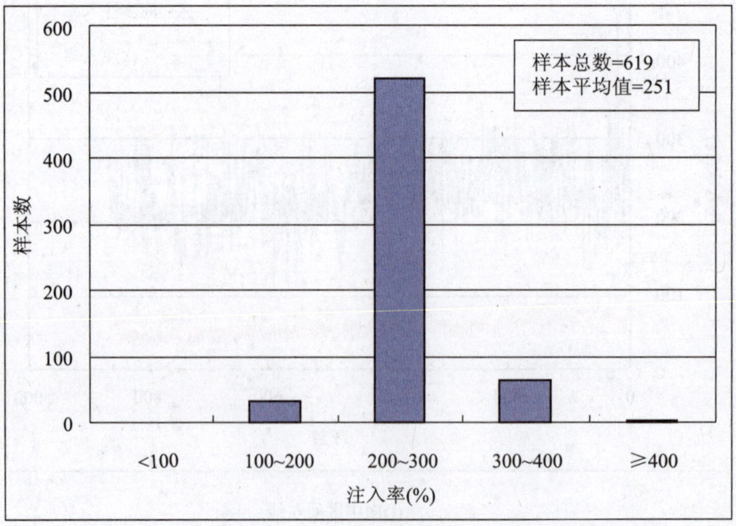

(c)什南区间右线

图 3.6.15　施工总注入率统计结果

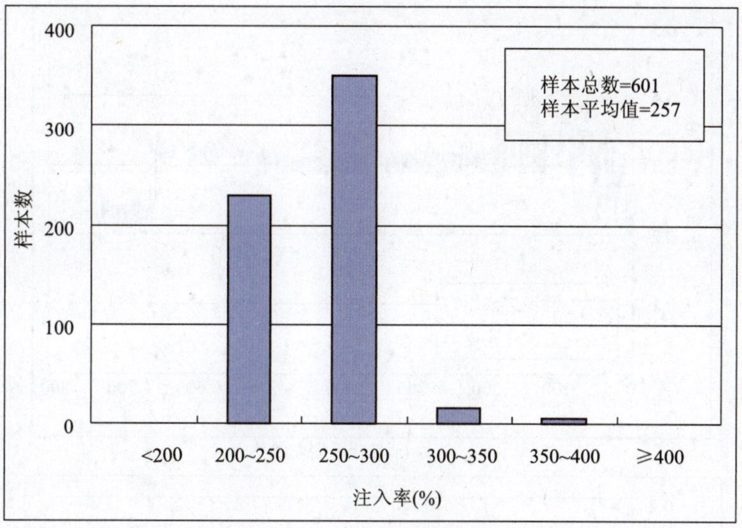

(d)什南区间左线

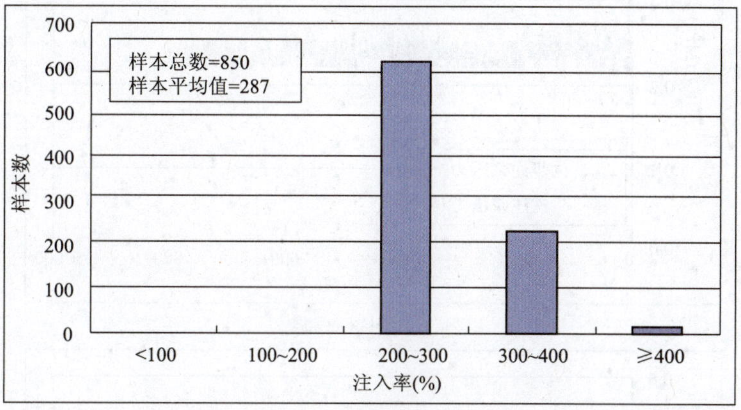

(e)南中区间右线

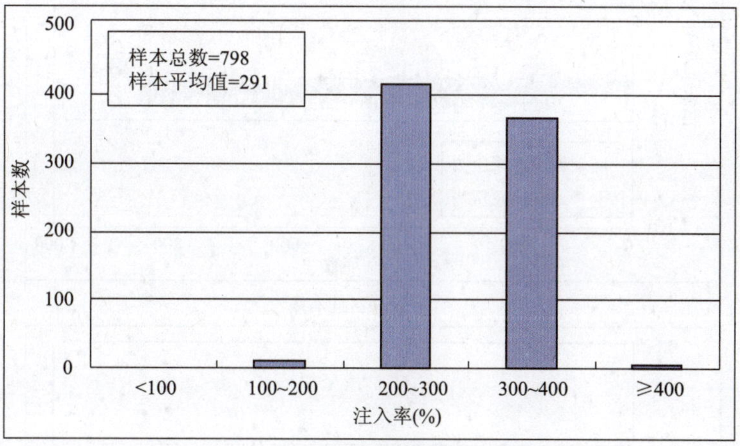

(f)南中区间左线

图 3.6.15(续)

由图 3.6.15 可见，鼓什区间双线大部分区段注入率为 200%～400%，左线注入率平均值 324%，右线注入率平均值 283%；什南区间双线大部分区段注入率为 200%～300%，右线注入率平均值 251%，左线注入率平均值 257%；南中区间双线大部分区段注入率为 200%～400%，右线注入率平均值 287%，左线注入率平均值 291%。

(2)注浆压力

记录鼓什区间双线、南中区间双线的注浆压力，见图 3.6.16。

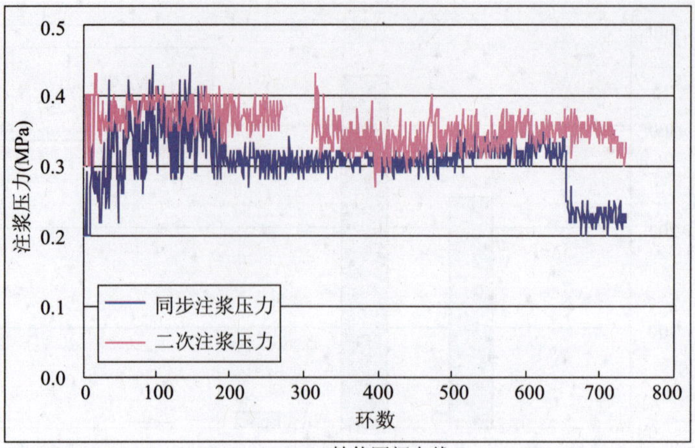

(a)鼓什区间左线

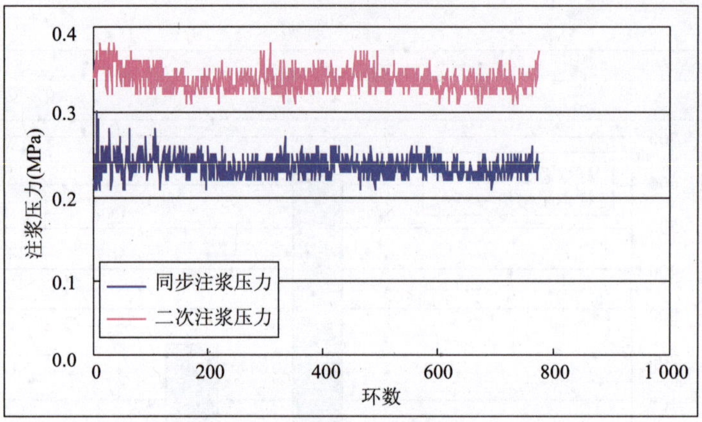

(b)鼓什区间右线

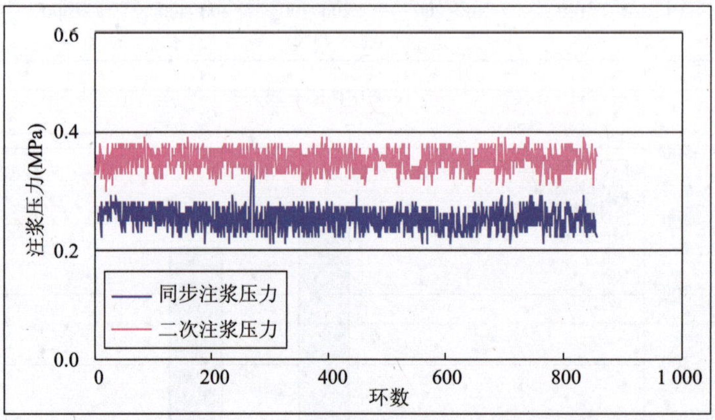

(c)南中区间右线

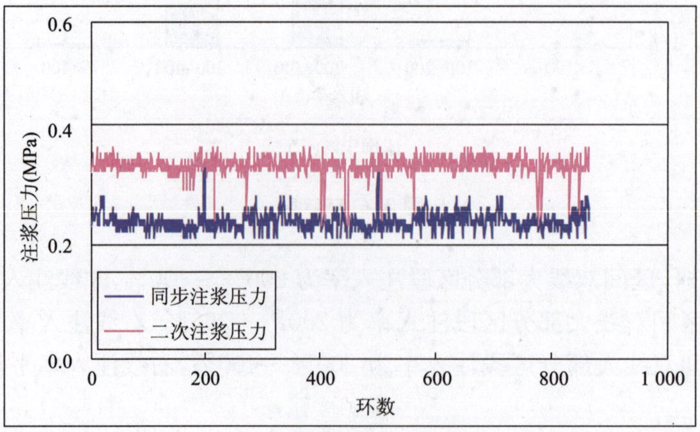

(d)南中区间左线

图 3.6.16　同步注浆压力和二次注浆压力对比

由图 3.6.16 可见，与同步注浆压力相比，二次注浆压力要普遍大于同步注浆压力。其中，鼓什区间左线二次注浆压力普遍比同步注浆压力大 0.05～0.1 MPa，右线二次注浆压力同比大 0.07～0.13 MPa；南中区间双线二次注浆压力普遍比同步注浆压力大约 0.1 MPa。

依据对鼓什区间、南中区间双线盾构隧道工程的注浆压力记录，对同步注浆压力和二次注浆压力分别进行统计，见图 3.6.17 和图 3.6.18。

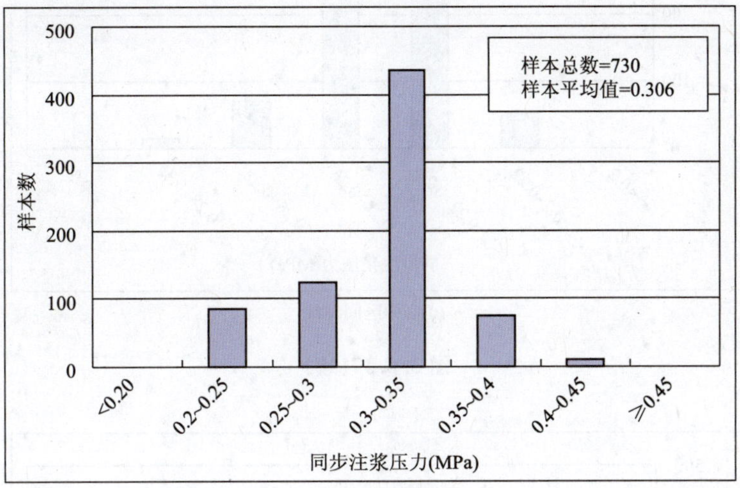

(a)鼓什区间左线

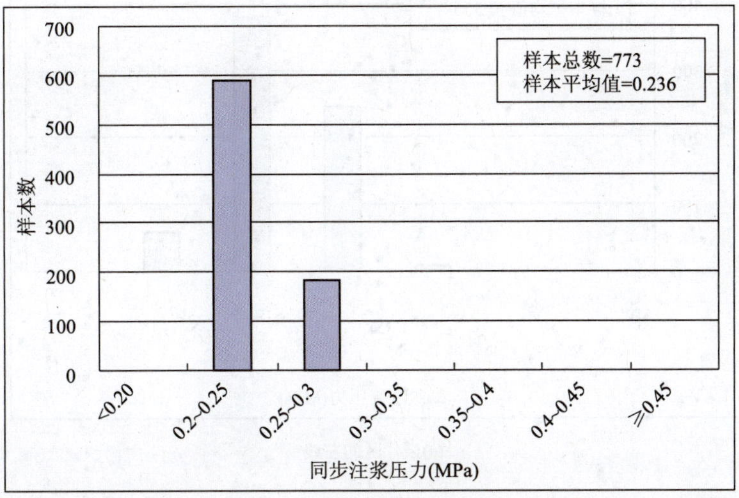

(b)鼓什区间右线

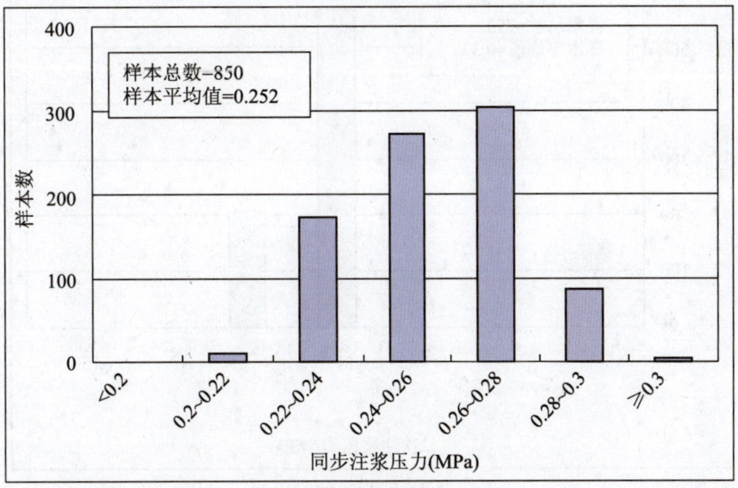

(c)南中区间右线

图 3.6.17　同步注浆压力统计结果

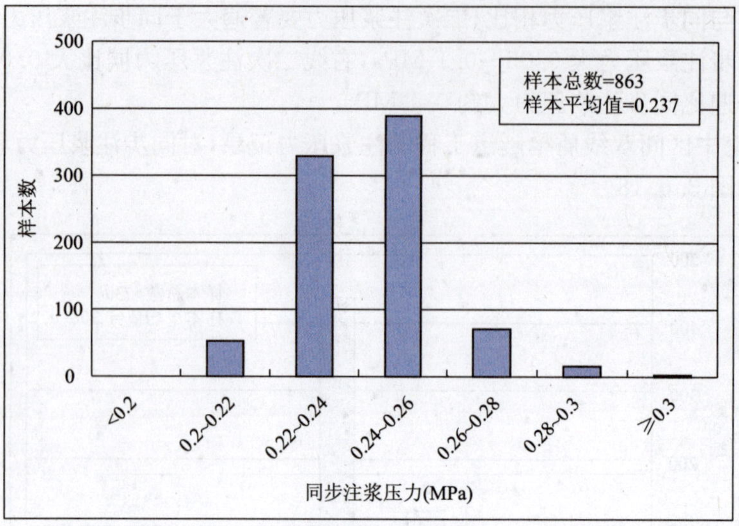

(d)南中区间左线

图 3.6.17(续)

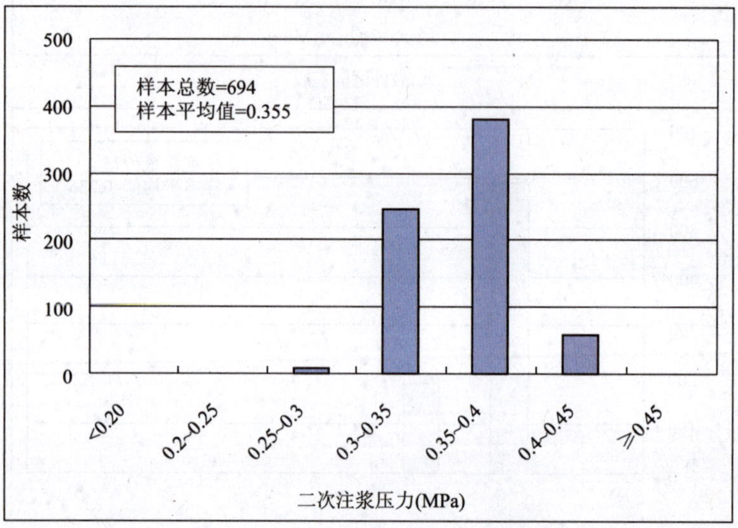

(a)鼓什区间左线

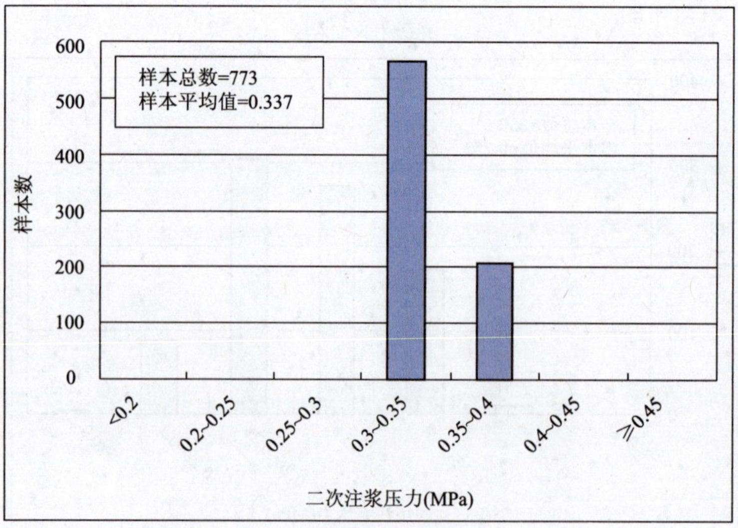

(b)鼓什区间右线

图 3.6.18　二次注浆压力统计结果

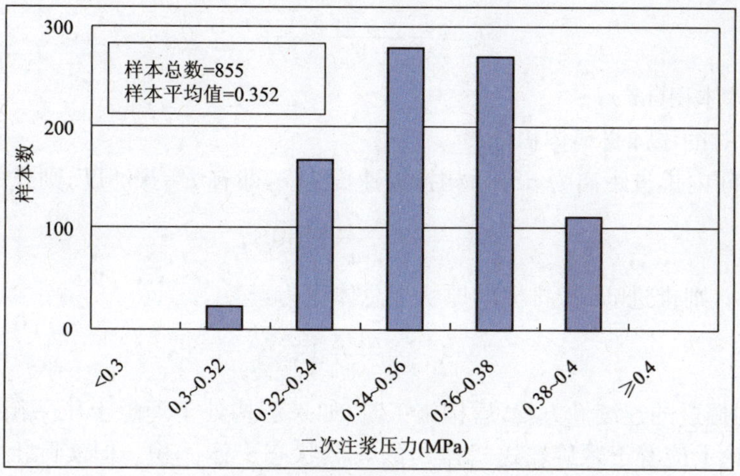

(c)南中区间右线

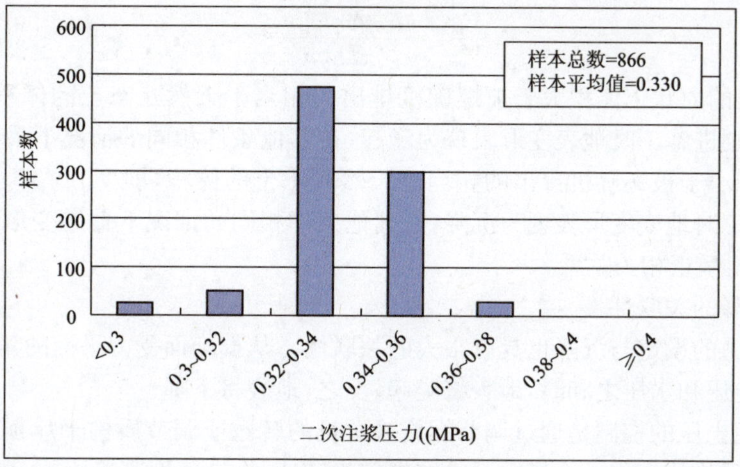

(d)南中区间左线

图 3.6.18(续)

由图 3.6.17 可见，鼓什区间左线大部分区段同步注浆压力集中在 0.3～0.35 MPa，右线大部分区段同步注浆压力集中在 0.2～0.3 MPa；南中区间双线大部分区段同步注浆压力集中在 0.22～0.28 MPa。

由图 3.6.18 可见，鼓什区间大部分区段二次注浆压力集中在 0.3～0.4 MPa 南中区间大部分区段二次注浆压力集中在 0.32～0.38 MPa。

需要说明的是，对于混凝土管片，当注入压力为 0.4 MPa 左右时，可能将使管片螺栓剪断，因此选择最大压力时必须谨慎。

6.4　沉降规律与盾构施工参数的相关性关系

6.4.1　盾构施工参数与沉降的关联性分析

(1)掘削面稳定系统参数与沉降的关联性

由公式(3.6.2)可知，对某种类型确定的螺旋机在正常出土情况下，相同时间内出土总量与螺旋机转速有明显的正比例关系。该关系的比例系数与螺旋机的型式、直径、螺旋翼片的间距等有关。

盾构施工中，当地层土体的塑流性、抗渗性无法满足稳定掘削面的要求，须混入提高流塑性和抗渗性的添加材料，实现稳定掘削面的目的。取有效出土比 k_e 为掘削的天然土体占总排出土体的百分比，则一段时间 dT 内排出的天然状态土体体积可由下式表示：

$$V_{ns}=k_e\eta A_{sc}L_{sc}n_{sc}\,\mathrm{d}T \tag{3.6.7}$$

式中　k_e——有效出土比，可按下式计算：

$$k_e=\frac{V_{ns}}{V_{ns}+V_{ad}}=\frac{V_{ns}}{V_o} \tag{3.6.8}$$

式中 V_{ns}——天然土体体积(m^3)；

V_{ad}——挖掘V_{ns}时的添加材料体积(m^3)。

假设盾构在dT时间内推进距离为dS,盾构推进速度为v,即有$v=dS/dT$,则式(3.6.7)可变为：

$$V_{ns}=\frac{k_e\eta A_{sc}L_{sc}n_{sc}}{v}dS \tag{3.6.9}$$

盾构刀盘直径为D_s,则推进dS应排出的原状土总体积为：

$$V_{us}=\frac{\pi D_s{}^2}{4}dS \tag{3.6.10}$$

根据土压平衡盾构掘进的连续性方程,盾构施工时,如果盾构处于理想土压平衡状态,则盾构掘进切削的原状土土体体积,理论上应等于螺旋输送机排出的天然状态土体体积。但实际上,上述状态是很难保证的。取二者的比值为：

$$\frac{V_{ns}}{V_{us}}=\frac{4k_e\eta A_{sc}L_{sc}n_{sc}}{\pi D_s{}^2 v} \tag{3.6.11}$$

当盾构推进应排出的原状土体积大于被螺旋机排出的相当于天然状态土的体积,即$V_{ns}/V_{us}<1$时,盾构挤压前方土体,盾构掘进施工时地表变形表现为隆起,在其他条件相同的情况下最终变形减小;当盾构推进应排出的原状土体积小于被螺旋机排出的相当于天然状态土的体积,即$V_{ns}/V_{us}>1$时,盾构前方土体向盾构移动,盾构掘进施工时地表变形表现为沉降,在其他条件相同的情况下最终变形增大。因此可以认为,地表最终变形与V_{ns}/V_{us}呈正相关关系。

(2)土仓压力与沉降的关联性

如前所述,土仓压力的设定与沉降也具有很大的关联性。从掘削面受力平衡的角度,当土仓内的土压力大于掘进前方地层中土压和水压之和时,地表将隆起,反之,地表将下降。

土压盾构中对于泥土压的控制是通过调节螺旋输送机的转数或调节盾构千斤顶的推进速度(或者两者组合控制)来实现。即盾构施工中土仓压力通常与螺旋机转速/推进速度直接相关。在考虑盾构掘进参数与沉降的关联性时,只需考虑一组参数即可,不需重复考虑。

(3)背后注浆参数与沉降的关联性

背后注浆浆液的选择受土质条件、工法的种类、施工条件、价格等因素支配,故应在掌握浆液特性的基础上,按实际条件选用最合适的浆液。

在地层的土质条件近似、浆液种类和注入方法确定的前提下,注入时期的选择就显得非常重要。背后注浆的最佳注入时期,应是在盾构推进的同时进行注入或者推进后立即注入。

同步注浆的宗旨是必须完全填充尾隙,因此如前所述,具体到注入量的计算,通常要用到注入率。影响注入率的因素复杂,且影响程度也尚未明确,根据一般工程经验来看,使用双液型浆液时,注入率多为150%～200%,极少也有300%的情况。过高或过低的注入率都可能引起施工问题,需要认真检查并采取必要措施:施工中如果发现注入量(注入率)持续增多,必须检查超挖、漏失等因素;而注入量低于预定注入量时,可能是注入浆液的配比、注入时期、注入地点、注入机械不当或出现故障所致[76]。

相对于同步注浆,二次注浆通常只针对三种情况进行:①一次注入后未填充到部位的完全填充;②一次注入浆液的体积缩减部分的补充注入;③为了提高抗渗透等施工效果而进行的注入。

国内外已有部分文献针对注入率与沉降量的关系开展研究[76]。总体来看,注入率、沉降量均受工法、地层等复杂因素影响,相关关系不像掘削推进机构参数那样明确。

(4)其他与沉降具有关联性的参数

土压盾构的掘削刀盘有面板式和辐条式两种。从稳定掘削面、控制地表变形来看,选择面板式刀盘较为有利,这是因为面板有挡土和搅拌掘削土的功效。

盾构选择的掘削刀具对地层条件适应与否,也在很大程度上决定着地表沉降。但是,考虑到盾构长距离下穿古旧平房群施工,决定了掘削刀具应适应多种土质的切削,设置可以更换面板的装置,或增加插入型超前刀具,这就可以将因刀具选择不当造成的地表沉降风险降到最低。

此外，从隧道线路的上覆土层埋深来看，埋深太浅易发生地表沉陷等事故。所以在盾构长距离下穿古旧平房群设计中，应尽量以对周围环境不产生不良影响的条件选择覆盖土层的厚度 H，通常选择 $H=(1\sim1.5)D$，其中 D 为盾构机外径。

6.4.2　沉降规律与盾构施工参数的相关性关系

本篇第 3 章中指出，盾构施工引起的地表、地面建筑物沉降规律符合 Peck 公式(高斯曲线分布)特征，公式中的沉降参数包括沉降槽宽度系数 K 和地层损失率 V_l 两项。其中，沉降槽宽度系数 K 主要与地层条件直接相关。而地层损失率 V_l 不仅与工程地质、水文地质条件有关，还和施工方法、施工技术水平及管理水平等因素相关，施工条件直接影响到地层损失率的大小。因此，可以建立盾构施工参数与地层损失率的相关经验关系。

本书针对本篇第 3 章中地铁 8 号线二期南段 4 区间工程沿线的地层损失率取值，针对记录施工过程参数的鼓什区间左线和南中区间右线工程，结合本章前述分析，建立二者的相关关系：

$$V_l=\xi_Z\xi_G\xi_S\left(\psi\frac{k_e n_{sc}}{v}\right)^{0.32}(\alpha_{sy}+0.85\alpha_{ad})^{-0.05}\% \tag{3.6.12}$$

式中　V_l——地层损失率(%)。

ξ_Z——埋深系数。当隧道上覆地层埋深较小时，应考虑盾构施工会加大地表及地面建筑物沉降风险，当 $H<1.5D$ 时，可取 $\xi_Z=(1.5D/H)$；当 $H<1.5D$ 时，可取 $\xi_Z=1$。

ξ_G——开挖面地质条件系数。根据工程统计给出以下建议：当开挖面土质条件以黏性土为主时，ξ_G 可取为 0.68；当开挖面土质条件以砂类土、碎石类土为主时，ξ_G 可取为 0.74。

ξ_S——考虑盾构机具体设计不同的一个修正系数，一般按照刀盘具体型式考虑。当采用面板式掘削刀盘时，ξ_S 可取为 1.0；当采用辐条式掘削刀盘时，ξ_S 可取为 1.1。

k_e——有效出土比，为掘削的天然土体占总排出土体的百分比。

n_{sc}——螺旋输送机转速(r/min)。

v——盾构推进速度(mm/min)。

α_{sy}——同步注入率(%)。

α_{ad}——二次注入率(%)。

ψ——盾构掘进控制常数，可按下式计算：

$$\psi=\frac{4\eta A_{sc}L_{sc}}{\pi D_s^2} \tag{3.6.13}$$

其中　η——排土效率；

A_{sc}——螺旋输送机有效断面积(m^2)；

L_{sc}——螺旋翼片的间距(m)；

D_s——盾构刀盘直径(m)。

6.5　沉降规律与盾构施工参数的敏感性关系

6.5.1　灰关联分析法

灰色关联分析是指对一个系统发展变化态势的定量描述和比较的方法，其基本思想是通过确定参考数据列和若干个比较数据列的几何形状相似程度来判断其联系是否紧密，它反映了曲线间的关联程度。通过这种方法可以从中分析出主要因素。其分析步骤如下。

(1)对数据的无量纲化处理

首先将被影响数据建立成一个参考数列 x_0，同时将 m 种影响因素建立成因素数列 x_i，即：

$$\begin{aligned}x_0&=[x_0(1),x_0(2),\cdots\cdots,x_0(n)]\\x_i&=[x_i(1),x_i(2),\cdots\cdots,x_i(n)]\\&(i=1,2,\cdots\cdots,m)\end{aligned} \tag{3.6.14}$$

参考数列和因素数列的无量纲化处理方法为：

$$
\begin{aligned}
&x_0^*(k) = x_0(k)/\overline{x}_0 \\
&x_i^*(k) = x_i(k)\overline{x}_i \\
&(k = 1,\ 2,\cdots\cdots,n)
\end{aligned}
\tag{3.6.15}
$$

式中：$\overline{x}_0$、$\overline{x}_i$分别为参考数列 x_0、因素数列 x_i的平均值。

(2)关联系数的计算

参考数列与因素数列之间的关联系数为

$$
\xi[x_0(k),x_i(k)] = \left| \frac{\min\limits_{i=1,m}\min\limits_{k=1,n}\Delta_i(k) + \rho\max\limits_{i=1,m}\max\limits_{k=1,n}\Delta_i(k)}{\Delta_i(k) + \rho\max\limits_{i=1,m}\max\limits_{k=1,n}\Delta_i(k)} \right| \tag{3.6.16}
$$

式中：$\Delta_i(k) = |x_0(k) - x_i(k)|$ 。

ρ称为分辨系数。ρ越小，分辨力越大，一般ρ的取值区间为(0,1)，具体取值可视情况而定。当$\rho\leqslant$ 0.546 3时，分辨力最好。通常取$\rho=0.5$。

(3)关联度的计算

因为关联系数是因素数列与参考数列在各个时刻(即曲线中的各点)的关联程度值，所以它的数不止一个。而信息过于分散不便于进行整体性比较，因此有必要将各个时刻(即曲线中的各点)的关联系数集中为一个值，即求其平均值，作为因素数列与参考数列间关联程度的数量表示。关联度 r_i公式如下：

$$
r_i = \frac{1}{n}\sum_{k=1}^{n}\xi[x_0(k),x_i(k)] \tag{3.6.17}
$$

(4)关联度排序

关联度按大小排序，如果 $r_1 < r_2$，则参考数列 x_0与因素数列 x_2更相似。

6.5.2　地层损失率与施工参数的因素敏感性关系

如前所述，盾构施工过程中的掘削面稳定控制和背后注浆质量控制对地层变形影响重大，本节选取螺旋机转速/推进速度、同步注入率分别代表掘进控制参数和注浆质量参数，采用灰关联分析法分析两项参数对地层损失率的影响。

分析中以鼓什、南中两区间先行施工的左线、右线地层损失率 x_0为参考数列，以对应的螺旋机转速/推进速度、同步注入率依次为影响数列 x_1，x_2，得到灰色关联分析的原始数列，见表3.6.2。

表3.6.2　灰色关联分析原始序列

区间隧道	断面编号	对应环号	地层损失率 V_l	螺旋机转速/推进速度	同步注入率
			x_0	x_1	x_2
			%	r/mm	%
鼓什左线	4	120	0.59	0.13	250
	5	142	0.48	0.15	269
	6	145	0.53	0.10	244
	7	164	0.29	0.15	221
	8	188	0.58	0.11	256
	9	208	0.83	0.14	256
	10	341	0.39	0.07	256
	11	369	0.35	0.11	234
	12	397	0.34	0.12	256
	13	578	0.79	0.12	285

续上表

区间隧道	断面编号	对应环号	地层损失率 V_l	螺旋机转速/推进速度	同步注入率
			x_0	x_1	x_2
			%	r/mm	%
南中右线	1	23	0.60	0.12	166
	2	48	0.97	0.14	174
	3	74	0.85	0.13	204
	4	136	0.48	0.09	187
	5	226	0.48	0.13	174
	6	424	0.62	0.12	232
	7	439	0.44	0.13	232
	8	548	0.89	0.17	179
	9	575	0.83	0.17	174
	10	602	0.77	0.10	193
	11	632	0.41	0.16	159
	12	733	0.69	0.17	164

按照式(3.6.15)对表 3.6.2 进行处理，生成无量纲化数列，见表 3.6.3。

表 3.6.3　灰色关联分析无量纲化序列

区间隧道	断面编号	对应环号	地层损失率 V_l	螺旋机转速/推进速度	同步注入率
			x_0^*	x_1^*	x_2^*
鼓什左线	4	120	0.98	1.04	1.15
	5	142	0.80	1.18	1.24
	6	145	0.88	0.80	1.13
	7	164	0.48	1.14	1.02
	8	188	0.97	0.87	1.18
	9	208	1.38	1.07	1.18
	10	341	0.65	0.52	1.18
	11	369	0.58	0.84	1.08
	12	397	0.57	0.91	1.18
	13	578	1.32	0.96	1.32
南中右线	1	23	1.00	0.94	0.77
	2	48	1.62	1.06	0.80
	3	74	1.42	0.98	0.94
	4	136	0.80	0.68	0.86
	5	226	0.80	1.00	0.80
	6	424	1.03	0.96	1.07
	7	439	0.73	1.03	1.07
	8	548	1.48	1.35	0.83
	9	575	1.38	1.34	0.80
	10	602	1.28	0.77	0.89
	11	632	0.68	1.24	0.73
	12	733	1.15	1.31	0.76

通常取 $\rho=0.5$，按照式(3.6.16)计算出变形稳定后地表沉降量与各影响因素的关联系数 ξ，见表 3.6.4。

表 3.6.4　灰色关联系数

区间隧道	断面编号	对应环号	螺旋机转速/推进速度	同步注入率
			ε_1	ε_2
鼓什左线	4	120	0.88	0.71
	5	142	0.51	0.48
	6	145	0.83	0.63
	7	164	0.38	0.43
	8	188	0.82	0.66
	9	208	0.57	0.67
	10	341	0.76	0.43
	11	369	0.61	0.45
	12	397	0.55	0.40
	13	578	0.54	1.00
南中右线	1	23	0.88	0.64
	2	48	0.43	0.33
	3	74	0.48	0.46
	4	136	0.77	0.87
	5	226	0.67	0.99
	6	424	0.86	0.92
	7	439	0.58	0.55
	8	548	0.75	0.38
	9	575	0.90	0.41
	10	602	0.44	0.51
	11	632	0.42	0.89
	12	733	0.72	0.51

最后根据式(3.6.17)计算得到关联度 r_i，见表 3.6.5。

表 3.6.5　灰色关联度

影响因素	螺旋机转速/推进速度	同步注入率
关联度数值	0.653 0	0.605 4
排序	1	2

由表 3.6.5 得灰色关联序列为：$r_1 > r_2$，即依据鼓什左线、南中右线变形监测数据与施工控制参数，“螺旋机转速/推进速度”对沉降规律影响的敏感性大于“同步注入率”，这与本章 6.4.1 节内容吻合。

第7章　盾构施工影响的数值模拟技术

数值模拟方法可以考虑土体的非线性变形特性、结构特性、结构与土的相互作用、隧道的施工过程等重要因素，分析三者的共同作用。在数值分析中，通过建立正确的结构和隧道的模型，模拟工程的实际情况，经过数值计算，可直观、清楚地认识隧道施工与结构共同作用的结果，如结构、隧道的位移，结构、隧道的内力变化，土体的应力变化等，可为工程施工提供一定的借鉴和指导。

但数值模拟方法是否能真实地再现工程的实际情况，很大程度上取决于数值模型的建立和模型参数的正确性。总体来看，针对于本文所研究的隧道-土-建筑物相互作用的数值分析方法，其研究的重点在于以下几个方面：

材料的仿真模拟：与其他岩土工程问题的模拟相同，在数值分析中，采用何种模型和参数模拟各种材料(包括不同的土层、各类衬砌结构、锚杆等)，是数值分析中的一个重点问题。

施工过程的仿真：以盾构法隧道为例，对一个完整的施工过程的数值模拟应该包含以下几个方面：(1)初始应力场，(2)隧道的开挖，(3)盾构推进系统的加载，(4)衬砌的施加，(5)壁后注浆等。

施工细节的仿真：细节仿真的难度最大，例如盾构施加推进荷载后，由于受到前方和周围土体阻力，不能前行；刀盘切割土体，应力释放，阻力降低，盾构外壳与土体接触面剪应力迅速增加，达到流动，才能产生前行。

本章针对复杂环境条件下盾构长距离下穿古旧平房群的变形影响这一问题，介绍采用数值方法分析施工变形影响过程中的一系列关键问题。

7.1　土的本构模型及模型参数

摩尔-库仑模型和修正剑桥模型因其参数易于确定且模型简单等特点在工程中被广泛应用，CY 模型作为一种双屈服面模型也得到了特别关注。此外，由本篇前面分析可知，在北京市旧城区开展地铁建设(车站基坑工程和隧道工程)，往往具有较严格的变形控制要求。而已有研究成果表明，在以变形控制设计为主的工程变形影响分析时，采用目前工程中最常用的摩尔-库仑模型预测的结果与实际有很大的偏差，而小应变硬化模型较好地模拟了施工实际引起的变形，预测变形接近实测结果。

7.1.1　摩尔-库仑模型

摩尔-库仑强度准则作为适用于土的主要的强度准则之一，其被广泛地应用于工程中。

(1)摩尔-库仑强度准则

处于一般应力状态下的岩土材料，其任何一个受力面的极限抗剪强度满足摩尔-库仑强度准则，其可表示为：

$$\tau_n = c + \sigma_n \tan\varphi \tag{3.7.1}$$

式中　τ_n——极限抗剪强度；

σ_n——剪切面上的法向应力；

c——土的黏聚力；

φ——土的内摩擦角。

在主应力空间，摩尔-库仑强度准则可以表示为：

$$F = \frac{1}{2}(\sigma_1 - \sigma_3) - \frac{1}{2}(\sigma_1 + \sigma_3)\sin\varphi - c\cos\varphi = 0 \tag{3.7.2}$$

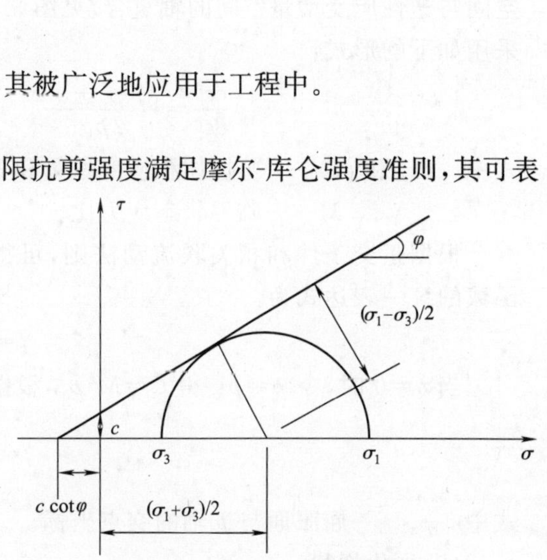

图3.7.1　摩尔-库仑强度准则

式中　σ_1和σ_3分别为大主应力和小主应力。

(2)摩尔-库仑模型

摩尔-库仑模型是以摩尔-库仑强度包线作为屈服线，通过采用应力洛德角θ将模型应用于三维应力空间，见图3.7.2，屈服面函数可表示为：

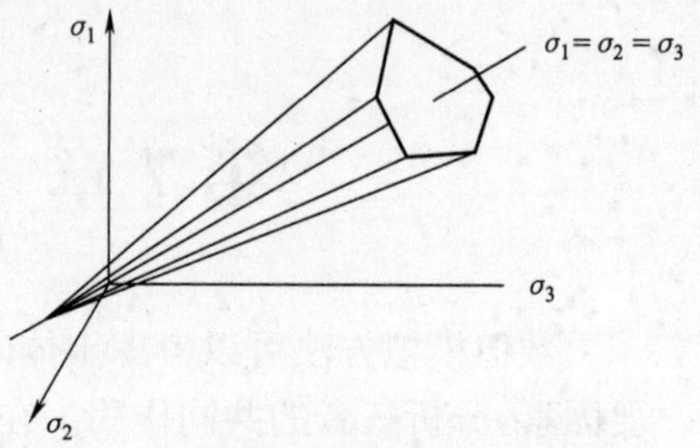

图3.7.2　摩尔-库仑模型的屈服面

$$f=6p\sin\varphi+q\cdot g(\theta)+6c\cos\varphi=0 \tag{3.7.3}$$

式中　p——平均主应力；

q——广义偏应力；

$g(\theta)$表示为：

$$\left.\begin{aligned} &g(\theta)=(\sin\varphi-3)\cos\theta-\sqrt{3}(\sin\varphi+1)\sin\theta\\ &\sin\theta=\frac{\sqrt{3}(\sigma_2-\sigma_3)}{2q}\\ &\cos\theta=\frac{2\sigma_1-\sigma_2-\sigma_3}{2q}\end{aligned}\right\} \tag{3.7.4}$$

式中　σ_2——中主应力；

φ——摩擦角；

c——黏聚力。

基于理想弹塑性假设，模型仅包含一个屈服面(破坏面)。应力水平在屈服面以内表现为弹性变形；当应力点达到屈服面上时，应力水平保持不变，变形无限增大。

摩尔-库仑模型参数包括弹性模量E、泊松比ν、黏聚力c和摩擦角φ。

7.1.2　修正剑桥模型

修正剑桥模型是由英国剑桥大学Roscoe等人建立的适合正常固结土和弱超固结土的弹塑性模型。它首先从能量方程(塑性功)推导出应力比与应变增量比的关系，根据塑性应变增量比可以确定塑性应变增量的方向，进而可以得到与这个塑性应变增量方向垂直的曲面(塑性势面)，再依据塑性势函数与屈服函数相等的相关联流动法则来确定屈服函数。根据饱和黏土试验数据描绘出的等含水比线与屈服面相似的结论，认为同一屈服面上具有相同的塑性体积应变，可采用塑性体积应变作为硬化参数。模型简单，且有用明确的物理意义，因此在国内外已得到了广泛的应用。

(1)塑性势函数和屈服函数

假定应力σ_{ij}与塑性应变增量$d\varepsilon_{ij}{}^{p}$的主轴方向一致，使应力空间与塑性应变增量空间的轴重合，见图3.7.3所示。剪胀方程采用如下的形式：

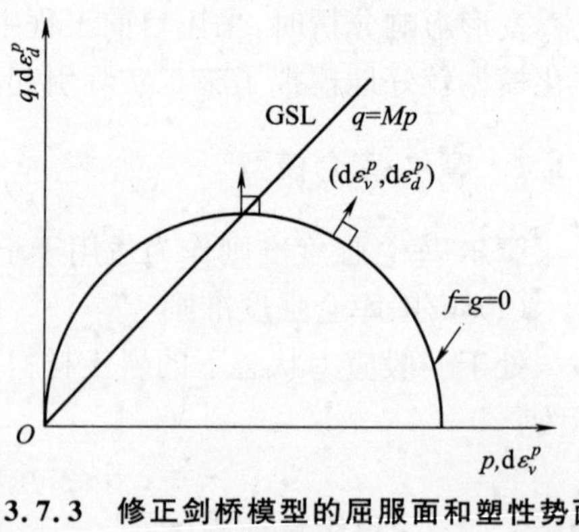

图3.7.3　修正剑桥模型的屈服面和塑性势面

$$\frac{\mathrm{d}\varepsilon_v^p}{\mathrm{d}\varepsilon_d^p}=\frac{M^2p^2-q^2}{2pq} \tag{3.7.5}$$

式中　$\mathrm{d}\varepsilon_v^p$和$\mathrm{d}\varepsilon_d^p$——塑性体积应变增量和塑性剪应变增量；

M——临界状态应力比。

根据正交条件和相关联流动法则，可得屈服函数和塑性势函数的统一表达式为：

$$f=g=q^2+M^2p^2-Cp=0 \tag{3.7.6}$$

当$q=0$时，令$p=p_x$，得$C=M^2p_x$，根据式(3.9.6)可得：

$$f=M^2p+=\frac{q^2}{p}-M^2p_x=0 \tag{3.7.7}$$

式中　p_x——屈服面与p轴的交点坐标。

(2)硬化规律

根据等向压缩和回弹曲线，见图3.7.4，孔隙比增量Δe可表示为：

$$\Delta e=e-e_0=-\lambda\ln\frac{p_x}{p_0} \tag{3.7.8}$$

式中　e 和 e_0——孔隙比和初始孔隙比；

λ——等向压缩线的斜率；

p_0——初始平均主应力。

根据式(3.7.8)可得总应变为：

$$\varepsilon_v=\frac{-\Delta e}{1+e_0}=\frac{\lambda}{1+e_0}\ln\frac{P_x}{P_0} \tag{3.7.9}$$

弹性体积应变为：

$$\varepsilon_v^e=\frac{\kappa}{1+e_0}\ln\frac{P_x}{P_0} \tag{3.7.10}$$

式中　κ——等向回弹线的斜率。

塑性体积应变为：

$$\varepsilon_v^p=\varepsilon_v-\varepsilon_v^e=\frac{\lambda-\kappa}{1+e_0}\ln\frac{p_x}{p_0} \tag{3.7.11}$$

根据式(3.7.11)可得：

$$\ln p_x=\frac{1+e_0}{\lambda-\kappa}\varepsilon_v^p+\ln p_0 \tag{3.7.12}$$

联立式(3.7.7)和式(3.7.12)可得修正剑桥模型的屈服面函数为：

$$f=\frac{\lambda-\kappa}{1+e_0}\ln\frac{p}{p_0}+\frac{\lambda-\kappa}{1+e_0}\ln(1+\frac{q^2}{M^2p^2})-\varepsilon_v^p=0 \tag{3.7.13}$$

修正剑桥模型采用了椭圆形屈服面，相同屈服面所对应的塑性体积应变 ε_v^p 相等，随着应力的增加，屈服面向外扩展，塑性体积应变增量 $d\varepsilon_v^p$ 不断增大。当达到临界状态时，应力比等于临界状态应力比，剪应变无限增大，体应变保持为常数。剑桥模型以广义 Mises 准则为强度准则，它过高地估计了三轴伸长和真三轴条件下土的强度。

修正剑桥模型包括：等向压缩线的斜率 λ、等向回弹线的斜率 κ、临界状态应力比 M(它可由黏聚力 c 和摩擦角 φ 表示)、泊松比 ν 和初始孔隙比 e_0。

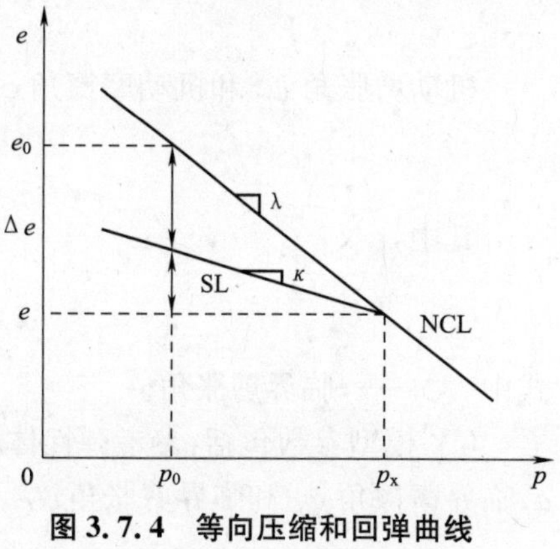

图 3.7.4　等向压缩和回弹曲线

7.1.3　CY 模型

CY 模型的盖帽屈服面为椭圆形，剪切屈服面由摩尔-库仑准则确定。剪切屈服面函数为：

$$f=Mp'-q'+Nc \tag{3.7.14}$$

式中：$M=6\sin\varphi_m/(3-\sin\varphi_m)$；$N=6\cos\varphi_m/(3-\sin\varphi_m)$；$\varphi_m$ 为机动摩擦角；c 为黏聚力；p' 为有效平均主应力；q' 为广义偏应力，可表示为：

$$q'=-[\sigma_1'+(\delta-1)\sigma_2'-\delta\sigma_3'] \tag{3.7.15}$$

其中：$\delta=(3+\sin\varphi_m)/(3-\sin\varphi_m)$。

采用非关联流动法则，剪切塑性势面可表示为：

$$g=M^*p'-q^* \tag{3.7.16}$$

式中：

$$q^*=[\sigma_1'+(\delta^*-1)\sigma_2'-\delta^*\sigma_3'] \tag{3.7.17}$$

其中：$\delta^*=(3+\sin\psi_m)/(3-\sin\psi_m)$；$M^*=6\sin\psi_m/(3-\sin\psi_m)$；$\psi_m$ 为机动剪胀角。

椭圆形盖帽屈服面为：

$$f_c=\frac{q^2}{\alpha^2}+p'^2-p_c^2 \tag{3.7.18}$$

式中　α——决定椭圆屈服面形状的模型参数；

p_c——盖帽压力。

盖帽压力和塑性体积应变的关系为：

$$\frac{\mathrm{d}p_c}{\mathrm{d}e_P}=\frac{1+R}{R}K_{ref}^{iso}\left(\frac{p'}{p_{ref}}\right)^m \tag{3.7.19}$$

式中　$\mathrm{d}e^p$——塑性体积应变增量；

$$R=\mathrm{d}e^p/\mathrm{d}e^e;$$

K_{ref}^{iso}——参考弹性体积模量；

m——模型参数，且不大于 1；

p_{ref}——参考有效压力。

弹性体积模量为：

$$K^e=(1+R)K_{ref}^{iso}\left(\frac{p'}{p_{ref}}\right)^m \tag{3.7.20}$$

式中　$\mathrm{d}e^e$——弹性体积应变增量。

塑性剪切模量为：

$$G^p=\beta G^e\left(1-\frac{\sin\varphi_m}{\sin\varphi_f}R_f\right)^2 \tag{3.7.21}$$

式中　φ_f——临界摩擦角；

R_f——破坏应力比；

β——校正因子；

G^e——弹性剪切模量：

$$G^e=G_{ref}^e\left(\frac{p'}{p_{ref}}\right)^m \tag{3.7.22}$$

机动剪胀角 ψ_m 和机动摩擦角 φ_m、变相角 φ_{cv} 的关系可表示为：

$$\sin\psi_m=\frac{\sin\varphi_m-\sin\varphi_{cv}}{1-\sin\varphi_m\sin\varphi_{cv}} \tag{3.7.23}$$

其中，

$$\sin\psi_{cv}=\frac{\sin\varphi_f-\sin\psi_f}{1-\sin\varphi_f\sin\psi_f} \tag{3.7.24}$$

式中　ψ_f——临界剪胀角。

CY 模型参数包括：参考弹性体积模量 K_{ref}^{iso}、参考有效压力 p_{ref}、泊松比 ν、模型参数 m、屈服面形状参数 α、临界摩擦角 φ_f 和临界剪胀角 ψ_f。

7.1.4　小应变硬化本构模型

土是一种多相的弹塑性材料，在加载过程中，土体会收缩或者膨胀，它的刚度也会随着应力水平变化而改变。在小应变范围内，土体的刚度很大，但随着应变的增加，刚度会快速地减小，表现出很强的非线性，如图 3.7.5 所示。

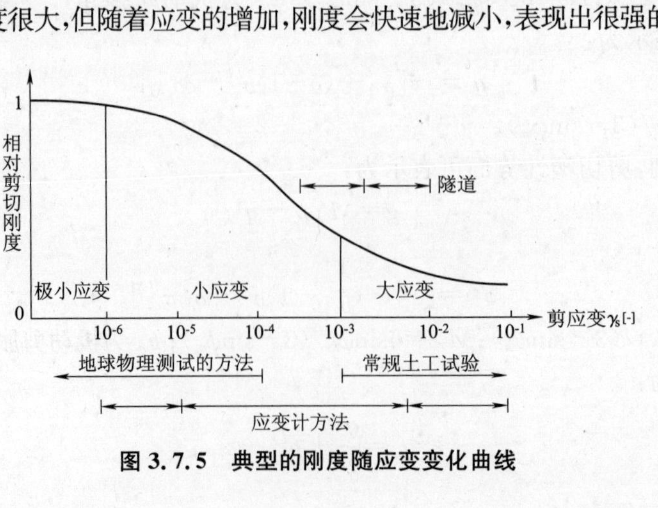

图 3.7.5　典型的刚度随应变变化曲线

在地铁车站基坑或隧道开挖的数值模拟中，工程中常用的理想弹塑性摩尔-库仑模型不考虑土的应变水平与土的模量之间的非线性关系，也无法考虑开挖状态下土的复杂应力状态，特别是不能合理考虑土的加卸载状态及其与土的模量之间的关系，而这往往只有高级本构模型(硬化模型、小应变硬化模型、修正剑桥模型等)才能考虑这些因素。

小应变模型主要由以下几种法则构成：

(1)剪切硬化

剪切的硬化屈服可以比照三轴排水固结试验中偏应力 q 与竖向应变 ε_1 之间的双曲线关系来描述，屈服条件可以表述如下：

$$f_1=\frac{q_a}{E_{50}}\frac{q}{q_a-q}-2\frac{q}{E_{ur}}-\gamma^{ps}\text{，当 } q<q_f \tag{3.7.25}$$

式中　γ^{ps}——塑性应变硬化参数；

q_a——偏应力的渐近值，由极限偏应力 q_f 与破坏比 R_f 定义为：

$$q_a=\frac{q_f}{R_f} \tag{3.7.26}$$

极限偏应力 q_f 符合摩尔-库仑准则，

$$q_f=\frac{2\sin(\phi)}{1-\sin(\phi)}(\sigma_3+c\cot\varphi) \tag{3.7.27}$$

割线模量 E_{50} 对应于极限偏应力 q_f 的 50%，与小主应力有关：

$$E_{50}=E_{50}^{ref}\left(\frac{\sigma_3^*+c\cot\varphi}{\sigma^{ref}+c\cot\varphi}\right)^m \tag{3.7.28}$$

式中：$\sigma_3^*=\max(\sigma_3,\sigma_L)$，一般假定 σ_L 为 10 kPa，E_{50} 控制剪切屈服产生的塑性应变。

根据经验，m 取值范围为 0.3～1.0。加卸载模量 E_{ur} 也与小主应力有关：

$$E_{ur}=E_{ur}^{ref}\left(\frac{\sigma_3^*+c\cot\varphi}{\sigma^{ref}+c\cot\varphi}\right)^m \tag{3.7.29}$$

(2)体变硬化

体变硬化采用盖帽模型，屈服条件表述如下：

$$f_2=\frac{q^2}{M^2r^2(\theta)}+p'^2+p_c^2 \tag{3.7.30}$$

式中：$r^2(\theta)$ 描述屈服面的圆滑性，M 描述盖帽的形状，p_c 代表先期固结压力。硬化参数的演化可由下式描述：

$$\mathrm{d}p_c=-H\left(\frac{p_c+c\cot\varphi}{\sigma^{ref}+c\cot\varphi}\right)^m \tag{3.7.31}$$

式(3.7.31)中 H 控制体积塑性应变的变化率大小，其与固结模量 E_{oed} 有关。

(3)小应变的非线弹性

为了描述小应变刚度 S 形的非线性折减，模型利用土动力学中常用的 Hardin-Drnevich 双曲线关系，把当前的剪切割线模量 G_s 与等效剪应变 γ_{hist} 联系起来。表述如下：

$$\text{加载：}\frac{G_s}{G_0}=\frac{1}{1+\alpha\dfrac{\gamma_{hist}}{\gamma_{0.7}}} \tag{3.7.32}$$

$$\text{卸载，再加载：}\frac{G_s}{G_0}=\frac{1}{1+\alpha\dfrac{\gamma_{hist}}{2\gamma_{0.7}}} \tag{3.7.33}$$

式(3.7.32)和(3.7.33)中 $\gamma_{0.7}$ 表示当剪应变达到 $\gamma_{0.7}$ 时 G_s 降到 G_0 的 70%。

小应变模型虽然数学形式上看起来复杂，但它的参数都有明确的物理意义，都可以通过常规的土力学试验得到。小应变硬化模型参数包括：塑性应变硬化参数 γ^{ps}、极限偏应力 q_f、固结模量 E_{oed}、割线模量 E_{50}、加卸载模量 E_{ur}、剪切割线模量 G_s 和先期固结压力 p_c。

7.1.5　模型参数

摩尔-库仑模型、修正剑桥模型、CY 模型和小应变硬化模型的参数汇总见表 3.7.1。

表 3.7.1　模型参数汇总

参数＼模型	摩尔-库仑模型	修正剑桥模型	CY 模型	小应变硬化模型
摩擦角 φ	√	√	√	√
黏聚力 c	√	√	√	√
泊松比 ν	√	√	√	
弹性模量 E	√	—	—	
等向压缩线的斜率 λ	—	√	—	
等向回弹线的斜率 κ	—	√	—	
初始孔隙比 e_0	—	√	—	
参考弹性体积模量 K_{ref}^{iso}	—	—	√	
参考有效压力 P_{ref}	—	—	√	
模型参数 m	—	—	√	
屈服面形状参数 α	—	—	√	
临界剪胀角 ψ_f	—	—	√	
塑性应变硬化参数 γ^{ps}				√
极限偏应力 q_f				√
固结模量 E_{oed}				√
割线模量 E_{50}				√
加卸载模量 E_{ur}				√
剪切割线模量 G_s				√
先期固结压力 p_c				√

在表 3.7.1 中，摩擦角 φ、黏聚力 c、泊松比 ν、弹性模量 E 和初始孔隙比 e_0 可以根据室内试验或现场试验直接获得。

等向压缩线的斜率 λ、等向回弹线的斜率 κ 分别与压缩指数 C_c、回弹指数 C_s 的关系近似表示为：

$$\left.\begin{aligned}C_c&=2.3\lambda\\C_s&=2.3\kappa\end{aligned}\right\}\tag{3.7.34}$$

8 号线二期南段工程沿线第③$_3$和④$_3$层对应的压缩指数 C_c、回弹指数 C_s 近似为 0.07 和 0.004 左右；第⑤层对应的压缩指数 C_c、回弹指数 C_s 近似介于 0.105～0.188 和 0.009～0.011 之间。如图 3.7.6 所示，压缩指数 C_c 近似为回弹指数 C_s 的 12～13 倍。

参考有效压力 P_{ref} 通常取 100 kPa；K_{ref}^{iso} 为对应于参考有效压力 P_{ref} 的参考弹性体积模量，可由在该压力下的弹性模量求得，即 $K_{ref}^{iso}=E_{ref}^{iso}/3(1-2\nu)$；屈服面形状参数 α 一般取为 1。

临界剪胀角 ψ_f 可根据常规三轴试验获得，如图 3.7.7 所示。临界剪胀角 ψ_f 可表示为：

$$\psi=\arcsin\left(\frac{d}{2+d}\right)\tag{3.7.35}$$

图 3.7.8(a)～图 3.7.11(a)为常规三轴试验中不同围压下的应力应变曲线，将根据不同围压下 1/2 最大偏应力所对应的模量整理到如图 3.7.8(b)～图 3.7.11(b)所示的坐标轴下，所得到的斜率即为模型参数 m。研究域内第③$_3$、④$_3$和第 5 层对应的 m 值介于 0.79～0.94 之间。

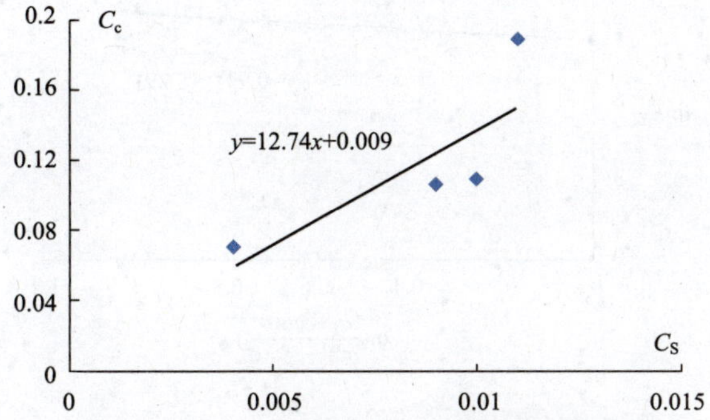

图 3.7.6　压缩指数和回弹指数的关系

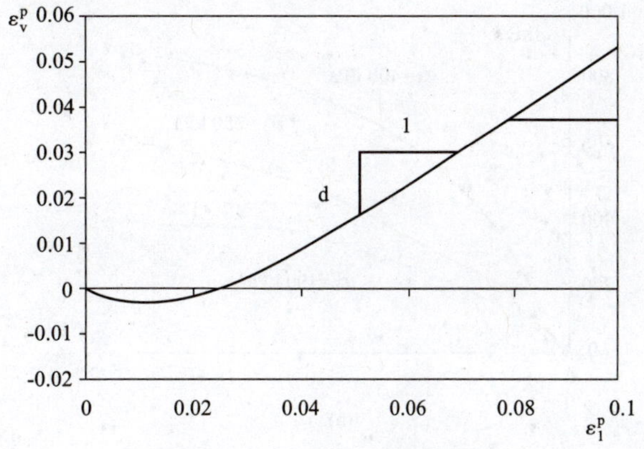

图 3.7.7　塑性应变曲线

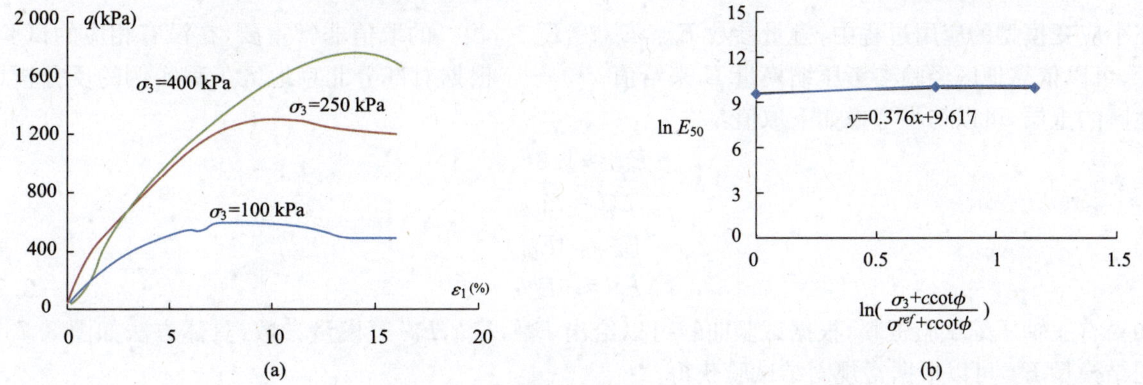

图 3.7.8　参数 m 的确定(埋深 4 m)

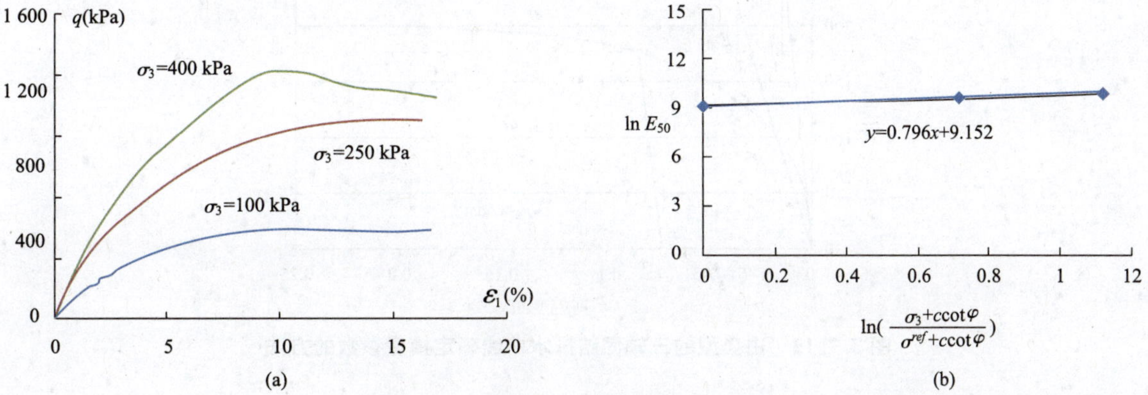

图 3.7.9　参数 m 的确定(埋深 5.5 m)

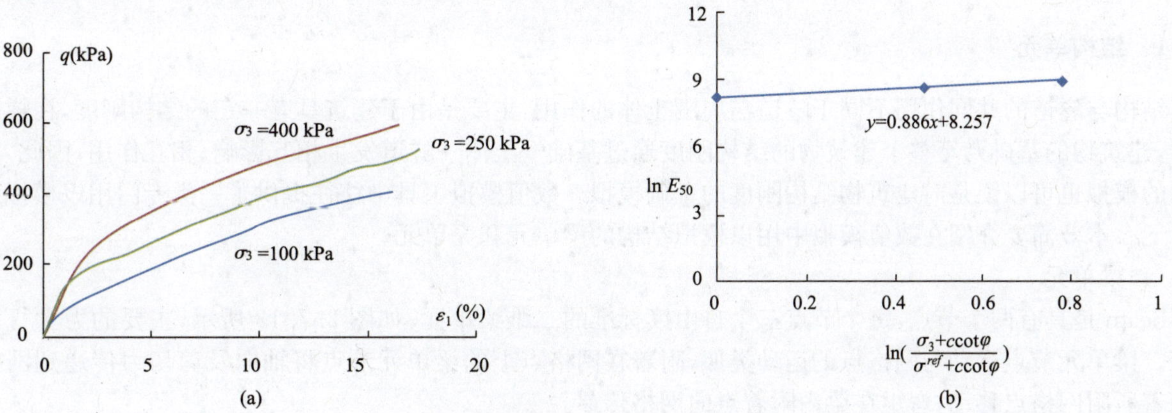

图 3.7.10　参数 m 的确定(埋深 7.0 m)

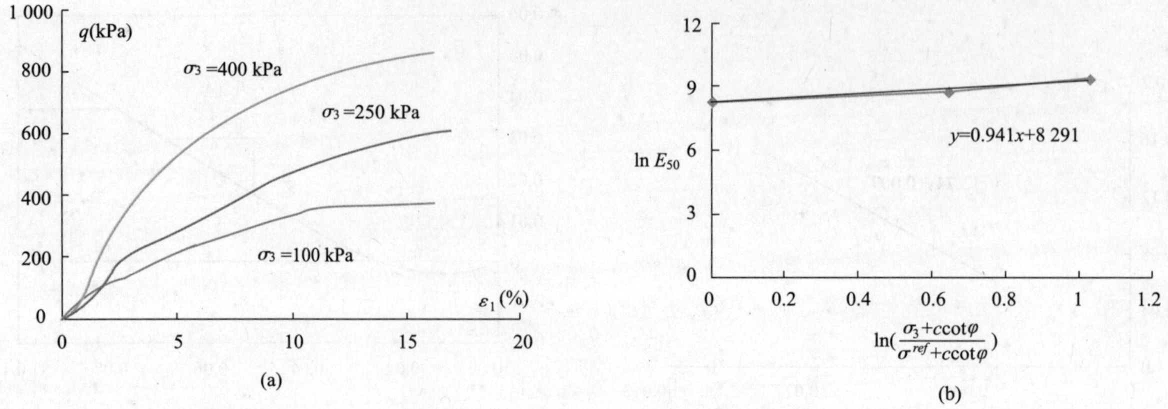

图 3.7.11　参数 m 的确定(埋深 10 m)

在小应变模型的应用过程中,模量参数 E_{oed},$E_{50}{}^{ref}$,$E_{ur}{}^{ref}$,$E_0{}^{ref}$ 的取值非常重要,在没有相应的试验资料条件下,可以依靠地区经验参考压缩模量 E_s 来给值[70]~[74]。根据对部分北京地区工程实例的反分析,针对北京地区的土层,可以初步考虑如下取值:

$$
\begin{aligned}
E_{oed} &\approx 1.3E_s \\
E_{50}^{ref} &\approx E_{oed} \\
E_{ur}^{ref} &\approx 3E_{50}^{ref} \\
E_0^{ref} &\approx 5E_{ur}^{ref}
\end{aligned}
\tag{3.7.36}
$$

如果有三轴压缩试验资料,根据试验曲线可以给出 E_{50}^{ref},E_{ur}^{ref},E_0^{ref} 等模量参数,具体方法如图 3.7.12 所示。固结模量 E_{oed} 可以根据常规固结试验获得。

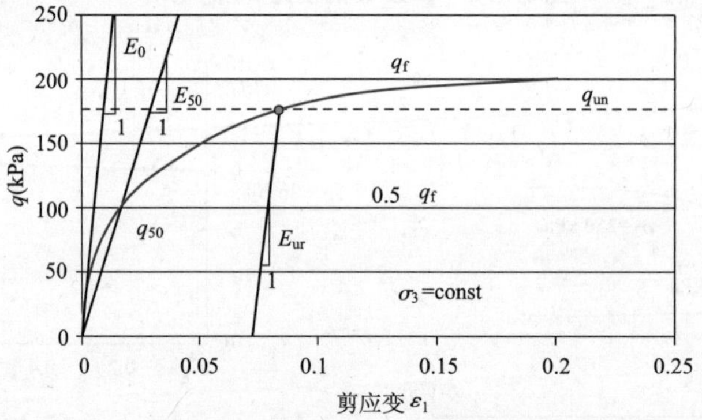

图 3.7.12　由典型的三轴固结排水曲线确定模量参数的方法

7.2　盾构隧道管片及古旧平房建筑结构模拟

7.2.1　结构单元

结构与隧道的共同作用不同于隧道与周围土体的作用,主要是由于建筑具有一定的结构刚度,在隧道施工时,建筑物的基础乃至整个建筑物的结构刚度通过基础—土体—隧道发生相互影响、相互作用,因此,对建筑物的模拟也可以说是对建筑物结构刚度的正确模拟。数值模拟工具中往往提供了一类专门用以模拟结构的单元。本节简要介绍在数值模拟中用以模拟结构的梁单元和壳单元。

(1)梁单元

beam 是具有两个节点,每个节点三个自由度标准的二维梁单元,如图 3.7.13 所示,主要的力学行为是抗弯。梁单元节点运动与网格点的运动类似,附着在网格点上的梁单元节点将轴向及剪切力传递到网格点并随着所附网格点移动,弯矩在梁内附着点向网格传递。

在数值模拟时需要对它的材料和几何特性进行定义,一般梁被假定为轴向拉压破坏极限的线弹性材料。

主要的参数有横截面积、弹性模量 E、截面的二次矩(惯性矩 I)、密度等。其中截面惯性矩是模拟梁单元力学行为的关键参数。

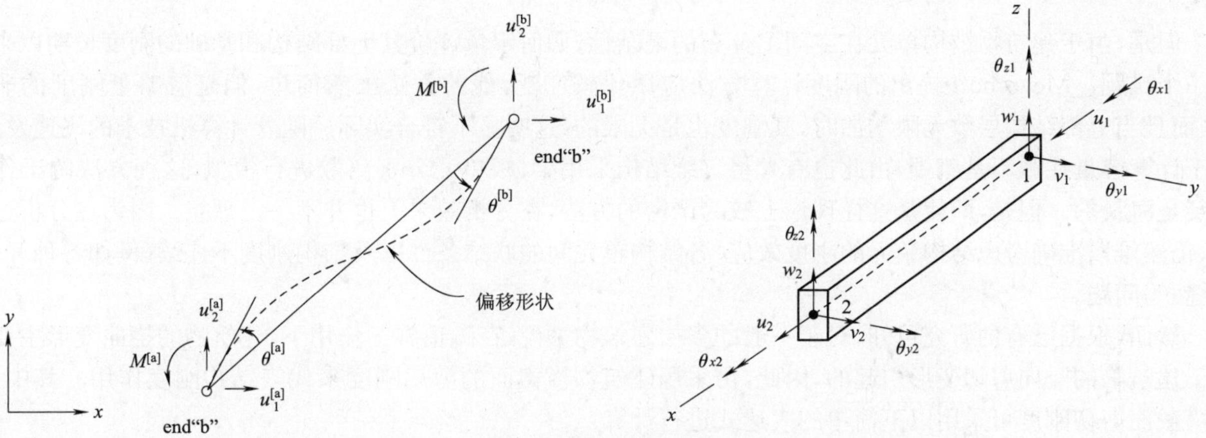

图 3.7.13　梁单元模型

梁单元是具有对称的截面,其惯性矩的计算可通过截面的高度和宽度或者圆形截面的半径,如矩形梁截面的惯性矩计算为 $I=\frac{1}{12}bh^3$,如图 3.7.14 所示。

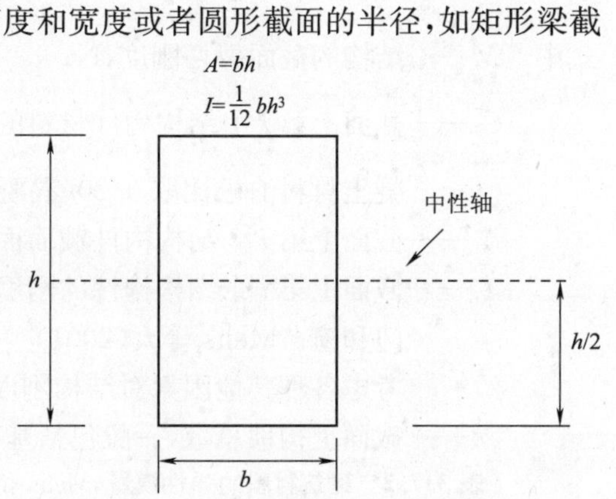

图 3.7.14　矩形梁横截面的惯性矩 I

(2)壳单元

壳单元是一个在三个节点上具有统一厚度的三角形,壳体结构能用多个小块的平面来模拟,每个壳单元都被视为线弹性材料,没有破坏极限。壳单元有自己的局部坐标系统,可用来指定材料特性和施加外荷载。

在模拟建筑物时,根据壳单元各种类型自身的结构响应特性,选取平板弯曲单元,如图 3.7.15 和图 3.7.16 所示,其主要的参数有密度、各向同性材料参数(杨氏模量 E 和泊松比 ν)、厚度。

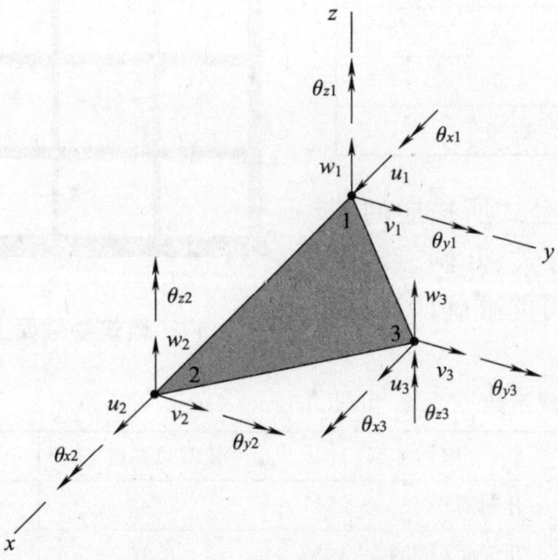

图 3.7.15　壳单元模型

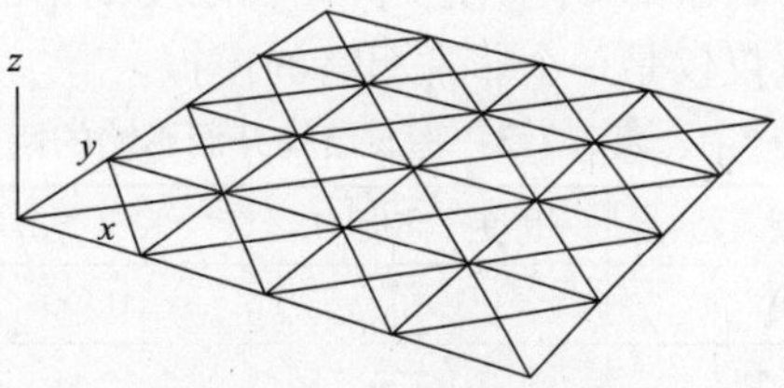

图 3.7.16　平板弯曲单元

7.2.2　结构刚度的等效方法

所谓“结构刚度”就是整个结构抵抗变形的能力,结构刚度大小与结构形式、构件尺寸等密切相关,是结构潜在的能力。在结构变形过程中,这种能力能够发挥出来多少是与相应的“共同工作”下地基变形大小密切相关。变形大小影响着结构抗弯的发挥程度。根据圣维南原理,这种变形在上部结构中的影响高度必然是有限的，但是它的影响范围究竟有多大要视变形大小、结构与基础刚度比和梁柱线刚度比而定，因此抗弯刚度在上部结构高度的发挥也必然是有限的。也就是说，只有一部分抗弯刚度参与共同工作得以利用和发挥。

但是，由于建筑物结构单元在空间上分布的复杂性，如何定量评价其上部结构和基础的刚度长期以来都是一个难题。Meyerhoff 提出的刚度计算方法应用比较广泛，他的方法虽然简单，但是忽略了刚度的非线性，而且当上部结构层数无限增加时，其刚度也是无限的，这明显不符合实际。随着计算机技术的飞速发展，由于计算容量往往不是瓶颈，由此也有人将三维结构采用梁、板单元分别离散进行模拟，这种方法的工作量无疑是海量的。但是，即使是这样理论上较为严密的方法，在分析效果上也并不一定理想。因为在分析过程中，仍然难以准确考虑结构单元的刚度效应、各结构单元间的联结条件以及结构刚度不连续(例如各种开洞、裂缝)等问题。

然而，根据已有的研究可知，对于一般的多层建筑物来说，在隧道施工作用下，建筑物的挠曲变形主要是由于建筑物的竖向剪切变形引起的，因此，可采用建筑物横截面的剪切刚度来代表结构刚度作用。其中，结构横截面剪切刚度可采用以下简单的表达式进行计算：

$$M=\sum_{i=1}^{n}\zeta_i G_i A_i \tag{3.7.37}$$

式中　M——结构的截面剪切刚度，N；

G_i——截面上第 i 个结构构件材料的剪切模量，Pa，$G=\frac{E}{2(1+\nu)}$，E 一般可根据表 3.7.2 选取，钢筋混凝土材料泊松比取 0.20(混凝土 0.15～0.20，钢筋 0.30)；

A_i——截面上第 i 个结构构件截面面积，m^2；

ζ_i——截面上第 i 个结构构件的刚度折减系数，主要是考虑实际的建筑物各种开洞的影响，例如各类门和窗。Melis 等人(2001)[46]通过一个折减系数来考虑这个问题，见表 3.7.3，必要时也可以考虑各种其他因素对结构刚度进行折减；

n——截面上构件总数，一般包括基础板、楼板、梁、墙体等，如图 3.7.17 所示。

表 3.7.2　建筑材料的弹性模量(Melis 和 Rodriguez Ortiz，2001)

构件类型	杨氏模量 E(kN/mm²)
承重砖石结构——采用石灰砌筑	3.0
承重砖石结构——采用水泥砂浆砌筑	5.5
采用空心砖砌筑的非承重砖石结构	4.0
钢筋混凝土	27.0

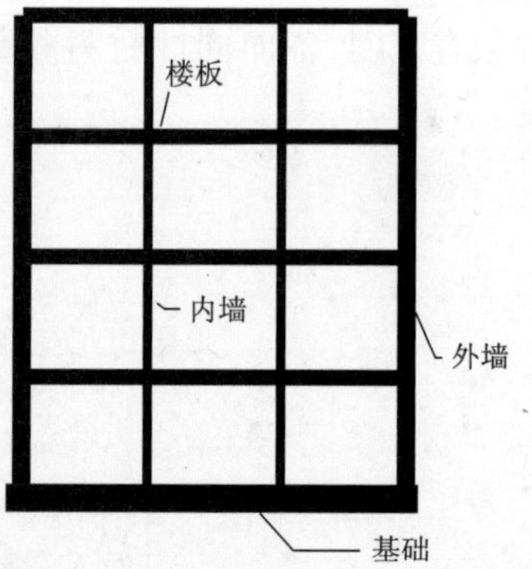

图 3.7.17　建筑物截面上的各个构件

但是，结构刚度计算的复杂性又远远超出了上述公式所描述的情况。由于材料特性、结构特性、不同构件之间的联结方式、开洞、裂缝、变形历史等等因素的影响，使实际结构刚度的情况不可能准确计算，因此上述计算也仅仅是一个非常粗略的模拟。

表 3.7.3　考虑结构开洞影响的刚度折减系数(Melis 和 Rodriguez Ortiz，2001)

墙体类型	长度<高度 H	长度>$2H$	墙体类型	长度<高度 H	长度>$2H$
没有开洞	1.00	1.00	开洞面积 15%～25%	0.40	0.60
开洞面积 0～15%	0.70	0.90	开洞面积 25%～40%	0.10	0.15

由于不同建筑物之间结构刚度的变化范围也是很大的(常见的结构可能差好几个数量级)，因此由于对一些非主要因素的忽略而造成的误差也不会对结果引起不可接受的影响。因此，在建筑物与隧道的共同作用分析中，可将结构的刚度问题尽可能的简化考虑，把上部结构、基础与地基作为一个共同工作的整体来研究。在数值分析中，对结构刚度考虑采用“等效作用”的思路，也就是采用一个等效刚度的梁(壳)，近似模拟整个结构在共同作用变形过程中体现出来的刚度作用，此时结构物刚度可以看作完全体现在所采用的梁(壳)单元上。

在具体的数值计算中，将上部结构的刚度和基础的刚度等效作用于地基上的一个基础梁，采用二维的梁单元(beam)或三维的壳单元(shell)来模拟。在基础底板厚度的基础上，根据基础与上部结构类型的不同，适当考虑地下室和上部结构刚度作用的效应，按照开洞面积对上部结构的刚度进行折减和估算，再调整计算梁单元厚度，以等效刚度来反映整个结构的刚度作用。

7.2.3　确定建筑物整体刚度的反分析

根据以上讨论，结构的刚度在数值模拟分析中，可以通过等效刚度来模拟，具体可以采用结构单元的厚度来反应。本节主要基于实测结果，分析结构单元厚度的选取原则。

选取了北京地区的中关村科技大厦、LG 大厦、国际信托大厦、东环广场等典型工程，将计算结果与实测数值进行对比和反分析，从而对刚度(底板厚度)的取值方法进行实际的分析和验证，初步总结出一个简便易行的取值方法，为今后进一步的深入研究打下一个良好的基础。各工程的基本设计情况，见表 3.7.4。

上述工程基本可以代表北京地区两类典型的工程地质单元。其中，中关村科技大厦位于北京市西北部的海淀区中关村，基底以砂卵石为主。另外 3 个工程均位于北京城东部东二环建国门、东直门一带，属于黏性土和砂卵石交替分布地层。模型的计算参数，见表 3.7.5。

表 3.7.4　各工程的设计条件

工程名称	工程地点	上部结构类型	基础类型	建筑范围(m^2)	基础埋深(m)	底板厚(m)	基底平均压力(kPa)
中关村科技大厦	海淀区中关村	框一剪框架	筏基	113.70×127.20	19.52	1.2	429.5/224.9/166.3
LG 大厦	朝阳区建外街永安里	框一筒框架	筏基	161.30×63.00	23.91	2.8/2.5	497.4/215.6
国际信托大厦	建国门外	框一剪	箱基	64.30×37.00	12.73	1.0	404.0
东环广场	东直门外东中街	框一剪	筏基	361.60×69.00	15.68	1.0	316.7

表 3.7.5　各分析模型中等效刚度的确定

工程名称	几何尺寸(m)	底板厚(m)	基础埋深(m)	刚度变化(计算/实际)
中关村科技大厦	274×70	2	19	4.6
LG 大厦	222×70	5/4	24	5.7/4.1
国际信托大厦	237×80	2	13	8
东环广场	269/254×80	1.6	13/16	4.1

各工程计算与实测的沉降对比曲线，如图 3.7.18 所示，可见实测数据与计算结果比较接近，基本能够反映建筑物的沉降规律，可满足工程分析的需要。采用增大建筑物底板厚度，来反映结构整体刚度作用的方法是可行的，不但简化了计算结构整体刚度的难度，而且也达到了较真实的模拟结构刚度的力学作用的效果，模拟计算的沉降值与沉降曲线的分布形态能够反映工程的实际情况。

在这 4 个工程中上部结构的型式差别不大，多为框架结构，但基础形式分为筏基(3 个)和箱基(1 个)，采用式(3.7.37)估算上部结构刚度后，再综合考虑上部结构—基础—地基的共同作用，需增大结构单元(beam 或 shell)的厚度，来反映结构整体的刚度作用。因此对于建筑物在模拟时可将结构单元的厚度在其筏板基础上扩大，使其刚度增大 4～5 倍，基础为箱基的建筑物则需增大 8～9 倍。

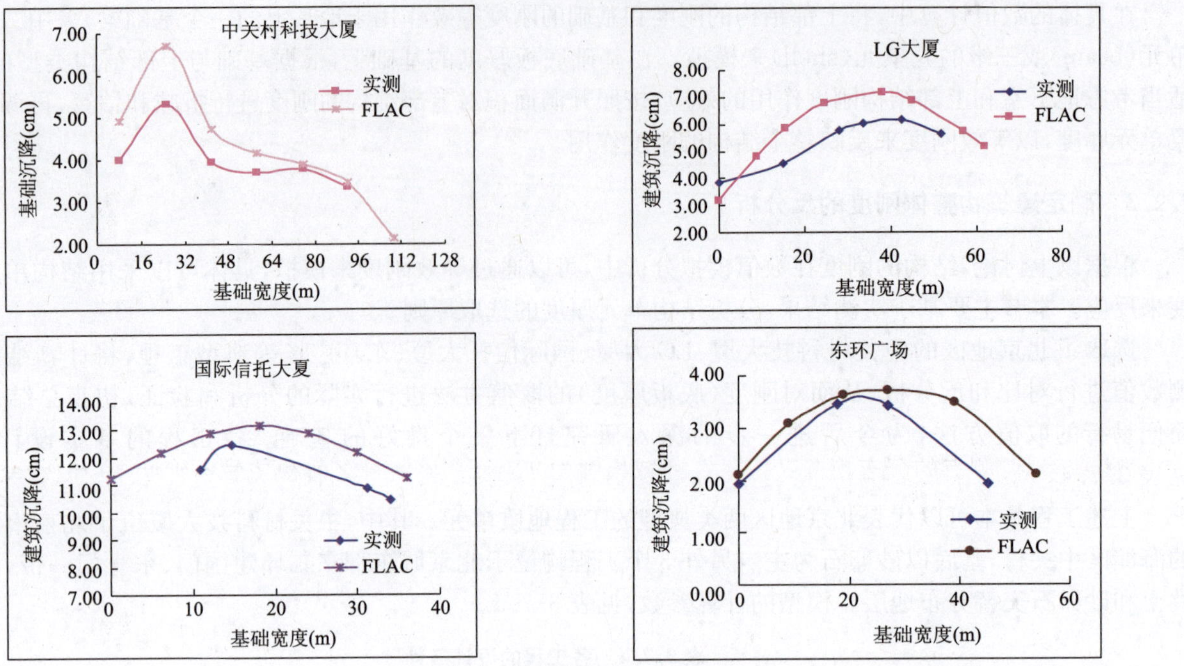

图 3.7.18　各工程沉降对比曲线

7.3　盾构隧道施工过程模拟

本节内容主要采用摩尔-库仑模型和修正剑桥模型对隧道施工对地面沉降的影响进行了模拟，并对其计算结果与实测数据进行了对比分析。

7.3.1　隧道施工数值模拟实现程序

隧道施工数值模拟实现程序见图 3.7.19 所示。首先根据地层情况和隧道的实际工况建立模型并进行

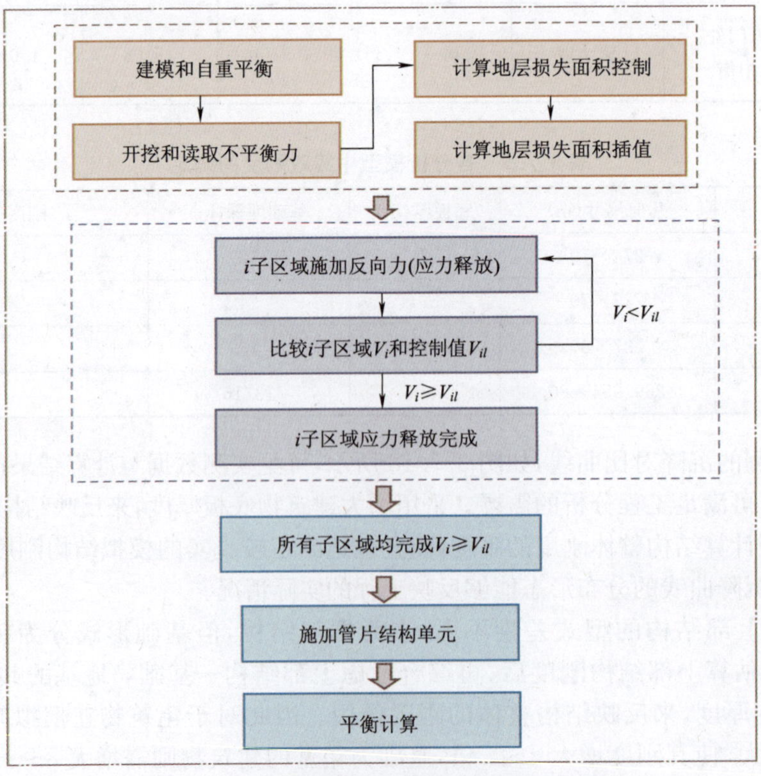

图 3.7.19　隧道施工数值模拟实现程序框图

自重平衡，然后实施隧道开挖和读取不平衡力，其间依据实测数据获得的地层损失率计算地面损失面积控制值及根据设定长度计算隧道沿线地面损失面积差值。对每个子区域按照不等步长进行应力释放，每步应力释放完成后均进行平衡计算。每次均需将每个子区域地面沉降面积 V_i 和该区域的控制值 V_{i1} 进行比较。当 $V_i < V_{i1}$，该子区域继续进行应力释放；$V_i \geqslant V_{i1}$ 时，该区域应力释放完成，施加的反向力保持不变。当所有的 n 个子区域应力释放全部完成时施加管片结构单元，再进行平衡计算，此时模拟计算全部完成。

7.3.2　数值试验工程概况

在8号线沿线的研究区域中，由于鼓楼大街站—什刹海站区间途中正穿或旁穿大量平瓦房，其中一处为文保建筑旧式铺面房。为了研究隧道开挖对地面重点建筑的影响，本章节以鼓楼大街站～什刹海站区间作为研究对象。该区间为明挖段后沿鼓楼外大街南行，途中绕避鼓楼，沿鼓楼西大街折向东南沿地安门内大街南行到达什刹海站。区间盾构段全长882.722 m，隧道覆土厚度15.8～18.4 m。

根据设置监测点的分布拟验证的沿线区域长度为90 m，在该区域之前和之后各延伸30 m，研究域总计长度为150 m，隧道中心线埋深20.73 m。根据盾构参数表，盾构直径选取为6.25 m。

(1)工程地质条件

研究域工程场地工程地质条件见图3.7.20，表层为人工堆积层①层，以下为第四纪沉积的粉土③$_2$、细粉砂③$_1$、粉细砂④$_4$、卵石⑤$_8$、粉土⑥$_2$、黏土⑥$_1$、粉质黏土⑥、粉细砂⑦、黏土⑧$_1$、中细砂⑧$_4$、粉土⑧$_2$、卵石⑩$_9$。

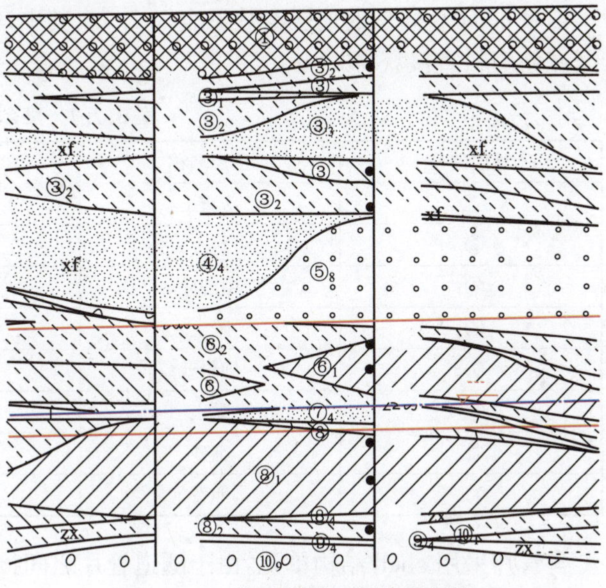

图3.7.20　施工场地工程地质条件

(2)计算模型及参数

①计算模型

模型大小为100 m×150 m×60 m，共计319 200个单元，322 924个节点。在模型的底面($z=-60$ m)处施加竖向约束，在模型的侧面($x=-50$，$x=50$ m；$y=0$，$y=150$ m)处施加水平约束，数值分析模型如图3.7.21和图3.7.22所示。

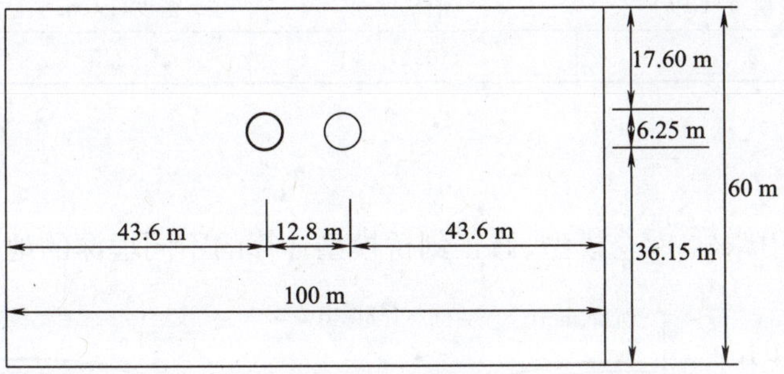

图3.7.21　计算模型

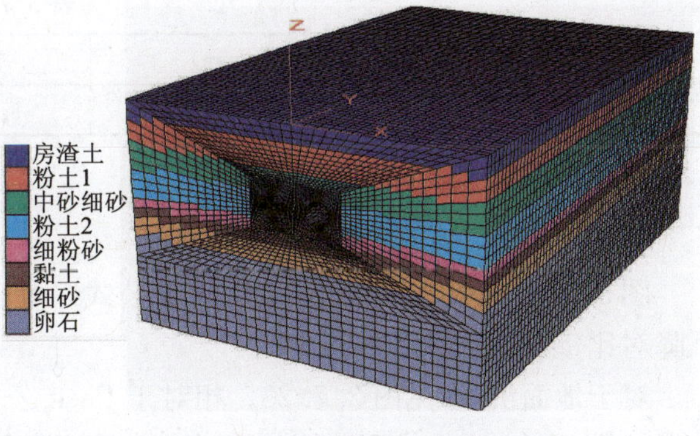

图3.7.22　FLAC3D数值分析模型

②本构模型及参数

土的本构模型采用摩尔-库仑模型和修正剑桥模型。根据勘察报告提供的岩土资料，将工程场地内的地层概化为8层，修正剑桥模型的模型参数见表3.7.6。其中，密度 ρ 和泊松比 ν 是根据试验资料直接获得；临界状态应力比 M 由摩擦角和黏聚力计算得到；参考比容 N_r 由初始孔隙比和自重应力计算获得。等向压缩线的斜率 λ、等向回弹线的斜率 κ 可分别根据压缩指数 C_c($\lambda \approx C_c/2.3$)、回弹指数 C_s($\kappa \approx C_s/2.3$)得到。基于北京地区黏质粉土和粉质黏土的压缩指数 C_c 与孔隙比的经验关系，根据勘察报告提供孔隙比计算得到压缩指数 C_c，卵石和中细砂的压缩指数 C_c 根据经验选取。回弹指数 C_s 是根据北京地区压缩指数 C_c 与回弹指

数 C_s 的经验关系获得。

表 3.7.6　修正剑桥模型的地层参数

地层编号	土层名称	厚度(m)	密度 ρ(g/cm³)	临界状态应力比 M	泊松比 ν	等向压缩线斜率 λ	等向回弹线斜率 κ	参考比容 N_r
①	房渣土	6.5	1.90	0.37	0.40	0.137	0.009	2.49
③₂	粉土	6	1.98	1.04	0.34	0.075	0.004	1.97
④₄	中细砂	7	2.00	1.20	0.36	0.049	0.002	1.75
⑥₂	粉土	2	2.00	1.14	0.34	0.075	0.004	2.03
⑦₄	细粉砂	4	2.00	1.42	0.33	0.038	0.001	1.66
⑧₁	黏土	5	2.00	1.20	0.34	0.094	0.006	2.34
⑩₄	细砂	4	2.02	1.55	0.29	0.029	0.000 6	1.57
⑩₉	卵石	20.5	2.10	1.85	0.27	0.009	0.000 7	1.35

摩尔-库仑模型的地层参数见表 3.7.7。其中,密度和泊松比同表 3.7.6,摩擦角、黏聚力和压缩模量根据试验资料直接获得。

表 3.7.7　摩尔-库仑模型的地层参数

地层编号	土层名称	摩擦角(°)	黏聚力(kPa)	压缩模量(MPa)
①	房渣土	10	0	1.5
③₂	粉土	25	19	11
④₄	中细砂	30	0	18
⑥₂	粉土	28	19	11
⑦₄	细粉砂	35	0	25
⑧₁	黏土	15	40	11
⑩₄	细砂	38	0	55
⑩₉	卵石	45	0	115

管片采用 shell 结构单元,由于隧道管片之间接头拼装对管片的刚度产生一定影响,故对其弹性模量进行折减,参数见表 3.7.8。

表 3.7.8　管片参数

名称	厚度(mm)	弹性模量(GPa)	泊松比	密度(g/cm³)
管片	300	3.0	0.17	2.5

7.3.3　计算结果对比分析

图 3.7.23～图 3.7.25 为采用 Peck 公式以及采用摩尔-库仑模型、修正剑桥模型计算的不同埋深的地层沉降对比,地层损失率为 0.59%。

对于地面沉降,见图 3.7.23。相对于 Peck 公式的计算结果,摩尔-库仑模型计算的隧道中心的沉降偏大,距离隧道中心越远处模型的计算结果出现部分回弹现象;修正剑桥模型计算结果以沉降为主,但沉降槽宽度大于 Peck 公式的计算结果。

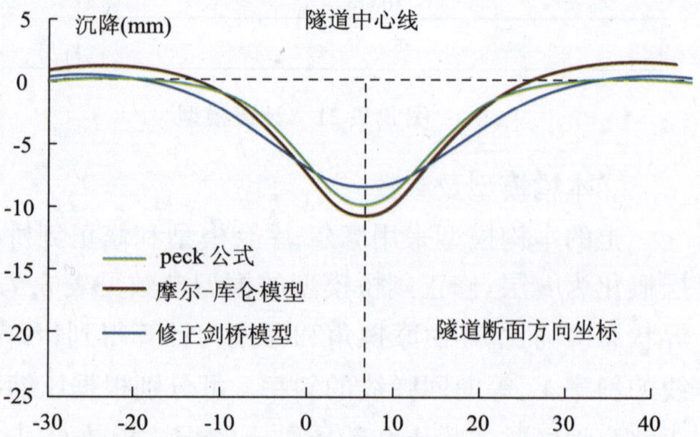

图 3.7.23　不同方法计算结果对比(埋深 z=0 m)

图 3.7.24 为埋深为 7.14 m 的地层计算沉降值,摩尔-库仑模型计算的隧道中心的沉降大于 Peck 公式的计算结果,距离隧道中心较远处为回弹变形;修正剑桥模型计算结果为沉降变形,沉降槽宽度略大于 Peck 公式的计算结果。

图 3.7.25 为埋深为 13.87 m 对应的地层沉降计算值，摩尔-库仑模型计算的隧道中心的沉降远大于 Peck 公式的计算结果，距离隧道中心较远处为仍为回弹变形；修正剑桥模型计算的沉降槽宽度稍大于 Peck 公式的计算值，隧道中心线附近的沉降和 Peck 公式的计算结果能够基本吻合。

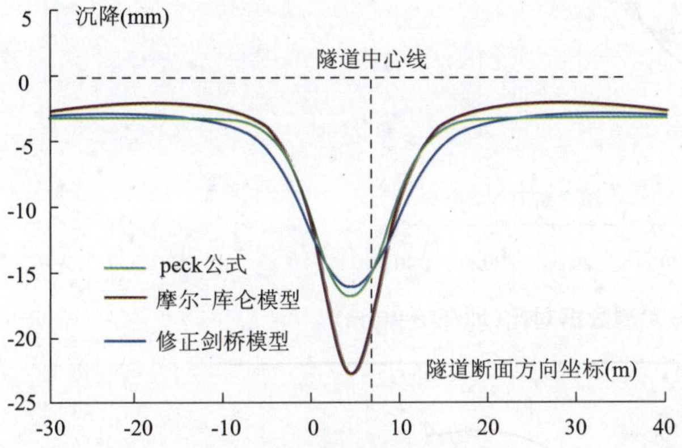

图 3.7.24　不同方法计算结果对比（埋深 $z=7.14$ m）

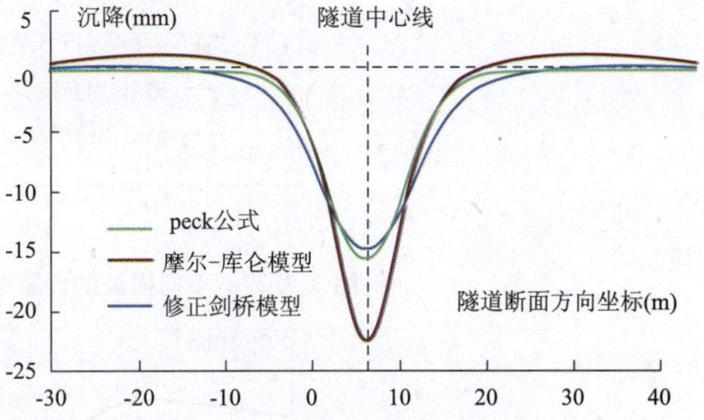

图 3.7.25　不同方法计算结果对比（埋深 $z=13.87$ m）

7.3.4　与实测结果对比分析

图 3.7.26 为研究域中某断面实测数据和采用不同本构模型计算得到的地面沉降值对比，地层损失率为 0.59%，模型参数见表 3.7.6 和表 3.7.7。

由图 3.7.26 可见，对比实测数据，摩尔-库仑模型计算的隧道中心处的沉降较大，距离隧道中心较远处存在回弹变形。隧道正上方区域主要为趋向于隧道内部的弹性沉降变形；隧道正下方为趋向于隧道内部的弹性回弹变形。摩尔-库仑模型为理想弹塑性模型，在弹性变形阶段的压缩和回弹均采用相同的压缩模量，且该模量为常量，不随应力水平的变化而变化。由于压缩模量取值较小导致计算的隧道中心处的地面沉降较大、隧道下方回弹量较大。因为具有较大整体刚度的隧道管片的作用，致使隧道下方的回弹变形对距离隧道中心远处的地面变形影响较大，使其出现回弹变形现象。修正剑桥模型在描述压缩和回弹变形时采用不同的变形参数，且回弹模量随应力水平的改变而改变，故其计算结果和实测数据能够较好地吻合。

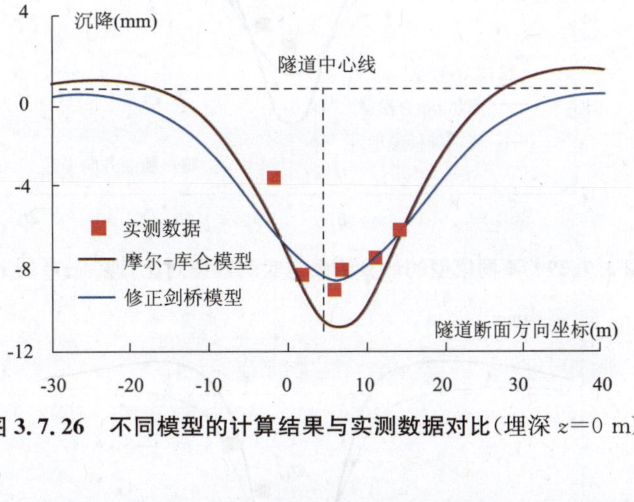

图 3.7.26　不同模型的计算结果与实测数据对比（埋深 $z=0$ m）

分层沉降对比：

图 3.7.27～图 3.7.30 为研究域中某断面位于不同埋深地层的实测数据和采用不同本构模型计算得到的地面沉降值对比，地层损失率为 0.29%，模型参数见表 3.7.6 和表 3.7.7 所示。

对于地面沉降(见图 3.7.27)，对比实测数据，摩尔-库仑模型计算的隧道中心处的沉降偏大，距离隧道中心较远处出现回弹变形。修正剑桥模型的计算结果和实测数据基本吻合。

由图 3.7.28～图 3.7.30 可见，随着埋深的增加，摩尔-库仑模型计算的隧道中心处的沉降逐渐增大，其与实测数据偏差逐渐增大；远离隧道中心处模型计算的变形均出现回弹性质。修正剑桥模型的计算结果也随着埋深的增加计算的沉降也逐渐增大，其值略大于实测数据。

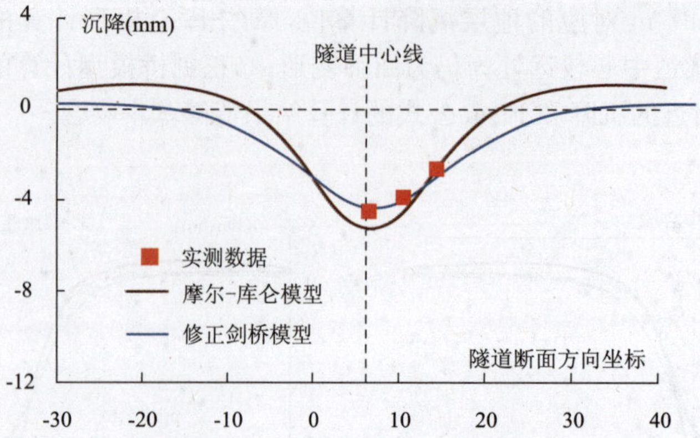

图 3.7.27　不同模型的计算结果与实测数据对比(埋深 z=0 m)

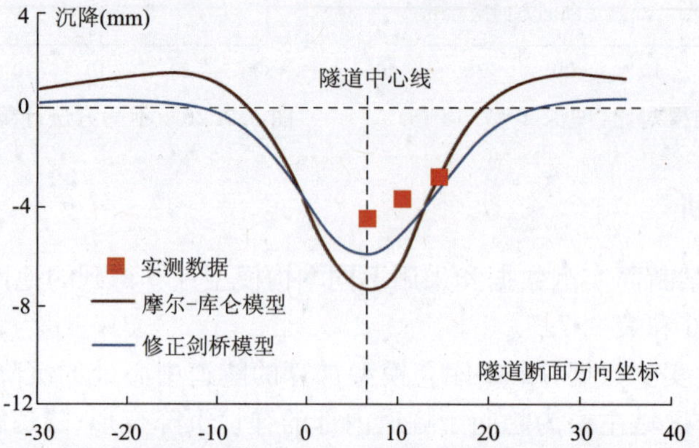

图 3.7.28　不同模型的计算结果与实测数据对比(埋深 z=6 m)

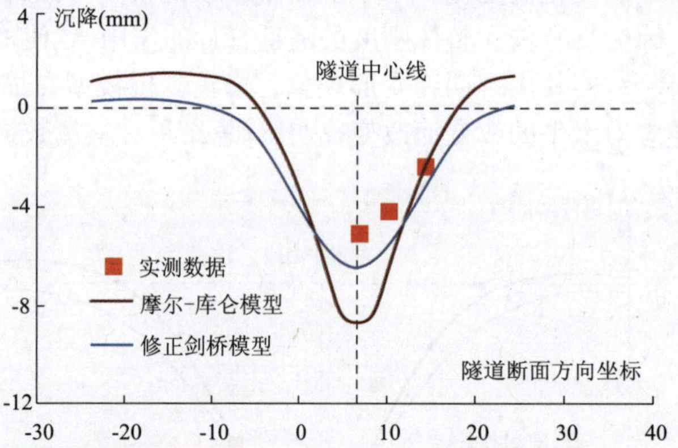

图 3.7.29　不同模型的计算结果与实测数据对比(埋深 z=10 m)

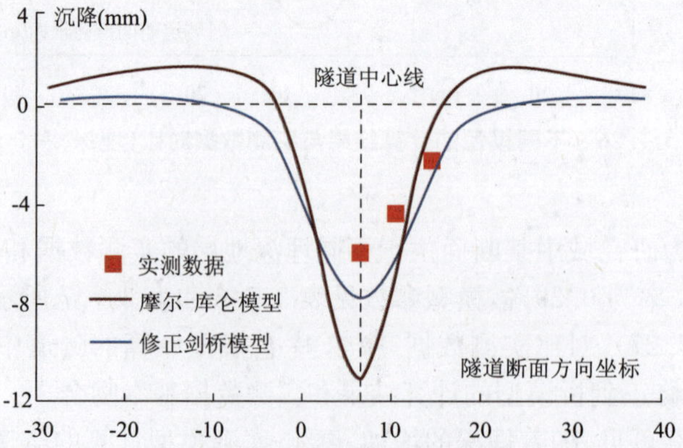

图 3.7.30　不同模型的计算结果与实测数据对比(埋深 z=13 m)

第 4 篇　盾构下穿既有线车站工程

第 1 章　工程概况

8 号线二期南段施工过程中面临众多高等级风险工程，其中近距离盾构下穿既有 2 号线鼓楼大街站施工是特级风险工程，为北京地区首次采用盾构法下穿既有车站，见图 4.1.1 和图 4.1.2。

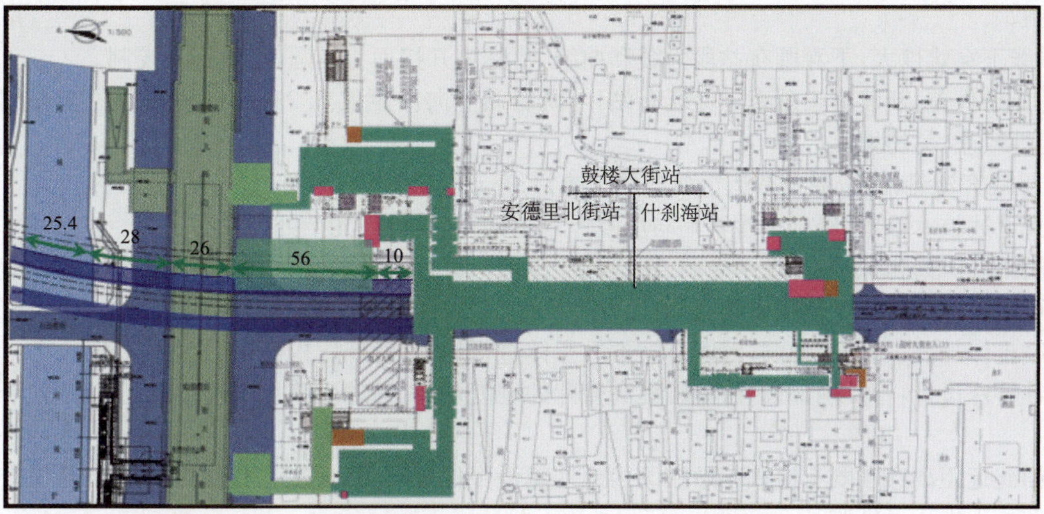

图 4.1.1　安鼓区间隧道与既有 2 号线鼓楼大街站平面位置关系图

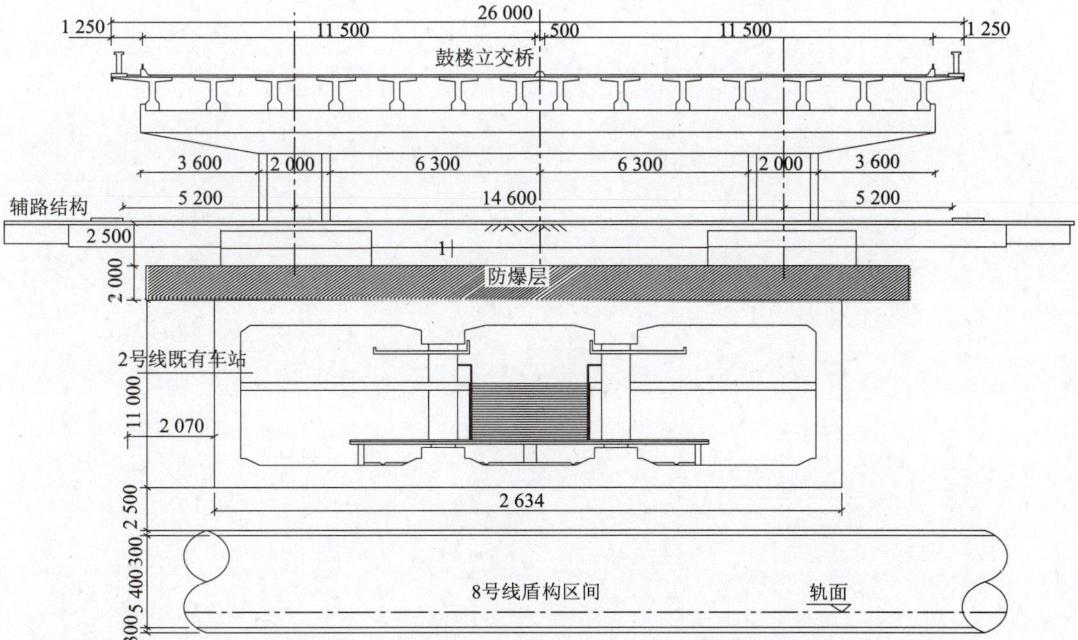

图 4.1.2　盾构隧道与既有鼓楼大街站纵剖示意图

既有 2 号线鼓楼大街站建成于 20 世纪 80 年代，位于北二环主路下方，东西向布置，为明挖放坡法施工，属战备工程，人防等级按二级设防。周围环境复杂，上方有鼓楼北中轴立交桥，北侧为北护城河，区间双线近似垂直下穿，区间结构距既有线车站底板净距最小仅 2.23 m。

8 号线二期穿越既有 2 号线鼓楼大街站段工程(本篇以下简称“穿越段工程”)，长约 26 m，埋深 23.45～23.5 m，隧道中心线间距约 16.8 m，双线盾构隧道直径均为 6 m。穿越段工程地质情况复杂，需穿越粉土层、黏土层、中细砂层、粉质黏土层、局部夹杂卵石层。水文情况：本区间地段有四层地下水，第一层为上层滞水，较普遍存在，距隧道上方约 9.7 m；第二层层间滞留水距隧道上方约 2.8 m；第三层层间滞水距隧道下方约 1 m，第四层潜水距隧道下方约 3 m。

穿越段工程存在如下技术难点：

(1)沉降要求严：既有地铁 2 号线鼓楼大街站结构及轨道，均对施工变形影响非常敏感，因此新建盾构隧道施工对于变形控制的要求十分严格。

(2)极易遇见型钢等障碍物：根据地铁 4、5 号线暗挖段下穿 2 号线其他车站的施工经验，盾构下穿既有站过程中可能会遇到钢板桩等金属障碍物。一旦遇到此类问题需停机开仓处理，既有线鼓楼大街站的沉降将无法控制。

(3)曲线下穿难度大，下穿既有站段为缓和曲线上，隧道开挖面为椭圆，参数不易控制。

(4)地质条件差，新建隧道垂直下穿既有站，与既有站竖向净距仅 2.23 m，隧道拱顶位于粉细砂及粉土层中，稳定性较差，易坍塌。

(5)2 号线客流量较大，受正常运行列车的影响，行车动荷载较大。

为攻克上述技术难题，经过多番咨询与反复专家论证，提出以下几个处理方案：

1)采用站底障碍物探测：开挖小导洞，在盾构穿越前对区间开挖范围进行探测，以便提前处理 2 号线车站施工时可能存在的残留型钢障碍物。

2)站底土体加固：利用小导洞，对既有站下方土体进行加固，降低盾构穿越引起的沉降。

3)管片特殊设计：管片内部设置钢环，提高管片的刚度，同时穿越段管片增设注浆孔，为后续补偿注浆预备条件。

盾构如此近距离穿越既有地铁车站在国内地铁建设中比较罕见，此次工程实践为北京乃至全国的类似工程设计和施工提供了借鉴。

第 2 章　既有车站及附属结构现状调查与检测

2.1　既有线车站现状调查与检测内容

既有车站结构调查与检测包括以下内容：

(1)构件外观、渗漏水，调查轨道及轨道结构现状，轨道与底板的接触状态，调查变形缝的位置及里程，量测其变形和错动情况；

(2)混凝土碳化深度及强度；

(3)构件裂缝(宽度、深度)；

(4)钢筋锈蚀；

(5)钢筋保护层厚度；

(6)轨道扣件维修及调整记录。

2.2　既有线车站现状调查与检测要点

2.2.1　外观检查

(1)结构外观

重点检查范围内构件表面是否污损，有没有明显缺陷或变形。

车站站台底板部分混凝土表面是否平整，是否存在缺陷。站内有没有渗水现象。

检测范围内存在沉降缝时，还应检查沉降缝处是否有渗水现象。沉降缝处灰浆是否可见破裂现象。

(2)道床外观检查

道床外观检查主要检查道床外观是否平整，有无明显坑洞等缺陷，是否存在钢筋外露情况，以及道床沉降缝两侧是否有错台、破裂。此外，还需检查扣件与钢轨结合是否紧密。

(3)道床与底板连接状况

道床与底板连接状况检查需要探测道床与底板结构结合部位是否存在脱空现象。

2.2.2　混凝土强度及碳化检测

将抽选的梁、板、侧墙、道床分别单独各视为一个构件进行检测。

按照《回弹法检测混凝土抗压强度技术规程》(JGJ/T 23—2001)要求，在每个构件侧面(表面)均匀布置测区，每个测区大小约为 0.04 m^2，将每个构件表面的涂料层刮净，露出混凝土表面，进行测试，检测时在每个测区内测取 16 个回弹值。

检测时同时选取每个构件测区数的 30%测量其碳化深度值，方法为在选取的测区混凝土表面凿一直径约 15 mm 的孔洞，滴入浓度为 1%的酚酞酒精溶液后，直接利用碳化深度尺进行测量，测量不应少于 3 次，取其平均值为其碳化深度。见图 4.2.1 和图 4.2.2。

测区混凝土龄期超过 1 000 d，且由于无法采用钻芯法对回弹检测结果进行修正，故对各类构件的强度推定值按《混凝土结构加固设计规范》(GB 50367—2006)按龄期进行修正。

混凝土强度推定值($f_{cu,e}$)按公式(4.2.1)确定：

$$f_{cu,e}=mf_{cu}^{c}-1.645sf_{cu}^{c} \tag{4.2.1}$$

式中　mf_{cu}^{c}——混凝土强度换算值的平均值(MPa)；

sf_{cu}^{c}——混凝土强度换算值的标准差(MPa)。

注：结构或构件的混凝土强度推定值是指相应于强度换算值总体分布中保证率不低于 95%的结构或构件中的混凝土抗压强度值。

图 4.2.1　碳化深度测试

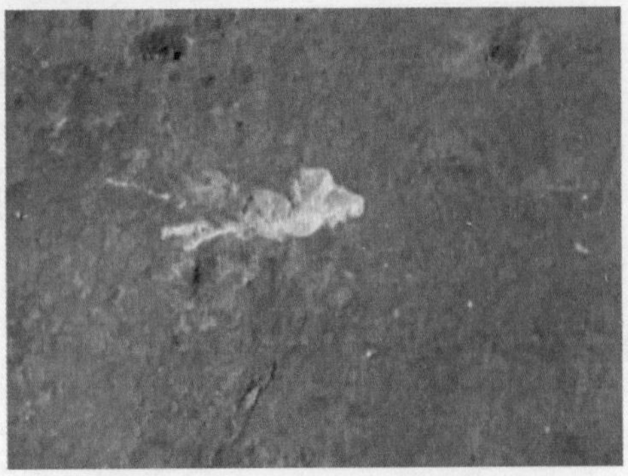

图 4.2.2　碳化深度测试

2.2.3　结构外观裂缝检测

裂缝深度宜采用超声法检测，按照相关规程规范要求，在结构实体有代表性的裂缝处布设超声波检测点以进行声速测试，之后对声速值进行计算以确定裂缝深度值。

裂缝宽度在有代表性的部位用读数显微镜直接读取。裂缝长度采用喷水风干等方法显化裂缝，然后采用尺量取裂缝长度。

2.2.4　钢筋锈蚀检测

钢筋锈蚀状况检测可根据现场条件采用混凝土电阻率的方法测定钢筋锈蚀情况，每种条件的测区数量不少于 3 个。

2.2.5　混凝土钢筋保护层厚度测试

按《电磁感应法检测钢筋保护层厚度和钢筋直径技术规程》(DB11/T 365—2006)，钢筋保护层厚度的检测可采用钢筋测试仪对结构实体进行检验，对梁、板全部纵向受力钢筋的保护层厚度进行检测，对每根钢筋应在有代表性的部位测量 1 点。

2.2.6　扣件、垫片检测

扣件、垫片的检测，可采用游标卡尺直接测量轨底至铁垫板顶的垂直距离。

2.3　既有 2 号线鼓楼大街站现状调查与检测结果

2.3.1　外观检查

(1)结构外观

在检测范围内的混凝土构件表面均有一定程度的污损，各构件未见明显缺陷或变形。

混凝土纵向底梁外观较粗糙，少数梁侧面不够平整，局部有突起棱角或有可见粗骨料等缺陷。

站台板下可见结构底板部分混凝土表面平整，未见明显外观缺陷。车站顶板有装饰层。车站内结构柱为钢管柱外包大理石面板装饰层，有效站台段东西侧墙均有外装饰层，装饰层后有管线穿过。车站内均未见渗水现象。见图 4.2.3。

在检测范围内有四道沉降缝，由东向西分别位于 4/5、9/10、14/15、19/20 轴处，其里程分别为 84＋64.5、84＋89.5、85＋14.5、85＋39.5(如图 4.2.4 所示)。经现场勘查，上述四条沉降缝处均无渗水现象，沉降缝两侧结构无错台现象，部分沉降缝处有勾缝灰浆，灰浆未见破裂现象。

在检测范围内未发现既有结构和道床现状形态的控制标石，故无法实施该项检测。

(2)道床外观检查

经现场检查，道床外观平整，表面有油污，混凝土表面较粗糙，无明显坑洞等缺陷，无外露钢筋，道床沉降缝两侧无错台、无破裂，部分钢轨垫块存在边角破损。扣件与钢轨结合紧密。见图 4.2.5 和图 4.2.6。

图 4.2.3　侧墙外观

图 2.2.4　变形缝外观

图 4.2.5　道床外观

图 4.2.6　DTⅠ型钢轨扣件外观

(3)道床与底板连接状况

本次探测使用 SIR-20 探地雷达，采用 270MHz 天线对道床进行连续扫描，探测道床与底板结构结合部位是否存在脱空现象。雷达扫描测线布置在上、下行轨道道床上。通过雷达检测，雷达图象显现道床与底板连接紧密，从雷达图象上分析检测段未发现明显的脱空现象(典型雷达扫描 wiggle 图见图 4.2.7 和图 4.2.8)。

2.3.2　混凝土强度及碳化检测

检测结果见表 4.2.1。

表 4.2.1　混凝土强度检测结果

检测部位	构件类型	强度推定值(MPa)
主体结构	梁	29.6～35.3 MPa
	底板	28.3～33.4 MPa
	侧墙	31.9～41.3 MPa
道床	道床	22.3～26.0 MPa

2.3.3　结构外观裂缝检测

道床裂缝主要在内环范围内，其分布位置主要在上、下行线道床表面靠侧墙部位，其走向基本都与轨道线路方向垂直。部分道床裂缝内有油泥等填充物，未能进行裂缝深度检测，仅有裂缝宽度数据。其他裂缝主要分布在地梁，其他部位未发现明显裂缝。

2.3.4　钢筋锈蚀检测

在测区上布置测试网格，测点间距为 50 cm，保持混凝土表面清洁，测量前用水潮湿，通过检测两电压电极间的混凝土电阻即可获得混凝土电阻率值。检测结果见表 4.2.2。

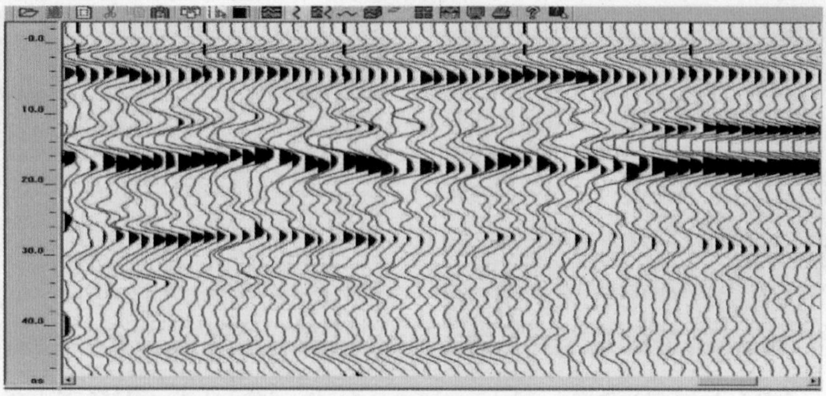

图 4.2.7　鼓楼站外环轨道道床部分雷达扫描 wiggle 图

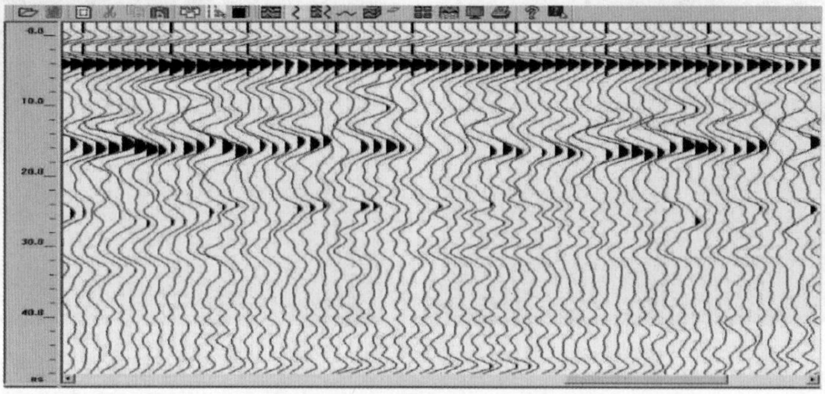

图 4.2.8　鼓楼站内环轨道道床部分雷达扫描 wiggle 图

表 4.2.2　钢筋锈蚀检测结果

检测部位	构件类型	混凝土电阻率(kΩ·cm)	钢筋锈蚀状况判别
主体结构	梁	大于 100	钢筋锈蚀可能性很小或不会锈蚀
	底板		
	侧墙		
道床	道床	大于 100	钢筋锈蚀可能性很小或不会锈蚀

2.3.5　混凝土钢筋保护层厚度测试

检测结果见表 4.2.3。

表 4.2.3　混凝土钢筋保护层检测结果

检测部位	构件类型	实测保护层厚度(mm)
主体结构	底梁	44～60
	底板	31～51
道床	道床	>180

2.3.6　扣件、垫片检测

扣件、垫片的检测，采用游标卡尺直接测量轨底至铁垫板顶的垂直距离，对车站里程(RB339)84＋49～(RB345)85＋46 范围内东西两侧全部轨枕逐个进行测量。

本次检测的鼓楼站检测范围内扣件类型为 DTⅠ型，如图 4.2.6 所示，轨底到铁垫板顶之间的橡胶垫板设计厚 10 mm。钢轨最大水平调整量为＋10 mm。

依据现场检测结果，既有 2 号线鼓楼大街站外环轨底—轨枕距范围 6.65～11.83 mm，内环轨底—轨枕距范围 8.03～11.58 mm。

第 3 章　盾构下穿既有线车站工程风险评估

3.1　盾构下穿既有线车站工程风险评估内容

盾构下穿既有线车站工程的风险评估工作应包括以下内容：

(1)既有线车站结构及轨道变形分析

包括各个施工环节产生的附加位移量和沉降增量。

(2)既有线车站结构安全性评估

按混凝土强度等级、配筋率计算各个截面的设计承载力；计算由于使用荷载、桥梁荷载作用下产生的实际内力；计算由于下穿盾构隧道施工引起的结构附加内力；两者叠加为总内力；根据结构现状调查结果和结构的总内力，综合评价结构的安全性。

(3)既有线车站轨道结构安全性评估

根据轨道静、动态几何形位及线路调查结果，按照《北京市地铁运营有限公司企业标准》(QB(J)/BDY(A)XL 003—2009)中的工务维修规则，结合既有结构变形分析，对轨道运营安全进行评估，对道床结构的安全性及与底板结构的连接状况进行评估。

(4)提出施工各阶段既有车站及轨道沉降的控制标准

根据结构安全性评价结果，提出施工各阶段的沉降控制标准。

3.2　盾构下穿既有线车站工程风险评估方法

3.2.1　盾构对既有线车站的沉降影响分析方法

盾构隧道下穿施工对车站结构的影响分析，采取空间计算模型：考虑下穿盾构隧道与地铁车站的空间效应，分析下穿隧道施工过程引起的沉降及附加内力。

采用 ANSYS 有限元计算软件，通过分析空间模型的计算结果，考虑最不利因素及对沉降量影响最大的工况。以此工况引起的附加沉降和结构内力评价车站结构和轨道的安全性。

3.2.2　既有线车站结构安全性评估方法

由空间计算模型分析得到新建盾构隧道施工引起既有车站结构的空间位移分布后，着重分析既有车站结构的空间不均匀位移、最大位移分布，找出结构受力最不利的横截面及纵截面，通过截面内应力积分得到截面的内力，并与地铁车站结构的设计承载力进行比较，评价结构的安全性，计算流程如图 4.3.1 所示。

既有 2 号线地铁车站建成于 20 世纪 80 年代初期。依据原设计规范，计算既有地铁车站结构在现有使用荷载作用下的结构内力，不考虑地震和人防工况。

新建结构施工期间，既有地铁车站结构按正常使用工况进行考虑，同时需结合既有地铁车站结构现状调查与检测结果，综合考虑和评价既有车站结构的安全性。

结构承载力安全性检算采用如下计算原则：

(1)先按《钢筋混凝土结构设计规范》(BJG 21—66)进行既有结构设计承载力计算，再按《混凝土结构设计规范》(GB 50010—2002)进行设计承载力校核。

(2)不考虑混凝土的抗拉能力。

(3)混凝土和钢筋的强度按设计强度取值。

(4)按《混凝土结构设计规范》(GB 50010—2002)对结构进行安全检算时，以正常使用极限状态(裂缝控制)、承载能力极限状态(强度控制)两种工况进行验算。

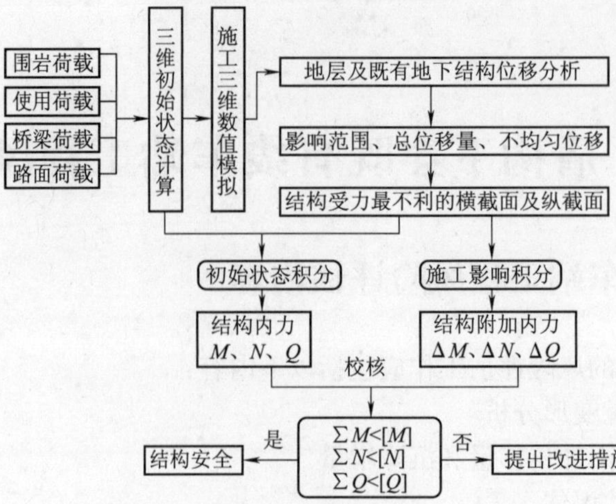

图 4.3.1　车站结构安全性评估的步骤图

注：ΣM、ΣN、ΣQ 为结构承受的总内力，$[M]$、$[N]$、$[Q]$ 为结构的设计承载力。

3.2.3　地铁轨道及道床结构安全性评估

(1)轨道安全运营及维护标准

根据轨道静、动态几何形位及线路调查结果，结合既有车站结构沉降分析对轨道变形的影响，根据《北京市地铁运营有限公司企业标准》(QB(J)/BDY(A)XL 003—2009)标准要求的容许偏差管理值，对轨道安全进行评估，对道床与结构的连接状况进行评估。

整体道床线路轨道静态几何尺寸容许偏差管理值见表 4.3.1。

表 4.3.1　整体道床线路轨道静态几何尺寸容许偏差管理值

项目		计划维修(mm)		经常维修(mm)	
		正线	其他线	正线	其他线
轨距		+4 −2	+5 −2	+6 −3	+7 −3
水平		4	5	6	8
高低		4	5	6	8
轨向(直线)		4	5	6	8
三角坑(扭曲)	缓和曲线	4	5	6	8
	直线和圆曲线	4	5	6	8

注：1. 轨距偏差不含曲线上按规定设置的轨距加宽值，但最大轨距(含加宽值和偏差)不得超过 1 456 mm。

2. 轨向偏差和高低偏差为 10 m 弦测量的最大矢度值。

3. 三角坑偏差不含曲线超高顺坡造成的扭曲量，检查三角坑时基长为 6.25 m，但在延长 18 m 的距离内无超过表列的三角坑。

根据位移沉降分析，盾构隧道施工引起的既有车站轨道最大沉降为 2.86 mm，发生在施工结束后内环轨道断面处。轨道沉降量小于《北京市地铁运营有限公司企业标准》(QB(J)/BDY(A)XL 003—2009)标准要求的容许偏差管理值 4 mm。盾构隧道施工对既有车站轨道结构的最大沉降影响不超过正线计划维修标准。

但应补充说明的是，在盾构施工至既有车站结构下方时，应该加强既有车站轨道的沉降监测。

(2)道床结构安全性检算

道床结构安全检算时，取整体模型中车站结构模型，并激活道床，在道床上方施加列车荷载 33 kPa，均布作用于道床，并在车站底部施加最终的竖向位移，见图 4.3.2。计算最大沉降处的道床第一主应力和第三主应力，通过应力检算对比分析左右线道床应力差别的大小，验证了盾构隧道施工对既有车站内、外环道床及轨道的影响。

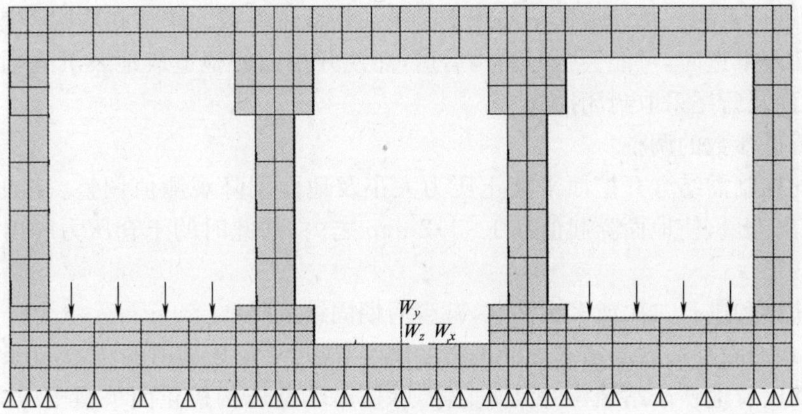

图 4.3.2　车站道床荷载示意图

3.3　盾构穿越工程评估结论及控制标准

3.3.1　评估结论及控制标准

根据下穿盾构隧道施工过程的沉降分析和结构安全检算结果，提出如下的控制标准。

(1)结构底板沉降值在－3.12 mm～＋2 mm 时，结构是安全的。提出其沉降控制值为－3.0 mm～＋2 mm。在施工的任何阶段 70％为预警值，80％为警告值。

(2)轨道及道床管理标准

轨道沉降计算结果表明下穿隧道施工最大沉降为 2.86 mm，两轨面最大沉降位移差 0.87 mm。提出轨道的沉降控制值为－3.0 mm～＋2 mm。在施工的任何阶段其 70％为预警值，80％为警告值。

轨道纵向影响范围：下穿盾构隧道约为 50 m。

严格按《北京市地铁运营有限公司企业标准》(QB(J)/BDY(A)XL 003—2009)标准要求的轨道及道床的静态及动态几何尺寸容许偏差管理值进行管理并即时维护，确保行车安全。

(3)沉降缝两侧不均匀沉降的控制

沉降缝两侧的不均匀沉降计算值为 0.87 mm，提出车站底板沉降缝每天沉降或隆起变形增量不超过±1.0 mm，沉降缝最大变形控制值为±1.0 mm。若引起道床开裂或与结构底板的分离时，应及时采取措施，回填或加垫块调整，保证轨道运营条件良好。

(4)控制地表沉降不超过 10 mm。

综上所述，提出各施工阶段沉降控制值，见表 4.3.2。控制值的 70％为预警值，控制值的 80％为警告值。表中各部位控制值的只要有一项达到预警值即要通知施工方必须采取工程措施，达到警告值停止施工。

表 4.3.2　分施工阶段各部位沉降控制值　（单位：mm）

施工阶段	地铁车站		轨道		地表	桥墩	重点监测部位
	控制值	增量/天	控制值	增量/天	控制值	控制值	
先施工盾构	－2.7	1	－2.7	1	7	3	先施工盾构上方的车站底板处
后施工盾构	－3	1	－3	1	10	5	左、右线盾构上方车站底板处
累计沉降控制值	－3～＋2	1	－3～＋2	1	10	5	

注：表中各部位“控制值”指各施工阶段在各个工程影响范围内，即重点监测部位处的沉降控制值，已经考虑了有施工叠加影响的综合沉降控制值。在施工的全过程中均应累计量测，其 70％为预警值，80％为警告值。

3.3.2　建　议

(1)盾构施工中的工程措施

1)加强盾构机姿态的控制

下穿盾构隧道在鼓楼地铁车站下方时严格控制盾构中低速均衡匀速施工，选择合理的平衡土压和恰当的掘进参数，并及时进行量测。临近地铁车站施工时应加强掘进参数的调整和盾构姿态的控制，尽量减少不必要的纠偏。盾构暂停推进时，可能会引起盾构后退，而使开挖面松弛造成地表沉陷，此时应作好防止盾构后退措施，并对开挖面及盾尾采取封闭措施。

2）加强盾构机掘进参数的调整

盾构机顶推力的控制需结合开挖面平衡土压力大小及地面沉降观测值调整。接近既有地铁车站施工时，调整土仓压力和出土量，使地面隆起值在 1～1.2 mm 之内，据此时的土仓压力和出土量匀速过站施工，减少纠偏。

3）严格控制注浆量和进行二次或多次注浆，减少后期固结沉降

由于地质条件、地面附加荷载等诸多不同因素的制约，导致平衡压力值的波动，为此，需及时分析各部位沉降报表。根据地面以及地铁车站结构的沉降监测，除即时调整盾构机正面平衡土压力、推进速度、出土量外，需加强同步注浆量调整，甚至补充洞内二次或多次压浆，以减少上述构筑物变形量。盾构机通过后，由于应力松弛的影响，地层还会发生固结沉降。为此，应根据地面实时监测结果进行实时控制，在管片衬砌背后实施跟踪回填与固结注浆。在施工完毕后仍要进行量测一段时间，以保证在盾构隧道稳定后车站结构仍安全。

4）全部施工过程进行信息化施工和管理

加强监控量测，对邻近建筑物布设监测点，在施工时进行实时监控，根据监测数据及时调整盾构掘进参数，并确定是否需要采取地面加固措施。要加强对道床与底板之间的裂缝观测，如果出现裂缝要及时在道床与底板之间填充砂浆。

（2）既有鼓楼车站结构应采取的措施

1）新建结构施工全过程应对鼓楼地铁车站结构的底板位移实时监控。

2）横向裂缝的观测与控制。下穿隧道的施工影响基本能保证地铁车站结构的安全，但对结构底板是否出现新的横向裂缝或已经发生的裂缝要严密注意其变化。

3）施工结束后，应对盾构开挖影响范围进行检查，并对局部出现的裂缝等损伤进行耐久性修复，如粘贴纤维布等措施，保证结构的安全。

（3）既有鼓楼车站道床及轨道应采取的措施

根据三维计算模型的计算结果，为保障地铁车站的安全运营，应采取如下措施：

1）列车不限速通过提出沉降控制标准：－3～＋2 mm。

2）增设绝缘轨距拉杆，以增加左、右股道钢轨的整体性。

3）增设防脱护轨，以消除列车脱轨危险。

4）制订周密的监测方案，对轨道及结构变形实行实时监测。对钢轨、扣件及道床等进行全面检查和维护，确保轨道结构状态稳定。

5）通过实时监测，一旦发现结构变形超过预警值，应尽快与施工方联系，调整施工方案，确保轨道沉降不超过警告值，从而保证地铁安全运营。

6）随时注意沉降缝两侧的不均匀沉降，发现道床开裂和底板有脱空现象要及时对道床和轨道采取维护措施，如及时注浆加固等措施，保证轨道结构及行车的安全性。

建议轨道加固范围：在下穿隧道施工影响处加固 5 个沉降缝之间的 4 个施工段。

（4）第三方监控的要求

1）按相关标准和规范制定监控量测计划，按规定进行测试。

2）重点监测部位为：

①沿车站横向是两条盾构隧道施工的正上方的车站结构、轨道、桥梁基础、地面及附件的地下管线；

②沿车站纵向约 40 m 的范围。

最后要指出的是，施工时要强调信息化施工与管理，并且对车站结构、道床及轨道等的观测结果要及时与施工方交流，车站底板发生的沉降量达到预警值时，要提出整改措施，沉降量达到报警值时，要停止施工，确保结构沉降不超过预测值，从而保证地铁安全运营。

第 4 章　盾构下穿既有线工程专项设计方案

4.1　盾构下穿既有车站工程加固方案设计

隧道施工前利用探洞对区间拱顶土体进行注浆加固，加固范围为既有站结构底板以下 3 m，区间结构两侧 2.5 m 范围，注浆采用 ϕ50 袖阀管，注浆浆液采用水泥-水玻璃双液浆或超细水泥，具体布置见图 4.4.1 和图 4.4.2。加固后土体应具有良好的均匀性和自立性，其无侧限抗压强度为≥0.8 MPa，渗透系数≤1.0×10^{-6} cm/s。注浆施工过程中应合理控制注浆压力，并应根据既有轨道的的变形情况随时调整。

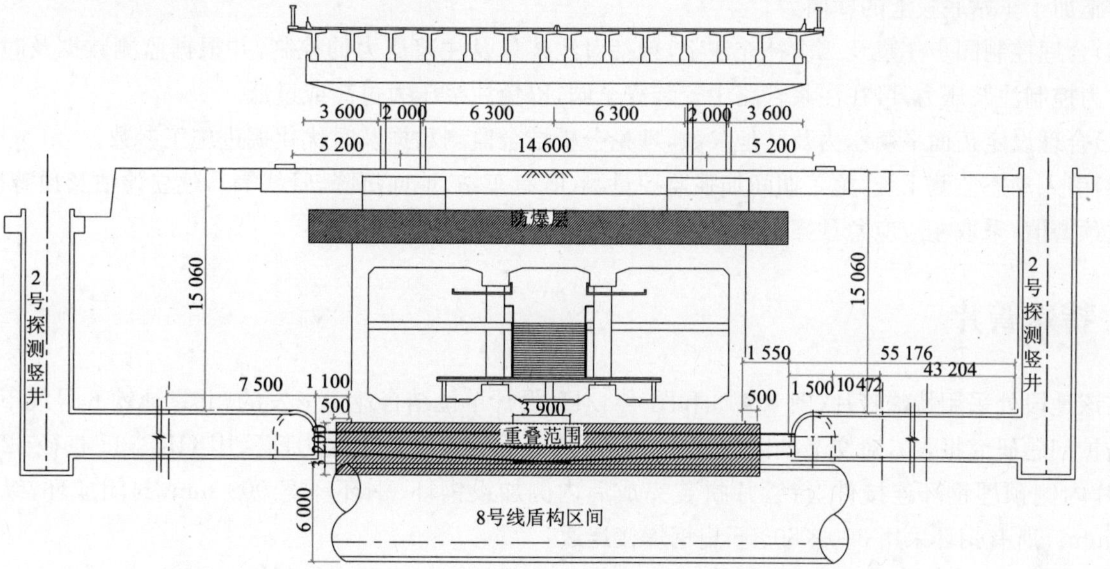

图 4.4.1　盾构隧道、探测竖井与鼓楼立交桥及既有 M2 鼓楼大街站关系图

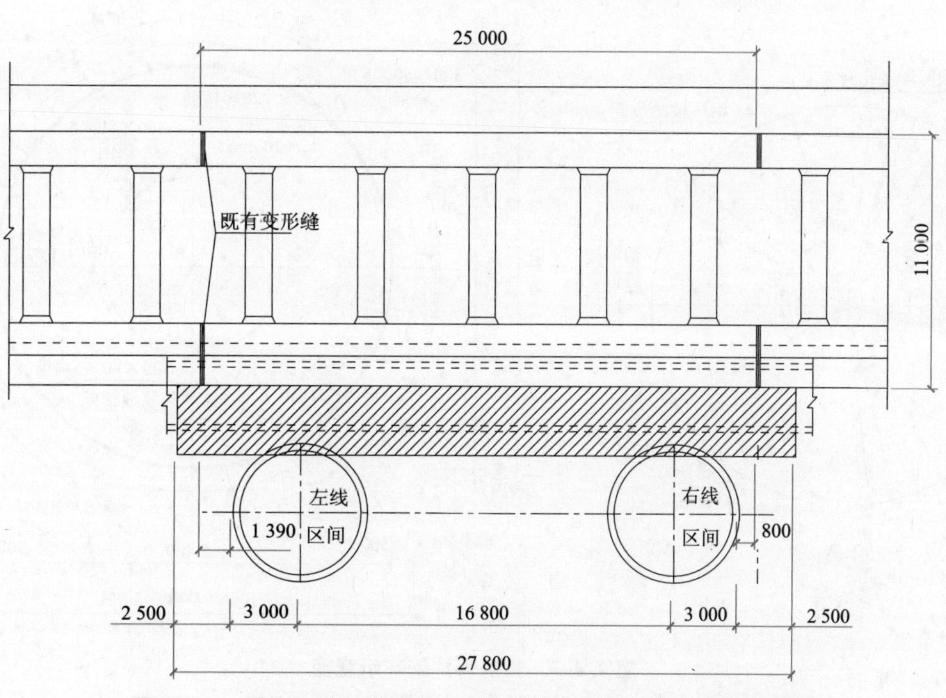

图 4.4.2　盾构隧道下穿既有 2 号线鼓楼大街站土体加固纵剖面图

盾构隧道施工时应采取如下保护措施：

(1)应选择有丰富类似施工经验的承包商负责本标段的施工。隧道施工前，对影响范围内所有建筑物进行普查，对鼓楼桥结构型式、桥基基础及与隧道的平面和立面关系等方面做到心中有数，探明车站底部是否存在型钢等阻碍盾构施工的残留物，以保证盾构施工的正常进行。

(2)既有轨道增设绝缘轨距拉杆，以增加左、右股道钢轨的整体性；增设防脱护轨，以消除列车脱轨危险。

(3)作好穿越前的准备工作，通过先期试验段确定合理的掘进参数，检查盾构机刀具等，避免在穿越期间更换刀盘。

(4)严格控制推进速度，采用中低速均衡匀速施工，确保土体将推进所产生的应力充分释放，避免由于推进应力过大或过于集中而对车站底板造成破环。

(5)严格控制盾构姿态，尽量减小对土体的扰动，以避免盾构前方土体的坍落或挤密现象，降低地基土横向变形施加于车站底板上的横向力。

(6)合理控制同步注浆及二次补充注浆，包括对注浆量及注浆压力的控制，并根据监测数据及时调整注浆量。为控制注浆压力，可在注浆管路中安装安全阀，以免注浆压力过高或过低。

(7)合理设定正面平衡压力及其他参数，理论分析结合监测数据及时优化掘进施工参数。

(8)引入动态监测系统，施工期间加强监控量测(既有车站、地面沉降、管线等)，建立评估及预警机制，一旦超过预警值，采取相应应急预案。

4.2　特殊管片

在该地段处采用特殊管片(图 4.4.3 和图 4.4.4)，设计单位结合业主下发的《北京地铁 6 号线下穿既有环线防护问题研究报告》，对交叉处区间管片进行了特殊设计。管片主受力筋采用 HRB335 直径 32 mm 钢筋，管片内侧预埋钢环连接件，待管片拼装完成后内侧加设钢环，钢环环宽 900 mm，封闭成环，纵向间距 1 200 mm。所有钢环采用 300×80×5 扁钢焊接连通。

由于管片为特殊设计，为确保限界满足要求，盾构隧道施工时应严格控制施工精度。

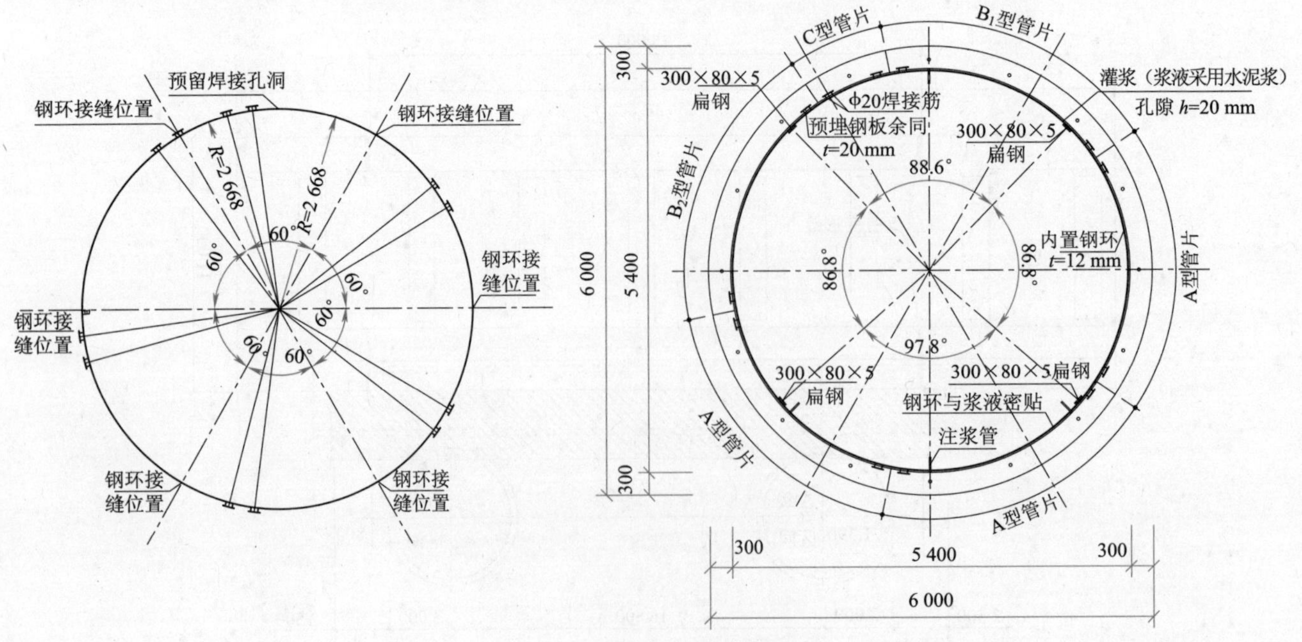

图 4.4.3　特殊管片钢环示意图

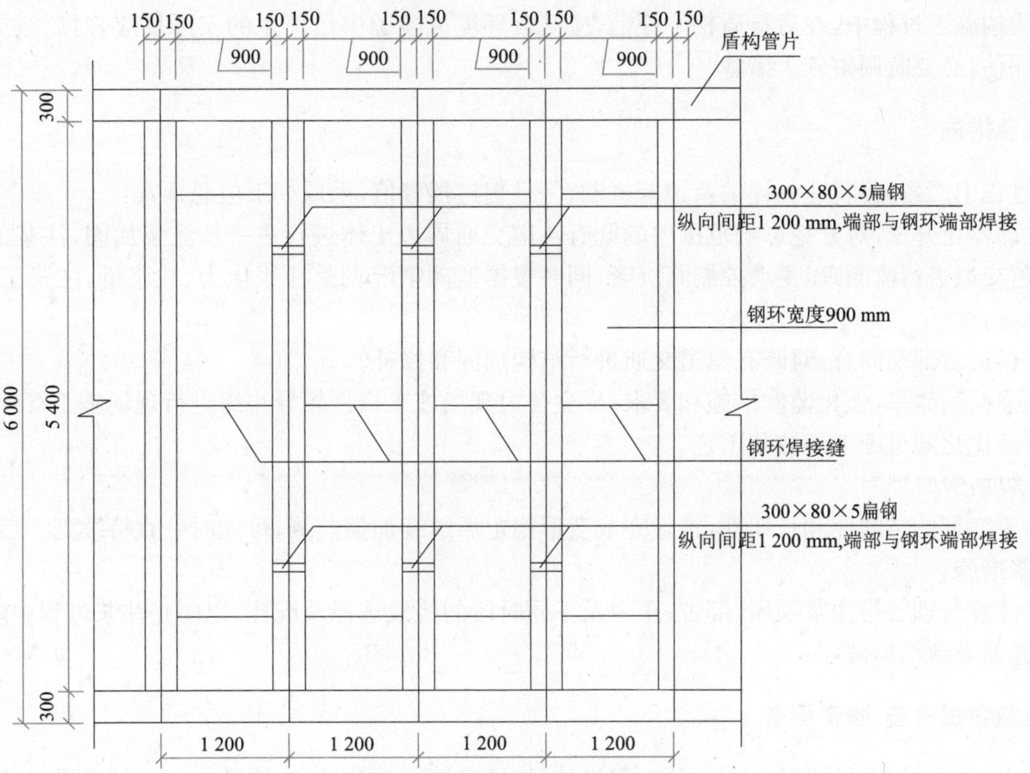

图 4.4.4　特殊管片钢环拼装图

4.3　保护措施及应急预案

4.3.1　保护措施

为保证盾构施工的安全，盾构过鼓楼立交桥及既有 2 号线鼓楼大街站时，采取如下施工保护措施。

(1)应选择有丰富类似施工经验的承包商负责本标段的施工。隧道施工前，对影响范围内所有建筑物进行一次普查，对鼓楼桥结构型式、桥基基础及与隧道的平面和立面关系等方面做到心中有数，并探明车站底部是否存在型钢等阻碍盾构施工的残留物，以保证盾构施工的正常进行。

(2)既有轨道增设绝缘轨距拉杆，以增加左、右股道钢轨的整体性；增设防脱护轨，以消除列车脱轨危险。

(3)作好穿越前的准备工作，通过先期试验段确定合理的掘进参数，在穿越护城河前应仔细检查盾构机刀具等，避免在穿越期间更换刀盘。

(4)始发前在拆除临时挡土结构时，应加强对土体的稳定及地面沉降的观测，遇有危险情况应备有应急措施并及时通知各方。在进行始发台、反力架和首环负环管片的定位时，要严格控制始发台、反力架和负环的安装精度，确保盾构始发姿态与设计线路基本重合。

(5)严格控制推进速度，采用中低速均衡匀速施工，确保土体将推进所产生的应力充分释放，避免由于推进应力过大或过于集中而对车站底板造成破坏。

(6)严格控制盾构姿态，减少不必要的纠偏，尽量减小对土体的扰动，以避免盾构前方土体的坍落或挤密现象，降低地基土横向变形施加于车站底板上的横向力。

(7)合理控制同步注浆及二次补充注浆，包括对注浆量及注浆压力的控制，并根据收敛监测数据及时调整注浆量。为控制注浆压力，可在注浆管路中安装安全阀，以免注浆压力过高或过低。

(8)合理设定正面平衡压力及其他施工参数，理论分析结合监测数据及时优化、调整掘进施工参数。

(9)引入动态监测系统，施工期间加强监控量测(既有车站、地面沉降、管线等)，加强对道床与底板之间的裂缝观测，如果出现裂缝要及时在道床与底板之间填充砂浆。建立评估及预警机制，一旦超过预警值，采取相应应急预案。

(10)盾构施工过程中,在后行盾构下穿前,应结合环境风险源中已产生的实际反应,对后续施工造成的影响作出评估,必要时调整施工措施。

4.3.2　应急措施

施工过程中严密监测,建立评估及预警机制,一旦超过预警值,采取如下应急预案:

(1)立即停止开挖,对开挖影响范围内的既有轨道交通周边土体进行进一步注浆加固,注浆的同时即时对既有轨道交通进行监测,以主动控制其沉降,同时根据监测情况调整注浆压力、注浆量、注浆工艺、注浆部位等参数。

(2)征得运营部门同意,对既有轨道交通进行结构加固和修补。

(3)加强监测频率,强化监测措施和要求,成立公司现场施工指挥领导小组进行现场施工管理。

(4)继续优化隧道施工参数和工艺。

注意事项:

(1)由于变形的持续性和长期性,抢险完成变形稳定后继续加强监测,可能时一直持续到工后,同时应采取二次注浆措施。

(2)应注意合理安排注浆顺序、部位、压力及不同时段的浆液选择及配比,以防止注浆过程中隆起过快或不均匀隆起而导致结构破坏。

4.3.3　应急救援设备、物资配备

水泵、水泥、砂子、石子、膨润土、相关工程机械(如吊车等)、钻孔设备、隧道与地面的通讯设备、钢筋连接和焊接设备、脚手架及扣件、方木、工字钢、木板、水泥等。

第5章　盾构下穿既有线工程施工

5.1　穿越段设备准备

5.1.1　盾构机选型

穿越段地层主要由粉细砂层、粉土、粉质黏土组成，局部夹有圆砾卵石，所以盾构对软土地层的适应性应是重点考虑的问题。盾构在软土地段的施工时应重点考虑以下功能：

(1)具备土压平衡掘进功能；

(2)足够的推力和刀盘驱动扭矩；

(3)良好的渣土改良能力和防水性能；

(4)合理的刀盘及刀具设计；

(5)完善的人舱设计；

(6)超前地质钻探及管片壁后同步注浆功能。

由于本标段存在含砂地层和卵砾石地层，所以盾构应具有平衡水土压力施工能力，最大限度减少地表沉降，具有合理的刀盘设计和刀具配置，耐久的耐磨损设计并能有效保护刀盘刀具。

(1)特殊地段的通过能力

本标段所指的特殊地段，指的是以下几种：

1)本区间下穿既有车站及附属结构，以及护城河、民房区、过街通道和地下管线等，对沉降要求极高；

2)隧道下半断面局部含有卵石层，对刀盘刀具磨损较高；

3)隧道洞身处于砂卵层时盾构应具有相应的施工辅助措施，如对土仓渣土位置的控制、土仓压力的控制及注入材料的调节等，相应要求盾构必须具备实施这些措施的功能。

(2)精确的方向控制

本标段盾构隧道曲线路段较多，且曲线半径较小，这就要求盾构的导向系统具有很高的精度，以保证线路方向的正确性。盾构方向的控制包括两个方面：一是盾构本身能够进行纠偏、转向，二是采用先进的激光导向技术保证盾构掘进方向的正确。

(3)设备可靠性、技术先进性与经济性的统一

盾构的可靠性是工程施工的重要保障，盾构的关键部件必须在施工过程中万无一失，做到百分之百的可靠。盾构设计同时也应该考虑到先进技术的应用及经济因素。盾构选型及设计应该按照可靠性第一、技术先进性第二、经济性第三的原则进行。

因此本区段左线采用一台土压平衡盾构机，外径 ϕ6 280 mm。盾构主要参数见表 4.5.1。

表 4.5.1　盾构机主要参数表

序号	系统名称	技术参数	序号	系统名称	技术参数
1	盾构机总体尺寸		2	盾壳	
	标称直径	6 280 mm		(盾壳+刀盘)总长	9 664 mm
	主机长度	8 969 mm	3	前体	
	总长度(包括拖车)	81 m		除耐磨层以外的直径	6 262 mm
	最小转弯半径	250 m		前体长度	2 210 mm
	总重	447 t		土压传感器	4个
	最大推进速度	80 mm/min	4	中盾	
	最大推力	35 000 kN		外径	6 254 mm
	最大工作压力	3.5 bar		长度	2 919 mm
	盾体设计压力	6 bar	5	盾尾	

续上表

序号	系统名称	技术参数	序号	系统名称	技术参数
5	外径	6 246 mm	9	密封系统	3×4唇形密封(日本类型)
	长度	4 220 mm		密封工作压力	4.5 bar
	盾尾刷排列	3	10	管片安装机	
	盾尾间隙	33 mm		驱动方式	液压
6	盾尾油脂系统			行程	100 mm
	泵站形式	气压驱动		速度	25 mm/s
	油脂注入点数量	12个		油缸活塞直径	80 mm
	注浆口数量	4处		工作压力	210 bar
7	推进油缸		11	螺旋输送机	
	油缸行程	2 100 mm		螺旋内经	800 mm
	油缸数量	16		螺距	640 mm
	单缸最大推力	2 000 kN		转速范围	0～24 rpm
	推进油缸分区数量	4		排土量	最大420 m^3/h
	油缸的伸出速度	2 000 mm/min		最大压力	3.5 bar
8	刀盘		12	注浆系统	
	刀盘掘进直径	ϕ6 280 mm		活塞泵个数	2
	重量	36 t		油缸容量	2×12 m^3/h
	旋转方向	左右方向		理论流量(每个泵)	2×12 m^3/h
	最大超挖直径	6 450 mm		注浆点的数量(正常&紧急)	4+4
	刀盘上的泡沫注入口	6		注浆压力	5bar
	开放比率	54%	13	泡沫注入系统	
9	刀盘驱动			注入口	8个(刀盘)
	旋转速度范围	0～3 rpm		备用孔	3(前盾密封仓)+4(螺旋输送机)
	驱动形式	变频电机			
	主轴承直径	ϕ3 000 mm		泡沫注入容量	220 N·m^3/h
	液压驱动马达数量	5		注入压力	3 bar

5.1.2　盾构施工主要配套设备

盾构法施工除了正确选择合适类型的盾构外，还需合理地配置工作能力与盾构匹配的辅助施工设备，发挥整体效能，主要包括：轨道运输设备、垂直提升设备、砂浆搅拌设备、供电设备、供水系统等。

(1)轨道运输设备

盾构掘进时所需要的运输主要为渣土、管片、砂浆料及其他辅助材料都需要由电瓶车运输完成。施工所采用的电瓶车参数见表4.5.2。

表4.5.2　电瓶车主要参数表

序号	参　数	内　容
1	规格	45 t牵引电瓶车
2	轨距	900 mm
3	最大爬坡能力	35‰
4	最大牵引力	300 kN
5	车身宽度	1.5 m
6	整列车长	40 m左右(1辆电瓶车头+3辆土斗车17 m^3+1辆浆液车7 m^3+2辆管片车)

(2)垂直提升设备

垂直运输采用设置在井口位置的 45 t 龙门吊完成。主要参数见表 4.5.3。

表 4.5.3 龙门吊主要参数表

序号	参 数	内 容
1	规格	45 t 门式起重机,大钩 45 t,小钩 5 t
2	跨度	26 m
3	悬臂情况	单侧悬臂
4	提升高度	地面以上 9 m,地面以下 20 m

(3)浆液搅拌设备

浆液搅拌设备采用两台 JS1000 双卧轴搅拌机。

(4)通风设备

隧道通风采用 SDF-N10 对旋轴流式通风机,风机功率为 2×37 kW;风管采用 ϕ1 m 的拉链式软风管。

5.1.3 盾构对本工程的适用性

(1)设计参数按照本区间的工程条件确定。

(2)主要关键零部件、刀盘回转总承、主轴承等完好。

(3)盾构为土压平衡式,土仓内上下左右配置有 4 个具有高灵敏度的土压传感器,能将压力传送到操作台上的显示屏显示,并且能自动地与设定土压进行比较,压力过高过低都会报警,因此能很好地控制土压平衡,减少地面沉降,适合软弱及复合地层掘进的需要。

(4)刀盘刀具形式及布置和刀盘开口率(约 54%)适应本区间地质条件,刀盘的设计采用辐条式,能防止刀盘中心结成泥饼。

(5)刀盘的驱动方式采用变频电机驱动方式,启动平稳,刀盘转速连续可靠。

(6)刀盘焊耐磨材料,耐磨材料厚度和硬度能保证在最不利的地质条件一次推进 1.2 km 后母材无严重磨损。

(7)螺旋输送机的后闸门具有自动关闭的功能,当发生突然断电或者紧急事故时,螺旋输送机可依靠蓄能器的能量迅速自动关闭螺旋输送机后闸门,螺旋输送机具备轴向移动功能,移动后前闸门关闭,保持土压仓的压力。

(8)管片拼装机操作简便,功能完善,运行平稳,高效可靠,能有效地进行管片的安装和调整,可顺时针、逆时针旋转。

(9)刀盘辐条、土仓舱壁及螺旋输送机设有各自独立的添加剂(膨润土泥浆、泡沫、聚合物)注入管路和注入口,并能实现对泡沫、稠泥浆两个注入系统的管路分别设置和单独控制。

(10)采用盾尾同步注浆系统,可及时填充管片与开挖直径之间的间隙,减小沉降。

(11)数据采集系统灵敏可靠,能将盾构姿态、推进力、刀盘扭矩、推进速度、螺旋输送机转速等参数准确地进行检测,并通过数据处理传输系统进行高效可靠的处理和存储,最后通过各种数字或图表形式显示出来。当以上过程中出现故障时,可通过在其上安装的故障自动诊断系统进行故障自动检索和显示。

(12)激光导向系统,有足够的掘进方向检测能力及纠错能力,能在各种高温、高湿度、高粉尘、振动等恶劣环境下高效可靠地运行,并具有较高的灵敏度和极小的误差,完全能够满足盾构姿态控制精确度高的要求。

(13)盾尾设置三道钢丝刷,可通过自动和手动两种模式向盾尾密封处的环型空腔中注入专用密封油脂,以及通过改变油脂注入的压力和数量,保证盾尾的密封效果及可靠性。

(14)盾构具有土压平衡掘进模式,可实现地表沉降控制,保护地表建筑物。本区间盾构穿越铁路段,沉降要求高。对于控制地表沉降,盾构在土压平衡模式下掘进,能有效稳定开挖面地层,通过同步注浆保证掘进后管片外表面与隧道壁的环向间隙能够及时得以填充。

5.1.4 保证设备正常

在盾构机穿越风险源期间,为保证盾构机和施工辅助设备的正常运转,特采取如下措施保证设备运行:

(1)成立施工设备应急小组

在穿越风险源期间,成立设备保障小组,以应对施工过程中可能出现的各种设备故障,保证施工设备的正常运转。

(2)设备保障安排

如果设备出现故障,由相应的负责人安排相关维修人员迅速抢修设备。同时迅速上报主管领导,以便根据故障的影响情况,采取进一步的措施。

1)盾构机

①严格执行盾构机操作保养规程,安排专人进行日常维护,形成书面记录,并安排值班工程师负责监督,不因维护保养问题导致盾构机出现故障。

②24 h安排机械、电气工程师待命,发现问题及时处理。所安排的机械、电气工程师曾在工厂内进行过设备组装调试,并多次参与过该品牌土压平衡盾构机的现场施工,具有丰富的维修经验。

③针对容易损坏的关键位置,比如二次吊机,在现场存放整套备品,一旦发生故障,及时处理,若问题较大,则不予处理,直接全套更换,将耽误的时间降到最小。现场还存放有油脂泵等关键备件以备使用。

2)龙门吊

①严格执行龙门吊维护保养规程,并形成书面记录。

②24 h安排机械、电气工程师现场待命,发现问题及时处理。

3)电瓶车

①电瓶车在进场之前已经进行过全面的维护保养,保证以最好的状态参与施工。

②安排有专门的电瓶车维护人员在现场进行电瓶车的维修,这些人员接受过电瓶车厂家的技术培训,并曾长期在施工现场参与维修电瓶车。

③安排有专人进行充电工作,保障电瓶处于良好状态,随时满足使用条件。

④配备熟练的电瓶车司机,避免发生由于新手误操作引起的设备故障。

5.2　站体下方型钢障碍物的探测

2号线鼓楼大街站建成年代久远,无详细相关施工资料及数据参考,根据以往下穿既有线工程施工经验分析,下穿施工过程中极易遇见型钢等金属障碍物,盾构机需停机开仓处理,将造成既有站沉降难以控制,沉降超标。为避免出现这种情况,在既有站南北两侧沿车站方向开挖一处探测导洞,对既有站下方及肥槽范围进行探测,探明是否有障碍物,并及时进行处理。竖井位置见图4.5.1、图4.5.2。

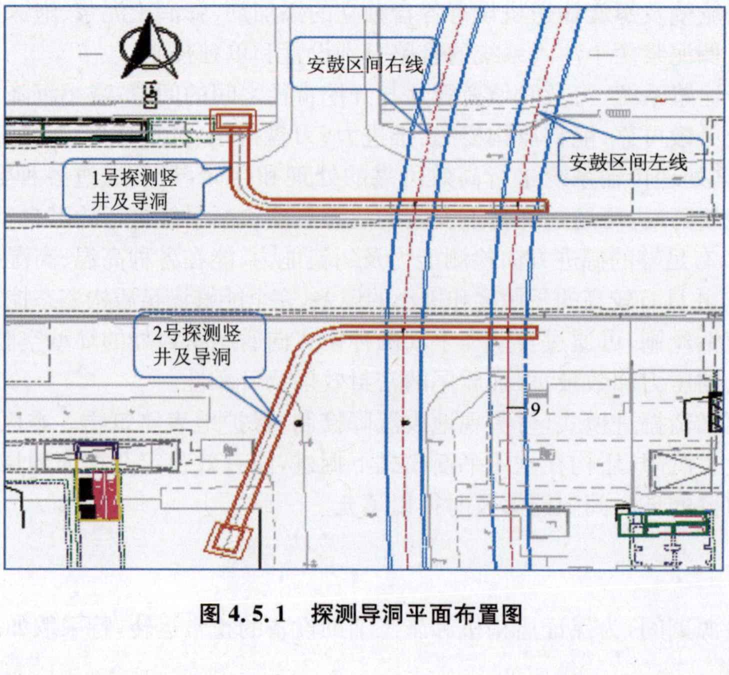

图4.5.1　探测导洞平面布置图

1＃、2＃探测导洞均采用宽3 m、高3 m的拱形直墙断面，分别自1＃、2＃探测竖井开挖进洞。导洞探测分三步进行：

(1)导洞掘进至转弯位置前，利用洛阳铲从洞内打设探孔，对既有站附近障碍物进行探测，如遇钢板桩，根据钢板桩的位置调整导洞的掘进路线，利用千斤顶对导洞内的钢板进行拔除，然后采用素混凝土进行回填处理。

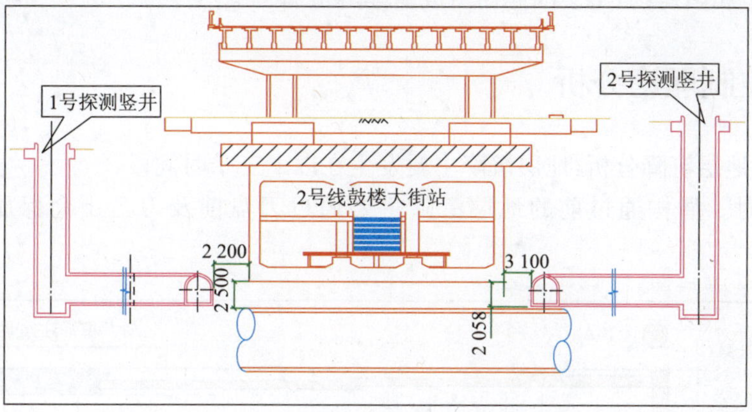

图4.5.2　探测竖井与既有站位置关系图

(2)导洞开挖过程中，发现导洞顶部位于靠近既有站侧土体明显有回填的迹象，初步判定既有站为放坡开挖，未大面积采用钢板桩支护。导洞开挖地层见图4.5.3。

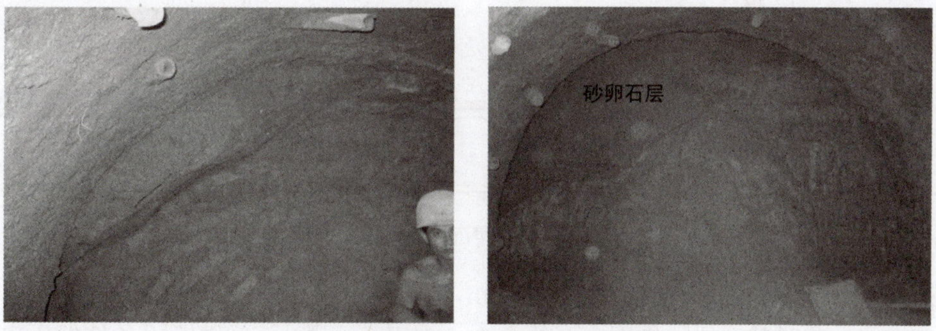

图4.5.3　导洞开挖顶部地层情况

(3)导洞开挖完成后，自导洞向既有车站下方打设探孔，探测既有站下方障碍物情况，探测应注意以下事项：

①探孔按图4.5.4布设，探测导洞与既有站之间是否存在金属障碍物。探孔采用洛阳铲施作，探孔深度根据实际情况调节，探测完毕后，探孔注浆回填。

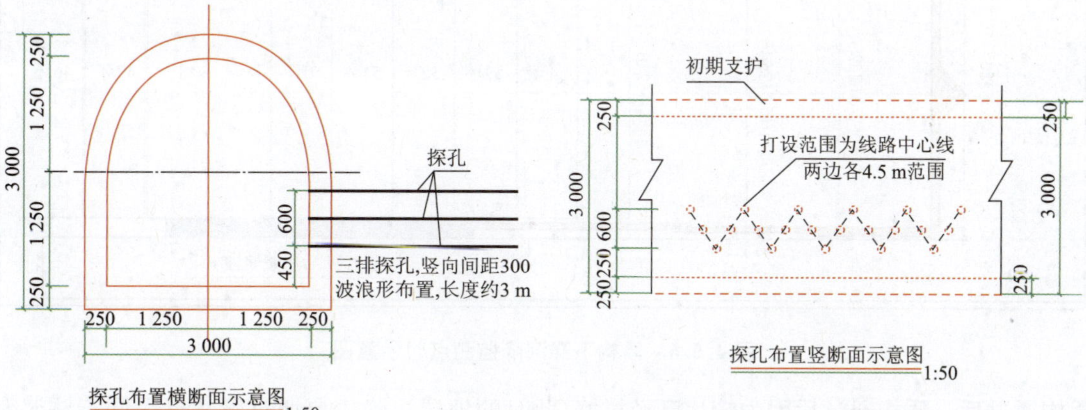

图4.5.4　导洞探测布孔示意图

②若探测过程中遇有障碍物，在该探孔周边延伸探测范围，以确定障碍物的准确位置及尺寸。

③若探测发现在区间开挖范围内存在金属障碍物，应施作小导洞至金属障碍物位置，利用千斤顶将障碍物分段切割拔出，避免区间施工过程中盾构开仓，障碍物拔出后注浆填充密实。

经过上述过程探测，根据导洞开挖所遇地层情况分析，可以判定既有站基坑南北两侧均采用放坡开挖，既有站下方无型钢等金属障碍物，不会因此而造成新建隧道盾构突然停机。

5.3　土体沉降控制理论分析

(1)盾构施工中的地层沉降分析：地层沉降主要发生在以下三个时间段：

①盾构即将通过时。盾构通过前的地层沉降主要通过刀盘前及刀盘土仓保压即土压平衡来控制，见图 4.5.5。

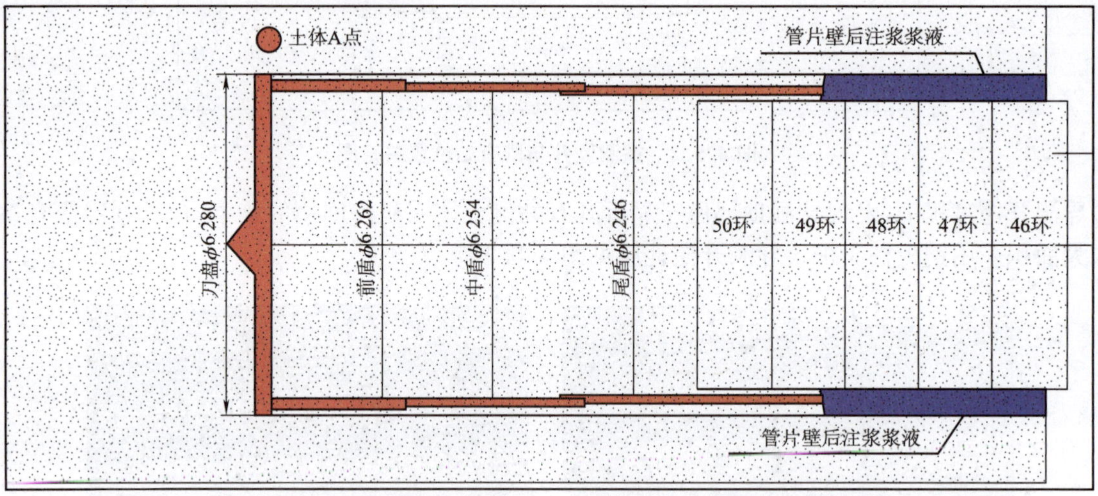

图 4.5.5　盾构下穿沉降监测点前示意图

②盾构通过时。由于刀盘的开挖直径 ϕ6 280 mm，大于盾体的直径 ϕ6 246 mm～ϕ6 262 mm，且盾体较长(长度为 8 969 mm)，此时整个盾体周围会有约 2.4 m^3的建筑间隙，该间隙既无条件保压也不具备注浆条件(只有当管片拼装到此位置时，才具备管片壁后注浆的条件)，此时由于盾体上方土体没有支撑措施，土体收缩，地层就会发生一定的沉降，见图 4.5.6。

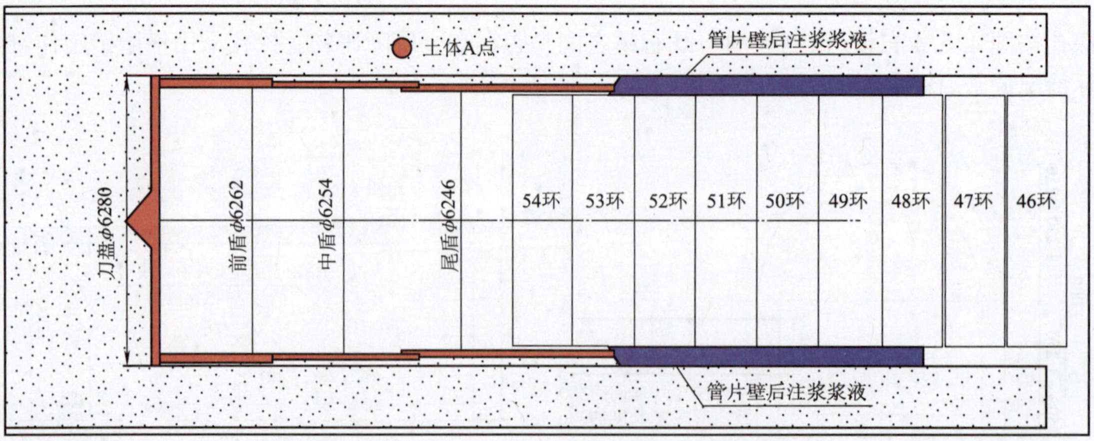

图 4.5.6　盾构下穿沉降监测点时示意图

③盾构通过后。盾构通过后因为管片已经拼好，此时的地层沉降主要通过管片壁后同步注浆和二次补浆及多次补浆，将地层与管片间的空隙填充密实来控制，见图 4.5.7。

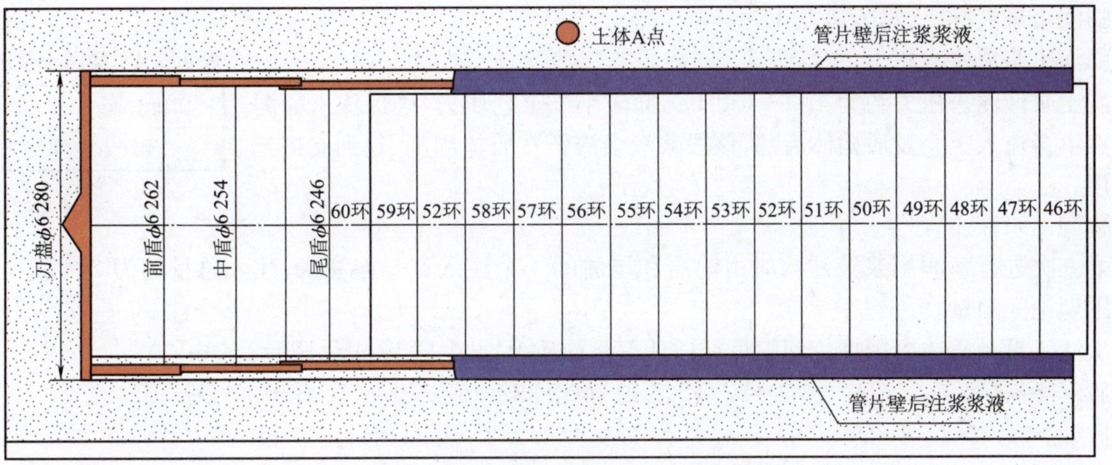

图 4.5.7　盾构下穿沉降监测点后示意图

(2)为更好地控制地层土体的沉降，须在盾体通过的时间段内采取如下措施：

措施 1：在前盾盾体上开两个 ϕ50 mm 的径向孔，接上 ϕ50 mm 的球阀，在盾体周围注入膨润土浆液，填充盾体和周围土体的间隙(中盾内部布置有 16 根推进油缸，10 根铰接油缸，没有开孔安装球阀注浆的位置)。

措施 2：在尾盾上开两个 ϕ20 mm 的径向孔，接上 ϕ20 mm 的球阀，在尾盾周围注入膨润土浆液，填充尾盾和周围土体之间的间隙(16 根推进油缸要在尾盾内顶推管片及尾盾内有 10 根铰接油缸的铰接座，需要占用较大空间，因此只能安装较小的球阀和注浆管)。盾体注入膨润土见图 4.5.8、图 4.5.9。

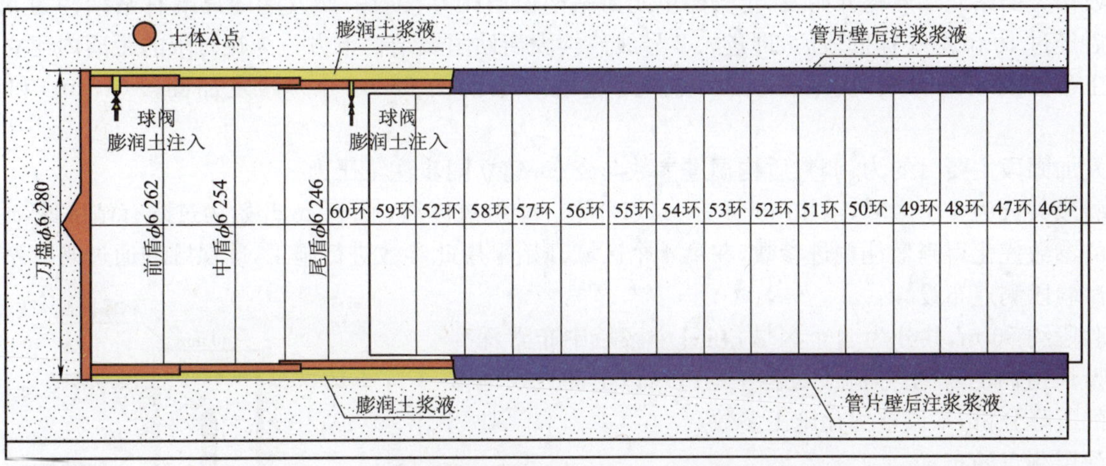

图 4.5.8　盾体注入膨润土示意图

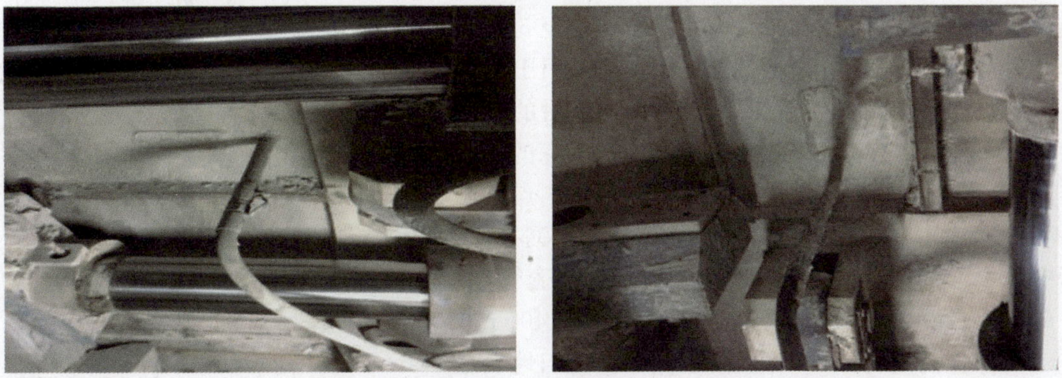

图 4.5.9　盾体注入膨润土现场施工照片

①膨润土浆液配比(见表 4.5.4)

②膨润土浆液注入压力

表 4.5.4　膨润土浆液配比

膨润土(kg)	水(kg)
100	500

膨润土浆液注入压力约为 1.0～1.2 bar 并应小于土仓压力，确保注入膨润土时浆液不会流入土仓及盾构体后部，该段浆液会滞留在盾体周围，起到支撑土体的作用。

③膨润土浆液注入

a. 第一次进行膨润土浆液注入时由前盾和尾盾的 4 个注入点一起注入，注入总量约为 2.4 m^3，即整个盾体周围理论间隙量。

首次注入量＝盾体周围理论间隙量＝盾体 V＝前盾 V_1＋中盾 V_2＋尾盾＝2.4 m^3

前盾 $V_1=\pi/4\times L_1\times(D_2-D_{12})=\pi/4\times2.21\times(6.282-6.2622)=0.4\ m^3$

中盾 $V_2=\pi/4\times L_2\times(D_2-D_{22})=\pi/4\times2.919\times(6.282-6.2542)=0.7\ m^3$

尾盾 $V_3=\pi/4\times L_3\times(D_2-D_{32})=\pi/4\times3.84\times(6.282-6.2462)=1.3\ m^3$

b. 首次注入后，以后正常推进时每环注入可只由前盾注入点注入。

持续推进时每环注入量＝前盾 $V_1\times1.2/L_1=0.4\times1.2/2.21=0.22\ m^3$。

5.4　试验段方案及数据分析

(1)试验段方案的确定

1)模拟掘进段选择

安德里北街站—鼓楼大街站区间盾构按照整体施工筹划，先进行左线的盾构施工，然后施工右线，左线盾构自鼓楼大街站北端盾构井始发，至安德里北街站南段盾构井接收。始发端距离既有站结构为 66 m，盾构始发后经过 10 m 端头加固段后，即进入 2 号线鼓楼大街站附属结构下方。为在有限的距离内建立合理的盾构施工参数及较高的人、机配合状态，盾构穿越既有站前的 66 m 分为始发加固段(10 m)和试验段(56 m)。

始发加固段主要目的为：调整盾构掘进参数与姿态，建立同步注浆压力。

试验段共分为 4 个区域，前 45 m 每 15 m 划分为一个掘进区域，后 11 m 开始为过既有站区域，通过前 3 个阶段的参数优化得到最佳掘进参数，在第 4 个区域开始采用此参数进行施工，确保顺利通过既有站。

2)试验段测点布设

试验段约 56 m，共分为 4 个区域，在每个区域中布置深层测点及风道内的观测点，施工过程中通过对以上测点及地面测点的沉降分析，来调整优化施工参数。

①深层测点的布置

为更加准确、及时地捕捉到盾构机整个推进过程对地层的影响，在新建区间上方的地层中埋设了深层测点，测点底部位于隧道顶净距 2 m。测点布置为先用洛阳铲掏至 5 m 深确认无管线后，再将钻机套管下至 5 m 深度，周围用土回填密实，之后用钻机继续钻至设计深度。为防止形成后的钻孔塌孔，在钻机套管取出之前，将直径 22 mm 钢筋(较深的孔位可进行分段焊)从套管内插入到套管底部。为防止测点钢筋下沉，在钢筋底部焊接一块 5 cm×5 cm、厚 2 cm 的钢板，然后向套管中灌入干砂，一次性灌入 3 m，并逐步提出套管(一节长度 2 m)，多次灌入，使其连续密实。最后放入长 400 mm 的带保护盖的保护筒进行保护，保护筒上侧保护盖与地表在同一水平面上，外壁与周围土层紧实牢固。深层监测点的型式及埋设见图 4.5.10。

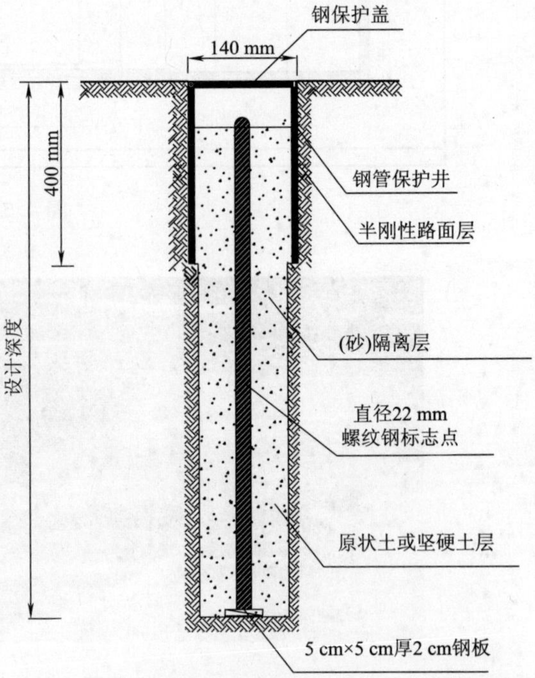

图 4.5.10　深层监测点的型式及埋设方式图

②风道内测点的布置

风道内监测点主要布设于风道结构四周轮廓线上，见图 4.5.11。

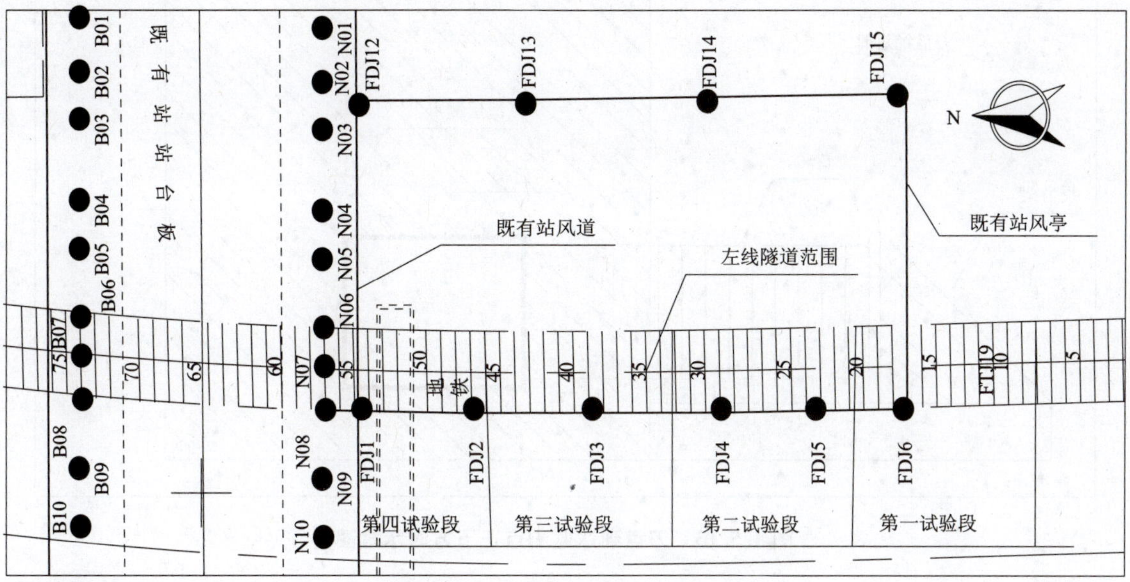

图 4.5.11　风道内监测点布设示意图

(2)试验段的数据采集及应对措施

试验段的目的主要是量化分析盾构推进的各个阶段对地层沉降的影响，以便在推进的各环节反复优化推进参数，以及采取相应的施工措施后反复验证其效果。根据专家讨论确定每 15 m 的掘进区域均分为 5 个环节：刀盘进入影响区前、刀盘经过时、盾体经过时、管片脱出盾尾时，脱出盾尾。施工过程中通过及时采集、分析深层测点及风道内结构上的测点沉降量的变化来确定下一步施工方案，值得注意的是沉降点的采集需要关键工序的即时数据，检测的间隔时间要短，以便绘出变化曲线。

1)在第一个环节中，刀盘在到达测点前 5 m 开始进行数据监测，每环掘进读数 3 次，主要监测盾构刀盘到达测点之前，土仓压力的设定对地层沉降的影响，并辅以验证土体改良效果。根据监测数据进行分析，调整优化土仓压力及土体改良剂等施工参数。见图 4.5.12。

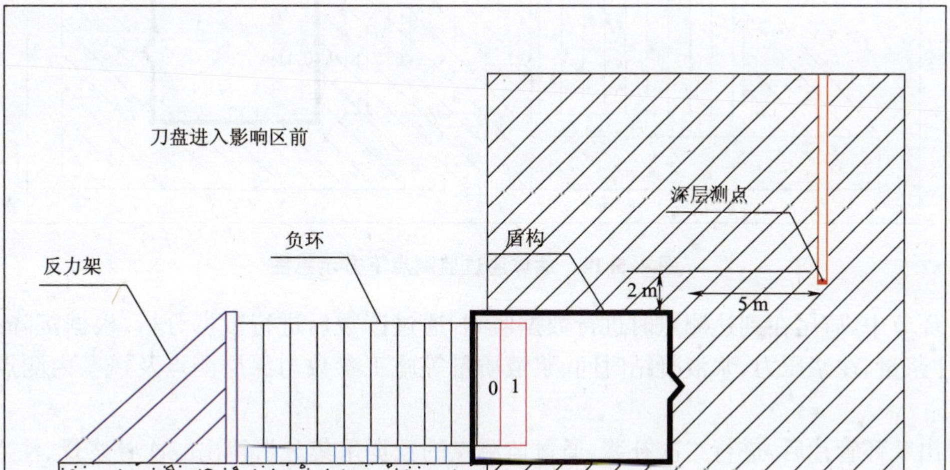

图 4.5.12　刀盘到达测点前 5 m 示意图

2)第二个环节中，刀盘在到达测点时进行数据监测，得出土仓压力与测点的沉降关系，根据分析结果及时调整出土量、掘进速度及泡沫剂等施工参数。见图 4.5.13。

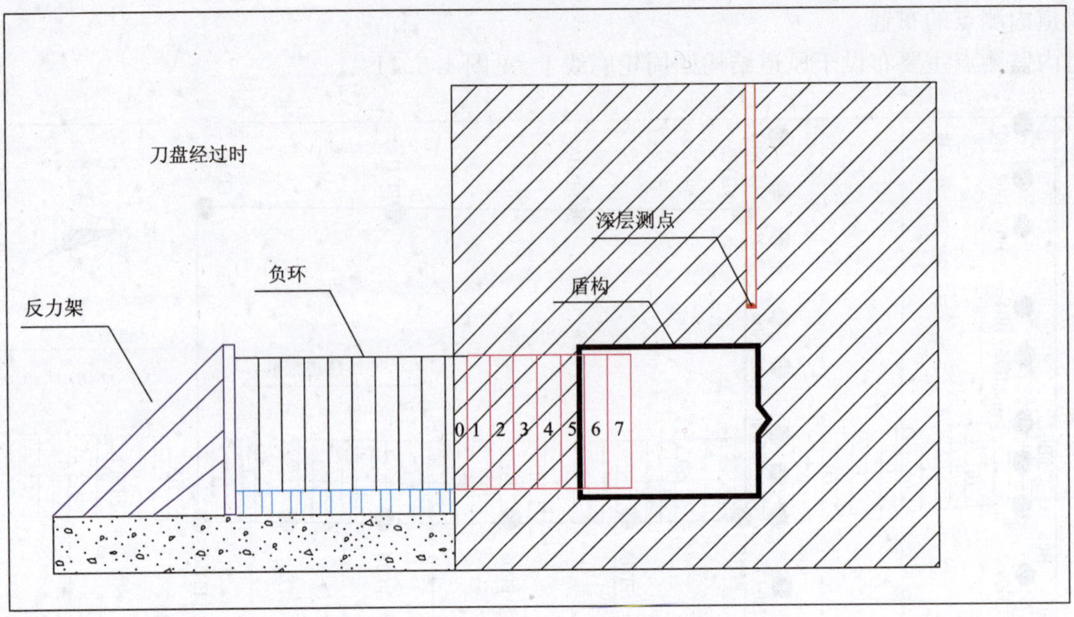

图4.5.13　刀盘到达监测点正下方时示意图

3)第三个环节中，刀盘通过测点后，盾壳位于测点下方时采集测点沉降量、沉降速率等数据。本工程上的盾构机刀盘开挖直径为 ϕ6 250 mm，通过这些数据，可以掌握其在此类地层地况条件下盾体通过时的沉降规律。见图4.5.14。

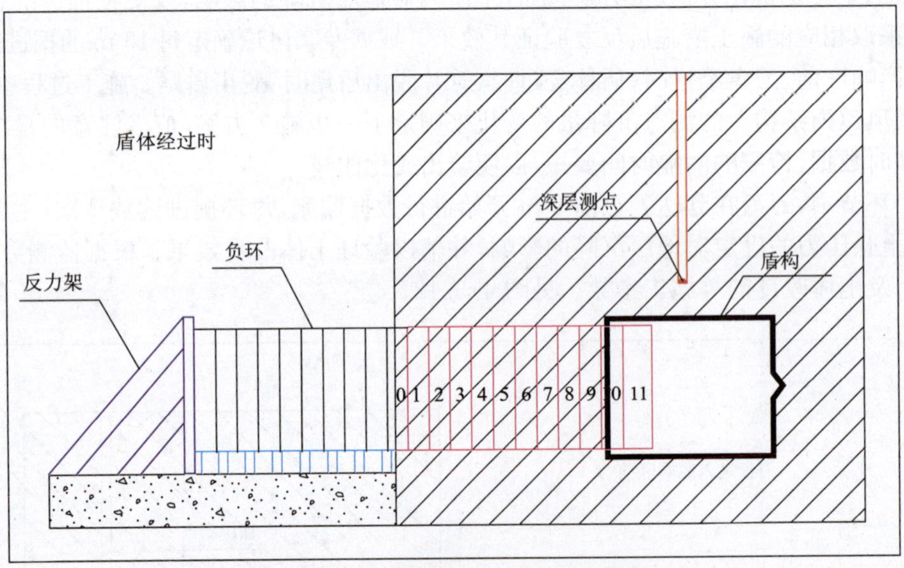

图4.5.14　盾体通过监测点下方示意图

4)第四个环节中，盾尾在到达测点时进行数据监测，通过读数后进行数据分析，根据沉降结果及沉降速率，得出同步注浆量、注浆压力、浆液凝结时间、浆液质量等施工参数与深层测点及风亭内测点的沉降关系。见图4.5.15。

5)盾尾脱出5环管片后，进行二次补浆，通过监测点的数据采集分析得出二次补浆量、注入压力、浆液质量等施工参数与深层测点及风厅内测点的关系，并进行优化组合，使土体沉降量控制在最大允许沉降控制值的80%以内。见图4.5.16。

(3)各阶段的数据分析

1)始发加固段数据分析及措施

始发前，测量人员精确放点，确定盾构机始发基座安装摆放位置高于隧道轴线20 mm，确保盾构机进洞姿态正常。确定始发加固区段初始盾构掘进参数(表4.5.5)，在盾尾进入隧道1～1.5 m后，开始进行同步注浆。在第一个 15 m 首先验证盾构掘进过程对深层沉降监控测点 SMD2 的影响,该点位于端头加固区以外 1 m 处,点位底端位于隧道拱顶 2.0 m,能充分反映盾构机过加固区段后对地层的影响程度。该点的沉降曲线见图 4.5.17。

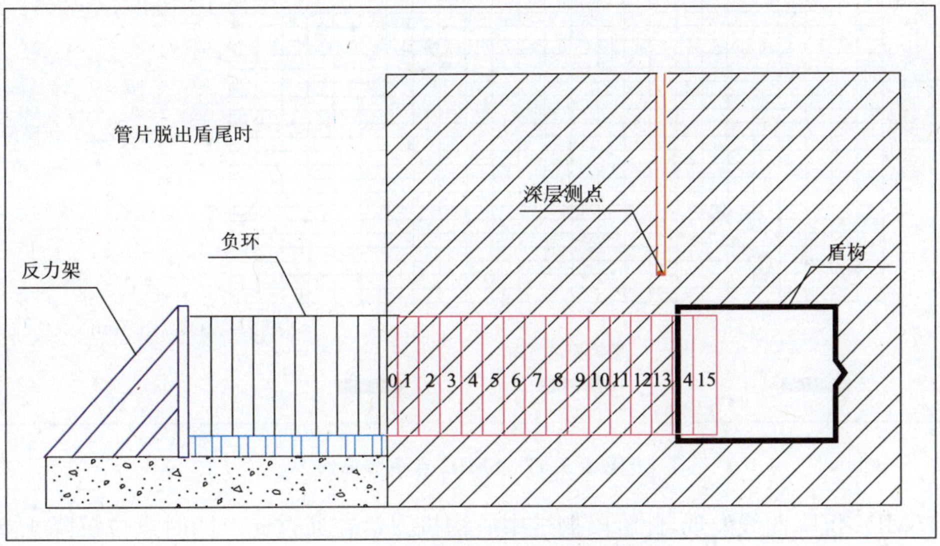

图 4.5.15　盾尾到达测点时示意图

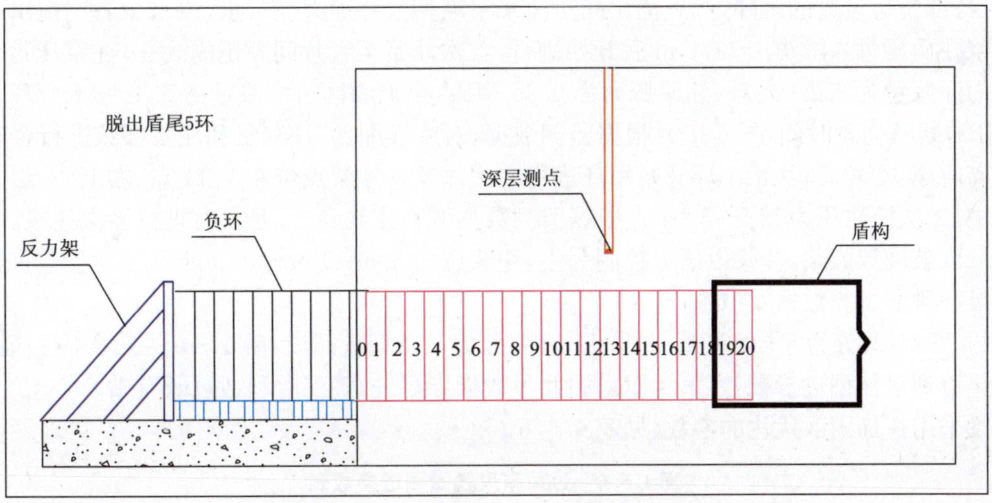

图 4.5.16　盾尾拖出 5 环管片后示意图

表 4.5.5　始发加固区段初始盾构掘进参数

名　　称	技术参数	备　　注
推进平均速度	10～20 mm/min	
土仓压力	0.08 MPa	上土仓压力
注浆压力	0.1 MPa	
注浆量	3.2 m^3/环	
出土量	39～40.85 m^3/环	综合松散系数 1.05～1.1
加泡量	2 500～4 000 L	
推力	6 000～8 000 kN	
扭矩	1 200～1 500 kN·m	

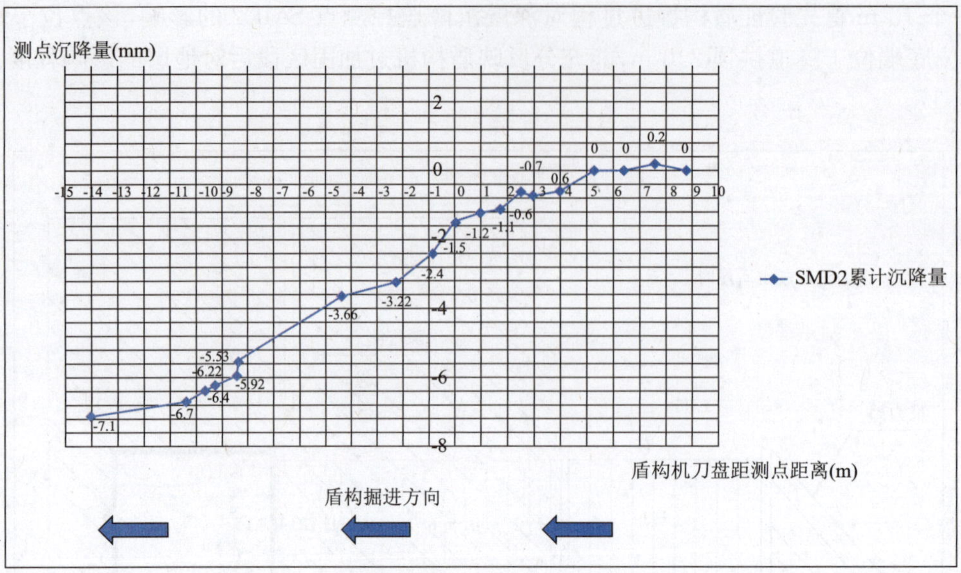

图 4.5.17　SMD2 点沉降曲线

通过(AG)SMD2 沉降曲线发现，此阶段掘进中盾构机刀盘在通过此点的时点位沉降 1.5～2.5 mm，机身通过时点位沉降 2.5～5.5 mm，拖出盾尾后此点位沉降 5.5～7.5 mm。说明点位沉降主要还在机身通过和盾尾拖出部分。对于这两个阶段的沉降，经研究决定：首先在盾构机中盾部位采取侧壁加膨润土混合液系统，以减少机身部位通过时的沉降，然后优化同步注浆浆液参数并加大注浆量，以减少盾尾拖出后的沉降。

同步注浆在盾尾进入隧道 1～1.5 m 后开始进行，首次注浆至管片间隙饱满为止，注浆压力为 0.2 MPa。之后加固区内注浆量为 3.2 m^3/环，注浆压力为 0.25 MPa，出加固区后注浆量为 7.4～8 m^3/环，注浆压力为 0.3～0.4 MPa，浆液初凝时间 4～6 h，并根据监测数据，对浆液配比、注浆量和注浆参数进行合理调整。

管片脱离盾尾 10 环后，从正 1 环开始每环进行二次注浆。注浆点位左上 11 点、右上 1 点。二次注浆以压力控制为主，二次注浆压力 2.5～3 bar。根据监测数据调整注浆参数，必要时进行多次注浆。多次补浆浆液使用水泥—水玻璃双液浆，注浆以压力控制为主，注浆压力 3.5～5 bar。

2)下穿风亭段的试验数据及措施

风亭段约 56 m，共分为 4 段，前 45 m 每 15 m 划分为一个掘进区段，后 11 m 为第 4 段。通过前 3 个阶段的累加优化得到最佳掘进参数，在第 4 段采用此参数指导掘进，确保顺利通过既有站。

过风亭段采用在加固区优化的参数，见表 4.5.6。

表 4.5.6　过风亭段初始掘进参数表

名　称	技术参数	备　注
推进平均速度	25～30 mm/min	
土仓压力	0.10～0.13 MPa	上土仓压力
注浆压力	0.3～0.4 MPa	
注浆量	7.4～8 m^3/环	充填系数 2.3～2.5
出土量	42.72～44.58 m^3/环	综合松散系数 1.15～1.2
加土体改良剂	5 000～6 000 L	
推力	8 000～12 000 kN	
扭矩	1 600～1 800 kN·m	
注浆量	7.4～8 m^3/环	充填系数 2.3～2.5

在采用新施工参数后首先通过的是风亭内 FTJ16 沉降观测点，该点位于结构的底板上，距离新建盾构区间顶部约 3 m。由于北京地铁 2 号线为已投入运营线路，在地铁运行的时间内无法进入风厅内监测，因此在整个推进过程中只是在夜间停运后进行检测。该点的沉降曲线见图 4.5.18。

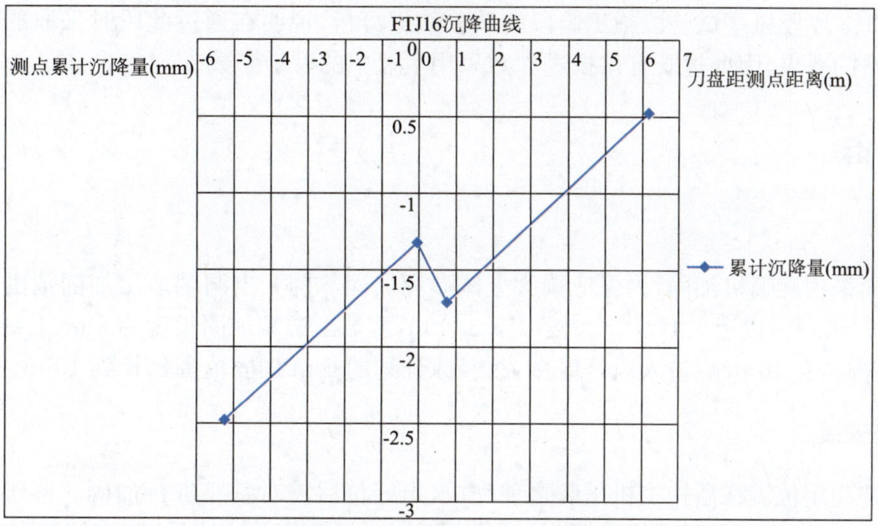

图 4.5.18　FTJ16 点沉降曲线

通过 FTJ16 点沉降曲线发现，此阶段盾构机刀盘在通过此点前的最大沉降为 1.7 mm，机身通过时点位沉降 1.7 mm～2.4 mm，拖出盾尾后此点位沉降 2.4 mm。说明点位沉降主要在刀盘通过段。经过分析决定进一步提高土仓压力，适量加大土体改良剂用量，通过泡沫和膨润土注入系统，辅助进行土压力控制，如地层中砂卵石较多，则以注入膨润土为主。如螺旋机出土扭矩过大时，则向螺旋输送机内注入土体改良剂。

3)后续试验段的沉降分析及沉降控制措施

通过对以上始发段及第一段风亭试验段的试验数据分析，将过 2、3、4 段风亭的施工指导参数设定为表 4.5.7所列数据。

表 4.5.7　2、3、4 段风亭初始盾构掘进参数

名　　称	技术参数	备　　注
推进平均速度	25～30 mm/min	
土仓压力	0.13～0.16 MPa	上土仓压力
注浆压力	0.3～0.4 MPa	
注浆量	7.4～8 m^3/环	充填系数 2.3～2.5
出土量	42.72～44.58 m^3/环	综合松散系数 1.15～1.2
加土体改良剂	5 000～6 000 L	
推力	8 000～12 000 kN	
推进平均速度	25～30 mm/min	

在下穿风亭段的后三个阶段对盾构参数进行了重新调整后，在盾构推进过程中，对风道内相应的测点进行了采集、汇总分析，见图 4.5.19。

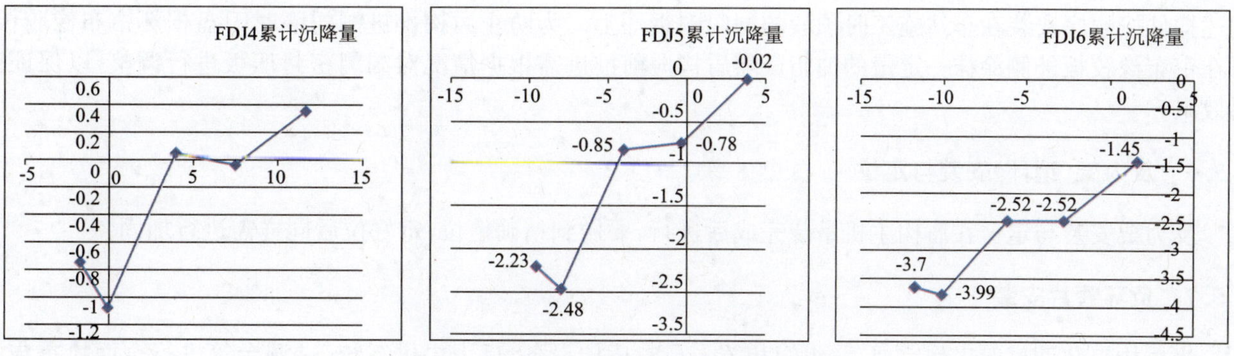

图 4.5.19　风亭后三个阶段测点沉降曲线

通过对以上2、3、4段风亭试验段施工验段的试验数据分析，说明在通过此段时采取的施工参数已经达到安全通过既有站的要求，因此过既有站掘进参数采用上表中的设定参数。

5.5　始发准备

5.5.1　端头加固

盾构端头加固采用旋喷桩加固，为保证端头土体顺利加固，进洞、出洞端地层加固范围为隧道衬砌轮廓线外左右两侧3.0 m，顶板以上3.0 m至底板以下3.0 m，两端出洞端加固长度为8 m，右线进洞端加固长度为6 m，左线因盾构始发10 m后进入风亭区域，故经原计划的6 m加固范围延长到10 m。

5.5.2　始发基座安装

始发基座安装与定位需在盾构主机吊装之前完成，定好位后需对基座进行加固。鉴于盾构始发时在基座区域上无法调整姿态，为了保证盾构进洞与计划线的精度，基座摆放应测量精确，核实准确摆放，且高于计划线20 mm为宜。

5.5.3　盾构组装调试

根据工程总体安排，先施工左线区间，盾构在永定门外站北端进行组装。盾构的组装场地根据现场情况分成三个区：后配套拖车存放区、主机及后配套存放区、吊机存放区。

盾构最大部件重约100 t，首先需要租用100 t拖车将盾构运送到场。盾构组装吊装设备为：300 t吊车一台，100 t吊车一台，50 t液压千斤顶两台，以及相应的吊具。

盾构下井组装调试方案见图4.5.20。

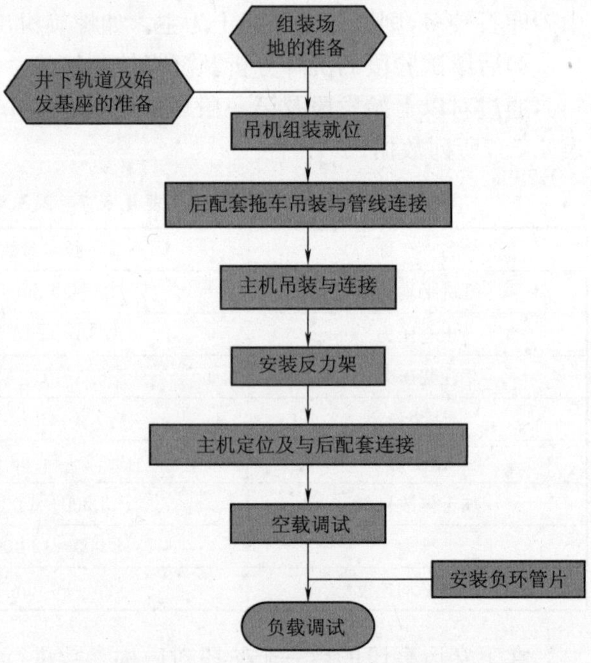

图4.5.20　组装及调试程序图

5.5.4　洞门凿除

车站洞门凿除分两步进行：第一步，以手持风镐方式由上至下分块凿除钻孔桩，保留最内层钢筋；第二步，当盾构组装调试完成，并推进至距离洞门约1.0 m左右时，再由上至下分层、间隔地割除预留的最内层钢筋。

洞门凿除前需在洞门桩间施作探孔检测加固土体的质量，达到设计要求后方可进行凿除洞门施工。

5.5.5　洞门防水装置安装

洞门防水装置由帘布橡胶板、圆环板、固定板、压板、垫板和螺栓等组成。在洞门凿除第一步工作完成后，将前述构件按顺序安装在车站施工时预埋的洞门圈钢环上。为防止盾构推进洞门圈时刀盘损坏帘布橡胶板，可在帘布橡胶板外侧涂抹一定量的油脂。随盾构向前推进需根据情况对洞门密封压板进行调整，以保证密封效果。

5.5.6　反力架(钢环)安装与定位

反力架安装与定位在盾构主机吊装完成后进行，要做到精确定位，定好位后同样需进行加固。

5.5.7　负环管片安装

当盾构组装调试等工作完成后，组织相关人员对盾构设备、反力提供系统、进洞台等进行全面检查与验收。验收合格后，开始将盾构向前推进，并安装负环管片。

第 6 章　盾构下穿既有线工程关键技术措施

6.1　对车站下方土体加固

隧道施工前利用探洞对区间拱顶土体进行注浆加固，加固范围为既有站结构底板以下 3 m，区间结构两侧 2.5 m 范围，注浆采用 $\phi 50$ 袖阀管，注浆浆液采用水泥-水玻璃，加固后土体应具有良好的均匀性和自立性，其无侧限抗压强度为≥0.8 MPa。注浆施工过程中应合理控制注浆压力，并应根据既有轨道的的变形情况随时调整。见图 4.6.1～图 4.6.3。

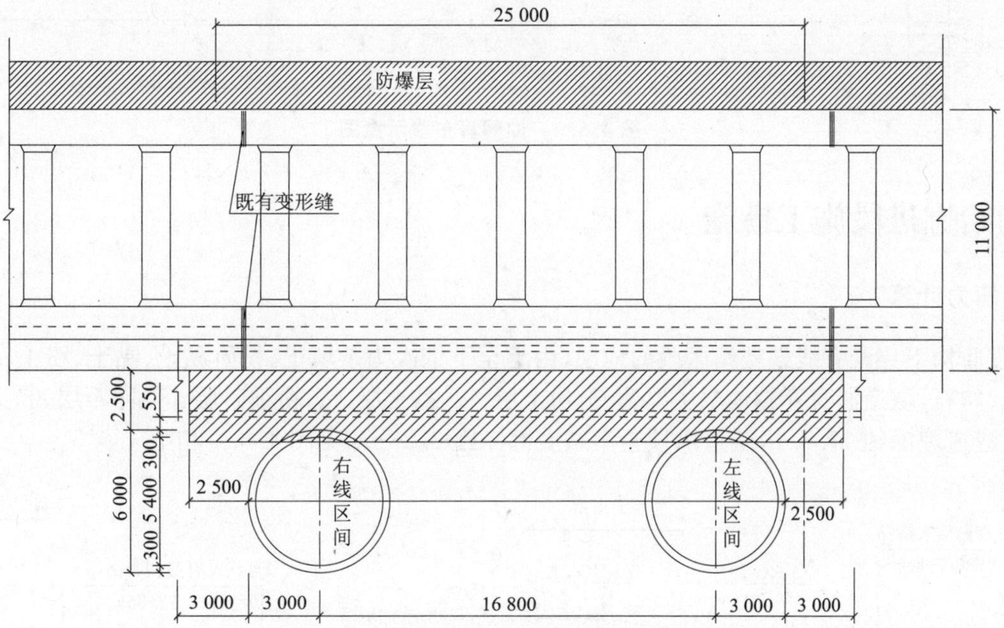

图 4.6.1　土体加固纵剖面图

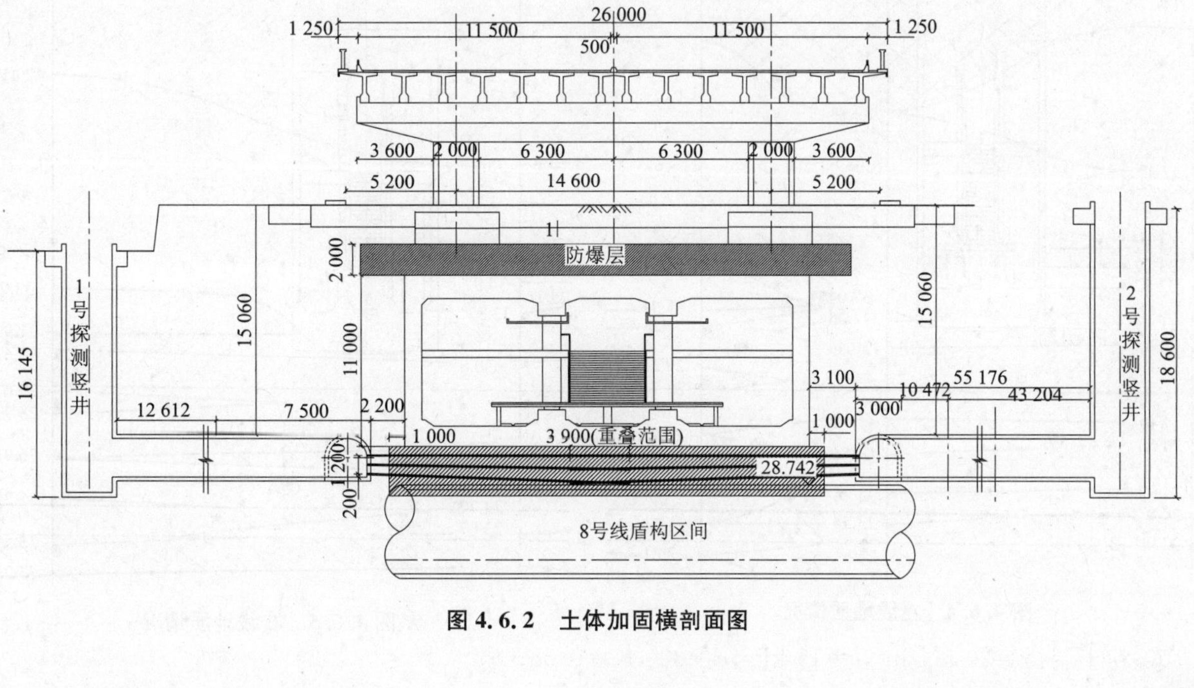

图 4.6.2　土体加固横剖面图

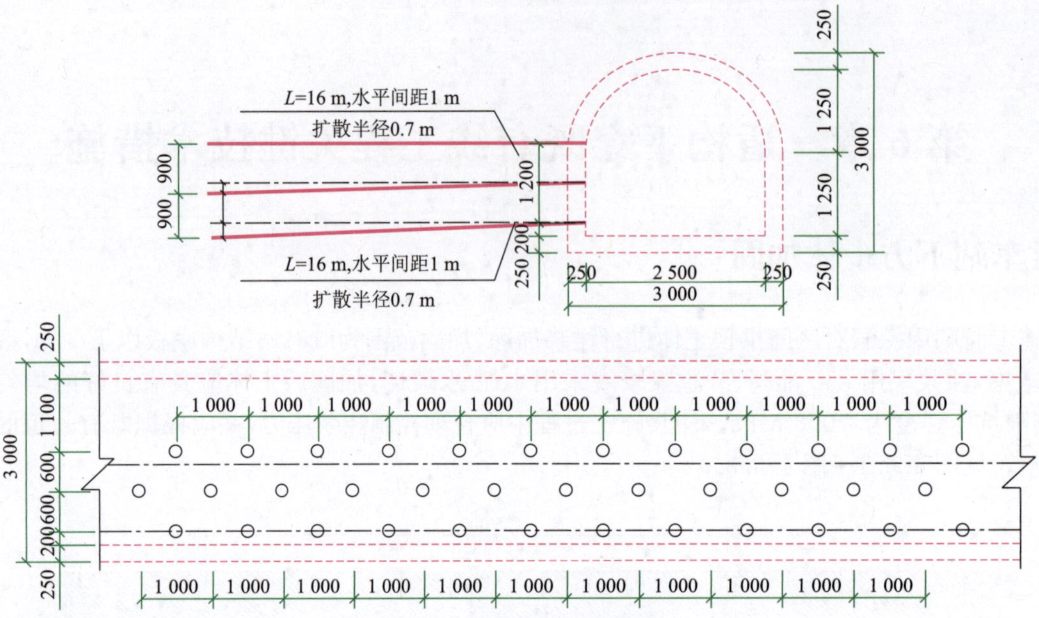

图 4.6.3　袖阀管布置示意图

6.2　初始掘进段施工措施

6.2.1　土压力计算

本标段盾构下穿既有线鼓楼站区段的地层，由上至下依次为杂填土、粉质黏土、黏土、粉土、粉细砂、粉质黏土、圆砾、卵石，隧道洞身穿越地层主要为⑥$_2$粉土层、⑥$_1$黏土层、⑦$_4$粉细砂层、⑧$_9$卵石层、⑧$_2$粉土层、⑧粉质黏土层，隧道埋深约 17.7 m，隧道拱顶至车站底部净距 2.23 m，见图 4.6.4 和图 4.6.5。

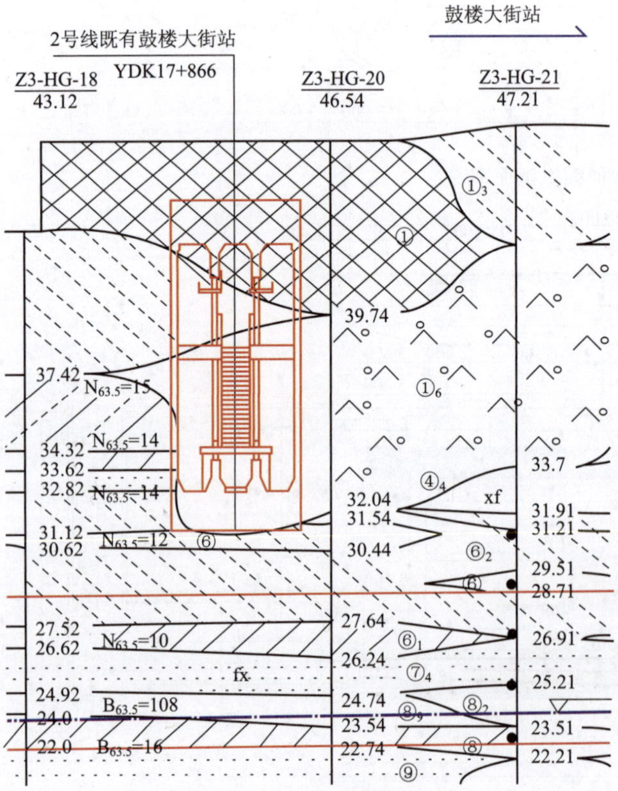

图 4.6.4　左线地质情况

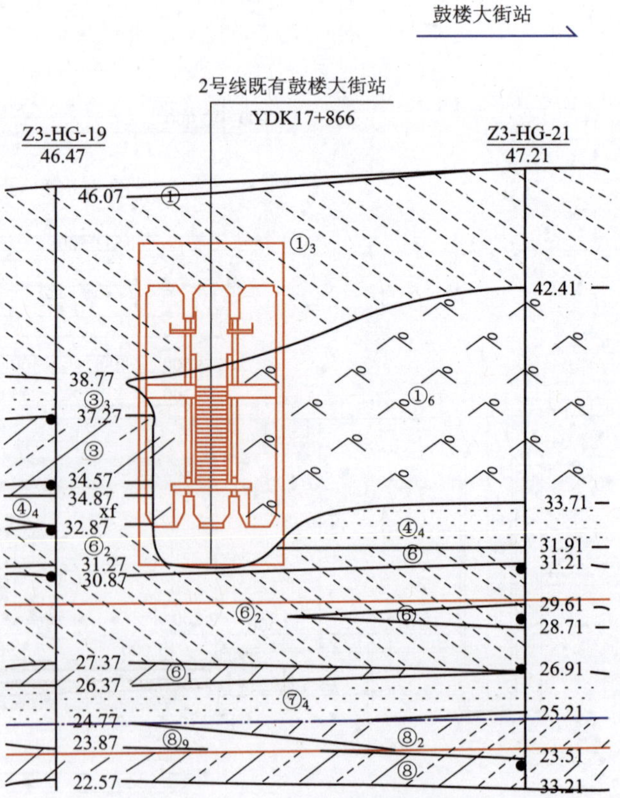

图 4.6.5　右线地质情况

⑥$_2$粉土层：$\gamma=20\ \text{kN/m}^3$，$c=15\ \text{kPa}$，$\varphi=30°$，$K=0.38$；

⑥$_1$黏土层：$\gamma=19\ \text{kN/m}^3$，$c=30\ \text{kPa}$，$\varphi=15°$，$K=0.4$；

⑦$_4$粉细砂层：$\gamma=20\ \text{kN/m}^3$，$c=0\ \text{kPa}$，$\varphi=35°$，$K=0.35$；

⑧$_9$卵石层：$\gamma=20.5\ \text{kN/m}^3$，$c=0\ \text{kPa}$，$\varphi=40°$，$K=0.2$；

⑧$_2$粉土层：$\gamma=19.6\ \text{kN/m}^3$，$c=15\ \text{kPa}$，$\varphi=30°$，$K=0.38$；

⑧粉质黏土层：$\gamma=20\ \text{kN/m}^3$，$c=20\ \text{kPa}$，$\varphi=20°$，$K=0.4$。

盾构的外径为：$D=6\ 280\ \text{mm}$，盾构长度：$L=8\ 969\ \text{mm}$（不包括刀盘），盾构的重量：$W=447\ \text{t}$，受力如图 4.6.6所示。

$P_{e1}=\Sigma\gamma H=19\times5.8+19\times1.6+20\times7.9+20\times0.6+20\times1.8=346.6\ \text{kN/m}^2$

$P_{e2}=P_{e1}+\Sigma\gamma H=346.6+20\times1.14+19\times1.2+20\times1.56+20.5\times1.08+20\times1.02$
$=465.94\ \text{kN/m}^2$

$P_g=4W/\pi DL=4\times4840/(\pi\times6.28\times8.969)=109.5\ \text{kN/m}^2$

$q_{e1}=K\,P_{e1}=0.38\times346.6=131.708\ \text{kN/m}^2$

$q_{e2}=K\,P_{e2}=0.4\times465.94=186.376\ \text{kN/m}^2$

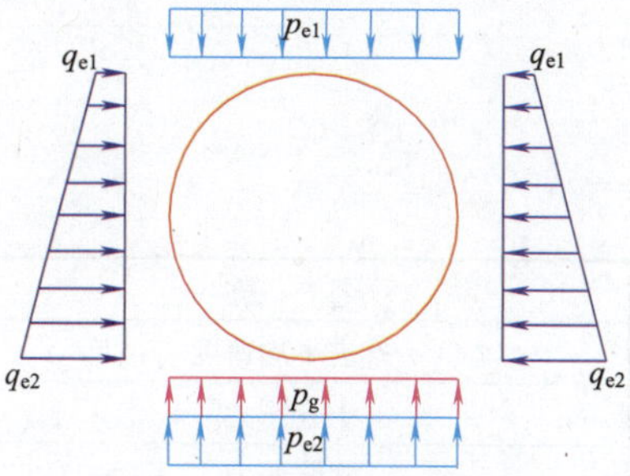

图 4.6.6　盾构主机受力图

注：P_{e1}——竖直土压；
P_{e2}——竖直抗力土压；
P_g——自重反压；
q_{e1}——盾构顶部水平土压；
q_{e2}——盾构底部水平土压。

（1）土压力计算

采用主动土压力计算方法计算：

$P_1=P_{e1}\times\tan^2(45°-\varphi/2)-2c\times\tan(45°-\varphi/2)$
$=346.6\times\tan^2(45°-30°/2)-2\times15\times\tan(45°-30°/2)$
$=98.2\ \text{kN/m}^2$

（2）水压力

$$P_W=q\gamma_W H$$

q——根据土的渗透系数确定的一个经验数值，本次工程取 0.6；

γ_W——水的容重；

H——地下水位距离刀盘顶部的高度。

$P_W=q\gamma_W H=0.6\times9.8\times13=76.44\ \text{kN/m}^2$

（3）土压力确定

盾构机面板开口率为 54%，所以

$P=(P_1+P_W+P_{调整})\times1.3\times54\%$

式中　$P_{调整}$——压力调整值，$P_{调整}=0.01\sim0.02\ \text{MPa}$。

$P=(P_1+P_W+P_{调整})\times1.3\times54\%=(0.098\ 2+0.076\ 44+0.02)\times1.3\times54\%=0.13\ \text{MPa}$。

因此，将拟定推进土压力定在 0.10～0.15 MPa，同时根据实际监测数据进行调整。

6.2.2　初始掘进段

为了确保在盾构穿越期间地铁 2 号线运行的畅通，综合考虑该区间隧道的埋深、地质情况以及与地铁 2 号线空间关系，制定本区段施工的指导思想为："安全、连续、稳定"，并确立"模式正确、土压合理、匀速掘进、保证注浆、避免停机、严密监测、快速反馈"的施工原则。

盾构掘进参数要经过计算，并根据前一区间的施工经验进行优化。在完成进洞段加固区后立即进入到参数优化段的施工，对参数进行进一步优化，在有限的掘进过程中要及时总结经验，分析施工参数，为安全穿越既有站积累经验。

因左线始发施工距离既有线较近，始发伊始即当作下穿特级风险源，加强监测，测量，技术等人员随时待命，根据监测数据，及时进行分析，对施工参数进行计算、优化和调整。

穿越既有车站之前分为始发加固段（10 m）和风亭段（约 56 m）两个阶段，见图 4.6.7。

（1）始发加固区段

为确保始发安全，将洞门加固区原设计的 6 m 延长为 10 m，此段作为始发加固区段。见表 4.6.1。

始发前，测量人员精确放点，确定盾构机始发基座安装摆放位置高于隧道轴线 20 mm，确保盾构机进洞姿态正常。

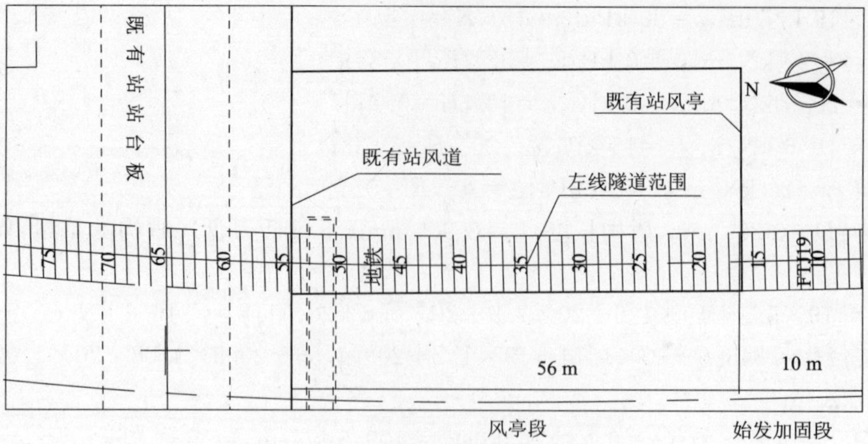

图 4.6.7　参数优化段阶段划分图

表 4.6.1　始发加固区段拟定盾构掘进参数表

名　　称	技术参数	备　　注
推进平均速度	10～20 mm/min	
土仓压力	0.08 MPa	上土仓压力
注浆压力	0.1 MPa	
注浆量	3.2 m^3/环	
出土量	39～40.85 m^3/环	综合松散系数 1.05～1.1
加泡量	2 500～4 000 L	
推力	6 000～8 000 KN	
扭矩	1 200～1 500 kN·m	

盾尾进入隧道 1～1.5 m 后，开始进行同步注浆，注浆量为 4.2～4.8 m^3，注浆压力为 0.22～0.25 MPa。为加快浆液固结时间，浆液配合比见表 4.6.2。凝固时间为 4～6 h。同时，根据监测数据，合理分析，对浆液配比、注浆量和注浆参数进行合理优化。

表 4.6.2　风险源段同步注浆配合比

水泥(kg)	膨润土(kg)	粉煤灰(kg)	砂(kg)	水(kg)
220	150	200	760	400～500

(2)风亭段

风亭段约 56 m，共分为 4 段，前 45 m 每 15 m 划分为一个掘进区段，后 11 m 为第 4 段。

通过前 3 个阶段的累加优化得到最佳掘进参数(表 4.6.3)，在第 4 段采用此参数指导掘进，确保顺利通过既有站。

表 4.6.3　风亭段拟定盾构掘进参数表

名　　称	技术参数	备　　注
推进平均速度	25～30 mm/min	
土仓压力	0.08～0.12 MPa	土压力根据监测数据以及实际推进情况进行合理调整
注浆压力	0.22～0.25 MPa	
注浆量	4.2～4.8 m^3/环	充填系数 1.3～1.5
出土量	42.72～44.58 m^3/环	综合松散系数 1.15～1.2
加泡量	2 500～4 000 L	
推力	8 000～12 000 kN	
扭矩	1 600～1 800 kN·m	

每 15 m 的掘进区段均分为 3 个环节：刀盘经过时、盾尾经过时、脱出盾尾 10 环。

刀盘经过时，根据监测数据，及时调整掘进土压参数，地面变化量控制在±1.5 mm。

盾尾经过时，根据监测数据分析的结果，优化调整同步注浆的参数。脱出盾尾 10 环，开始环环二次注浆，根据地面监测数据，并根据刀盘、盾尾通过时的监测数据，优化调整注浆参数，必要时可进行多次注浆。

通过对以上每个环节监测数据的分析总结，将拟定掘进参数进行调整。

风亭段所划分的前 3 个阶段均通过以上步骤对掘进速度、土压力、注浆压力、注浆量、出土量、刀盘扭矩和转速等参数进行总结优化，得出最佳掘进参数。

在风亭段后 11 m，按总结出的掘进参数，对施工人员下达下穿既有站专项技术交底，确保顺利穿越既有车站。

开挖面稳定作为土压平衡式盾构掘进施工的技术核心，其主要内容就是土压管理。为保证开挖面的稳定及有效控制地表沉降，通过参数优化段的掘进选定了 7 个施工管理指标来进行掘进控制管理：①土仓压力；②推进速度；③总推力；④排土量；⑤刀盘转速和扭矩；⑥注浆压力和注浆量；⑦泡沫、泥浆注入压力和注入量。其中土仓压力是主要的管理指标，同步注浆控制以注浆压力控制为主，结合注浆量控制。

6.3　下穿既有站段施工措施

经实测，既有 2 号线实测进站车速约 27 km/h，至左线隧道中心线上方最快车速约 23 km/h。考虑盾构刀盘经过时对车站轨道影响较大，因此计划夜间停运期间，盾构刀盘经过既有 2 号线鼓楼大街站轨行区。初步计划见表 4.6.4。

表 4.6.4　穿既有站施工计划表

日期	时间(h)	掘进速度(mm/min)	每环掘进时间(h)	掘进环数	长度(m)
19 日 23:00～20 日 5:00	6	25～30	1.5～2	3.5	4.2(轨行区)
5:00～23:00	18	25～30	1.5～2	10.5	12.6(站台)
20 日 23:00～21 日 5:00	6	25～30	1.5～2	3.5	4.2(轨行区)

6.4　掘进姿态控制

盾构掘进施工过程中的轴线控制是穿越既有站施工过程中的一个重要的环节。盾构在施工中大多数情况下不是沿着设计轴线掘进，而是在设计轴线的上、下、左、右方向上摆动，偏离设计轴线的差值必须要满足相关规范的要求，因此在盾构掘进中要采取一定的控制程序来控制隧道轴线的偏离。

盾构姿态监控通过自动导向系统和人工测量复核进行盾构姿态监测。该系统配置了导向、自动定位、掘进程序软件和显示器等，能够全天候在盾构机主控室动态显示盾构机当前位置与隧道设计轴线的偏差以及趋势，并遵守“勤纠偏、小纠偏”的原则，对盾构掘进进行姿态控制和线形控制。

盾构姿态轴线控制值±5 mm，确保在正常掘进的同时第一时间完成盾构姿态微调。

6.5　土压力控制及土体改良

(1)土压力控制

盾构掘进过程中，通过土压力控制，一方面减少压力过大波动对土体的反复扰动，避免前期过大沉降，另一方面通过注浆压力的管理保证后部间隙及时填充密实均匀，减少盾构通过后地层沉降。保持土仓压力稳定，通过注入材料调整土仓压力保持稳定，不能忽大忽小，注浆压力必须满足压力需要，确保注浆密实避免出现空隙(图 4.6.8)。

本工程采用的盾构为土压平衡盾构，以土仓内的泥土压力来平衡刀盘前端水土压力，从而保证掌子面稳定。而盾构掘进的前期沉降和土仓平衡压力的设定有直接关系，若土仓压力小于掌子面水土压力，刀盘前端土体就会产生沉降，因此平衡土压力也是盾构掘进时地面沉降的重要控制因素。通过严格控制掘进过程中土压力，避免波动过大引起开挖面的不稳定。根据既有车站的地质情况，加固区内土压力控制在 0.06～0.08 MPa，出加固区后土压力逐渐提高到 0.10～0.15 MPa，确保土仓压力与开挖面水土压力平衡，不要出现过大的波动，并根据安安区间的掘进经验以及参数优化段的监测数据，对土压力进行调整。

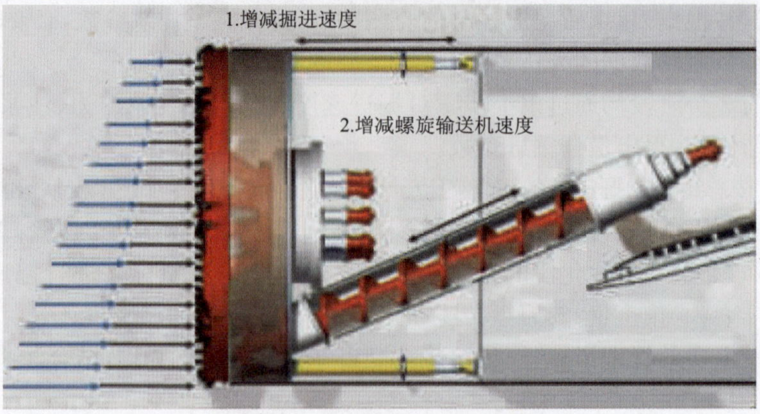

图 4.6.8　掌子面土压控制图

(2)土体改良

1)土体改良的作用

土体改良就是通过盾构刀盘、土仓、螺旋输送机内配置的泡沫添加剂注入口注入添加剂，利用刀盘、土仓的搅拌翼或螺旋输送机旋转搅拌使添加剂与土渣混合，主要目的就是使盾构切削下来的土体具有好的流塑性、合适的稠度、较低的透水性和较小的摩阻力，以满足在掘进时达到理想的工作状态。土体改良还具有如下作用：

①可以降低土体的内摩擦角从而降低刀盘的扭矩。

②可以减少土体与盾构刀盘及结构间的黏着力，从而降低摩擦量。

③使土体具有较好的土压平衡效果，利于稳定开挖面，控制地表沉降。

④可以降低土体的渗透性，使土体具有较好的止水性，以控制地下水流失。

⑤使切削的土顺利快速进入土仓，并利于螺旋输送机顺利排土及皮带输送机的输送。

⑥可以降低土体间的黏着力，有效防止水土渣粘结刀盘而产生泥饼。

⑦可防止或减轻螺旋输送机排土时喷涌现象。

2)土体改良的方法

在刀盘面和土仓内注入泡沫方法进行改良，必要时向螺旋输送机内注入泡沫。

泡沫的组成比例如下：

泡沫组成：90%～95%压缩空气；

5%～10%泡沫混合液(泡沫原液 4%，水 96%)。

泡沫的注入量按开挖方量计算：300～600 ml/m^3。

泡沫的注入方式根据实际情况采用手持半自动操作方式和自动操作方式。

3)通过穿越车站前泡沫对土体的改良效果，确定在穿越过程中土体改良所使用的方法，确保顺利穿越既有站。

6.6　严格控制同步注浆和二次注浆

(1)同步注浆

盾尾进入隧道 1～1.5 m 后，开始进行同步注浆，以尽快填充环形间隙，使管片尽早与地层共同作用，防止地面变形过大而危及周围环境安全，同时作为管片外防水和结构加强层。

1)注浆材料

同步注浆采用单液浆，该浆材具有结石率高、结石体强度高、耐久性好和能防止地下水浸析的特点。水泥采用 42.5 抗硫酸盐水泥，以提高注浆结石体的耐腐蚀性，使管片处于耐腐蚀注浆结石体的保护中，减弱地下水对管片混凝土的腐蚀。根据盾构施工经验，在地层自稳性较好的地段，采用表 4.6.5 内的配比；在此风险源地段，为加快浆液固结时间，同步注浆配比见表 4.6.6。在施工中，根据地层条件、地下水情况及周边条件等，通过现场试验优化确定。

2)浆液配比及主要物理力学指标

同步注浆浆液的主要物理力学性能应满足下列指标：

表 4.6.5 地层自稳性较好地段同步注浆材料配比和性能指标表

水泥(kg)	粉煤灰(kg)	膨润土(kg)	砂(kg)	水(kg)	外加剂
100～150	360	80	760	400～500	按需要根据试验加入

表 4.6.6 风险源地段同步注浆材料配比和性能指标表

水泥(kg)	粉煤灰(kg)	膨润土(kg)	砂(kg)	水(kg)	外加剂
220	200	150	760	400～500	按需要根据试验加入

①胶凝时间:普通段配比胶凝时间为 6～8 h,风险源配比胶凝时间为 4～6 h,根据地层条件和掘进速度,通过现场试验加入促凝剂及变更配比来调整胶凝时间,必要时可通过现场试验进一步调整配比和加入早强剂,进一步缩短胶凝时间。

②固结体强度:1 d 不小于 0.2 MPa,28 d 不小于 2.5 MPa。

③浆液结石率:>95%,即固结收缩率<5%。

④浆液稠度:8～12 cm。

⑤浆液稳定性:倾析率(静置沉淀后上浮水体积与总体积之比)小于 5%。

3)注浆压力

同步注浆时要求在压入口的压力大于该点的静止水压及土压力之和,做到尽量填补而不是劈裂。注浆压力过大,管片外的土层将会被浆液扰动而造成较大的后期地层沉降及隧道本身的沉降,并易造成跑浆。而注浆压力过小,浆液填充速度过慢,填充不充足,也会使地表变形增大。因此,同步注浆压力加固区内为 0.2 MPa,出加固区后注浆压力控制在 0.22～0.25 MPa。

4)注浆量

根据刀盘开挖直径和管片外径,可以按下式计算出一环管片的注浆量。

$$V = \pi/4 \times K \times L \times (D_1{}^2 - D_2{}^2)$$
$$= \pi/4 \times (1.3\sim1.5) \times 1.2 \times (6.28^2 - 6^2)$$
$$= 4.2\sim4.8\ \text{m}^3/\text{环}$$

根据上面经验公式计算,注浆量取环形间隙理论体积的 1.3～1.5 倍,则每环(1.2 m)注浆量 Q=4.2～4.8 m^3。

根据计算值,决定首次注浆至管片间隙饱满为止,注浆压力为 0.2 MPa,之后加固区内注浆量为 3.2 m^3/环,出加固区后注浆量为 4.2～4.8 m^3/环。

5)注浆时间和掘进速度

同步注浆速度与掘进速度匹配,按盾构完成一环掘进的时间内完成当环注浆量来确定其平均注浆速度。

6)注浆

注浆效果检查主要采用分析法,即根据压力—注浆量—时间曲线,结合管片、地表及周围建筑物量测结果进行综合评价。

7)同步注浆的注意事项

①在开工前制定详细的注浆作业指导书,并进行详细的浆材配比试验,选定合适的注浆材料及浆液配比。

②制订详细的注浆施工设计和工艺流程及注浆质量控制程序,严格按要求实施注浆、检查、记录、分析,及时做出 P(注浆压力)-Q(注浆量)-t(时间)曲线,分析注浆速度与掘进速度的关系,评价注浆效果,反馈指导下次注浆。

③成立专业注浆作业组,由富有经验的注浆工程师负责现场注浆技术和管理工作。

④根据洞内管片衬砌变形和地面及周围建筑物变形监测结果,及时进行信息反馈,修正注浆参数和施工工艺,发现情况及时解决。

⑤做好注浆设备的维修保养及注浆材料供应,定时对注浆管路及设备进行清洗,保证注浆作业顺利连续不中断进行。

⑥每环掘进之前,都要确认注浆系统的工作状态处于正常,并且浆液储量足够。

(2)二次注浆

从 1 环开始到穿越风险源结束,均进行二次注浆。通过管片中部的注浆孔进行二次注浆,补充同步注浆未填充部分和体积减少部分，从而减少盾构机通过后土体的后期沉降，减轻隧道的防水压力，提高止水效果。

1)管片脱离盾尾10环后，从正1环开始环环进行二次注浆。

2)位置：隧道管片顶部两侧左上11点、右上1点。

3)注浆压力及配比：二次注浆以压力控制为主，注浆压力2.5～3 bar。配合比见表4.6.7。

表4.6.7　二次补浆配比(配比单位:kg)

双液浆	A液		B液	
每方	P·O 42.5水泥(kg)	水(kg)	水玻璃(kg)	水(kg)
	750(15袋)	500	115	250

施工中可根据需要进行多次注浆。注浆一定要保证连贯性。

4)推进过程中要加强盾尾油脂的注入，严格控制盾尾漏浆。

6.7　多次补浆

盾构通过后，根据监测数据对相应的部位进行多次补浆，对二次注浆未填满空隙进行填充，保证有效控制沉降。

注浆位置为管片左上11点及右上1点。

多次补浆的浆液使用水泥浆，主要以压力控制为主，注浆压力为2.5～3 bar。

6.8　出土量控制

盾构掘进出土量管理即在盾构掘进施工过程中要严格控制出土量不能大于理论开挖渣土量。出土量与掘进进尺平衡。严格控制出土量，做到进尺量与出土量均衡。

掘进过程中做到进尺量与出土量均衡，以渣车的装载量进行观察记录，严禁出土超量。

推进至150 mm，出土量控制在1/3斗(斗容量17 m^3)；

推进至300 mm，出土量控制在2/3斗；

推进至450 mm，出土量控制在1斗；

推进至900 mm，出土量控制在2斗；

推进至1 200 mm，出土量控制在2.5斗

每环出土总量控制在42.72～44.58 m^3。

根据计算每环出土量公式：

$$V_{虚} = K \times \pi \times D^2 \times L/4$$

式中　K——土体松散系数，取决于土质、盾构掘进参数、土体改良情况等，本工程土质为粉质黏土、粉土和砂土，“综合松散系数”K取1.15～1.2；

D——盾构机直径，6.28 m；

L——掘进长度，1.2 m。

实方：37.15 m^3。

$V_{虚} = K \times \pi \times D^2 \times L/4 = (1.15 \sim 1.2) \times \pi \times 6.28^2 \times 1.2/4 = 42.72 \sim 44.58\ m^3$。

6.9　盾尾间隙控制

施工过程中控制盾尾间隙，防止尾刷与管片碰撞，导致尾刷损坏漏浆及管片变形。

(1)采用“勤纠偏、小纠偏”原则，保持盾构姿态平稳，避免出现过大的波动。

(2)现场对盾尾间隙每环进行测量，做好管片选型。

(3)保证管片拼装质量，防止管片拼装出现椭圆现象。

第7章　盾构下穿既有线工程监控量测

7.1　监控量测设计

7.1.1　施工监测的目的

地下工程按信息化设计，现场监控量测是监视围岩稳定、判断隧道支护衬砌设计是否合理安全、施工方法是否正确的重要手段，通过监控量测，达到以下目的：

(1)将监测数据与预测值相比较，判断前一步施工工艺和支护参数是否符合预期要求，以确定和调整下一步施工，确保施工安全和地表建筑物、地下管线的安全。

(2)将现场测量的数据、信息及时反馈，以修改和完善设计，使设计达到优质安全、经济合理。

(3)将现场测量数据与理论预测值比较，用反分析法进行分析计算，使设计更符合实际。

7.1.2　现场监控量测项目、测点布置、监测手段与监测频率

为保证既有线结构的安全和正常运营，在施工期间，必须对既有站结构采用实时监控和常规监测相结合的方法进行监测，以便及时掌握穿越既有线施工过程中既有线结构形状和道床的改变，为判断既有线结构和运营安全提供依据。具体监测内容和监测频率见表4.7.1和表4.7.2。

表4.7.1　现场监测对象、项目及精度表

监测对象	监测项目		监测精度
地铁2号线鼓楼大街站	远程自动化监测	隧道结构沉降、差异沉降	<0.5%F·S
		道床结构沉降、差异沉降	<0.5%F·S
		轨道几何形位检查	<0.5%F·S
	人工静态监测	隧道结构沉降、差异沉降	0.3 mm
		道床结构沉降、差异沉降	0.3 mm
		隧道结构变形缝开合度监测	0.1 mm
		道床与结构剥离	0.3 mm
		轨道几何形位检查	1.0 mm
		无缝线路钢轨位移	0.3 mm

注：F·S为仪器的测量量程。

表4.7.2　监测频率表

监测对象	监测项目		监测频率
地铁2号线鼓楼大街站	远程自动化监测	隧道结构沉降、差异沉降	自动化监测系统采集数据频率2次/h，高峰时期加大监测频率，施工结束后可根据情况适当调整
		道床结构沉降、差异沉降	
		轨道几何形位检查	
	人工静态监测	隧道结构沉降、差异沉降	静态监测项目施工期每晚地铁停运后进行1次，施工结束后根据变形情况进行适当调整，特殊情况应增大监测频率
		道床结构沉降、差异沉降	
		隧道结构变形缝开合度监测	
		道床与结构剥离监测	
		轨道几何形位检查	
		无缝线路钢轨位移	

7.1.3　施工预警

监测预警值按以下原则确定：

F=实测值/容许值(变形允许控制值)

当 $F<0.8$ 时：安全。当 $1\geqslant F\geqslant 0.8$ 时：预警值，注意观察，查原因，准备补救措施。当 $F>1$ 时：警戒值，立即停止施工，实施补救措施。当达到警戒值时，应采取必要的加强措施。在实际施工过程中，应同相关单位对警戒值进行分析，使用修正值。

7.1.4　监控量测管理

监控量测管理基准值根据有关规范、规程、计算资料及类似工程经验制定。监控量测必须建立及时的信息管理系统，监测数据必须及时反映给设计、监理、施工方等，及时分析，确保施工安全，监测系统须与探测竖井施作同时启动。

7.2　现场监测作业方法

7.2.1　自动化实时监测

(1)道床结构远程实时监测

针对盾构施工对地铁 2 号线鼓楼大街站影响，采用静力水准仪结合数据采集系统实现。

(2)监测点位

按评估报告结论，盾构施工对 2 号线既有结构产生影响，静力水准沿 2 号线上下行轨道方向每个变形缝两侧及轨道中线各布置监测点，共布设 22 个监测点。根据现场实际情况，静力水准仪布置在车站道床结构轨枕下排水沟内不影响地铁正常运营的位置，详细点位见图 4.7.1。

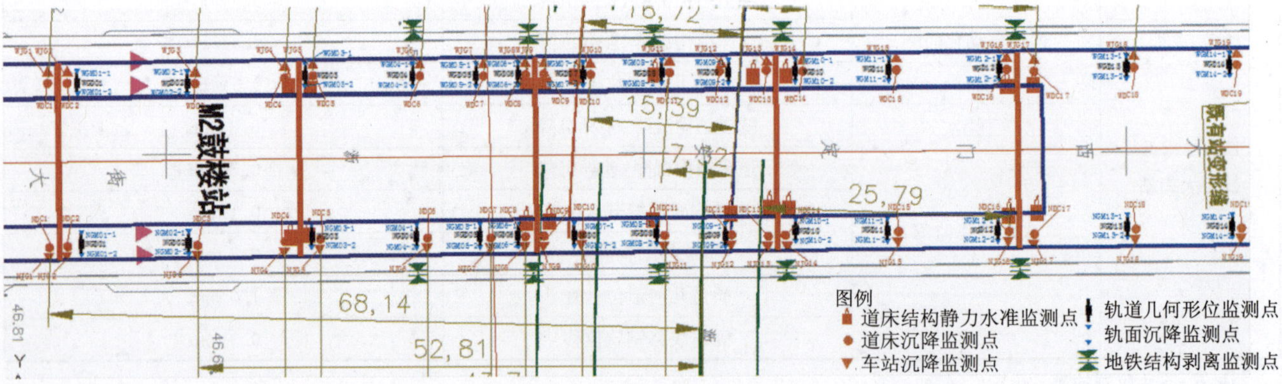

图 4.7.1　监测点布置方案

(3)控制点和监测点的埋设原则及技术标准

采用电容式静力水准仪，其相关的参数及原理如下：

自动化静力水准测量系统主要由主体容器、连通管、电容传感器等部分组成，用于测量各测点的垂直位移量。其测试原理是，各测点与基准点通过连通管相连接，根据其内的液体保持同一水平面的原理，当监测点位发生高程变化时，主体容器内液面发生变化，通过灵敏度高的电容式传感器测出该点的高程变化，并由电缆传输到地面测试室进行处理和反馈，从而可以实时监测结构体的沉降变形情况，该方法测试精度高，属于精密测量仪器。

(4)观测技术方法及数据采集

本工程采用的实时监测系统由现场监测仪器、数据采集系统、数据传输系统和主控计算机终端系统 4 部分组成。监测设备采集的监测数据通过电缆传输到数据采集器上，数据采集器汇总后通过通信线路传输到主控计算机和终端系统，主控计算机和终端系统安装在第三方监测项目部办公室，由专人负责管理。监测系统可以设定为自动工作,也可以由操作人员改成手动控制,实现远程控制。

每台型静力水准仪有一个编码地址,测量控制单元依靠不同的编码地址对各台静力水准仪进行识别、采集、传输。当设备安装调试完毕后,可按设定的数据采集间隔定时自动化采集数据,初期读取各监测项目的监测值,取3次监测数据的算术平均值作为初始监测值。然后根据监测方案,在计算机软件系统中设置监测频率,通过监测设备采集监测数据。自动化监测系统组成示意见图4.7.2。

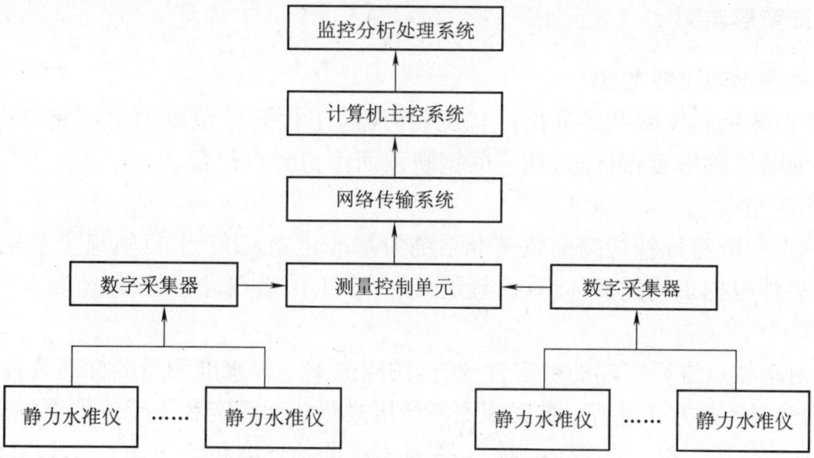

图4.7.2　自动化监测流程示意图

该系统的测试过程简述如下:

①测试时把电脑与采集箱连接起来,通过程序来查看仪器的状态。

②选择测试界面工具栏的“设置”中的“自诊断”查看,仪器是否与采集箱连接上或仪器本身是否正常。

③当上述步骤完成后,进行仪器水位的微调,调动仪器的螺杆,使仪器中的水位调整到设定的数值范围之类,这个数值是通过软件查看的。操作步骤:工具栏中的“选测”→“仪器选择”→“测量”→“取测量值”。每调试一次仪器均必须重复上述的步骤,直至调试成功为止。

(5)数据处理及分析

1)数据传输及计算

根据该系统配套的监控分析处理系统的数据采集软件对监测数据实现自动化采集和处理,并对数据进行管理和维护。通过远程监控系统在任何时候、任何地方对自动化监测系统进行远距离采集操作,以了解结构的安全运行状况。

静力水准仪的观测计算步骤如下:使用外部观测方法获取每个测次基准水箱(测量参考点)与其初始“0”点的相对高程变化:

$$\Delta H_{lj}=H_{lj}-H_{l0}$$

第 i 测点第 j 测次与其“0”位高程的相对变化:

$$\Delta H_{ij}=h_{ij}-h_{i0}=K_i(F_{ij}-F_{i0})+b(T_{ij}-T_{i0})$$

第 i 测点第 j 测次高程与其“0”位高程的相对变化:

$$H_{ij}=\Delta H_{lj}+\Delta H_{ij}$$

式中　F_{ij}、F_{i0}——第 i 测点仪器的第 j 次和首次读数;

K_i——第 i 测点仪器的灵敏度系数;

T_{ij}——第 i 测点处第 j 测次的温度测值;

T_{i0}——第 i 测点处的首次温度测值;

b——第 i 测点传感器的温度修正系数;

计算结果为负数,则测点相对初始高程沉陷了 H_{ij}。

2)变形数据分析

观测点稳定性分析原则如下:①观测点的稳定性分析基于稳定的基准点作为基准点而进行的平差计算成果;②相邻两期观测点的变动分析通过比较相邻两期的最大变形量与最大测量误差(取两倍中误差)来进

行，当变形量小于最大误差时，可认为该观测点在这两个周期内没有变动或变动不显著；③对多期变形观测成果，当相邻周期变形量小，但多期呈现出明显的变化趋势时，应视为有变动。

在采集软件中设定警戒指标，监测点预警由软件自动判断分析，当变形速率或变形量达到相关指标时，监控软件自动给出警戒信息，此时监控人员应及时向有关各方汇报，并密切注意数据变化，加强地铁结构、轨道巡查。

7.2.2　人工静态沉降变形监测

(1)既有地铁2号线钢轨沉降监测

本监测项目主要监测钢轨沉降及差异沉降情况，在风险工程设计范围内沿线路方向每10 m设一沉降观测断面，在钢轨侧面喷红漆做测点标志，相应的钢轨顶面作为测点位置。

1)基准点及控制网布设

沉降监测控制网按照既有地铁线路铺轨基准系统为基准建立，在上下行轨道上分别选择1个铺轨基标点作为高程基准点，另外根据现场的具体情况，埋设2～3个工作基点，控制网与监测点一起布设成闭合环网形式。

在监测过程中，对基准点进行定期的稳定性检查，按照国家一等水准测量的标准及技术要求进行，每次对观测点的高程测量均采用环路方式进行。各类观测将严格按照2个固定和1个一致原则进行，即：观测人员固定、观测仪器固定和观测路线与前一次基本一致，并在基本相同的环境和条件下工作，以确保成果的可靠性。

2)观测技术方法及精度控制

水准网采用几何水准测量的方法进行观测，沉降监测控制网中的基准点、工作基点按不低于国家二等水准测量标准及技术要求进行联测。本工程观测所采用的仪器主要是德国Dini 12精密电子水准仪及铟瓦尺，Trimble Dini电子水准仪可满足一等测量精度的要求，表4.7.3为该水准仪的型号及主要技术指标。初次观测时，要对同一观测对象进行三遍观测后取平均值作为初始值。

表4.7.3　观测仪器及主要技术指标

仪器名称及型号	仪器照片	主要技术指标
Dini12 配套 LD12 铟钢尺		每公里往返测高程中误差≤0.3 mm

3)观测数据分析及成果表述

①观测数据计算

观测完成后，将满足各项限差要求的原始电子观测文件传输至计算机，使用北京市勘察设计研究院有限公司研制的数据处理系统“SODMS”对数据进行初步处理，生成原始记录。计算前，根据水准基点的联测结果，选择稳定的水准基点作为高程起算点，然后使用“SODMS”通过严密平差推算出各工作基点的高程，再由工作基点经过严密平差后推算出各观测点的本次高程值。两次观测高程的差值即为本次沉降值，本次沉降值与历次沉降值和值即为累计沉降值，沉降值的单位采用mm，计算结果精确到0.01 mm。高程计算结果经过人工初步分析和数据筛选，自动输入“SODMS”的数据库存储，同时将各被监测单元的观测时间、观测时的工程进度输入数据库，即可计算出各点的阶段沉降速率，沉降速率的单位采用mm/d，计算结果精确到0.01 mm/d。

②变形数据分析

计算完观测数据后，根据甲方需要随时生成北京市勘察设计研究院有限公司设计的原始成果表格、阶段和最终成果表格、观测点下沉量一览表、代表性观测点时间下沉曲线等，以备数据分析使用。

根据已有观测数据和图表分析观测点稳定性。首先分析变形量，若本次变形量小于最大限差时，可认为该观测点在此段时期内没有变动或变动不显著；当累计变形量变化趋势明显性，应视为有变动。其次分析观测速率，当阶段变形速率超出预警值时，则应根据监测建（构）筑物的风险等级、施工进度、施工措施情况、支护围护结构稳定性、周边环境稳定性状态等进行综合判断，报告甲方及有关各方，并及时采取有效防范措施。

共计布设 44 个钢轨沉降监测点。详细测点布置情况见图 4.7.1。

(2)既有地铁 2 号线车站结构、道床结构的人工沉降监测

1)基准点及控制网布设

既有地铁 2 号线车站结构、道床结构的人工沉降监测控制网与钢轨沉降监测相同。

2)监测点的布设

车站结构及道床结构的沉降测点位置与静力水准监测点位置对应，并在结构缝两侧布设测点，共布设 64 个沉降监测点，风道根据现场实际情况布设 8 个沉降监测点、风亭布设 4 个沉降监测点，详细测点布置图见图 4.7.1。各类监测点的立面对应关系见图 4.7.3。

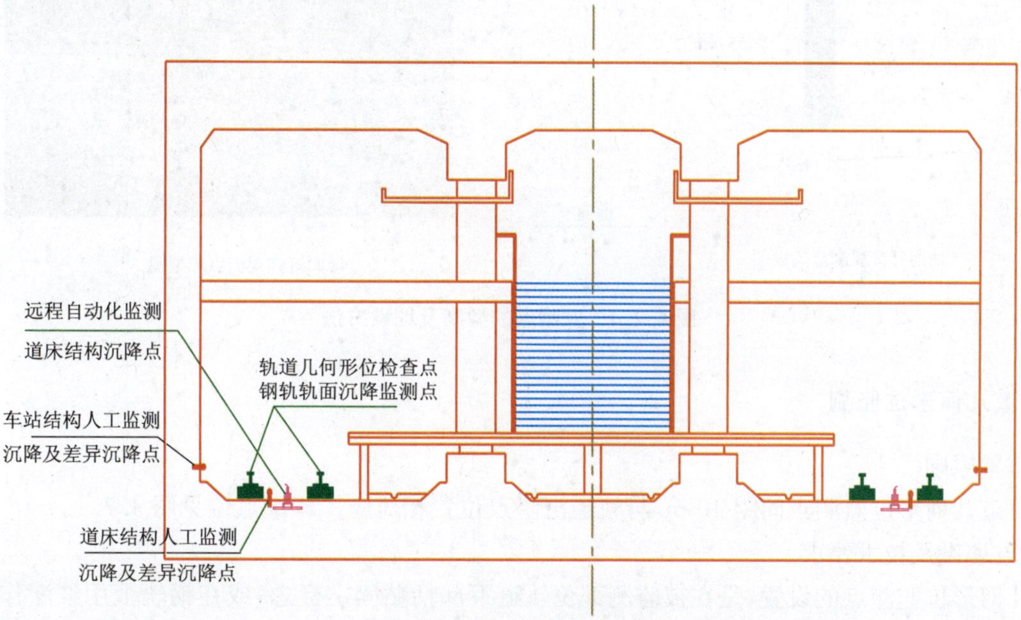

图 4.7.3　各类监测点的立面对应关系示意图

3)监测点的埋设方法

车站结构沉降监测点采用暴露式墙钉，道床结构沉降监测点采用暴露式地钉，具体埋设要求为：

①采用直径适合的冲击钻在被监测(构)筑物的外表面开孔，墙钉开孔高度离地面 20～50 cm，开孔深度根据不同型制的监测点而不同，开孔时要使孔与水平位置向上成 5°左右夹角。

②在孔内填充少许钢丝或钢片等垫料，将带有标识牌的钉点放入孔中，使孔与监测钉无空隙，密实接触，再用手锤将监测钉点打入孔内。

③监测点周围喷漆或设置明显标志，以方便监测和保护。

监测点的型制及埋设方法见图 4.7.4。

既有地铁 2 号线隧道、道床结构的沉降观测技术方法及精度控制与观测数据分析及成果表述方式与线路钢轨沉降监测相同。

(3)深层土沉降监测

根据施工单位现场对盾构加固段深层沉降测点的布设情况，对现场测点与施工方进行同测，监测技术方法及精度控制与观测数据分析及成果表述方式与线路钢轨沉降监测相同。

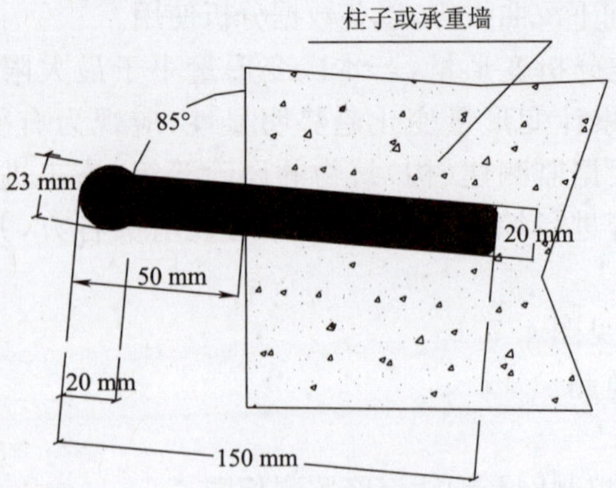

暴露式墙面式观测点安设图

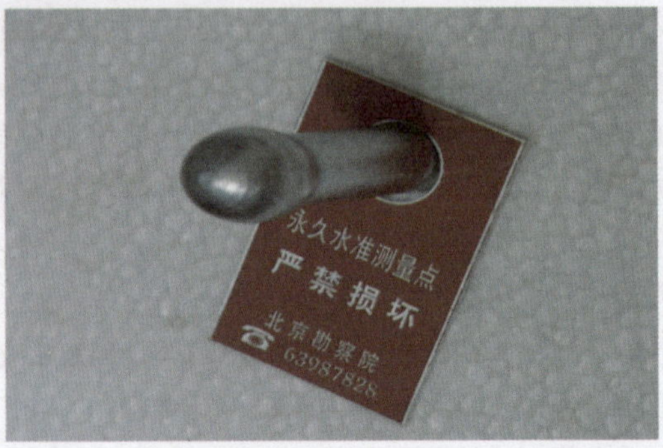

暴露式墙面监测点成型图

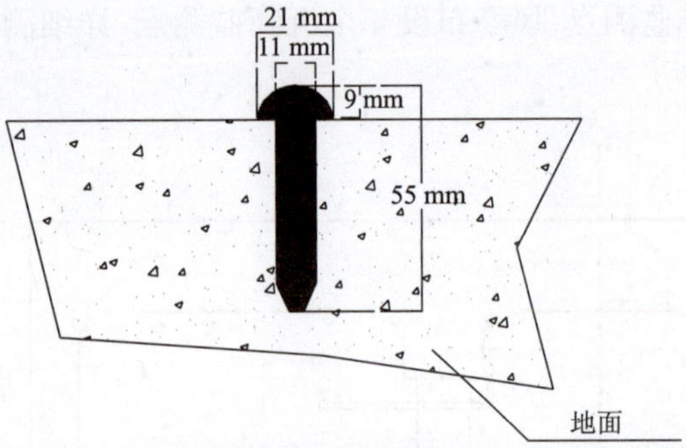

地面钉式观测点安设图

地面钉式观测点成型图

图 4.7.4　监测点的型制及埋设方法

7.2.3　轨道几何形位监测

测点布置原则

地铁轨道几何形位监测点间距 10 m，与轨道沉降点位置相对应。详细点位见图 4.7.1。

(1)测点埋设及技术要求

轨道几何形位监测点的设置，是在被监测部位轨道下部粘贴固定标志，或在钢轨上用红漆作为标识，轨道几何形位的观测点位与轨道沉降测点的位置相互对应，便于更准确地对多元化的观测数据进行综合分析，从而判断被监测物的变形情况。

(2)观测方法及数据分析

对轨道静态几何形位(轨距、水平、轨向、前后高低)检查:包括轨距、水平、三角坑检查，轨距、水平测量使用专用轨道尺测量，轨向、前后高低测量按地铁工务维修检查使用的弦测法测量轨道在水平面上的平顺性。各项目均测量三次取均值。

轨道水平、轨距的测量步骤:将道尺平放在钢轨上，前后对齐轨枕上的螺杆让其与轨枕平行，重复三次观测后取平均值。

采用道尺一般先读轨距再读水平，轨距从放大镜刻线正上方看轨距刻度读数，记录读数与 1 435 mm 之差;直线以顺里程方向左股为基本股，右股高读“+”，反之读“−”。采用数字道尺对轨距、水平检测可在读数窗直接读数，数字道尺见图 4.7.5。轨向、前后高低测量按地铁工务维修检查使用的弦测法测量轨道的平顺性。

每次观测结果均填写在专用记录表格内，对历次的观测结果进行汇总，根据需要生成时间—位移量曲线图、测点位移量一览表。

图 4.7.5　数字轨道尺

7.2.4　无缝钢轨的位移监测

为监测穿越期间线路轨道的爬行量，测量轨道线路的纵向位移，采用钢直尺弦线法进行。在穿越影响区域中心里程外 40 m 范围内，在每根钢轨侧腰粘贴爬移监测点标尺，对应的道床位置外侧埋设监测墩，采用弦线测量标尺的位移的方法监测钢轨的纵向位移，共设置 8 个监测点，详细点位见图 4.7.1。在穿越期间对变形情况每天进行一次观测。

7.3　盾构施工对既有线车站的影响监测结果

7.3.1　盾构施工对既有线车站结构的变形影响

(1)盾构隧道中心线对应的既有车站结构

1)左线盾构隧道中心线上方测点

安鼓区间左线盾构隧道率先施工，由南向北穿越既有 2 号线车站鼓楼大街站。既有车站内环对应的左线盾构隧道环数为 55 环，施工时间为 2012 年 2 月 24 日。既有车站外环对应的左线盾构隧道环数为 80 环，施工时间为 2012 年 2 月 27 日。

选取新建左线盾构隧道中心线上方的既有车站内环结构监测点 NJG12，绘制测点随时间的变形过程曲线，见图 4.7.6。

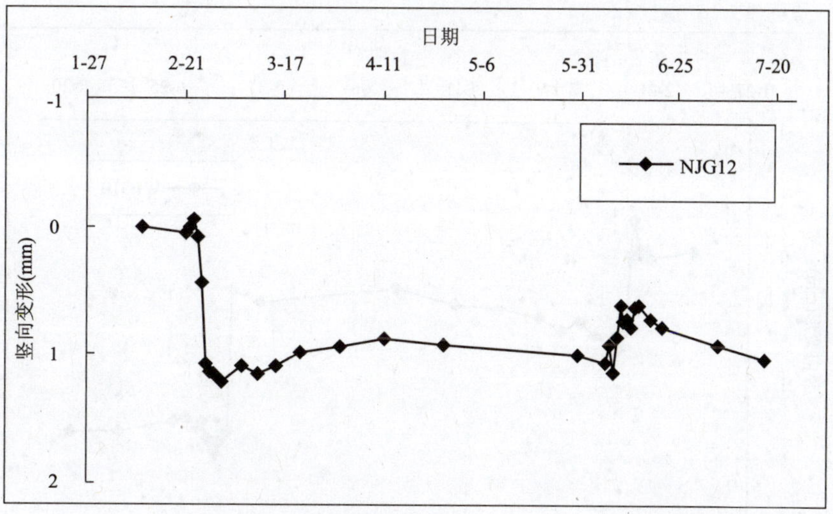

图 4.7.6　左线盾构隧道中心线上方的内环测点变形过程曲线

由图 4.7.6 可见，左线盾构隧道穿越既有车站内环结构约 5～10 天(盾构通过测点 50 环以上)后，测点 NJG12 达到沉降最大值 1.21 m，之后沉降值逐渐稳定。2012 年 6 月 6 日右线盾构隧道施工对该测点沉降值略有影响，但影响程度较小。

选取新建左线盾构隧道中心线上方的既有车站外环结构监测点 WJG12，绘制测点随时间的变形过程曲线，见图 4.7.7。

由图 4.7.7 可见，左线盾构隧道穿越既有车站外环结构约 5～10 天(盾构通过测点 50 环以上)后，测点 WJG12 达到沉降最大值 1.78 mm，之后逐渐稳定。2012 年 6 月 6 日右线盾构隧道施工对该测点沉降值略有影响，但影响程度较小。

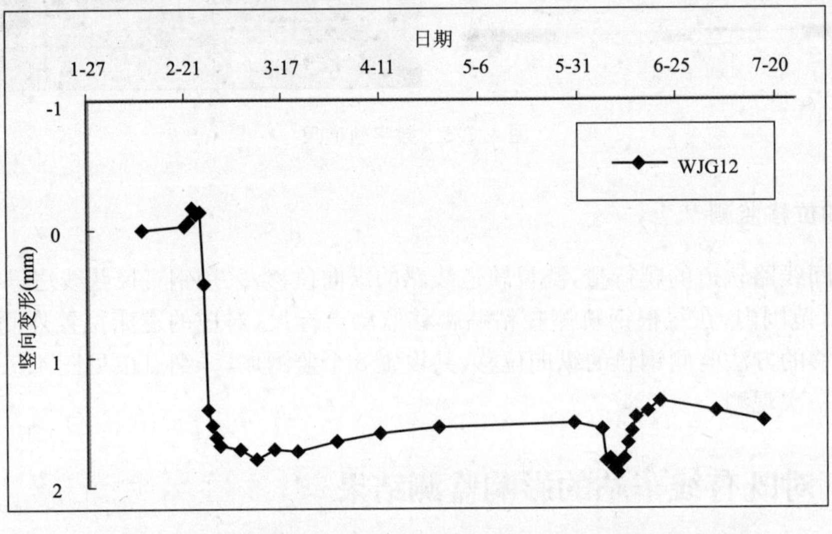

图 4.7.7　左线盾构隧道中心线上方的外环测点变形过程曲线

2)右线盾构隧道中心线上方测点

安鼓区间右线盾构隧道晚于左线隧道施工，由北向南穿越既有 2 号线车站鼓楼大街站。既有车站外环对应的右线盾构隧道环数为 585 环，施工时间为 2012 年 6 月 4 日。既有车站内环对应的右线盾构隧道环数为 613 环，施工时间为 2012 年 6 月 6 日。

选取新建右线盾构隧道中心线上方的既有车站外环结构监测点 WJG10，绘制测点随时间的变形过程曲线，见图 4.7.8。

由图 4.7.8 可见，右线盾构隧道穿越既有车站外环结构约 6 天(2012 年 6 月 10 日，盾构施工至约 645 环)后，测点 WJG10 达到沉降最大值 1.58 mm，之后沉降值逐渐稳定。

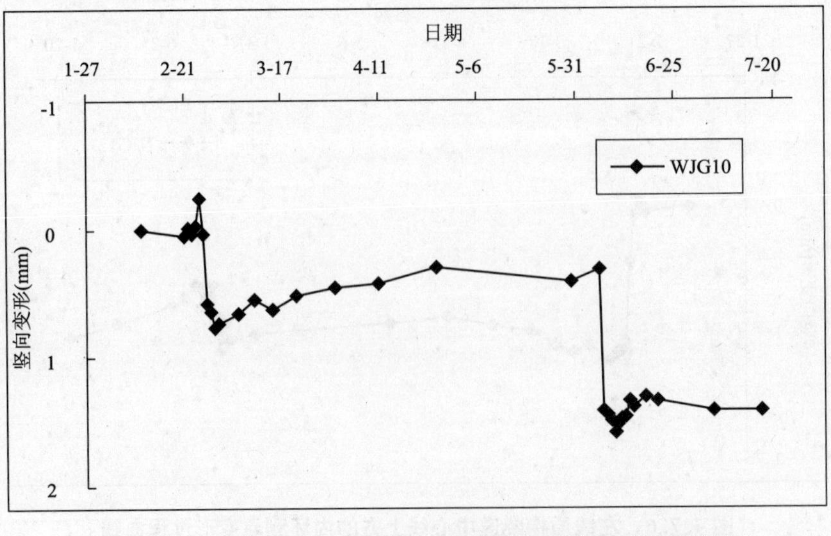

图 4.7.8　右线盾构隧道中心线上方的外环测点变形过程曲线

选取新建右线盾构隧道中心线上方的既有车站内环结构监测点 NJG10，绘制测点随时间的变形过程曲线，见图 4.7.9。

由图 4.7.9 可见，右线盾构隧道穿越既有车站内环结构约 3～5 天（盾构施工至约 645～650 环）后，测点 NJG10 达到沉降最大值 1.69 mm，之后沉降值逐渐稳定。

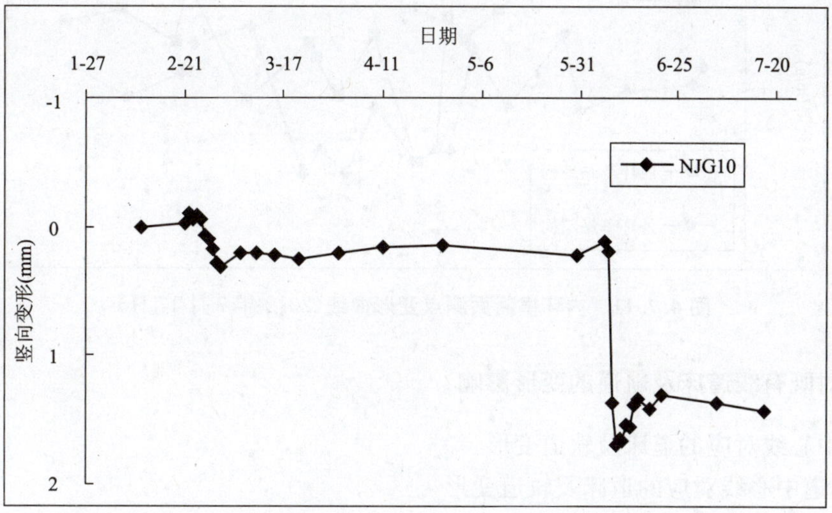

图 4.7.9 右线盾构隧道中心线上方的内环测点变形过程曲线

(2)既有线车站结构横断面变形

1)左线盾构隧道施工影响

选取既有车站内环结构监测点 NJG01～NJG19、外环结构监测点 WJG01～WJG19，绘制上述测点于 2012 年 5 月 30 日（右线盾构隧道施工影响前）的变形曲线，见图 4.7.10。

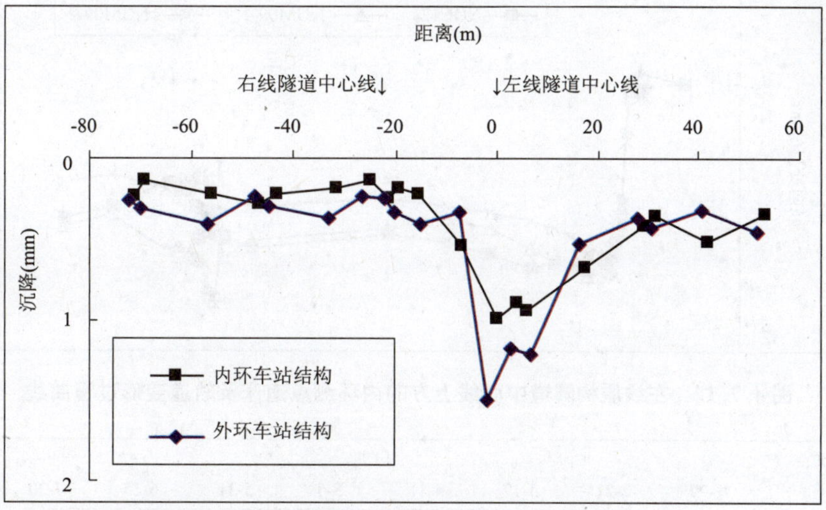

图 4.7.10 内环横断面测点变形曲线（2012 年 5 月 30 日）

（横坐标向东为正，向西为负，下同）

由图 4.7.10 可见，左线盾构隧道施工影响下，既有车站沉降最大值基本出现在盾构隧道中心线正上方。左线盾构隧道对既有车站的影响范围约为 20 m。

2)双线盾构隧道施工影响

选取内环结构监测点 NJG01～NJG19、外环结构监测点 WJG01～WJG19，绘制上述测点于 2012 年 7 月 17 日（双线盾构隧道施工影响稳定后）的变形曲线，见图 4.7.11。

由图 4.7.11 可见，双线盾构隧道施工影响下，既有车站沉降最大值基本出现在两盾构隧道中心线之间对应处，但沉降最大值很小，约 1.5 mm。

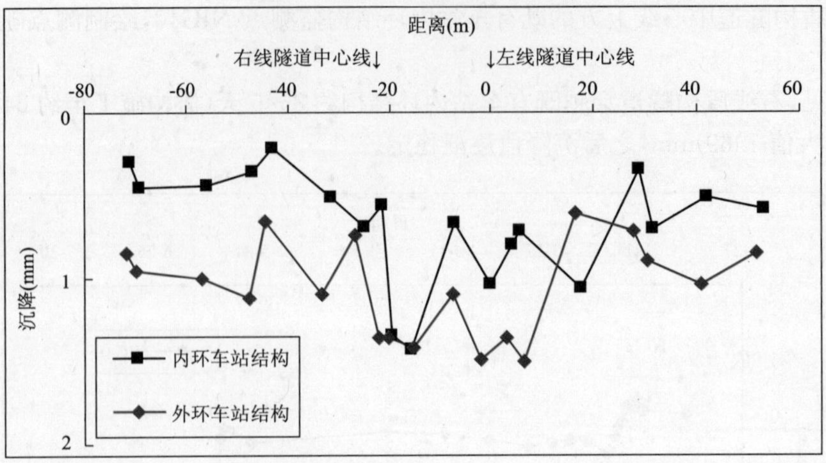

图 4.7.11 内环横断面测点变形曲线(2012 年 7 月 17 日)

7.3.2 盾构施工对既有线道床及轨道的变形影响

(1)盾构隧道中心线对应的道床及轨道变形

1)左线盾构隧道中心线对应的道床及轨道变形

选取新建左线盾构隧道中心线上方的内环道床测点 NDC12、内环轨道测点 NGM09-1 和 NGM09-2,绘制测点随时间的变形过程曲线,见图 4.7.12;根据内环轨道测点 NGM09-1 和 NGM09-2,绘制该位置轨道差异变形随时间的变形过程曲线,见图 4.7.13。

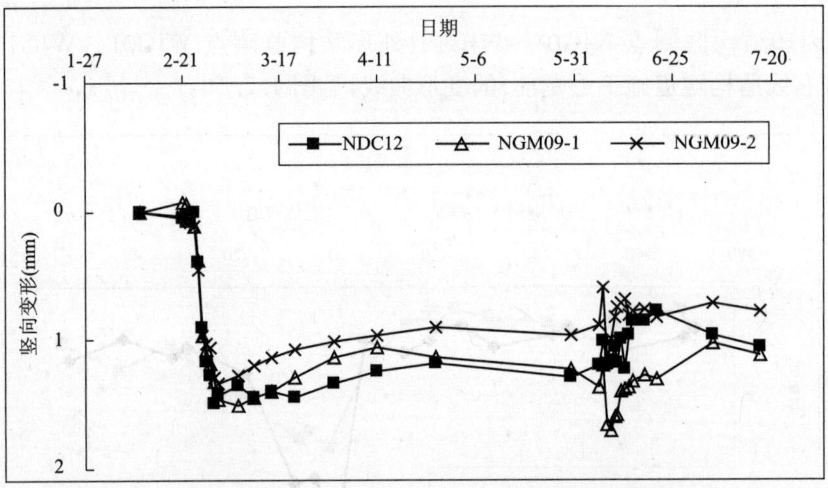

图 4.7.12 左线盾构隧道中心线上方的内环测点道床及轨道变形过程曲线

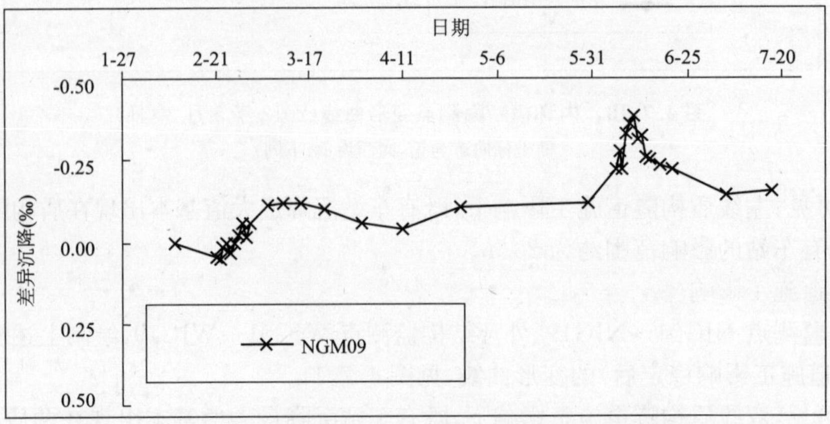

图 4.7.13 左线盾构隧道中心线上方的内环轨道差异变形过程曲线

由图 4.7.12 和图 4.7.13 可见，各测点变形规律基本一致。左线盾构隧道穿越既有车站内环结构约 5～10 天（盾构通过测点 50 环以上）后，各测点达到沉降最大值：内环道床测点 NDC12 为 1.49 mm，内环轨道测点 NGM09-1 和 NGM09-2 分别为 1.51 mm 和 1.33 mm，由 NGM09-1 和 NGM09-2 计算得到的轨道差异沉降最大值 0.12‰。之后既有车站内环各测点沉降值逐渐稳定。

2012 年 6 月 6 日右线盾构隧道施工对上述 3 个测点沉降值略有影响，但影响程度较小。右线盾构隧道施工进一步加大了该处轨道的差异沉降，最大值达到 0.38‰。

选取新建左线盾构隧道中心线上方的外环道床测点 WDC12、外环轨道测点 WGM09-1 和 WGM09-2，绘制测点随时间的变形过程曲线，见图 4.7.14；根据外环轨道测点 WGM09-1 和 WGM09-2，绘制该位置轨道差异变形随时间的变形过程曲线，见图 4.7.15。

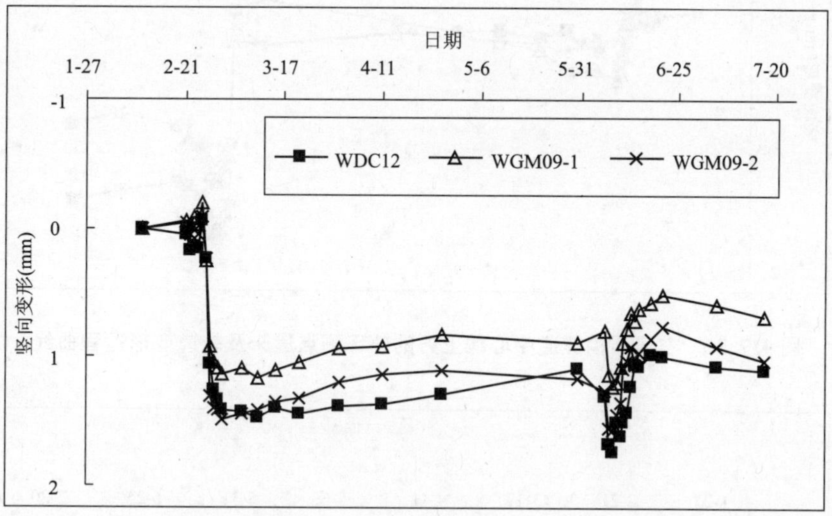

图 4.7.14　左线盾构隧道中心线上方的外环测点道床及轨道变形过程曲线

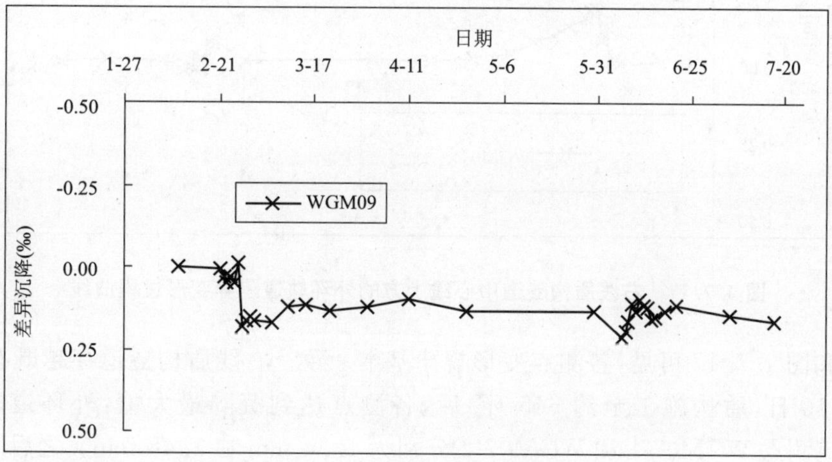

图 4.7.15　左线盾构隧道中心线上方的外环轨道差异变形过程曲线

由图 4.7.14 和图 4.7.15 可见，各测点变形规律基本一致。左线盾构隧道穿越既有车站外环结构约 5～10 天（盾构通过测点 50 环以上）后，各测点达到沉降最大值：外环道床测点 WDC12 为 1.48 mm，外环轨道测点 WGM09-1 和 WGM09-2 分别为 1.16 mm 和 1.49 mm，由 WGM09-1 和 WGM09-2 计算得到的轨道差异沉降最大值 0.18‰。之后既有车站外环各测点沉降值逐渐稳定。

2012 年 6 月 6 日右线盾构隧道施工对上述 3 个测点沉降值略有影响，但影响程度较小。右线盾构隧道施工进一步加大了该处轨道的差异沉降，最大值达到 0.21‰。

2)右线盾构隧道中心线对应的道床及轨道变形

选取新建右线盾构隧道中心线上方的外环道床测点 WDC10、外环轨道测点 WGM07-1 和 WGM07-2，绘制测点随时间的变形过程曲线，见图 4.7.16；根据外环轨道测点 WGM07-1 和 WGM07-2，绘制该位置轨道差异变形随时间的变形过程曲线，见图 4.7.17。

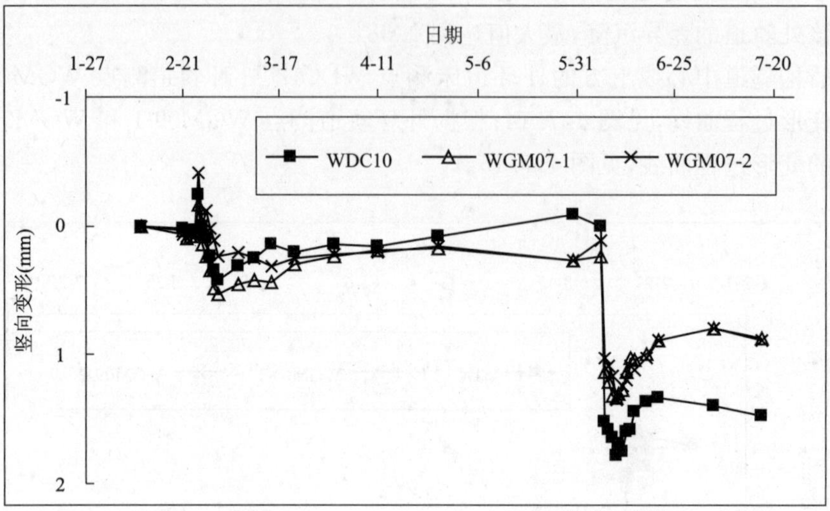

图 4.7.16　右线盾构隧道中心线上方的外环测点道床及轨道变形过程曲线

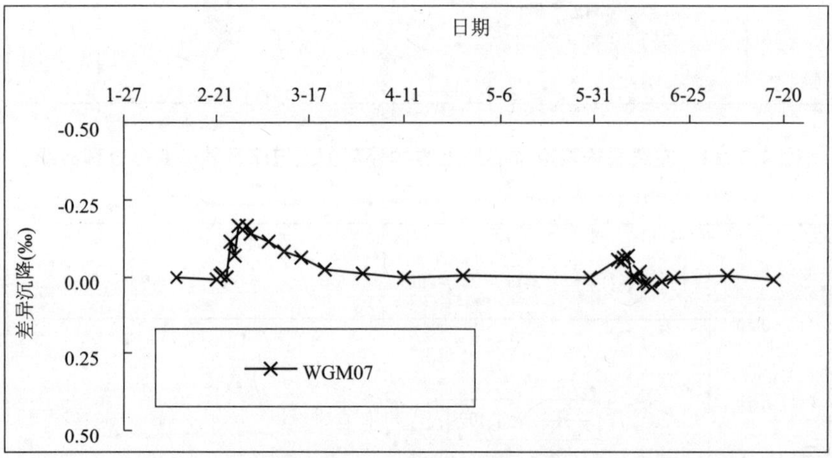

图 4.7.17　右线盾构隧道中心线上方的外环轨道差异变形过程曲线

由图 4.7.16 和图 4.7.17 可见，各测点变形规律基本一致。右线盾构隧道穿越既有车站外环结构约 6 天(2012 年 6 月 10 日，盾构施工至约 645 环)后，各测点达到沉降最大值：外环道床测点 WDC10 为 1.78 mm，外环轨道测点 WGM07-1 和 WGM07-2 分别为 1.34 mm 和 1.48 mm。之后既有车站外环各测点沉降值逐渐稳定。由图 4.7.17 可见，由 WGM07-1 和 WGM07-2 计算得到的轨道差异沉降最大值 0.17‰。

选取新建右线盾构隧道中心线上方的内环道床测点 NDC10、内环轨道测点 NGM07-1 和 NGM07-2，绘制测点随时间的变形过程曲线，见图 4.7.18；根据内环轨道测点 NGM07-1 和 NGM07-2，绘制该位置轨道差异变形随时间的变形过程曲线，见图 4.7.19。

由图 4.7.18 和图 4.7.19 可见，各测点变形规律基本一致。右线盾构隧道穿越既有车站内环结构约3～5 天(盾构施工至约 645～650 环)后，各测点达到沉降最大值：内环道床测点 NDC10 为 1.34 mm，内环轨道测点 NGM07-1 和 NGM07-2 分别为 1.01 mm 和 1.08 mm。之后既有车站内环各测点沉降值逐渐稳定。由

图 4.7.19 可见，由 NGM07-1 和 NGM07-2 计算得到的轨道差异沉降最大值 0.10‰。

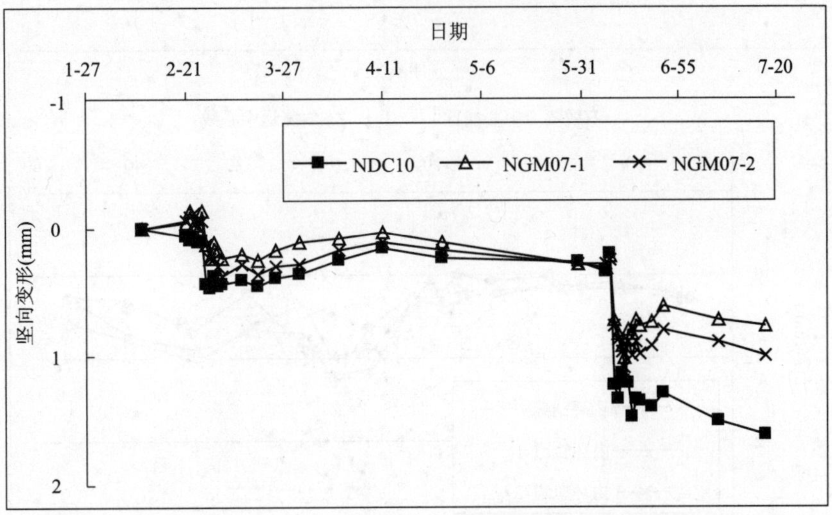

图 4.7.18 右线盾构隧道中心线上方的内环测点道床及轨道变形过程曲线

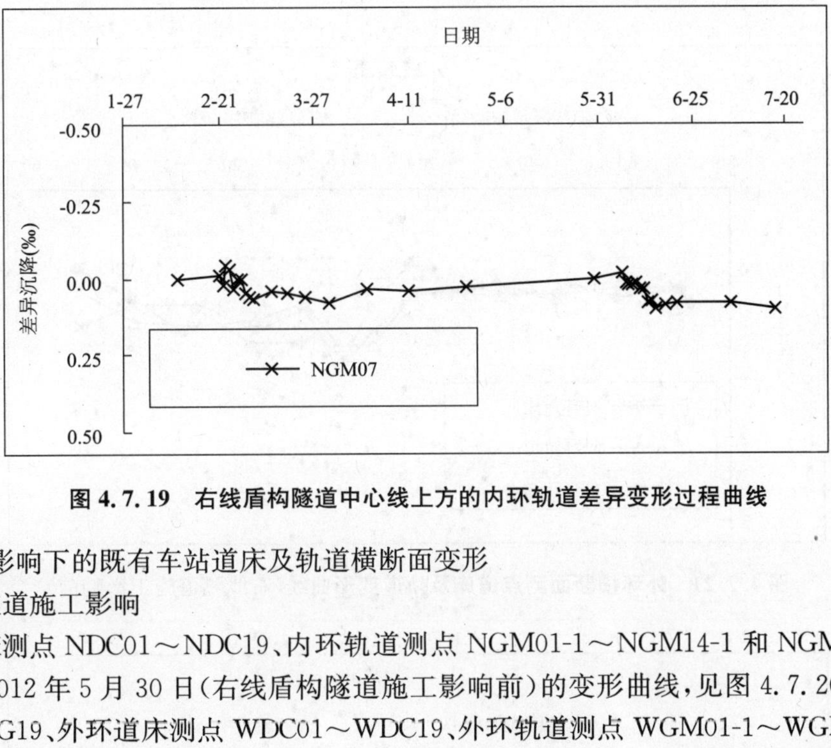

图 4.7.19 右线盾构隧道中心线上方的内环轨道差异变形过程曲线

(2)盾构施工影响下的既有车站道床及轨道横断面变形

1)左线盾构隧道施工影响

选取内环道床测点 NDC01～NDC19、内环轨道测点 NGM01-1～NGM14-1 和 NGM01-2～NGM14-2，绘制上述测点于 2012 年 5 月 30 日(右线盾构隧道施工影响前)的变形曲线，见图 4.7.20；选取外环隧道壁测点 WJG01～WJG19、外环道床测点 WDC01～WDC19、外环轨道测点 WGM01-1～WGM14-1 和 WGM01-2～WGM14-2，绘制上述测点于 2012 年 5 月 30 日的变形曲线，见图 4.7.21；根据内环轨道测点 NGM01-1～NGM14-2 和外环轨道测点 WGM01-1～WGM14-2，绘制轨道各处于 2012 年 5 月 30 日的差异沉降曲线，见图 4.7.22。

由图 4.7.20～图 4.7.22 可见，左线盾构隧道施工影响下，既有车站沉降最大值基本出现在盾构隧道中心线正上方。左线盾构隧道对既有车站的影响范围约为 20 m。

2)双线盾构隧道施工影响

安鼓区间右线盾构隧道晚于左线隧道施工，由北向南穿越既有 2 号线车站鼓楼大街站。选取内环隧道壁测点 NJG01～NJG19、内环道床测点 NDC01～NDC19、内环轨道测点 NGM01-1～NGM14-1 和 NGM01-2～NGM14-2，绘制上述测点于 2012 年 7 月 17 日(双线盾构隧道施工影响稳定后)的变形曲线，见图 4.7.23；选取外环隧道壁测点 WJG01～WJG19、外环道床测点 WDC01～WDC19、外环轨道测点 WGM01-1～WGM14-1 和 WGM01-2～WGM14-2，绘制上述测点于 2012 年 7 月 17 日的变形曲线，见图 4.7.24；根据内环轨道测点NGM01-1～NGM14-2和外环轨道测点WGM01-1～WGM14-2,绘制轨道各处于2012年7月17日的差异沉降曲线,见图4.7.25。

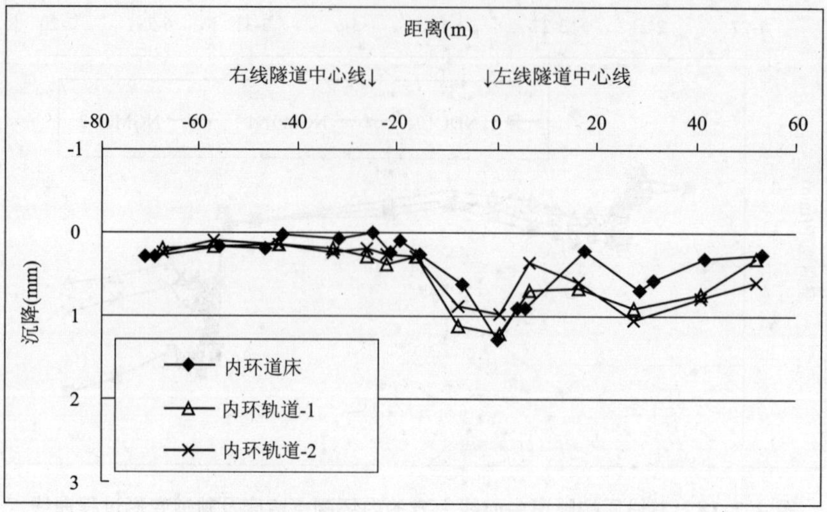

图4.7.20　内环横断面测点道床及轨道变形曲线(右线隧道施工影响前)

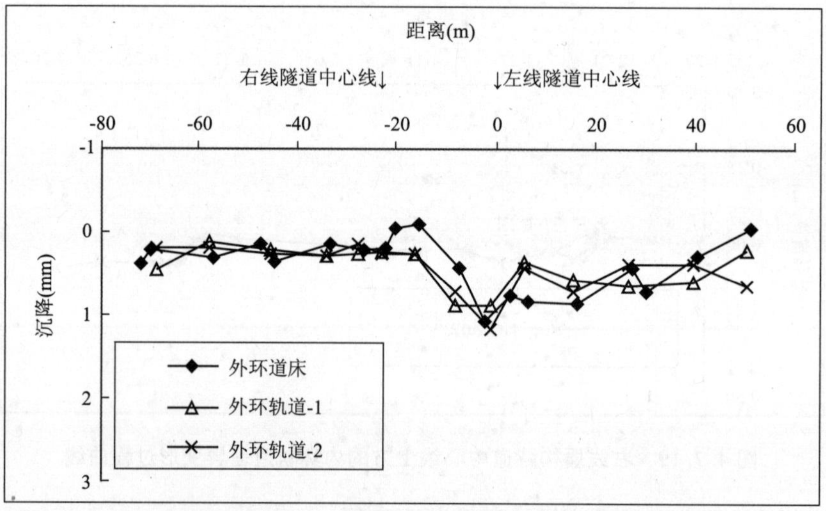

图4.7.21　外环横断面测点道床及轨道变形曲线(右线隧道施工影响前)

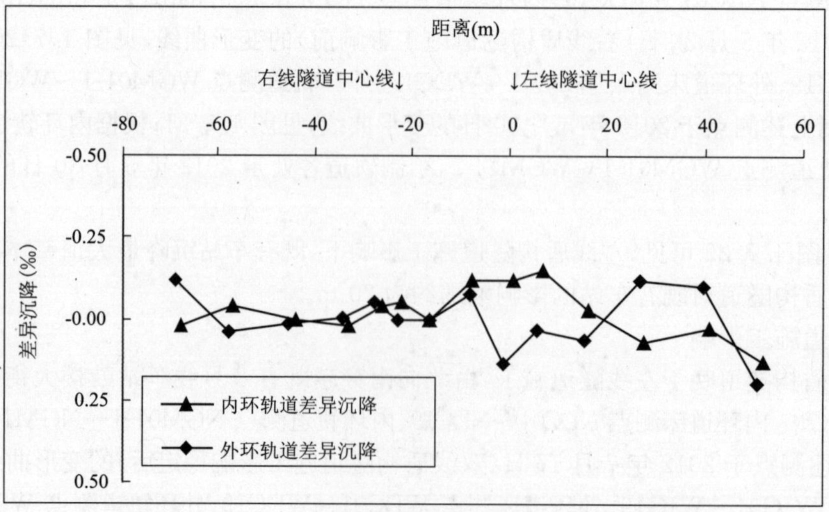

图4.7.22　轨道差异变形曲线(右线隧道施工影响前)

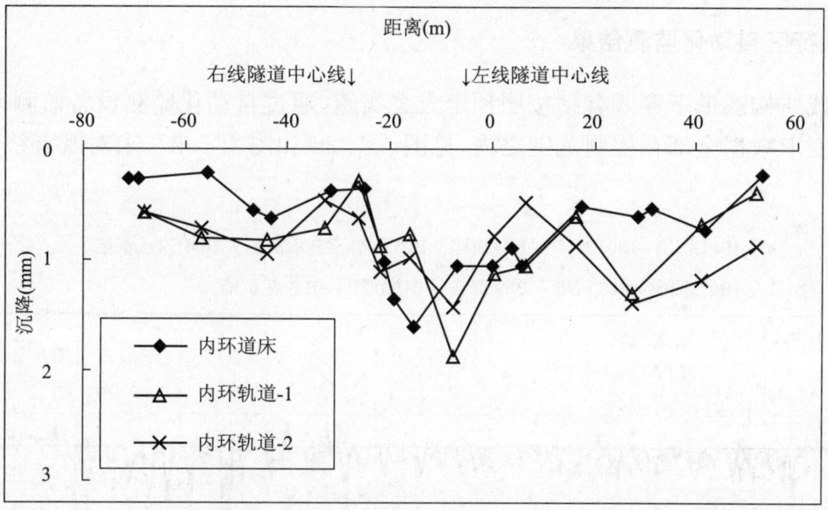

图4.7.23　内环横断面测点道床及轨道变形曲线(双线隧道施工变形影响稳定后)

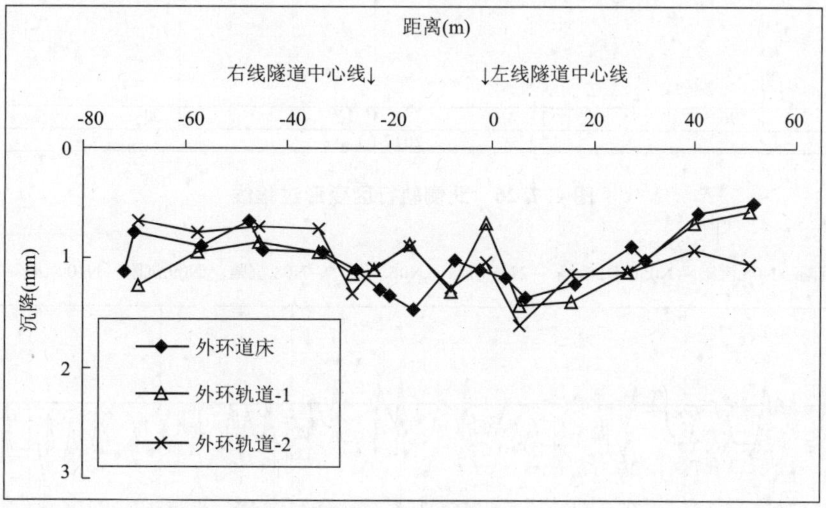

图4.7.24　外环横断面测点道床及轨道变形曲线(双线隧道施工变形影响稳定后)

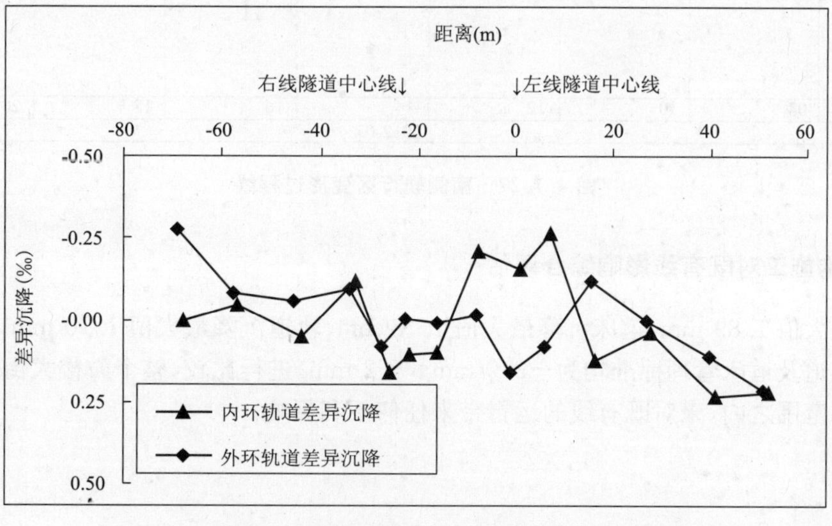

图 4.7.25　轨道差异变形曲线(双线隧道施工变形影响稳定后)

由图 4.7.23～图 4.7.25 可见,双线盾构隧道施工影响下,既有车站沉降最大值基本出现在两盾构隧道中心线之间对应处。

7.3.3　既有车站轨行区自动化监测结果

安鼓区间左右线盾构隧道下穿既有站按照预定方案实施，通过自动化监测设备监测，整个鼓楼大街站轨行区及周边监测点变形数据全部在控制范围之内，见图 4.7.26 和图 4.7.27，未对既有线的运行带来任何不利影响。

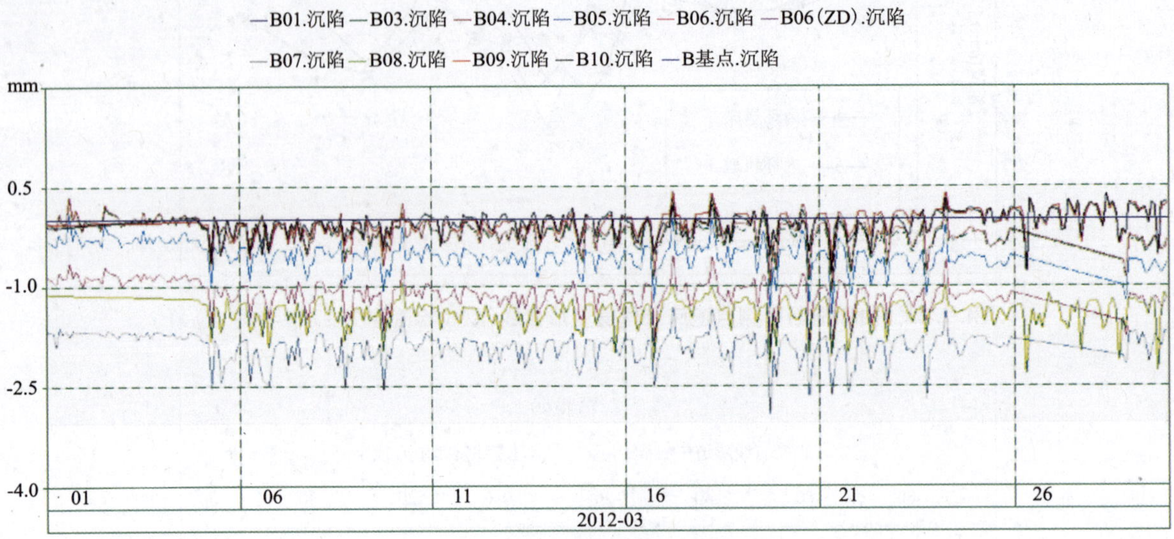

图 4.7.26　北侧轨行区变形过程线

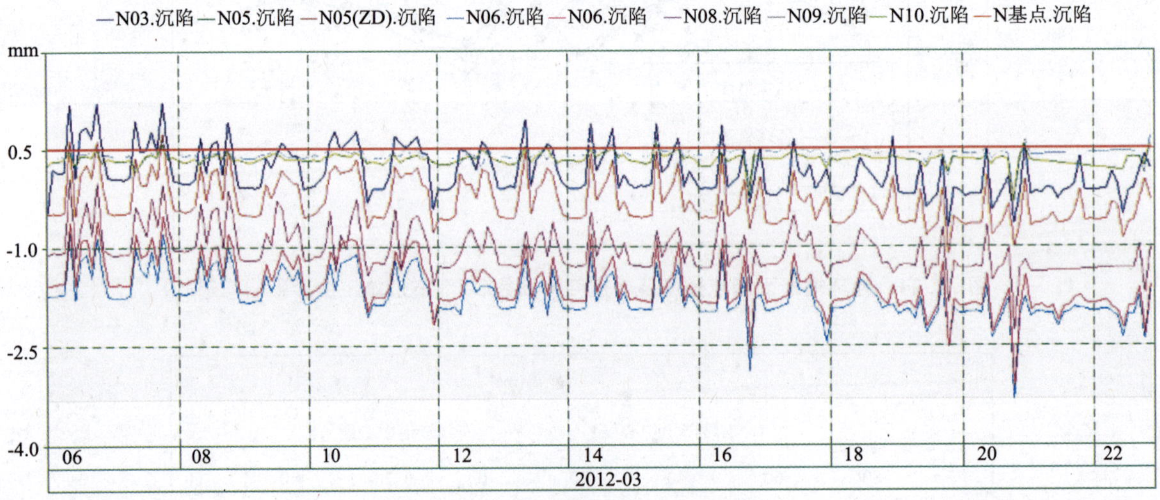

图 4.7.27　南侧轨行区变形过程线

7.3.4　本工程盾构施工对既有线影响综合评估

隧道壁沉降最大值 1.89 mm，道床沉降最大值 1.78 mm，轨道沉降最大值 1.70 mm，与本篇第 3 章评估结论(结构底板、轨道及道床管理标准均为－3.0 mm～＋2 mm)进行比较，整个鼓楼大街站轨行区监测点变形数据全部在控制范围之内，未对既有线的运行带来任何不利影响。

第5篇　盾构施工引起的环境振动及其控制

第1章　概　　述

1.1　盾构施工引起的环境振动

目前，国内外对于运营期的地铁列车引起的环境行车振动问题，无论是从试验研究、现场监测研究、数值模拟研究还是理论计算研究，都做了大量的工作，也取得了丰硕的成果。但是，对于地铁项目建设施工期的振动问题，特别是盾构隧道施工所引起的周围环境振动问题，目前国内外的研究都还非常少见，仅有个别的国外学者初步进行了研究，且重点仅关注岩石地层中的 TBM 掘进机在掘进过程中所引起的振动问题，而对于城市中心城区，特别是针对长距离下穿对振动非常敏感的古旧建筑物群工程，盾构隧道施工引起的环境振动方面的研究几乎为空白。

作为城市的主要交通干线，地铁线路往往要通过城市人口密集区、建筑物林立的商业区、拥有精密仪器的机构以及包括古旧建筑群的老城区等对振动和噪声比较敏感的区域。类似于运营期地铁行车振动产生的影响，当盾构在相对坚硬的地层（如密实的卵石地层）中掘进时，其上部建筑、设施或者人们就会受到其所引起的地基或者地表的振动和噪声以及由此产生的二次振动和二次噪声的影响，它的循环效应会对建筑物特别是古旧建筑的结构安全带来影响，同时会对建筑物内人们的正常工作和生活、精密仪器的正常使用等带来影响。目前，国内外对于这种地铁施工期盾构隧道施工振动引起的周围环境影响问题开展的研究还很少，针对盾构施工振动产生的机理、振源模型、影响规律以及周围地层响应计算方法等方面的研究更是罕见或者是空白。

1.2　盾构隧道工程引起的环境振动问题

作为认识地下轨道交通所引起的环境振动问题的基础，首先需要了解引起环境振动的振源、振动在土层中的传播特点、振动产生的影响以及减振隔振措施等一些基本问题的分析理论和方法。

1.2.1　振动激励

就地下轨道交通引起的环境振动而言，其振源主要是指在地下铁道上运行的列车。目前对于将盾构施工作为振源的环境振动影响问题的关注还很少。

当地铁列车运行时，车辆、轨道以及它们之间的相互作用都将产生振动，产生振动的原因可归结为机车车辆自身的动力激扰及轨道不平顺等。以上原因产生的激励，通常可归纳为准静态激励和动态激励。准静态激励是列车在轨道上运行时，其轴重对轨道的作用。动态激励主要由车轮的不平顺和轨道的不平顺引起的。对于振动激励的研究，主要采用理论模型解析、试验数定和经验分析等方法。

（1）理论模型解析[76]－[85]

理论分析法基于车辆-轨道-地基系统的简化模型，通过解析法、半解析法或数值法得到轨道的动态响应，从而将地铁行车荷载简化为具有某种特点的荷载形式，如：1）移动的轮轴荷载；2）移动的动荷载；3）固定作用点的瞬态荷载；4）参数激励等。

目前主要的方法包括：1）计算车轮作用于轨道的动荷载：计算分析车轮作用于轨道的动荷载，一般基于拟静力加载假设，即通过一个时间函数将列车静力转化成随时间变化的力——动力。2）轨道-路基系统动力模型：Euler-Bernoulli 梁模型；Timoshenko 梁模型；串联质量-弹簧-阻尼模型等。

(2)试验数定[86]－[97]

现场实测通过实测线路典型段的振动信号,经统计分析得到典型荷载的振源强度、频谱成分和分布规律,可为总结经验公式或后续的数值模拟提供参考。

(3)经验分析

在没有办法进行理论模型解析与数值分析和试验数定的情况下,尝试采用一些经验数据对振动激励进行表达。

英国铁路技术中心大量的理论研究及实验工作表明,产生竖向轮轨作用力的主要原因是各种不平顺及轮周局部扁瘢造成的。列车动荷载可以用一个激励力函数来模拟,其中包括静荷载和由一系列正弦函数迭加成的动荷载。

潘昌实、梁波等采用反应不平顺、附加动载和轨面波磨效应的激振力函数来模拟轮轨之间的相互作用力,即列车激励荷载:

$$F(t)=P_0+P_1\sin\omega_1 t+P_2\sin\omega_2 t+P_3\sin\omega_3 t \tag{5.1.1}$$

式中　P_0为车轮静载,P_1、P_2、P_3分别为对应某一典型不平顺波长的荷载幅值。

张玉娥和白宝鸿[98]采用英国轨道几何不平顺管理值,利用上式得到了高速铁路列车振动荷载。在上式基础上,栗润德[99]利用已有的地铁和轨道结构相似地区的实测数据,根据轴重折算得到列车激励荷载。

1.2.2　振动的传播

地下轨道系统引起的振动,土的应变量一般为 10^{-5} 或更小量级,此时在土体中产生的振动波属于弹性波。当地下铁道系统在土体内部产生振源激励时,振动从振源以纵波及横波的形式向四周传播,在到达地表面时,又以表面波(亦称瑞利波)的形式向四周传播。在近场域内,S 波、P 波和表面波起很大的作用,而在远场域内,起作用的波主要是表面波,此时表面波占总能量的 67%,S 波占 26%,P 波仅占 7%。

各种波向外传播时,会使介质的体积逐渐增大,每一种波的能量密度都会随着距振源距离的增大而减小。这种能量密度(或位移振幅)随距离增大而减小的特性叫做"几何阻尼"或"辐射阻尼",这是由于波自身不断向外扩散而形成的。实际土体中除了因波向外扩散而使振幅减小的几何阻尼外,还有另外一种形式的能量损失,即振动波在传递过程中由于土体内部材料吸收的那部分能量(如土粒移动时的摩擦和黏滞作用),称为"材料阻尼"或"黏滞阻尼"。这两种阻尼在波的传播过程中是始终存在的,所以波在传播过程中将不断产生能量上的损失。其中,辐射衰减是传播衰减的主要贡献者,而阻尼衰减相对较小。另外,振动的衰减不仅与土壤的特性有关,还与振源频率、振源特征、振动能量、体波效应等因素有关。

对振动传播规律的研究也主要集中在地铁运营振动所产生的影响上,主要采用现场监测、数值模拟以及理论分析方法。上述三种方法(现场测试、理论解析和数值仿真)在很多的研究中,根据研究目的的不同,相互结合使用,相互补充,以获得快捷准确的结论。实验室模型试验、工程类比、经验预测等方法在振动的研究中也有一定的应用。

目前,地铁行车荷载引起的环境振动问题已经被许多国家列为重要的科学研究课题,各国研究人员早已开始着手研究地铁振动的产生的原因、传播路径、响应规律以及相应的减振隔振措施等。

目前国内外针对盾构隧道施工引起的环境振动响应的研究成果较少:

Nelson,P. N. 等[100]对布法罗轻轨快速地铁(LRRT)工程中(由四台直径在 5.6～5.7 m 硬岩掘进机开挖四条隧道)记录的隧道掘进机在硬岩中产生的振动进行的研究中,给出了隧道掘进机所引起振动的距离衰减公式,而且认为隧道掘进机施工引起的地层振动频率为 30～90 Hz。

New,B. M. 报道[101]:萨通(Sutton)隧道振动很少,在地面感觉不到,没有接到对振动或噪声的抱怨。在卡地夫(Cardiff)隧道,隧道掘进机上方的地表可感觉到振动,但没有收到造成危害的投诉。隧道掘进机的振动会通过地层传到结构物上引起楼板和天花板产生某种共振,门窗和家具有时会发生格格响声,有报道说在隧道工作面 20 m 范围内可听到声音。

D. M. Hiller 等人[102]对于机械化施工引起的地表振动研究中,给出了隧道掘进机以及几种典型盾构机在不同地层条件下引起的地表振动响应水平，如图 5.1.1 所示。

T. L. L. Orr，M. E. Rahman[103] 在对隧道施工引起的地面振动预测研究中，提出了考虑不同施工条件和不同地层条件下的隧道施工引起的地面振动的经验计算公式。

R. F. Flanagan[104] 在隧道掘进机及盾构施工引起的地层振动研究中指出，当用小到中直径的隧道掘进机和盾构机施工隧道时需要进行振动监测的范围，并认为工程中收到了一些振动影响的反应显然是由于振动的持续稳定状态引起的。对于隧道掘进机或盾构机施工引起的振动，在相对接近时，人会感觉不舒适，当距离在约 45～50 m 以上时就感觉不到振动。文献中指出：巴尔的摩地铁用盾构施工产生的频率从 10 Hz 至大于 100 Hz，通常的频率为10～30 Hz。

仇兆明[105] 在对地铁工程对微电子工业区的振动影响与对策研究中，采用以现场实测分析为主的方法，系统测试分析了地铁盾构施工时对微电子工业厂区的振动影响。

目前针对地铁盾构施工振动产生的机理、振源模型、周围地层响应规律以及地层响应的实用计算方法等方面的问题，无论是理论研究、现场监测还是数值模拟研究都非常欠缺，亟待通过基于现场实测工作进行深入研究。

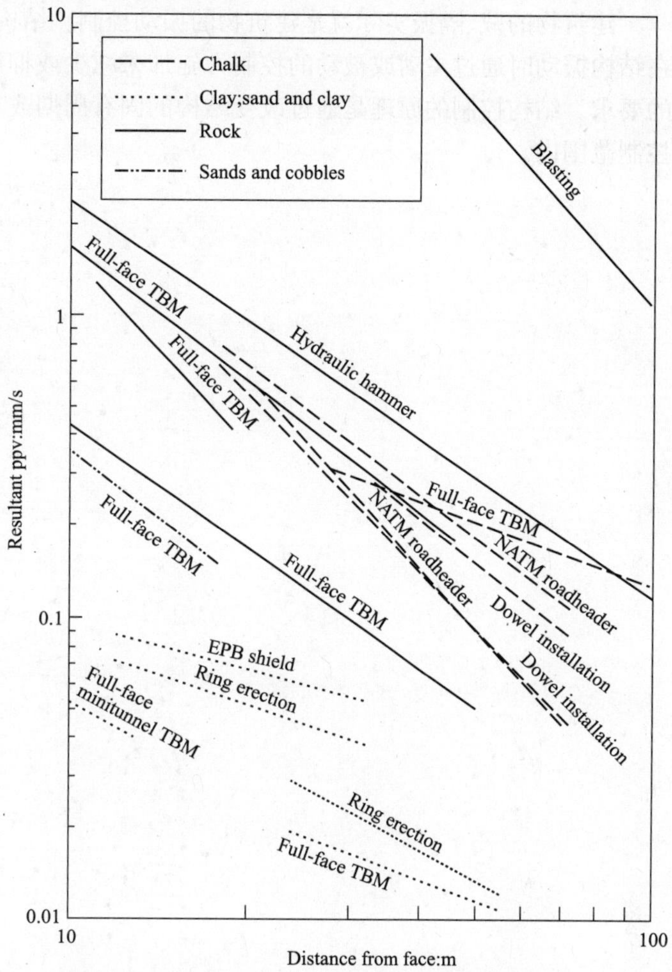

图 5.1.1　隧道掘进机及几种典型盾构机在不同地层条件下引起的地表振动响应水平

1.2.3　减振与隔振

对于地铁诱发环境振动研究的目的是为了控制环境振动，降低环境振动的影响。环境振动的减、隔振研究可以从振源、振动传播途径和环境三个方面开展：一是从源头减小振源的振动；二是从振动的传播路径隔阻振动向建筑物传播；三是从影响环境对象（如建筑物）自身采取适当的减振、隔振措施。可以通过对地铁线路的合理规划和各种减振措施相互协调应用，最大限度地降低列车诱发的环境振动，来满足沿线的居民的生活和工作要求。

（1）振源减振——降低振源的激振强度

车辆与轨道的相互作用是产生振动的主要原因。从振源方面来降低激振强度一般从车辆和轨道两方面来考虑。在机车车辆方面的减振措施有：车辆轻型化、合理的车轴配置、车辆弹性悬挂系统等。在轨道方面的减振措施有：无缝钢轨、弹性扣件、弹性轨枕、弹性支承块轨道、浮置板轨道等。

（2）传播途径的减振、隔振措施——隔阻振动向建筑物传播

振动影响的实质是振动波沿地表的传播，因此可以通过设置屏障切断振动传播途径或在传播途径上削弱振动，从而达到治理振动影响的目的，这就是屏障隔振的基本原理。屏障隔振具有造价低、不易损坏、耐久性好、施工简单和可以作为结构一部分等优点。屏障隔振技术又分为连续屏障和非连续屏障两种。

连续屏障主要包括：空沟、填充沟（如用膨胀土泥浆、锯屑、砂子和粉煤灰等作为填充物）、混凝土连续墙、组合隔振屏障、连续柔性墙（气胀垫），非连续屏障主要包括排桩、孔列和板桩以及短墩状混凝土板等，另外还有采用波阻块（WIB）来减小振动的传播。对于这三种措施，国内外学者做了大量的研究，得到了其隔振的性能并在工程中得以大量应用。

屏障隔振分近场主动隔振和远场被动隔振。屏障近场主动隔振属于水平非均匀地基上的基础振动问题;屏障远场被动隔振相当于异质体(屏障)引起的瑞利波散射问题。通常认为近场隔振是主动隔振,远场隔振是被动隔振。

(3)建筑物减振、隔振措施

建筑物的减、隔振实际就是建筑物的振动控制。结构振动控制是指在结构上附设控制构件和控制装置,在结构振动时通过主动或被动的控制力施加来减少或抑制结构的振动反应,以满足结构安全性或者舒适度的要求。结构控制的原理是通过改变结构的固有周期或者输入附加阻尼这两种方法使结构的动力响应降到控制范围内。

第 2 章 盾构施工振动监测

振动的现场测试技术与测试数据的处理与分析技术，是能否准确地了解盾构施工的振动振源特性以及其所引起的周围环境振动响应规律的基础。合理地选择振动测试系统包括信号的测量与采集系统、振动数据的处理分析方法包括预处理与数据处理方法以及行之有效的现场振动测试方案，是获得有效监测成果的技术保证。

2.1 振动测试系统

振动测试系统是指测量并记录振动物理量的设备或系统。在计算机技术迅速发展和广泛应用的今天，振动测试设备也随之迅速发展起来，特别是以计算机为主体的振动信号采集和存储系统完全替代了古老的光记录和磁带记录设备，数字化的振动信号则为振动信号处理技术开辟了广阔的应用天地。一般来说，基本的数字化振动测试系统主要由振动信号测量部分和振动数据采集部分组成[106]，典型的振动测量系统组成如图 5.2.1 所示。

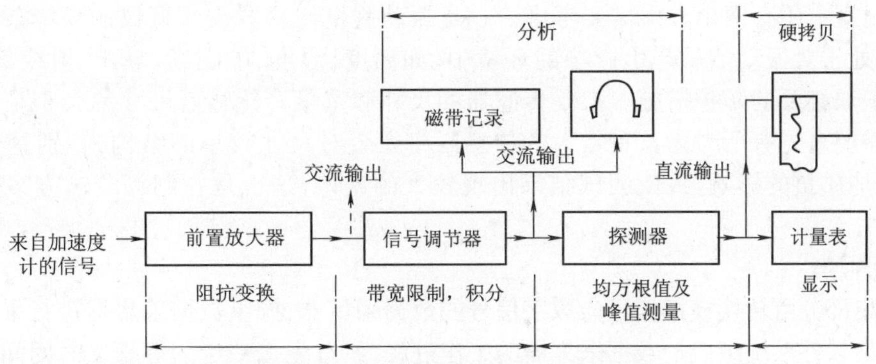

图 5.2.1 典型振动测量系统的组成框图

(1)振动信号测量

振动信号测量部分由获取振动信号的传感器以及将传感器所输出的电信号进行加工的放大器或变换器组成。振动测试传感器又称为拾振器，是将振动信号变换成电参量的一种敏感元件。换句话说，振动测试传感器的作用是将被测的振动物理量转换成以电量(如电压、电荷)或电参数(如电阻、电容、电感)等为主要形式的信号。由于不同传感器输出信号电参量的单位或量级是不一样的，往往需要通过相应的放大器或变换器对不同种类的电信号进行诸如放大、调制解调、阻抗变换等的处理加工，使之变成为满足需要、便于输送以及可作数字化处理的模拟电信号。通常处理后的模拟信号为电压信号。

振动测量中常用的传感器按用途分类有加速度计、速度计、位移计、应变计、力传感器、动水压力计等。振动传感器可按工作原理分为两类：一类是发电式传感器，它的输入是振动物理量，输出直接是电量(电荷、电压)。这一类的传感器主要是用于测量速度的电动式传感器，测量加速度和力的压电式传感器。另一类是参数式传感器，它的输入是振动物理量，输出是电参数(电阻、电容、电感)。电阻式传感器主要有应变计、应变式压力计和应变式速度计，电容式传感器主要有加速度计、压力计和位移计，电感式传感器主要有电涡流式位移计等。

传感器及其相应的放大器或适配器组成的振动测量系统的技术指标是表示它们的技术性能的。例如，应变式传感器必须配上相应的动态应变仪，压电式传感器配上相应的电荷放大器才能组成完整的测量系统。为了保证测量结果的精度及可靠性，必须精确地确定这些指标。振动测量仪器的主要技术指标包括以下几种：

1)灵敏度。测量系统的灵敏度是指它们的输出信号(一般是电压信号)同输入信号(被测振动物体的物理量,如位移、速度、加速度、力、应变等)的比值。

2)横向灵敏度。传感器的横向灵敏度表示它对垂直于测量主轴的方向的运动敏感程度。一般横向灵敏度表示成与测量主轴方向灵敏度值之比的百分数。在振动测量中,要求传感器的横向灵敏度尽可能小。

3)动态范围(线性度范围)。传感器的动态范围是指使它输出信号与输入信号维持线性关系的输入信号幅度的容许变化范围。传感器的动态范围的大小受它的结构形状、材料性能及非线性行为等因素限制。因此,在选用测量传感器时,必须满足传感器本身动态范围的要求,否则可能造成传感器的损坏,或达不到测量的要求。另外,在选用测量传感器时,还需要考虑传感器与测量仪组成的测量系统能分辨的最小输入信号值,否则在测量小信号时会引起很大的噪声失真。

4)频率范围。传感器或测振仪的使用频率范围是指这样一个范围,在这个频率范围内,传感器或测振仪的输入信号频率的变化不会引起它们的灵敏度发生超出指定的百分数的变化。也就是说,频率范围指的是传感器正常工作的频带,传感器测到的振动信号在这个频带外的分量可能会远大于或小于实际振动信号的分量。传感器与测量系统的使用频率范围是一个很重要的技术指标,被测量的振动信号频率超出仪器使用频率范围时,测量结果将产生重大误差,这类误差称为频率失真。

5)相位特性。传感器的相位特性反映它的相位差随频率变化的关系。相位差是指传感器的输出信号与输入信号内相同频率对应两谐波分量之间的相位角之差。在振动测量中,有时要求在测量信号的频谱范围内,测量传感器无相位差或者相位差随频率呈线性变化。否则,被测的振动波形将因相位差的存在而发生畸变。

另外,实际测量中还有两个方面需要考虑。一是振动测量传感器或测振仪的环境条件适应性。因为测量仪器可能会处于对振动测试产生影响的环境中,如温度、湿度、电磁场、噪声、射线等,要充分注意这些因素的影响,采取必要的防护措施。二是传感器的尺寸和重量。传感器尺寸的大小是否会对传感器的安装造成不便,需要事先有所考虑。重量大的传感器往往会对尺寸较小的结构,特别是会对一些试验模型产生较大的附加质量的影响,致使测试结果出现较大的误差,这也是在制订测试方案时需要考虑的一个重要问题。

(2)振动数据采集

振动数据采集部分由转换模拟信号为数字信号的数据采集器、操纵数据采集器进行采样并保存数字信号的计算机和采集软件系统组成。数据采集器的工作过程为:首先按一定的等长度时间间隔对模拟信号进行采样即离散化,然后将离散时间信号的每一个瞬时模拟量通过模数转换装置转换成数字量即量化,于是得到时间离散的数字信号。目前,数据采集器可以分为两类。一类是通用型的,可以以板卡的形式插在普通微机的扩展槽上,或通过打印机接口和USB接口与普通微机或笔记本电脑相连接。另一类是专用型的,数据采集器芯片直接设计在专用设备或仪器的主板上,并通过单片机控制采集和存储,如强振仪、数字示波器、数字录音设备等。数据采集器的工作通常需要由计算机上的数据采集软件来控制,例如存放采样数据的文件名、采样频率、起始通道号、终止通道号、采样时间长度等。对于触发采集,还需要设置采样触发电压值。而采集到的数据经采集器的缓存堆栈转存到计算机的硬盘上。

在振动系统测试中,振动测量仪器输出的是被测对象随时间连续变化的物理量,称为模拟信号。振动模拟信号的含义是这些物理量在时间和幅值上都是可以连续取值的。随着数字技术的快速发展,采用计算机对振动信号进行采集、处理、显示、保存已成为非常普遍的方式。将振动模拟量转换成与其相对应的数字量的装置称为模数转换器,或称为A/D转换器,也就是数据采集器最核心的模块。现在通常所用的A/D转换器中数字量大多是用二进制编码表示,与当前的计算机技术相适应。

数据采集是指将连续的振动模拟信号按一定的相同的时间间隔进行抽取值并按采集器的转换位数对所取的值进行整型化,转换成离散的数字信号并存于计算机内的过程。相应的系统称为数据采集系统。其任务就是通过由计算机控制的数据采集器将振动测量仪器输出的模拟信号转换成计算机能识别的数字信号,然后送入计算机,并根据不同的需要由计算机进行相应的加工、处理、显示或保存。数据采集系统性能的好坏,主要取决于它的精度和速度。在保证精度的条件下,应用尽可能高的采样速度以满足实时采集、实时处理和实时控制的速度要求。

对连续信号采样后得到的离散信号应该保持原有信号的主要特性，既没有干扰，也不失真，这就涉及选择合理的采样频率的问题。采样频率选择得过高，即采样间隔过小，意味着对一定时间长度的波形抽取较多的离散数据，需要占用计算机较大的存储空间以及较多的运算时间，并且在对信号作相同点数傅里叶变换时，会导致频率分辨率下降。采样频率选择得过低，即采样间隔过大，则离散的时域信号可能不足以反应原来连续信号的波形特征，离散信号会发生频率混淆现象，有效频率被漏掉，却出现原来连续信号中没有的低频成分。为此，采样时采样频率必须高于信号成分中最高频率的 2 倍，也就是必须满足仙农(shannon)采样定理，即：

$$f_s=\frac{1}{\Delta t}=2f_N\geqslant 2f_{\max} \tag{5.2.1}$$

式中　f_s为采样频率；Δt 为采样间隔；f_N为折叠频率，又称为奈奎斯特频率，$f_N=f_s/2$；$f_{\max}$为连续信号的最高频率。

2.2　振动监测数据处理与分析方法

(1)振动信号预处理[107]

振动信号预处理是将振动测试中采集到的数据尽可能真实地还原成实际振动状况的最基本的数据加工方式。在振动测试过程中，经数据采集器采样得到的数据，有的给出的是数字电压值，而大部分给出的却是以采集器分辨率为单位的整型数字量。因此，首先需要对这些数据进行标定变换，使之成为具有相应物理单位的数字信号数据。另外，由于各种干扰的存在，使得测试系统采集到的数据偏离其真实数值。例如，对加速度信号进行积分变换求测点的位移和速度是振动信号处理中常用的方法，由于信号中的低频成分对位移振动幅值的大小起着决定性的作用，而在测试信号中往往因测试仪器温度变化造成的零点漂移含有长周期趋势项，在对数据进行积分变换时，趋势项对变换结果的影响比较突出，在对数据进行二次积分时，由于长周期趋势项的存在，得到的变换结果可能完全失真。因此消除长周期趋势项是振动信号预处理的一个重要的内容。减少或消除采样数据中干扰成分，例如用多点平均处理和平滑处理消除信号中高频噪声，使采样数据尽可能接近其真实值，也是振动信号预处理需要做的工作。

1)去直流

现场采集的振动信号中，大多含有一定的直流分量，体现在波形中即为基线漂移。在进行参量转换时，通常的做法是以信号的数学期望值即均值，作为对直流分量的估计，从原始信号去除。假设振动信号为：

$$x=\{x_i\}(i=0,1,\cdots,N-1) \tag{5.2.2}$$

其均值为：

$$\bar{x}=\frac{1}{N}\sum_{i=0}^{N-1}x_i \tag{5.2.3}$$

去除均值的信号序列为：

$$x_i'=\{x_i-\bar{x}\}(i=0,1,\cdots,N-1) \tag{5.2.4}$$

式中　N 为分析样本包含的数据个数。

2)消除趋势项

在振动监测中，由于传感器和放大器温度随环境变化和其他原因，造成振动测量系统的零点漂移，整个数据组附加一个随时间变化的趋势误差，即趋势项。趋势项是样本记录中周期大于记录长度的频率成分，是各种原因引起的监测系统在时间序列中线性的渐变趋势误差，会使采集数据偏离其真实值。同时，在对加速度信号进行积分求测点的速度和位移时，由于信号中的低频成分对速度和位移幅值的大小起着决定性的作用，在对数据进行积分变换时，趋势项对变换的结果影响较大。如果不去掉趋势项，会在相关分析和功率谱分析中出现很大畸变。数据中的趋势项甚至可以使低频时的谱估计完全失去真实性。测试分析中采用目前最常用且精度较高的最小二乘法，它既能消除高阶多项式趋势项，又能消除线性趋势项。

对$\{x_n\}(n=1,2,\cdots,N)$，间隔 $\Delta t=h$ 的数据采样值序列，可精确而方便地用一多项式来拟合这些数据。

假定用如下定义 nh 的 K 阶多项式：

$$\hat{x}_n=\sum_{k=0}^{K}b_k(nh)^k(n=1,2,\cdots,N) \tag{5.2.5}$$

来拟合这些数据，适当选择系数 b_k，如果 x_n 与 $\hat{x}_n$ 之差的平方和最小，就认为 $\{\hat{x}_n\}$ 很好地拟合了 $\{x_n\}$。令

$$Q(b)=\sum_{n=1}^{N}(x_n-\hat{x}_n)^2=\sum_{n=1}^{N}[x_n-\sum_{k=0}^{K}b_k(nh)^k]^2 \tag{5.2.6}$$

欲使 $Q(b)$ 取最小值，则：

$$\frac{\partial Q}{\partial b_l}=\sum_{n=1}^{N}2[x_n-\sum_{k=0}^{K}b_k(nh)^k][-(nh)^l]=0(l=0,1,2,\cdots,K) \tag{5.2.7}$$

即：

$$\sum_{k=0}^{K}b_k\sum_{n=1}^{N}(nh)^{k+1}=\sum_{n=1}^{N}x_n(nh)^l(l=0,1,2,\cdots,K) \tag{5.2.8}$$

由以上 $K+1$ 个方程可以解出 $K+1$ 系数 $\{b_k\}$。当 $K=1$ 时，则有：

$$\begin{cases}b_0\sum_{n=1}^{N}(nh)^0+b_1\sum_{n=1}^{N}(nh)^1=\sum_{n+1}^{N}x_n(nh)^0\\ b_0\sum_{n=1}^{N}(nh)^1+b_1\sum_{n=1}^{N}(nh)^2=\sum_{n+1}^{N}x_n(nh)^1\end{cases} \tag{5.2.9}$$

由上述两个方程可求得：

$$\begin{cases}b_0=\dfrac{2(2N+1)\sum_{n=1}^{N}x_n-6\sum_{n=1}^{N}nx_n}{N(N-1)}\\ b_1=\dfrac{12\sum_{n=1}^{N}nx_n-6(N+1)\sum_{n=1}^{N}x_n}{hN(N-1)(N+1)}\end{cases} \tag{5.2.10}$$

所以，$K=1$ 时：

$$\hat{x}_n=b_0+b_1t \tag{5.2.11}$$

表示线性趋势项。

$K\geqslant 2$ 表示曲线趋势项。在实际的振动信号数据处理中，通常取 $K=1\sim 3$ 来对采样数据进行多项式趋势项消除的处理。

3)平滑处理

通过数据采集仪得到的振动信号数据一般叠加有噪声信号。噪声信号除了有 50 Hz 的工频等周期性的干扰信号外，还有不规则的随机干扰信号。随机干扰信号的频带较宽，高频成分所占比例很大，使得采集的离散数据绘成的曲线呈现许多毛刺，很不光滑。为了减小干扰信号的影响，提高振动曲线的光滑度，常常要对数据信号进行平滑处理。另外，数据平滑还有一个特殊用途，即消除信号的不规则趋势项。在振动测试过程中，有时测试仪器由于受到某些意外干扰，造成个别测点的采样信号产生偏离基线较大、形状又不规则的趋势项。可以用滑动平均法对这个信号进行多次数据平滑处理，得到一条光滑的趋势项曲线，用原始信号减去趋势项，即消除了信号的不规则趋势项。所采集的振动信号采用平均法进行平滑处理。平均法的基本计算公式为：

$$y_i=\sum_{n=-N}^{N}h_nx_{i-n}(i=1,2,\cdots,m) \tag{5.2.12}$$

式中　x 为采样数据；y 为平滑后处理的结果；m 为数据点数；$2N+1$ 为平均点数；h 为加权平均因子。

加权平均因子必须满足下式：

$$\sum_{n=-N}^{N}h_n=1 \tag{5.2.13}$$

对于简单平均法，$h_n=1/(2N+1)(n=0,1,2,\cdots,N)$，即

$$y_i=\frac{1}{2N+1}\sum_{n=-N}^{N}x_{i-n}(i=1,2,\cdots,m) \tag{5.2.14}$$

对于加权平均法，若作5点加权平均（$N=2$），可取：

$$\{h\}=\{h_{-2},h_{-1},h_0,h_1,h_2\}=\frac{1}{9}(1,2,3,2,1) \tag{5.2.15}$$

利用最小二乘法原理对离散数据进行线性平滑的方法称为直线滑动平均法，5点滑动平均（$N=2$）的计算公式为：

$$\begin{cases} y_1=\dfrac{1}{5}(3x_1+2x_2+x_3-x_4) \\ y_2=\dfrac{1}{10}(4x_1+3x_2+2x_3+x_4) \\ \cdots\cdots \\ y_i=\dfrac{1}{5}(x_{i-2}+x_{i-1}+x_i+x_{i+1}+x_{i+2}) \quad (i=3,4\cdots,m-2) \\ \cdots\cdots \\ y_{m-1}=\dfrac{1}{10}(x_{m-3}+2x_{m-1}+3x_{m-1}+4x_m) \\ y_m=\dfrac{1}{5}(-x_{m-3}+x_{m-2}+2x_{m-1}+3x_m) \end{cases} \tag{5.2.16}$$

4）数字滤波

在振动信号分析中，数字滤波是通过数学运算从所采集的离散信号中选取人们所感兴趣的一部分信号的处理方法。它的主要作用有滤除测试信号中的噪声或虚假成分、提高信噪比、平滑分析数据、抑制干扰信号、分离频率分量等。用软件实现数字滤波的优点是系统函数具有可变性，仅依赖于算法结构，并易于获得较理想的滤波性能。所以软件滤波在滤波器的使用中起到了越来越重要的作用。

信号进入滤波器后，部分频率成分可以通过，部分则受到阻挡，能通过滤波器的频率范围称为通带。受到阻挡或被衰减成很小的频率范围称为阻带。通带与阻带的交界点称为截止频率。在滤波器设计中，往往在通带与阻带之间留有一个由通带逐渐变化到阻带的频率范围，这个频率范围称为过渡带。

滤波器按功能即频率范围分类有低通滤波器（LPF）、高通滤波器（HPF）、带通滤波器（BPF）、带阻滤波器（BSF）和梳状滤波器。按数学运算方式考虑，数字滤波又包括频域滤波方法和时域滤波方法。在此主要介绍项目所采用的频域滤波方法。

数字滤波的频域方法是利用FFT快速算法对输入信号采样数据进行离散傅里叶变换，分析其频谱，根据滤波要求，将需要滤除的频率直接设置成零或加渐变过渡频带后再设置成零。例如在通带和阻带之间加设一段余弦类窗函数的过渡带，然后再利用IFFT快速算法对滤波处理后数据进行离散傅里叶逆变换恢复出时域信号。频域方法具有较好的频率选择性和灵活性，并由于信号傅里叶频谱与滤波器的频率特性是简单的相乘关系，其运算速度比计算等价的时域卷积要快得多，而且不会像时域滤波方法那样产生时移。另外，数字滤波的频域方法稍做扩展便可用来对时域信号进行积分或微分变换处理。

数字滤波的频域分析方法的表达式为：

$$y(n)=\sum_{k=0}^{N-1}H(k)X(k)\mathrm{e}^{i2\pi kn/N} \tag{5.2.17}$$

式中　X为输入信号x的离散Fourier变换；H为滤波器的频率响应函数，由它来确定滤波的方式和特点。

设f_u为上限截止频率，f_d为下限截止频率，Δf为频率分辨率，在理想的情况下低通滤波器的频响函数为：

$$H(k)=\begin{cases}1(k\Delta f\leqslant f_u)\\0(\text{其他})\end{cases} \tag{5.2.18}$$

高通滤波器的频响函数为：

$$H(k)=\begin{cases}1(k\Delta f\geqslant f_d)\\0(\text{其他})\end{cases} \tag{5.2.19}$$

带通滤波器的频响函数为：

$$H(k)=\begin{cases}1(f_d\leqslant k\Delta f\leqslant f_u)\\0(\text{其他})\end{cases} \tag{5.2.20}$$

(2)振动信号处理方法[107]

1)时域处理方法

在振动信号测试过程中，由于仪器设备或测试环境的限制，有的物理量往往需要通过对采集到的其他物理量进行转换处理才能得到。例如，将加速度振动信号转换成速度或位移信号。常用的转换处理方法有积分和微分。积分和微分可以在时域里实现，采用的是梯形求积的数值积分法和中心差分的数值微分法或其他直接积分和微分方法。

时域波形分析示意如图 5.2.2 所示。

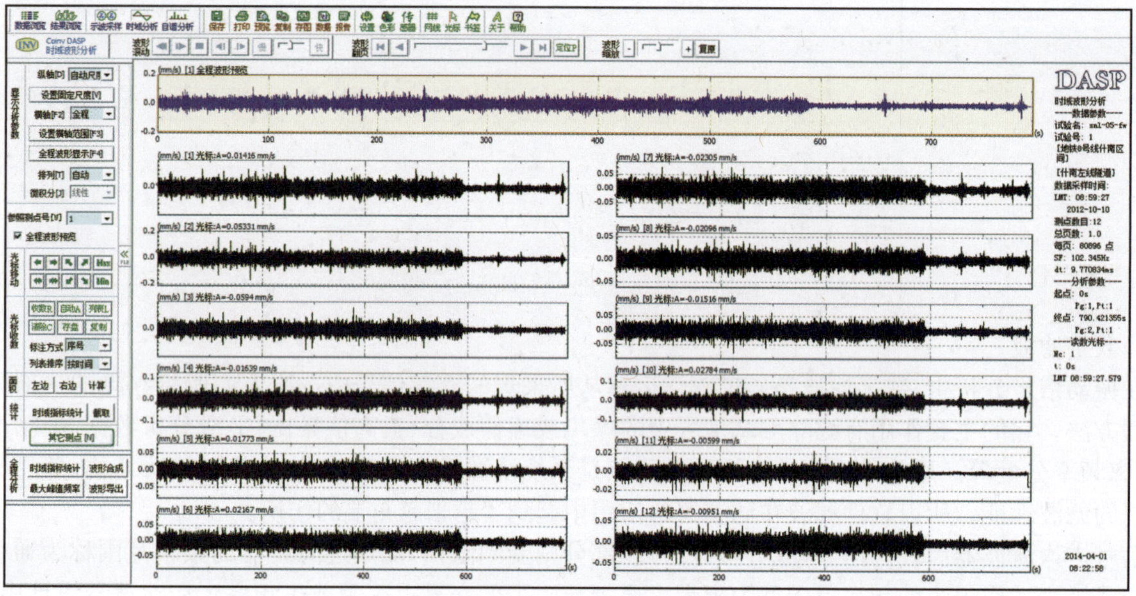

图 5.2.2 时域波形分析

2)频域处理方法

频域处理也称为频潜分析，是建立在傅里叶变换基础上的时频变换处理，所得到的结果是以频率为变量的函数，称为谱函数。频域处理主要的方法为傅里叶变换。傅里叶变换的结果称为傅氏谱函数，是由实部和虚部组成的复函数。傅氏谱的模称为幅值谱，相角称为相位谱。振动信号的幅值谱可用来描述振动的大小随频率的分布情况，相位谱则反映振动信号的各频率成分相位角的分布情况。随机振动信号的频域处理以建立在数理统计基础上的功率谱密度函数为基本函数。通过自功率潜和互功率谱可以导出频响函数和相干函数。频响函数是试验模态参数频域识别的基本数据。相干函数则是评定频响函数估计精度的一个重要参数。另外，频域处理的方法还有细化傅里叶变换、实倒谱、复倒谱、三分之一倍频程谱以及反应谱等。测试分析中主要采用的是单峰值谱分析和 1/3 倍频分析。

单峰值谱分析。随机振动频域特性的主要统计参数是功率谱密度函数以及由功率谱密度函数派生出来的频响函数和相干函数等。由于随机信号的积分不能收敛，所以它本身的傅里叶变换是不存在的，因此无法像确定性信号那样用数学表达式来精确地描述它，而只能用统计方式来进行表示。自相关函数能完整地反映随机信号的特定统计平均量值，而一个随机信号的功率谱密度函数正是自相关函数的傅里叶变换，于是，可用功率谱密度函数来表示它的统计平均谱特性。单个随机振动信号的功率谱密度函数称为自功率谱密度函数，是该随机振动信号的相关函数的傅里叶变换。

三分之一倍频分析。三分之一倍频程谱是一种频域分析方法，它具有谱线少、频带宽的特点。三分之一倍频程谱常用于声学、人体振动、机械振动等测试分析以及频带范围较宽的随机振动测试分析等。倍频程谱实际上是频域分析中频率的一种相对尺度。倍频程谱是由一系列频率点以及对应这些频率点附近频带内信号的平均幅值(有效值)所构成。这些频率点称为中心频率 f_c，中心频率附近的频带处于下限频率 f_l 与上限频率 f_u 之间(按照我国现行标准规定，中心频率取值为 1 Hz，1.25 Hz，1.6 Hz，2 Hz，2.5 Hz，3.15 Hz，4 Hz，5 Hz，6.3 Hz，8 Hz，10 Hz……每隔三个中心频率，频率值增加一倍)。

三分之一倍频程谱可以通过两种处理方法得到。一种方法是在整个分析频率范围，按照不同的中心频率定义对采样信号进行带通滤波，然后计算出滤波后数据的均方值或均方根值（有效值），这样便得到对应每个中心频率的功率谱值或幅值谱值。由于三分之一倍频程谱的滤波带宽与中心频率的比值是不变的，这种处理方法称为恒定百分比带宽滤波法。另一种方法是首先对采样信号进行快速傅里叶变换，计算出功率谱或幅值谱，然后用功率谱或幅值谱的数据，计算每一个中心频率的带宽内数据的平均值，这样便得到三分之一倍频程谱值。

振动信号频域和时域分析是从两个不同的角度来研究动态信号。时域分析是以时间轴为坐标表示各种物理量的动态信号波形随时间的变化关系。频谱分析是通过傅里叶变换把动态信号变换为以频率轴为坐标表示出来。时域表示较为形象和直观，频域表示信号则更为简练，剖析问题更加深刻和方便。

自谱 FFT 分析及 1/3 倍频分析示意见图 5.2.3、图 5.2.4。

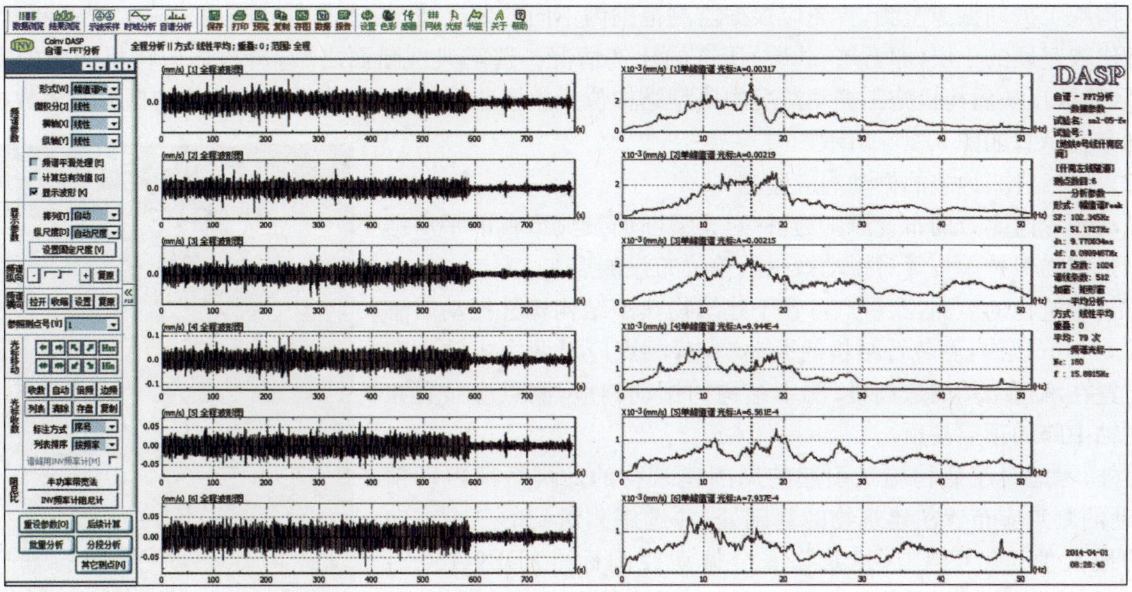

图 5.2.3　自谱 FFT 分析

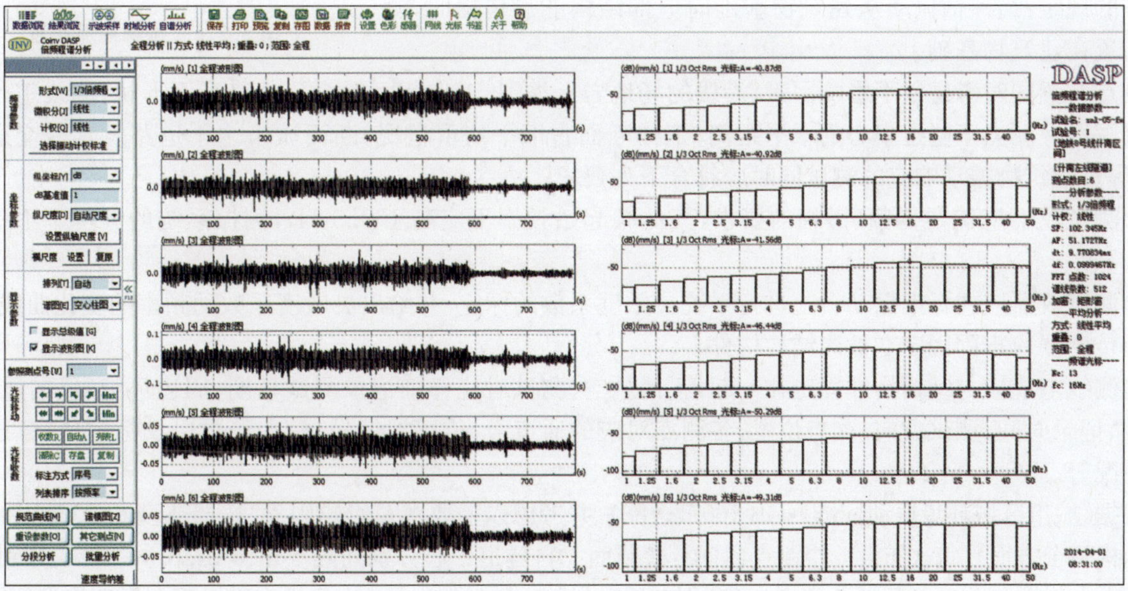

图 5.2.4　1/3 倍频分析

2.3　盾构施工引起环境振动的监测

2.3.1　监测的对象及范围

盾构施工振动监测涉及的主要对象为盾构、沿线平房结构和地质体。平房结构监测对象包括工程沿线大量古旧平瓦房及古文物建筑等。地质体监测对象主要为工程沿线周围地表土体。

盾构施工振动监测的范围，应根据设计文件，结合周边环境特点及以往工程、研究经验来确定，一般施工振动监测范围可取为地铁隧道结构轴线两侧各 30 m，隧道纵向为作业面前后各约 30 m。

2.3.2　监测的作业方法

(1)盾构施工振动振源监测

盾构施工振动振源监测，首先应根据监测范围内不同的地层情况，选取典型的盾构施工作业断面，主要是考虑比较坚硬的土层(卵石层、砂层)所占的比例情况。选定典型断面之后，再根据盾构机洞内的实际情况，选取能够反映盾构机施工振动情况的典型结构位置放置监测仪器，以获得较为可靠的振源监测数据。振源监测布置示意如图 5.2.5 所示。

图 5.2.5　振源监测布置

(2)平房结构、地表的振动响应监测

振动响应监测点的布置原则为：针对典型断面及典型古旧平房结构特别是文物保护单位等对振动敏感的单位布设测点。

对于建筑物的监测，测量点可置于建筑物典型结构构件振动敏感处或其 0.5 m 以内：测砖石结构的振动响应，测点应沿两个主轴方向分别布置在承重结构的最高处；测木结构的振动响应，测点应布置在两个主轴中跨的顶层柱顶。

另外，考虑对于盾构施工引起的周围建筑物的此类短期振动情况，振动的测点应布置在建筑物的基础处，并选用测量到的三个方向速度的最大值(参考德国《建筑物安全振动控制标准》DIN4150-3：1999)。此外，考虑对于盾构施工振动对古旧平房的影响，主要关注的是振动由房屋基础向上部结构的能量传递情况，而国际标准《建筑物安全振动控制标准》(ISO 4866：1990(E))对此类建筑物振动测点布置有明确的规定：当评估振动从建筑物基础向上部结构能量传播时，测点应布置在建筑物基础上。

测点布置同时考虑以下影响因素：沿线的场地岩土类别；工作断面形式及线路平面形状；测线工作断面的埋置深度及测点至隧道中心的水平距离；工作断面古旧平房群情况；断面城市主干道路及其他交通的影响；等等。建筑物振动响应的测试同时应符合下列要求：

1)测试仪器应满足低频、微幅的要求，其低频起始频率不应高于 0.5 Hz，测振系统的分辨率不应低于 10^{-6} m/s。

2)测试仪器应在标准振动台上进行系统灵敏度系数的标定，并给出灵敏度系数随频率的变化曲线。

3)传感器应牢固固定在被测结构构件上。

4)测线电缆应与结构构件固定在一起，不得悬空；测试时应详细记录测试日期、周边环境、风向风速、测试次数、记录时间、测试方向、测点位置、各测点对应的通道号、传感器编号、放大倍数以及标定值、各通道的记录情况等。

根据《城市区域环境振动标准》(GB 10071—88)，并考虑以上要求及影响因素，选择典型断面(涉及地表和平房结构两个方面)，每次布设 5 个测点(其中：横断面上自隧道中心分别间隔 5 m、5 m、10 m、10 m 分别布置；纵断面上自作业面前后各间隔 5 环、15 环分别布置)，尽管 GB 10070—88 中只规定以铅垂向振动作为环境振动的评价和控制标准，为了对盾构施工引起的环境振动有全面的认识，对两个水平方向的振动也进行测量。另外，对于典型建筑例如古文物建筑可单独设置监测点。地表振动响应监测布置示意如图 5.2.6、图 5.2.7所示。

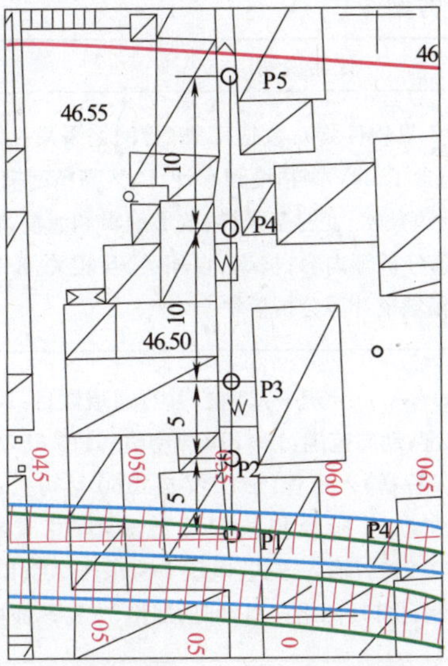

图 5.2.6　横断面监测点布置示意图

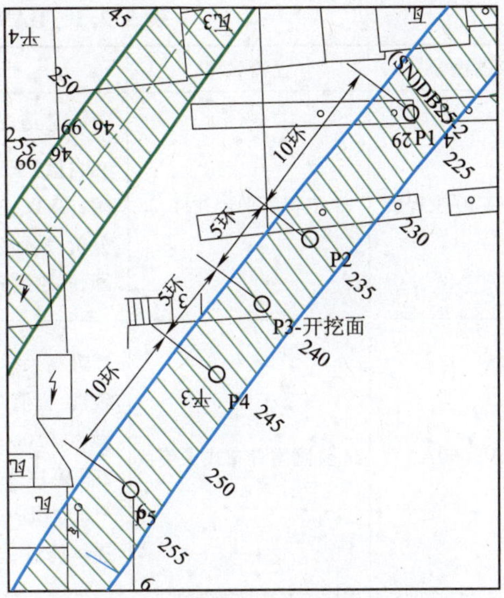

图 5.2.7　纵断面监测点布置示意图

2.3.3　振动监测设备

现场振动监测设备可以采用国家地震局工程力学研究所研制的941B(新)型速度和位移传感器(图 5.2.8)、中国东方振动和噪声技术研究所研制的 INV3060A24 位网络分布式采集分析仪(图 5.2.9)、高性能笔记本电脑(数据采集处理)等。检测数据处理与分析采用北京东方振动及噪声研究所编制的 DASP-V10 工程版平台软件(图 5.2.10)。具体的仪器配置、型号、性能及数量等见表 5.2.1。

图 5.2.8　941B(新)型速度和位移传感器

图 5.2.9　INV3060A24 位网络分布式采集分析仪

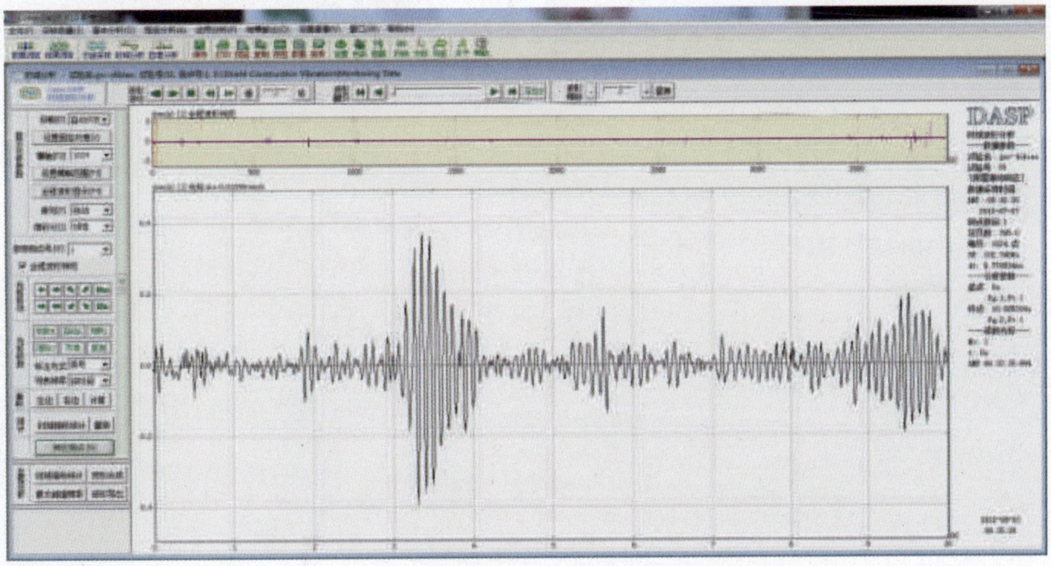

图 5.2.10　DASP-V10 工程版测试分析平台软件

表 5.2.1　DASP 监测系统配置方案

序号	仪器型号	仪器名称	仪器说明
1	DASP-V10 工程版	工程版平台软件	基本信号分析全部功能(含 1 只软件狗):数据采集(含网络采集控制)、时域分析和自谱 FFT 分析功能,其中包含了 INV 高精度频率计、INV 高精度幅值计等领先技术;AVD 三测量和虚拟扩展通道技术、变时基采样、波形编辑和滤波、倍频程谱 CPB 分析、波形公式运算、波形全景分析等内容;概率、自相关、互相关、X-Y 图、互谱、传函、三维谱阵、长数据 LFFT、幅域统计等分析模块
2	INV3060A	24 位网络分布式采集仪	最高采样频率:每路 51.2kHz;A/D 分辨率:24 位;并行通道数目:16;并行通道一致性:幅值 0.05 dB,相位 0.1 度;动态范围:120 dB(典型值),110 dB(保证值);输入噪声:0.03 mVrms@±10 V 量程;输入量程:±10 V 或±60 V 可选;抗混叠滤波:256 倍过采样+数字滤波,外加 8 阶模拟抗混叠滤波器;总衰减陡度:超过−300 dB/oct;总谐波失真:<0.02%;输入方式:电压 DC、电压 AC、ICP;采集深度:连续海量,仅受硬盘和系统限制;接口:网络接口,即插即用,支持热插拔
3	941B(V)垂直型	速度和位移传感器	超低频或低频振动测量的多功能仪器,主要用于地面和结构物的脉动测量,超低频大幅度测量和微弱振动测量。频率范围:0.17~100 Hz,4 挡灵敏度,可直接测量加速度和速度信号
4	941B(H)水平型	速度和位移传感器	超低频或低频振动测量的多功能仪器,主要用于地面和结构物的脉动测量,超低频大幅度测量和微弱振动测量。频率范围:0.17~100 Hz,4 挡灵敏度,可直接测量加速度和速度信号
5	GLN-28NC	普通屏蔽电缆线	普通 2 芯屏蔽电缆线,两头 BNC 接头
6	INV-BOX	仪器专用箱	特制,铝合金,INV 硬件用

第3章　盾构施工引起环境振动的振源

盾构施工振动的振源与地铁运营期间地铁列车运行所产生的振动的振源明显不同，它是盾构掘进过程中盾构机械主要是刀盘与开挖面地层间复杂的相互作用产生的。对于盾构施工振动振源的认知是能否真实有效地分析与评估盾构施工对周围环境影响的根本条件，这就需要在进行合理有效的监测的基础上，对盾构施工振动振源的特性与机理进行分析。

3.1　盾构施工振动振源的特性

3.1.1　振源的监测

振源的监测，首先根据不同的地层情况，选取典型的盾构施工作业断面，主要是考虑比较坚硬的土层(卵石层、砂层)所占的比例情况。

现将北京地铁8号线二期南段工程盾构施工振动监测所选取的监测点的位置及工程条件概况，介绍如下。

(1)监测点的布置

监测点所处的位置，如图5.3.1所示。

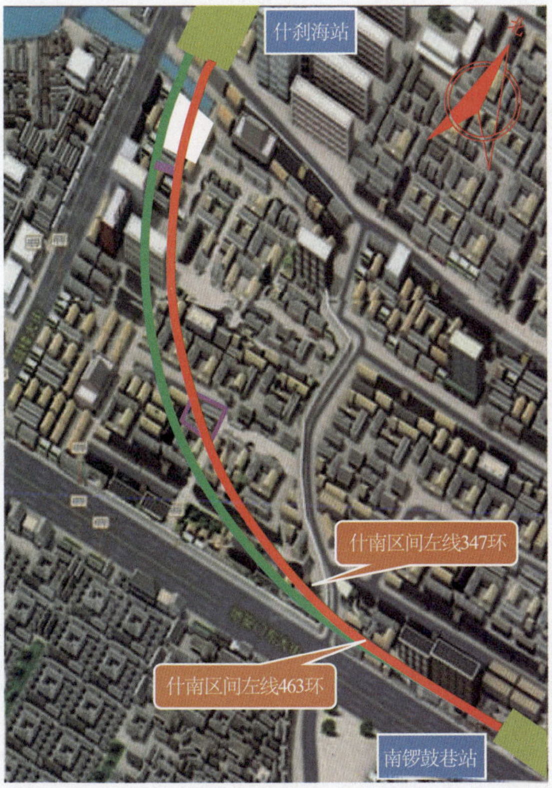

(a) 什南区间

(b) 南中区间

图5.3.1　振源监测位置示意图

(2)监测点的工况

各个监测点作业面的工程概况见表5.3.1，作业面的地层分布如图5.3.2所示。

表 5.3.1　监测点作业面工程概况

监测点	监测位置		作业面地层条件			主要施工参数		
	区间	位置	隧道埋深(m)	加权动弹性模量(MPa)	作业面地层(自上而下)	总推力(kN)	刀盘扭矩(kN·m)	推进速度(mm/min)
1	什南	左线 347	12.0	628	卵石 75%、中细砂 25%	8 200	2 800	61
2	什南	左线 463	12.0	695	卵石 95%以上	9 100	3 600	46
3	南中	左线 224	16.0	572	卵石 63%、粉质黏土 37%	1 6700	5 000	39
4	南中	左线 296	18.5	521	粉质黏土 50%、粉细砂 50%	17 200	5 100	39
5	南中	左线 375	21.0	785	粉质黏土 20%、粉细砂 30%、卵石 50%	18 600	5 500	37
6	南中	左线 437	22.0	892	卵石 63%、粉细砂 37%	21 000	5 300	30
7	南中	左线 620	20.5	571	粉质黏土 50%、粉细砂 25%、卵石 25%	21 600	4 700	38
8	南中	左线 691	19.0	427	粉质黏土 85%、粉细砂 10%、卵石 5%	17 600	3 800	50
9	南中	左线 771	17.0	441	卵石 15%、黏土 5%、粉质黏土 65%、黏土 5%、粉细砂 10%	22 900	3 300	56

注:表中加权动弹性模量是指开挖面涉及到的各个地层的动弹性模量按其所占面积的加权平均值,反映了开挖面土体的坚硬程度和密实程度。

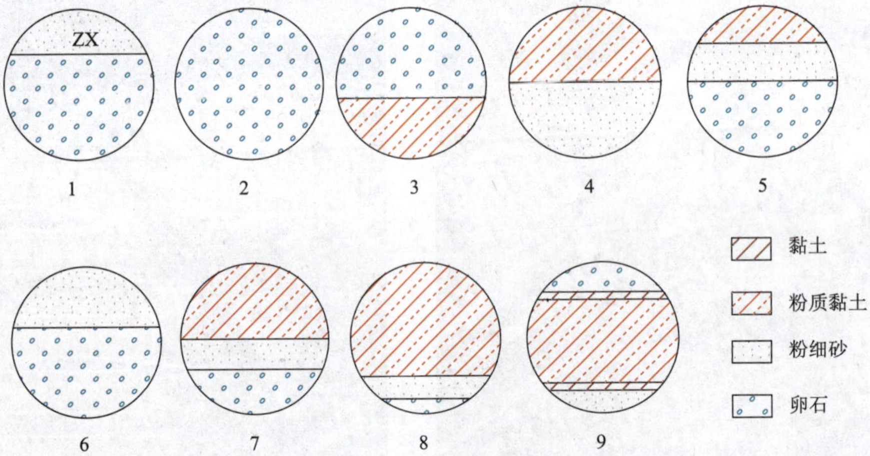

图 5.3.2　作业面的地层分布

注:图中 1,2,…,9 为监测点序号。

(3)现场监测工作

选定典型断面之后,再根据盾构机洞内的实际情况,选取能够反映盾构机施工过程所产生的振动情况的典型结构位置放置监测仪器,以获得较为可靠的振源监测数据。振源监测布置示意如图 5.3.3 所示。

3.1.2　振源的特性

所测作业面典型的竖向、横向(隧道横断面方向)及纵向(隧道纵断面方向)振动加速度时程、频谱分析分别如图 5.3.4、图 5.3.5 所示。

所监测的作业面振源的振动速度峰值如图 5.3.6 所示,图中:v_z 为竖向振动;v_x 为垂直于隧道方向水平振动;v_y 为沿隧道方向水平振动。振动峰值频率如图 5.3.7 所示,图中:w_z 为竖向振动峰值频率;w_x 为垂直于隧道方向峰值频率;w_y 为沿隧道方向峰值频率。

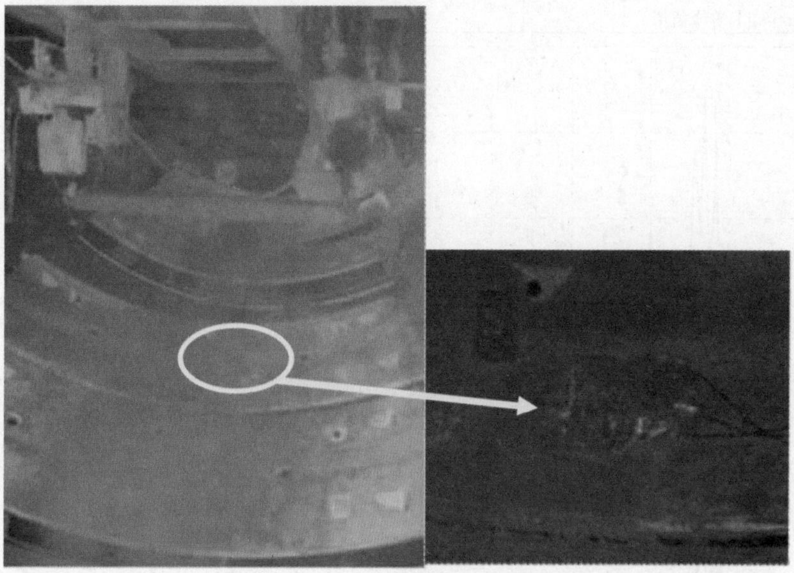

图 5.3.3　振源监测点布置示意图

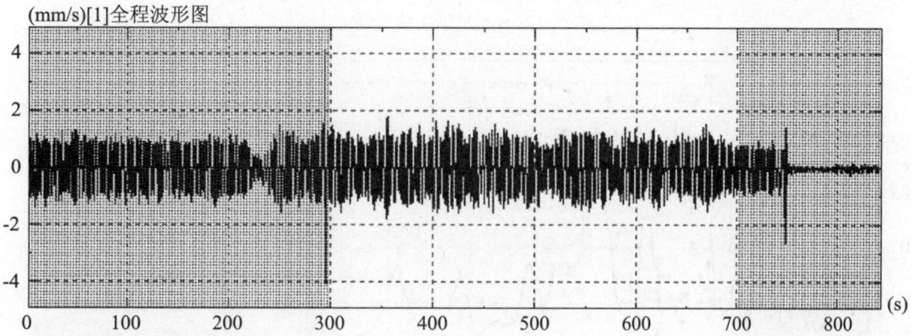

(a)竖向振动时程

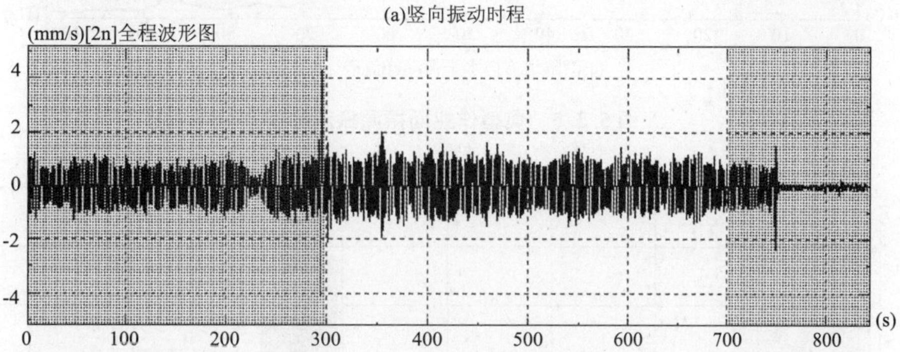

(b)垂直隧道方向水平振动时程

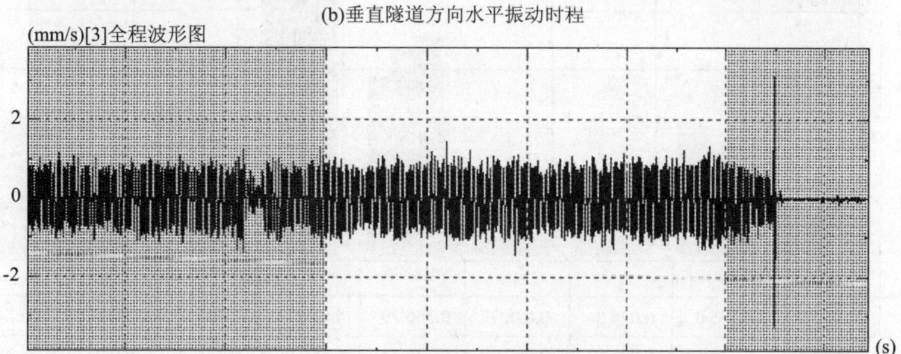

(c)沿隧道方向水平振动时程

图 5.3.4　典型作业面振源振动时程

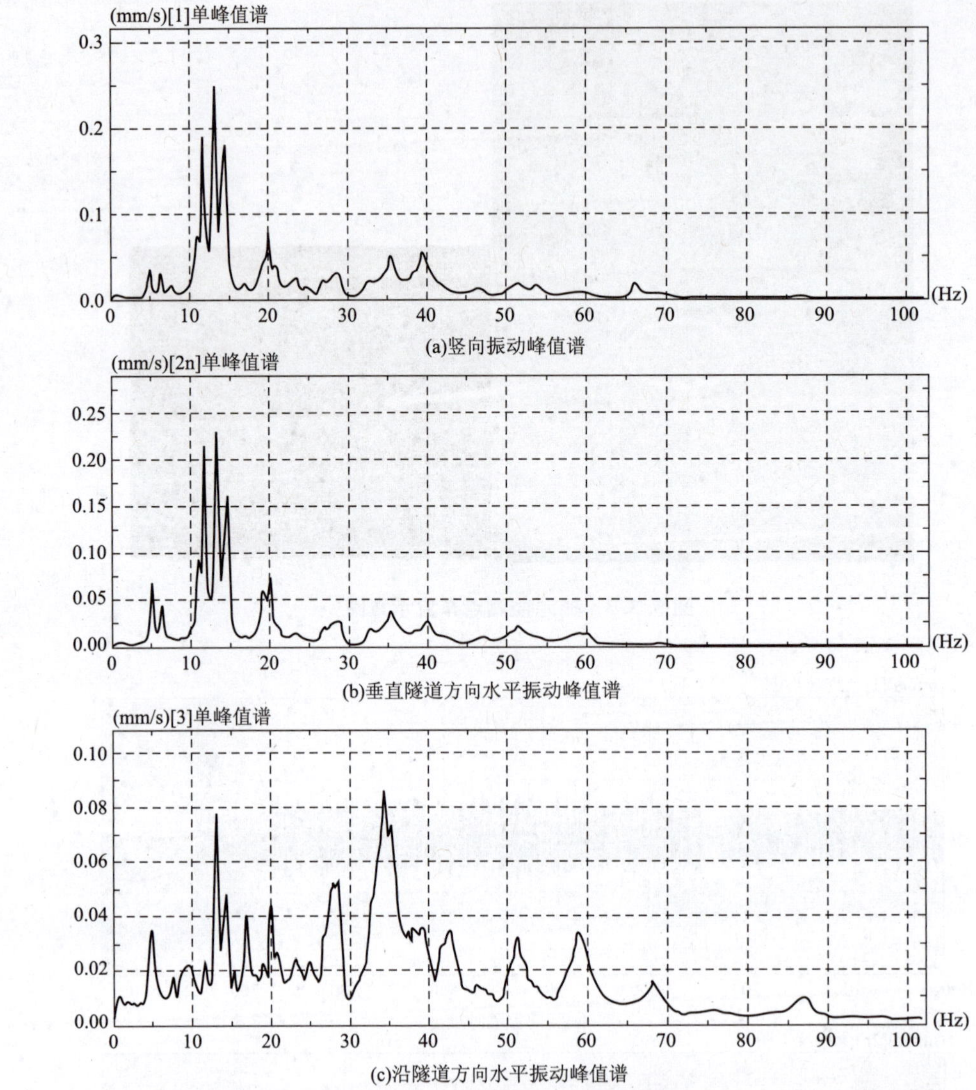

图 5.3.5　典型作业面振源振动频谱

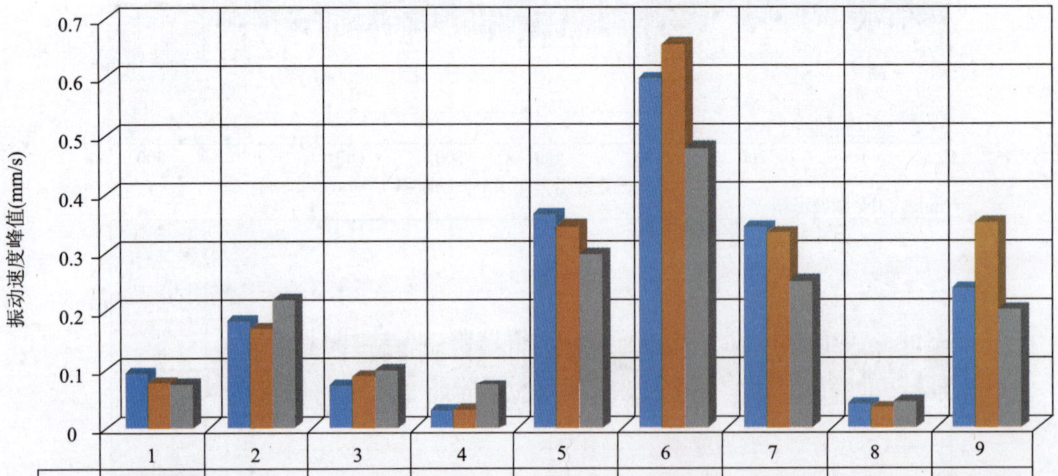

	1	2	3	4	5	6	7	8	9
v_z	0.096 96	0.185 3	0.074 94	0.028 77	0.366 79	0.595 11	0.345 56	0.044 58	0.240 38
v_x	0.082 86	0.177 42	0.093 92	0.032 19	0.346 54	0.656 07	0.333 39	0.038 33	0.352 28
v_y	0.075 82	0.223 05	0.101 79	0.073 29	0.296 26	0.476 05	0.251 51	0.046 64	0.202 91

监测点

图 5.3.6　振源振动速度峰值

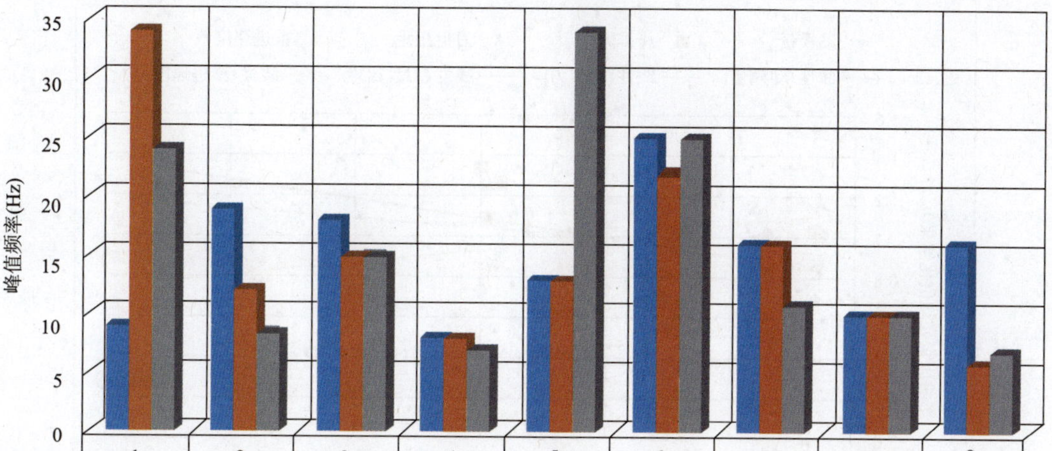

	1	2	3	4	5	6	7	8	9
w_z	9	19	18	8	13	25	16	10	16
w_x	34	12	15	8	13	22	16	10	6
w_y	24	8	15	7	34	25	11	10	7

监测点

图 5.3.7　振源振动速度峰值频率

振源振动速度与作业面地层加权动弹性模量、刀盘扭矩、总推力及推进速度的相对关系(图中结果均做均值化处理),分别如图 5.3.8～图 5.3.10 所示。

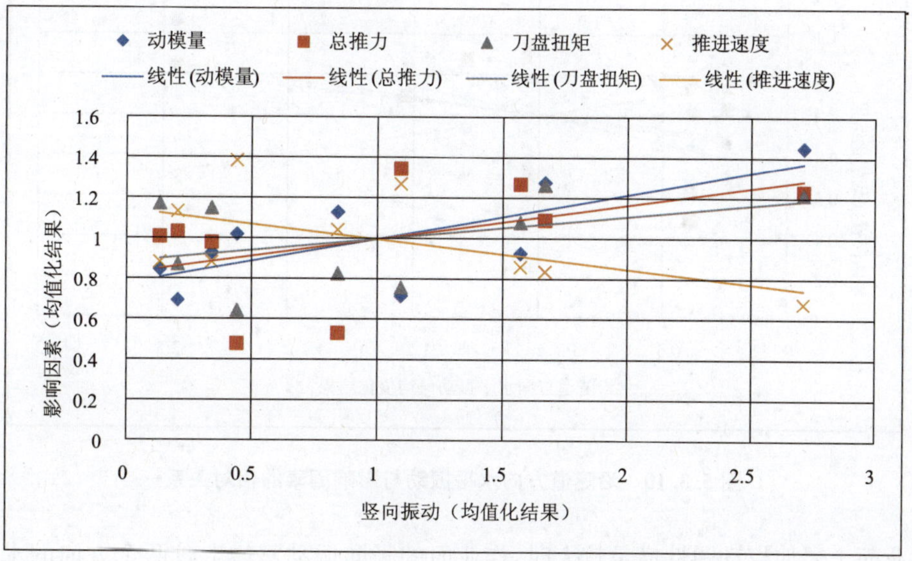

图 5.3.8　竖向振动与影响因素的相对关系

由以上图可以看出：

(1)振源的振动幅值受地层条件影响较大。作业面地层条件对振动幅值的影响具体体现在地层的加权动弹性模量上,其中砂卵石特别是卵石的含量起到主导作用(在所测区域内,卵石地层的动弹性模量约为其上部相邻砂层的 2 倍左右)。

无论是振源竖向振动还是两个方向的水平振动,其幅值总体上随作业面地层加权动弹性模量的增大而增大。作业面(如测点 1、2、3、4)主要通过⑤$_9$卵石层(动弹性模量 702 MPa)及其附近土层时,隧道埋深相对较浅,竖向及水平振动随加权动弹性模量(其中主要是卵石层的含量)增大而增大。作业面(如测点 5、6、7)主要通过⑧$_9$卵石层(动弹性模量 1 018 MPa)及其附近土层时,隧道埋深相对较深,土层加权动弹性模量相对较大,其振动幅值较前一组测点的幅值要大,且该组测点中的各测点竖向及水平振动同样随加权动弹性模量增大而增大。

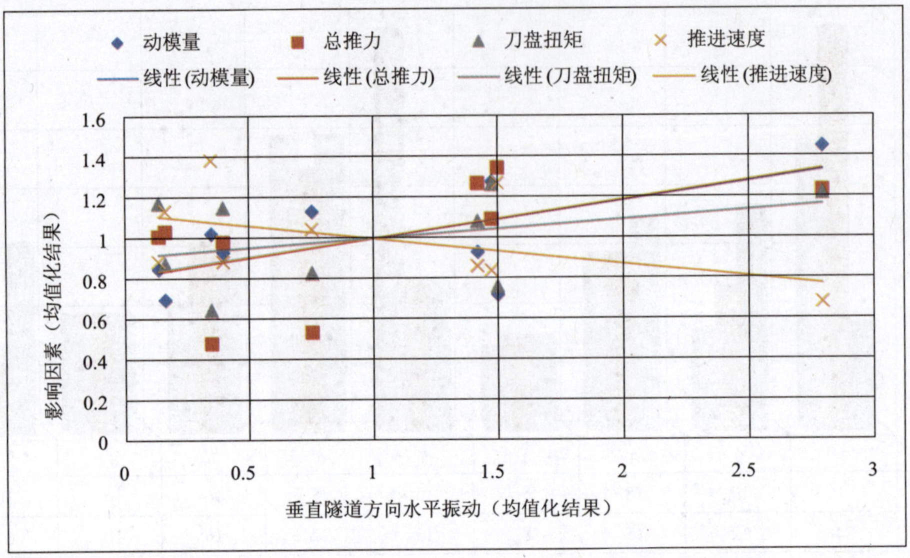

图 5.3.9　垂直于隧道方向水平振动与影响因素的相对关系

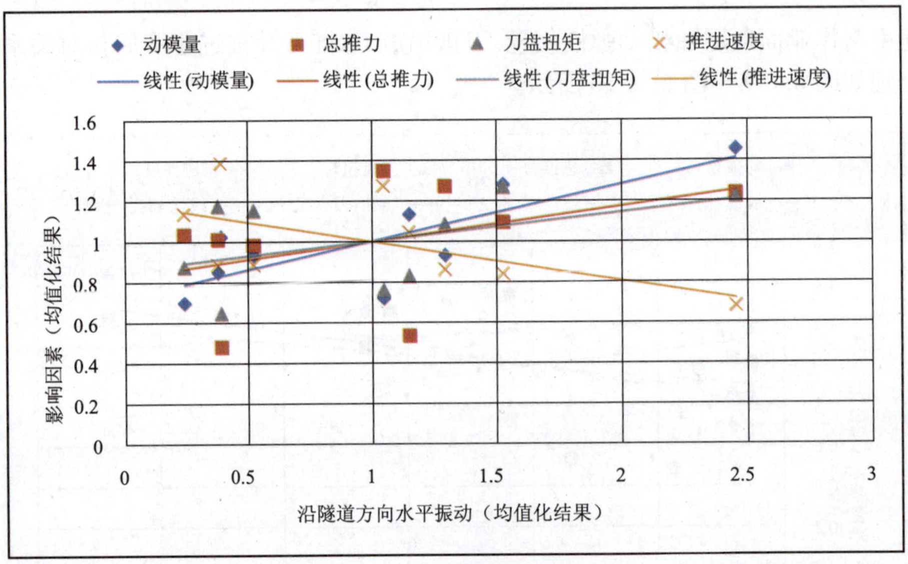

图 5.3.10　沿隧道方向水平振动与影响因素的相对关系

另外，当作业面土层加权动弹性模量较大时，作业面的竖向振动整体上较两个方向的水平振动大，而当作业面土层加权动弹性模量相对较小时（如测点 3、4、8），两个方向的水平振动较竖向略大。

(2)振源的振动幅值基本随盾构总推力及刀盘扭矩的增大而增大。盾构施工遇到相对较硬地层时，往往会降低推进速度，二者的相对关系基本呈相反的趋势。

(3)作业面振源的竖向振动峰值频率在 8～20 Hz 之间，水平方向的振动峰值频率分布相对较为分散，在 6～34 Hz 之间。作业面地层相对较硬（地层加权动弹性模量较大）的监测点，振动速度的峰值频率较大。

作业面振源的主要频率分布在 5～45 Hz 左右，其主要分布范围随地层条件的变化而变化。对于相对较硬的地层（土的加权动弹性模量较高），如测点 6，其占优频率特征明显，竖向振动占优频率为 20～25 Hz，水平向占优频率在 20～30 Hz。而作业面地层加权动弹性模量相对较小时（卵石含量的减少，其他地层条件的加入），隧道振源的振动频率分布范围变得相对分散，如测点 9，其振动速度的频率分布在 5～30 Hz，这应该是地层条件变得复杂时其自身的多种模态振动都被激发的原因。

3.2 盾构施工振动振源产生的机理

前述对于盾构施工振动振源的分析，是基于现场实测数据基础之上的，对于振动幅频特性的初步分析，其反映的规律和得出的结论有待于进一步验证。同时，由于盾构隧道施工的力学行为是一个十分复杂的土与结构相互作用问题，受到众多因素的共同影响，任何因素的变化都会对盾构施工过程的工作性状产生影响，因此有必要细致研究这些因素变化对引起振动的影响以及对应的盾构施工的工作性状（主要是幅频特性）的影响。

3.2.1 振源影响因素的敏感性

(1)因素敏感性分析方法

灰关联分析是贫信息系统分析的有效手段，是灰色系统方法体系中一类重要的方法。灰色关联分析不仅是灰色系统理论的重要组成部分，而且是灰色系统分析、预测、决策的基石。现有的各种灰关联方法的共同特点是在确定关联度时都采用计算逐点关联系数平均值的办法得到，这样就必然带来一些分析上的局限性：1)在各点关联系数分布离散的情况下，由点关联系数值大的点决定总体关联程度的倾向；2)平均值掩盖了许多点关联系数的个性，没有充分利用由点关联系数提供的丰富信息，如采用加权平均则需逐点确定权系数，无论采用什么方法确定权重，总是会渗入一定的主观因素，而且当点数较多时，科学确定权重的过程本身已经较为复杂，应用起来不方便；3)分辨系数的取值不同会造成关联度的排序不同。

为改进灰关联分析导致的局部关联倾向和个性信息损失的局限性，引入灰熵，在关联分析度分析的基础上运用信息熵理论对系统中的各影响因素之间的相似度相似程度、吻合程度做出定量描述，即灰关联熵分析。灰关联熵分析方法实质上是将无限收敛用近似收敛取代，将无限空间问题用有限数列问题取代，将连续的概念用离散的数据列取代，对动态灰过程的发展态势进行整体接近性分析，通过这种方法可以从中分析出主要影响因素和影响顺序[109]。其中，灰熵关联密度 $P_k=\xi[x_0(k),x_i(k)]/\sum_{k=1}^{n}\xi[x_0(k),x_i(k)]$，灰关联熵 $H(R_i)=\sum_{k=1}^{n}P_k\ln P_k$，序列 x_i 的灰熵关联度 $E(x_i)=H(R_i)/H_{\max}$（$H_{\max}=\ln n$，n 表示由 n 个元素构成的差异信息列的最大值），其他主要的分析步骤及参数含义详见第 3 篇 6.5 节。

(2)盾构施工振动振源影响因素的敏感性

振源影响因素的分析，以不同监测断面所测振动速度峰值 v（包括：v_z 为竖向振动，v_x 为垂直于隧道方向水平振动，v_y 为沿隧道方向水平振动）为参考序列（因变量），以不同影响因素——作业面地层加权动弹性模量、总推力、刀盘扭矩及推进速度依次为比较序列（自变量）x_1，x_2，x_3，x_4，得到灰关联熵分析的原始数列，见表 5.3.2。按照灰关联熵分析方法，首先对表格进行处理，生成均值化变换处理数列；再通过计算得到序列差值绝对值 Δ_i；然后计算出振动速度峰值与各影响因素的关联系数 ζ_i；再计算得灰熵关联密度 P_i；最后计算出灰关联熵和灰熵关联度。利用 Matlab 编制灰关联熵分析计算程序，得到的各影响因素对盾构施工振动振源速度峰值的影响程度如图 5.3.11 所示。

表 5.3.2　影响因素分析原始数列（振动速度及各影响因素）

类别	测点 1	测点 2	测点 3	测点 4	测点 5	测点 6	测点 7	测点 8	测点 9
v_z	0.096 9	0.185 3	0.074 9	0.028 7	0.366 7	0.596 1	0.345 5	0.044 5	0.240 3
v_x	0.082 8	0.177 4	0.093 9	0.032 1	0.346 5	0.656 0	0.333 3	0.038 3	0.352 2
v_y	0.075 8	0.223 0	0.101 7	0.073 2	0.296 2	0.476 0	0.251 5	0.046 6	0.202 9
E_d	628	695	572	521	785	892	571	427	441
F	8 200	9 100	16 700	17 200	18 600	21 000	21 600	17 600	22 900
T	2 800	3 600	5 000	5 100	5 500	5 300	4 700	3 800	3 300
V_t	61	46	39	39	37	30	38	50	56

注：v_z 为竖向振动速度(mm/s)；v_x 为垂直于隧道方向水平振动速度(mm/s)；v_y 为沿隧道方向水平振动速度(mm/s)；E_d 为作业面地层加权动弹性模量(MPa)；F 为盾构总推力(kN)；T 为刀盘扭矩(kNm)；V_t 为盾构推进速度(mm/min)。

根据图 5.3.11，对于竖向振动速度(v_z)，各因素的敏感性从大到小依次为：作业面地层加权动弹性模量、盾构总推力、刀盘扭矩、盾构推进速度；对于垂直于隧道水平振动速度(v_x)，各因素的敏感性从大到小依次为：作业面地层加权动弹性模量、盾构推进速度、盾构总推力、刀盘扭矩；对于沿隧道水平振动速度(v_y)，各因素的敏感性从大到小依次为：作业面地层加权动弹性模量、刀盘扭矩、盾构总推力、盾构推进速度。通过影响因素的灰关联熵分析可知：盾构施工作业面地层的加权动弹性模量即土层的软硬程度，是影响盾构施工振动振源振动水平的最主要因素，而其他三个施工参数对于振动水平的影响程度基本相当(推进速度略小)，且较地层模量的影响程度小。这与实际施工中，盾构施工的三个主要参数：总推力、扭矩以及推进速度，往往根据开挖面的地层条件来设置的情况相吻合。

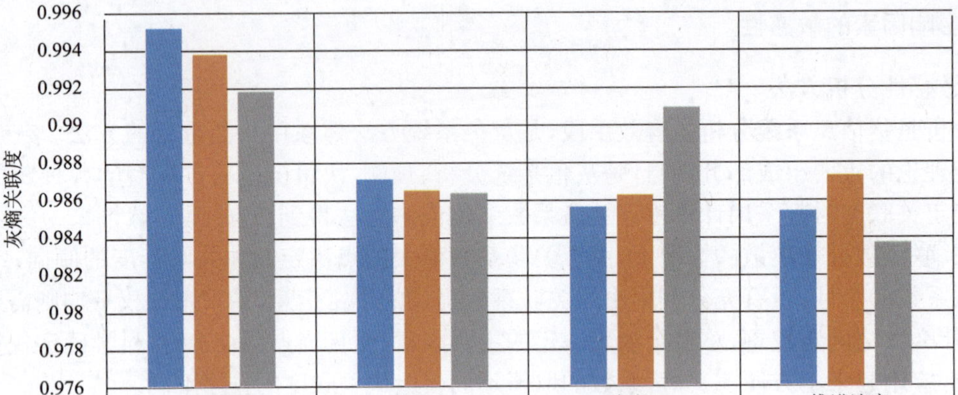

	动弹性模量	总推力	扭矩	推进速度
对于v_z	0.995 12	0.986 1	0.985 6	0.985 4
对于v_x	0.993 8	0.986 5	0.986 3	0.987 2
对于v_y	0.991 9	0.986 3	0.990 9	0.983 6

影响因素

图5.3.11　振源振动速度峰值影响因素的灰关联熵分析

3.2.2　振动振源的回归模型

(1)回归分析方法

回归分析(regression analysis)是一种处理变量之间相关关系最常用的统计方法，用它可以寻找隐藏在随机性后面的统计规律。确定回归方程，检验回归方程的可信性等，是回归分析的主要内容[109]。

前述因素敏感性分析中采用的灰熵关联法是一种相关分析方法，相关分析和回归分析都是研究变量间关系的统计学课题。在应用中，两种分析方法经常相互结合和渗透，但研究的侧重点和应用面不同。

在回归分析中，变量y称为因变量，处于被解释的特殊地位，而在相关分析中，变量y与变量x处于平等的地位，研究变量y与变量x的密切程度和研究变量x与变量y的密切程度是一样的。在回归分析中，因变量y是随机变量，自变量x可以是随机变量，也可以是非随机的确定变量，而在相关分析中，变量x和变量y都是随机变量。相关分析是测定变量之间的关系密切程度，所使用的工具是相关系数，而回归分析则是侧重于考察变量之间的数量变化规律，并通过一定的数学表达式来描述变量之间的关系，进而确定一个或者几个变量的变化对另一个特定变量的影响程度。

回归分析主要解决以下几方面的问题：1)通过分析大量的样本数据，确定变量之间的数学关系式；2)对所确定的数学关系式的可信程度进行各种统计检验，并区分出对某一特定变量影响较为显著的变量和影响不显著的变量；3)利用所确定的数学关系式，根据一个或几个变量的值来预测或控制另一个特定变量的取值，并给出这种预测或控制的精确度。

在解决实际问题时，往往是多个因素都对试验结果有影响，这时可以通过多元回归分析(multiple regression analysis)求出试验指标(因变量)y与多个试验因素(自变量)x_j($j=1,2,\cdots,m-1$)之间的近似函数关系$y=f(x_1,x_2,\cdots,x_{m-1})$。

1)多元回归分析模型

多元回归分析的模型：

$$\hat{y}=b_0+b_1x_{i1}+b_2x_{i2}+\cdots+b_{m-1}x_{i,m-1},i=1,2,\cdots,n \tag{5.3.1}$$

模型中各系数与常数项通常利用最小二乘法求得。令：

$$Y=\begin{pmatrix}y_1\\y_2\\\vdots\\y_n\end{pmatrix}_{n\times1},X=\begin{pmatrix}1&x_{11}&x_{12}&\cdots&x_{1,m-1}\\1&x_{21}&x_{22}&\cdots&x_{2,m-1}\\\vdots&\vdots&\vdots&\cdots&\vdots\\1&x_{n1}&x_{n2}&\cdots&x_{n,m-1}\end{pmatrix}_{m\times1},\beta=\begin{pmatrix}b_0\\b_1\\\vdots\\b_{m-1}\end{pmatrix}_{m\times1}$$

则回归模型为：

$$\hat{Y}=X\beta \tag{5.3.2}$$

式中　$\hat{Y}$ 称为观测向量，X 称为设计矩阵，它们是有观测数据得到的，是已知的，并假定 X 为满秩矩阵，β 为待估计的未知参数向量。

通过计算可得 β 的点估计为：

$$\hat{\beta}=\begin{pmatrix}b_0\\b_1\\\vdots\\b_{m-1}\end{pmatrix}=(X^{\mathrm{T}}X)^{-1}X^{\mathrm{T}}Y \tag{5.3.3}$$

2)多元回归的显著性检验

①方差分析

记 $\bar{y}=\frac{1}{n}\sum_{i=1}^{n}y_i$，则数据的总的离差平方和为：

$$SST=\sum_{i=1}^{n}(y_i-\bar{y})^2 \tag{5.3.4}$$

可分解为两部分：

$$SSE=\sum_{i=1}^{n}(y_i-\hat{y})^2 \tag{5.3.5}$$

$$SSR=\sum_{i=1}^{n}(\hat{y}_i-\bar{y})^2 \tag{5.3.6}$$

满足：

$$SST=SSR+SSE \tag{5.3.7}$$

对应于 SST 的分解，其自由度也有相应的分解。这里的自由度是指平方和中独立变化项的数目。可以证明，SST 的自由度为 $n-1$，SSE 的自由度为 $n-m$，SSR 的自由度为 $m-1$，因此可建立如下的方差分析表，见表 5.3.3。

表 5.3.3　方差分析表

方差来源	偏差平方和	自由度 f	方差	F 值	F_α	显著性
回归	SSR	$m-1$	$MSR=\frac{SSR}{m-1}$	$F=\frac{MSR}{MSE}$		
误差	SSE	$n-m$	$MSE=\frac{SSE}{n-m}$			
总和	SST	$n-1$				

为检验 y 与 $x_1,x_2,\cdots,x_{m-1}$ 之间是否存在显著的线性回归关系，即检验假设：

$$\begin{cases}H_0:b_1=b_2=\cdots=b_{m-1}=0\\H_1:\text{至少由某一个 }b_i\neq0,1\leqslant i\leqslant m-1\end{cases}$$

基于上述方差分析表，构造如下检验统计量：

$$F\triangleq\frac{MSR}{MSE} \tag{5.3.8}$$

②相关系数检验

多元回归用一个相关系数 R 来衡量，即用回归平方和 SSR 在总平方和 SST 中的比例来衡量：

$$R \hat{=} \sqrt{\frac{SSR}{SST}} \tag{5.3.9}$$

回归方程的精度用剩余标准差来表示：

$$S = \sqrt{MSE} = \sqrt{\frac{SSE}{n-m}} \tag{5.3.10}$$

③偏回归系数的检验

回归关系显著并不意味着每个自变量 $x_i(1 \leqslant i \leqslant m-1)$ 对 y 的影响都显著，可能其中的某个或某些对 y 的影响不显著。一般来说，应从回归方程中剔除那些对 y 的影响不显著的自变量，从而建立一个较为简单有效的回归方程，以便于实际应用。因为当一个回归方程包含有不显著变量时，它不仅对利用回归方程作预测和控制带来麻烦，而且还会增大 $\hat{y}$ 的方差，从而影响预测的精度，为此就需要对每一个回归系数作显著性检验。显然，若某个自变量 x_i 对 y 无影响，那么在线性模型中，它的系数 b_j 应为零。因此，检验 x_i 的影响是否显著等价于检验假设：$H_0: b_j = 0; H_1: b_j \neq 0$。

在多元回归方程的 F 检验中，回归平方和 SSR 反映了所有自变量(因素) $x_1, x_2, \cdots, x_{m-1}$ 对试验指标 y 的总影响，如果对每个偏回归系数 $b_j(j=1,2,\cdots,m-1)$ 进行方差分析，就可以知道每个偏回归系数的显著性，从而就能判断它们对应因素的重要程度。$m-1$ 个自变量 $x_1, x_2, \cdots, x_{m-1}$ 的回归平方和为：

$$SSR = SST - SSE \tag{5.3.11}$$

如果 $m-1$ 个自变量中去掉 x_i，则剩下的 $m-2$ 个自变量的回归平方和设为 $\widetilde{SSR}$ 并设 $SS_j = SSR - \widetilde{SSR}$，则 SS_j 表示变量 x_i 在平方和 SSR 中的贡献，SS_j 称为 x_i 的偏回归平方和或贡献。

$$SSR = \frac{b_j^2}{c_{jj}} \tag{5.3.12}$$

式中 c_{jj} 为矩阵 $C = (X^{\mathrm{T}} X)^{-1}$ 主对角线上的第 j 个元素。

偏回归平方和 SS_j 越大，说明 x_i 在回归方程中越重要，对 y 的作用和影响越大，或者说 x_i 对回归方程的贡献越大。因此偏回归平方和是用来衡量每个自变量在回归方程中作用大小的一个指标。

$SS_j(j=1,2,\cdots,m-1)$ 对应的自由度 $f_j = 1$，所以：

$$F_j = \frac{MS}{NSE} = \frac{SS_j}{MSE} \sim F(1, n-m) \tag{5.3.13}$$

其中，$MSE = \dfrac{SSE}{n-m}$，在显著水平 α 下，查 F 分布表的临界值 $F_\alpha(1, n-m)$，计算 F 的观测值 F_0，若 $F_0 < F_\alpha(1, n-m)$，则说明 x_i 对 y 的影响是不显著的。

3)逐步回归分析

逐步回归是依次拟合一系列回归方程，后一个回归方程是在前一个回归方程的基础上添加或删除一个自变量。添加或删除一个自变量的原则是用如下的偏 F 统计量：设在某一步已选入回归方程的自变量有 $l-1$ 个，记这 $l-1$ 个自变量的集合为 A，相应回归方程的残差平方和为 $SSE(A)$。当不在 A 中的一个自变量 X_k 被添加到这个同归方程中时，偏 F 统计量的一般形式为：

$$F = \frac{SSE(A) - SSE(A, X_k)}{\dfrac{SSE(A, X_k)}{n-l-1}} = \frac{SSR(X_k \mid A)}{MSE(A, X_k)} \tag{5.3.14}$$

它是逐步回归法中增加或删除一个自变量时所用的基本统计量。其中 $SSR(X_k \mid A) = SSE(A) - SSE(A, X_k)$ 称为额外回归平方和，它描述了将 X_k 添加到由 A 中各自变量所构成的回归方程中时，残差平方和的相对减少量，也可以解释为在含 A 中各自变量及 X_k 的回归方程中，删除 X_k 时，残差平方和的相对增加量。

要进行逐步回归，首先要给定两个显著水平：一个用作添加某个自变量，记为 α_E；另一个用作从回归方程中删除某个自变量，记为 α_D。两个显著水平应满足 $\alpha_E \geqslant \alpha_D$，否则可能形成无限循环。由 α_E 和 α_D 给出偏 F 检验统计量 F 的两个临界值：一个用作添加自变量，记为 F_E；另一个用作从回归方程中删除某个自变量，记为 F_E，然后按下列步骤进行。

第一步：对每一个自变量 $X_k(1 \leqslant k \leqslant M)$，拟合仅包含 X_k 的一元线性回归模型：

$$Y=\beta_0+\beta_0 X_k+\varepsilon(\text{模型 }1) \tag{5.3.15}$$

这时，统计量 $F=\dfrac{SSE(A)-SSE(A,X_k)}{\dfrac{SSE(A,X_k)}{n-l-1}}=\dfrac{SSR(X_k|A)}{MSE(A,X_k)}$ 中的集合 A 为空集（即 $l=1$），故 $SSR(A)=SST$，$SSR(X_k|A)=SST-SSE(X_k)=SSR(X_k)$，$MSE(A,X_k)=MSE(X_k)$。

对每一个 k，计算偏 F 统计量的值：

$$F_k^{(1)}=\frac{SSR(X_k)}{MSE(X_k)},k=1,2,\cdots,M \tag{5.3.16}$$

它度量了将 X_k 添加模型后，残差平方和的相对减少量，$F_k^{(1)}=\max\limits_{1\leqslant k\leqslant M}\{F_k^{(1)}\}$。若 $F_k^{(1)}>F_E$，选择含 X_k 的回归模型为当前模型；否则，没有自变量进入模型中，选择过程结束，这时认为所有自变量对 y 的影响均不显著。

第二步：在第一步选择模型的基础上。再将其余 $M-1$ 个自变量逐个添加到此模型中拟合相应模型并计算：

$$F_k^{(2)}=\frac{SSR(X_k|X_{k_1})}{MSE(X_{k_1},X_k)},k\neq k_1 \tag{5.3.17}$$

设 $F_k^{(2)}=\max\limits_{k\neq k_1}\{F_k^{(2)}\}$，若 $F_{k_2}^{(2)}\leqslant F_E$，则选择过程结束。第一步选择的模型（即仅含 X_{k_1} 的线性回归模型）为最优模型。若 $F_{k_2}^{(2)}>F_E$，则将 X_{k_2} 添加到第一部所选出的模型中，即得到模型：

$$Y=\beta_0+\beta_{k_1}X_{k_1}+\beta_{k_2}X_{k_2}+\varepsilon(\text{模型 }2) \tag{5.3.18}$$

进一步考察，当 X_{k_2} 进入模型后，X_{k_1} 对 y 的影响是否仍显著。为此计算：

$$F_{k_1}^{(2)}=\frac{SSR(X_{k_1}|X_{k_2})}{MSE(X_{k_1},X_{k_2})},k\neq k_1 \tag{5.3.19}$$

若 $F_{k_1}^{(2)}\leqslant F_D$，则从模型中删除 X_{k_1}，这是仅含 X_{k_2} 的回归模型为当前模型；否则，当前模型为包含 X_{k_1} 和 X_{k_2} 的模型。

第三步：在第二步所选出的模型基础上，再将未在模型中的自变量逐个添加到该模型中，计算相应的偏 F 统计量的值。将这些偏 F 统计量值的最大者与 F_E 比较，以决定是否还有其他自变量可添加到当前模型之中，再检验是否可删除某个自变量。

重复以上步骤，直到没有新的自变量可进入模型，同时模型中的自变量均不能被删除，则选择过程结束。拟合最终模型便是逐步回归法所选出的最优回归方程。

4）因素主次的判断

在实际应用中，经常需要对最优多元线性回归方程中的自变量（因素）进行主次判断，以便抓住主要矛盾，更好地解决实际问题。

在多元线性回归方程中，偏回归系数 $b_1,b_2,\cdots,b_{m-1}$ 表示了 x_i 对 y 的具体效应，但在一般情况下，$b_j(j=1,2,\cdots,m-1)$ 本身的大小并不能直接反映自变量的相对重要性，这是因为 b_j 的取值会受到因素单位取值的影响。如果对偏回归系数 b_j 进行标准化，则可解决这一问题。

设偏回归系数 b_j 的标准化系数为 $P_j(j=1,2,\cdots,m-1)$。P_j 的计算式为：

$$P_j=|b_i|\sqrt{\frac{L_{jj}}{L_{yy}}} \tag{5.3.20}$$

其中 $L_{jj}=\sum\limits_{i=1}^{n}(x_{ji}-\bar{x}_j)^2$，$L_{yy}=SST=\sum\limits_{i=1}^{n}(y_i-\bar{y})^2$。根据标准化回归系数 P_j 的大小就可以直接判断各因素（自变量）x_i 对试验结果 y 的重要程度，P_j 越大，则对应的因素越重要。

（2）盾构施工振动振源的多元回归模型

盾构施工振动振源的多元回归分析，原始数据见表 5.3.2。选取多元回归分析的模型为：

$$\hat{y}=b_0+b_1x_1+b_2x_2+b_3x_3+b_4x_4 \tag{5.3.21}$$

式中　$\hat{y}$ 为因变量，这里具体为振动速度（v_z、v_x、v_y）；x_1,x_2,x_3,x_4 为自变量，分别代表作业面地层加权动弹性模量、总推力、刀盘扭矩以及推进速度，即各影响因素，单位如前。利用Matlab编制多元回归分析计算程序，得到的盾构施工振动振源的多元回归分析成果见表5.3.4。

表5.3.4　盾构施工振动振源的多元回归分析

类别	来源	偏差平方和	方差	F值	F_α	P_j	R
v_z	x_1	0.134 8	0.134 8	106.897 6	7.708 6	0.969 7	0.991 1
	x_2	0.107 5	0.107 5	85.255 5	21.197 7	0.797 1	
	x_3	0.017 4	0.017 4	13.818 3	—	0.781 9	
	x_4	0.003 7	0.003 7	2.948 6	—	0.388 5	
	回归	0.278 9	0.069 7	55.304 8	6.388 2	—	
	剩余	0.005 0	—	—	15.977 0	—	
	总和	0.283 9	—	—		—	
v_x	x_1	0.155 8	0.155 8	320.218 1	7.708 6	0.953 7	0.997 1
	x_2	0.175 0	0.175 0	359.701 8	21.197 7	0.930 4	
	x_3	0.026 3	0.026 3	54.067 7	—	0.878 9	
	x_4	0.003 9	0.003 9	7.992 5	—	0.363 5	
	回归	0.337 4	0.084 4	173.351 1	6.388 2	—	
	剩余	0.001 9	—	—	15.977 0	—	
	总和	0.339 4	—	—	—	—	
v_y	x_1	0.068 5	0.068 5	95.263 0	7.708 6	0.933 2	0.990 9
	x_2	0.041 9	0.041 9	60.660 2	21.197 7	0.678 1	
	x_3	0.012 6	0.012 6	18.243 0	—	0.906 0	
	x_4	0.005 3	0.005 3	7.739 7	—	0.634 8	
	回归	0.150 2	0.037 6	54.356 8	6.388 2	—	
	剩余	0.002 8	—	—	15.977 0	—	
	总和	0.015 30	—	—	—	—	

从回归分析的结果来看：

1）回归效果总体很好，v_z、v_x、v_y对应的回归方程相关系数均接近于1，分别为：0.9911、0.9971、0.9909。振动速度的回归方程见表5.3.5。

表5.3.5　振源振动速度的回归方程

类别	$\hat{y}=b_0+b_1x_1+b_2x_2+b_3x_3+b_4x_4$				
	b_0	b_1	b_2	b_3	b_4
v_z	−0.026 642	0.001 184	2.90E−05	−0.000 150 1	−0.007 301 2
v_x	−0.045 87	0.001 273	3.70E−05	−0.000 18	−0.007 47
v_y	0.318 224	0.000 827	1.81E−05	−0.000 13	−0.008 76

2）对于v_z，影响因素：作业面地层加权动弹性模量、总推力、刀盘扭矩以及推进速度对应的F值F_1、F_2、F_3、F_4，标准偏回归系数P_1、P_2、P_3、P_4，有$F_1>F_2>F_3>F_4$，$P_1>P_2>P_3>P_4$，作业面地层加权动弹性模量对于竖向振动速度的影响最大，其余影响从大到小依次为总推力、刀盘扭矩、推进速度，且由标准偏相关系数的值来看，地层加权动弹性模量明显较其他因素的大，而刀盘扭矩与总推力的影响程度相当，推进速度的影响相对较小。对于v_x，有$F_2>F_1>F_3>F_4$，$P_1>P_2>P_3>P_4$，由偏相关系数来看，地层加权动弹性模量仍为最主要的影响因素，其次盾构总推力对于垂直于隧道方向水平振动影响也较大，再次是刀盘扭矩的影响，最后推进速度的影响相对较小。对于v_y，$F_1>F_2>F_3>F_4$，$P_1>P_3>P_2>P_4$，由偏相关系数来看，地层加权动弹性模量对沿隧道方向的的水平振动影响最大，其次是刀盘扭矩的影响程度也较大，总推力和推进速度，

二者的影响程度基本相当，相对都较小。

上述回归分析对于因素影响的成果与前述灰关联熵分析分结果基本一致，也验证了结论的准确性及方法的有效性。

3)当盾构施工振源的分析中，振源的影响因素数据、盾构机施工设置参数(总推力、扭矩、推进速度等)往往无法精确获得或者有明显异常甚至缺失，此时若需要对振源做出较为准确的估计，则可以利用有限的数据，采用逐步多元回归分析成果来完成对振源的估计。主要步骤是：依次拟合一系列振源回归方程，后一个振源回归方程是在前一个振源回归方程的基础上添加或删除一个影响因素。也就是说，把影响因素依次添加到振源的回归方程中，如果发现某个已在回归方程中的影响因素已经不再显著影响时，就删除这个自变量。添加或删除一个自变量依赖于偏 F 统计量的计算(具体方法如前所述)。最终得到不同影响因素条件下的振源回归方程及其相关程度(R)，从而可以利用现有的参数数据对振源情况作出较为准确的估计。

对于监测点的竖向振动 v_z、垂直于隧道方向 v_x 及沿隧道方向水平振动 v_y 的逐步多元回归分析，见表 5.3.6。

表 5.3.6　振源振动速度的多元逐步回归方程

类别	$\hat{y}=b_0+b_1x_1+b_2x_2+b_3x_3+b_4x_4$					
	b_0	b_1	b_2	b_3	b_4	R
v_z	−0.338 07	0.000 908	—	—	—	0.743 501
	−0.732 9	0.000 985	2.05E−05	—	—	0.930 475
	−0.685 37	0.001 275	2.97E−05	−8.83E−05	—	0.984 453
	—	—	—	—	—	—
v_x	−0.302 24	0.000 874	—	—	—	0.654 491
	−0.784 94	0.000 967	2.50E−05	—	—	0.905 392
	−0.719 67	0.001 366	3.78E−05	−0.000 121	—	0.991 365
	−0.045 87	0.001 273	3.70E−05	−0.000 184	−0.007 47	0.997 128
v_y	−0.242 34	0.000 71	—	—	—	0.792 27
	−0.500 73	0.000 76	1.34E−05	—	—	0.936 178
	−0.471 9	0.000 936	1.90E−05	−5.36E−05	—	0.973 13
	0.318 224	0.000 827	1.81E−05	−0.000 128	−0.008 76	0.990 927

可以看到：(1)对于竖向振动，在已知土的动弹性模量、盾构总推力及刀盘扭矩的条件下已经取得了较好的振源估计值(R=0.984 5)，而推进速度对于振源影响相对较小(盾构施工遇到相对较硬地层时，往往会降低推进速度，二者的相对关系基本呈相反的趋势)。(2)对于两个水平方向的振动，虽然推进速度对振源的振动水平有一定影响，但是影响程度相对较小，在不考虑推进速度的影响下，仍能取得较为准确的振源估计值(R=0.9914、R=0.9731)。

3.2.3　振源的机理

由以上振源影响因素的敏感性分析及回归分析，结合振源振动速度与作业面地层加权动弹性模量、刀盘扭矩、总推力以及推进速度的相对关系(图 5.3.8～图 5.3.10)，可以看到：

(1)盾构施工产生的振动主要是由于盾构机与地层的相互作用产生的。盾构机刀盘切削土层，刀盘与地层之间复杂的相互作用产生振动，并通过盾构机械传给整个盾构机构、相邻地层，从而形成整个系统的动力相互作用过程。参与振动的质量体系包括盾构机与作业面地层。这是一个复杂的盾构机结构与土层耦合系统动力学问题。

(2)刀盘切削土层是引起盾构施工振动的主要激励，而作业面地层的动弹性模量(作业面各土层的动弹性模量加权值)是影响施工振动的控制因素。盾构施工振源振动随地层加权动弹性模量的增大而增大，其相关性显著，即作业面土层相对较硬时，盾构机施工(刀盘切削地层)产生的振动相对较大，其中卵石含量的影响程度相对较大(所测区域内的卵石地层动弹性模量约为其上部相邻砂层的 2 倍)。

(3)盾构总推力、刀盘扭矩对于盾构施工产生振动的影响相当,其与振源振动水平的相关性较为显著,与土层动模量影响显著程度相比较小。而盾构推进速度对于振源振动的影响程度相对最小。盾构施工过程中,盾构总推力、刀盘扭矩以及推进速度往往是根据地层条件来设定的:作业面的加权动弹性模量较大时,隧道的埋置相对较深,需要足够的推力维持盾构机的正常工作,而刀盘切削相对较硬的地层需要盾构机提供相对足够(较大)的扭矩。由二者与振源振动的相对关系可以看到,振源振动水平基本随盾构总推力及刀盘扭矩的增大而增大。盾构施工遇到相对较硬地层时,往往会降低推进速度,二者的相对关系基本呈相反的趋势。

(4)作业面振源的振动峰值频率及主要频率的分布较为分散,特别是在地层条件相对复杂的情况(卵石含量相对较少,其他相对较软的地层条件出现在作业面)。振动峰值频率在作业面地层相对较硬(地层加权动弹性模量较大)的监测点较大。作业面振源的主要频率分布范围随地层条件的变化而变化。对于相对较硬的地层(土的加权动弹性模量较高),主要的频率分布带较窄(分布相对集中);动弹性模量相对较小时(卵石含量减少,其他地层条件的加入),隧道振源的振动频率分布带较宽(分布相对分散),这主要是由于地层条件变得相对复杂时,盾构刀盘切削土层的相互作用过程中其系统自身的多种模态振动被激发。

3.3　盾构施工振动振源的识别

由于受到场地条件的限制,盾构施工振动振源往往较难精确测量甚至无法获得,而其上方地层及相邻建筑的振动响应则是相对容易获得的,基于这些可获得监测数据,可以利用荷载识别方法,对振源进行相对准确的估计。

3.3.1　振动荷载的识别方法

土体动力响应分析的任务是确定土体受动荷载作用时任一时刻的响应值(位移、速度、加速度或内力)。土体动力响应分析包括对运动体系的合理简化、土体运动时动力平衡方程式的建立以及方程式的求解。这其中,如何获得准确的振(震)源即动荷载作用无疑是能否完成准确的土地动力响应分析的根本。而很多情形中,实际振(震)动期间的输入激励,例如:地震、机械振动、地铁盾构施工中刀盘与地层相互作用产生的振动等往往又是难以直接测量到的。这就需要在未知输入条件下,仅利用能够测试到的不同土层的动力响应进行场地输入动荷载激励的识别。

(1)土体动力响应分析的计算模式[110][111]

集中质量法就是将土体的质量集中在一个质点或多个质点,各质点之间用假想的无重量的弹簧和阻尼器连接起来(反映系统的弹性及阻尼性质)从而形成一个质-阻-弹簧系统,来研究它的动力响应特性。其运动方程就是作用在质点之上所有力:惯性力、阻尼力、弹性力和激振力的平衡方程。

1)单质点系的动力方程

集中质量法单质点体系的质-阻-弹系统如图 5.3.12 所示。

体系的动力方程为:

$$m\ddot{x}(t)+c\dot{x}(t)+kx(t)=-m\ddot{x}_0(t) \tag{5.3.22}$$

2)多质点系的动力方程

集中质量法多质点体系的质一阻一弹系统如图 5.3.13 所示。

将土层分成多个分层,各分层按结点集中(取节点上下两分层质量一半之和),结点间由无质量的弹簧和阻尼器相连接,即形成土体的多质点体系。体系的动力方程为:

$$M\ddot{X}-C\dot{X}+KX=-M_0\ddot{X}_0(t) \tag{5.3.23}$$

式中

$$\ddot{X}=\{\ddot{x}_1(t)\quad \ddot{x}_2(t)\quad \cdots\quad \ddot{x}_{n-1}(t)\quad \ddot{x}_n(t)\}^{\mathrm{T}}$$
$$\dot{X}=\{\dot{x}_1(t)\quad \dot{x}_2(t)\quad \cdots\quad \dot{x}_{n-1}(t)\quad \dot{x}_n(t)\}^{\mathrm{T}}$$
$$X=\{x_1(t)\quad x_2(t)\quad \cdots\quad x_{n-1}(t)\quad x_n(t)\}^{\mathrm{T}}$$

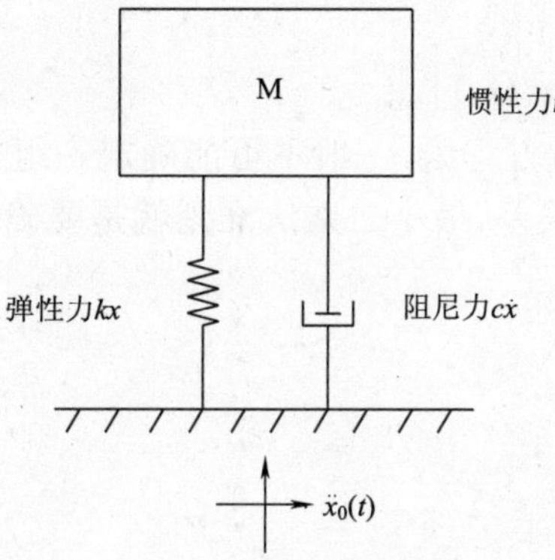

图 5.3.12　单质点体系的质-阻-弹系统

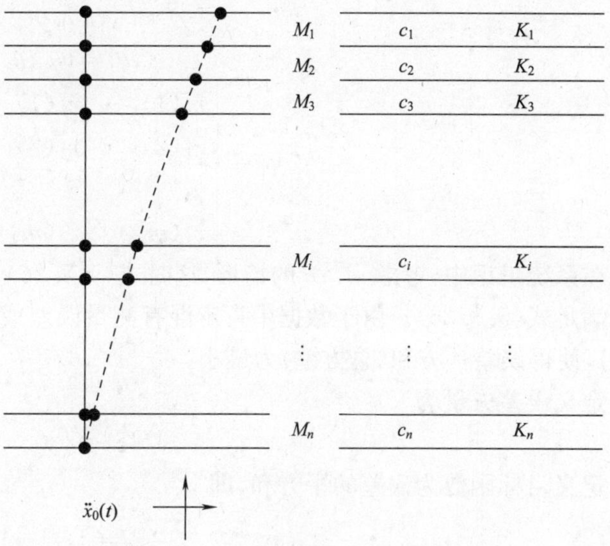

图 5.3.13　多质点体系的质-阻-弹系统

$$M=\left\{\begin{matrix} m_1 & & & & \\ & m_2 & & & \\ & & \cdots & & \\ & & & m_{n-1} & \\ & & & & m_n \end{matrix}\right\}$$

$$C=\left\{\begin{matrix} c_1+c_2 & -c_2 & & & \\ -c_2 & c_2+c_3 & -c_3 & & \\ & & \cdots & & \\ & & -c_{n-1} & c_{n-1}+c_n & -c_n \\ & & & -c_n & c_n \end{matrix}\right\}$$

$$K=\left\{\begin{matrix} k_1+k_2 & -k_2 & & & \\ -k_2 & k_2+k_3 & -k_3 & & \\ & & \cdots & & \\ & & -k_{n-1} & k_{n-1}+k_n & -k_n \\ & & & -k_n & k_n \end{matrix}\right\}$$

$$M_0=\{m_1 \quad m_2 \quad \cdots \quad m_n\}^{\mathrm{T}}$$

式中：m_i 为第 i 层的集中质量；c_i 为第 i 层的阻尼；k_i 为第 i 层的刚度；$\ddot{x}_i(t)$，$\dot{x}_i(t)$，$x_i(t)$分别是第 i 层在 t 时刻的加速度、速度和位移；$\ddot{x}_0(t)$是 t 时刻的振源运动加速度。

(2)振源识别的估计方法[111]

1)一般最小二乘辨识方法

假定有一个变量 y，它与 n 维变量$\{x\}=(x_1,x_2,\cdots,x_n)^{\mathrm{T}}$ 是线性关系，即

$$y=\theta_1x_1+\theta_2x_2+\cdots+\theta_nx_n \tag{5.3.24}$$

式中，y 和 x_i都是时间的函数；而$\{\theta\}=(\theta_1,\theta_2,\cdots,\theta_n)^{\mathrm{T}}$ 是一个不随时间变化的常数参数集，即系统为非时变线性系统。式(5.3.24)中 θ_i 是待识别参数，可以通过 y 在不同时刻的值 y_i和$\{x\}$的观测值来估计它们的数值。

假设 $y(i)$和 $x_l(i)$为 y 及 $x_l(l=1,2,\cdots,n)$在 t_i时的观测值，$i=1,2,\cdots,m$。则可以得到 m 个线性方程组：

$$y(i)=\theta_1x_1(i)+\theta_2x_2(i)+\cdots+\theta_nx_n(i)\quad(i=1,2,\cdots,m) \tag{5.3.25}$$

将式(5.3.25)写成矩阵形式为

$$\{y\}=[X]\{\theta\} \tag{5.3.26}$$

式中：

$$\{y\}=[y(1),y(2),\cdots,y(m)]^{T}$$

$$\{\theta\}=(\theta_1,\theta_2,\cdots,\theta_n)$$

$$[X]=\begin{bmatrix} x_1(1) & x_2(1) & \cdots & x_n(1) \\ x_1(2) & x_2(2) & \cdots & x_n(2) \\ \vdots & \vdots & & \vdots \\ x_1(m) & x_2(m) & \cdots & x_n(m) \end{bmatrix}_{m\times n}$$

在系统辨识中，考虑 $m>n$ 的情形，这时式(5.3.26)为线性矛盾方程组，一般不可能确定一组 θ_i 使它精确地满足式(5.3.26)。由于数据中肯定混有测量误差或数学模型误差，最小二乘法准则就是要确定一组参数$\{\theta\}$，使得误差平方和(总方差)为最小。

定义误差矢量为

$$\{\varepsilon\}=\{y\}-[X]\{\theta\} \tag{5.3.27}$$

定义目标函数为误差的平方和，即

$$J=\{\varepsilon\}^{T}\{\varepsilon\}=\sum_{i=1}^{m}\varepsilon_i^2 \tag{5.3.28}$$

将式(5.3.27)代入(5.3.28)得

$$\begin{aligned} J &=(\{y\}-[X]\{\theta\})^{T}(\{y\}-[X]\{\theta\}) \\ &=\{y\}^{T}\{y\}-\{\theta\}^{T}[X]^{T}\{y\}-\{y\}^{T}[X]\{\theta\}+\{\theta\}^{T}[X]^{T}[X]\{\theta\} \end{aligned} \tag{5.3.29}$$

为使 J 最小，将 J 对$\{\theta\}$求导，并令其为零。由此解得$\{\theta\}$即它的估计值$\{\hat{\theta}\}$

$$\frac{\partial J}{\partial\{\theta\}}\Big|_{\theta=\hat{\theta}}=-2[X]^{T}\{y\}+2[X]^{T}[X]\{\hat{\theta}\}=0$$

由此可得：

$$[X]^{T}[X]\{\hat{\theta}\}=[X]^{T}\{y\} \tag{5.3.30}$$

从而解得：

$$\{\hat{\theta}\}=([X]^{T}[X])^{-1}[X]^{T}\{y\} \tag{5.3.31}$$

式中，$\{\hat{\theta}\}$称为$\{\theta\}$的最小二乘估计(LSE)。在统计学中，式(5.3.30)称为正则方程，$\{\varepsilon\}$称为残差。残差$\{\varepsilon\}$一般包括测量噪声和模型误差。如果假定$\{\varepsilon\}$是一个具有零均值的平稳随机变量，且与$[X]$，$\{y\}$无关(例如$\{\varepsilon\}$为白噪声)，则$\{\hat{\theta}\}$为无偏估计。

2)递推最小二乘辨识方法

递推最小二乘法又称为"在线"最小二乘法。一般最小二乘估计法原理都是"离线"的估计方法。在离线的方法中，要求取得一批数据之后才开始运算，而估计是一次运算完成的。但是在工程实际中，有很多试验或项目是长期地、连续不断地进行的，不可能把从开始到结束为止的观测数据都拿来一起进行运算。因为这些数据是随着时间的延长而不断地增加，计算量也会急剧地增长，最后将使得计算机无能为力，而且也没有必要计算这么多的数据。我们希望有这样一种方法，它能在运算中不断地舍掉旧的数据，存入新的数据，并用新的数据修正旧的估计值，同时还希望每一次计算的计算量不大。这样的算法即是递推算法。

下面介绍递推最小二乘法。

假设在式(5.3.26)中包含 m 个方程，记为：

$$\{y\}_m=[X]_m\{\theta\} \tag{5.3.32}$$

将它的估计参数记为$\{\hat{\theta}(m)\}$，根据式(5.3.31)，$\{\hat{\theta}(m)\}$的最小二乘估计为：

$$\{\hat{\theta}(m)\}=([X]_m^{T}[X]_m)^{-1}[X]_m^{T}\{y\}_m$$

假定从实验中又获得一组新的数据，得到第 $m+1$ 个新的方程：

$$y(m+1)=\theta_1x_1(m+1)+\theta_2x_2(m+1)+\cdots+\theta_nx_n(m+1)$$

将第 $m+1$ 个新的方程写成矢量形式为：

$$y(m+1)=\{x(m+1)\}^{T}\{\theta\} \tag{5.3.33}$$

式中：

$$\{x(m+1)\}=[x_1(m+1),x_2(m+1),\cdots,x_n(m+1)]^{\mathrm{T}}$$

将式(5.3.32)与式(5.3.33)合并，可写成

$$\{y\}_{m+1}=[X]_{m+1}\{\theta\} \tag{5.3.34}$$

其中：

$$\{y\}_{m+1}=\begin{bmatrix}\{y\}_m\\ \vdots \\ y(m+1)\end{bmatrix}\quad \{X\}_{m+1}=\begin{bmatrix}\{X\}_m\\ \vdots \\ x(m+1)^{\mathrm{T}}\end{bmatrix} \tag{5.3.35}$$

式(5.3.34)的最小二乘估计是

$$\{\hat{\theta}(m+1)\}=([X]_{m+1}^{\mathrm{T}}[X]_{m+1})^{-1}[X]_{m+1}^{\mathrm{T}}\{y\}_{m+1} \tag{5.3.36-1}$$

由上式知，为了求解新的参数 $\hat{\theta}$(m+1)}，必须重新计算$([X]_{m+1}^{\mathrm{T}}[X]_{m+1})^{-1}$，这个工作量是很大的，下面推导一种利用过去的估计值 $\hat{\theta}$(m)}来计算 $\hat{\theta}$(m+1)}的算法。

定义下面矩阵：

$$[P(m)]=([X]_m^{\mathrm{T}}[X]_m)^{-1}$$

$$[P(m+1)]=([X]_{m+1}^{\mathrm{T}}[X]_{m+1})^{-1} \tag{5.3.36-2}$$

考虑式(5.3.36)，可将矩阵$[P(m+1)]$展开写为：

$$[P(m+1)]=(P(m)^{-1}+\{x(m+1)\}\{x(m+1)\}^{\mathrm{T}})^{-1} \tag{5.3.37}$$

根据矩阵求逆引理：

$$([A]+[B][C]^{\mathrm{T}})^{-1}=[A]^{-1}-[A]^{-1}[B]([I]+[C]^{\mathrm{T}}[A]^{-1}[B])^{-1}[C]^{\mathrm{T}}[A]^{-1}$$

式中　矩阵$[A]$，$[C]$及$([A]+[B][C]^{\mathrm{T}})$为非奇异矩阵，可以将式(5.3.37)写为

$$\begin{aligned}[P(m+1)]=&[P(m)]-[P(m)]\{x(m+1)\}(1+\{x(m+1)\})^{\mathrm{T}}\times\\ &[P(m)]\{x(m+1)\}^{-1}\{x(m+1)\})^{\mathrm{T}}[P(m)]\end{aligned} \tag{5.3.38}$$

将式(5.3.38)和式(5.3.36-2)代入式(5.3.36-1)得

$$\begin{aligned}\{\hat{\theta}(m+1)\}=&[P(m+1)][[X]_m^{\mathrm{T}}\{y\}_m+\{x(m+1)\}y(m+1)]\\ =&[P(m)][X]_m^{\mathrm{T}}\{y\}_m-[P(m)]\{x(m+1)\}\times[1+\\ &\{x(m+1)\}^{\mathrm{T}}[P(m)]\{x(m+1)\}]^{-1}\{x(m+1)\}^{\mathrm{T}}\times\\ &[P(m)][X]_m^{\mathrm{T}}\{y\}_m+[P(m)]\{x(m+1)\}y(m+1)-\\ &[P(m)]\{x(m+1)\}[1+\{x(m+1)\}^{\mathrm{T}}[P(m)]\times\\ &\{x(m+1)\}^{-1}]\{x(m+1)\}^{\mathrm{T}}[P(m)]\times\{x(m+1)\}y(m+1)\end{aligned} \tag{5.3.39}$$

将式(5.3.39)中最后两项合并和简化，再利用公式

$$\{\hat{\theta}(m)\}=[P(m)][X]_m^{\mathrm{T}}\{y\}_m$$

则式(5.3.39)可简化为

$$\begin{aligned}\{\hat{\theta}(m+1)\}=&\{\hat{\theta}(m)\}+[P(m)]\{x(m+1)\}[1+\{x(m+1)\}^{\mathrm{T}}[P(m)]\times\\ &\{x(m+1)\}]^{-1}[y(m+1)-\{x(m+1)\}^{\mathrm{T}}\{\hat{\theta}(m)\}]\end{aligned} \tag{5.3.40}$$

式(5.3.40)就是递推最小二乘估计公式。它表示新的估计值$\{\hat{\theta}(m+1)\}$可以在老的估计值$\{\hat{\theta}(m)\}$基础上加一项修正项得到，修正项中的$[P(m)]$可用上次计算中的$[P(m)]$，但在本次计算中还可以应用式(5.3.38)将它更新。

3)增广递推最小二乘辨识方法

当振动测试噪声均值为0时，最小二乘参数估计算法为无偏估计；当噪声的均值不为0时，最小二乘估计算法为有偏估计。为了解决最小二乘参数估计的有偏性，将噪声模型的辨识考虑进去，称为增广最小二乘法。被辨识的模型为：

$$\begin{aligned}y(i)=&\theta_1x_1(i)+\theta_2x_2(i)+\cdots+\theta_nx_n(i)+\varepsilon'\\ =&\theta_1x_1(i)+\theta_2x_2(i)+\cdots+\theta_nx_n(i)+\theta'_1\varepsilon_1(i)+\theta'_2\varepsilon_2(i)+\cdots+\theta'_n\varepsilon_n(i)\end{aligned} \tag{5.3.41}$$

式中：$\varepsilon'=\theta'_1\varepsilon_1(i)+\theta'_2\varepsilon_2(i)+\cdots+\theta'_n\varepsilon_n(i)$为均值非0的噪声序列。

对于辨识模型，同样可以采用前述最小二乘辨识或者递推最小二乘辨识求出带辨识的参数$\{\theta\}=[\theta_1,\theta_2,\cdots,\theta_n,\theta'_1,\theta'_2,\cdots,\theta'_n]$。

(3)振源输入的识别方法

在建立土体动力响应分析模型的基础上，利用可以测得的地层响应来识别振源输入。实际工况条件下所进行的地层响应的观测事实上是不完备的，即只能在有限的地层观测点上(主要是地表或者浅层土层)得到地层响应的观测值。土体动力方程中的地层响应同时包含了观测自由度和非观测自由度，使未知地层参数的振源识别问题成为了非线性反演问题，大大增加了问题的复杂性。为了研究测量信息不完备条件下的振源荷载识别，需要将整体土体系统中只包含可观测自由度的一部分提取出来单独进行研究，将整体土体系统的未知输入识别问题转化为观测子结构土层的未知输入反演问题，从而使问题得到简化。

利用集中质量法建立的土体动力响应方程中的刚度矩阵和阻尼矩阵为三对角阵，质量矩阵为主对角阵。基于参数矩阵的稀疏性，在子结构识别中，至少需要已知三个自由度上的土层结构响应。也就是说，所选取的子结构土层应该至少包括三个观测自由度。为了简便说明方法，假定结构最上面的三个自由度的响应是可以观测的，因此，将这三个自由度选取为要研究的子结构土层。子结构土层的运动方程可以用以上公式的最后两个方程表示：

$$m_{n-1}\ddot{x}_{n-1}(t)+c_{n-1}[\dot{x}_{n-1}(t)-\dot{x}_{n-2}(t)]+c_n[\dot{x}_{n-1}(t)-\dot{x}_n(t)]+k_{n-1}[x_{n-1}(t)-x_{n-2}(t)]+ k_n(x_{n-1}(t)-x_n(t))=-m_{n-1}\ddot{x}_0(t) \tag{5.3.42}$$

$$m_n\ddot{x}_n(t)+c_n(\dot{x}_n(t)-\dot{x}_{n-1}(t))+k_n(x_n(t)-x_{n-1}(t))=-m_n\ddot{x}_0(t) \tag{5.3.43}$$

联立上述两个方程，消去方程右端项中的$\ddot{x}(t)$，得到：

$$\begin{aligned}&m_nc_{n-1}[\dot{x}_{n-1}(t)-\dot{x}_{n-2}(t)]+(m_{n-1}+m_n)c_n[\dot{x}_{n-1}(t)-\dot{x}_n(t)]+\\&m_nk_{n-1}[x_{n-1}(t)-x_{n-2}(t)]+(m_{n-1}+m_n)k_n[x_{n-1}(t)-x_n(t)]\\&=m_{n-1}m_n[\ddot{x}_n(t)-\ddot{x}_{n-1}(t)]\end{aligned} \tag{5.3.44}$$

在方程中，地层子结构自由度上的响应是已知的，未知量是子结构中第N、$N-1$自由度的单元阻尼和刚度。

假定土层的质量参数是已知的，设H为与观测土层子结构有关的土层参数向量(单元阻尼和刚度)：

$$H=[c_{n-1}\quad c_n\quad k_{n-1}\quad k_n]^{\mathrm{T}}$$

A_t是与t时刻监测有关的一个向量：

$$A_t=\begin{bmatrix}m_n(\dot{x}_{n-1}(t)-\dot{x}_{n-2}(t))\\(m_{n-1}+m_n)(\dot{x}_{n-1}(t)-\dot{x}_n(t))\\m_n(x_{n-1}(t)-x_{n-2}(t))\\(m_{n-1}+m_n)(x_{n-1}(t)-x_n(t)\end{bmatrix}^{\mathrm{T}}$$

B_t是与t时刻监测有关的一个常数

$$B_t=m_{n-1}m_n[\ddot{x}_n(t)-\ddot{x}_{n-1}(t)]$$

在整个振(震)动时程上，能够通过测量得到子结构土层节点自由度的动力响应，也就同时得到了方程(5.3.44)的关于各个监测时刻的一系列方程。在时域范围内，测量的次数远大于方程(5.3.44)的未知数个数，利用子结构地层节点自由度在各个采样时刻的一系列测量值，可以形成方程(5.3.44)关于m个采样时刻的一个超定方程组：

$$AH=B \tag{5.3.45}$$

式中　$A=[A_1\quad A_2\quad\cdots\quad A_m]^{\mathrm{T}}$，$B=[B_1\quad B_2\quad\cdots\quad B_m]^{\mathrm{T}}$。

超定方程组(5.3.45)的求解可以在剩余误差最小的原则下，得到方程组的一般最小二乘解(或者根据具体的测试情况，进行递推最小二乘辨识、增广递推最小二乘辨识)，也就求得了未知地层参数的最小二乘估计解：

$$\hat{H}=(A^{\mathrm{T}}A)^{-1}A^{\mathrm{T}}B \tag{5.3.46}$$

将未知地层参数的估计值代入方程(5.3.43)，并且利用各个时刻的响应观测值，可以得到：

$$\hat{\ddot{x}}_0(t)=-(1/m_n)\times[m_n\ddot{x}_n(t)+c_n(\dot{x}_n(t)-\dot{x}_{n-1}(t))+k_n(x_n(t)-x_{n-1}(t))] \tag{5.3.47}$$

式(5.3.47)即为振(震)源的估计输入。

3.3.2　盾构施工振源的识别

基于上述荷载识别基本方法的分析可知，为了完成振源荷载的识别，至少需要已知三个自由度上的土层结构响应。地层响应的获得基本可以通过以下两类方法：1)现场实测。其中，地表土层的振动响应相对较为容易获得，土层中振动响应的精确测量是较难达到的(有研究者采用挖孔至指定标高地层放置拾振器的方法，此法因地层边界条件的改变从而使结果精确度不能保证)。而且对于本研究中的监测来说，区域内盾构施工穿越的是大量而集中的古旧平房群，现场测试条件更是有限。2)模型试验。模型试验方法可以很好地控制边界条件，地表及土层中的振动响应也较容易获得，但是实际振源及土体的现场实际特性较难完全重现。

针对以上问题，结合所监测区域内的实际特点，在现场实际能够获得的振动响应资料有限的基础上(现场监测的容许条件下，一般一个典型的监测断面的监测包括：作业面正上方，垂直于隧道轴线方向向上(横断面)的五个测点的地表及房屋的振动响应)，将房屋与地表之间的体系视为为整个土体体系的子结构体系进行分析，可以考虑采用下述方法对盾构施工振动振源进行荷载识别。

(1)利用地表与房屋的监测数据

先选取某监测断面上的地表监测点(除作业面正上方的监测点)，利用单质点系集中质量法，视整个土层为单质点建立其动力响应方程；再选取作业面正上方的地表及房屋监测点，利用多质点系集中质量法建立最上面一层土层(将房屋与地表之间的体系视为多质点体系的第 n 层土)的动力响应方程，联立方程，利用3.3.1节的求解方法，对盾构施工振动振源进行荷载识别。

(2)利用地表的监测数据

选取作业面正上方横断面的两个地表监测点，利用多质点系集中质量法建立其的动力响应方程，联立方程，利用 3.3.1 节的求解方法，对盾构施工振动振源进行荷载识别。

另外，当获得新的监测数据时，可以利用递推最小二乘辨识对振源进行进一步的识别。当监测点的振动受到干扰(噪声均值不为 0)时，可以利用增广最小二乘辨识用上述(1)和(2)所述方法形成的方程组进行辨识得到振源估计。在此，选取南中区间左线第 691 环作业面正上方的横断面上地表及房屋振动响应监测数据，利用 Matlab 编制荷载识别计算程序，得到的振源识别成果如图 5.3.14 所示。

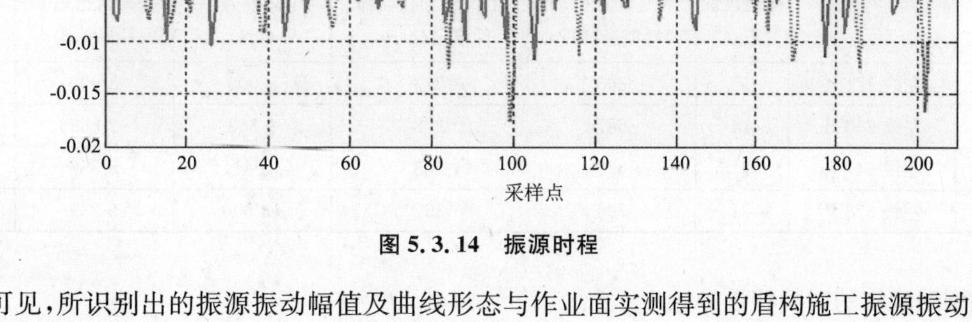

图 5.3.14　振源时程

由上图可见，所识别出的振源振动幅值及曲线形态与作业面实测得到的盾构施工振源振动幅值较相近，主要频率分布较为相近。

第 4 章　盾构施工引起的环境振动

当盾构施工在相对坚硬的地层(如密实的卵石地层)中掘进时,其上部建筑、设施或者人们就会受到其所引起的地基或者地表的振动和噪声及由此产生的二次振动和二次噪声的影响,它的循环效应会对建筑物特别是对于古旧建筑的结构安全带来影响,同时会对建筑物内人们的正常工作和生活、精密仪器的正常使用等带来影响。盾构施工引起的环境振动问题涉及多个子系统,其中包括盾构机(包括轨道)、隧道结构、地层及地面建筑物等。其中任何一个子系统对于振动波的传播规律研究都是相当复杂的,需要利用现场监测、数值模型计算等有效方法,了解周围环境包括地表及建(构)筑物振动响应规律,为地铁项目建设的合理规划、设计和施工提供可靠的依据。

4.1　盾构施工引起地表振动

4.1.1　地表振动的监测

地表振动的监测,首先根据各个区间不同的施工条件选取典型监测断面,主要是考虑开挖面地层条件、隧道埋深、上覆土的组成条件以及地表环境条件等。

对于北京地铁 8 号线二期南段工程盾构施工引起的地表振动的监测,各个监测断面的工程概况见表 5.4.1、表 5.4.2。监测断面的地层分布如图 5.4.1 所示。

表 5.4.1　隧道横向监测断面工程概况

监测断面	监测位置		地层条件			主要施工参数		
	区间	位置	隧道埋深(m)	作业面加权动弹性模量(MPa)	上覆土加权动弹性模量(MPa)	总推力(kN)	刀盘扭矩(kN·m)	推进速度(mm/min)
1	什南	左线 80 环	16	518	264	13 500	2 400	30
2	什南	左线 155 环	15.5	628	272	7 941	2 788	54
3	南中	左线 198 环	15	660	301	9 882	2 118	52
4	南中	左线 224 环	14	645	297	9 706	2 753	53
5	南中	左线 55 环	15	632	306	12 706	5 050	40
6	南中	左线 620 环	20.5	605	372	21 000	4 971	42

表 5.4.2　隧道纵向监测断面工程概况

监测断面	监测位置		作业面地层条件			主要施工参数		
	区间	位置	隧道埋深(m)	作业面加权动弹性模量(MPa)	上覆土加权动弹性模量(MPa)	总推力(kN)	刀盘扭矩(kN·m)	推进速度(mm/min)
1	什南	左线 171 环	15	660	273	9 000	3 000	40
2	什南	左线 240 环	14	687	278	9 353	2 859	47
3	什南	左线 547 环	13.5	675	288	10 411	5 357	38
4	南中	左线 376 环	21	785	397	18 000	5 280	31

4.1.2　地表振动响应的时频特性

盾构作业面地表振动响应(以下只给出隧道正上方的振动响应),竖向振动、垂直于隧道方向水平振动、沿隧道水平方向振动时程及频谱分析如图 5.4.2～图 5.4.4 所示。

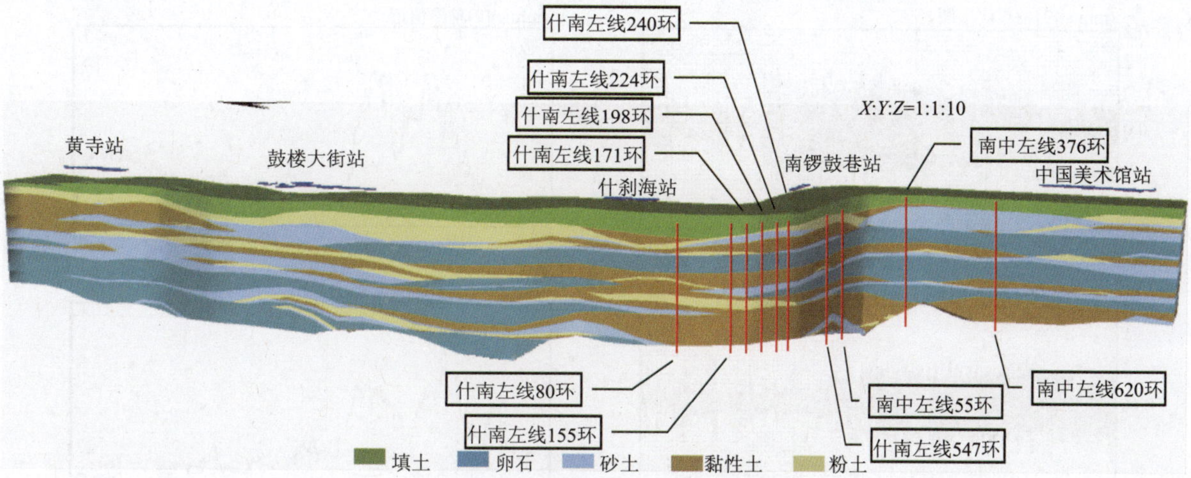

图 5.4.1　监测断面的地层分布情况

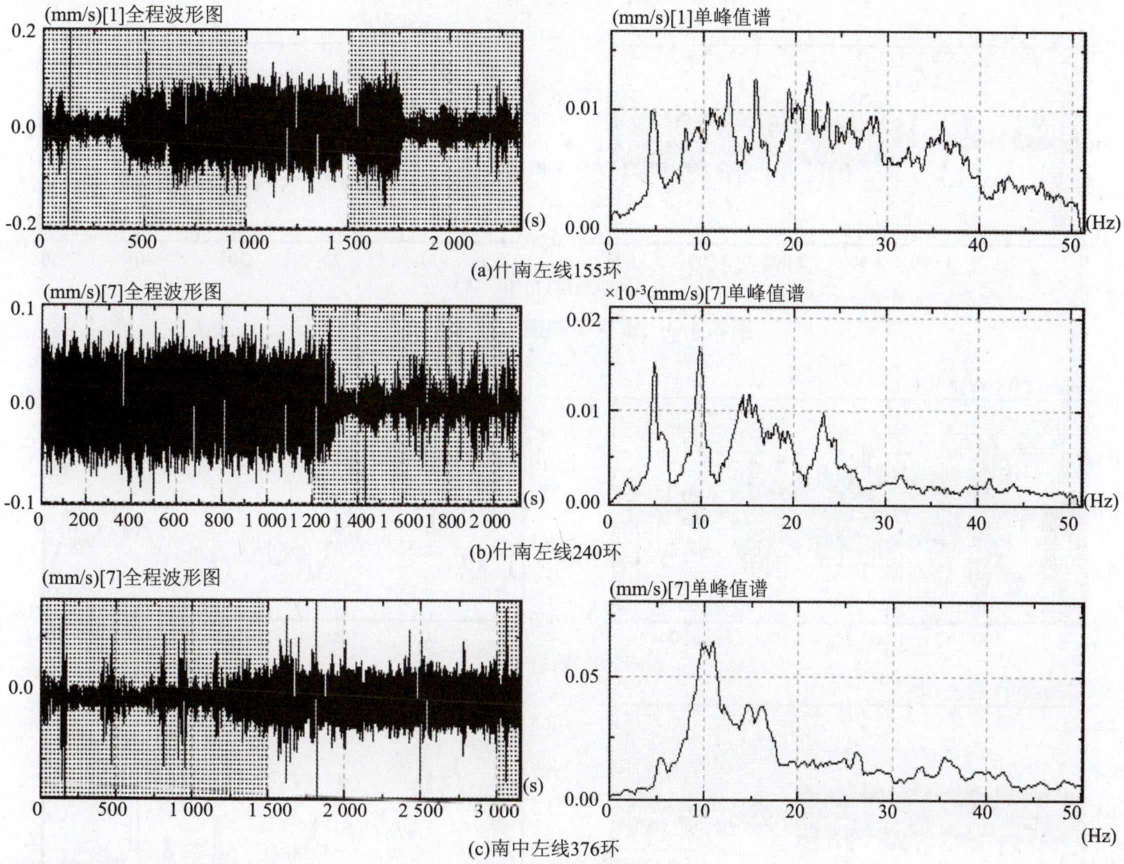

图 5.4.2　竖向振动

盾构作业面正上方，地表振动响应幅值（最大有效值）见表 5.4.3，其中：v_z 为竖向振动，v_x 为垂直于隧道方向水平振动，v_y 为沿隧道方向水平振动。

地表振动响应速度与作业面地层加权动弹性模量、上覆土的加权动弹性模量、隧道埋深以及盾构刀盘扭矩、总推力以及推进速度的相对关系（均作均值化处理），如图 5.4.5～图 5.4.7 所示。

对振动响应速度与作业面地层加权动弹性模量、上覆土的加权动弹性模量、隧道埋深以及盾构刀盘扭矩、总推力以及推进速度的相对关系进行多元回归分析，得到的结果如图 5.4.8 所示。

可以看到：

（1）由图 5.4.2、图 5.4.3、图 5.4.4 及表 5.4.3 可知：在所监测的断面上，隧道正上方各个测点，由于盾构施工引起的地表竖向振动幅值（有效值）的分布范围约为 0.03～0.2 mm/s，水平方向振动约为 0.01～0.2 mm/s，根据美国的 FTR 规范计算，竖向速度振级约为 61～78 dB，水平振动振级约为 52～78 dB。由盾构施工引起的竖向振动振级略大于水平振动，部分测点二者振级基本相当。

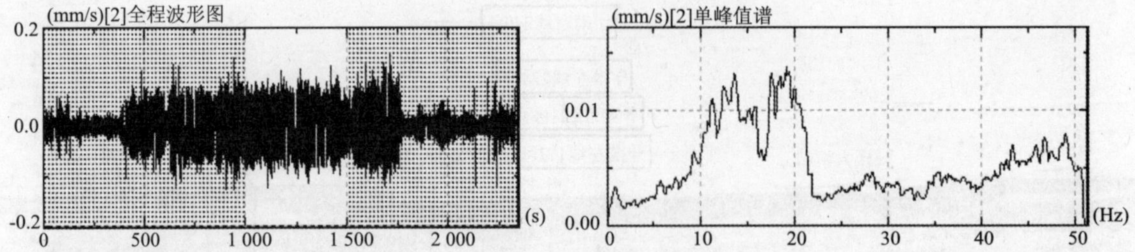

(a)什南左线155环

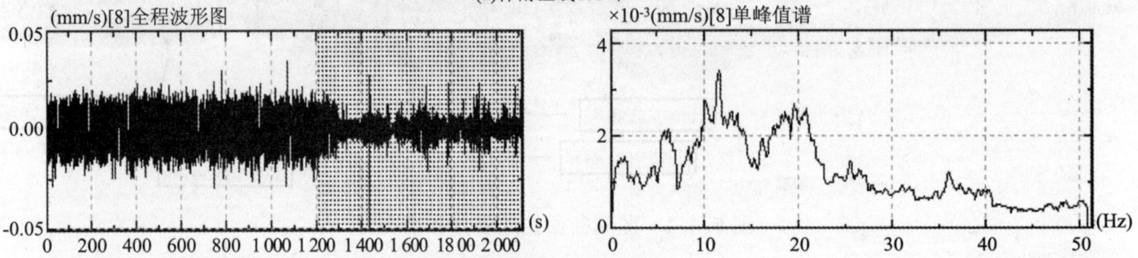

(b)什南左线240环

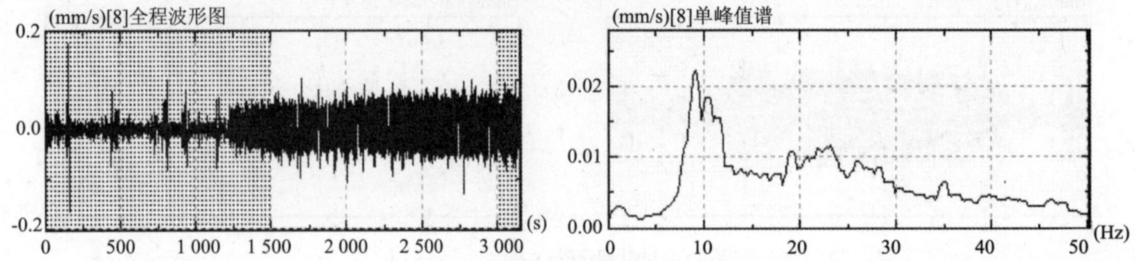

(c)南中左线376环

图 5.4.3　垂直于隧道方向水平振动

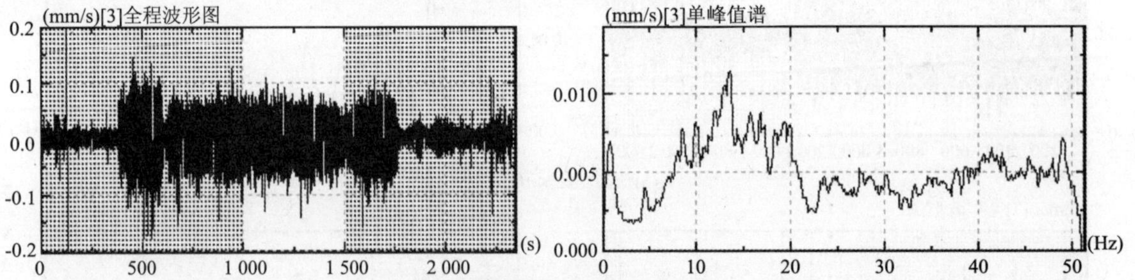

(a)什南左线155环

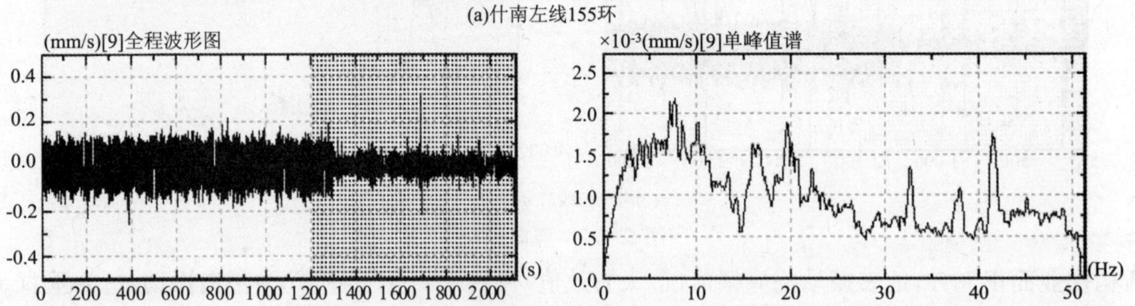

(b)什南左线240环

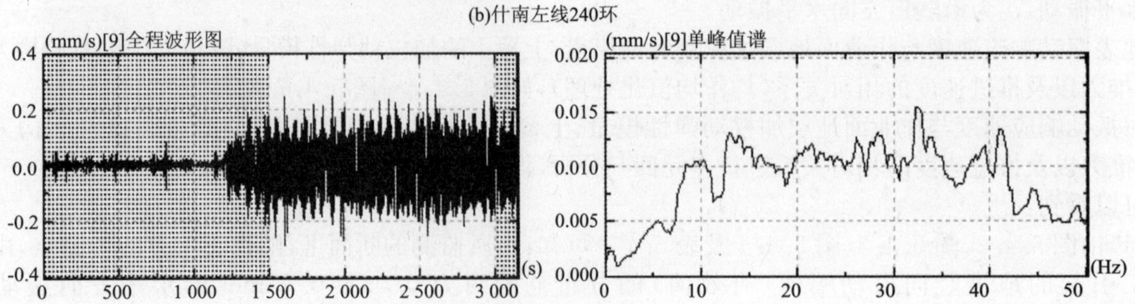

(c)南中左线376环

图 5.4.4　沿隧道方向水平振动

表 5.4.3　盾构作业面正上方地表振动响应(mm/s)

监测点	速度类别		
	v_z	v_x	v_y
什南区间左线 80 环	0.030 63	0.014 92	0.022 24
什南区间左线 155 环	0.080 71	0.069 21	0.059
什南区间左线 171 环	0.054 92	0.048 7	0.052 15
什南区间左线 198 环	0.044 49	0.033 59	0.033 59
什南区间左线 224 环	0.043 42	0.031 21	0.035 01
什南区间左线 240 环	0.057 7	0.015 32	0.010 26
什南区间左线 547 环	0.114 38	0.128 33	0.233 05
南中区间左线 55 环	0.092 15	0.087 92	0.080 02
南中区间左线 376 环	0.202 63	0.050 27	0.075 45
南中区间左线 620 环	0.191 98	0.206 78	0.231 54

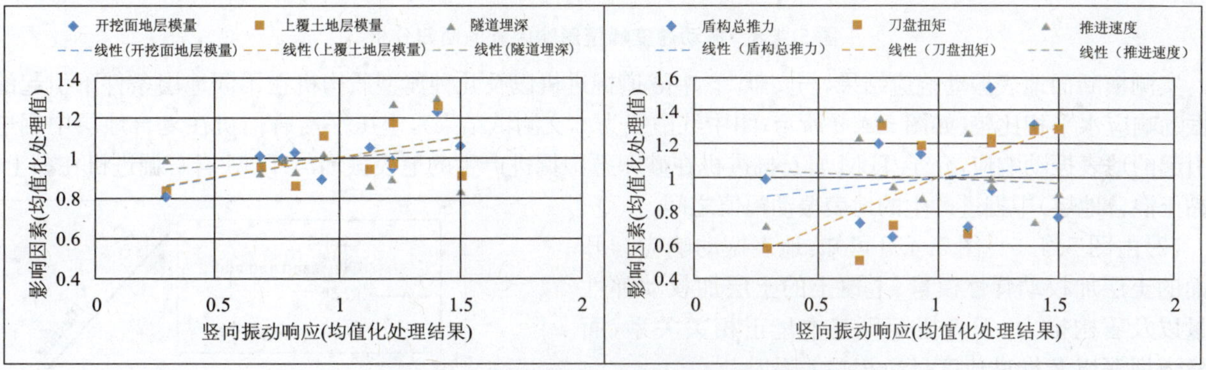

图 5.4.5　竖向振动与影响因素的相对关系

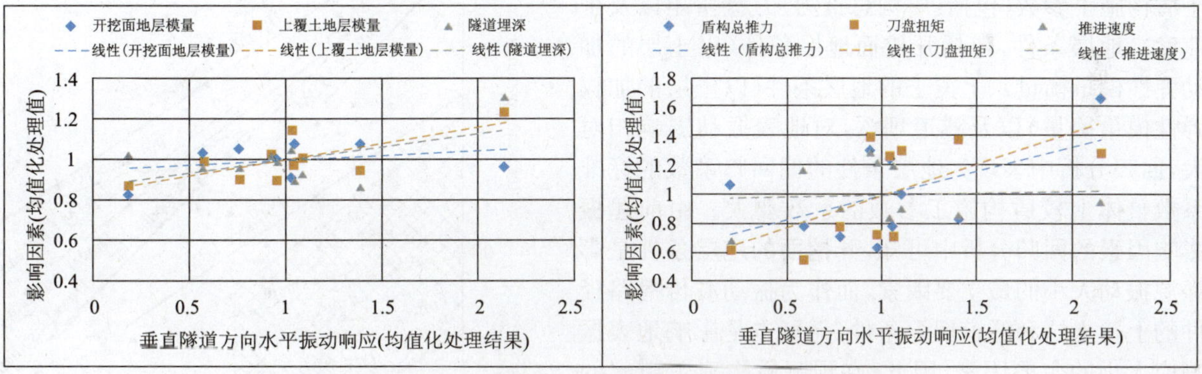

图 5.4.6　垂直于隧道方向水平振动与影响因素的相对关系

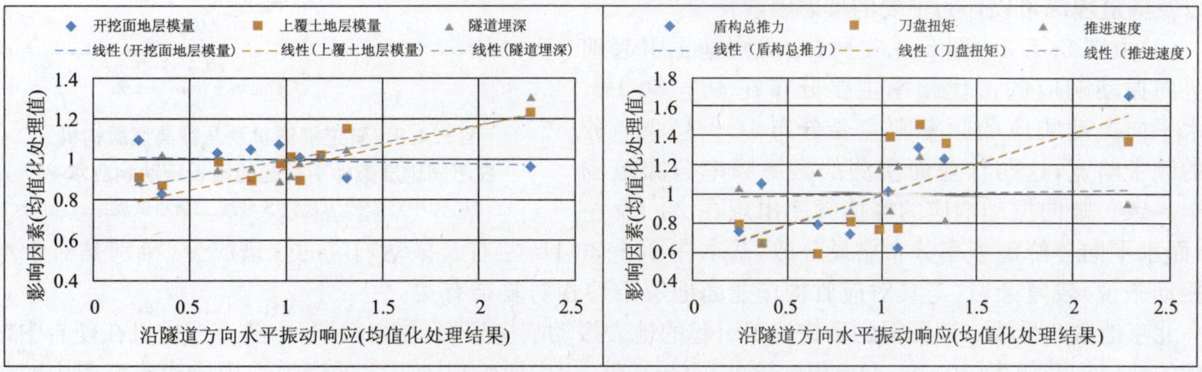

图 5.4.7　沿隧道方向水平振动与影响因素的相对关系

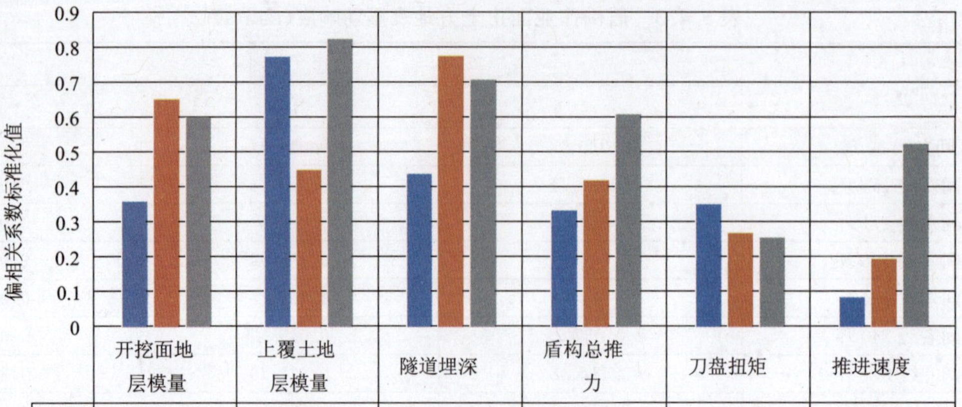

	开挖面地层模量	上覆土地层模量	隧道埋深	盾构总推力	刀盘扭矩	推进速度
v_z	0.358 5	0.772 4	0.437	0.332 6	0.351	0.084 5
v_x	0.651	0.447 7	0.774	0.418 4	0.268 2	0.194 2
v_y	0.601	0.823 2	0.706 6	0.608 6	0.254 9	0.522 9

影响因素

图 5.4.8　振动速度峰值影响因素的回归分析

实测横断面地表振动响应结果，与文献[120]中隧道掘进机以及几种典型盾构机在不同地层条件下引起的地表振动响应水平相比较（如图 5.4.9 所示，图中红虚线为本文测试结果），土压平衡盾构机在复合地层中掘进时所引起的地表振动响应，介于 TBM 岩石掘进机在砂卵石中掘进产生的地表振动与 TBM 岩石掘进机在黏土（砂与黏土混合地层）中掘进产生的地表振动幅值之间。

(2)由图 5.4.5～图 5.4.8 可知：地表振动响应与开挖面的土层加权动弹性模量、上覆土的土层加权动弹性模量以及盾构推力、刀盘扭矩等基本呈正相关关系，而与隧道埋深以及推进速度呈负相关关系。

地表振动响应因素的多元回归分析的结果表明，相对于盾构施工参数（包括：盾构总推力、刀盘扭矩以及推进速度），地层条件，包括开挖面地层条件（以土层的加权动弹性模量衡量）、上覆土的地层条件（以土层的加权动弹性模量衡量）以及隧道埋深，对地表振动影响相对较大，回归分析中表现为地层条件的偏回归系数的标准化系数整体上较盾构施工参数的系数要大。由前述振源影响因素的回归分析中可知，开挖面的地层条件是影响振源振动大小的最主要因素，而作为振动波传播路径条件的上覆土层和隧道埋深条件，无疑也是影响地表振动响应大小的主要因素，因此，在预测盾构施工引起的地表振动响应时，开挖面的地层条件、上覆土的地层条件以及隧道埋深可以作为主要的考虑因素。

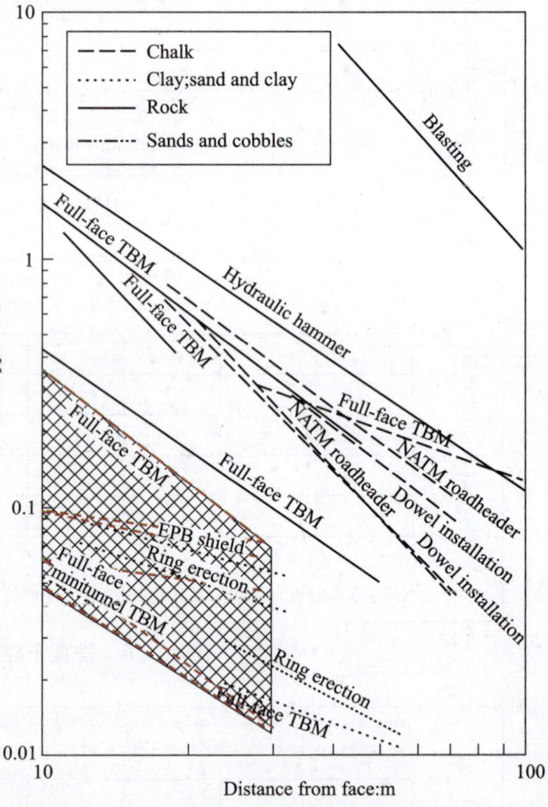

图 5.4.9　隧道掘进机及几种典型盾构机在不同地层条件下引起的地表振动响应水平

注：图中红虚线为地铁 8 号线二期测试成果。

(3)由图 5.4.2～图 5.4.4 所知，盾构施工引起地表竖向振动响应的占优频率主要分布在 10～30 Hz，而水平向振动响应的频率则主要分布 10～35 Hz，分布的频带略宽，这与作业面实测的振源频率分布范围基本一致。竖向振动响应的峰值频率出现在 20 Hz 左右，而水平向分峰值频率分布略显分散，基本在 20～30 Hz 左右。振动响应的频谱成分（特别是对于水平向振动来说）较复杂，这与其对应盾构作业面地层条件相对复杂有关。

北京地铁 8 号线二期测得的盾构施工引起的地表振动响应频率，与文献[100]中隧道掘进机在硬岩中掘进引起的地层振动频率（30～90 Hz）相比较小，而与文献[104]中所给出的巴尔的摩地铁用盾构施工产生的频率（10～30 Hz）相近。

4.1.3　地表振动响应规律

(1)时域响应规律

盾构施工振动所引起的地表振动响应速度(取振动有效值的最大值),在垂直于隧道方向以及沿隧道方向断面上,随距离的变化规律分别如图 5.4.10、图 5.4.11 所示。

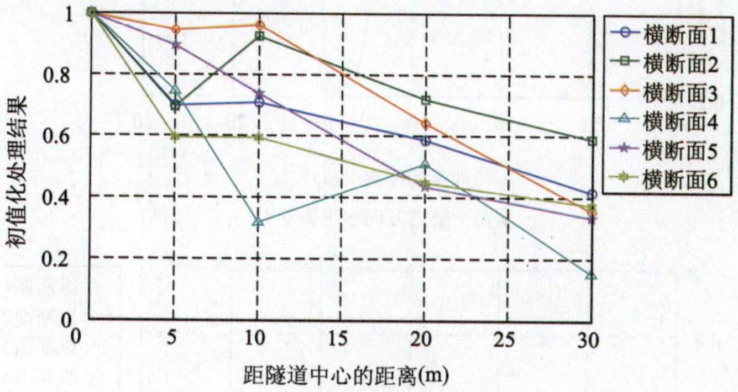

(a) 竖向振动

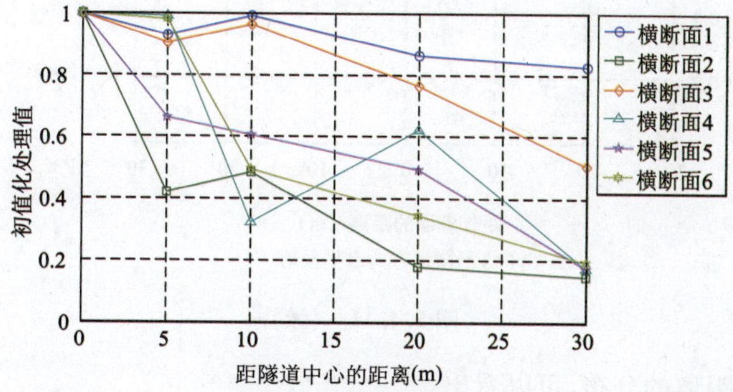

(b) 垂直于隧道方向水平振动

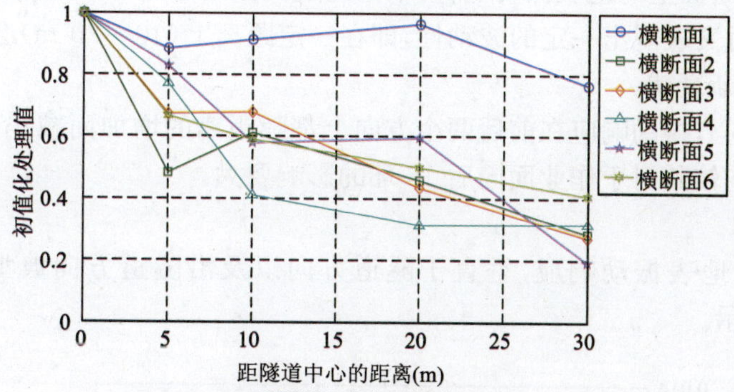

(c)沿隧道方向水平振动

图 5.4.10　横断面振动响应

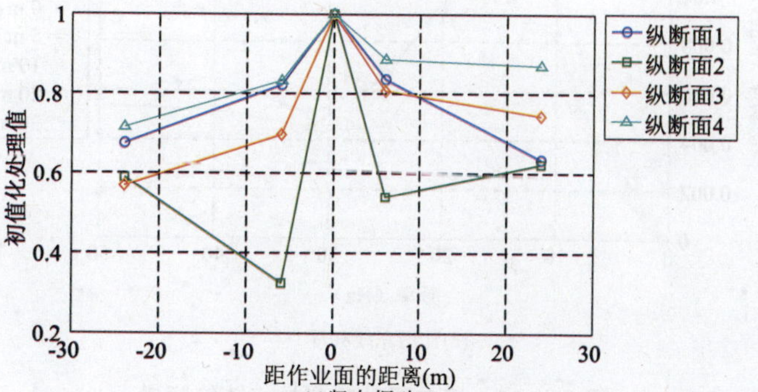

(a)竖向振动

图 5.4.11　纵断面振动响应

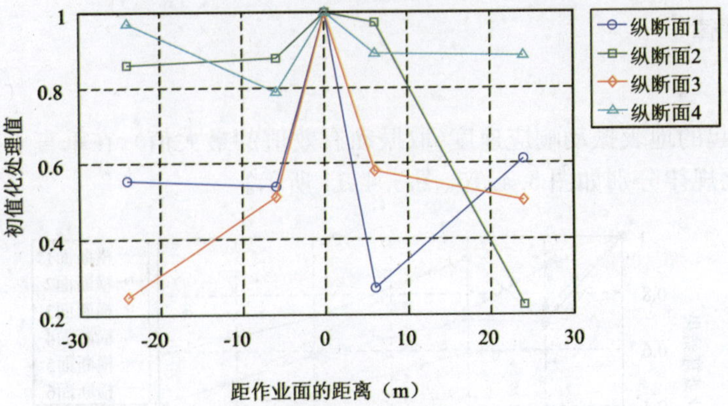

(b) 垂直于隧道方向水平振动

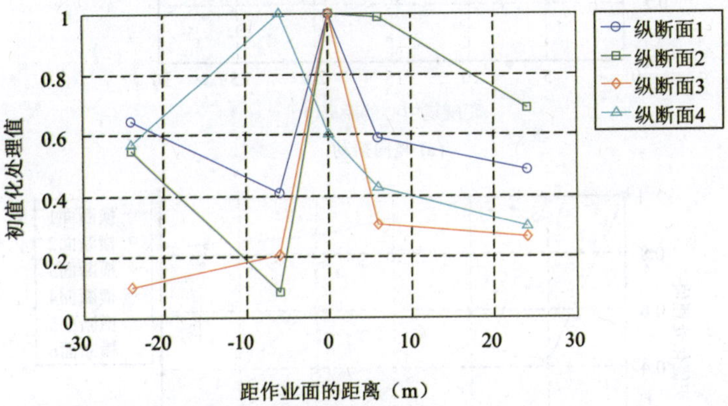

(c) 沿隧道方向水平振动

图 5.4.11 （续）

通过以上振动响应随距离的分布，可以看出：

1)盾构施工引起的横断面上的地表振动响应，不论是竖向振动还是两个水平方向的振动，都随距隧道中心距离的增加而减小，同时又表现出一定的波动性，即在一定距离上(10～20 m)会出现反弹增大，但总的趋势还是随距离的增大而逐渐衰减。

2)以施工作业面为中心，振动响应在前后两个方向上都随距离的增加而减小；盾构施工产生的振动，对于作业面向前 15 环的影响较其对于作业面向后 15 环的影响要大。

(2)频域响应规律

盾构施工振动引起的地表振动响应，垂直于隧道方向以及沿隧道方向典型的 1/3 倍频程谱分析如图 5.4.12～图 5.4.14 所示。

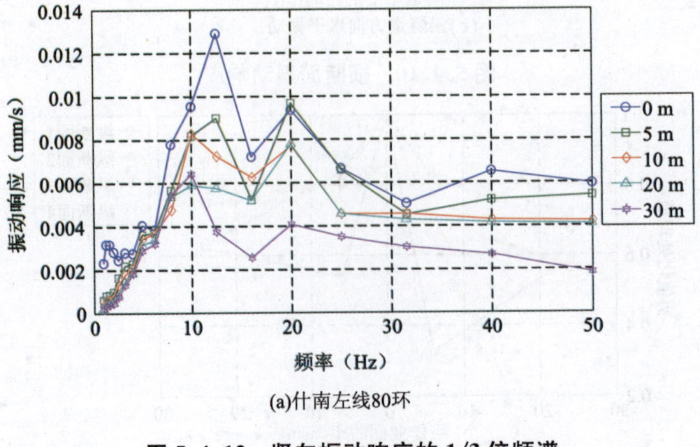

(a)什南左线80环

图 5.4.12　竖向振动响应的 1/3 倍频谱

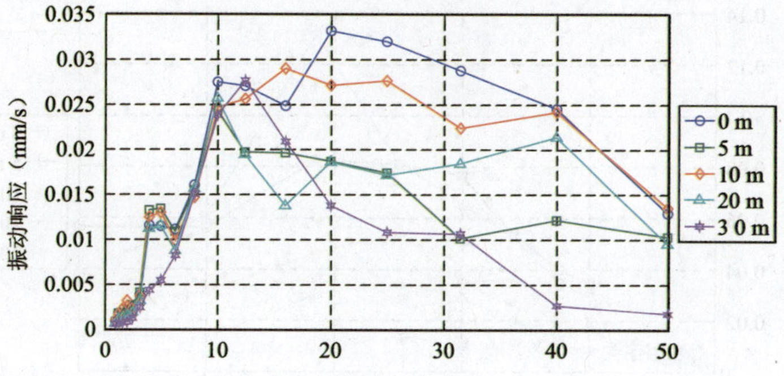

(b)什南左线155环

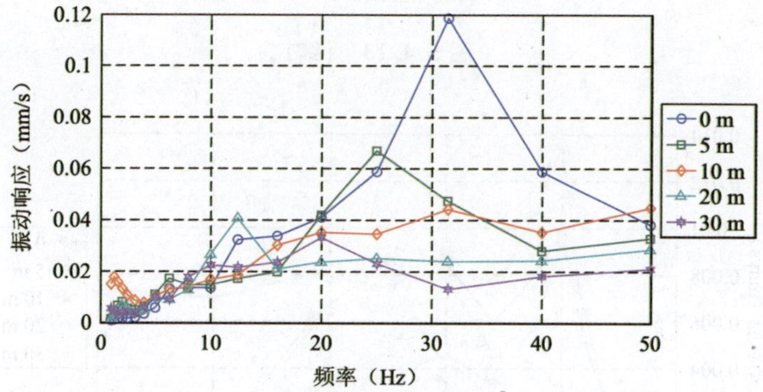

(c)南中左线620环

图 5.4.12　（续）

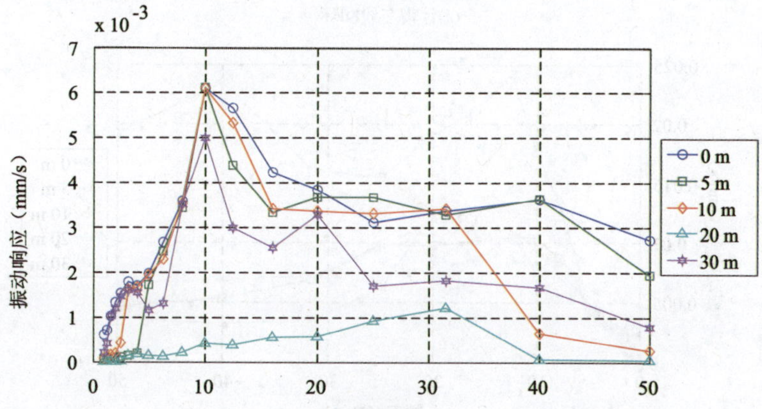

(a)什南左线80环

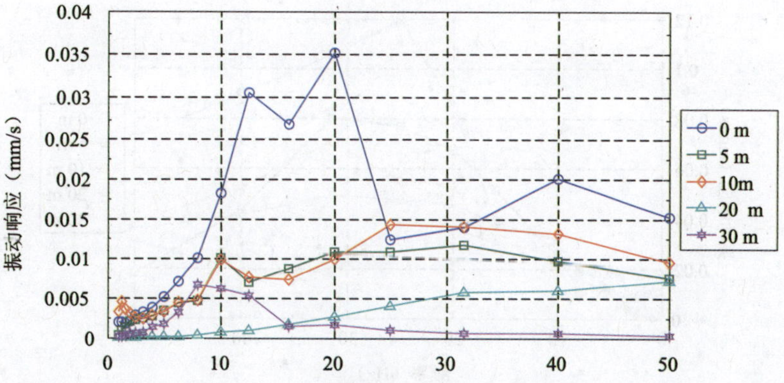

(b)什南左线155环

图 5.4.13　垂直隧道方向水平振动响应的 1/3 倍频谱

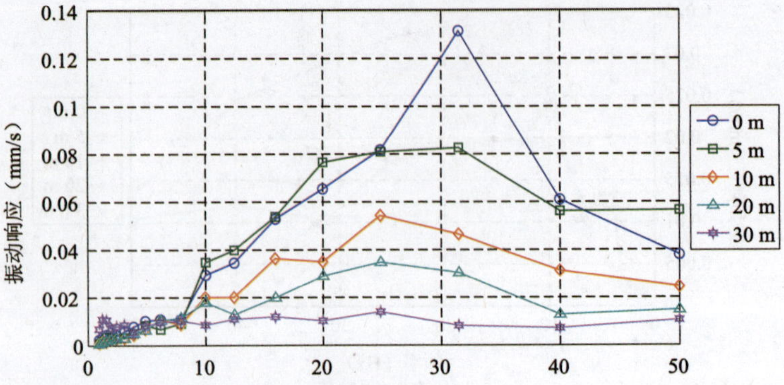

(c)南中左线620环

图 5.4.13　（续）

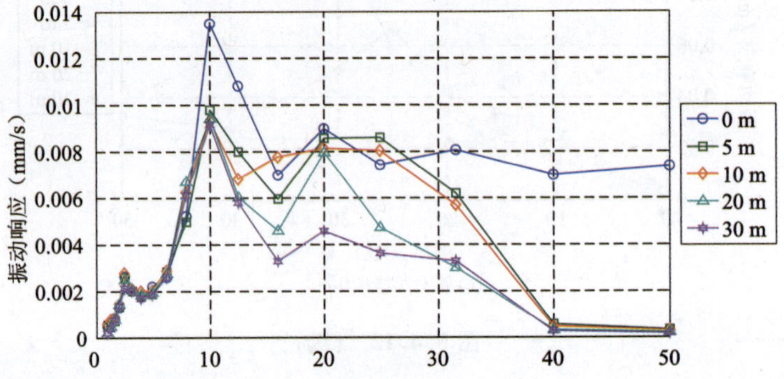

(a)什南左线80环

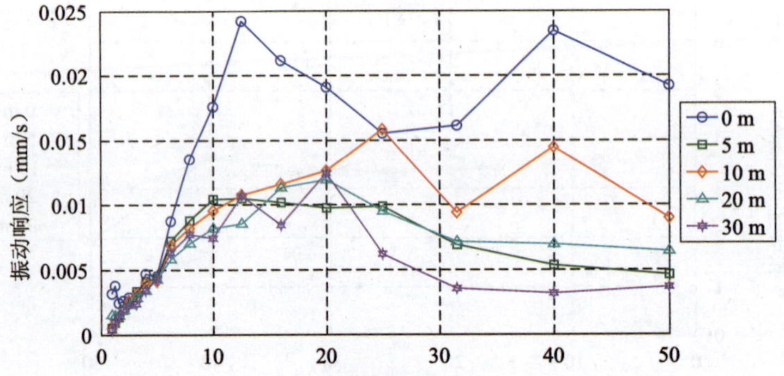

(b)什南左线155环

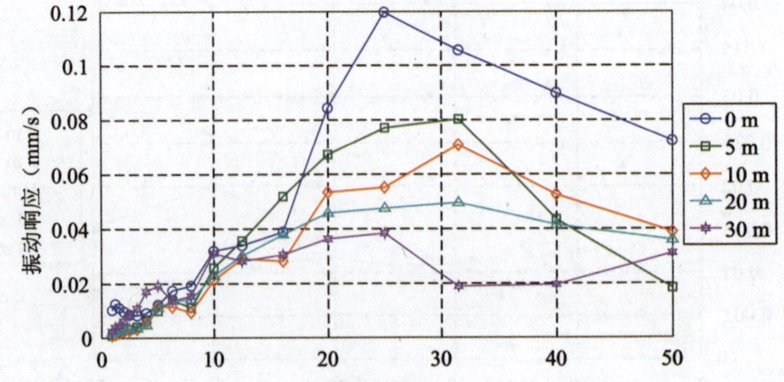

(c)南中左线620环

图 5.4.14　沿隧道方向水平振动响应的 1/3 倍频谱

结合前述典型断面的振动响应峰值谱分析，可得以下结论：

1）由图 5.4.12、图 5.4.13、图 5.4.14 可知，在监测断面的各个监测点上，距隧道中心不同距离上的各个测点的振动响应频率特性基本一致，地表竖向振动响应的频率主要分布在 10～35 Hz，而水平向振动响应的频率则主要分布在 10～40 Hz。

2）各测点的振动响应在 10 Hz 以下的频段基本相当，且随距振源的距离变化而变化不大，而 10 Hz 以上频段，随距作业面距离的增加，振动基本呈衰减的趋势，横断面上振动响应在 10～20 m 测点存在一定的反弹区（这与时域分析的结果一致）。可以看出，不同频率的地表振动响应随距离的衰减规律是有差别的，这主要是由于土层对于高频振动的衰减作用较为明显、对低频振动的作用则相对较弱造成的。

4.2　盾构施工引起建筑物振动

4.2.1　建筑物振动的监测

建筑物振动的监测，首先根据各个区间不同的施工条件选取典型的地表建筑物的监测断面，主要是考虑开挖面地层条件、隧道埋深、上覆土的组成条件以及地面建筑物环境条件等。

另外，关于建筑物上监测点的布设，目前国际上（国际标准《建筑物安全振动控制标准》等）对于建筑物振动测点布置有着明确规定：当评估振动从建筑物基础向上部结构能量传播时，测点应布置在建筑物基础上。德国有关建筑物的振动控制标准中（《建筑物安全振动控制标准》），对振动测点的位置和测量值的选取也有下面相关规定：当建筑物发生短期振动时，振动测点应布置在建筑物的基础处。国内相关振动控制标准中，对于振动测试，当室内布设条件不允许时，可将测点布设在建筑物基础距外墙 0.5 m 范围内的振动敏感处。在振动影响的测试中，考虑到盾构施工振源的特点（短期振动）、环境振动测试的对象（本研究中主要是平房结构及其内的人体，针对能量的传播过程）及现场监测条件（本研究中针对的古旧平房群的现场测试条件相对复杂，室内布设测点很难实现）等，振动测试点主要布置在靠近典型结构构件（如窗台、柱）的建筑物基础上。

对于北京地铁 8 号线二期南段盾构施工引起的周围建筑物的监测，各个监测断面的工程概况见表 5.4.4、表 5.4.5。监测断面的地层分布如图 5.4.15 所示。

表 5.4.4　隧道横向监测断面工程概况

监测断面	监测位置		地层条件			主要施工参数		
	区间	位置	隧道埋深（m）	作业面加权动弹性模量（MPa）	上覆土加权动弹性模量（MPa）	总推力（kN）	刀盘扭矩（kN·m）	推进速度（mm/min）
1	什南	左线 80 环	16	518	264	13 500	2 400	30
2	什南	左线 133 环	15.5	610	286	9 200	3 000	40
3	什南	左线 155 环	15.5	628	272	7 941	2 788	54
4	南中	左线 55 环	15	632	306	12 706	5 050	40
5	南中	右线 634 环	20	637	342	2 4000	5 300	60
6	南中	左线 620 环	20.5	605	372	21 000	4 971	42
7	南中	左线 691 环	19	427	375	16 765	3 900	51

表 5.4.5　隧道纵向监测断面工程概况

监测断面	监测位置		地层条件			主要施工参数		
	区间	位置	隧道埋深（m）	作业面加权动弹性模量（MPa）	上覆土加权动弹性模量	总推力（kN）	刀盘扭矩（kN·m）	推进速度（mm/min）
1	鼓什	右线 560 环	16	638	311	16 500	5 400	57
2	什南	左线 547 环	13.5	675	288	10 411	5 357	38
3	南中	右线 634 环	20	637	342	24 000	5 300	60

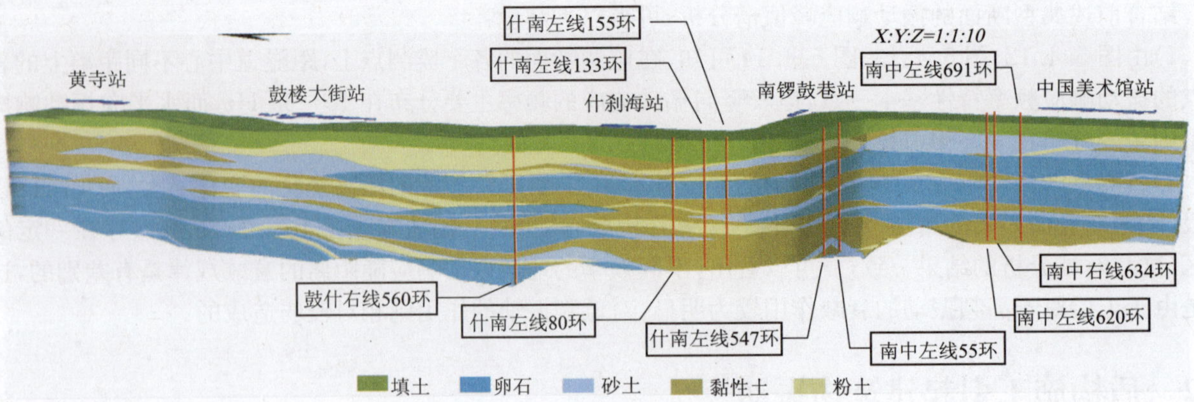

图 5.4.15　监测断面的地层分布情况

4.2.2　建筑物振动响应的时频特性

监测断面上典型地表建筑物振动响应(以下只给出隧道正上方的振动响应),包括竖向振动、垂直于隧道方向水平振动、沿隧道方向水平振动的时程及频谱,分别如图 5.4.16～图 5.4.18 所示。

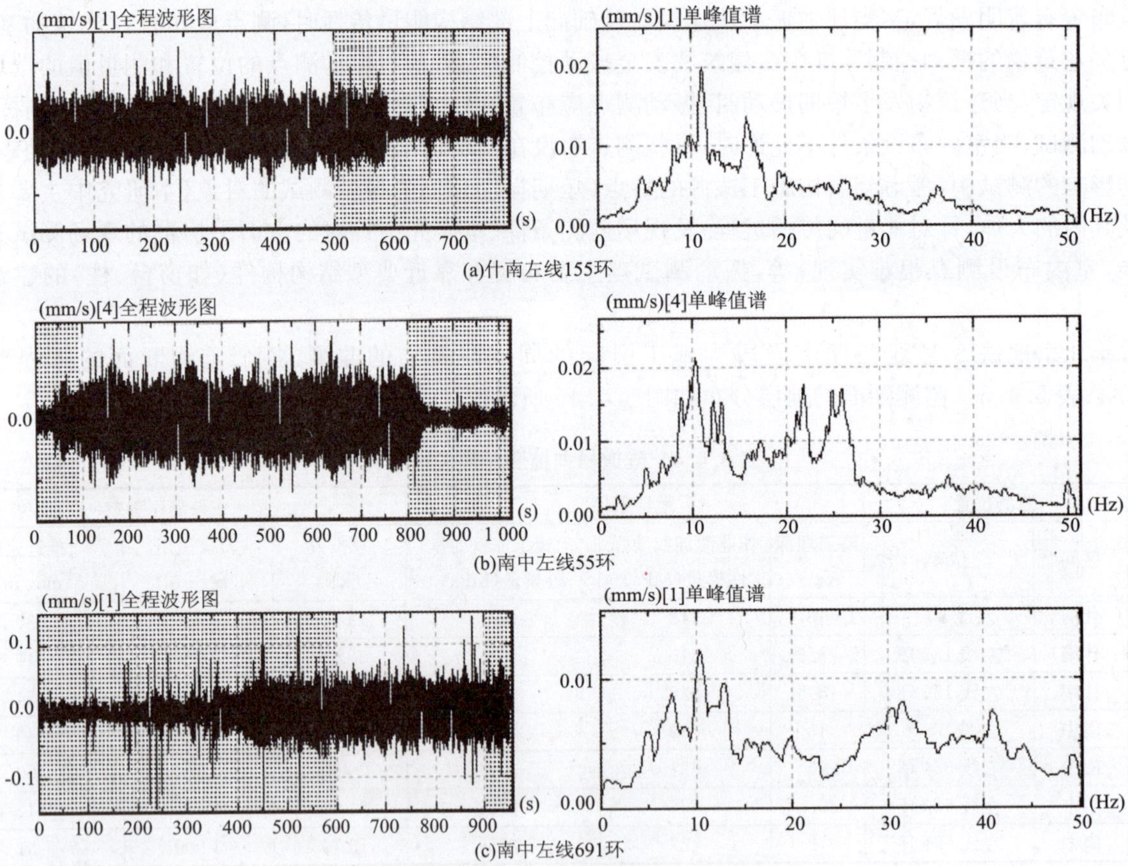

图 5.4.16　竖向振动速度时程、频谱

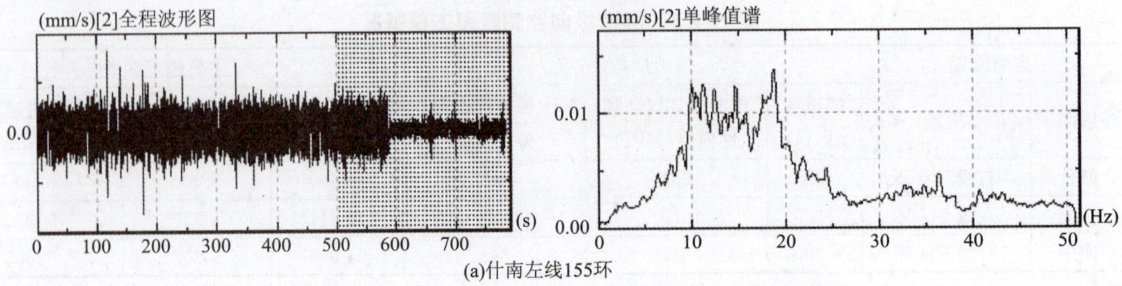

图 5.4.17　垂直于隧道方向水平振动速度时程、频谱

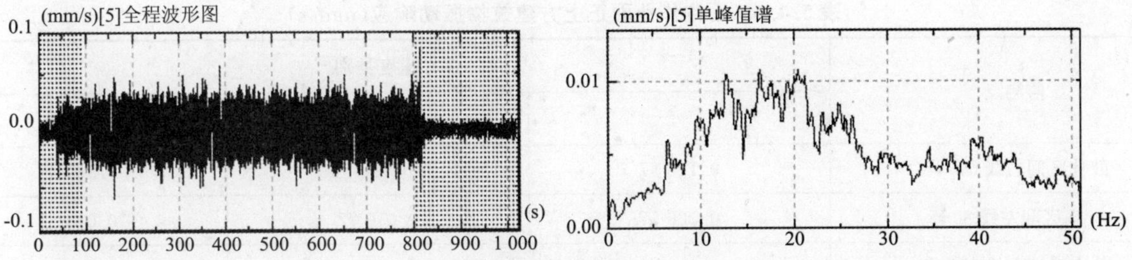

(b)南中左线55环

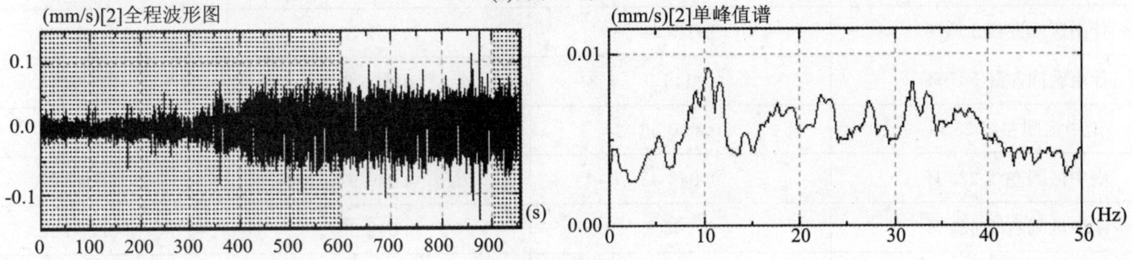

(c)南中左线691环

图 5. 4. 17　（续）

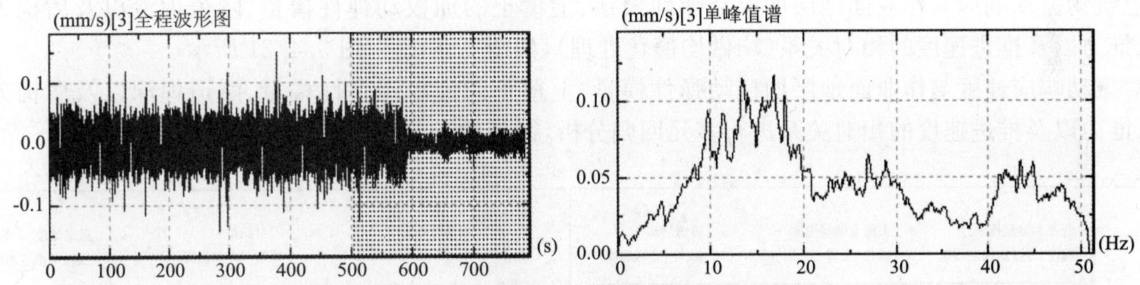

(a)什南左线155环

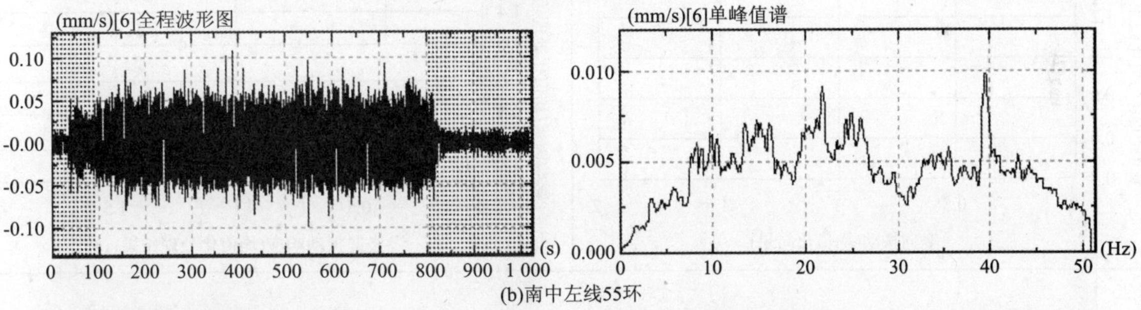

(b)南中左线55环

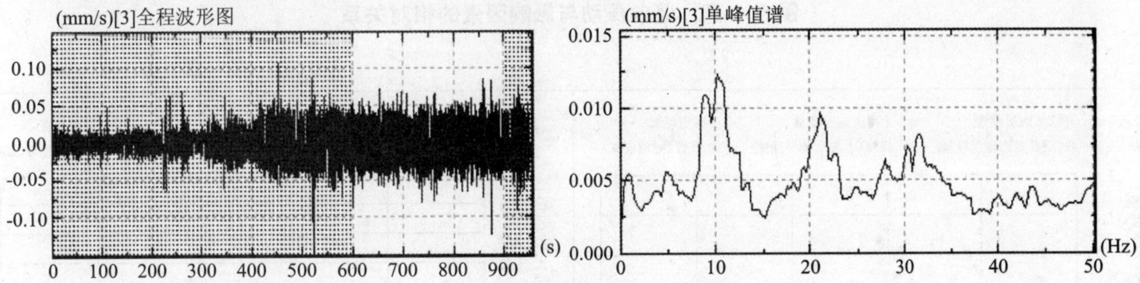

(c)南中左线691环

图 5. 4. 18　沿隧道方向水平振动速度时程、频谱

盾构作业面正上方，建筑物振动响应幅值（最大有效值）见表 5. 4. 6，其中：v_z为竖向振动，v_x为垂直于隧道方向水平振动，v_y为沿隧道方向水平振动。

表 5.4.6　盾构作业面正上方建筑物振动响应(mm/s)

监测点	速度类别		
	v_z	v_x	v_y
鼓什区间右线 560 环	0.188 47	0.188 6	0.182 44
什南区间左线 80 环	0.026 57	0.010 77	0.018 37
什南区间左线 133 环	0.065 88	0.045 71	0.07 27
什南区间左线 155 环	0.055 98	0.059 51	0.057 54
什南区间左线 547 环	0.114 9	0.106 2	0.073 91
南中区间左线 55 环	0.040 56	0.049 19	0.050 5
南中区间左线 223 环	0.048 43	0.040 97	0.047 07
南中区间右线 634 环	0.065 7	0.048 93	0.050 18
南中区间左线 620 环	0.121	0.180 1	0.226
南中区间左线 691 环	0.053 07	0.053 85	0.054 84

建筑物振动响应与作业面地层加权动弹性模量、上覆土的加权动弹性模量、隧道埋深以及盾构刀盘扭矩、总推力以及推进速度的相对关系(均做均值化处理),如图 5.4.19～图 5.4.21 所示。

对振动响应速度与作业面地层加权动弹性模量、上覆土的加权动弹性模量、隧道埋深以及盾构刀盘扭矩、总推力以及推进速度的相对关系进行多元回归分析,得到的结果如图 5.4.22 所示。

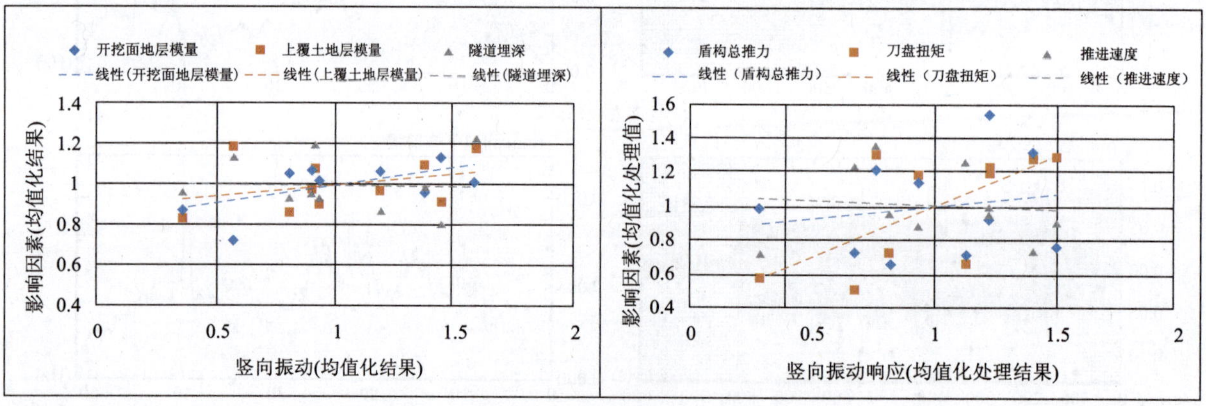

图 5.4.19　竖向振动与影响因素的相对关系

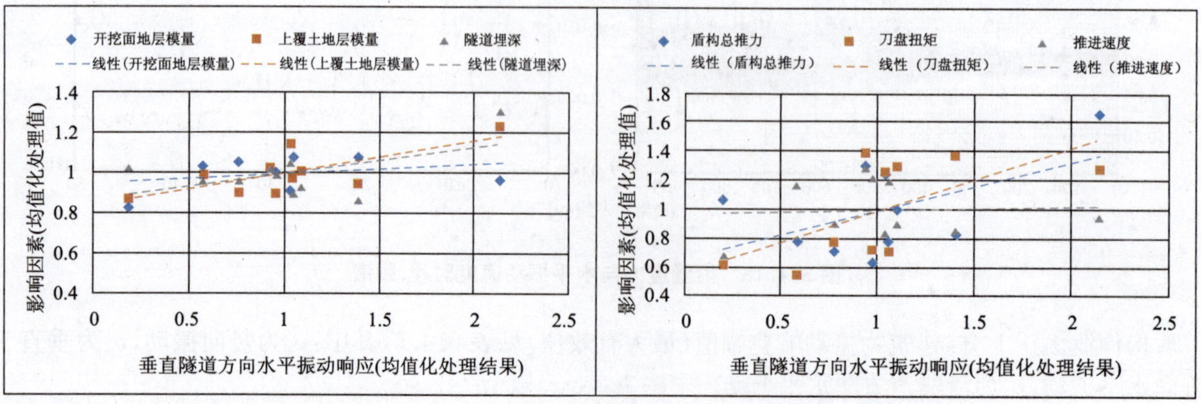

图 5.4.20　垂直于隧道方向水平振动与影响因素的相对关系

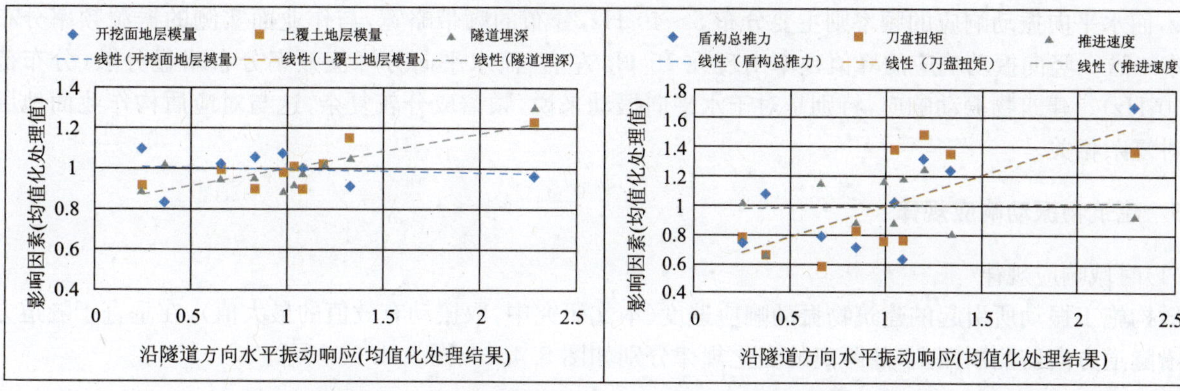

图 5.4.21　沿隧道方向水平振动与影响因素的相对关系

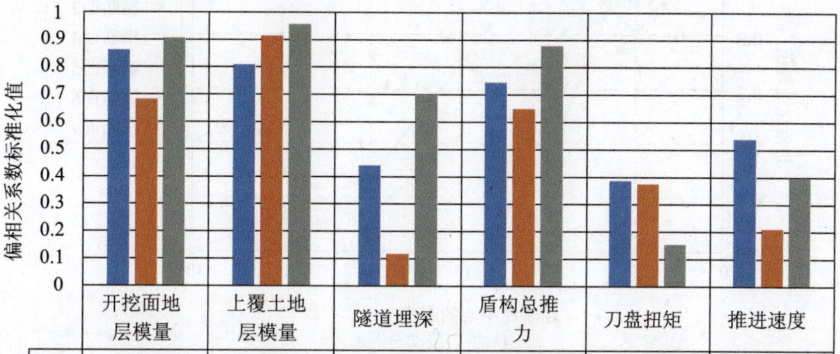

	开挖面地层模量	上覆土地层模量	隧道埋深	盾构总推力	刀盘扭矩	推进速度
v_z	0.860 9	0.808	0.441	0.744 3	0.386 2	0.539
v_x	0.681 5	0.913 8	0.116	0.648 7	0.374	0.208 6
v_y	0.906 4	0.957 8	0.699 6	0.880 3	0.152 5	0.397 9

影响因素

图 5.4.22　振动速度峰值影响因素的回归分析

可以看到：

(1)由图 5.4.16～图 5.4.18 及表 5.4.6 可知：盾构施工引起的隧道正上方建筑物上各测点竖向振动幅值(有效值)的分布范围约为 0.03～0.19 mm/s，水平方向振动约为 0.01～0.23 mm/s。根据美国的 FTR 规范计算，竖向速度振级约为 61～77 dB，水平振动振级约为 52～79 dB。由盾构施工引起的建筑物的竖向振动与水平振动振级相当，在部分测点的水平振动略大于竖向振动。因此，在进行建筑物振动响应的监测与评估时，在考虑竖向振动的同时(目前国内的工业振源引起的建筑物振动控制标准通常只考虑竖向振动)，也应注意水平振动的影响。

(2)由图 5.4.19～图 5.4.22 可知：建筑物振动响应与开挖面的土层加权动弹性模量、上覆土的土层加权动弹性模量以及盾构推力、刀盘扭矩等基本呈正相关关系，而与隧道埋深以及推进速度呈负相关关系。

建筑物振动响应因素的多元回归分析的结果表明，相对于盾构施工参数(包括：盾构总推力、刀盘扭矩以及推进速度)，开挖面地层条件(以土层的加权动弹性模量衡量)、上覆土的地层条件(以土层的加权动弹性模量衡量)，对建筑物振动影响相对较大，回归分析中表现为地层条件的偏回归系数的标准化系数整体上较盾构施工参数的系数要大。

开挖面地层条件是影响振源振动大小的主导因素，而作为振动波传播路径条件的上覆土层和隧道埋深条件(本次研究中，所布置的建筑物的监测断面对应的隧道埋深条件较为接近，因此回归分析得到的隧道埋深影响较小)，也是影响地表振动响应大小的重要因素。因此，在预测盾构施工引起的建筑物振动响应时，开挖面的地层条件、上覆土的地层条件以及隧道埋深可以作为主要的考虑因素。

(3)由图 5.4.16～图 5.4.18 可知，盾构施工引起建筑物竖向振动响应的占优频率主要分布在 5～

25 Hz，而水平向振动响应的频率则主要分布 5～40 Hz，分布的频带略宽，与作业面实测的振源频率分布范围基本一致。竖向振动响应的峰值频率出现在 15 Hz 左右，而水平向分峰值频率分布略显分散（分布范围 10～40 Hz）。建筑物振动响应，特别是对于水平向振动来说，频谱成分较复杂，这与对应盾构作业面地层条件相对复杂相关。

4.2.3　建筑物振动响应规律

（1）时域响应规律

盾构施工振动所引起的建筑物振动响应速度（本文研究中，取振动有效值的最大值），在垂直于隧道方向以及沿隧道方向监测断面上，随距离的变化规律分别如图 5.4.23、图 5.4.24 所示。

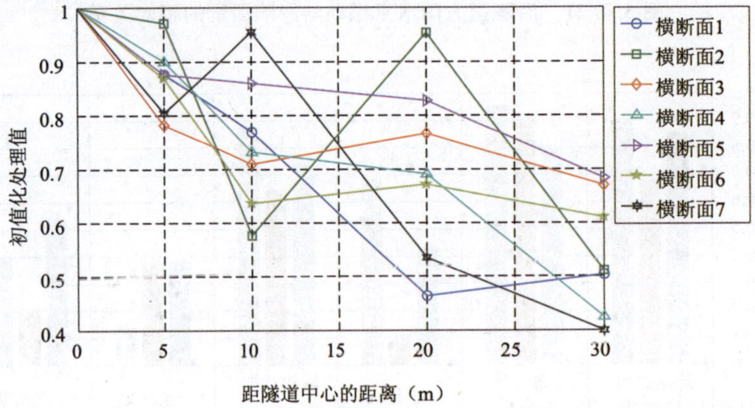

(a)竖向振动

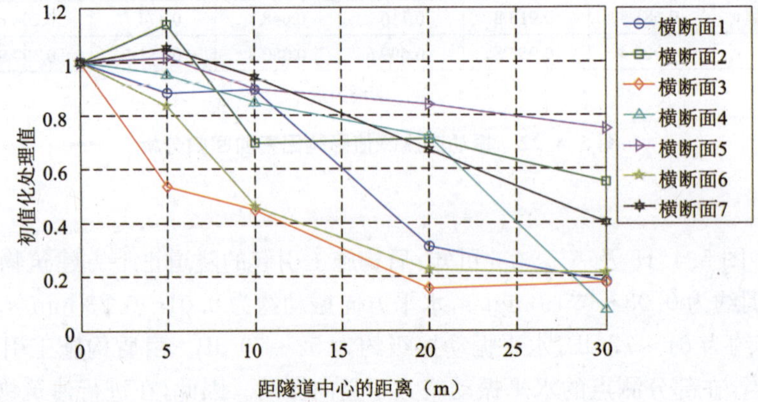

(b)垂直于隧道方向水平振动

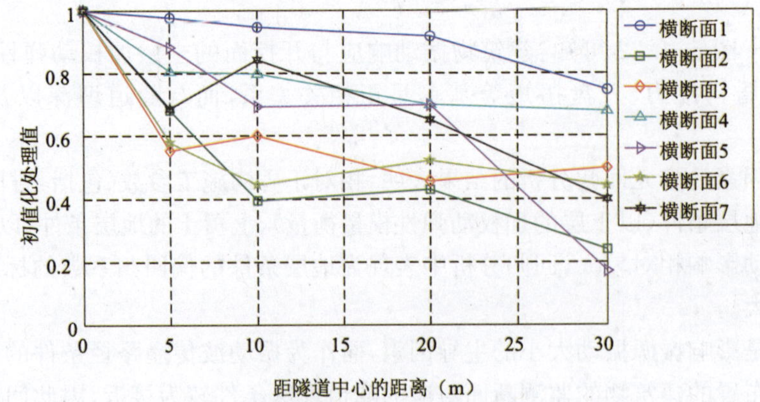

(c)沿隧道方向水平振动

图 5.4.23　横断面振动响应

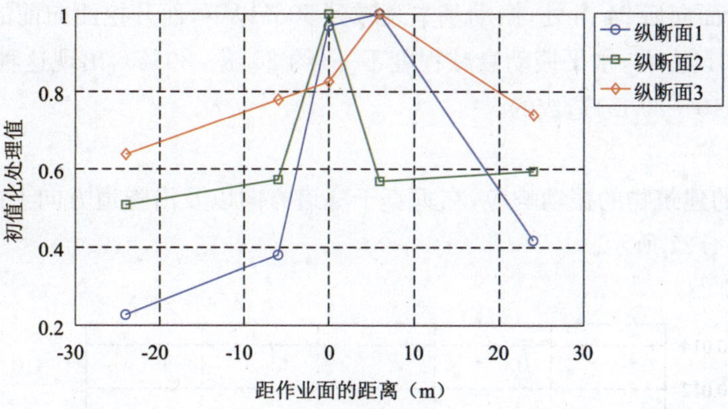

(a)竖向振动

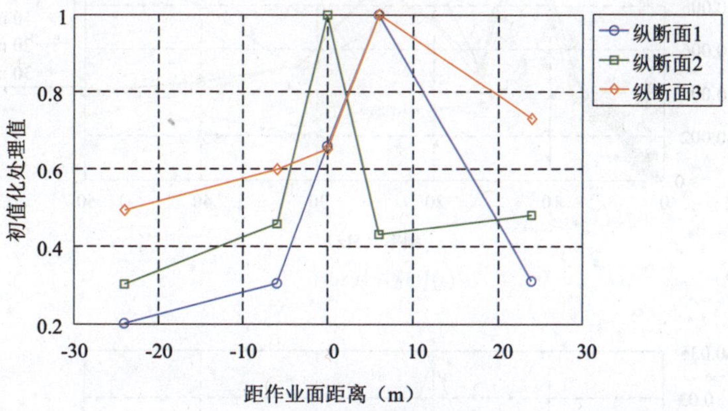

(b)垂直于隧道方向水平振动

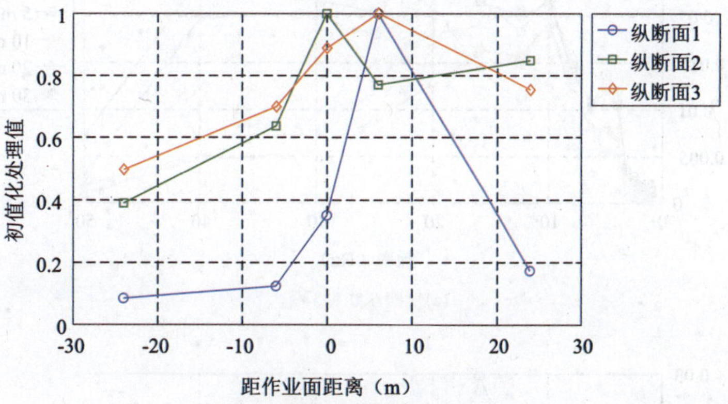

(c)沿隧道方向水平振动

图 5.4.24　纵断面振动响应

通过以上振动响应随距离的分布，可以看出：

1)盾构施工引起的横断面上的建筑物振动响应，总体上来说，不论是竖向振动还是两个水平方向的振动，都随距隧道中心距离的增加而呈现出衰减的趋势，但同时又表现出一定的波动性，即在一定距离上，距离隧道中心约 10～20 m 的区域，会出现一定的反弹增大。这种现象的存在主要是由于振动波在不同土层界面的反射和折射造成的，但振动幅值总体趋势还是随距离的增大而逐渐衰减。

2)以施工作业面为中心，建筑物的振动在前后两个方向的传播呈衰减趋势；盾构施工产生的振动，对于作业面向前 15 环的影响较其对于作业面向后 15 环的影响要大。这主要是由于隧道开挖过后形成的隧道空间起到了一定的减振作用。

3)与隧道正上方的振动响应相比：隧道横向监测断面上，在距离隧道中心 30 m 处，建筑物的竖向振动衰减到 60%以下，而水平振动，不论是垂直于隧道方向还是沿隧道方向，振动基本衰减到 50%以下；隧道纵向监测断面上，在开挖断面向后 24 m 处，振动基本衰减到 50%以下，而开挖面向前的情况比较复杂，距 24 m 处，竖向振动衰减到约 60%左右，水平振动衰减程度不一(约 20%～80%)，出现这种情况可能是由于监测点接近振动响应的反弹区(10～20 m)造成的。

(2)频域响应规律

盾构施工振动引起的建筑物的振动响应，在垂直于隧道方向以及沿隧道方向上的，典型的 1/3 倍频程谱分析如图 5.4.25～图 5.4.27 所示。

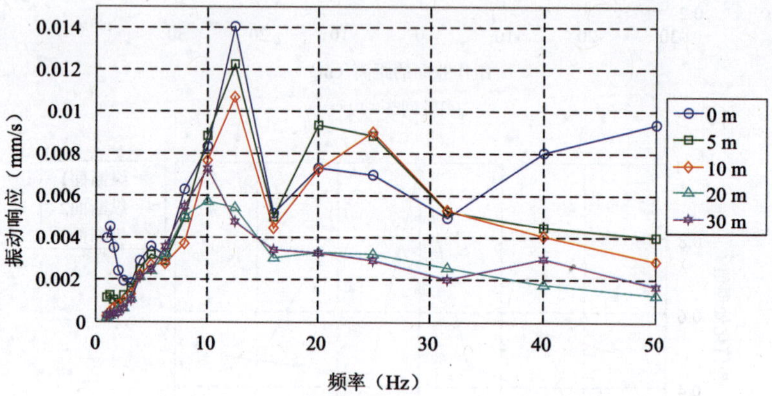

(a)什南左线80环

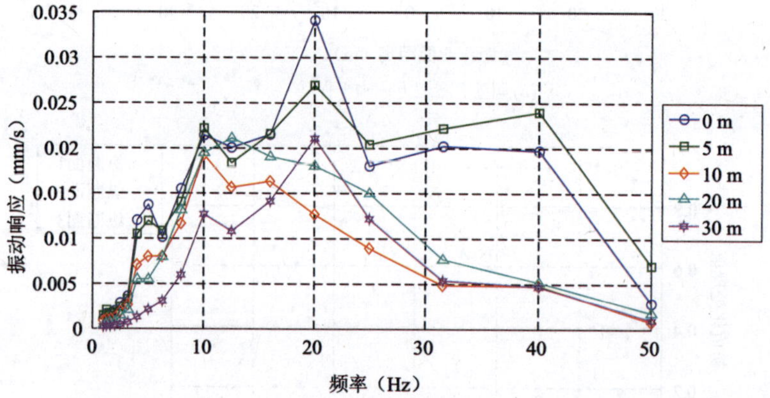

(a)什南左线133环

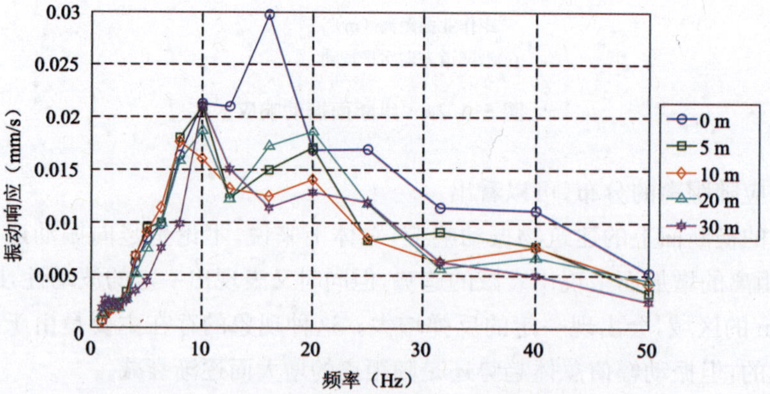

(c)什南左线155环

图 5.4.25　竖向振动响应的 1/3 倍频谱

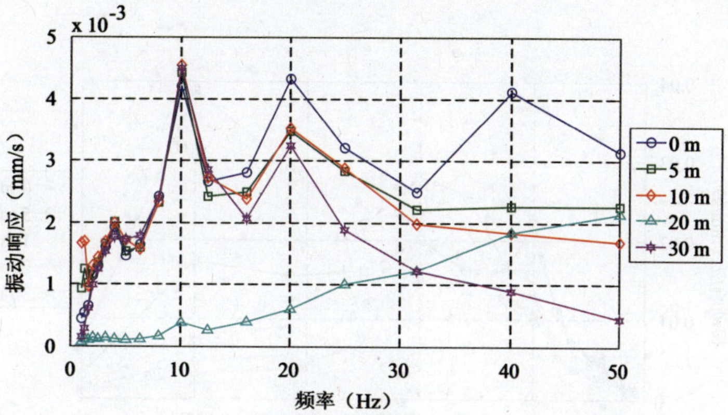

(a)什南左线80环

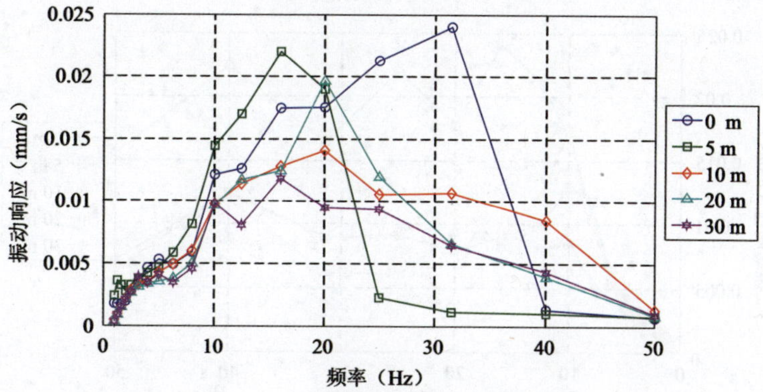

(b)什南左线133环

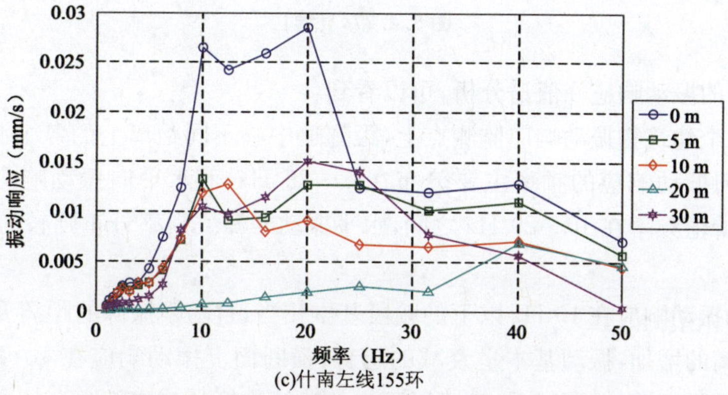

(c)什南左线155环

图 5.4.26　垂直隧道方向水平振动响应的 1/3 倍频谱

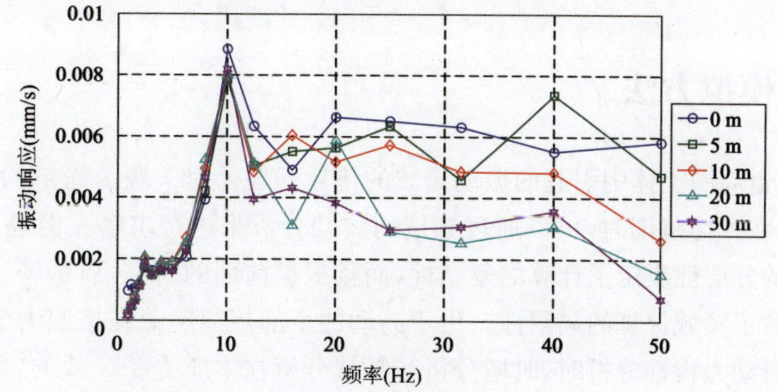

(a)什南左线80环

图 5.4.27　沿隧道方向水平振动响应的 1/3 倍频谱

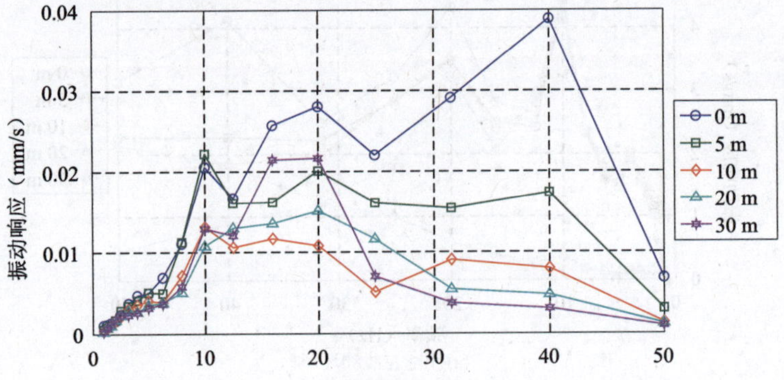

(b)什南左线133环

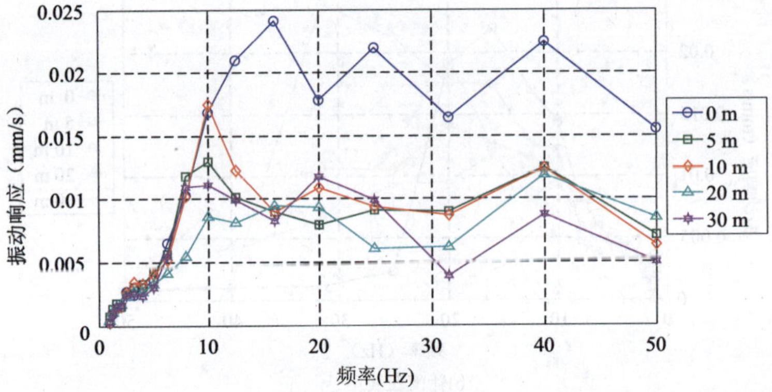

(c)什南左线155环

图 5.4.27　（续）

结合前述典型断面的振动响应峰值谱分析，可以看到：

1)在监测断面的各个建筑物振动响应监测点上，距隧道中心不同距离上的各个测点的振动响应频率特性基本一致，建筑物竖向振动响应的频率主要分布在 5～25 Hz，而水平向振动响应的频率则主要分布在 10～40 Hz。竖向振动峰值频率在 10～20 Hz 之间，水平振动的峰值频率分布则较为分散，响应的频谱成分较复杂。

2)各测点的建筑物振动响应在 10 Hz 以下的频段基本相当，且随距振源的距离变化不大，而 10 Hz 以上频段，则随距作业面距离的增加，振动基本呈衰减的趋势，横断面上振动响应在 10～20 m 测点存在一定的反弹区(与时域分析的结果一致)。可以看出，不同频率的建筑物振动响应随距离的衰减规律是有差别的，这主要是由于土层对于高频振动的衰减作用较为明显，对低频振动的作用则相对较弱造成的，体现了土层的滤波作用。

4.3　振动的数值模拟方法

地铁盾构施工在隧道周围土体中引起的振动是波的传播问题。对于较为简单的体系来说，当作用较单一频谱的激励而体系又在弹性范围时，可以通过频域的波动分析来进行求解。但是对于盾构-隧道-土层系统来说，隧道周围地层的分层性决定了计算的复杂性，而且根据前面的研究，盾构施工产生的激励具有宽频谱的特性，这些因素导致了频域计算的局限性。由于波动的全部规律隐藏在按照力学原理建立的计算模型之中，对于结构体系进行动力特性分析时，时域分析与频域分析在本质上是一致的，可以采用时域有限元模拟来分析地铁盾构施工振动产生的影响。

4.3.1　动力有限元方法

(1)动力有限元方程及其解法

对于盾构-隧道-土层体系，采用有限元方法进行离散化可以得到系统的动力平衡方程如下所示：

$$[M]\{\ddot{u}\}+[C]\{\dot{u}\}+[K]\{u\}=\{P(t)\} \tag{5.4.1}$$

式中　$[M]$为体系的总质量矩阵，包括隧道结构和隧道周围土层的质量矩阵；$[C]$为体系的阻尼矩阵；$[K]$为体系的总刚度矩阵，包括隧道结构和隧道周围土层的刚度矩阵；$\{\ddot{u}\}$、$\{\dot{u}\}$、$\{u\}$、$\{P(t)\}$分别为系统的加速度、速度、位移和列车荷载向量。质量矩阵和刚度矩阵可以由有限元法直接生成，而阻尼矩阵则一般难以用有限元法直接生成，需要根据不同的计算方法按照不同的阻尼假设来进行处理(例如比例阻尼和模态阻尼)。对于动荷载是周期性函数的稳态反应，可直接求解式(5.4.1)。而对于荷载为非周期性的地铁振动，在求解系统的瞬态反应时，还应给出相应的初始条件如下所示：

$$\{\dot{u}\}=\{\dot{u}\}_0 \tag{5.4.2}$$

$$\{u\}=\{u_0\} \tag{5.4.3}$$

式中　$\{\dot{u}_0\}$和$\{u_0\}$是常量，分别表示初始时刻体系的速度和位移。对于地铁振动响应问题，初始条件设为零。式(5.4.1)、式(5.4.2)和式(5.4.3)构成了典型的微分方程组的初值问题。式(5.4.1)为二阶常微分方程组，目前已经发展形成了一系列有效的时域直接积分法求解。采用直接用数值积分法计算系统响应问题的方法称为直接积分法，它是根据已知的位移、速度、加速度以及荷载条件，通过前一时刻计算下一时刻系统响应的方法，其计算过程是将时间轴划分成一系列微小的时间增量段 Δt，在微小时间段内用数值方法对系统的运动方程进行积分求解，算出每一时刻系统动力响应的过程。即在时间轴上 t_i 的已知位移 u_i、速度 $\dot{u}_i$ 和加速度 $\ddot{u}_i$ 条件，用数值积分法推算时刻 $t_i+\Delta t$ 的响应 u_{i+1}、$\dot{u}_{i+1}$ 和 $\ddot{u}_{i+1}$，不断重复这一计算过程，从而得到整个时间轴上系统的响应，因而此算法也叫逐步积分法。

直接积分法实质上是基于以下两种思想：其一，将在任何连续时刻都应满足动力平衡方程的位移 u_i 代之以仅在有限个离散时刻满足这一方程的位移 u_i，从而获得有限个时刻上的近似动力平衡方程；其二，在时间间隔 $\Delta t_i=t_{i+1}-t_i$ 内，以假设的位移、速度以及加速度的变化规律代替实际上未知的情况，因而真实解与近似解之间总有一定程度的差异，误差取决于每一步积分所产生的截断误差和舍入误差以及这些误差在其后各步计算中的延伸情况。前者决定了解的收敛性，而后者则与算法本身的数值稳定性有关。

用直接积分法计算系统的动力响应，有显式积分和隐式积分两种方法。所谓显式积分(Explicit)指的是在第 i 步的计算中只考虑起始状态 t_i 满足运动方程式的计算方法。采用显式积分法计算系统的动力响应时，若 u_i 不含非线性项，则可以从线性代数关系直接算出。显式积分是把高阶常微分方程用 $\dot{u}(t)=f(t,u)$ 的形式表示来求解的方法，用 t_i 成立的方程计算时刻 t_{i+1} 响应而不考虑时刻 t_{i+1} 是否满足运动平衡方程。为了保证显式积分法的计算精度，选取的时间间隔 Δt 必须十分小，否则随着计算步数的增加，误差将会不断积累从而出现发散现象，导致所需要的精度无法达到，常用的中心差分法就是典型的显式积分方法。

与显式积分方法不同，隐式积分(Implicit)是满足 $t_i+\Delta t$ 时刻运动方程的计算方法。此算法由于函数 f 包含未知系统响应 u_{i+1}，因此需要通过反复迭代的方法计算 $t_i+\Delta t$ 时刻的系统响应，是一种非线性计算过程。显式和隐式积分方法的主要区别是满足哪个时刻的运动方程条件。通常，满足 $t_i+\Delta t$ 时刻运动方程的隐式积分方法可以有效控制误差的累积，计算结果的稳定性也相对较好，在结构的地震响应分析中较为常用。一般隐式积分方法最终可以归结为求解非线性方程组，目前有很多算法可以求解非线性联立方程组(如 Newton-Raphson 迭代算法)，但从考虑计算效率上来说，在系统动力响应分析中一般对它的计算过程加以修正以提高计算的收敛性和效率。各种改进算法中，Newmark-β 法和 Wilson-θ 法是系统响应分析中最常用的两种方法。

目前有限元软件包括 Z_soil 主要采用的是 Newmark 时间积分方法在离散时间点上求解系统运动平衡方程，以两个连续时间点的时间增量作为积分时间步长，在此着重介绍 Newmark-β 方法。

直接积分方法的重要特征表现为：首先给定初始时刻 t_0 的位移、速度和加速度，从而求得 t_1 时刻的位移、速度和加速度，进而逐步求得 $t_2,t_3,\cdots,t_m$ 时刻的解。所以在推导算法时，只要从 t 时刻的解 $\{u_i\},\{\dot{u}_i\},\{\ddot{u}_i\}$ 能够推导出求解 $t+\Delta t$ 时刻的 $\{u_{t+\Delta t}\},\{\dot{u}_{t+\Delta t}\},\{\ddot{u}_{t+\Delta t}\}$ 的计算公式，实际上就是建立了能够计算所有离散时刻响应值的算法。

在时刻 $t+\Delta t$ 的响应值应满足的动力平衡方程如下所示：

$$[M]\{\ddot{u}_{t+\Delta t}\}+[C]\{\dot{u}_{t+\Delta t}\}+[K]\{u_{t+\Delta t}\}=\{P(t+\Delta t)\} \tag{5.4.4}$$

假设时间区间 $(t,t+\Delta t)$ 上加速度的变化规律，从而找出 t 时刻与 $t+\Delta t$ 时刻的位移、速度和加速度之间的关系。Newmark-β 法假定加速度为介于 $\{\ddot{u}_t\}$ 和 $\{\ddot{u}_{t+\Delta t}\}$ 之间的某一常量并记为 $\{\ddot{u}\}$，即常平均速度假设，根据此假设，$\{\ddot{u}\}$ 可以表示为：

$$\{\ddot{u}\}=(1-\gamma)\{\ddot{u}_t\}+\gamma\{\ddot{u}_{t+\Delta t}\} \tag{5.4.5}$$

式中 γ 是控制参数且满足 $0\leqslant\gamma\leqslant1$。为了获得高精度的稳定算法，$\{\ddot{u}\}$ 也可以用另一种控制参数 $\beta(0\leqslant\beta\leqslant1)$ 表示为：

$$\{\ddot{u}\}=(1-2\beta)\{\ddot{u}_t\}+2\beta\{\ddot{u}_{t+\Delta t}\} \tag{5.4.6}$$

以 t 时刻为原点，通过积分可以获得 $t+\Delta t$ 时刻的速度和位移分别如下所示：

$$\{\dot{u}_{t+\Delta t}\}=\{\dot{u}_t\}+\Delta t\{\ddot{u}\} \tag{5.4.7}$$

$$\{u_{t+\Delta t}\}=\{u_t\}+\Delta t\{\dot{u}_t\}+\frac{1}{2}\Delta t^2\{\ddot{u}\} \tag{5.4.8}$$

把式(5.4.5)和式(5.4.6)分别代入式(5.4.7)和式(5.4.8)可得：

$$\{\dot{u}_{t+\Delta t}\}=\{\dot{u}_t\}+(1-\gamma)\{\ddot{u}_t\}\Delta t+\gamma\{\ddot{u}_{t+\Delta t}\}\Delta t \tag{5.4.9}$$

$$\{u_{t+\Delta t}\}=\{u_t\}+\Delta t\{\dot{u}_t\}+(\frac{1}{2}-\beta)\Delta t^2\{\ddot{u}_t\}+\beta\Delta t^2\{\ddot{u}_{t+\Delta t}\} \tag{5.4.10}$$

从式(5.4.9)和式(5.4.10)可解得以 $\{u_{t+\Delta t}\}$、$\{\ddot{u}_t\}$、$\{\dot{u}_t\}\{u_t\}$ 所表示的 $\{\ddot{u}_{t+\Delta t}\}$ 和 $\{\dot{u}_{t+\Delta t}\}$ 如下所示：

$$\{\ddot{u}_{t+\Delta t}\}=\frac{1}{\beta\Delta t^2}(\{u_{t+\Delta t}\}-\{u_t\})-\frac{1}{\beta\Delta t}\{\dot{u}_t\}-(\frac{1}{2\beta}-1)\{\ddot{u}_t\} \tag{5.4.11}$$

$$\{\dot{u}_{t+\Delta t}\}=\frac{\gamma}{\beta\Delta t}(\{u_{t+\Delta t}\}-\{u_t\})+(1-\frac{\gamma}{\beta})\{\dot{u}_t\}+(1-\frac{\gamma}{2\beta})\{\ddot{u}_t\}\Delta t \tag{5.4.12}$$

把式(5.4.11)和式(5.4.12)代入式(5.4.4)，经整理可得关于 $\{u_{t+\Delta t}\}$ 的方程：

$$[\hat{K}]\{u_{t+\Delta t}\}=\{\hat{P}_{t+\Delta t}\} \tag{5.4.13}$$

式中　$[\hat{K}]$ 为等效刚度矩阵且与时间无关。

$$[\hat{K}]=[K]+\frac{1}{\beta\Delta t^2}[M]+\frac{\gamma}{\beta\Delta t}[C] \tag{5.4.14}$$

式中　$\{\hat{P}_{t+\Delta t}\}$ 为等效荷载向量且与时间有关。

$$\begin{aligned}\{\hat{P}_{t+\Delta t}\}=&\{P_{t+\Delta t}\}+[\frac{1}{\beta\Delta t^2}\{u_t\}+\frac{1}{\beta\Delta t}\{\dot{u}_t\}+(\frac{1}{2\beta}-1)\{\ddot{u}_t\}][M]+\\&[\frac{\gamma}{\beta\Delta t}\{u_t\}+(\frac{\gamma}{\beta}-1)\{\dot{u}_t\}+\frac{\Delta t}{2}(\frac{\gamma}{\beta}-2)\{\ddot{u}_t\}][C]\end{aligned} \tag{5.4.15}$$

解线性方程组(5.4.13)求得 $\{u_{t+\Delta t}\}$，再根据式(5.4.11)和式(5.4.12)又可求得 $\{\ddot{u}_{t+\Delta t}\}$ 和 $\{\dot{u}_{t+\Delta t}\}$。

(2)计算时间步长

采用有限元方法在时域内求解系统的动力响应问题，必须保证计算过程的数值稳定性，而时间步长的大小在采用直接积分方法的分析中起着很重要的作用，积分时间步长 Δt 的选择对计算结果的稳定性和精度都影响很大。计算选用的时间步长 Δt 过大，则使计算精度降低；时间步长 Δt 选用的太小，则计算的步数相应增多，不仅耗费计算机时，而且累计的误差也将影响计算结果的精度。

综合分析目前对于时间步长选取的研究成果，可以根据地铁8号线所经过场地的卓越周期来适当选取计算的时间步长，以满足计算精度和数值稳定性的要求。

(3)阻尼特征

阻尼与质量和刚度一样是用来表征系统的一种特征参数。阻尼的大小影响振动响应的过程，对计算结果影响较大，阻尼越低衰减得越慢，且模型中的应力峰值将会更高一些。研究系统的动力平衡方程时经常采用弹簧和阻尼元件并联的材料物理模型。由于阻尼矩阵一般不满足正交条件，即不能通过振型矩阵的正则变化来实现对角化，为了计算方便，在此采用 Rayleigh 定义的粘性比例阻尼，即阻尼矩阵 C 是质量矩阵 M 和刚度矩阵 K 的线性组合：

$$C=\alpha M+\beta K \tag{5.4.16}$$

式中 α,β 为常数。

$$c_i=\alpha+\beta\omega_i^2,\ \zeta_i=\frac{\alpha+\beta\omega_i^2}{2\omega_i} \tag{5.4.17}$$

式中 ω_i 是第 i 阶振型所对应的圆频率。

当已知两个振型所对应的频率 ω_i,ω_j 和相应的阻尼比 ζ_i,ζ_j，就可以确定常数 α 和 β：

$$\alpha=\frac{2\omega_i\omega_j(\zeta_i\omega_j-\zeta_j\omega_i)}{\omega_j^2-\omega_i^2}\qquad \beta=\frac{2(\zeta_j\omega_j-\zeta_i\omega_i)}{\omega_j^2-\omega_i^2} \tag{5.4.18}$$

为了提高计算精度，一般选用振型参与系数较大的两个振型的阻尼比来进行参数的确定。考虑到地铁盾构施工产生的振动能量较小，土体基本处于黏弹性状态，阻尼也相对较小，在进行隧道结构及其周围地层的振动响应分析计算中，阻尼比可以取较小值。

4.3.2 有限元分析软件简介

三维岩土工程有限元软件 Z_Soil. PCv2011 由瑞士联邦理工学院开发，在国内外得到了广泛的应用。Z_Soil提供了解决土力学和岩石力学、地下结构、基坑开挖、土-结构(动力)相互作用、地下水和温度分析的统一方法。

本书中盾构施工振动影响分析以 Z_Soil 为平台，开展考虑隧道结构与周围土体相互作用的三维有限元分析工作。

4.3.3 预测模型的计算条件

(1)模型几何尺寸

涉及到半空间无限土层与结构相互作用的有限元动力分析问题，模型的几何尺寸(计算范围的选取)成为一个十分重要的问题。若模型范围选取得过大，虽然计算结果可能较为精确，但运算时间可能过长且可能对计算机内存提出较高的要求；若计算范围划分过小，计算结果肯定将会受到人工边界条件的制约而产生较大误差，影响计算结果的准确性。

综合目前对于有限元模型计算范围的研究成果，结合实际工程的需要，盾构施工振动的有限元计算模型宽度方面在隧道中心两侧各取为 10 倍的洞径，而模型深度取为 10 倍的洞径，同时考虑到隧道开挖的空间问题，在隧道纵向上开挖面前后各取 10 倍的洞径。

(2)单元尺寸

对连续介质用有限单元离散后会造成两种后果。一是从物理本质上看，会使波的传播性质发生变异；其二是从数学角度看，离散会造成计算误差。从物理意义上说，连续介质离散化后将引起两种不利的效应，一种称之为“低通效应”，另一种称之为“频散效应”，它们都将使波的传播性质发生变化。

低通效应是当连续体用有限单元划分为离散体系后，当外界扰动作用在离散体系上时，体系各个质点将以低于最高固有频率的一系列简谐振动的叠加进行振动。对于高于固有频率的扰动分量将受到阻止而不能传播。这就是在物理意义上离散体区别于连续体的本质不同之处。通常把最高固有频率称为离散体系的截止频率。这个体系就如同一个低通滤波器，所以把这种现象就叫做“低通效应”。

连续体离散化后造成的另一现象称为“频散效应”。从波动力学带宽定理得:

$$\Delta\omega\cdot\Delta t\approx 2\pi \tag{5.4.19}$$

$$\Delta K\cdot\Delta x\approx 2\pi \tag{5.4.20}$$

式中　ω为圆频率,K为波数,t为时间。上式表明,能量所在空间或时间越集中,其频谱或波数域就越宽。由以上讨论可知,离散以后的频谱比连续体系要窄,所以能量所在的区域就要变大,也就是说能量因为频带的变窄而弥散了。这种现象就是“频散效应”。

通过以上分析可以看出,对于盾构工程引起的振动波在连续地基中传播的问题采用有限单元法分析时,由于模型的离散化将带来“低通效应”和“频散效应”,单元尺寸越大,这种效应将越明显,尺寸超过一定的界限将会出现理论模型的物理失真。显然,当单元的尺寸取得足够小时,这些效应将大大减弱而不影响波的传播特性。对于三维问题,如果单元的尺寸缩小,将会使计算量以指数函数的形式显著增大,即使是在计算机技术已经高度发达的今天,对于分析盾构施工引起的环境振动这样的大型三维问题,计算速度依然是一个主要的制约因素。所以单元的划分尺寸直接影响到计算模型的准确性和可行性,选择合适大小的单元,即建立离散化准则,具有重大现实意义。

为了精确模拟波在土介质中传播,Z_Soil中规定,在每个波长λ范围内至少约需要10个左右的节点。单元的尺寸同样可以根据地层的最大主要频率$f_{\max}$来确定。综上所述,单元长度取值范围如式5.4.21所示,式中,h^e为单元长度,v为剪切波速。

$$h^e\leqslant\frac{\lambda}{10}=\frac{v}{10f_{\max}} \tag{5.4.21}$$

(3)模型边界条件

由于计算能力的限制,涉及到土与结构相互作用的动力有限元计算模型只能取有限的土体而无法反映边界面以外土体的影响,同时由于在截取的边界面上会发生波的反射,而不能真实地模拟无限场地土的辐射阻尼,从而给计算结果带来不容忽视的误差,因此,需要设置人工边界条件以降低人为设定边界对计算结果带来的影响。人工边界条件的选取是有限元方法求解动力问题的重要一环,处理是否得当将直接影响到计算的精度。

目前,国内外许多学者基于波动理论,已经构造出各种不同类型的人工边界,大致可分为全局人工边界和局部人工边界两类。全局人工边界是对无限介质的精确模拟,能够满足无限域内的所有场方程和边界条件,但其求解方法计算量大,难以考虑近场介质或结构的非线性效应,从而不适合进行大型复杂结构的动力反应分析。

局部人工边界是一种近似的人工边界方法,但其计算量小且实现简便,能够在模拟远场地基辐射阻尼效应的同时考虑近场介质或结构的非线性效应,因而成为目前人工边界研究的主要课题,其中包括黏性边界、旁轴近似边界、叠加边界、透射边界以及黏弹性边界等。对于存在非线性特性的土体动力响应分析,采用基于均匀线弹性介质条件下所建立的人工边界显然不合理,但若整个远场和近场介质均考虑材料的非线性,其计算难度和规模又将难以承受。因此,在实际分析中可以把远场介质看作为具有黏弹性特性的材料,通过等效线性化方法来考虑其非线性效应,对于近场介质则考虑其真实非线性效应的发展。此次盾构施工振动的有限元计算模型采用Z_Soil内置的周期性边界条件(Historic BC)。

4.4　盾构施工引起旧城区环境振动的预测

4.4.1　盾构施工引起周围环境振动的预测方法

盾构施工长距离下穿中心城区,特别是老旧城区,由于建筑物密集、居民的不配合等原因,往往只能有限地甚至无法进行振动的现场监测。另外,随着生活水平的提高,城市居民对于居住环境的要求也越来越高,在进行线路规划时,就需要对盾构施工可能引起的振动影响进行预测,在类似这些不具备现场监测条件的情况下，可以利用模型分析方法对盾构施工引起的环境振动响应进行预测。主要的预测分析过程包括：

(1)基于现场条件的预测模型的合理假定。

(2)盾构施工振源荷载的确定：可以利用的方法包括：1)作业面的实测振动时程；2)利用振源的回归分析模型；3)利用近似工程类比方法(作业面的地层条件相近)；4)利用有限测点数据进行振动荷载的识别等。

(3)振动有限元方法基本条件的确定：包括计算时间步长、阻尼特征等条件。

(4)预测模型几何条件的确定：包括模型的几何尺寸、单元尺寸的划分等。

(5)预测模型物理力学参数的确定：包括地层条件、隧道结构及地表建筑物等条件。

(6)预测模型边界条件的确定。

(7)盾构施工振动影响有限元预测模型的建立与分析。

基于前述计算条件(确定方法详见4.5节)，建立盾构-隧道结构-环境地层或盾构-隧道结构-环境地层-建筑物振动计算模型，并将振源振动时程作为输入条件进行盾构施工振动影响的预测。

另外，如有条件：1)可利用有限的现场实际测试结果，调整计算参数，进行更为准确的预测(其他测点的振动)；2)可利用后期监测成果(相对前期的预测)验证计算结果的正确性和模型的有效性。

4.4.2　盾构施工引起旧城区环境振动的预测案例

预测案例以北京地铁8号线二期什刹海站—南锣鼓巷站区间盾构隧道下穿某中学校园为研究背景，建立相应的盾构隧道-周围土体-地表平房结构模型，对盾构施工引起的周围环境振动响应进行预测计算分析。所考察域内隧道采用盾构施工，隧道埋深约15 m，地面建筑物以砖木结构的新建平房为主。

(1)盾构-隧道结构-环境地层振动计算模型

1)隧道及土层物理力学参数

所涉及的隧道结构及其周围区域地层的物理力学参数分别见表5.4.7、表5.4.8。

表5.4.7　盾构隧道结构的计算参数

类别	埋深(m)	壁厚(m)	弹性模量(MPa)	泊松比	密度(kg/m³)
隧道结构	15	0.3	3×10^4	0.2	2 400

表5.4.8　什南区间的土动力特性参数

层号	地层岩性	剪切波速(m/s)	压缩波速(m/s)	动弹性模量(MPa)	动剪切模量(MPa)	泊松比
1	房渣土	166.0	380.3	138.2	50.0	0.38
2	粉质黏土	210.8	444.8	230.5	85.0	0.36
3	细粉砂	246.5	486.5	319.4	120.3	0.33
4	卵石圆砾	353.4	666.8	701.6	270.9	0.31
5	粉质黏土	280.7	574.7	405.3	150.9	0.34
6	卵石	436.0	780.0	1 064.6	418.2	0.27
7	粉质黏土	355.3	696.7	673.6	256.0	0.32
8	细砂	420.0	793.5	921.3	353.0	0.31
9	卵石	480.5	832.5	1 282.0	512.7	0.25

2)模型简介

建立的考虑隧道与周围土层相互作用的盾构-隧道结构-环境地层三维动力有限元分析模型如图5.4.28所示。

①土体模型几何尺寸为长×宽×深＝100 m×100 m×60 m(算例模型共计59 960个单元)；

②土体及隧道采用弹性模型，隧道结构采用Shell单元；

③土与结构相互作用采用Interface单元来模拟；

④盾构施工振动荷载采用现场实测成果以速度边界条件施加，盾构推力采用 Pressure BC 施加；

⑤动力边界采用周期性边界条件(Historic BC)。

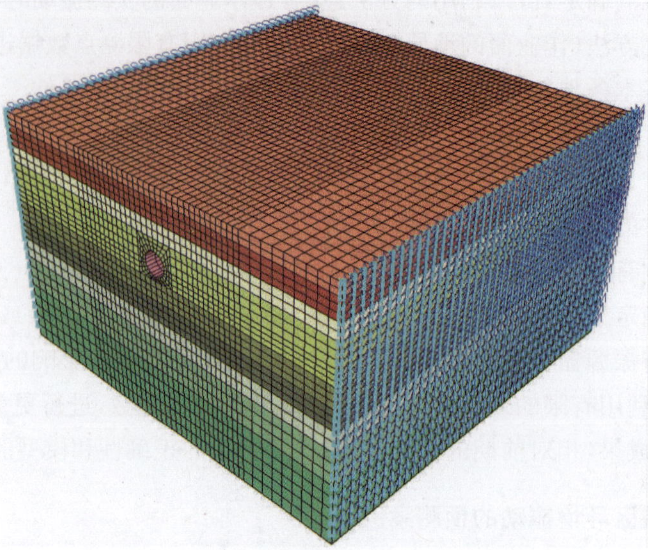

图 5.4.28　盾构-隧道结构-环境地层振动计算模型

(2)盾构-隧道结构-环境地层-建筑物振动计算模型

根据项目研究背景，建立的考虑隧道与周围土层相互作用的盾构-隧道结构-环境地层-建筑物三维动力有限元分析模型，如图 5.4.29 所示。模型基本情况介绍如下：

1)地层条件同盾构-隧道结构-环境地层计算模型的地层参数；

2)土体模型几何尺寸为长×宽×深=100 m×100 m×60 m，结构尺寸按照实际平房结构选取，算例模型共计 60 360 个单元；

3)土体及隧道、平房结构均采用弹性模型，隧道结构采用 Shell 单元，地面平房结构简化为梁柱结构均采用 Beam 单元；

4)土与结构相互作用采用 Interface 单元来模拟；

5)盾构施工振动荷载采用现场实测成果以速度边界条件施加，盾构推力采用 Pressure BC 施加；

6)动力边界采用周期性边界条件(Historic BC)。

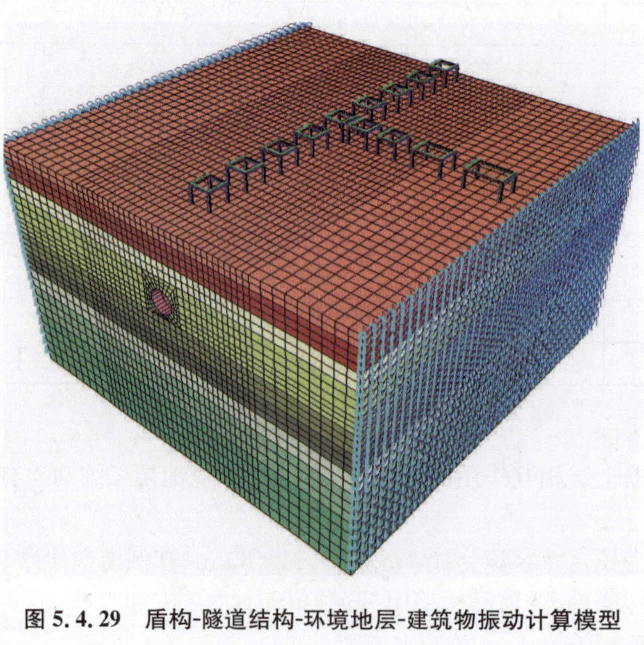

图 5.4.29　盾构-隧道结构-环境地层-建筑物振动计算模型

(3)盾构施工引起环境振动的预测结果

1)盾构施工引起的地表振动响应

数值计算结果与实测成果的对比如图 5.4.30、图 5.4.31 所示。

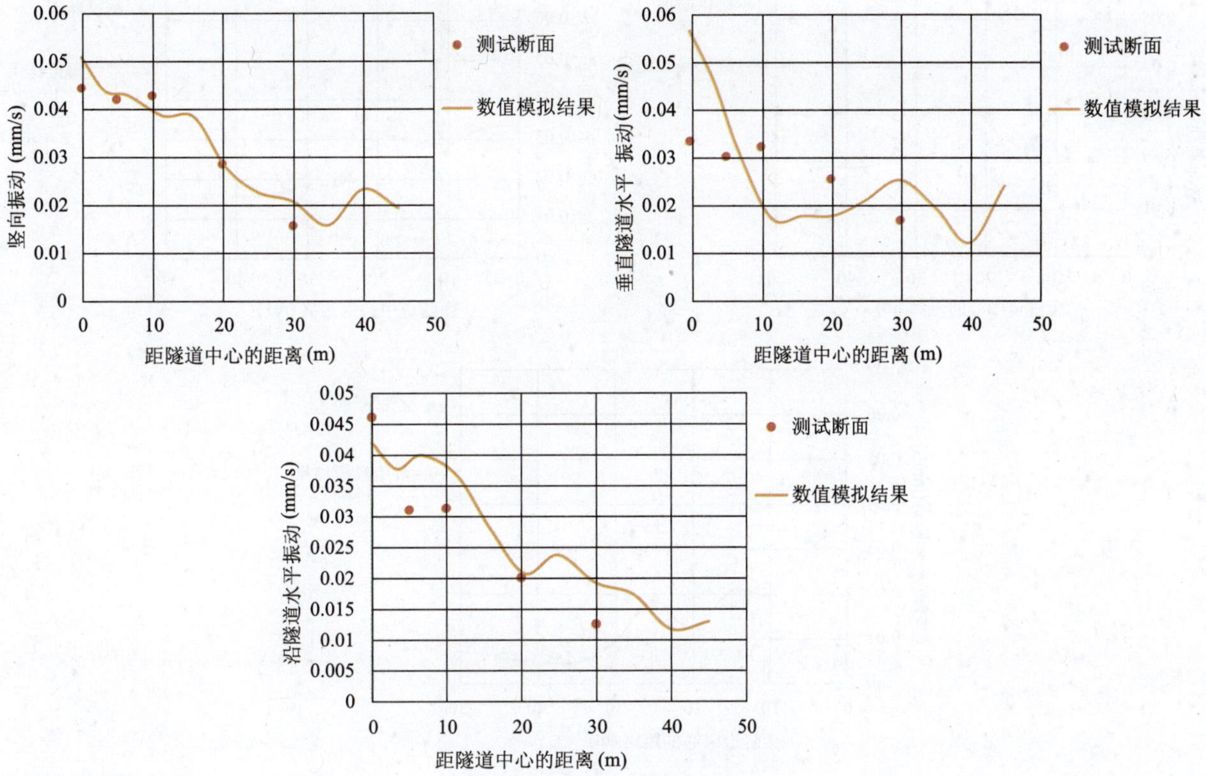

图 5.4.30　横断面振动响应

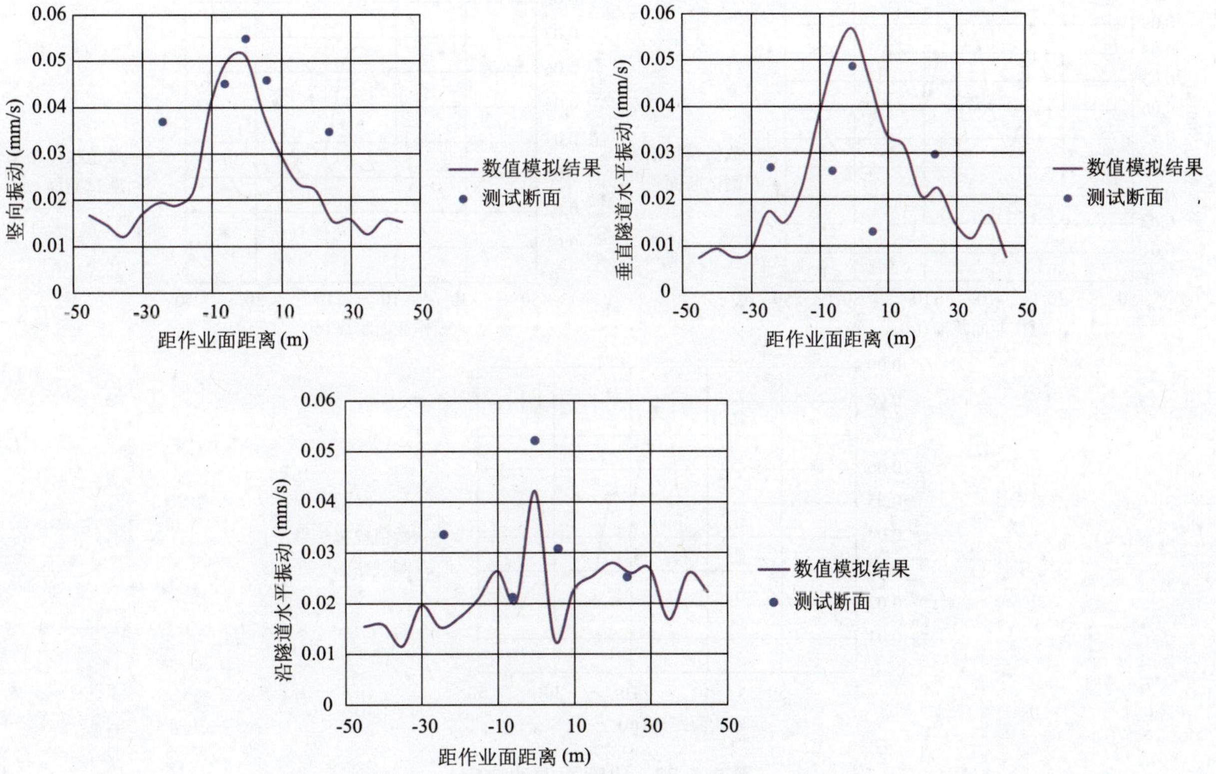

图 5.4.31　纵断面振动响应

2)盾构施工引起的建筑物振动响应

数值计算结果与实测成果的对比如图 5.4.32、图 5.4.33 所示。

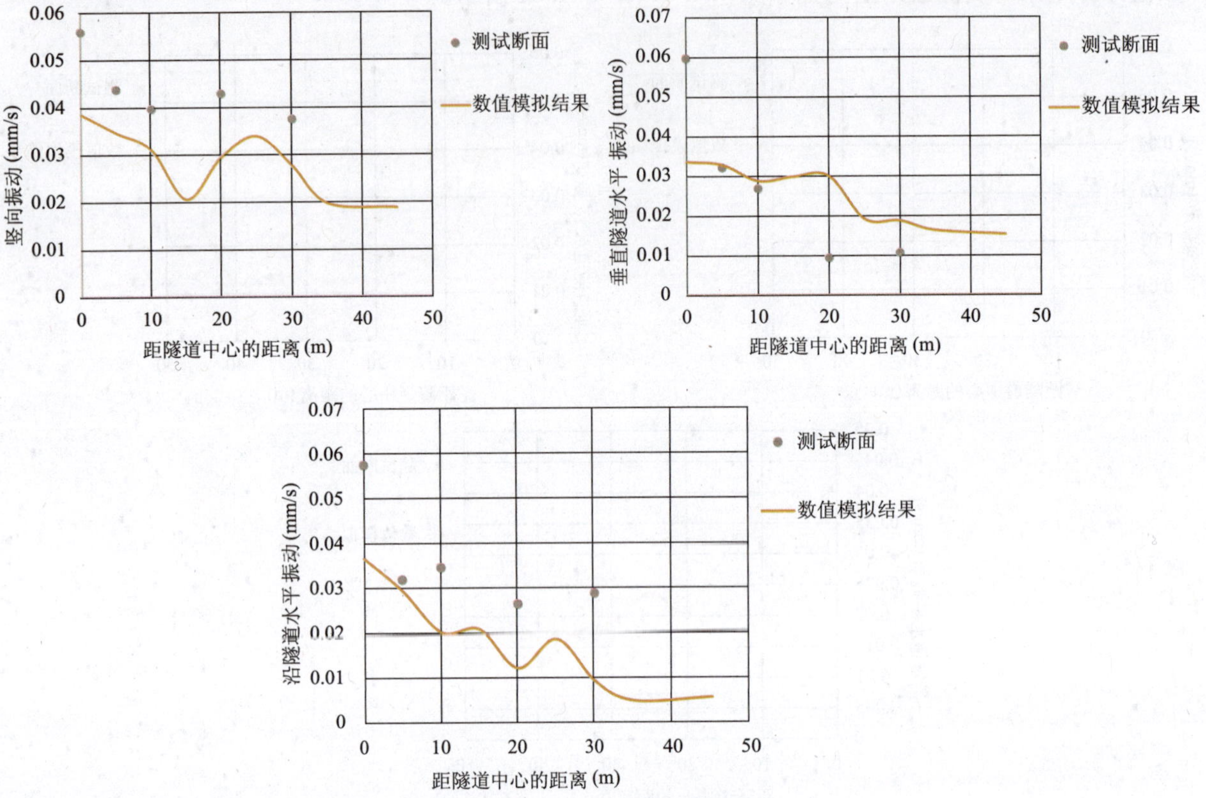

图 5.4.32　横断面振动响应

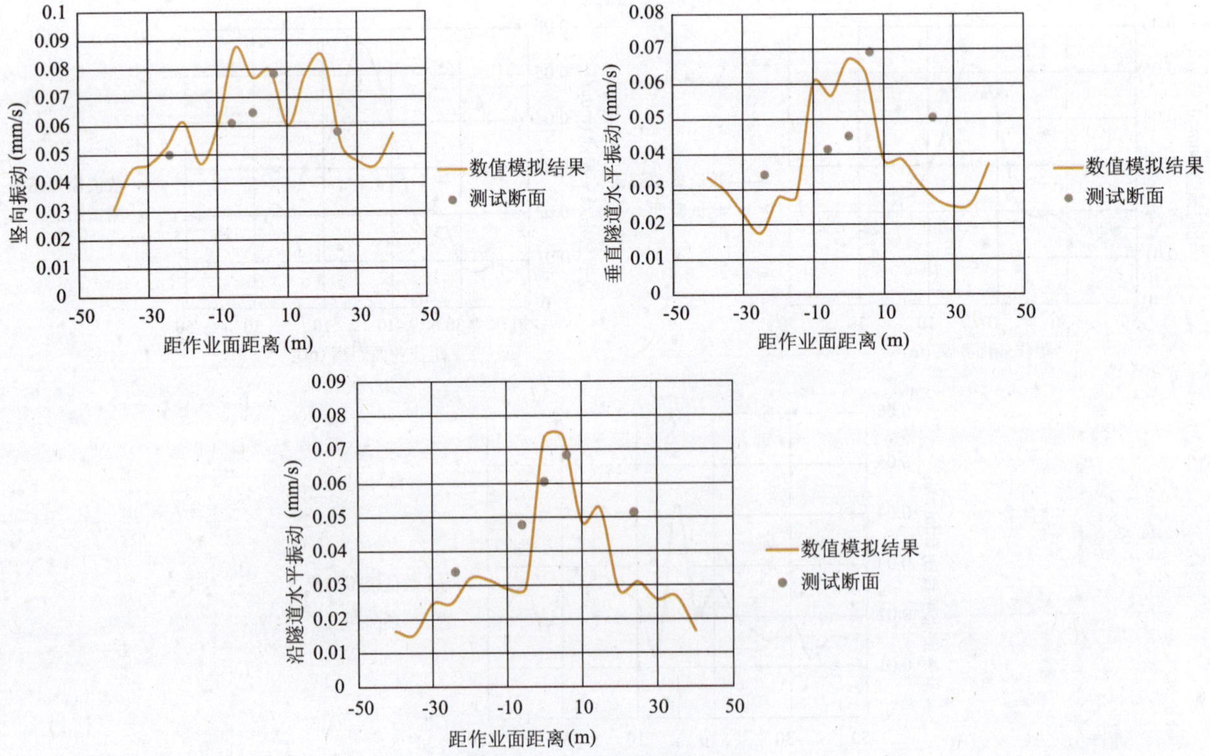

图 5.4.33　纵断面振动响应

可以看到,计算预测值与实测值达到了较好的吻合精度,所建立的计算模型可以较好地用于预测盾构施工引起的环境振动。

4.4.3 盾构施工引起环境振动的实用计算方法

对于盾构施工产生的振动在地表的传播，目前国内外尚无成熟的振动衰减模式可以借鉴，因此利用现场监测的振动响应衰减数据拟合曲线来建立预测模式。

(1)考虑主要因素影响的地表振动响应计算模型

影响盾构施工引起的地表任意一点环境振动（如图 5.4.34 所示）的因素很多，如果要全面地考虑所有的因素显然不太现实，因此可以在抓住主要因素的前提下，尽可能得获得比较满意的结果，如至少能够大体反映建筑物振动的幅值。盾构施工振动对地面环境的影响预测模式，大致可以由三项主要因子组成：1)盾构施工引起的环境振动初始项；2)振动随距离衰减项；3)振动因土体阻尼衰减项。

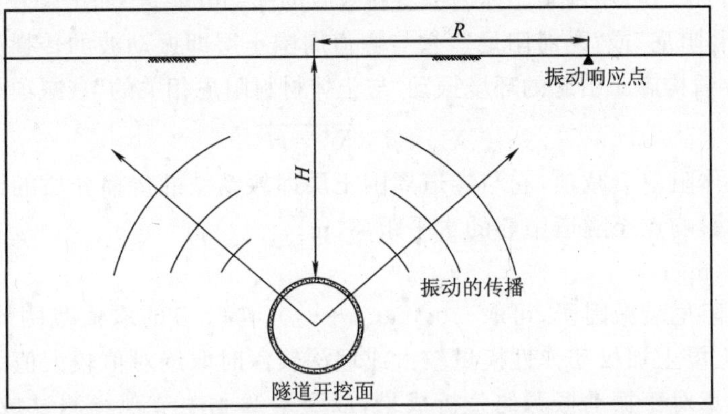

图 5.4.34 盾构施工引起的地表任意一点振动响应示意图

1)盾构施工引起的环境振动初始项

盾构施工产生的振动主要是由于盾构机与地层的相互作用产生的。盾构机刀盘切削土层，刀盘与地层之间复杂的相互作用产生振动，并通过盾构机械传给整个盾构机、相邻地层，从而形成整个系统的动力相互作用过程。盾构施工引起环境振动的初始值，即振源近场振动响应值，与开挖面的地层条件、上覆土的地层条件以及盾构施工参数（主要是指盾构总推力和刀盘扭矩）有关。结合第 3 章对于振动振源的分析以及本章 4.1 节现场地表振动响应分析可知，盾构施工引起环境振动的初始值随开挖面地层以及上覆土地层加权动弹性模量的增大而增大，随盾构总推力以及刀盘扭矩的增大而增大，且地层条件的影响相对较大。故建立盾构施工引起的环境振动初始项如下式所示：

$$V_0=\alpha_0(E_{dw}+\alpha_1 E_{df})^{(b\ln F+c\ln T)} \tag{5.4.22-1}$$

式中 V_0——盾构施工引起的环境振动初始项（振源近场响应）(mm/s)，它与开挖面的土体动弹性模量、盾构总推力、盾构刀盘扭矩以及上覆十的附加效应有关；

E_{dw}——开挖面土层加权动弹性模量(MPa)；

E_{df}——上覆土土层加权动弹性模量(MPa)；

F——盾构机总推力(MN)；

T——盾构机刀盘扭矩(MN·m)；

α_0——土体动弹性模量的整体影响系数，可取 0.002；

α_1——上覆土动弹性模量的附加影响系数，可取 0.3；

b,c——盾构总推力、刀盘扭矩的影响系数，分别可取 0.14，0.15（以上参数取值均根据现有监测成果拟合得到）。

2)振动随距离衰减项

由本章 4.1 节现场地表振动响应分析可知，盾构施工引起的横断面上的地表振动响应，不论是竖向振动还是两个水平方向的振动，都随距隧道中心距离的增加而减小，虽然有时会表现出一定的波动性（在一定距离上会出现反弹增大），但总的趋势还是随距离的增大而逐渐衰减。盾构施工振动波向外传播时，会使土体的体积逐渐增大，因此每一种波的能量密度都会随着距振源距离的增大而减小。这种能量密度（或位移振幅）随距离增大而减小的特性又叫做“几何阻尼”或“辐射阻尼”，这是由于波自身不断向外扩散而形成的。故建立盾构施工引起的环境振动随距离衰减项如下式所示：

$$X_{di}=\alpha\ln R \tag{5.4.22-2}$$

式中　X_{di}——振动随距离衰减项；

R——地面振动影响点至隧道中心的水平距离（m）；

α——距离衰减因子，可取－0.001～－0.01，α 的取值范围根据现有监测成果拟合得到，当上覆土加权动弹性模量较大或埋深较深时取绝对值较大值。

3）振动因土体阻尼衰减项

盾构施工产生的振动在土体中传播，除了因振动波向外扩散使振幅减小的几何阻尼外，还有另外一种形式的能量损失，即振动波在传递过程中由于土体内部材料吸收的那部分能量（如土颗粒受到扰动时相互作用的摩擦和黏滞作用），称为“材料阻尼”或“黏滞阻尼”，它与隧道周围土层即振动波的传播介质的自身特性，如模量、厚度等参数有关。故建立盾构施工引起的环境振动“与土体材料阻尼相关的”衰减项如下式所示：

$$X_{da}=\beta\sqrt{R^2+H^2} \tag{5.4.22-3}$$

式中　X_{da}——振动因土体阻尼衰减项，它与隧道周围土层即振动波的传播介质的模量、厚度等参数有关；

R——地面振动影响点至隧道中心的水平距离（m）；

H——隧道埋深（m）；

β——土体材料阻尼衰减因子，可取－0.000 4～－0.001。β 的取值范围均根据现有监测成果拟合得到，当上覆土加权动弹性模量较大或埋深较深时取绝对值较大值。

综上所述，结合第 3 章对于振动振源的分析成果，以及本章 4.1 节现场测试成果、4.4 节环境振动预测模型的计算成果，通过统计分析与参数优化，提出盾构施工引起的环境振动实用计算模型。模型采用如下形式：

$$\begin{cases}V_R(r)=V_0+X_{di}+X_{da}\\ V_0=\alpha_0(E_{dw}+\alpha_1E_{df})^{(b\ln F+c\ln T)}\\ X_{di}=\alpha\ln R\\ X_{da}=\beta\sqrt{R^2+H^2}\end{cases} \tag{5.4.22}$$

式中　$V_R(r)$——预测的盾构施工引起的地面振动响应（mm/s）；

其他参数如前所述。

（2）振动响应计算模型的现场验证

为了验证考虑主要因素影响的地表振动响应实用计算模型的有效性，分别选取北京地铁 8 号线二期南段什刹海—南锣鼓巷区间、南锣鼓巷—中国美术馆区间的典型地面振动响应的现场测试成果，与模型预测成果进行对比分析。如图 5.4.35 所示，可以看到，预测的效果与实测的效果吻合情况较好，说明上述振动响应计算方法有效。

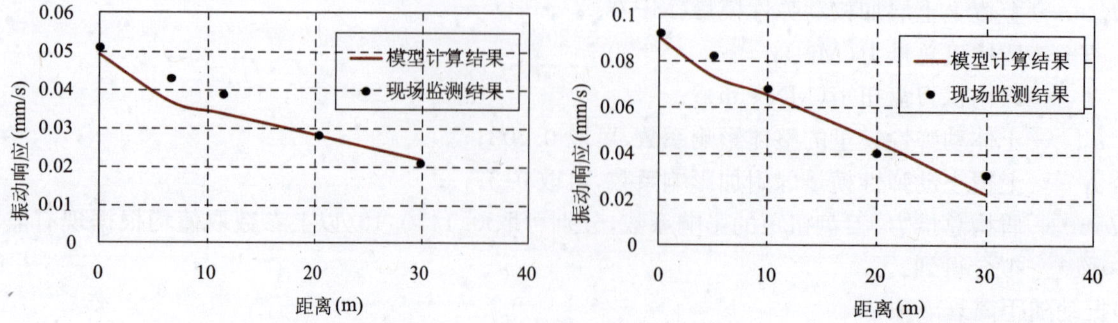

（a）什南区间监测断面　　（b）南中区间监测断面

图 5.4.35　振动响应计算模型的现场验证

第 5 章　盾构施工振动对旧城区环境的影响及其控制指标

盾构施工振动对环境的影响是多方面的，包括对人们生活环境、工作环境及人体健康的影响，建筑物结构特别是古旧建筑物的安全的影响，精密仪器使用的影响等。了解振动对周围环境的影响以及相应的振动控制标准，对盾构施工引起的环境振动的控制与治理有着重要的意义。

5.1　振动对生活环境及人体健康的影响及控制标准

作为城市的主要交通干线，地铁隧道可能经常要通过城市人口密集区、建筑物林立的商业区、拥有精密仪器的机构以及古旧建筑群等对振动和噪声比较敏感的区域。当地铁盾构隧道施工时，其上部建筑、设施、人员就会受到其所引起的地基或者地表的振动和噪声以及由此产生的二次振动和二次噪声的影响，主要表现在以下几个方面：

1)地铁盾构施工引起的振动，通过隧道以及周围土层向外传播，对建筑物特别是古旧建筑物的结构安全带来影响。尽管其引起的建筑物的振动不像地震那么强烈，也不像地铁运营引起的振动作用时间长，但它的循环效应同样可能会带来建筑物的损伤，特别是对于老旧建筑，其影响可能是不能忽视的，如某些砖混结构的老旧建筑，反复作用可能会导致其原有结构缺陷如裂缝的进一步发展。

2)研究表明，人体最为敏感的频率区域，是纵振 4～8 Hz 以及水平振动 1～2 Hz。地铁盾构施工引起的振动一般不会对人体产生伤害，但它可能会影响人们的睡眠、休息、工作和学习，甚至会使人的心脏、血液、呼吸、消化等器官和组织系统感到不同程度的不适，从而影响人们的身体健康，干扰人们的正常生活。

3)地铁施工引起的环境振动同样会对精密仪器如激光、电子显微镜、电子天平、外科手术器具、半导体集成电路等的使用带来影响，使这些精密仪器设备读数不准、精度下降、使用寿命缩短甚至不能正常工作等。

总之，振动对环境的影响是多方面的，包括对建筑物结构安全的影响、对人们生活和工作环境的影响、对人体健康的影响、对精密仪器使用的影响等。正确了解这些影响以及相应的控制标准，对盾构施工引起的环境振动响应的控制有着重要的意义。

5.1.1　建筑物安全的容许振动控制标准

振动通过周围地层传播到附近地下结构或邻近建筑物内，如果建筑物的振动超过所容许的振动阈值，建筑物可能会发生一系列的损坏：墙和板的开裂，结构构件和非结构构件中出现裂缝，以及设备、装饰、门窗玻璃的掉落、移位、振裂等，长时间的连续振动甚至还会导致主要承重构件产生疲劳和超应力，进而危及到建筑物的安全。各国在制定标准时都考虑到了建筑材料的类型和质量(特别是延性)、结构构造形式、建筑基础类型、主要承重构件的尺寸、建筑的年龄、受振动影响的时间以及振动的特性(频率等)等影响因素。由于各种标准是在某一具体的场地条件下、针对特定结构物进行试验取得数据的基础上加以调整而制定的一种普遍适用的标准，因而各国所制定的标准存在较大的差异[112]。

定量评估工业振源引起的振动对建筑物影响时，大多采用地基质点或结构某点的振动最大速度或加速度，而不采用地震工程中通常采用的结构最大位移、谱烈度和能量比。采用加速度者认为，振动加速度可以反应建筑物结构所受惯性作用的大小，从而便于揭示结构的附加受力状态及其破坏机理。而采用质点振动速度者认为该指标是以弹性波理论为基础的，即对于无限介质和一维杆件中的平面冲击波，其动应力与质点振动速度存在如下关系：

$$\sigma=(E/C)V \tag{5.5.1}$$

式中　E——介质的弹性模量；

C——介质的弹性波速。

衡量建筑物结构振动常用的物理量为振动速度和振动频率，这主要是因为振动速度和频率与建筑物的破坏有着密切关系，它们能直接反映振动能量的大小，在建筑物的振动中起着决定性的作用。大量监测也表明，建筑物墙壁已有裂缝的扩展和新裂缝的产生与地面振动的速度和频率有关。而且对于同样的激励振源，在不同的场地等条件下，地基质点的速度较其他指标（位移、加速度）而言变化较小。

（1）国际标准《建筑物安全振动控制标准》（ISO 4866：1990（E））

该标准根据不同建筑类型、场地条件、振源持时特性等，结合振动速度和频率，给出了建筑物外观破坏的位移幅值（图 5.5.1）。

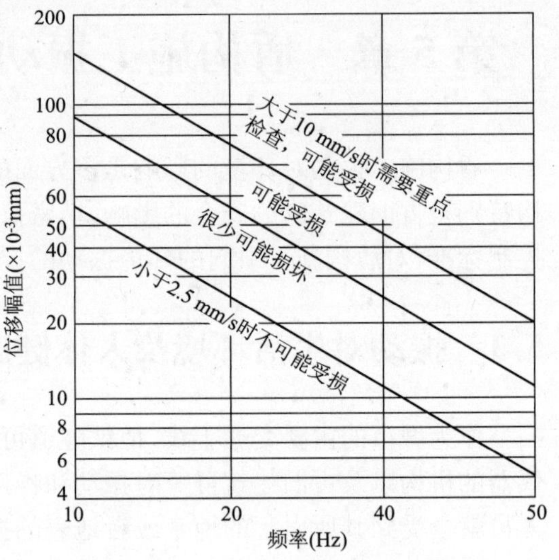

图 5.5.1　ISO 推荐建筑物振动标准

（2）德国《建筑物安全振动控制标准》（DIN4150-3：1999）

该标准根据建筑结构对振动的敏感性将其分成三大类，并给出了每类建筑物在发生短期和长期振动时不同振动频率范围内峰值振动速度（PPV）的上容许值，表 5.5.1 为该标准结合振动速度峰值及相应的振动频率给出的振动速度容许值。

表 5.5.1　DIN4150-3 规定的振动建筑物的速度允许值（mm/s）

序号	建筑物类型	短期振动 基础处振动速度限制			建筑物顶层地板的水平振动	
		振动频率范围（Hz）			混合频率	
		1～10	10～50	50～100	短期振动	长期振动
第 1 类	商业或工业用的建筑物和类似设计的建筑物	20	20～40	40～50	40	10
第 2 类	居住建筑和类似设计的建筑物	5	5～15	15～20	15	5
第 3 类	不属于 1、2 项所列的对振动特别敏感的建筑物和具有纪念价值的建筑物（如要求保护的建筑物）	3	3～8	8～10	8	2.5

（3）英国《建筑物外观破坏振动控制标准》（BS7385-2）

1993 年英国颁布了以建筑物外观破坏为容许值的标准《建筑物外观破坏振动控制标准》（BS7385-2）。该标准采用建筑物基础处的峰值振动速度峰值（PPV）作为控制标准，对于瞬态振动该标准给出了建筑物基础的振动容许值（表 5.5.2）。

表 5.5.2　BS7385-2 关于建筑物外观破坏的振动容许值

建筑物分类	建筑物类型	主要脉冲频域内的峰值振动速度分量 PPV	
		4～15 Hz	≥15 Hz
A类	钢筋混凝土建筑、工业建筑以及重型商业建筑	50 mm/s	
B类	非钢筋混凝土或轻型框架以及轻型商业建筑	4 Hz 时为 15 mm/s 15 Hz 时为 20 mm/s	15 Hz 时为 20 mm/s 大于 40 Hz 为 50 mm/s

注：1. 表中 PPV 值均为在建筑物基础处测得的；

2. 对于 B 类建筑，当频率低于 4 Hz 时，与峰值速度相关的位移最大不超过 0.6 mm。

（4）瑞士《建筑物安全振动控制标准》（SN640312：1992）

瑞士标准《建筑物安全振动控制标准》（SN640312：1992）按结构类型将建筑物分为 4 个不同类别，根据不同的振源类型给出了容许振动速度峰值（表 5.5.3）。

表 5.5.3　SN640312 建筑物安全的振动速度容许值

建筑物分类	振源	频率范围(Hz)	PPV(mm/s)
钢结构、钢筋混凝土结构、桥梁、钢塔、隧道	机械振动 交通车辆	10～30	12
		30～60	12～18
	爆炸	10～60	30
		60～90	30～40
具有钢筋混凝土的基础和地板以及具有石材填充墙的建筑物	机械振动 交通车辆	10～30	8
		30～60	8～12
	爆炸	10～60	18
		60～90	18～25
上面提到的建筑物但具有木地板或砌体填充墙	机械振动 交通车辆	10～30	5
		30～60	5～8
	爆炸	10～60	12
		60～90	12～18
对振动敏感的建筑物或有纪念意义的古建筑	机械振动 交通车辆	10～30	3
		30～60	3～5
	爆炸	10～60	8
		60～90	8～12

(5)葡萄牙 Esfes 建筑物振动安全控制标准

葡萄牙 Esfes 建筑物振动安全控制标准根据建筑物类型、不同场地土的剪切波速和压缩波速的不同，以合成速度的峰值给出了振动速度峰值的容许值(表 5.5.4)。

表 5.5.4　Esfes 建筑物振动安全控制合成速度容许值(mm/s)

建筑物类型	介质		
	弱凝聚力、松散土壤、碎石、混合物 $v_p<3\ 300$ m/s $v_s<1\ 000$ m/s	较硬的黏性土壤、均匀的碎石 $v_p\in 3\ 300\sim6\ 600$ m/s $v_s\in 1\ 000\sim2\ 000$ m/s	黏性很强的土壤、岩石 $v_p>6\ 600$ m/s $v_s>2\ 000$ m/s
历史纪念物、医院、高大建筑物	2.5	5	10
一般建筑物	5	10	200
钢筋混凝土结构	15	30	600

(6)《机械工业环境保护设计规范》(行业标准 JBJ16—2000)

对特殊类建筑物的振容许值进行了规定，见表 5.5.5，表中的速度容许值指的并不是单一方向的速度，而是合速度。

表 5.5.5　我国规定的建筑物振动容许值(JB16—2000)

建筑物类型	振动频率(Hz)	速度容许值/(mm/s)
有保护价值的或振动特别敏感的建筑	10～30 Hz	3
	30～60 Hz	3～5
古建筑(严重开裂及风蚀者)	10～30 Hz	1.8
	30～60 Hz	1.8～3.0

(7)《古建筑振动控制标准》(国家标准 GB/T50452)

根据古建筑结构容许动应变，以其结构在波动应力作用下，经无限多次往复运动而不产生裂纹(已有裂纹不再扩展)的最大动应变为控制标准，以振动速度表示。同时该规范根据古建筑的结构类型、保护级别、弹性波在结构中的传播速度给出了古建筑容许振动速度，其振源形式涵盖了交通车辆、打桩、强夯等工业振源。该标准中古建筑砖、木结构的容许振动速度见表5.5.6、表5.5.7。

表5.5.6　古建筑砖结构的容许振动速度[v](mm/s)

保护类别	控制点位置	控制点方向	砖砌体波速 v_p(m/s)		
			<1 600	1 600～2 100	>2 100
全国重点文物保护单位	承重结构最高处	水平	0.15	0.15～0.20	0.20
省级文物保护单位	承重结构最高处	水平	0.27	0.27～0.36	0.36
市、县级文物保护单位	承重结构最高处	水平	0.45	0.45～0.60	0.60

注：当V_p介于1 600～2 100 m/s之间时，[V]采用插入法取值。

表5.5.7　古建筑木结构的容许振动速度[v](mm/s)

保护类别	控制点位置	控制点方向	顺木纹波速 v_p(m/s)		
			<4 600	4 600～5 600	>5 600
全国重点文物保护单位	柱顶	水平	0.18	0.18～0.22	0.22
省级文物保护单位	柱顶	水平	0.25	0.25～0.30	0.30
市、县级文物保护单位	柱顶	水平	0.29	0.29～0.35	0.35

注：当v_p介于4 600～5 600 m/s之间时，[v]采用插入法取值。

5.1.2　环境振动参量及评价指标

(1)振动的参量

描绘振动的物理参量主要有频率、强度、振动方向和暴露时间。

1)频率：描述振动快慢的物理量，以Hz为单位。人能感觉到的振动频率范围为1～1 000 Hz左右，而1～100 Hz为敏感区，特别是对小于16 Hz的低频振动更为敏感。国际标准ISO2631/1给出的环境振动考虑的频率范围为0.1～80 Hz，振动频谱应取0.1～80 Hz范围的1/3倍频程带宽的振动加速度。其中0.5～80 Hz频率范围的振动常被用来研究其对人的健康、舒适和感觉程度的影响，而较低频率范围0.1～0.5 Hz内的振动主要是用来研究振动会使人引发的各种振动病。

2)强度：描述振动强度的物理量有位移、速度和加速度等。振动对结构物和人体的影响，实际上是振动能量转换的结果。加速度的有效值能较好地反映这种状况。因此在环境振动的分析中，振动强度一般以加速度有效值表示，常以m/s^2为单位，有时也以海平面高度的重力加速度g为单位($g=9.81\ m/s^2$)。

3)振动方向：人对不同方向的振动感觉不一样。ISO提出在研究振动时，以心脏为原点，将人体划分为三个坐标，即x方向(前后)，y方向(左右)和z方向(上下)。考虑到人对z方向振动最敏感，在振动法规中多以与地表而垂直方向的振动为研究对象。

4)暴露时间：人暴露在振动环境里的时间不同，对振动的反应程度也不同。当振动强度变化或者发生暴露间歇或中断时，可采取有效暴露时间的概念(指超过某一强度的持续时间)。如果暴露在振动中的状态有所间断，但强度不变，有效总暴露时间可简单地认为各段暴露时间的总和。

(2)振动的评价指标

对环境振动进行评价时，通常采用振动频谱和振级作为评价量。

1)振动频谱

由测试测出不同频率对应的最大振动响应，然后以频率为横坐标，以振动响应为纵坐标，绘图得到振动的频谱曲线。

2)加速度振级

根据国际标准ISO2631和我国国家标准《城市区域环境振动测量方法》(GB10071—88)中的规定，用加速度表示的振级有以下几种形式：

①振动加速度级VAL。振动加速度级VAL的计算公式为：

$$VAL=20\lg(a_{rms}/a_0) \tag{5.5.2}$$

式中　VAL 的单位为 dB；

a_{rms}——振动加速度的有效值(m/s^2)；

a_0——基准加速度，国际标准 ISO2631 规定取值为 1×10^{-6} m/s^2。但是由于各国环境振动标准不一致，所以其具体取值应遵循各标准中的规定。

②振级 VL。按 ISO2631/1 规定的全身振动不同频率计权因子修正后得到的振动加速度级，又称计权振动加速度级，记为 VL，单位为 dB。其计算公式为：

$$VL=20\lg(a'_{rms}/a_0) \tag{5.5.3}$$

式中　a_0——基准加速度，取值与 VAL 中一致，而 a'_{rms} 为频率计权振动加速度的均方根值(m/s^2)，按下式计算：

$$a'_{rms}=\sqrt{\frac{1}{T}\int_0^T a_w^2(t)\,dt} \tag{5.5.4}$$

式中　T——振动测量平均时间(s)；

$a_w(t)$——经过频率计权的振动加速度。

③Z 振级 VL_Z。按 ISO2631/1 规定的全身铅垂向振动不同频率计权因子修正后得到的振动加速度级，记为 VL_Z，单位为 dB。计算方法与上式相同，只是公式中 $a_w(t)$ 取铅垂方向的修正值。

(3)速度振级

与国际标准 ISO2631 不同，美国铁路运输部(Federal Transportation Railroad Administration)在评价交通引起的环境振动时，采用速度振级 L_v 表示：

$$L_v=20\lg(v_{rms}/v_{ref}) \tag{5.5.5}$$

式中　L_v 的单位为 dB；

v_{rms}——振动速度的有效值；

v_{ref}——振动速度的参考值，取值为 2.54×10^{-8} m/s。

5.1.3　广义环境保护的容许振动控制标准

广义的环境保护的容许振动控制主要是指保证建筑物内及建筑物内的人所受到的振动影响控制在一定限值内。

(1)国内的标准

1)《城市区域环境振动标准》(GB 10070—88)

本标准中，对城市各类区域铅垂向 Z 振级标准值列于表 5.5.8。

表 5.5.8　城市各类区域铅垂向 Z 振级标准值(dB)

适用地带范围	昼间	夜间
特殊住宅区	65	65
居民、文教区	70	67
混合区、商业中心区	75	72
工业集中区	75	72
交通干线道路两侧	75	72
铁路干线两侧	80	80

注：1. 特殊住宅区是指特别需要安宁的住宅区。2. 居民、文教区是指纯居民区和文教机关区。3. 混合区是指商业与居民混合区，工业、商业、少量交通与居民混合区。4. 商业中心区是指商业集中的繁华地区。5. 工业集中区是指在一个城市或区域内规划明确确定的工业区。6. 交通干线道路两侧是指车流量每小时 100 辆以上的道路两侧。7. 铁路干线两侧是指距每日车流量不少于 20 列的铁道外轨 30 m外两侧的住宅区。

2)《住宅建筑室内振动限值及其测量方法标准》(GB 50355T—2005)

住宅建筑室内的铅垂向振动加速度级应符合表 5.5.9 规定的限值。各类限值适用范围的划分：1 级限值：适宜达到的限值；2 级限值：不得超过的限值。昼夜时间适用范围的划分：昼间：06：00～22：00；夜间：22：

00～06:00，昼夜时间适用范围也可按当地人民政府的规定而划分。

表 5.5.9　住宅建筑室内振动限值(dB)

1/3 倍频程中心频率(Hz)			1	1.25	1.6	2	2.5	3.15	4	5	6.3	8
L_a 限值(dB)	1 级限值	昼间	76	75	74	73	72	71	70	70	70	70
		夜间	73	72	71	70	69	68	67	67	67	67
	2 级限值	昼间	81	80	79	78	77	76	75	75	75	75
		夜间	78	77	76	75	74	73	72	72	72	72
1/3 倍频程中心频率(Hz)			10	12.5	16	20	25	31.5	40	50	63	80
L_a 限值(dB)	1 级限值	昼间	72	74	76	78	80	82	84	86	88	90
		夜间	69	71	73	75	77	79	81	83	85	87
	2 级限值	昼间	77	79	81	83	85	87	89	91	93	95
		夜间	74	76	78	80	82	84	86	88	90	92

3)《城市轨道交通引起建筑物振动与二次辐射噪声限值及其测量方法标准》(JGJT 170—2009)

根据其功能的不同，应按表 5.5.10 对城市轨道交通沿线建筑物进行区域分类。

表 5.5.10　振动噪声影响区域分类

区域分类	适用范围	区域分类	适用范围
0 类	特殊住宅区	3 类	工业集中区
1 类	居住、文教区	4 类	交通干线两侧
2 类	居住、商业混合区、商业中心区		

城市轨道交通沿线建筑物室内振动限值应符合表 5.5.11 的规定。

表 5.5.11　建筑物室内振动限值(dB)

区域分类	昼间	夜间	区域分类	昼间	夜间
0 类	65	62	3 类	75	72
1 类	65	62	4 类	75	72
2 类	70	67			

注：昼夜时间划分：昼间：06:00～22:00；夜间：22:00～06:00。当地另有规定时，按当地人民政府规定划分。

4)《机械工业环境保护设计规范》(JBJ 16—2000)

工厂生产、交通运输和工地施工等产生的振动对建筑物影响的控制标准应符合振级容许值的规定。一般地区可按表 5.5.12 采用；城市地区可按表 5.5.13 采用。

表 5.5.12　一般地区对环境建筑物影响的振级容许值(dB)

地点	时间	容许振级	
		铅直向	水平向
医院的手术室和要求严格的工作区	昼间	74	71
	夜间		
住宅区	昼间	80	77
	夜间	77	74
办公区	昼间	86	83
	夜间		
车间	昼间	92	89
	夜间		

注：表中值适用于连续发生的稳态振动、间歇振动和重复性冲击振动。

表 5.5.13　城市地区对环境建筑物影响的铅垂向振级容许值(dB)

适用地带范围	昼间	夜间	适用地带范围	昼间	夜间
特殊住宅区	65	65	工业集中区	75	72
居住、文教区	70	67	交通干线道路两侧	75	72
混合区、商业中心区	75	72	铁路干线两侧	80	80

注:1. 表中值适用于连续发生的稳态振动、冲击振动和无规则振动。2. 每日发生几次的冲击振动,其最大值昼间不允许超过表中值的 10 dB,夜间不允许超过 3 dB。

5)《机器动荷载作用下建筑物承重结构的振动计算和隔振设计规程》(YSJ009—1990)

原冶金部《机器动荷载作用下建筑物承重结构的振动计算和隔振设计规程》(YSJ009—1990)规定:对于生产操作区以外的工作和生活环境,如无特殊要求,其容许振动速度可按表 5.5.14 采用。

表 5.5.14　工作和生活环境的容许振动速度(mm/s)

环境类别	标准	举例	容许振动速度[v](mm/s)	
			白天(6 时～20 时)	夜间(20 时～次日 6 时)
Ⅰ	要求严格	学校、医院等	0.25	0.13
Ⅱ	要求较严格	生活区宿舍等	0.50	0.25
Ⅲ	允许轻微振动	办公室、公共场所等	1.00	0.50
Ⅳ	有一定振动	车间范围内的非操作区	2.80	2.80

注:仅受水平振动的工作和生活环境,表中值乘以增大系数 2.0 取用。

(2)国外的标准

1)ISO 263112—1989 机械振动和冲击,人体处于全身振动的评价,第 2 部分:建筑物内的振动(1～80 Hz)。

国际标准 ISO 2631/2 采用基准曲线和放大系数来规定人们在不同类型建筑物内所能承受的振动限值,即人体可接受的建筑物内的振动限值=基准曲线值×放大系数。对于 x 轴或 y 轴方向的振动,加速度有效值在 1～2 Hz 的基准值为 3.6×10^{-3} m/s^2;对于 z 轴方向的振动,在 4～8 Hz 内的基准值为 5.0×10^{-3} m/s^2。根据上述规定,标准中以振级的形式给出了建筑物内的振动限值,见表 5.5.15。

表 5.5.15　ISO2631/2 关于建筑物内振动限值的规定

<table>
<tr><th rowspan="3">区域</th><th rowspan="3">时间</th><th colspan="4">连续振动、间歇振动和重复性振动</th><th colspan="4">每天只发生几次的瞬态振动</th></tr>
<tr><th rowspan="2">放大系数</th><th colspan="3">振动限值(dB)</th><th rowspan="2">放大系数</th><th colspan="3">振动限值(dB)</th></tr>
<tr><th>$x(y)$轴</th><th>z 轴</th><th>混合轴</th><th>$x(y)$轴</th><th>z 轴</th><th>混合轴</th></tr>
<tr><td>振动敏感类工作区</td><td>全天</td><td>1</td><td>71</td><td>74</td><td>71</td><td>1</td><td>71</td><td>74</td><td>71</td></tr>
<tr><td rowspan="2">住宅</td><td>白天</td><td>2～4</td><td>77～83</td><td>80～86</td><td>77～83</td><td>30～90</td><td>107～110</td><td>110～113</td><td>107～110</td></tr>
<tr><td>夜间</td><td>1.4</td><td>74</td><td>77</td><td>74</td><td>1.4～20</td><td>74～97</td><td>77～110</td><td>74～97</td></tr>
<tr><td>办公室</td><td>全天</td><td>4</td><td>83</td><td>86</td><td>83</td><td>60～128</td><td>113</td><td>116</td><td>113</td></tr>
<tr><td>车间</td><td>全天</td><td>8</td><td>89</td><td>92</td><td>89</td><td>90～128</td><td>113</td><td>116</td><td>113</td></tr>
</table>

2)《交通系统引起的噪声和振动冲击评价手册》(美国运输部的环境场地振动标准)

美国联邦公共交通管理局(FTA)于 1995 年颁布了《交通系统引起的噪声和振动冲击评价手册》,并在 2006 年的第二版中进行了修订。该手册给出了道路交通和轨道交通系统影响人体或干扰精密仪器使用的环境场地振动限值,见表 5.5.16。2005 年,美国联邦铁路管理局(FRA)又在此基础上给出了快速铁路(包括轮轨式和磁悬浮式)引起的噪声和振动冲击评价标准,与表 5.5.16 基本一致。

表 5.5.16　美国运输部环境场地振动限值(振级 Lv)(单位:dB)

区域划分	容许振动速度级(dB)		
	频繁振动	平常振动	稀少振动
音乐厅,电视演播室,录影棚,对振动较敏感的研究所,加工厂,以及具有精密仪器设备的医院等区域	65	65	65
会堂、礼堂、剧院	72	80	80
居民区及供人们正常休息的建筑区域(如宾馆、病房)	72	75	80
学校、教室、其他的公共机构以及需要安静的办公区	75	78	83

注:1. 频繁振动:同一振源每天发生的振动影响超过 70 次,大多数的城市快速轨道交通都属于此类。2. 平常振动:同一振源每天发生的振动影响在 30～70 次之间,大多数市郊轨道交通干线都属于此类。3. 稀少振动:同一振源每天发生的振动影响少于 30 次,大多数市郊轨道交通支线都属于此类.

3)美国 ANSI(American National Standard Institute)标准 ANSI S3. 29—1983

美国 ANSI 标准 ANSI S3. 29—1983 以振级形式特别给出了住宅类建筑物室内振动限值,见表 5. 5. 17。可以看出,美国标准中的限值比国际标准 1302631/2—1989 中的规定稍微严格一些。

表 5.5.17　ANSI S3.29 对住宅类建筑物的室内振动限值 *VL*(单位:dB)

时间	连续振动、间歇振动和重复性冲击			每天发生几次的冲击振动		
	$x(y)$轴	z 轴	混合轴	$x(y)$轴	z 轴	混合轴
白天(7:00～22:00)	74～83	77～86	74～83	110	110	110
夜间(22:00～7:00)	71～74	74～77	71～74	74	77	74

4)英国标准(BS6472—1992)

英国标准 BS6472—1992 也采用基准曲线和放大系数来描述不同类塑建筑物的振动限值。同时提出了振动剂量值 *VDV*(Vibration Dose Value)的概念,用来描述居民对外部振源引起建筑物振动的烦恼程度(*VDV* 以一昼夜为一个周期,描述这一个周期内的总体振动水平)给出了人们可接受的 *VDV* 振动限值:白天(7:00～23:00)为 0.4 $m/s^{1.75}$;夜间(23:00～7:00)为 0.13 $m/s^{1.75}$。

5)德国标准(DIN4150-2-1999)

德国标准 DIN4150-2-1999 也定义了等感知度曲线,在频率-最大速度坐标系中,每一条曲线对应一个感知度 *KB* 值(Konstannt Beurteilungswerte),用来表示振动的严重程度。规范规定了不同感觉界限所对应的 *KB* 值:①*KB*<0. 1,感觉不到振动;②*KB*=0. 1,感知的临界值;③*KB*=0. 63,感知不太明显;④*KB*=1. 6,感知明显;⑤*KB*=4,感觉强烈;⑥*KB*=10,感觉非常强烈。表 5. 5. 18 列出了该规范规定的人在住宅区和其他区域建筑物内受振动影响时感知度 *KB* 的容许值。

表 5.5.18　DIN4150-2 规定的人在建筑物内感受振动时的 *KB* 容许值

建筑区域	连续的、干扰性的反复振动		不经常的冲击作用		均值限值	
	白天	夜间	白天	夜间	白天	夜间
纯住宅区、普通居住区、周末节假日居住区、小型生活区	0.2(0.15)	0.15(0.1)	4.0	0.15	0.07	0.05
村镇、小商场、城镇中心	0.3(0.2)	0.2	8.0	0.2	0.1	0.07
商业区、贸易区(含办公楼)	0.4	0.3	12.0	0.3	0.1	0.07
工业区	0.6	0.4	12.0	0.4	0.2	0.15
主要工业区	0.3	0.2	6.0	0.4	0.15	0.1
敏感建筑区(如医院)	0.1	0.1	3.0	0.15	0.05	0.05

注:有水平振动并且振动频率小于 5 Hz 的建筑区应遵守括号中的值。

6)《环境振动控制法》(日本的环境振动标准)

日本工业标准调查会(JISC)颁布的《环境振动控制法》,对工业振源和道路交通产生的振动加以限制,以达到保护环境的目的(见表 5.5.19)。对于学校、医院等特别需要安静的地区,振动控制上限标准还需将表中的数值降低 5 dB。另外,如果新干线轨道交通引起的环境振动超过 70 dB,必须采取一定的减隔振措施。

表 5.5.19　日本的《环境振动控制法》规定的环境振动限值(dB)

振动类型	区域划分	白天	夜间	区域划分说明
工厂振动	1 类	60～65	55～60	(1)1 类区域:为保持良好的居住环境需要保持安静的区域,以及为了供居住使用而需保持安静的区域。 (2)2 类区域:供居住用,兼供商业、工业等用的区域,为保持区域内居民生活环境而需要防止发生振动的区域;为了不使区域内居民生活环境恶化而需要防止发生显著振动的区域
	2 类	60～70	60～65	
建筑施工	1 类	75	—	
	2 类	75	—	
道路交通	1 类	65	60	
	2 类	70	65	

5.2　盾构施工振动影响评价

从现场监测情况来看,盾构施工产生的振动对建筑物结构的安全一般不会带来太大的影响(监测到的振动响应远小于结构安全振动控制标准),因此对于盾构施振动的评价主要以建筑物内的控制为主。

目前,国内外尚无针对自身特点明显的盾构施工振动引起的周围环境振动的控制标准。为了对盾构施工引起的环境振动水平做出初步的评价,也为了提出更适合评价盾构施工振动对环境影响的控制指标,基于现场的实测资料,利用目前现有的国内外有关建筑物室内及建筑物内的人所受到的振动影响的控制标准,选取相应的控制参量,对不同工况条件下,盾构施工振动对周围环境的影响进行初步评价。

5.2.1　按照现有的国内标准评价

(1)以竖向振动加速度振级为评价标准

参照《城市区域环境振动标准》(GB10070)、《机械工业环境保护设计规范》(JBJ16),由图 5.5.2 可见:对于竖向振动,0～5 m 范围内竖向振动超过允许值的情况较多,5～20 m 范围竖向振动响应超越限值的情况相对较少,当距离超过 20 m(特别是达到 30 m 左右)时,竖向振动响应基本都降低到了标准允许值以下。

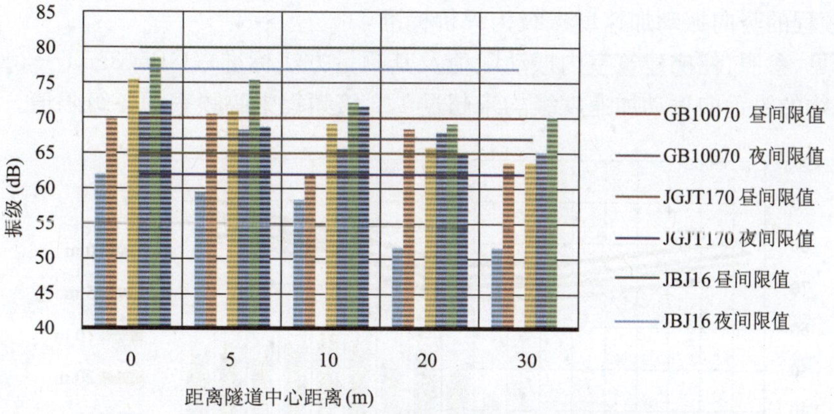

图 5.5.2　测试断面竖向振动响应的评价

参照《城市轨道交通引起建筑物振动与二次辐射噪声限值及其测量方法标准》(JGJT170),竖向振动在 0～20 m 范围内超越限值的情况比较严重,特别是对于夜间工况,但是 JGJT170 是针对城市轨道交通运营提出的振动控制限值,其振源有长期往复的特点,而盾构施工产生的是短期间歇性的振动,对其要求的控制指标可适当放宽。

(2)以水平向振动加速度振级为评价标准

参照《机械工业环境保护设计规范》(JBJ16),由图 5.5.3、图 5.5.4 可见:对于水平振动,0～5 m 范围内有个别测点的振动超过允许值,5～30 m 范围的竖向振动响应超越限值的情况较少,水平振动响应基本都降低到了标准允许值以下。

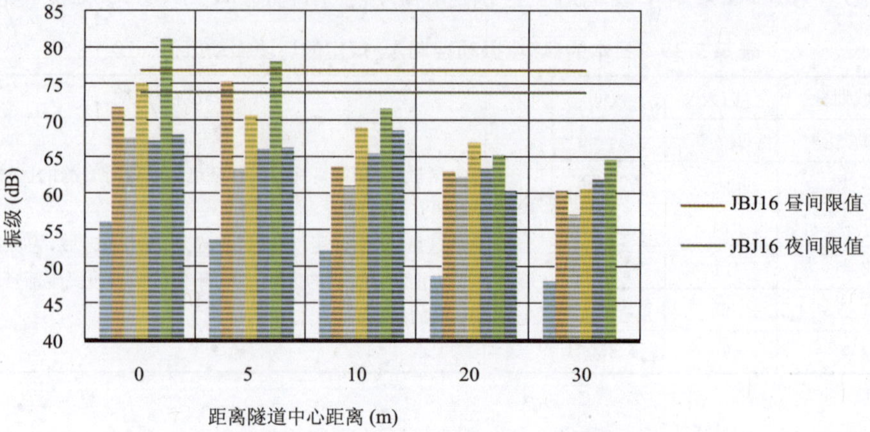

图 5.5.3　测试断面上垂直于隧道方向水平振动响应的评价

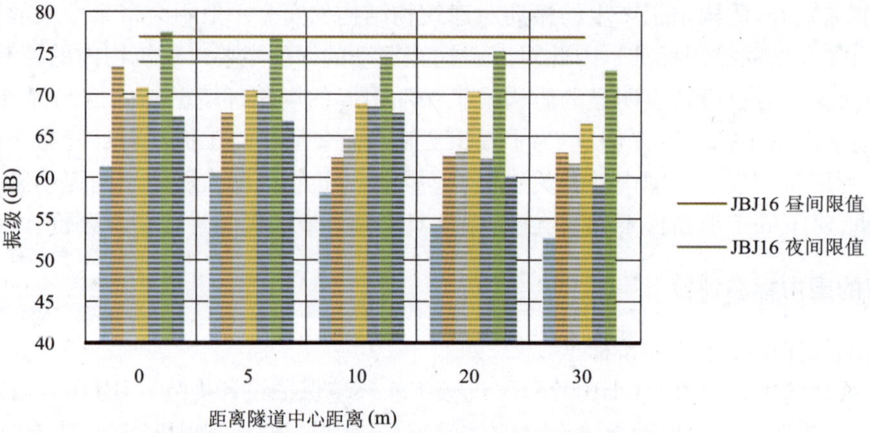

图 5.5.4　测试断面上沿隧道方向水平振动响应的评价

(3)以 1/3 倍频程的竖向振动加速度振级为评价标准

由图 5.5.5 可见，参照《住宅建筑室内振动限值及其测量方法标准》(GB50355T—2005)，所测断面由盾构施工引起的建筑物的铅垂向振动加速度级均未超过 1/3 倍频程中心频率的各级限值。

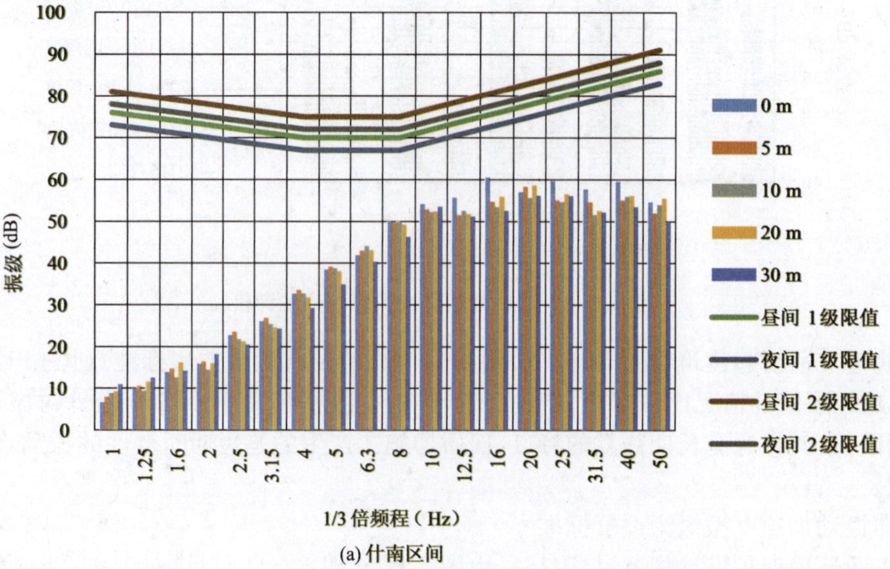

(a) 什南区间

图 5.5.5　典型测试断面竖向振动响应的 1/3 倍频程评价

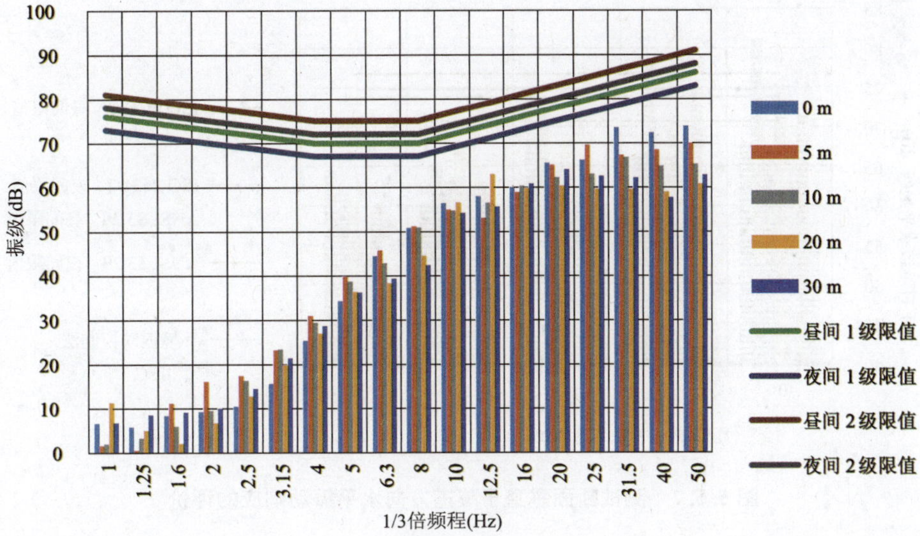

(b)南中区间

图 5.5.5(续)

5.2.2　按照现有的国外标准评价

(1)以竖向振动加速度振级为评价标准

参照国际标准 ISO263112、ANSI 标准 ANSI S3.29、日本《环境振动控制法》，对于竖向振动，由图 5.5.6 可以看到：0～5 m 范围内，仅有个别测点的竖向振动超过允许值，5～30 m 范围的竖向振动响应基本都降低到了标准允许值以下。

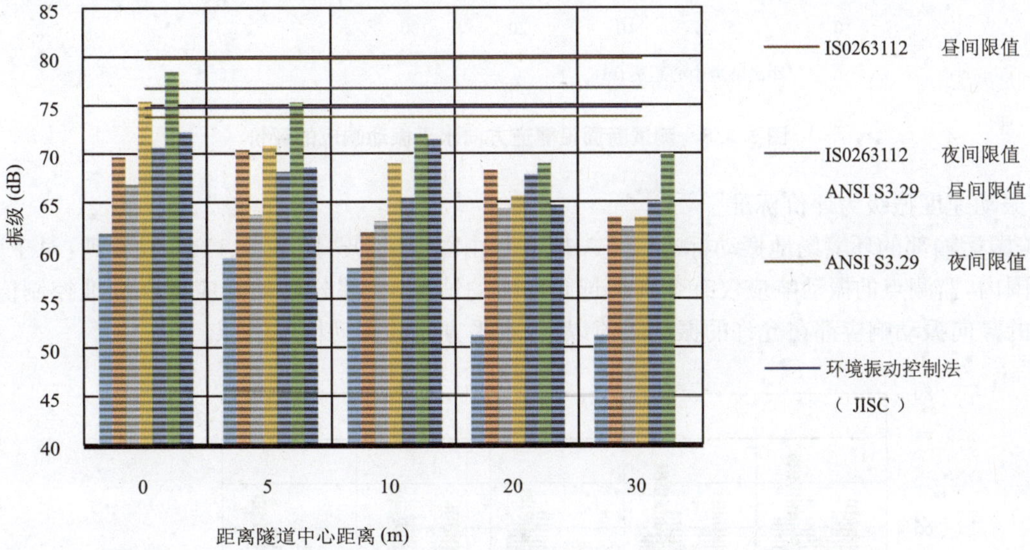

图 5.5.6　测试断面竖向振动响应的评价

(2)以水平向振动加速度振级为评价标准

参照国际标准 ISO2631/2、ANSI 标准 ANSI S3.29、日本《环境振动控制法》，由图 5.5.7、图 5.5.8 可以看到：对水平振动，0～5 m 范围内，水平振动有超越允许值的情况，特别是对于夜间限值，5～20 m 范围的水平振动响应超越限值的情况相对较少(仅有个别测点)，当距离超过 20 m(特别是达到 30 m 左右)时，竖向振动响应基本都降低到了标准允许值以下。

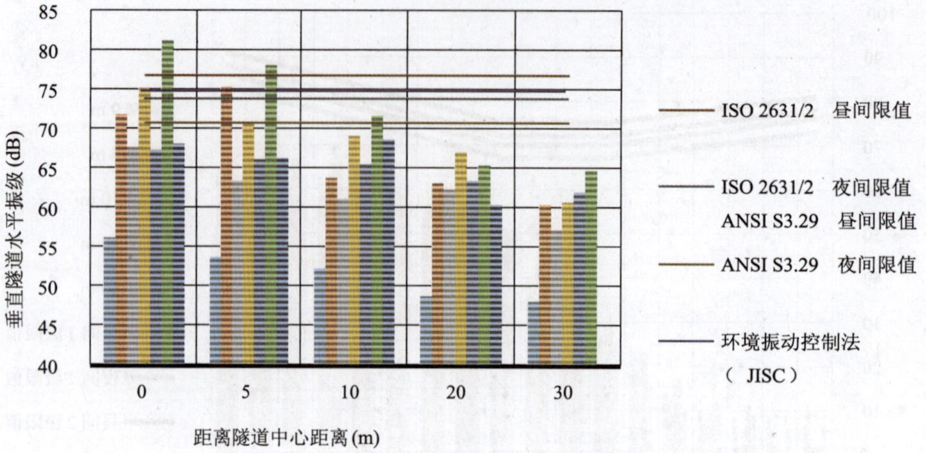

图 5.5.7 测试断面垂直于隧道方向水平振动响应的评价

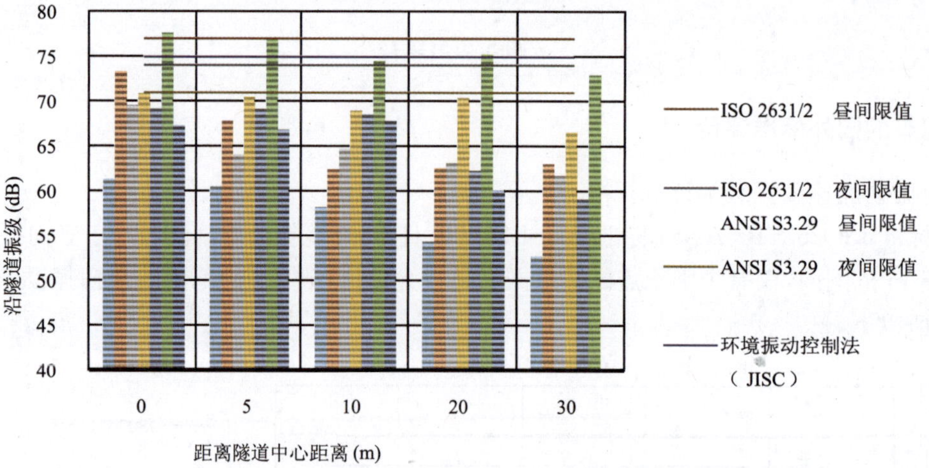

图 5.5.8 测试断面沿隧道方向水平振动响应的评价

(3)以振动速度振级为评价标准

参照美国运输部的环境场地振动标准(FTA 标准)，由图 5.5.9～图 5.5.11 可以看到：对于竖向振动，0～5 m 范围内，监测点的振动响应仅有个别超越允许值的情况，大部分振动响应都在标准控制值以下，5～30 m 范围的竖向振动响应都在允许的振动限值以下，水平方向的振动情况类似。

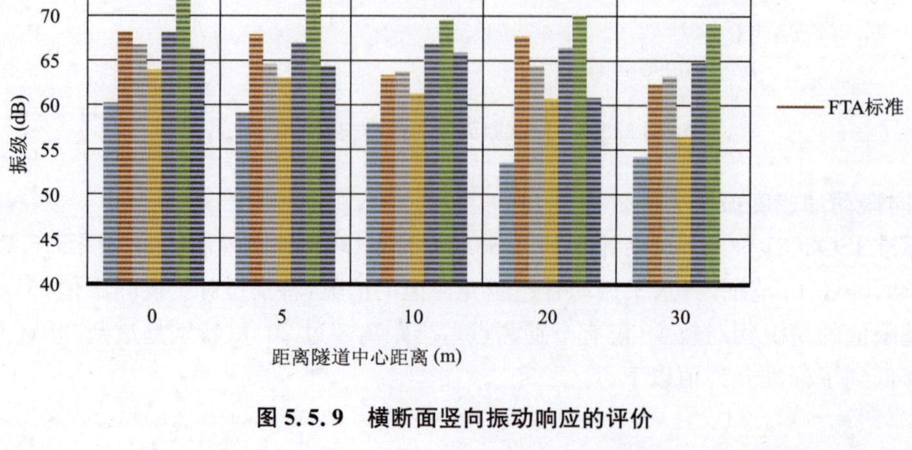

图 5.5.9 横断面竖向振动响应的评价

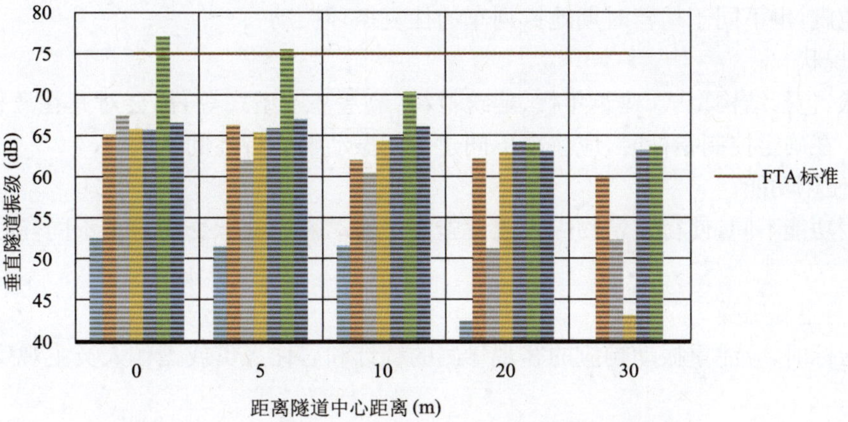

图 5.5.10　横断面垂直于隧道方向水平振动响应的评价

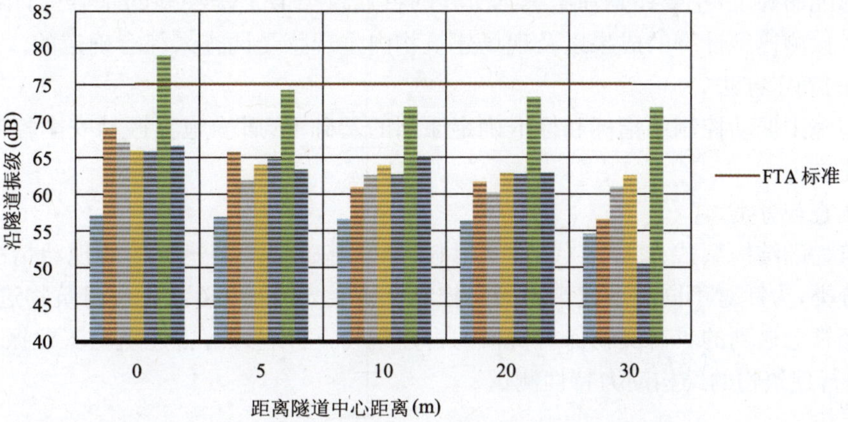

图 5.5.11　横断面沿隧道方向水平振动振动响应的评价

5.3　盾构施工振动安全控制标准确定方法

5.3.1　控制指标的选取

盾构施工下穿古旧平房群引起的周围环境振动的容许控制标准的确定，必须基于其自身的特点：

(1)盾构施工对古旧平房群的影响是非长期性的，振动相对较小，它既不同于地震的影响，是短暂的、强烈的，也不同于地铁运营的影响，是长期的，相对(施工)较大的。

(2)盾构施工引起的周围环境的振动响应虽然相对较小，对结构本身的安全性影响不大，但盾构长距离下穿城市中心的古旧平房群，对居住在这些建筑内的人们的正常生活和工作的会产生一定的影响，甚至会影响人体的健康，造成一定的社会影响，必须予以重视。

因此，本文提出以建筑物内容许振动控制值(加速度振级或速度振级)作为盾构施工引起城市中心区古旧平房群振动的控制指标，从而达到保护盾构施工周围环境振动安全性的目的，保证建筑物内居民的正常生活和工作。

5.3.2　控制标准确定的原则

盾构施工应该尽量避免振动对周围建筑物内人们的正常生活与工作造成影响。振动影响控制指标定量地表示了建筑物内人以及设施对振动的承受程度。盾构施工振动控制标准的确定，同时要考虑以下几个方面的因素。

(1)盾构施工振源的特性

盾构施工振动属于短期振动(正常情况下每次掘进约 15～30 min，每天发生 12～15 次，即掘进 12～15

环),它既不同于地震,也不同于运营时期地铁列车的往复循环振动。

(2)建筑物的现状

建筑物的现状,包括结构型式、建筑年代、建筑材料、地基基础型式等,都会对其在盾构施工下的振动响应特性产生影响。在确定控制指标时,应注重不同建筑物振动响应特性的不同。

(3)建筑物的使用功能。

建筑物的使用功能不同,使得建筑物内人或设施对于振动响应的承受能力也不同,确定控制指标时必须区分对待。

(4)客观测量与主观感受

在确定控制指标时,应注重振动响应的客观量测的统计和居住人员或工作人员主观反应相结合的原则,不能偏废一方。

5.3.3　盾构施工振动安全控制标准确定方法

当前的控制标准的确定,主要还是在考虑本工程的特点及类似工程经验的基础上,结合已有相关规范,通过现场测试或者预测模型计算的成果以及现场建筑物内主观感受调查来综合确定的。

(1)控制标准的确定方法

在确定了盾构施工振动控制的指标和标准确定原则的基础上,盾构施工振动安全控制标准的确定可以通过以下步骤来完成。

1)现场环境调查与分类

主要是对建筑物的结构型式、建筑年代、建筑材料、地基基础型式等建筑物的现状情况进行充分的调查并进行建筑物的分类,为针对不同类型建筑物确定控制标准奠定基础,必要时对建筑物进行结构检测,特别是对于旧城区中经常会遇到的具有文物保护价值的古建筑物,可以参照《古建筑防工业振动技术规范》(GB/T50452—2008)进行建筑物的结构动力特性测试。

2)区域划分

根据现场环境调查情况,遵循以人为本以及城市盾构施工与区域环境协调匹配的原则,将建筑区域进行划分(见表5.5.20,参照《城市轨道交通引起建筑物振动与二次辐射噪声限值及其测量方法标准》(JGJT 170—2009)),从而为针对不同影响区域确定相应的控制标准奠定基础。

表5.5.20　振动噪声影响区域分类

区域划分	适用范围	区域划分	适用范围
0类	特殊住宅区	3类	工业集中区
1类	居住、文教区	4类	交通干线两侧
2类	居住、商业混合区、商业中心区		

注:0类振动环境功能区:指康复疗养区等具有较高环境振动保护要求的区域;1类振动环境功能区:指以居民住宅、医疗卫生、文化教育、科研设计、行政办公为主要功能,具有一定环境振动保护要求的区域;2类振动环境功能区:指以商业金融、集市贸易为主要功能,或者居住、商业、工业混杂,具有一定环境振动保护要求的区域;3类振动环境功能区:指以工业生产、仓储物流为主要功能,需要防止工业振源振动对周围环境产生严重影响的区域;4类振动环境功能区:指交通干线两侧需要防止交通振源振动对周围环境产生严重影响的区域,包括4a类和4b类两种类型。4a类为高速公路、一级公路、二级公路、城市快速路、城市主干路、城市次干路、内河航道、城市轨道交通两侧区域;4b类为铁路干线两侧区域。

3)现场测试与调研

①根据现场环境调查情况,主要是针对建筑物,对按建成年代、结构形式以及地基基础型式等因素进行分类的不同建筑物,按照本文第2章提出的监测方法或参照相关规范,进行振动响应的监测。

②对不同类型建筑物内的居住人员或工作人员进行走访调研,了解人对盾构施工引起的振动的主观感受。

4)模型计算

利用本文第4章中的环境振动预测计算模型,针对不同类型的建筑物进行不同工况下的振动响应计算。

5)相近工程类比

搜集并分析研究相近工程条件下不同类型建筑的振动响应情况。

6)标准的确定

通过大量的不同类型建筑物的振动响应的客观量测(现场测试、模型计算、工程类比)的统计和居住人员或工作人员主观反应相结合的方法,基于盾构施工振源特性、建筑类型和区域的划分(根据表 5.5.20),结合现有相关控制标准与盾构施工振动的特点,按照建筑物内可接受振动小值优先原则,确定盾构施工引起的环境振动安全控制标准。

(2)控制标准确定方法应用

利用上述盾构施工振动安全控制标准的确定方法,根据北京地铁 8 号线二期南段安德里北街站—鼓楼大街站区间、鼓楼大街站—什刹海站区间、什刹海站—南锣鼓巷站区间以及南锣鼓巷站—中国美术馆站区间的实际情况,在现场测试、调查以及模型计算成果的基础上,结合相关规范,初步确定了盾构施工振动对古旧城区振动影响的参考控制标准,见表 5.5.21。

表 5.5.21　盾构施工振动对古旧城区振动影响的参考控制标准

区域划分	时间划分	容许振动速度级(dB)	
		平常振动:连续振动、间歇振动和重复性振动	稀少振动:每天只发生数次的振动
0 类:音乐厅,演播室,录影棚,对振动较敏感的研究所、加工厂,以及具有精密仪器设备的医院等对振动控制要求特别严格区域	昼间	72	75
	夜间	69	72
1 类:以居民住宅、医疗卫生、文化教育、科研设计、行政办公为主要功能的对振动控制要求严格的区域	昼间	75	78
	夜间	72	75
2 类:以商业金融、集市贸易为主要功能,但居住、商业混杂的对振动控制要求比较严格的区域	昼间	78	81
	夜间	75	78

注:昼夜时间划分:昼间:06:00～22:00;夜间:22:00～06:00。

第 6 章　盾构施工引起环境振动的风险评估与控制

盾构施工振动通过隧道结构与周围地层传播到振动影响区域，干扰周围人们的正常生活与工作，严重时可能会影响人体的健康，甚至破坏建筑物的结构安全。因此，如何有效控制振动的产生与传播已经成为一个非常重要的环境与工程问题。为减少或控制振动的不利影响，首先应该在对盾构施工引起环境振动进行有效的风险评估的基础上，分别从降低振源的激振强度、切断振动的传播途径或在传播途径上削弱振动、建筑物自身的减振隔振以及合理规划设计使建(构)筑物避开振动影响等方面寻求相应的措施。另外，在盾构施工过程中，可以采取监控量测与实时反馈联动控制，保证建(构)筑物的正常使用状态和盾构施工的顺利进行。

6.1　风险评估技术

评估盾构施工振动对周围环境的影响，特别是对建筑物以及居民日常生活的影响，应根据施工振动振源和周围建筑的现状调查、周围环境的容许振动标准以及计算或测试的环境振动响应，通过分析论证，提出评估结论和相关建议。

针对地铁盾构施工的特点，结合北京轨道交通工程安全风险管理体系，盾构施工振动影响的风险评估可以分为工前评估、施工过程评估和工后评估三个阶段。其中，工前评估又可以分为两个阶段：初步评估阶段与详细评估阶段。

6.1.1　盾构施工振动的工前评估

盾构施工振动工前评估的工作内容主要包括：

1. 工程基础资料搜集

收集盾构施工振动环境风险工程的地勘资料、周围环境的工前调查资料、工前检测报告等基础资料。

2. 振动影响评估范围及项目确定

依据工前检测报告、盾构施工工程与环境(主要是建筑物)之间的空间位置关系等，结合周围环境受影响程度确定评估的范围及项目。

3. 盾构施工附加振动影响分析

盾构施工附加的振动影响分析应包括选用评估方法、建立评估模型、确定评估参数、计算分析等主要内容。主要包括：(1)根据振动影响对象的不同，可选取计算分析、工程类比、现场监测等不同的评估方法；(2)评估模型应包括评估范围内的主要地层、所影响的环境对象，并能够反映各对象的空间位置关与结构尺寸，且评估模型应验证其合理性；(3)评估参数主要包括周围土层及环境对象主要是建筑结构的动力学参数等，评估中应对环境对象评估参数的确定依据及合理性进行说明；(4)计算分析主要是针对评估对象(地表及建筑物)的振动情况进行。

4. 振动监测项目及监测控制指标确定

应根据振动影响对象的自身特性、建筑结构及内部人员、设施受振动影响的敏感性等，提出环境对象的主要重点监测部位、监测项目及其监控量测控制指标。

5. 提出盾构施工振动环境影响风险工程的评估建议，是否采取针对性的减振隔振措施。

盾构施工振动影响工前评估基本的实施程序，如图 5.6.1 所示。

结合以上盾构施工振动影响工前评估的基本内容，将工前评估具体细化为初步评估与详细评估。

(1)初步评估

盾构施工的振动风险的初步评估阶段，主要是在对工程地质条件及周围环境进行初步了解的基础上，利用本项目研究中所建立的地铁盾构隧道施工引起的环境振动预测模型，预测盾构施工引起的周围环境(主要是地表及建筑物)的振动响应峰值振级,然后结合现有的广义环境振动保护的容许振动控制标准,初步判别振动预测值是否超过允许值,是否需要进行进一步的详细评估以及采取减隔振措施。

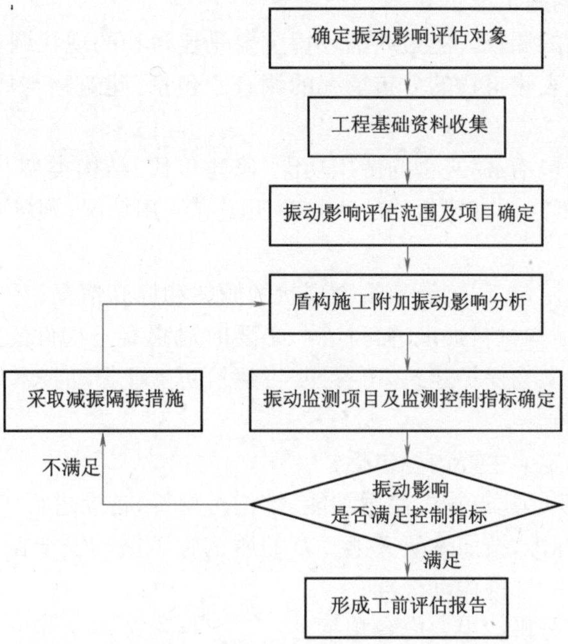

图 5.6.1　盾构施工振动影响工前评估基本的实施程序

初步评估盾构施工振动对周围环境特别是建筑物及建筑物内居民正常生活的影响,可以按照下列步骤进行:

1)初步了解工程现状。

初步了解盾构施工工程的地质条件以及周围环境情况,包括:作业面地层条件以及上覆土层的地质条件,周围建筑物的分布情况及其结构形式等。

2)已有类似线路周围环境振动的调查。

3)利用环境振动预测模型进行初步预测分析。

利用地铁盾构隧道施工引起的环境振动预测模型,对盾构施工前的周围环境主要是地表及建筑物的振动响应进行初步的预测分析,主要计算步骤包括:

①盾构施工振动振源的人工合成:根据作业面的地层条件,由本研究中的振源多元回归分析模型拟合得到,或者利用已有类似工程测试所得的振源时程。

②建立初步的盾构-隧道结构-环境地层振动计算模型及盾构-隧道结构-环境地层-建筑物振动计算模型,利用①中方法得到的振源时程作为输入条件,进行盾构施工引起周围环境时域振动响应水平的初步预测。

4)利用现有环境振动控制标准,进行盾构施工振动影响程度的初判。

振动响应根据现有的广义环境振动保护的容许振动控制标准,初步判别由计算模型得到的振动水平预测值是否超过允许值,是否需要进行进一步的详细评估以及采取减隔振措施。

(2)详细评估

在初步评估盾构施工引起的振动响应接近或已超过环境容许振动控制值情况下,应进行振动的详细评估并提出相应的减振隔振措施。

详细评估盾构施工振动对周围环境特别是建筑物及建筑物内居民正常生活的影响,可以按照下列步骤进行:

1)盾构隧道工程相关资料的收集与分析。主要内容包括:

①盾构施工工程岩土工程勘察资料。着重了解作业面地层分布及主要的土体动力学参数、上覆土层的分布情况及主要的土体动力学参数等。

②盾构隧道的结构设计资料。

③盾构施工设计资料。

④现场施工资料，包括盾构施工记录等。

2)隧道工程周围环境现状的调查。隧道周围环境主要是建筑物的现状调查内容包括：

①盾构隧道作业面周围地表建筑物的分布情况的调查。包括：建筑物与盾构施工作业面的相对位置关系等。

②建筑物基本情况调查。包括：建筑物的使用功能、修建年代、结构类型、建筑材料、地基基础型式等以及相关图纸(原设计和竣工图纸)；调查建筑物的改扩建历史和使用情况；现场对楼房的结构型式和布置进行检查、复核。

③建筑物现状检测与评估。包括：测量建筑物现状的倾斜和标高情况；对现有裂缝情况进行调查、记录，对主要裂缝成因进行分析；对结构材料强度进行检测，必要时对混凝土构件配筋进行检测；根据各项检测结果，对结构现状进行评估(对于文物保护建筑，可参照《古建筑防工业振动技术规范》(GB/T 50452—2008)对古建筑结构进行弹性波速测试)。

3)环境振动控制标准的确定。主要内容包括：

根据调查的环境现状，主要是建筑物的使用功能、结构类型等，首先进行工程场地的区域划分，在此基础上，基于现有的环境振动控制标准，按照本研究第5章的盾构施工振动安全振动控制标准确定方法，确定盾构施工振动引起周围环境振动的容许振动标准。

4)环境振动响应的预测与分析。主要内容包括：

①根据作业面的工况，包括作业面的地层条件、拟采用的盾构施工参数等，利用本研究中的振源多元回归分析模型方法、工程类比方法等方法人工合成作业面的振源振动时程。

②基于工程地质勘察资料、隧道设计资料以及周围环境主要是建筑物的现状调查资料，建立详细的盾构-隧道结构-环境地层振动计算模型及盾构-隧道结构-环境地层-建筑物振动计算模型，将上面①中得到的振源振动时程作为输入条件，进行模拟计算，对盾构施工引起的地表及建筑物的振动响应规律，包括隧道纵横断面上的幅频特性、时域响应规律(距离衰减规律)以及频域响应规律(以及1/3倍频程响应规律)等进行分析，并与相近工程的现场测试成果进行工程类比。

5)综合分析提出评估意见。主要内容包括：

①对计算或测试结果与容许振动标准进行分析、比较，做出盾构施工振动对周围环境是否造成影响(是否超过允许值)以及影响大小的结论，并进一步进行影响分区。

②当盾构施工振动对周围环境主要是建筑物及建筑物内的居民正常生活造成影响时，应提出相应的减振隔振方案或建议。

具体实施盾构施工引起的环境振动影响工前评估时，可按图5.6.2所示的工作程序对工程施工方案进行评价，从广义环境保护的角度评估盾构施工方案的合理性以及环境振动控制与治理措施的可行性与有效性。

6.1.2　盾构施工振动的施工过程评估

盾构施工振动的施工过程评估工作主要为监控盾构施工过程对周围环境的振动影响以及盾构施工方案的优化工作提供依据，并为工后评估提供参考。盾构施工过程中，当振动响应的实测值接近或达到控制指标时，且有进一步发展趋势时，宜开展施工过程评估。

盾构施工振动的施工过程评估的工作内容主要包括：

(1)收集相关资料，提请进行施工过程的评估

当实测的盾构施工振动响应接近控制指标(达到评估条件)时，提请进行盾构施工振动影响的施工过程的评估，开展评估前应收集环境对象的工前调查及检测评价报告、工前评估报告、设计及施工方案、历史监测数据、历史预警事件及处理过程资料等，并对资料进行汇总分析。

(2)环境振动响应状态的判定与评估

应对环境对象(主要是建筑物)的振动响应状态进行综合判定、评估。施工过程的评估主要以实测的振

动响应数据为依据，根据振动响应的分级管理控制，组织专家会议进行判定、评估，过程中综合考虑建筑物内人员的主观感受(分级管理控制技术可参照 6.3 节)。

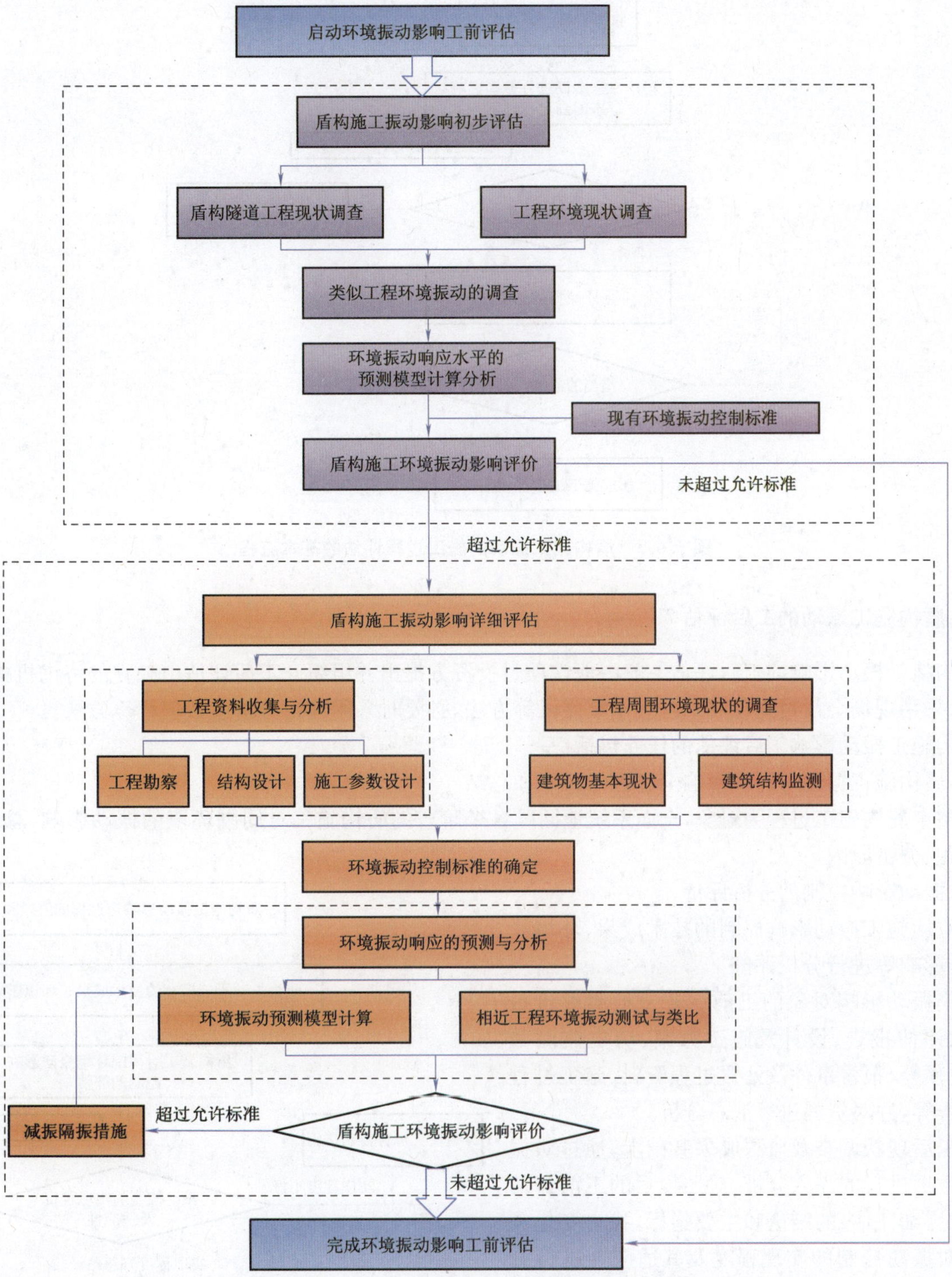

图 5.6.2　盾构施工振动风险评估工作程序流程图

(3)环境振动风险处置措施的评估

当判定振动响应已对建筑物的使用功能(主要指人们正常的生活与工作)产生影响时，应采取及时的减振隔振措施，并应对措施的实际效果进行分析、评价，包括采取的措施可行性及效果、措施实施的范围、时机、采取的施工参数的合理性等。当施工过程评估需要采取计算分析时，可参照工前评估相关要求执行。

盾构施工振动的施工过程评估的基本流程，如图 5.6.3 所示。

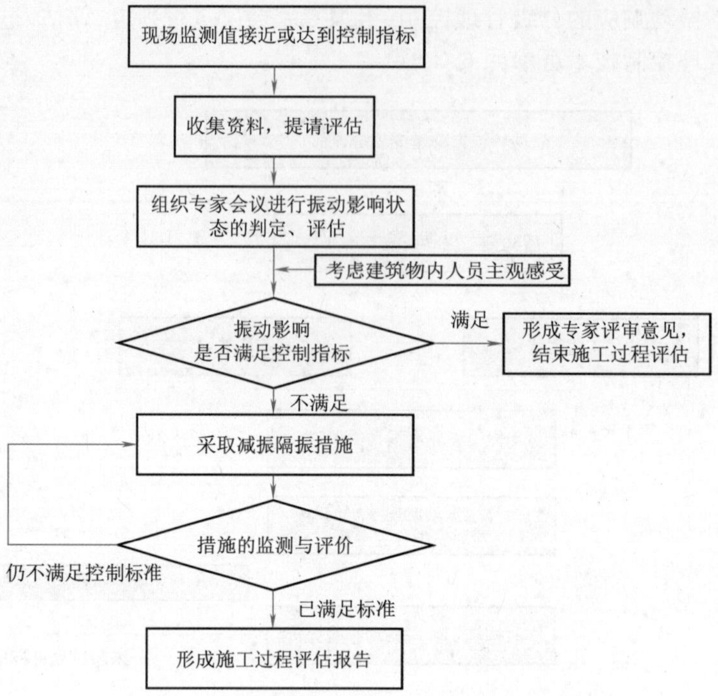

图 5.6.3　盾构施工振动的施工过程评估的基本流程

6.1.3　盾构施工振动的工后评估

盾构施工振动影响的工后评估一般由地铁项目投资方提出并组织。工后评估由独立的咨询机构或专家来完成，采用现场会议讨论、工程类比、专家评议等方法，必要时采用理论分析或数值计算方法。

盾构施工振动影响工后评估的任务包括：

(1)盾构施工振动对环境影响全过程的回顾和总结

以整个盾构施工过程为对象，全面系统地回顾各个阶段的盾构施工对周围环境的振动影响，总结经验、查找问题、分析原因。

(2)振动影响控制的分析评价

对盾构施工振动影响控制的技术成果、环境影响、社会影响等进行分析评价：

收集振动影响对象的工前调查及检测评价报告、工前评估报告、设计及施工方案、历史监测数据、历史预警、报警事件及处置过程资料、施工过程评估报告等，并对资料进行汇总分析。

在工后现状调查及监测成果基础上，通过对振动监测数据进行的深入分析，对照项目的工前评估(初步或详细评估)的结论和主要指标，找出变化和差别。对振动控制的实现程度及其适应性进行分析评价。必要时，进行计算分析，研究分析其他可行的控制措施。

(3)总结经验教训，提出对策建议

总结盾构施工振动影响评估与控制的成功经验和应汲取的教训，针对评估与控制中存在的问题提出相应的对策和建议，形成工后评估报告，为将来相近工程提供参考。

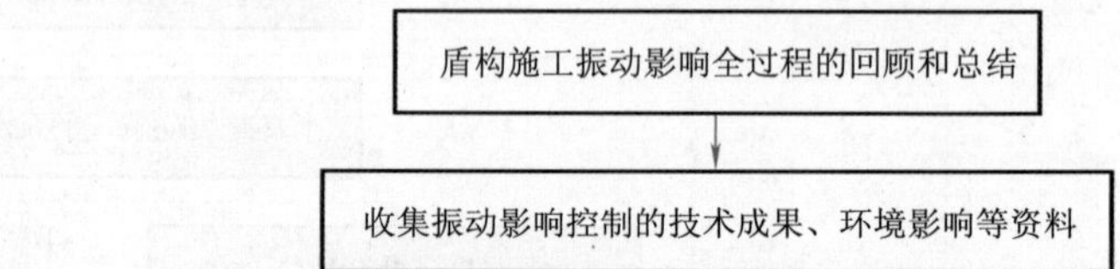

图 5.6.4　盾构施工振动影响工后评估的基本流程

盾构施工振动影响工后评估的基本流程如图 5.6.4 所示。

6.2　减振与隔振技术

盾构施工引起的振动通过隧道结构及周围地层传播到地表及建筑物，由前述的测试与分析成果可以看到：虽然盾构施工产生的振动影响总体上不大，不会对建筑物结构造成破坏，但是仍然有一部分的盾构施工产生的振动超过了建筑物室内的控制限值，会对建筑物内居民的正常生活造成影响，损伤人体健康，甚至带来不良的社会影响。另外，对于一些对振动较为敏感的建筑物（如年代久远的古建筑）或者仪器设施（如高精密测试仪器）等，盾构施工振动同样会带来一定的不良影响，如加剧古旧建筑物结构的磨损、影响精密仪器的使用等。因此，如何控制施工振动的产生与传播是一个重要的环境和工程问题。

盾构施工引起的环境振动类似于交通线附近建筑物的室内由车辆运行引起的振动，其振动 S_r 的强度可大体估算为：

$$S_r = S_s - S_g - S_{gb} - S_b \tag{5.6.1}$$

式中　S_s——振源振动加速度(dB)；

S_g——振动在土中传播的衰减量；

S_{gb}——由于土和建筑物相互作用产生的衰减量；

S_b——振动波在建筑物中传播的衰减量。

可见，为了降低盾构施工引起的振动或控制振动的不利影响，可以采取：(1)从源头入手，降低施工振源的激振强度。(2)从振动的传播路径入手，切断振动的传播途径或在传播途径上削弱振动，合理规划设计使建筑物能够避开振动影响区。(3)从影响环境对象（如建筑物）自身入手，采取适当的减振、隔振措施。(4)各种减振措施相互协调应用等几方面的措施，以最大限度地降低地铁盾构施工诱发的环境振动，来满足沿线的居民的生活和工作要求。

目前，根据我国《城市区域环境振动标准》(GB 10070)的规定，可以将地铁沿线划分为一般减振地段、高要求减振地段和特殊减振地段。一般地段是指沿地铁线路相邻建筑物内振动不超标地段；高要求减振地段是指沿地铁线路相邻建筑物内振动超标 10 dB 以上的地段；特殊减振地段是指沿地铁线路相邻建筑物内振动超标 20 dB 以上的地段。另外，《北京市轨道交通工程技术标准》将减振等级划分为三级：一般减振措施，较高减振措施和特殊减振措施。三个级别的减振效果范围分别为：小于 5 dB，5～15 dB 和大于 15 dB。按照减振等级设置减振措施的地段分为一般减振地段、较高减振地段和特殊减振地段。虽然在表述上有差异，但是将减振的级别都设置为三级，减振地段设置为三段。为满足降低地铁施工振动影响的要求，对应不同的减振地段，要分别采取相应的合理、经济的措施。

6.2.1　振源减振控制

由前述第三章可以看到，盾构施工振动的振源主要是由盾构刀盘切削地层产生的振动形成的。一般说来，越靠近振源的减振隔振措施效果越好。盾构刀盘与土层的相互作用是盾构施工振动的发生源头，在保证施工质量与进度的同时，减小二者的相互作用，无疑对降低振源强度具有极其重要的作用。振源的减振措施可以从开挖面地层和盾构施工设计参数两个方面考虑（当然，从设备改良的角度亦可以有效减小施工振动，由于牵扯到机械方面的问题，在本书中暂不考虑）。

(1)考虑开挖面地层条件的减振措施

基于第三章中振源振动影响因素分析可知，开挖面地层的相对坚硬程度，即开挖面地层的加权动弹性模量，是影响振源振动幅值的主要因素。在保证地铁满足设计要求的前提下，适当避让相对较硬的土层，或者利用土体改良的方法降低开挖面地层的相对硬度，是减小振源振动的有效措施。

1)优化线路

在满足地铁的使用功能规划设计要求的前提下，尽量避让动弹性模量相对较大的土层，如卵石层、埋深较深的砂层等。

2)进一步的土体改良

目前，北京地铁施工，除直径线外，基本使用的是土压平衡盾构机，在黏性土层中通过适当的土体改良，可以取得较为满意的施工效果，但是在砂卵石地层中会遇到不同程度的难度。目前在砂卵石地层中采取的一些土体改良措施（使用添加剂），主要是为了解决开挖面土压力的动态平衡实现困难、土舱内及螺旋输送机扭矩过大、刀具异常磨损及磨损过快等问题。考虑到添加剂的作用机理——改变土体的密实性和塑流性等，可以利用适量的添加剂对土体进行进一步的土体改良，以降低开挖面土层特别是砂、卵石地层的动弹性模量，以降低振源振动。如泡沫，可迅速渗透到砂、卵石中，将砂、卵石包裹起来，降低土体的密实度，同时，泡沫具有润滑性能，能改善土体颗粒的构造，直接减小土体颗粒之间的摩擦性，改变土体的塑流性，泡沫添加剂的这些特性都可以有效降低土层的动弹性模量，从而达到减小振源振动的目的。

（2）考虑施工参数设计的减振措施

盾构施工振动的产生主要是由于盾构刀盘切削土层即刀盘与土体的相互作用产生的，通过第三章的振源机理的分析，与产生振动有关的主要施工参数包括：刀盘扭矩、盾构总推力以及推进速度。

盾构施工的参数主要是通过考虑地层条件设定的，在相同的地层条件下，在保证施工质量和施工进度的前提下，为了减小刀盘与土体间的相互作用，达到减小振源强度的目的，可以采用的措施包括：

1）适当减小刀盘扭矩

这主要是减小了刀盘对土体的侵切，即刀盘与土体间的相互作用力的大小。

2）适当减小盾构总推力

保证盾构施工安全的前提下，适当减小总推力，可以减小开挖面地层压力，使开挖面地层应力得到一定程度的释放，从而减小刀盘切削土体时的作用力。

3）降低推进速度

在土层及其他施工参数条件相同的条件下，降低推进速度可以使开挖面前的土体应力得到缓冲释放的效应，同样可以减小刀盘与土体间的相互作用，减小振动的影响。

（3）振源减振措施应用案例

地铁 8 号线什刹海站至南锣鼓巷站区间，盾构施工至天汇大院（左线 80 环左右），由于天汇大院建筑物年久失修且较为密集，考虑到居民的正常生活与安全，采用了减小刀盘扭矩、降低推进速度等振源减振措施，减振效果较为明显，盾构通过天汇大院区域，未对居民正常生活造成影响，取得了良好的社会效应。

6.2.2　传播途径减振隔振控制

盾构施工振动对周围环境影响的实质是当盾构施工特别是在相对坚硬的地层中掘进时，其产生的振动波经由盾构隧道结构和周围土层向各个方向传播，其上部地表的建筑、设施或者人群就会受到其所引起的地基或者地表的振动和噪声以及由此产生的二次振动和二次噪声的影响。因此，可以通过在土层中设置屏障对振动波进行拦截，从而达到治理振动影响的目的，这就是屏障隔振的基本原理。

由振源产生的波传播到隔振屏障时，会发生透射和反射，并在屏障两端和底部出现波绕射。因此经屏障隔离后，屏障后的振动能量主要由透射波和绕射波组成，其总能量一般要小于入射波，地面振动因此得以降低。而屏障前方局部区域则因波的反射可能会出现地面振动放大现象。Woods 在研究空沟屏障的隔振效果时，提出了评价屏障隔振效果的指标，即地面振动振幅衰减系数 A_r，其定义为：

$$A_r=\frac{A_2}{A_1} \tag{5.6.2}$$

式中　A_1 和 A_2 分别为屏障隔振前、后地面某点的位移振幅。

这一指标被推广应用于评价各种屏障隔振的效果：只有当 $A_r<1$ 时才有隔振效果，其数值越小表明隔振效果越好。

屏障隔振可以按照不同的标准进行分类：按照隔振位置和作用，可以分为主动隔振和被动隔振；按照屏障的构造，可以分为连续屏障、非连续的屏障。

（1）主动屏障隔振与被动屏障隔振

根据屏障设置的位置可将屏障隔振分为两类，即主动隔振和被动隔振，如图 5.6.5 所示。主动隔振又称近场积极隔振，是在振源附近设置屏障，利用接近或围绕振源的屏障，阻隔或衰减由振源发射出来的波能。由于屏障接近振源，所以主要是阻隔实体波。被动隔振又称远场消极隔振，是在远离振源、靠近被保护的建筑物基础处做屏障，阻隔或衰减传入建筑物的波能。由于屏障远离振源，所以主要是阻隔 Reyleigh 波即表面波。

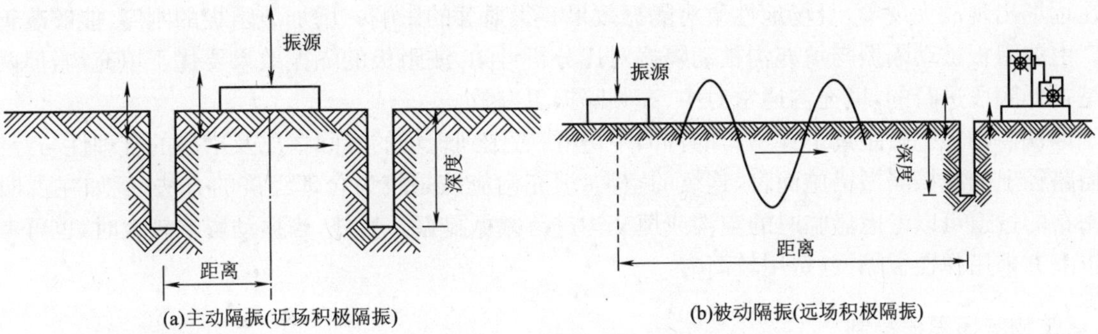

图 5.6.5　主动与被动隔振

(2)连续屏障隔振与非连续屏障隔振

根据隔振屏障的形式可分为两类:连续屏障和非连续屏障。连续屏障包括空沟、填充沟(填充物可采用膨润土泥浆、锯屑、砂子和粉煤灰等)、钢筋混凝土墙等;非连续屏障包括孔列、桩列和板桩等。如图 5.6.6 所示。

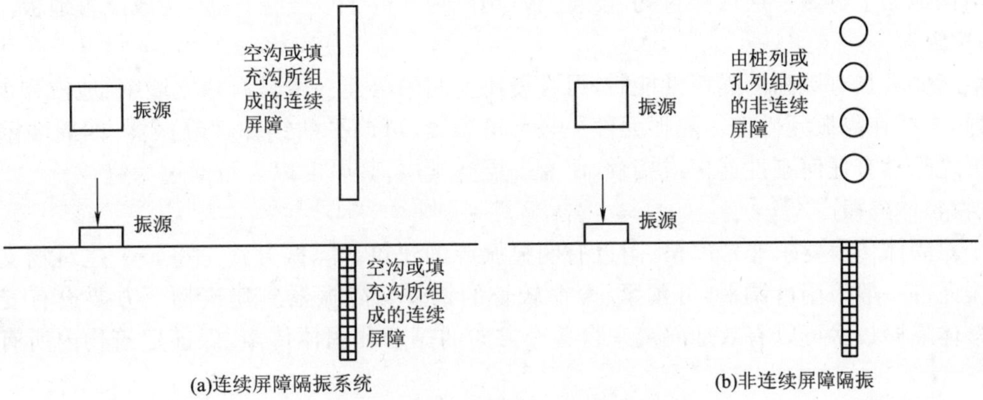

图 5.6.6　连续与非连续隔振

对于连续屏障隔振,数值分析结果和试验结果均表明,其隔振效果主要取决于屏障的深度,通常要求屏障深度要大于一倍的波长。但由于土体稳定性、地下水位和造价等因素的影响,连续屏障不可能设置很深,这使得连续屏障只能适用于中高频振动的隔振问题。对于低频振动,振源产生的 Reyleigh 波波长较长,有时长达 50～100 m,这种情况下填充沟连续屏障由于屏障深度的限制而无法采用(排桩等非连续屏障的施工则可不受此限制)。另外如果地基本身是软基或地下水位较高,更不适合做连续屏障,于是非连续屏障就应运而生。对于非连续屏障隔振,国内外许多学者都做过研究,以试验研究为主,其解析解仅限于几种规则屏障对体波的散射,然后推广到瑞利波中,取得了很多成果,验证了非连续屏障的隔振效果。

除以上所述的屏障隔振外,另一种可供选择的隔振屏障是在振源或被保护结构下一定深度内埋置弹性板。

弹性波在不同场地中传播时具有不同的特性。基岩上单一土层表面作用简谐线荷载时,土层的受迫振动存在截止频率,当简谐线荷载的频率低于这个截止频率时,土层中不会出现波的传播。利用单一土层中波的传播存在截止频率这一原理,Chouw 和 Schmid 等首先提出在土层中人工设置一个硬夹层,形成一个有限尺寸的人工基岩进行隔振,并将这个人工设置的硬夹层命名为波阻板(Wave Impedance Block,简称 WIB),如图 5.6.7 所示。此后,一些学者通过数值模拟和试验,对 WIB 体系的隔振效果进行了验证。

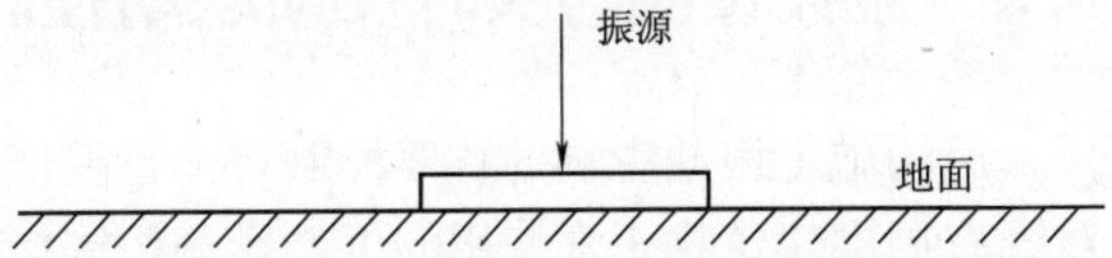

图 5.6.7　弹性板隔振系统

通过对波阻板的主动隔振和被动隔振分析可知:这种方法对低频振动有很好的隔振效果,但对高频振动则容易在远场出现放大现象，且场地性质对隔振效果有很显著的影响。增加波阻板的刚度，能够改善主动隔振效果。由波阻板被动隔振与填充沟被动隔振对比分析可知，波阻板的隔振效果要优于填充沟，但两者的对比主要是在低频段进行的，填充沟通常对中、高频隔振更有效。

对于地铁盾构施工长距离下穿密集的古旧平房群，考虑到现场的实际情况及措施的合理性与经济性，就上述传播路径上的减振隔振措施而言，连续的空沟、填充沟应该是较为合理经济的方法，例如在古旧平房之间中的密布的过道可以考虑做临时的空沟或填充沟进行减振隔振。另外，当振动影响较大时，也可考虑在开挖面的正上方采用弹性板隔振（费用较高）。

6.2.3　建筑物减振隔振控制

建筑物的减、隔振实际就是建筑物的振动控制，结构振动控制是指在结构上设置控制构件和控制装置，在结构振动时通过主动或被动的控制力施加来减少或抑制结构的振动反应，以满足结构安全性或者舒适度的要求。结构控制的原理是通过改变结构的固有周期或者输入、附加阻尼这两种方法使结构的动力响应降到控制范围内。

(1)浮置地板隔振

在房间结构地面上再做一层可浮置的混凝土板，用隔振元件予以支撑浮置，构成浮置地板。

(2)房中房隔振

当使用空间要求具有更高的隔声性能时，可在使用空间中再建一个具有独立墙壁、地板和顶板的内层房间，将内层房间支撑在隔振元件上。隔振元件一般为可预紧、可调平的钢弹簧隔振器，四周墙壁及顶棚与外部墙壁和顶板之间没有任何刚性连接或接触，留有一层空气层，其厚度以人可通过为宜。

(3)建筑物整体隔振

主要用于对固体传声要求非常严格、附近有明显振源的建筑。隔振方式是将整个建筑物支撑在隔振元件上面。隔振元件一般采用可调平、可预紧、寿命较长的钢弹簧隔振器。建筑物下方要设有安装和检修空间。建筑物整体隔振技术可以有效地隔离来自各个方向的振动和固体传声，保证建筑物内所有空间的声学性能。

(4)室内(结构)隔振

所谓结构隔振，就是通过降低隔振器与结构构成的隔振系统的频率，从而降低结构对高于(包括等于)这一频率的输入振动的反应。

(5)建筑物的基础隔振

建筑物隔振的基本原理是将建筑物浮置在弹性基础之上。实际工程中常用的方法是采用隔振基础，即在建筑物和基础间放置钢弹簧或者橡胶块隔离大地传播的振动。

对于本次研究地铁盾构施工长距离下穿的古旧平房群中的大部分建筑而言，上述建筑物的减振隔振措施的费用相对较高，使用时需考虑措施的经济性。

6.3　监控量测与实时反馈联动控制技术

盾构施工振动影响的首要控制目标是保证建筑物内人们的正常生活与工作，因此，可以在确定盾构施工对既有周围建筑物正常使用的振动影响控制指标的基础上，在施工过程中，以指标为标尺，通过现场监控量测与实施反馈的联动机制，对盾构施工的过程进行实时有效的控制。即当盾构施工所产生的振动响应在预先设定的控制指标之内时，认为周围建筑物内的正常使用状态可以得到保证，无需采取施工措施；当振动响应超过预定指标时，应及时反馈，实时采取相应的施工措施，将振动响应降低至控制指标以内，保证建筑物的正常使用状态和盾构施工的顺利进行。

6.3.1　盾构施工振动影响控制标准

(1)控制指标确定的原则

盾构施工应该尽量避免振动对周围建筑物内人们的正常生活与工作造成影响。振动影响控制指标定量地表示了建筑物内人以及设施对振动的承受程度。在确定施工过程中的影响控制指标时一般应考虑以下几个方面的因素：①盾构施工振源的特性；②建筑物的现状；③建筑物使用功能；④客观量测与主观感受等。

(2)控制指标的确定方法

盾构施工振动安全控制指标确定，主要是经由以下步骤：①现场环境调查与分类；②区域划分；③现场测试与调研；④模型计算；⑤相近工程工程类比；⑥标准的确定。

从而通过大量的不同类型建筑物的振动响应的客观量测的统计和居住人员或工作人员主观反应相结合的方法，基于建筑类型和区域的划分，结合现有相关控制标准与盾构施工振动的特点，确定盾构施工引起的环境振动安全控制标准。

有关盾构施工振动安全控制指标确定方法的具体内容可参见本篇第5.3节的内容。

6.3.2　盾构施工振动监控量测

(1)监控量测的对象及范围

结合周边环境特点及以往工程、研究经验，盾构施工振动响应监测涉及的主要对象为沿线建筑结构和地质体。本项目中建筑结构的监测对象主要包括工程沿线大量古旧平瓦房及古文物建筑等。地质体监测对象主要为工程沿线周围地表土体。

施工振动监测范围一般为地铁隧道结构轴线两侧各30 m的范围以及隧道纵向作业面前后约30 m(15～25环)。

(2)监控量测的方法

振动响应监测点的布置原则为：针对包括典型古旧平房结构特别是文物保护单位等对振动敏感的单位布设测点。

对于建筑物的监测，测量点可置于建筑物典型结构构件振动敏感处或其0.5 m以内：监测砖石结构的振动响应，测点应沿两个主轴方向分别布置在承重结构的最高处；监测木结构的振动响应，测点应布置在两个主轴中跨的顶层柱顶(对于盾构施工振动对平房结构的影响，结合振源的特点和所关注的对象，可以考虑将测点布置在平房结构基础上)。

测点布置同时考虑以下影响因素：沿线的场地岩土类别；工作断面形式及线路平面形状；测线工作断面的埋置深度及测点至隧道中心的水平距离；工作断面古旧平房群情况；断面城市主干道路及其他交通的影响等。

具体的监测技术可参见本篇第2章内容。

(3)其他监控量测的方法

当现场量测条件不具备时，可采用第4章中振动响应的模型预测方法或者实用计算方法对盾构施工可能产生的环境振动影响进行预测，从而指导施工的进行。

6.3.3　盾构施工振动实时反馈联动控制

(1)监测信息的分级管理

对盾构施工振动响应按照分级逐层管理控制的方式，各个级别的管理控制区分值见表5.6.1。

表5.6.1　振动响应管理控制等级

管理控制等级	振动响应管理控制值	影响状态	控制措施
Ⅲ	$V_n<0.7V_0$	正常状态	安全，不必采取特别的措施
Ⅱ	$0.7V_0\leqslant V_n\leqslant 0.9V_0$	预警状态	注意，后续施工需对建筑物振动响应进行更加严格的监测
Ⅰ	$V_n>0.9V_0$	报警状态	紧急，需采取适当的施工措施或其他减振隔振措施

注：V_0——振动响应控制值(速度或加速度有效值)，V_n——振动响应实测值(速度或加速度有效值)。

振动响应监测数据的管理采用三级状态控制，即Ⅰ、Ⅱ及Ⅲ三级控制：

Ⅲ级管理控制等级状态是指：当建筑物的振动响应实测值$V_n<0.7V_0$(V_0为振动响应控制值)时，可以认为盾构施工引起的建筑物振动响应在可接受的范围之内，施工处于相对安全的正常状态，不会对建筑物内

人们的正常生活与工作产生影响。

Ⅱ级管理控制等级状态是指：当 $0.7V_0 \leqslant V_n \leqslant 0.9V_0$ 时，可以认为盾构施工引起的振动对建筑物的使用功能（主要指人们的正常生活与工作）可能已经产生较小的影响，特别是对振动敏感的人群（可能会感到不适）或设施（如精密仪器精确度下降），此时施工处于需要注意的预警状态，后续的施工需要对建筑物加强振动响应的监测，必要时采取一定的措施，具体的措施可参见本章 6.2 节。

Ⅰ级管理控制等级状态是指：当 $V_n > 0.9V_0$ 时，可以认为盾构施工引起的振动已经对建筑物的使用功能（主要指人们的正常生活与工作）产生了影响，施工处于报警状态，必须采取一定的措施包括盾构施工措施或其他减振隔振措施，以降低建筑物的振动响应。

(2)监测信息的实时反馈联动控制

为确保施工的安全和顺利进行，在盾构施工振动响应的监测过程中，对现场的所有监测数据均实行信息化管理，由专职人员根据不同的观测要求，对现场的监测数据进行实时处理分析，预测振动的发展趋势。针对每一测点的监测成果，根据振动响应的控制指标和三阶段的管理控制等综合判断盾构施工对周围环境的影响程度。当监测出现异常状态，如报警状态，应实时通知施工、监理以及建设管理公司，及时研究采取合理的控制措施（包括施工措施等其他减振隔振措施），将建筑物的振动响应降到控制指标以内（$V_n < 0.9V_0$）。

盾构施工振动响应监控量测与实时反馈联动控制程序，如图 5.6.8 所示。

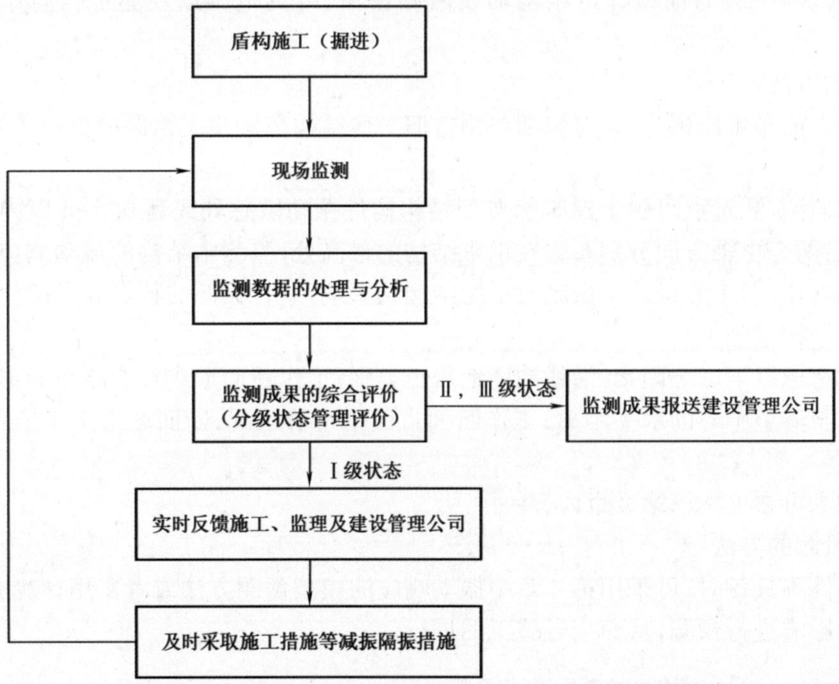

图 5.6.8　振动响应监控量测与实时反馈联动控制程序

参考文献

[1] 潘秀明，雷崇红. 北京地铁砂卵石砾岩地层综合工程技术[M]. 北京：人民交通出版社，2012 年.

[2] 韩煊. 地铁建设引起的地层位移及结构变形预测的实用方法研究[R]. 北京：北京市勘察设计研究院有限公司，2008.

[3] Ir. J. C. W. M. de Wit. North/South line Metro Amsterdam——Innovative design and construction in a Sensitive and Historic City[C]. Tunnel Engineering Consultants，Guangzhou，2011.

[4] 邵根大. 荷兰阿姆斯特丹的深埋地铁车站施工[J]. 现代城市轨道交通，2013，(5).

[5] Kummerer，C. ，Falk，E. ，Gularte F. State of the Art of Compensation Grouting with HDD Drillings and Deep foundations[R]. 2012.

[6] 陈刚，李长栓，朱嘉广，等. 北京地下空间规划[M]. 清华大学出版社，2006，北京.

[7] 罗富荣，曹伍富. 北京轨道交通工程安全风险管理体系[M]. 中国铁道出版社，2013.

[8] 北京市勘察设计研究院. 北京市总体规划修编工程地质条件适宜性研究[R]. 北京市勘察设计研究院内部资料，2004 年.

[9] 沈小克，周宏磊，韩煊，等. 北京市中心城深部地下空间开发重大环境工程地质问题研究[R]. 北京市勘察设计研究院有限公司内部资料，2011 年.

[10] 张在明，孙保卫，徐宏声，等. 北京市城近郊区浅层地下水动态规律研究[R]. 北京市勘察设计研究院内部资料，北京市勘察设计研究院，1995 年.

[11] 北京市地质工程勘察院，北京地铁 8 号线二期工程 02 合同段岩土工勘察资料[R]. 北京市地质工程勘察院内部资料，2007 年.

[12] 高大钊，袁聚云. 土质学与土力学[M]. 北京：人民交通出版社，2001 年.

[13] 松岡元著. 罗汀，姚仰平. 土力学[M]. 北京：中国水利出版社，2001 年.

[14] 王杰贤编著. 动力地基与基础[M]. 北京：科学出版社，2001 年.

[15] 郑希成. 老北京民居宅院[M]. 北京：学苑出版社. 2012.

[16] 陈义风. 当代北京四合院史话[M]. 北京：当代中国出版社. 2008.

[17] 马炳坚. 中国古建筑木作营造技术(第二版)[M]. 北京：科学出版社. 2003.

[18] 梁思成. 清式营造则例[M]. 北京：清华大学出版社. 2006.

[19] 业祖润. 北京民居[M]. 北京：中国建筑工业出版社. 2009.

[20] 王蕊. 古建基础知识——台基[EB/OL]. http://shanxi. abang. com/od/gujianzhishi/a/taiji_p1. htm.

[21] 高洁. 中国古建筑基本特征. 承德职业学院学报. 2005(3)：110～111.

[22] 白丽娟. 浅谈故宫古建筑基础. 故宫博物院院刊. 1993(3)：26～33.

[23] 刘大可. 中国古建筑瓦石营法. 中国建筑工业出版社. 1993：109～121

[24] 杜文和，等. 农村建房莫忘防震(第二章地基、基础要牢靠)[EB/OL]. http://www. sn. earthquake. cn/manage/html/8abd83af1c88b3f2011c88b74299001f/_content/09_03/24/1237885574930. html，2008-12-3.

[25] 李铁生，张恩东. 南锣鼓巷史话[M]. 北京：北京出版社. 2010.

[26] Peck，R. B. Deep excavations and tunnelling in soft ground[C]. ICSMFE. Proc. 7th Int. Conf. SMFE. State of the Art Volume，Mexico：Balkema，1969，225-290.

[27] 韩煊，李宁. Standing J. R. Peck 公式在我国隧道施工地面变形预测中的适用性分析[J]. 岩土力学，2007，28(1)：23-28.

[28] 韩煊. 地铁建设引起的地层位移及结构变形预测的实用方法研究[R]. 北京：北京市勘察设计研究院有限公司，2008.

[29] 韩煊，StandingJ. R. ，李宁. 隧道施工引起建筑物变形预测的刚度修正法[J]. 岩土工程学报，2009，31(4)：539-545.

[30] 张在明，韩煊. 城市隧道施工引起建筑物变形的损坏评估[J]. 土木工程学报，2011，44(5)：123-130.

[31] 韩煊，刘赪炜，Standing J. R. 隧道下穿既有线的案例分析与沉降分析方法[J]. 土木工程学报，2012，45(1)：134-141.

[32] 张印涛. 地下开挖导致邻近砌体古建筑物损坏评价及其保护研究[D]. 北京工业大学博士学位论文，2008.

[33] Mair，R. J. ，Taylor，R. N. ，and Bracegirdle，A. Subsurface settlement profiles above tunnels in clays[J]. Geotechnique. 1993，43(2)：315-320.

[34] Attewell, P. B. , Yeates, J. and Selby, A. R. Soil movements induced by tunnelling and their effects on pipelines and structures[M]. Blackie, Glasgow. 1986.

[35] O'Reilly, M. P. , New, B. M. Settlements above tunnels in theUnited Kingdom-their magnitude and prediction[C]. edited by Michael Jones. Proc. Tunnelling 82, London: Institution of Mining and Metallurgy 1982, 173-181.

[36] Rankin, W. J. Ground movement resulting from urban tunnelling: predictions and effects. Engineering geology of underground movements[C]. eds: Bell et al. Proc. of the 23rd annual conf of the eng. group of the Geological Society. Nottingham: Geological SocietyLondon. 1988, 79-92.

[37] Burland, J. B. , Standing, J. R. and Jardine, F. M. Assessing the risk of building due to tunnelling-lessons from the Jubilee Line Extension, London[C]. eds: K. K. S. Ho and K. S. Li. Proc. of the 14th Southeast Asian geotechnical conf. Hong Kong: Balkema, 2001, 17-44.

[38] Celestino, T. B. , Gomes, R. A. M. P, and Bortolucci, A. A. Errors in ground distortions due to settlement trough adjustment[J]. Tunnelling and underground space technology. 2000, 15(1): 97-100.

[39] Branco, P. , Negro, A. and Coutinho, P. T. Surface settlements, tunnel construction quality and building damage (in Portuguese)[C]. Branco, Negro. Eds. Proc. Simp. Instrument. Geot～c. Campo, Rio de Janeiro: ABGE, 1990: 239-247.

[40] New, B. M. and O'Reilly, M. P. Tunnelling induced ground movements: Predicting their magnitude and effects[C]. Geddes. Eds. Proc. of the 4th Int. Conf. on Ground Movements and Structures. Wales: Pentech Press, 1991, 671-697.

[41] Eisenstein. , Z. , Branco, P. (1981) Convergence-confinement method in shallow tunnels[C]. ISSMFE, proceedings of 11th ICSMFE, San Francisco : Balkema, 1981: 2067-2071.

[42] Burland, J. B. , Standing, J. R. and Jardine, F. M. (eds.) (2001a) Building response to tunnelling-case studies from construction of the Jubilee Line Extension, London. Volume 1: Projects and methods[M]. London: Thomas Telford. 2001. 1-344.

[43] Burland, J. B. , Standing, J. R. and Jardine, F. M. (eds.) (2001b) Building response to tunnelling-case studies from construction of the Jubilee Line Extension, London. Volume 2: Case studies[M]. London: Thomas Telford. 2001. 345-881.

[44] Melis, M. J. and Rodriguez Ortiz J. M. Consideration of the stiffness of buildings in the estimation of subsidence damage by EPB tunnelling in the Madrid Subway[C]. Jardine, F. M. ed. Proceedings of the int. conf on Response of buildings to excavation-induced ground movements. London: Imperial College, 2001. 199.

[45] 韩煊，李宁，J. R. Standing. 地铁隧道施工引起地层位移规律的探讨[J]. 岩土力学，2007，28(3)：609-613.

[46] 韩煊，罗文林，李宁. 北京地区土中隧道施工引起地表沉降槽宽度的影响因素探讨[J]. 地下空间与工程学报，2009，5(6)：1188-1193，1219.

[47] Moh, Z-C. , Ju, D. H. and Hwang, R. N. Ground movements around tunnels in soft ground[C]. eds. R. J. Mair and R. N. Taylor. Proc. International Symposium on Geotechnical Aspects of Underground Construction in Soft Ground, London: Balkema. 1996, 725-730.

[48] Dyer, M. R. , Hutchinson, M. T. and Evans, N. Sudden Valley sewer: a case history[C]. eds. R. J. Mair and R. N. Taylor. Proc. International Symposium on Geotechnical Aspects of Underground Construction in Soft Ground, London: Balkema. 1996, 671-676.

[49] Skempton, AW and MacDonald, DH. The allowable settlements of buildings[C]. Proc. Inst. of Civ. Engrs. Part Ⅲ. 1956: 727-768.

[50] Polshin, DE, Tokar, RA. Maximum allowable non-uniform settlement of structures[C]. Proceedings of the 4th international conference on soil mechanics and foundation engineering, Pentech Press, London, 1957: 402-405.

[51] Burland, JB, Wroth, CP. Settlement of buildings and associated damage, SOA Review[C]. British Geotechnical Society. Conf. Settlement of structures. Cambridge: Halsted Press. 1974: 611-654.

[52] Burland, JB, Broms, BB, Demello, VFB. Behaviour of foundations and structures. SOA report[C]. Proc. of the 9th Int. Conf. on Soil Mech. and Found. Eng. , Tokyo, 1977: 495-546.

[53] Boscardin, MD, Cording, EJ Building response to excavation-induced settlement [J]. Journal of Geotechnical engineering. 1989, 115(1): 1-21.

[54] Boone, SJ. Assessing construction and settlement-induced building damage, a return to fundamental principles[C]. Underground construction. Institution of Mining and Metalurgy, London, 2001: 559-570.

[55] 赵衍. 混凝土小型砌块墙体受力性能的数值模拟研究[D]. 湖南：湖南大学，2005.

[56] 王述红,唐春安,吴献.砌体开裂过程数值模型及其模拟分析[J].工程力学,2005,26(5):57-63.
[57] 蔡勇,施楚贤,马超林,等.砌体在剪-压作用下抗剪强度研究[J].建筑结构学报,2004,25(5):118-123.
[58] 施楚贤.砌体结构理论与设计[M].北京:中国建筑工业出版社,2003.
[59] 刘凯欣,高凌天.离散元法研究的评述[J].力学进展,2003,33(4):483-490.
[60] 杨恩文,汪雪英.盾构法施工在中线一期穿黄隧洞中的应用[J].隧道建设,2007,27(S2):378-381.
[61] 周海群.软土地层盾构施工中掘进速度对地面沉降的影响分析[J].铁道建筑,2012,(3):45-48.
[62] 刘建航,侯学渊.盾构法隧道[M].北京:中国铁道出版社,1991.
[63] 张斌.盾构在复杂地质条件下的进出洞施工技术[J].隧道建设,2009,29(3):305-309.
[64] 肖龙鸽,王超峰,赵运臣.大直径泥水盾构施工引起的地表沉降分析和对策[J].现代隧道技术,2008,45(5):50-53,58.
[65] Mair, R. J. and Taylor, R. N. Bored tunneling in the urban environment[C]. ed: Publications committee of XIV ICSMFE. Proceedings of the fourteenth international conference on soil mechanics and foundation engineering. Hamburg: Balkema, 1997, 2353-2385.
[66] 吴全中.城市地铁区间隧道盾构工程地表沉降控制[J].西部探矿工程,2003,(6):116-119.
[67] 席锦州.隧道盾构法施工地面变形的机理、预测和防治[J].四川建筑,2004,24(3):40-42.
[68] 唐益群,叶为民,张庆贺.上海地铁盾构施工引起地面沉降的分析研究(三)[J].地下空间,1995,15(4):250-258.
[69] 黄宏伟,张冬梅.盾构隧道施工引起的地表沉降及现场监控[J].岩石力学与工程学报,2001,20(SP):1814-1820.
[70] 尹骥.小应变硬化模型在上海地区深基坑工程中的应用[J]岩土工程学报,2010,32(supp):166-172.
[71] 王海波,徐明,宋二祥.基于硬化土模型的小应变本构模型研究.[J]岩土力学,2011,32(1):39-43.
[72] 褚峰,李永盛,梁发云,等.土体小应变条件下紧邻地铁枢纽的超深基坑变形特性数值分析[J]岩石力学与工程学报,2010,29(suppl):3184-3192.
[73] 曹权,施建勇,柴寿喜,等.小应变下土体刚度非线性分析的试验研究[J]岩土工程学报,2009,31(5):699-703.
[74] 汪中卫,王海飙,戚科骏,等.土体小应变试验研究综述与评价.[J]岩土力学,2007,28(7):1518-1524.
[75] 王洪新,傅德明.土压平衡盾构掘进的数学物理模型及各参数间关系研究[J].土木工程学报,2006,39(9):86-90.
[76] 张凤祥,朱合华,傅德明.盾构隧道[M].北京:人民交通出版社.2004.
[77] 孟昭博.西安钟楼的交通振动响应分析与评估[D].西安建筑科技大学,博士学位论文,2009.
[78] 曹艳梅.列车引起的自由场地及建筑物振动的理论分析和试验研究[D].北京交通大学,博士学位论文,2006.
[79] 申跃奎.地铁激励下振动的传播规律及建筑物隔振减振研究[D].同济大学,博士学位论文,2007.
[80] 孙晓静.地铁列车振动对环境影响的预测研究及减震措施分析[D].北京交通大学,博士学位论文,2008.
[81] 李守继.地铁引起环境振动及房屋浮置楼板隔振研究[D].同济大学,博士学位论文,2008.
[82] 王田友.地铁运行所致环境振动与建筑物隔振方法研究[D].同济大学,博士学位论文,2007.
[83] 魏鹏勃.城市轨道交通引起的环境振动预测与评估[D].北京交通大学,博士学位论文,2009.
[84] 冯军和.地铁列车-轨道系统的动力耦合及诱发的环境振动[D].北京工业大学,博士学位论文,2007.
[85] 丁德云.地铁列车振动环境响应低频特征的分析与研究[D].北京交通大学,博士学位论文,2009.
[86] 张柯.地铁行车荷载作用下黄土地层的振动响应和沉降[D].西安建筑科技大学,博士学位论文,2011.
[87] W. Rucker. Measurement and evaluation of random vibrations[C]. Proceedings of DMSR77, 1977, Karlsruhe: Germany, 1: 407-421.
[88] L. Jubilee. Lond on transport office of the scientific advisor: vibration measurement atBaker Street [R]. 1982.
[89] M. Heckl, G. Hauk, R. Wettschureck. Structure-borne sound and vibration from rail traffic[J]. Journal of Sound and Vibration, 1996, 193(1): 175-184.
[90] L. Auersch. Ground vibration due to railway traffic-The calculation of the effects of moving static loads and their experimental verification, Journal of Sound and Vibration, 2006, 293: 599-610.
[91] R. Hildebrand, Countermeasures against railway ground and track vibrations[D], Royal Institute of Technology, 2001.
[92] 张玉娥,白宝鸿.地铁列车振动对隧道结构激振荷载的模拟[J].振动与冲击,2000,19(3):68-76.
[93] 王祥秋,杨林德,高文华.铁路隧道提速列车振动测试与荷载模拟[J].振动与冲击,2005,24(3):99-107.
[94] 刘维宁.列车荷载作用下黄土隧道的动态响应分析-现场试验与数值分析[D].兰州铁道学院,硕士学位论文,1983
[95] 潘昌实,谢正光.地铁区间隧道列车振动测试与分析[J].土木工程学报,1990,23(2):21-28.
[96] 潘昌实,李德武,谢正光.北京地铁列车振动对环境影响的探讨[J].振动与冲击,1995,14(4):29-34.
[97] 张璞.列车振动荷载作用下上下近距离地铁区间交叠隧道的动力响应分析[D].同济大学,博士学位论文,2001.

[98] 谢达文，刘维宁，等. 地铁列车振动对沿线敏感建筑的影响预测[J]. 都市快轨交通，2008，21(1)：44-49.

[99] 张玉娥，白宝鸿. 高速铁路隧道列车振动响应数值分析方法[J]. 振动与冲击，2001，20(3)：91-93.

[100] 栗润德，刘维宁，等. 区间地铁列车振动的地面响应测试分析[J]. 中国铁道科学，2008，29(1)：120-126.

[101] Nelson，P. N. O'Rourke，T D，Flanagan，R F，etc.. Tunnel boring machine performance study[R]. Report No. 06-0100-84-1，448pp，US Department of Transportion，Washington，DC，1984.

[102] New，B M. Vibrations caused by underground construction，proceedings，Tunnelling82，London，1982：217-229.

[103] D. M. Hiller. Groundborne vibration generated by mechanized construction activities[J]. Proc. Instn Civ. Engrs Geotech. Engng，Groundborne vibration From mechanized Construction works，1998：223-232.

[104] T. L. L. ORR，M. E. RAHMAN. Prediction of ground vibrations due to tunnelling[J].

[105] R. F. Flanagan. Ground vibration and shields[J]，Tunnels & Tunnelling，1993，10：30～33.

[106] 仇兆明. 地铁工程对微电子工业区的振动影响与对策[D]. 大连理工大学硕士学位论文，2009.

[107] 王济，胡晓. MATLAB 在振动信号处理中的应用[M]. 北京：中国水利水电出版社，2006.

[108] 北京东方振动和噪声技术研究所. DASP V10 智能数据采集和信号处理操作手册[M]. 北京：北京东方振动和噪声技术研究所，2011.

[109] 张岐山，等. 灰关联熵分析方法[J]. 系统工程理论与实践，1996，8：7-11.

[110] 王岩，隋思涟. 试验设计与 MATLAB 数据分析[M]. 北京：清华大学出版社，2011.

[111] 谢定义. 土动力学[M]. 北京：高等教育出版社，2011.

[112] 黄义，刘增荣. 地基-结构相互作用系统的参数识别[M]. 陕西：陕西科学技术出版社，2001.

[113] 夏禾. 交通环境振动工程[M]. 北京：科学出版社，2010.